# HISTÓRIA DOS DOGMAS
tomo 3

História dos Dogmas

Tomo 1: **O Deus da salvação**
(séculos I-VIII)
Deus, a Trindade, o Cristo, a economia da salvação
B. Sesboüé (Centre-Sèvres, Paris)
J. Wolinski (Institut Catholique de Paris)

Tomo 2: **O Homem e sua salvação**
(séculos V-XVII)
Antropologia cristã: criação, pecado original, justificação e graça, ética, fins últimos
L. F. Ladaria (Universidade Gregoriana, Roma)
V. Grossi (Augustinianum, Roma)
Ph. Lécrivain (Centre-Sèvres, Paris)
B. Sesboüé (Centre-Sèvres, Paris)

Tomo 3: **Os sinais da salvação**
(séculos XII-XX)
Sacramentos e Igreja, Virgem Maria
H. Bourgeois (Institut Catholique de Lyon)
P. Tihon (Université de Louvain)
B. Sesboüé (Centre-Sèvres, Paris)

Tomo 4: **A palavra da salvação**
(séculos XVIII-XX)
Doutrina da Palavra de Deus, Revelação, fé, Escritura, Tradição, Magistério
Ch. Theobald (Centre-Sèvres, Paris)
B. Sesboüé (Centre-Sèvres, Paris)

**HISTÓRIA DOS DOGMAS** tomo 3

Bernard Sesboüé, SJ <sup>(DIREÇÃO)</sup>
Henri Bourgeois
Paul Tihon, SJ

# OS SINAIS DA SALVAÇÃO

*(séculos XII — XX)*

Os Sacramentos
A Igreja
A Virgem Maria

*Edições Loyola*

Título original:
*Histoire des dogmes*
*tome III: Les signes du salut*
© 1995 Desclée, Paris
ISBN 2-7189-0627-8

**Supervisão:** Paulo César Barros, SJ
**Tradução:** Margarida Oliva
**Preparação:** Maurício B. Leal
**Capa:** Manú Santos
**Revisão:** Renato da Rocha
     Marcelo Perine

**Edições Loyola Jesuítas**
Rua 1822, 341 – Ipiranga
04216-000 São Paulo, SP
T 55 11 3385 8500/8501 • 2063 4275
editorial@loyola.com.br
vendas@loyola.com.br
www.loyola.com.br

*Todos os direitos reservados. Nenhuma parte desta obra pode ser reproduzida ou transmitida por qualquer forma e/ou quaisquer meios (eletrônico ou mecânico, incluindo fotocópia e gravação) ou arquivada em qualquer sistema ou banco de dados sem permissão escrita da Editora.*

ISBN 978-85-15-02096-6

**2ª edição:** 2013

© EDIÇÕES LOYOLA, São Paulo, Brasil, 2005

# Sumário

ABREVIATURAS ..................................................................................... 17
APRESENTAÇÃO .................................................................................... 21

### PRIMEIRA PARTE
### OS SACRAMENTOS

Introdução ............................................................................................. 27

Capítulo I
O TESTEMUNHO DA IGREJA ANTIGA:
UMA ECONOMIA SACRAMENTAL ............................................................ 31
  I. OS SACRAMENTOS, ATOS LITÚRGICOS ............................................... 32
    1. **Culto, ritos e liturgia no Novo Testamento** ......................... 32
    2. **Vida sacramental e liturgia na igreja antiga** ....................... 33
        No concreto da vida cristã ........................................................ 33
        Um dispositivo figurativo ......................................................... 35
  II. INVENTAR UMA LINGUAGEM PARA OS SACRAMENTOS ........................ 37
    1. **Os sacramentos são mistérios** ............................................... 38
    2. **Mistérios, mas também sacramentos** .................................... 39
    3. **A liturgia e a celebração dos sacramentos** .......................... 41
  III. A TEOLOGIA SACRAMENTAL DA ANTIGUIDADE E DA ALTA IDADE MÉDIA ........ 42
    1. **Por que a necessidade dos sacramentos?** ............................. 43
    2. **É necessário batizar as criancinhas?** ................................... 44
    3. **Há necessidade de rebatizar os cristãos
       batizados em uma igreja separada?** ....................................... 45
    4. **O sacramento no credo** ........................................................ 47
    5. **A pastoral sacramental** ........................................................ 48
    6. **Questões doutrinais em debate** ............................................ 49
        A graça e o batismo .................................................................. 49
        Um "segredo sacramental"? ...................................................... 50
        A presença de Cristo na eucaristia .......................................... 51
        Primeiras listas de sacramentos ............................................... 52

IV. Os grandes traços de uma herança pastoral e teológica ......... 54
  1. **As fontes da teologia sacramental antiga** .................. 54
  2. **Teologia sacramental ocidental e teologia sacramental oriental** ........................................................ 55
  3. **Primeiras intervenções magisteriais no domínio sacramental** ................................................... 57

Capítulo II
O TESTEMUNHO DA IGREJA ANTIGA:
AS INSTITUIÇÕES SACRAMENTAIS .................................. 59
  I. A disciplina do catecumenato e a celebração batismal ........ 60
    1. **Catequese e catecumenato** ................................ 60
    2. **Os ritos da iniciação cristã** ............................ 63
       Os ritos preparatórios ...................................... 64
       A celebração do batismo .................................... 65
       Os ritos pós-bastimais: a crisma ........................... 65
       Da crisma ao "sacramento" de confirmação ................... 67
  II. A celebração dos mistérios: a eucaristia .................... 68
    1. **As antigas liturgias da eucaristia** ..................... 68
    2. **Os testemunhos da prática eucarística** .................. 72
    3. **A presidência da eucaristia** ............................ 78
    4. **Uma doutrina eucarística imanente à prática** ............ 79
  III. Ministérios e ordenações .................................. 80
    1. **Bispos, presbíteros e diáconos** ......................... 81
    2. **As liturgias de ordenação: Hipólito** .................... 82
    3. **Laicato, ministério e sacerdócio** ....................... 84
    4. **A disciplina das ordenações** ............................ 87
  IV. O desenvolvimento da disciplina penitencial ................ 88
    1. **A vida penitencial nas comunidades primitivas** .......... 89
    2. **A pregação penitencial de Hermas** ....................... 90
    3. **Institucionalização da penitência pública** .............. 92
       A penitência "segunda" em Tertuliano ....................... 92
       Os conflitos em torno da irremissibilidade ................. 94
       A disciplina pública sob sua forma desenvolvida ............ 96
       Teologia dos atos da penitência ............................ 97
    4. **A grande mutação da disciplina penitencial (séculos VI-X)** ................................................ 98
       A penitência monástica ..................................... 99
       As duas etapas da passagem à penitência privada ............ 99

Capítulo III
A CONSTITUIÇÃO DA TEOLOGIA SACRAMENTAL
(DO SÉCULO XII AO SÉCULO XIV) ................................. 101
  I. Quatro principais textos magisteriais ...................... 102
    1. **Uma confissão de fé para os valdenses (1208)** .......... 102
       Uma relativa novidade: o setenário ........................ 104

    2. **A confissão de fé de um concílio reformador,
Latrão IV (1215)** .................................................................. 105
    3. **A confissão de fé de Miguel Paleólogo (1274)** ..................... 107
    4. **O decreto do concílio de Florença para os armênios (1439)** ........ 108
        Intervenções magisteriais entre os séculos XIII e XV ................. 108
        O decreto para os armênios ............................................... 110
II. O CONTEXTO TEOLÓGICO E PASTORAL DESSAS DECLARAÇÕES .................... 113
    1. **A importância das intervenções magisteriais medievais** ............ 113
    2. **A preocupação pastoral do magistério medieval latino:
penitência, ministério, matrimônio** ................................. 116
    3. **O contexto teológico da sacramentária medieval** ................... 118
        A trilogia do *sacramentum* e da *res* ................................. 118
        Da definição dos sacramentos ao setenário ........................... 119
        Eficácia e graça sacramentais ............................................ 121
    4. **O contexto "ecumênico" das afirmações
magisteriais medievais** ................................................ 123
        Dificuldades orientais em torno da eucaristia ....................... 123
        Dificuldades orientais em torno da iniciação cristã ................ 124
        Dificuldades latinas ........................................................ 125
        O caráter próprio da teologia sacramental oriental ................ 126

Capítulo IV
A DOUTRINA SOBRE OS SACRAMENTOS
DO CONCÍLIO DE TRENTO ................................................................ 129
I. OS SACRAMENTOS EM GERAL — O BATISMO E A CONFIRMAÇÃO ................... 129
    1. **O contexto eclesial** ........................................................ 130
        A polêmica com a Reforma ................................................ 130
        Tradição e preocupação pastoral ........................................ 131
        A concepção protestante do sacramento .............................. 132
    2. **A doutrina de trento sobre o setenário
sacramental (7ª sessão, 1547)** ....................................... 133
        Os sacramentos são sinais eficazes ..................................... 133
        Os sete sacramentos são instituídos por Jesus Cristo ............... 135
        Os sacramentos, atos de Deus, são também ações eclesiais ...... 136
        Os sacramentos estão correlacionados entre si ..................... 138
    3. **O batismo e a confirmação** .............................................. 138
        O batismo ................................................................... 138
        A confirmação .............................................................. 140
II. A EUCARISTIA E O SACRIFÍCIO DA MISSA .................................... 141
    1. **A eucaristia sacramento (13ª sessão, 1551)** ........................ 142
        Os problemas apresentados pela Reforma ............................ 142
        Da presença ao memorial (caps. 1-3) ................................. 143
        Presença real e transubstanciação (cap. 4) .......................... 144
        O culto do Santíssimo Sacramento (caps. 5-8) ..................... 146
    2. **A comunhão sob as duas espécies (21ª sessão, 1562)** ............. 146
    3. **A eucaristia sacrifício (22ª sessão, 1562)** ......................... 147

III. A PENITÊNCIA E A EXTREMA-UNÇÃO .................................................. 151
  1. **Os antecedentes do Concílio de Trento
     sobre a Penitência** ................................................................. 151
     A teologia da penitência do século XII ao século XVI ...................... 151
     A contestação da Reforma sobre a penitência ................................. 153
  2. **A 14ª sessão de Trento sobre a penitência (1551)** ..................... 154
     Necessidade e instituição da penitência (cap. 1) ............................ 154
     A diferença entre o batismo e a penitência (cap. 2) ........................ 155
     Os atos e os frutos da penitência (cap. 3) ..................................... 155
     Contrição e "atrição" (cap. 4) ..................................................... 155
     A confissão e seu segredo (cap. 5) ............................................... 157
     Absolvição e satisfação (caps. 6-9) .............................................. 157
  3. **A extrema-unção** .................................................................. 158
     Os antecedentes dogmáticos da unção dos enfermos ........................ 158
     A contestação dos reformadores ................................................... 160
     A *doctrina* do Concílio de Trento .............................................. 160
IV. O SACRAMENTO DA ORDEM ............................................................ 161
  1. **O contexto histórico da reflexão tridentina** ............................ 162
     A herança da prática e da teologia medieval ................................. 162
     As posições dos reformadores ...................................................... 163
  2. **O ensinamento conciliar sobre a ordem** ................................. 164
     As opções do Concílio de Trento .................................................. 164
     Os decretos de reforma ............................................................... 165
     O decreto dogmático (23ª sessão) ................................................ 166
V. O MATRIMÔNIO ............................................................................. 168
  1. **Prática e doutrina do matrimônio antes de Trento** .................. 168
     A celebração do matrimônio na Igreja antiga ................................ 168
     A doutrina de Agostinho, decisiva para o Ocidente ....................... 170
     O matrimônio sacramento na Idade Média ................................... 170
     A doutrina do matrimônio em Lutero e Calvino ............................ 171
  2. **Os decretos sobre o matrimônio (24ª sessão, 1563)** ................ 172
     A *doctrina* e os cânones sobre o matrimônio .............................. 172
     A forma canônica do matrimônio: o decreto *Tametsi* ................... 173
VI. CONCLUSÃO: AVALIAÇÃO DA TEOLOGIA SACRAMENTAL TRIDENTINA ......... 174
     Limites evidentes ...................................................................... 174
     Os aspectos positivos ................................................................. 176
     A autoridade dos decretos de Trento ............................................ 177

Capítulo V
DO CONCÍLIO DE TRENTO AO VATICANO II .......................................... 179
I. A DIFUSÃO DA TEOLOGIA SACRAMENTAL TRIDENTINA ......................... 180
  1. **Um catecismo dos sacramentos** ............................................. 180
  2. **Uma vulgata tridentina como sacramental** .............................. 181
     O Concílio de Trento explicitado ................................................. 182
     Ganhos e perdas de certas formulações tridentinas ...................... 183

II. DECISÕES PASTORAIS DE ALCANCE DOGMÁTICO ............................................. 185
   1. **O matrimônio, teste das relações entre
      a igreja e o mundo** ............................................................................ 185
   2. **Implicações doutrinais da prática sacramental** ............................. 188
      O batismo ............................................................................................ 189
      A penitência ........................................................................................ 190
      A eucaristia ......................................................................................... 191
      A ordem ............................................................................................... 192
   3. **O sentido dessas intervenções** ......................................................... 192
III. OS SACRAMENTOS NOS DEBATES DOUTRINAIS E ESPIRITUAIS ...................... 193
   1. **Os sacramentos e o jansenismo** ...................................................... 194
   2. **Os sacramentos e a mística** ............................................................. 197
   3. **Os sacramentos e o modernismo** .................................................... 198
IV. OS SACRAMENTOS NAS OUTRAS CONFISSÕES CRISTÃS ................................ 201
   1. **Os sacramentos dos orientais vistos de Roma** ............................... 201
   2. **A teologia sacramental oriental durante
      os últimos séculos** ........................................................................... 202
   3. **A questão das ordenações anglicanas** ........................................... 204
      Conclusão: de um concílio ao outro ................................................. 205

Capítulo VI
OS SACRAMENTOS SEGUNDO O VATICANO II ........................................................ 207
I. AS PREPARAÇÕES DO VATICANO II .................................................................... 207
   1. **A herança do Concílio de Trento** .................................................... 208
   2. **Um esforço bicentenário de pastoral e de teologia** ....................... 209
   3. **As iniciativas de três papas** ............................................................ 212
      Pio X e a eucaristia ............................................................................ 212
      Pio XI e o matrimônio ....................................................................... 212
      Pio XII, a Igreja e a liturgia .............................................................. 213
      Pio XII, a ordem e a eucaristia ......................................................... 214
II. A DOUTRINA SOBRE OS SACRAMENTOS DO VATICANO II ............................... 217
   1. **Os lugares da teologia sacramental do Vaticano II** ....................... 218
      A constituição sobre a liturgia (SC) ................................................. 218
      *Lumen Gentium*: os sacramentos e a existência cristã ................... 218
      *Lumen Gentium*: o episcopado, ápice do sacramento da ordem ........... 219
      O ministério e a vida dos presbíteros (PO) ..................................... 221
      A atividade missionária da Igreja (AG): a iniciação cristã ............ 223
      A unidade das Igrejas (UR) .............................................................. 223
   2. **As características da teologia sacramental do Vaticano II** ........... 224
      Uma definição dos sacramentos ....................................................... 224
      As quatro referências dos sacramentos .......................................... 226
      Uma pastoral sacramental ................................................................. 231
   3. **Avaliação da teologia sacramental do Vaticano II** ........................ 232
      O Vaticano II e o Concílio de Trento ............................................... 232
      O Vaticano II e o tempo presente .................................................... 235

Capítulo VII
OS SACRAMENTOS APÓS O VATICANO II .................................................. 239
  1. **A aplicação da reforma litúrgica** ................................................ 239
  2. **As intervenções magisteriais** ..................................................... 241
     Intervenções dos papas ............................................................. 241
     Intervenções episcopais ............................................................. 243
     Os sínodos episcopais em Roma ............................................ 243
     O Catecismo da Igreja Católica ............................................... 244
     Documentos dos organismos romanos ................................. 245
  3. **Os códigos canônicos do catolicismo** .................................... 245
  4. **Os diálogos ecumênicos** ............................................................. 248
  5. **Uma questão suscitada de novo pela prática:
     os ministérios** ................................................................................. 251
  6. **Conclusão: Teologia dos sacramentos e
     declarações do magistério** ........................................................ 254

Capítulo VIII
CONCLUSÃO: O TEOR DOGMÁTICO DOS SACRAMENTOS ................. 257
  1. **No princípio, o batismo** ............................................................... 257
     O batismo, sacramento da fé ................................................... 257
     O papel do batismo à luz de sua instituição ...................... 259
     De uma vez por todas ............................................................... 261
  2. **Na dependência do batismo, a confirmação** ...................... 263
  3. **No centro do setenário, a eucaristia** ..................................... 264
     A eucaristia, "fonte e ápice" .................................................... 264
     O sacramento da presença de Cristo .................................... 265
     Presença de Cristo em seu mistério pascal ........................ 266
     A eucaristia, sacrifício espiritual ............................................. 267
     Significações e frutos ................................................................ 268
     Prática e presidência da eucaristia ....................................... 269
     Eucaristia e batismo ................................................................... 270
  4. **A penitência-reconciliação, na anamnese do batismo** .... 270
     Formas muito diversas de um verdadeiro sacramento .... 271
     A penitência e o batismo ......................................................... 272
     A continuidade de um sentido pastoral e espiritual ........ 273
  5. **A unção dos enfermos e dos idosos, sinal batismal** ....... 274
     Uma história em debate .......................................................... 274
     Um verdadeiro sacramento ..................................................... 275
     Batismo, penitência e unção dos enfermos ....................... 275
  6. **A ordenação a serviço do Evangelho** ................................... 276
     Um autêntico sacramento ........................................................ 276
     O sentido e as funções do ministério ordenado .............. 277
     A condição eclesial e pessoal dos ministros ..................... 278
     Evoluções incontestáveis .......................................................... 279

7. **O matrimônio, sinal da benevolência fiel de Deus** ........................ 280
   O matrimônio como sacramento ............................................................ 280
   Criação, salvação e sacramento no matrimônio ...................................... 281
   Rumo a futuros desenvolvimentos .......................................................... 282

## SEGUNDA PARTE
## A IGREJA

INTRODUÇÃO ................................................................................................ 287
   A escolha de uma leitura positiva ........................................................... 288
   Uma leitura de fé .................................................................................... 288
   Uma regra do método ............................................................................. 289
   O modelo da Igreja primitiva? ................................................................ 289
   A Igreja viva como medida? ................................................................... 290
   A história dos dogmas como teologia ..................................................... 291
   Alguns outros limites .............................................................................. 292

Capítulo IX
O SENTIDO DA IGREJA NA ÉPOCA DOS PADRES ............................................. 295
   I. A CONSCIÊNCIA ECLESIAL NOS PRIMEIROS SÉCULOS ........................... 295
      1. **A herança das primeiras comunidades** ................................... 296
      2. **Afirmações ocasionais** ............................................................ 298
      3. **A Igreja vista pela escritura** .................................................... 299
      4. **A *ekklèsia*, portadora do sentido da história** ........................ 300
      5. **Conforme ao modelo celeste** ................................................... 302
      6. **Uma Igreja que se institucionaliza** .......................................... 303
      7. **Uma transformação do tecido eclesial** ..................................... 304
   II. CONTRIBUTOS ECLESIOLÓGICOS DOS PADRES DO SÉCULO II ............. 305
      1. **Da boa ordem na Igreja: Clemente de Roma** ......................... 305
      2. **A Igreja e o bispo: Inácio de Antioquia** ................................. 308
      3. **A Igreja e os outros: os apologistas** ....................................... 309
      4. **A Igreja e a sucessão apostólica: Ireneu** ................................ 311
   III. ATÉ O CONCÍLIO DE NICÉIA (325) .................................................... 313
      1. **Igreja de santos ou de pecadores? Hipólito e Calixto** ............ 313
      2. **A Igreja esposa do verbo: Clemente de Alexandria** .............. 315
      3. **A Igreja, lugar do verdadeiro conhecimento
         de Deus: Orígenes** ..................................................................... 316
      4. **A Igreja e a Trindade: Tertuliano** .......................................... 316
      5. **Cipriano e a comunhão dos bispos** ......................................... 318
      6. **A prática conciliar** ................................................................... 319

Capítulo X
A IGREJA NO IMPÉRIO ................................................................................. 321
   I. A NOVA SITUAÇÃO SOCIAL DA IGREJA ................................................ 321
      1. **A Igreja, sociedade de direito público** .................................... 321

  2. As categorias de cristãos .................................................................. 322
  3. Os concílios ecumênicos ................................................................ 323
 II. Teologias da Igreja ............................................................................ 324
  1. A encarnação e a Igreja ................................................................ 324
  2. A eclesiologia latina no século IV ............................................... 326
  3. Agostinho ....................................................................................... 328
  4. A Igreja na profissão de fé ........................................................... 331
 III. Dos Padres à Idade Média ................................................................ 331
  1. A teologia romana da monarquia papal ..................................... 332
  2. As liturgias e sua importância eclesiológica ............................. 335
  3. A herança eclesiológica dos Padres ............................................ 336

Capítulo XI
Rumo à Igreja de Cristandade ............................................................... 339
 I. A Alta Idade Média .............................................................................. 339
  1. De Isidoro de Sevilha († 636) à reforma do século XI .............. 339
  2. Uma cristandade clerical ............................................................. 342
  3. A Igreja e a eucaristia ................................................................... 344
  4. Os bispos, os concílios e o papa ................................................. 345
  5. O oriente, dos Padres à "ruptura" com Roma ............................ 348
 II. A reforma gregoriana e o século XII ................................................ 352
  1. A época dos canonistas ................................................................ 352
  2. A reforma gregoriana ................................................................... 354
  3. Os progressos da monarquia papal no século XII .................... 359
  4. Uma eclesiologia do corpo místico ............................................. 362
  5. Os movimentos espirituais .......................................................... 364

Capítulo XII
A emergência do dogma eclesial ........................................................... 367
 I. A Igreja na idade de ouro da escolástica .......................................... 367
  1. A Igreja iluminada pela cristologia ............................................. 367
  2. Uma teologia da monarquia papal ............................................. 369
 II. Do século XIV à Reforma ................................................................... 370
  1. Os primeiros tratados sobre a Igreja .......................................... 370
  2. O início da crítica reformadora .................................................. 375
  3. O Grande Cisma (1378-1417) e o conciliarismo ....................... 377
  4. Do Concílio de Basiléia ao Concílio de Trento ......................... 380

Capítulo XIII
A eclesiologia do tempo da Reforma .................................................... 385
 I. A contestação cristã ............................................................................. 385
  1. O "mundo moderno" ................................................................... 385
  2. As intuições eclesiológicas dos reformadores .......................... 386
 II. A Igreja da restauração católica ....................................................... 390
  1. O projeto reformador do Concílio de Trento ........................... 390

    2. O peso da teologia de controvérsia .................................................. 394
    3. Galicanismo e febronianismo ............................................................ 398

Capítulo XIV
A Igreja diante do racionalismo moderno ...................................... 403
  I. A Igreja das luzes ............................................................................... 403
    1. A idade da razão ............................................................................ 403
    2. A eclesiologia das luzes ................................................................ 405
    3. A vida das comunidades cristãs .................................................. 407
  II. Os precursores da renovação ........................................................ 408
    1. A restauração católica .................................................................. 408
    2. A escola romântica alemã ............................................................ 410
    3. A eclesiologia da "escola romana" .............................................. 412
  III. A primazia do papa no Vaticano II ............................................. 414
    1. Situação do concílio ...................................................................... 414
    2. A eclesiologia no Concílio Vaticano I ........................................ 415
    3. A constituição dogmática *Pastor Aeternus* ............................. 417
    4. As recaídas do Vaticano I ............................................................ 419

Capítulo XV
A virada da eclesiologia no século XX .......................................... 423
  I. A Igreja corpo místico ....................................................................... 423
    1. Uma redescoberta da Igreja ........................................................ 423
    2. Significado da ação católica ........................................................ 428
    3. A encíclica *Mystici Corporis* ..................................................... 429
  II. A Igreja no Concílio Vaticano II ................................................... 431
    1. Prelúdios ......................................................................................... 431
    2. A Igreja da *Lumen Gentium* ..................................................... 433
    3. Da *Lumen Gentium* à *Gaudium et Spes* ............................... 439

Capítulo XVI
Ser Igreja no fim do século XX ......................................................... 443
  I. Depois do Concílio ............................................................................. 443
    1. A recepção do Vaticano II ........................................................... 443
    2. A problemática eclesiológica após o Vaticano II .................... 446
  II. Orientações doutrinais e pastorais ............................................... 447
    1. Em favor de Igrejas mais "locais" .............................................. 447
    2. "Deve haver leigos na Igreja?" .................................................... 449
    3. As formas da colegialidade ......................................................... 451
    4. Os conflitos, a "recepção", a comunhão ................................... 452
    5. O privilégio dos pobres na Igreja .............................................. 454
  III. A Igreja católica e as "outras" ..................................................... 455
    1. A busca da unidade das Igrejas .................................................. 455
    2. A relação entre a Igreja e o povo judeu ................................... 457
    3. Rumo a uma nova presença no mundo .................................... 458

  Conclusão ................................................................................................. 461

## TERCEIRA PARTE
## A VIRGEM MARIA

INTRODUÇÃO ............................................................................................ 467
    O movimento mariano na história da Igreja ............................................ 467
    Um caso delicado de desenvolvimento do dogma ................................... 469

Capítulo XVII
DE MARIA MÃE VIRGINAL DE JESUS A MARIA
SEMPRE VIRGEM MÃE DE DEUS .............................................................. 471
    Maria na Escritura ................................................................................... 471
  I. MARIA E A GERAÇÃO VIRGINAL DE JESUS ............................................. 473
    1. **A primeira afirmação da fé** ............................................................ 473
    2. **Docetas, judeus e pagãos diante da
        concepção virginal de Jesus** ......................................................... 475
    3. **Eva e Maria na história da salvação** ............................................. 480
  II. MARIA MÃE SEMPRE VIRGEM DE DEUS ................................................. 482
    1. **O Concílio de Éfeso: Maria mãe de Deus** .................................... 482
        A contestação do título de Mãe de Deus por Nestório ..................... 482
        A afirmação de Éfeso: Maria *Theotokos* ........................................ 483
    2. **Maria mãe sempre virgem de Deus** ............................................. 484
        A virgindade de Maria depois do parto (*post partum*) ................... 485
        O dossiê bíblico dos "irmãos de Jesus" ............................................. 486
        Maria virgem no momento do nascimento de Jesus (*in partu*) ....... 487

Capítulo XVIII
A IMACULADA CONCEIÇÃO E A ASSUNÇÃO DE MARIA ............................. 491
  I. MARIA, VIRGEM SANTA E IMACULADA EM SUA CONCEPÇÃO ................. 491
    A opinião dos Padres sobre a santidade de Maria (séculos III e IV) ...... 492
    De fins do século IV ao século VIII ....................................................... 493
    A Idade Média latina e o debate sobre a Imaculada Conceição ............ 494
    Intervenções magisteriais ....................................................................... 495
    A bula *Ineffabilis Deus* de Pio IX ......................................................... 496
    O movimento doutrinal .......................................................................... 498
  II. MARIA GLORIFICADA EM CORPO E ALMA ............................................. 499
    Da emergência da questão às homilias bizantinas ................................. 499
    Da Idade Média latina aos tempos modernos ....................................... 501
    A constituição apostólica *Munificentissimus Deus* de Pio XII ............. 502
    O movimento doutrinal .......................................................................... 504

Capítulo XIX
MARIA NO MISTÉRIO DE CRISTO E DA IGREJA ........................................ 507
  I. A DOUTRINA DO VATICANO II ............................................................... 507
    O contexto do trabalho conciliar ........................................................... 508
    Orientações gerais e intenção ................................................................ 508
    O ponto de partida ................................................................................ 509

    "Maria totalmente ordenada a Deus e a Cristo" ........................... 510
    A relação de Maria com a Igreja ............................................... 511
    O culto da Virgem .................................................................... 512
II. O DISCURSO MARIANO DA IGREJA CATÓLICA APÓS O VATICANO II ................. 513
    João Paulo II: *Redemptoris Mater* ............................................ 513
    A "mediação" maternal de Maria .............................................. 513
    A controvérsia ecumênica sobre a Virgem Maria ..................... 514

TRANSIÇÃO .................................................................................... 515
BIBLIOGRAFIA ................................................................................ 517
    Primeira parte: Sacramentos ..................................................... 517
    Segunda parte: Igreja ................................................................ 517
    Terceira parte: Virgem Maria .................................................... 518
BIBLIOGRAFIA BRASILEIRA .............................................................. 519
    Sacramentos .............................................................................. 519
    Igreja .......................................................................................... 521
    Virgem Maria ............................................................................ 525
ÍNDICE DE AUTORES ...................................................................... 529

# ABREVIATURAS

| | |
|---|---|
| AA | *Apostolicam actuositatem. O apostolado dos leigos* (Vaticano II). |
| AAS | *Acta Apostolicae Sedis*, Roma. |
| ACO | *Acta Conciliorum Oecumenicorum*, éd. E. Schwartz, Berlin, de Gruyter, 1959-1984. |
| AG | *Ad gentes.* A atividade missionária (Vaticano II). |
| AHDLMA | *Archives d'histoire doctrinale et littéraire du Moyen Âge,* Paris. |
| BA | *Bibliothèque augustinienne,* Paris, DDB. |
| BEM | *Baptême, eucharistie, ministère* (Foi et Constitution), Paris, Centurion, 1982. |
| BLE | *Bulletin de Littérature ecclésiastique,* Toulouse. |
| Budé | Edições "Les Belles Lettres", Associação Guillaume Budé, Paris. |
| CCSG | *Corpus Christianorum. Ser. graeca*, Turnhout, Brepols. |
| CCSL | *Corpus Christianorum. Ser. latina,* Turnhout, Brepols. |
| CD | *Christus Dominus.* O ministério pastoral dos bispos (Vaticano II). |
| CH | Ireneu de Lião, *Contre les hérésies*; trad. A. Rousseau, Paris, Cerf, 1984. |
| COD | *Les conciles oecuméniques,* sob a direção de G. Alberigo; texto original e tradução francesa, t. II-1: os decretos de Nicéia I a Latrão V; t. II 2: Os decretos de Trento ao Vaticano II, Paris, Cerf, 1994. |
| CSCO | *Corpus Scriptorum Christianorum Orientalium,* Louvain. |
| CSEL | *Corpus Scriptorum Ecclesiasticorum Latinorum,* Vienne. |
| CTA | *Concilii Tridentini Acta* (Görresgesellschaft, Herder). |
| DC | *Documentation catholique,* Paris. |
| DECA | *Dictionnaire Encyclopédique du christianisme ancien,* 2 vols., Paris, Cerf, 1990. |
| DH | *Dignitatis Humanae.* A liberdade religiosa (Vaticano II). |
| DHGE | *Dictionnaire d'Histoire et de Géographie Ecclésiastiques,* Paris, Letouzey et Ané. |
| DSp | *Dictionnaire de Spiritualité* (Chantilly), Paris, Beauchesne. |

| | |
|---|---|
| *DTC* | *Dictionnaire de théologie catholique*, Paris, Letouzey. |
| *DV* | *Dei Verbum*. A revelação divina (Vaticano II). |
| *DzS* | *Denzinger-Schönmetzer, Enchiridion Symbolorum, definitionum et declarationum de rebus fidei et morum*, Friburgi Brisgoviae, Herder, 36ª ed. |
| *FC* | G. Dumeige, *La Foi Catholique*, Paris, Orante, 1969, ed. Atualizada 1993. |
| *GCS* | *Die Griechischen Christlichen Schriftsteller der ersten (drei) [Jahrhunderte]*, Berlin-Leipzig. |
| *GS* | *Gaudium et Spes*. A Igreja no mundo moderno (Vaticano II). |
| *HE* | *Histoire Ecclésiastique* (Eusébio e outros historiadores antigos). |
| *IPT* | *Initiation à la pratique de la théologie*, Paris, Cerf, 1982-1983. |
| *JTs* | *Journal of Theological Studies*, Oxford. |
| *LG* | *Lumen Gentium*. Constituição dogmática sobre a Igreja (Vaticano II). |
| *LThK* | *Lexikon für Theologie und Kirche*, Freiburg, Herder. |
| *LV* | *Lumière et Vie*, Lyon. |
| *Mansi* | *Sacrorum conciliorum nova et amplissima collectio*, Florence et Venise 1759-1798; reproduction et suite par J. B. Martin et L. Petit, 53 tomes, Paris, Welter, 1901-1927. |
| *MGH* | *Monumenta Germaniae Historica*, Berlin. |
| *NRT* | *Nouvelle Revue Théologique*, Namur-Tournai, Casterman. |
| *OE* | *Orientalium Ecclesiarum*. As Igrejas orientais católicas (Vaticano II). |
| *OT* | *Optatam totius Ecclesiae*. A formação dos sacerdotes (Vaticano II). |
| *PF* | "*Les Pères dans la foi*", col. dirigida por A. G. Hamman, Paris, DDB, depois ed. Migne. |
| *PG* | *Patrologia graeca* (J. P. Migne), Paris. |
| *PL* | *Patrologia latina* (J. P. Migne), Paris. |
| *PO* | *Presbyterorum ordinis*. O ministério dos sacerdotes (Vaticano II). |
| *RB* | *Revue biblique*, Jerusalém, Paris, Gabalda. |
| *RDC* | *Revue de Droit canonique*, Strasbourg. |
| *REA* | *Revue des Études augustiniennes*, Paris. |
| *RevSR* | *Revue des Sciences Religieuses*, Strasbourg. |
| *RGG* | *Die Religion in Geschichte und Gegenwart*, Tübingen. |
| *RHE* | *Revue d'Historie ecclésiastique*, Louvain. |
| *RHPR* | *Revue d'Histoire et de philosophie religieuse*, Strasbourg. |
| *RSPT* | *Revue des Sciences Philosophiques et Théologiques*, Paris, Vrin. |
| *RSR* | *Recherches de Science religieuse*, Paris. |
| RTL | *Revue de Théologie de Louvain*. |
| *SC* | *Sources Chrétiennes* (Lyon), Paris, Cerf. |
| *SCo* | *Sacrosanctum concilium*. A liturgia (Vaticano II). |
| *STh* | Santo Tomás de Aquino, *Suma teológica*. |
| *TD* | *Textes et Documents*, col. dirigida por H. Hemmer e P. Lejay, Paris, Picard, 1904-1912. |

| | |
|---|---|
| TRE | *Theologische Realenzyclopedie*, Berlin/New York, W. de Gruyter. |
| TU | *Texte und Untersuchungen zur Geschichte der altchristlichen Literatur,* Leipzig, Berlin. |
| UR | *Unitatis redintegratio*. O ecumenismo (Vaticano II). |
| VC | *Vigiliae Christianae*, Leiden. |
| TZ | *Theologische Zeitschrift*, Basel. |
| WA | *Weimarer Ausgabe* (Obras de Lutero). |
| ZKTh | *Zeitschrift für die katholische Theologie*, Wien. |
| ZNTW | *Zeitschrift für die neutestamentliche Wissenschaft*, Berlin, De Gruyter. |

# APRESENTAÇÃO

por B. Sesboüé

O tomo I desta *História dos dogmas* abordou a doutrina recapitulada nos Símbolos da fé, detendo-se nos dois dogmas maiores da Trindade e da cristologia. O tomo II tratou do conjunto da antropologia cristã, desde a criação do homem, a entrada do pecado no mundo, a maneira pela qual o desígnio de salvação de Deus o justifica e santifica, até seu destino escatológico, sem esquecer a dimensão dogmática da ética. Agora, este tomo III, seguindo o curso da história, aborda os sacramentos e a Igreja, não só mudando de período histórico de referência, mas também abordando os dogmas sob novos contornos. Os dogmas estudados até aqui pertenciam, antes de tudo, à linguagem da fé; daqui para diante entram em jogo práticas e instituições. Sob essa perspectiva, interessam mais de perto à relação entre Igreja e mundo.

## Os sacramentos e a Igreja

Na verdade, a fronteira entre o que é próprio dos sacramentos e o que pertence à Igreja é particularmente difícil de estabelecer. Na Igreja antiga e até meados da Idade Média, falou-se sobretudo da Igreja ao falar dos sacramentos, muito simplesmente porque eles, especialmente o batismo e a eucaristia, "fazem" a Igreja. Hoje, destaca-se a dimensão eclesial de cada sacramento, e todo um movimento teológico, confirmado pelo Vaticano II, fala globalmente da Igreja como sacramento. De fato, Igreja e sacramentos estão ligados por uma economia comum. Se considerarmos a eucaristia, o sacramento por excelência, perceberemos que toda uma tradição eclesiológica se construiu tendo a celebração eucarística como a expressão por excelência do ser da Igreja. O mesmo se dá com os ministérios ordenados: eles constituem, por um lado, um sacramento, mas, por outro, pertencem à estrutura hierárquica da Igreja, e a constituição dogmática do Vaticano II, *Lumen Gentium,* lhes dá um lugar de destaque. Será inevitável, portanto, retomar a consideração de certos conteúdos doutrinais de pontos de vista diferentes e complementares. Se for o caso, notas ao pé da página permitirão ao leitor estabelecer as ligações necessárias.

A Igreja, por sua vez, apresenta um problema doutrinal particular. Ela viveu muito tempo antes de ser dogmatizada. E foi, durante um tempo ainda maior, o objeto de todo um conjunto de reflexões teológicas que se elaboravam em debates abertos. Só tardiamente é que esse conjunto, laboriosamente amadurecido, adquiriu um valor doutrinal firme e se depositou em formulações dogmáticas. É difícil, portanto, distinguir, a seu respeito, entre história geral (a história da Igreja não se contava tradicionalmente entre as disciplinas propriamente teológicas?) e história estritamente doutrinal. Neste livro será dado, portanto, o lugar que cabe à história da vida da Igreja e de suas diversas teologias. Esses desenvolvimentos podem parecer se distanciar do essencial; na realidade, eles levam em conta a forma particular de que se reveste a tradição concernente a um dogma de alcance institucional e vivido de maneira social. Será impossível compreender as determinações mais recentes sem vê-las surgir desse húmus doutrinal multissecular[1].

## *O segundo milênio*

O período de referência deste tomo III começa no século XII e se prolonga até nossos dias. Pode-se mesmo dizer que é nessa época que a estrutura sacramental cristã se formaliza em um conjunto de importância dogmática. Nos séculos XIV-XV vemos aparecer os primeiros tratados sobre a Igreja. O movimento da história foi, portanto, dos sacramentos, nos quais e a partir dos quais se falava da Igreja, tal como Santo Tomás, para a consideração explícita da Igreja como comunidade da salvação. Por isso, aqui a parte dos sacramentos precede a parte sobre a Igreja, quando na dogmática se prefere normalmente a ordem inversa.

É evidente que os sacramentos e a Igreja foram objeto de fé e de primeiras determinações doutrinais antes desse período. Desde seus inícios, o cristianismo comporta um culto e liturgias celebradas em suas comunidades. Desde os inícios, também, tem consciência de constituir uma Igreja, povo reunido por Deus a partir do acontecimento fundador de Jesus Cristo. Retomaremos, portanto, esses elementos doutrinais importantes. Eles virão completar a fisionomia dogmática do primeiro milênio, apresentado nos dois tomos precedentes.

Entretanto, o centro de gravidade deste tomo se situará no segundo milênio. Na perspectiva da história, isso quer dizer que a Igreja cristã — levando-se em conta as primeiras separações no Oriente depois do Concílio de Calcedônia

---

1. A questão da infalibilidade será tratada no tomo IV, no quadro da reflexão fundamental sobre a Escritura, a Tradição e o Magistério.

— está a partir daí dividida em duas unidades que romperam a comunhão em 1054. De um lado, no Oriente, a Igreja ortodoxa guarda sua figura imperial; de outro, no Ocidente, a Igreja católica assume uma figura cada vez mais papal e romana. Essa cisão acarreta conseqüências disciplinares e dogmáticas, especialmente nos assuntos que estamos tratando, os sacramentos e a Igreja. Numa obra elaborada em meio católico, é evidente que é o dogma católico que será apresentado de maneira privilegiada. Nossa geografia cultural de referência será o Ocidente latino. Mas os autores prestarão sempre muita atenção ao que se exprime e se dogmatiza no Oriente da ortodoxia — como já aconteceu, no tomo I, a propósito da questão do *Filioque* —, muito simplesmente porque esses desenvolvimentos comportam uma parte de contencioso dogmático entre a Igreja ortodoxa e a Igreja católica. O contencioso dogmático pertence, também, à história dos dogmas.

A Igreja do Ocidente conheceu, por sua vez, uma ruptura maior, no século XVI, com o movimento da Reforma protestante, ao qual responderá o movimento análogo da Reforma católica tridentina e pós-tridentina. Sabemos como esse movimento modelou a face da Igreja católica até a metade deste século. Ora, o cerne do contencioso entre as Igrejas saídas da Reforma e a Igreja católica diz respeito aos sacramentos e à Igreja. É impossível tratar a sacramentária e a eclesiologia católica sem abordar esses debates, o que se fará no mesmo espírito com que se tratou a questão da ortodoxia. Mas também, depois do Vaticano II, a Igreja operou uma conversão oficial ao ecumenismo, e inúmeros diálogos doutrinais, bilaterais ou multilaterais têm se realizado com a finalidade de fazer progredir a reconstituição da unanimidade na fé. Recorreremos também a esses trabalhos. A reconciliação doutrinal e "dogmática" pertence, ela também, à história dos dogmas.

## *Dogma e magistério*

Uma história dos dogmas deve sempre recorrer aos documentos maiores do magistério. Vimos a importância dada aos concílios ecumênicos, ou mesmo locais, nos dois tomos precedentes. Essa referência permanece. Mas muda um pouco de forma em função da história e da evolução que se produziu no exercício do magistério, pelo fato da centralização crescente da Igreja católica. Os concílios gerais do Ocidente (podem ainda ser chamados "ecumênicos", no sentido pleno do termo, os concílios que não compreendem mais os representantes do Oriente?) são ainda relativamente numerosos na Idade Média — Constantinopla IV (869-870) foi o primeiro não reconhecido pelo Oriente —, de Latrão I (1123) a Latrão V (1512-1517), no início do século XVI, logo antes da Reforma. Mas entre Trento e o Vaticano I não se realizou nenhum concílio em três séculos. Durante essa mesma época, o magistério papal assumiu uma importância cada vez maior. No século XVIII, Bento XIV escreveu a primeira carta encíclica e criou um gênero literário que se tornará, no século XIX, a partir de *Mirari vos* de Gregório XVI (1831), a forma normal e regular do ensino pontifício. É certo que as encíclicas, enquanto tais, não empenham um ensino magisterial infalível e irreformável, mas representam um exercício importante e privilegiado do magistério papal, que, de comum acordo com o dos bispos, constitui um lugar dogmático de referência denominado "magistério ordinário". Dos dicastérios romanos vêm igualmente inúmeras decisões para a disciplina dos sacramentos que são, na maior parte do tempo, a conseqüência prática de uma intenção doutrinária. Teremos, portanto, de citar freqüentemente esses documentos dispersos e cada vez mais abundantes, de conteúdos fragmentados. A última edição do Denzinger-Hünermann (1991), que comporta, pela primeira vez, a tradução alemã, permite a seguinte constatação: quase a metade do volume é ocupado pelos documentos posteriores a 1901. O Vaticano II, evidentemente, tem aí a sua parte, mas não basta para explicar o fenômeno. O discurso magisterial conhece, em nossos dias, uma verdadeira explosão. O problema para uma obra desse gênero é não se deixar afogar pela abundância da documentação e exercer um justo discernimento sobre a importância respectiva dos documentos. O parâmetro da recepção viva pela Igreja é evidentemente decisivo, mas é cada vez mais difícil de ser aplicado na medida em que os textos se fazem mais próximos do analista.

## A Virgem Maria

Este tomo III tratará enfim da Virgem Maria. Ele retoma, em relação a esse ponto, a opção do Vaticano II, que decidiu falar da Virgem no quadro da constituição sobre a Igreja. Essa opção se justifica também historicamente. A Virgem Maria está evidentemente presente nos textos mais antigos dos Padres (particularmente com o paralelo entre Eva e Maria) e no desenvolvimento antigo da cristologia devido à importância que teve o título de *Theotokos* em Éfeso. Mas o desenvolvimento do culto mariano, provocado por esse concílio, será um fato da Alta Idade Média e da Idade Média que perdura, nos tempos modernos, nas diferentes vagas do movimento mariano, especialmente com as elaborações sobre a Imaculada Conceição e a Assunção, que se tornarão dogmas definidos em 1854 e 1950.

Esse será, portanto, o conteúdo deste tomo em suas três partes. Quero, ao terminar, exprimir meu reconhecimento a Pierre Vallin, que releu atentamente todas estas páginas para nos dar suas observações e sugestões.

# PRIMEIRA PARTE
# OS SACRAMENTOS

H. Bourgeois e B. Sesboüé

# INTRODUÇÃO

H. Bourgeois

Os sacramentos são, evidentemente, um elemento da experiência cristã. São mencionados no Credo por meio do batismo, ao menos na fórmula mais desenvolvida de Nicéia-Constantinopla. Sem constituir a realidade primeira do mistério evangélico, e mesmo permanecendo em segundo plano em relação à Palavra divina que trazem em si, fazem parte do "dogma" cristão.

A apresentação histórica desse dogma específico comportará particularidades que é bom expor desde o início. Formalmente, ele tem início no século XII, pois foi então que se constituiu, no Ocidente e no cristianismo latino, uma doutrina dos sacramentos, em outras palavras, uma teologia sacramental. Isso não dispensa, é claro, rememorar os tempos anteriores, pois foi na Antiguidade cristã que o fato sacramental assumiu contornos precisos e encontrou as marcas de sua teologia futura. Por outro lado, escolhemos seguir a história enfocando o mais possível simultaneamente os diversos sacramentos. Teria sido possível outro método, que consistiria em acompanhar cada um dos atos sacramentais em sua evolução ao longo dos tempos. Mas pareceu-nos mais judicioso considerar a realidade dos sacramentos como um todo, com diversas modulações, mas sempre articulado na experiência cristã e na reflexão teológica. Somente quando necessário, os sete sacramentos serão vistos um por um, particularmente a propósito do Concílio de Trento e do Vaticano II. No capítulo de conclusão, a evolução "dogmática" de cada sacramento será também retomada separadamente.

De acordo com a intenção desta obra, a história aqui exposta não será a de toda a teologia dos sacramentos, mas a do "fato" e do "dogma" sacramental. Isso explica o lugar dado às tomadas de posição oficial do magistério. Não que o magistério assuma sozinho a dogmatização progressiva dos sacramentos, porque sua função é indissociável do que vivem, pensam e experimentam os cristãos em suas comunidades e em sua vida pessoal. Mas o magistério católico é visto como tendo um papel próprio: o de exprimir a confissão de fé em nome de todos, em cada época. Esse é o seu ministério. Não é de admirar, portanto, que se encontre aqui uma história do dogma sacramental regularmente pontuada pela voz dos concílios e dos papas. Entretanto, a história aqui apresentada não quis se contentar com um corpo de textos autorizados e sucessivos. Tentou-se mostrar a lógica dessas intervenções. Na maioria das vezes, essa interpretação se inscreve no desenvolvimento da reflexão cristã sobre a liturgia e a prática dos sacramentos. Uma vez ou outra, essa lógica é menos imediatamente ligada à compreensão da experiência que os cristãos têm de suas celebrações, e depende de outros fatores, especialmente culturais.

Além disso, essa história procurará levar em conta o conjunto da realidade cristã e, portanto, a diversidade das tradições e das Igrejas. A evolução a ser delineada não se quer portanto puramente latina ou ocidental. Ela integrará a transformação da prática e da reflexão das Igrejas orientais. Simplesmente, logo ficará claro que o gosto pela especulação sobre os sacramentos é mais ocidental que oriental. Não que os cristãos bizantinos, siríacos ou alexandrinos não tenham escrito nada sobre os mistérios celebrados em suas assembléias, mas sua índole particular os orienta para o próprio mistério de Deus, e eles não são tão inclinados, como os latinos, a examinar como os sacramentos manifestam e atualizam o dom divino. Eles confessam esse dom, e vivem dele, mas não têm forçosamente o desejo de analisá-lo.

Os autores procuraram, enfim, na medida do possível, ser precisos e objetivos. Mas o volume destas páginas, apesar de grande, não permitiu dar, em todas as ocasiões, as indicações que este ou aquele leitor poderia desejar. A intenção foi mais mostrar as perspectivas do que acumular dados históricos. Quanto à objetividade, todos sabem que nunca é total. Pelo menos o texto aqui apresentado tem o cuidado de deixar falar os dados arrolados. Chegado o momento, será possível apreciar a evolução descrita. Mas esse julgamento ultrapassa a estrita apresentação do que nos transmitiram os séculos ou decênios que nos precederam.

Eis, então, o plano a ser seguido:

Os dois primeiros capítulos resumirão o que precedeu a constituição da sacramentária cristã no século XII, segundo o duplo registro da doutrina e da prática ou das instituições.

No terceiro capítulo serão considerados os dados magisteriais sobre os sete sacramentos, que se sucedem do século XII ao século XVI.

Um quarto capítulo será consagrado ao Concílio de Trento (1545-1563), que, diante das posições da Reforma protestante, se dedicou em diversas sessões ao setenário sacramental e a cada um dos sacramentos.

Um quinto capítulo levará do Concílio de Trento ao Concílio Vaticano II. Entre um e outro, a história dos sacramentos não passou em branco. Acompanhando seus diversos imprevistos, é possível ver como um concílio, o de Trento, vai pouco a pouco sendo recebido, e como um outro, o Vaticano II, vai sendo progressivamente preparado.

O sexto capítulo analisará a obra sacramental do Vaticano II, e o sétimo acompanhará seu desenrolar nos anos subseqüentes, neste fim de século.

Enfim, na conclusão (capítulo VIII), cada sacramento será rapidamente apresentado. Trata-se de recapitular o que foi marcante na história comum antes exposta.

CAPÍTULO I
# O testemunho da Igreja antiga: uma economia sacramental

H. Bourgeois

Por inovador que tenha sido, o século XII ocidental não é menos herdeiro das tradições do Novo Testamento, da patrística e da Alta Idade Média. O fato se revela em todos os domínios da teologia, quer se trate da hermenêutica, da concepção da história e da sociedade ou da vida eclesial e do direito que a rege. O mesmo vale para a reflexão sacramental que se organiza então na Igreja latina. Algério de Liège, Abelardo, Bernardo de Claraval, o autor anônimo da *Suma das sentenças*, Hugo de São Vítor e Pedro Lombardo se referem ao que receberam do pensamento constituído antes deles sobre os sacramentos. Citam, evidentemente, as Escrituras, mas também, muito freqüentemente, aquele que é tido por autoridade maior na matéria, Santo Agostinho. Chegam também a avaliar as proposições mais recentes, especialmente as ligadas a debates sobre a eucaristia nos séculos IX e XI.

Ao se estabelecer no Ocidente, a teologia dos sacramentos assume um passado mais ou menos conhecido, mas que lhe é fundamental. Ela se pretende bíblica e tradicional, e por esses dois motivos ousa ser original. No mesmo momento, o cristianismo oriental não experimenta nenhuma necessidade de inovar na reflexão sobre os sacramentos. Mas também medita a Escritura e se nutre da tradição, referindo-se especialmente a Cirilo de Jerusalém, Gregório de Nazianzo e João Crisóstomo, inspirando-se igualmente, mais do que se faz no Ocidente latino, nas palavras e nos gestos da liturgia.

Propomo-nos, então, neste primeiro capítulo, examinar qual era a identidade doutrinal, de fato dogmática, dos sacramentos antes da renovação decisiva do século XII na Igreja latina. Como os sacramentos são, ao mesmo tempo, o objeto de um dizer e de um fazer, duas abordagens são aqui necessárias: a abordagem mediante os testemunhos relativos à doutrina e a que apelará às instituições vivas.

## I. OS SACRAMENTOS, ATOS LITÚRGICOS

### 1. CULTO, RITOS E LITURGIA NO NOVO TESTAMENTO

> **INDICAÇÕES BIBLIOGRÁFICAS:** O. CULLMANN, *Les sacrements dans l'évangile johannique. La vie de Jésus et le culte de l'Église primitive,* Paris, PUF, 1951. — J. DANIÉLOU, *Bible et liturgie,* Paris, Cerf, 1950. — M.-E. BOISMARD, *Quatre Hymnes Baptismales dans le 1ère épître de Pierre,* Paris, Cerf, 1961. — *Le ministère et les ministères selon le Nouveau Testament.* Dossiê exegético e reflexão teológica, org. de J. Delorme, Paris, Seuil, 1974. — X. LÉON-DUFOUR, *Le partage du pain eucharistique selon le Nouveau Testament,* Seuil, 1982. — J. GUILLET, *Entre Jésus et l'Église,* Seuil, 1985. — P. GRELOT, *Introduction à la Bible,* t. 9: *La liturgie dans le Nouveau Testament,* Paris, Desclée, 1991.

Segundo o testemunho dos Atos dos Apóstolos, as primeiras comunidades cristãs, desde que se formavam, reuniam-se para a oração: elas tinham um culto. Nos primeiros tempos, parece que continuavam a participar do culto na sinagoga e, em Jerusalém, no Templo. Mas tinham também suas assembléias próprias de oração, como testemunha o resumo dos Atos: "Mostravam-se assíduos ao ensino dos Apóstolos, fiéis à comunhão fraterna, à fração do pão e às orações" (At 2,42). A forma de sua oração era herdeira espontânea da oração judaica, enraizada nos textos do Antigo Testamento, nos salmos e nos cânticos bíblicos. Mas essas assembléias foram logo, também, criadoras de novos hinos propriamente cristãos.

Desde Pentecostes, vemos emergir dois ritos principais estruturando a comunidade: o batismo, de um lado (At 2,38.41; 8,12.13.16.38; 9,18; 10,47.48; 16,15.33; 18,8; 19,3-5; 22,16) e, por outro lado, a "fração do pão", acima mencionada (At 2,42), termo usual para designar a partilha eucarística. Esses dois atos pertencem à imagem visível e unificada da Igreja corpo de Cristo. Vê-se igualmente outros ritos emergirem progressivamente na vida das comunidades do Novo Testamento: por exemplo as unções e a imposição das mãos, significando a invocação e o dom do Espírito Santo em vista de diferentes efeitos — primeiro a conclusão do batismo, mais tarde a investidura no ministério. Também a questão do perdão dos pecados, na Igreja, é logo levantada.

Fazendo isso, essas comunidades não tinham a intenção de inventar: elas entendiam obedecer ao exemplo e à ordem do Senhor. Isto é manifesto no caso da eucaristia, cuja instituição é narrada nos Evangelhos sinóticos e na Primeira Carta aos Coríntios (11,17-34). No caso do batismo, a coisa é mais surpreendente: entre o batismo de João e de seus discípulos, seguido do batismo recebido por

Jesus, e o convite ao batismo dirigido por Pedro aos que seu discurso de Pentecostes havia convertido, encontra-se um certo hiato, sublinhado pelo fato de que em lugar algum nos é dito que os apóstolos de Jesus tenham recebido o batismo de água. Esse hiato foi, em parte, preenchido pela ordem de Jesus que termina o Evangelho de Mateus, texto que sabemos ser um tanto quanto tardio (Mt 28,19-20). Mas o que se deve lembrar é que esse batismo é dado "em nome de Jesus" (quer se trate, ou não, de uma fórmula litúrgica). Batismo e eucaristia não são invenções da Igreja, são criações que remontam ao Senhor Jesus, o que significa que ele é, ao mesmo tempo, seu fundador, por seus gestos institucionais relativos à Igreja, e seu fundamento, pela realização de seu mistério pascal cujo memorial animará todos os sacramentos da Igreja.

O Novo Testamento não levanta a questão de um termo genérico capaz de designar ao mesmo tempo o batismo e a eucaristia. Não lhes aplica o termo de mistério que reserva para o desígnio de Deus revelado em Cristo. Ignora o termo "sacramento". Mas o Evangelho de João é rico em cenas e simbolismos cuja interpretação sacramental se impôs a inúmeros exegetas.

## 2. VIDA SACRAMENTAL E LITURGIA NA IGREJA ANTIGA

> **INDICAÇÕES BIBLIOGRÁFICAS:** H. DE LUBAC, *Catholicisme. Les aspects sociaux du dogme*, Paris, Cerf, 1938. — M. JOURJON, *Les sacrements de la liberté chrétienne selon l'Église ancienne*, Cerf, 1981. — P. TH. CAMELOT, *Spiritualité du Baptême*, Cerf, 1960, 2ª ed, 1993. — J. M. R. TILLARD, *Chair de l'Église, chair du Christ. Aux sources de l'ecclésiologie de communion*, Cerf, 1992.

O que chamamos de sacramentos concerne a uma prática eclesial muito importante, a da assembléia, expressão e fonte de comunhão entre os discípulos de Cristo ressuscitado (At 2,42-46; 1Cor 11,17-34). Pois, se a Igreja está dispersa na sociedade, o que a coloca em condições de evangelizar por intermédio de seus membros espalhados, ela é igualmente chamada a se reunir, assumindo assim uma figura visível e realizando, ao mesmo tempo, algumas de suas funções vitais.

### *No concreto da vida cristã*

Quando a Igreja se reúne, convocada por Deus, ela tem uma função a cumprir. Ela age, pratica, tem uma vocação a ser realizada de maneira concreta. A prática da Igreja é, ao mesmo tempo, testemunho apostólico de Cristo e experiência comunitária, ritual, orante. Por conseguinte, a fração do pão, ou a eucaristia, é inseparável do conjunto, igualmente concreto, da vida eclesial com seus componentes de catequese, de convivência espiritual e material, de oração de ação de graças e de súplica. Os sacramentos não são em si isoláveis. São atos entre outros atos. Eles encontram, no conjunto das ações da Igreja congregada, um primeiro fator englobante.

Outro fator englobante em que eles se inserem é a oração eclesial. A fração do pão é, manifestamente, uma oração, visto que o Novo Testamento a chama também de eucaristia, bênção, ação de graças. Mas ela não é a totalidade da oração da Igreja. Não só porque há outros ritos (o batismo, a unção dos enfermos, a imposição das mãos), mas também porque a oração eclesial não tem sempre forma ritual (cf. 1Ts 1,2-3; At 4,24-30). A diversidade das práticas é, portanto, grande, e a Igreja da Antiguidade não quis sistematizá-la rápido demais. Simplesmente, entre todos os atos rituais de oração, alguns implicam uma espécie de encenação figurativa (com água, pão, óleo, gesto de imposição das mãos), e dois deles se referem a uma ordem explícita do Ressuscitado, o batismo e a fração do pão ou eucaristia. O primeiro traço da identidade do sacramento é, portanto, o de ser um ato concreto, num conjunto de ações eclesiais diversas e numa globalidade orientada para Deus segundo o modo da oração.

Esse agir sacramental, todavia, deve ser bem compreendido. Não é um empreendimento eclesial que busca se apropriar do dom do Reino; é uma ação que Deus solicita e torna possível. Daí a ênfase dada, na Antiguidade cristã, ao lugar da Palavra divina na celebração sacramental. No Oriente, no século III, Orígenes sublinha o fato: "As palavras que pronunciamos neste momento são a carne do Verbo de Deus"[1]. Em outras palavras, "não é a matéria do pão, mas a palavra pronunciada sobre ele que beneficia a quem o come de uma maneira não indigna do Senhor"[2]. Mesma insistência no Ocidente, com Ireneu de Lião, no século II: "O batismo se dá pelos três artigos" da confissão de fé[3]. No século IV, Ambrósio de Milão afirmará: "Quando se vai produzir o venerável sacramento [da eucaristia], o sacerdote não se serve mais de suas próprias palavras, mas usa as palavras de Cristo. É, portanto, a palavra de Cristo que produz este sacramento"[4]. Um pouco mais tarde, Agostinho de Hipona tem uma fórmula na qual se compraz (ele a emprega muitas vezes) e que teve, em seguida, algum sucesso: "Retira a palavra. Que é que sobra? Somente a água. A palavra se junta ao elemento (material) e advém o sacramento, como se fosse uma palavra que se visibilizasse"[5].

O sacramento é, portanto, um ato. Mas é primeiro um ato de Deus antes de ser uma ação eclesial. Nós o fazemos, o celebramos, o damos e o recebemos. Mas é Deus quem tem a iniciativa e concede à Igreja que o realize. Como declara ainda Agostinho em outra frase famosa: "Se Pedro batiza, é ele [Cristo] quem batiza; se Paulo batiza, é ele quem batiza; se Judas batiza, é ele quem batiza"[6].

---

1. ORÍGENES, *Homélies sur les Nombres*, 23,6, trad. A. Méhat, SC 29, 1951, p. 448.
2. Id., *Comment. sur Matthieu*, 11,14, éd. R.Girod, SC 162, p. 347.
3. IRENEU, *Démonstr. de la prédic. apost.*, 6-7, SC 62, pp. 39-41.
4. AMBRÓSIO DE MILÃO, *Des sacrements*, IV, 4, 14, SC 25bis, pp. 109-111.
5. AGOSTINHO, *Homélies sur l'Évangile de Jn*, 80,3, PL 35, 1840.
6. *Ibid.*, 6,7, BA 71, trad. M. F. Berrouard, 1969, p. 357.

## Um dispositivo figurativo

Os ritos que chamamos de sacramentos têm, então, uma dupla dimensão: uma palavra e um gesto feito sobre o corpo. Um texto neotestamentário tem valor de referência para exprimir esses dois aspectos conjuntos. Diz respeito a um rito judaico, o do banho pré-nupcial da futura esposa: "O banho de água, o qual uma palavra acompanha" (Ef 5,26). Tal articulação vale para todos os sacramentos.

Ainda é preciso deixar claro que o gesto corporal tem um estatuto muito particular quando possui valor sacramental. Não é um gesto utilitário, como os da vida cotidiana (lavar-se, comer, beber, ungir-se com óleo). Ou melhor, é um gesto cotidiano que, por causa do contexto de oração em que se insere e da palavra que o acompanha, se torna figurativo. Quer dizer mais do que sua significação habitual; evoca o Reino de Deus. É uma parábola em ato cujos harmônicos sugerem e atualizam o mistério evangélico.

A Antiguidade cristã, tanto no Oriente como no Ocidente, exprime essa originalidade figurativa ao dizer que o sacramento é um "sinal", de tal sorte que o visível leva ao invisível e a figura à realidade misteriosa. Há, portanto, o que se vê e há o que se compreende na fé: o ver convoca o crer. "Olhamos uma coisa e cremos noutra"[7]. Por conseguinte, "o infiel, ao ouvir falar de purificação, pensa simplesmente na da água; quanto a mim, não vejo somente o que é observado, mas a purificação da alma pelo Espírito. Aquele outro pensa que apenas o corpo foi lavado; quanto a mim, creio que a alma se tornou pura e santa. [...] Não julgo as aparências pela vista, mas pelo olhar da inteligência"[8]. Agostinho tem a mesma concepção: "Um sinal é uma coisa que, além da impressão que produz nos sentidos, faz vir ao pensamento algo diferente"[9]. O bispo de Hipona explicita: "O que vês passa, o invisível que é manifestado não passa, permanece"[10]. O sacramento, então, faz ato de passagem. Orienta a fé para uma alteridade, a do mistério.

Portanto o sacramento é sacramento da fé"[11], isto é, mistério divino que se torna figura para os crentes, ao mesmo tempo pressupondo, fortalecendo e renovando a fé. Ato de Deus que vem ao encontro da humanidade, o sacramento é também ato de fé pelo qual a humanidade se compromete com o dom divino e deixa manifestar-se nela a presença divina.

Essa relação entre a fé e os sacramentos se exprime, para os antigos, de diversas maneiras. Em primeiro lugar, pelo papel da palavra divina na celebração; a palavra que "acompanha" o gesto não é simples comentário. Orígenes a tem como prioritária em relação ao gesto; e, para Agostinho, o gesto é, no fundo, a visibilização da Palavra de Deus. Em seguida, os sacramentos supõem

---

7. JOÃO CRISÓSTOMO, *Homélies sur 1Co* 7,1, *PG* 61, 55.
8. *Ibid.*, 55-56.
9. AGOSTINHO, *La doctrine chrétienne*, 2,1,1, *BA* 11, p. 239.
10. Id., *Sermons pour la Pâque*, 227, *SC* 116, p. 243.
11. Id., *Lettres* 98,10, *PL* 33, 364.

uma adesão da parte dos crentes que os recebem, que se manifesta pelo "Amém" dos batizados e dos participantes da eucaristia. Ambrósio de Milão explica: "Perguntaram-te: crês em Deus Pai todo-poderoso? Respondeste: creio, e foste banhado", repetindo-se o diálogo para Cristo e para o Espírito[12]. A respeito da eucaristia, o bispo de Milão tem a mesma convicção: "Não é, portanto, sem razão que dizes: 'Amém', reconhecendo no teu espírito que recebes o corpo de Cristo. Quando te apresentas, o sacerdote diz, com efeito: 'o corpo de Cristo'. E respondes: 'Amém', quer dizer, 'é verdade'. Que a convicção guarde o que a língua confessa"[13]. Em suma, segundo Agostinho, quando se recebe o sacramento, "o que alimenta não é o que se vê, mas o que se crê"[14]. Por seu lado, Basílio de Cesaréia ironiza os cristãos de fé duvidosa que pretenderiam convidar os outros a não "crer como somos batizados"[15]. O batismo é forma, referência e fonte da vida de fé. Por isso, aliás, é objeto de fé no Credo, como foi explicitado pelo Concílio de Constantinopla (381): "Confesso um só batismo para a remissão dos pecados".

Tal insistência na fé e, portanto, no mistério que a celebração sacramental atualiza não impede, entretanto, que o dispositivo figurativo do sacramento tenha também, para os cristãos da Antiguidade, uma grande importância. O mistério efetivamente passa por ele.

Sem teorizar sobre a estrutura desse sensível figurativo, os Padres indicam quais os seus principais elementos. Em primeiro lugar, há o que chamamos de a aparência, o sensível e, no Ocidente, o elemento (*elementum*). São as realidades materiais integradas na celebração (água, pão, vinho, óleo, sal) e também os gestos feitos com essas realidades (lavar-se, comer e beber, ungir com óleo) ou, às vezes, sem elas (impor a mão ou as mãos sobre a cabeça de alguém). Em seguida, há o ministro. Um sacramento é presidido e situa os fiéis diante de alguém que é, como diz Agostinho, cristão como eles e, para eles, ministro, sendo ministro, em primeiro lugar, o bispo[16]. Esse ministério tem sentido figurativo: exprime a presença e a ação de Cristo. Já vimos: é sempre Cristo que batiza. Enfim, há a assembléia eclesial. É nela que se realiza a celebração eucarística, e é em referência a ela que o batismo, quando dado de maneira privada, se realiza (At 10,47-48).

Esse figurativo sacramental não é deixado a si mesmo, livre de suas evocações e sugestões. Está ligado à história e à mensagem de Jesus, ao mesmo tempo que ao conjunto bíblico, o que permite discernir, entre suas significações possíveis, as que estão de acordo com o mistério. Nesse sentido, não é só a palavra sacramental que diz o sentido da figura. Esse sentido é também indicado pelos

---

12. AMBRÓSIO, *Des sacrements*, II, 7,20, SC 25bis, p. 85.
13. *Ibid.*, IV, 5,25, p. 117.
14. AGOSTINHO, *Sermons* 112,5, PL 38, 645.
15. BASÍLIO DE CESARÉIA, *Sur le Saint Esprit* 27,67, SC 17bis., p. 489.
16. AGOSTINHO, *Sermons* 240, PL 38, 1483.

acontecimentos e textos das escrituras que a meditação cristã liga ao sacramento e ao figurativo que ele comporta. A água batismal, diz Tertuliano, evoca o batismo de Jesus ou a água que jorrou do peito traspassado do Crucificado, mas faz também pensar na travessia do mar Vermelho[17]. A eucaristia está ligada não só aos textos neotestamentários da Ceia, mas às narrativas da multiplicação dos pães, à imagem do cordeiro pascal e, muito particularmente, a um texto do profeta Malaquias sobre o sacrifício puro anunciado por ele (Ml 1,11-14)[18] e que o sacramento da eucaristia realiza.

Em outras palavras, a figura sacramental é "historicizada". Ela ostenta harmônicos poéticos, mas é, também, ato de memória. Ao atualizar o que é, lembra o que foi. Faz parte da tradição escriturística. É o que diz Agostinho do sacramento: "Há sacramento numa celebração quando se faz memória de um acontecimento"[19].

## II. INVENTAR UMA LINGUAGEM PARA OS SACRAMENTOS

**INDICAÇÕES BIBLIOGRÁFICAS:** H. DE LUBAC, *Corpus mysticum, L'eucharistie et l'Église au Moyen Âge,* Paris, Aubier, ²1949 — C. COUTURIER, "*Sacramentum* et *Mysterium* dans l'oeuvre de saint Augustin", *Études augustiniennes,* Aubier, 1953 — P. N. TREMBELAS, *Dogmatique de l'Église orthodoxe catholique,* t. III, Paris, DDB, 1968.

No início, não se falava de sacramento. Havia o batismo e a eucaristia, a unção do óleo para os enfermos (Tg 5,14-15), a imposição das mãos para a cura (At 9,12 e 17; cf. Mc 8,23; Lc 4,40 e 13,13), para a integração dos novos membros da Igreja (At 8,17 e 19,6) e para a habilitação a um ministério eclesial (At 6,6; 13,7; 1Tm 4,14; 5,22; 2Tm 1,6).

Nada permite dizer que esses ritos eram os únicos em uso nas Igrejas neotestamentárias. Haveria, por exemplo, ritos de perdão e de reconciliação quando membros da comunidade tivessem tido um comportamento escandaloso (na linha de Mt 18,15-18)? Existiria, aqui ou ali, ritos de casamento e de funerais além dos da sociedade civil? É pouco provável, mas não se pode dizer nada com certeza.

Os gestos que chamamos de sacramento também não constituem, no Novo Testamento, um conjunto orgânico e articulado. É provável que bem cedo o batismo tenha se ligado à eucaristia, de forma que seria preciso ter sido batizado para comungar nela. Mas essa articulação, hoje evidente, não é atestada claramente nos textos.

---

17. TERTULIANO, *Traité du baptême* 9,1, *SC* 35, p. 78.
18. Cf. *Didaché* 14,3, *SC* 248, p. 193.
19. AGOSTINHO, *Lettres* 55,1,2, à Janvier, *PL* 33, 205.

Bem depressa, contudo, e sem dúvida desde o século II, sentiu-se a necessidade de designar por um termo genérico as ações que chamamos de sacramentos. Como escreveu M. Jourjon, os sacramentos "existiram na Igreja antes de nascer um vocábulo próprio para designá-los: os sacramentos nasceram antes do termo"[20].

## 1. OS SACRAMENTOS SÃO MISTÉRIOS

Por que seria preciso encontrar um termo geral? Sem dúvida para acompanhar o desenvolvimento da reflexão cristã que percebia as correlações entre os gestos rituais celebrados nas comunidades. Mas a operação se revelou difícil.

A primeira palavra a ser considerada não foi "sacramento" mas "mistério", *mystèrion* em grego, *mysterium* em latim, *raza* em siríaco. Esse termo era bíblico. No Antigo Testamento ele aparece já tarde e em um contexto duplo, o do apocalipse (Dn) e o da sabedoria (Sb, Ecl). Na primeira linha, o termo designa a revelação do desígnio secreto de Deus; na segunda perspectiva, indica, sob a influência da cultura helenista (platonismo e religiões de mistérios), uma maneira de viver purificada das paixões demasiadamente imediatas. O Novo Testamento emprega, igualmente, a palavra "mistério": é sobretudo Paulo que usa essa linguagem (20 casos em 23 empregos da palavra), que corresponde à coloração apocalíptica de seu pensamento e também à sua afinidade com a cultura grega. Para ele, Cristo não é somente portador ou revelador do mistério divino, mas é, ele mesmo, esse mistério (Cl 2,2; 4,3; Ef 3,4), e seu Evangelho é da mesma ordem (Ef 6,19).

Falar de mistério nos dois primeiros séculos de nossa era é, portanto, atestar uma revelação ou um desvelamento daquilo que estava, até aqui, escondido em Deus e, por outro lado, é afirmar que essa manifestação do desígnio secreto de Deus se realiza porque o fim dos tempos está próximo, tendo em vista o Reino que vem.

Mas a palavra não tem, biblicamente falando, sentido ritual. São as religiões de "mistérios" que a empregam assim. O cristianismo teme a confusão, se ceder a esse uso. Portanto, pode-se dizer que, malgrado alguns tímidos ensaios no século II (Inácio de Antioquia, Justino), o termo 'mistério' permaneceu suspeito e não entrou na linguagem sacramentária cristã. Isso durou por todo o século III. Com o século IV, numa época em que as religiões de mistérios haviam perdido sua sedução, as coisas mudaram. Tanto no Oriente, com Cirilo de Jerusalém, como no Ocidente, com Ambrósio de Milão (autor de um *Tratado sobre os mistérios*), o termo se tornou comum no cristianismo. O problema, ou talvez a sorte, foi que então tendia a designar o conjunto das realidades cristãs, não apenas os sacramentos. A Bíblia, ela também, antes de

---

20. M. JOURJON, *Les sacrements de la liberté chrétienne*, p. 10.

tudo, era mistério, assim como os acontecimentos de Cristo, sua encarnação ou sua Páscoa. Foi isso que evitou que se isolassem os mistérios sacramentais da totalidade misteriosa dos dons de Deus no Evangelho e na Igreja. Mas a palavra se tornou global demais para permitir identificar como tais os ritos que são os sacramentos.

A vantagem de ligar os ritos à Escritura e a Cristo era maior que a dificuldade de um termo tão abrangente. O termo 'mistério' se impôs, então, à Igreja a partir do século IV e deu origem a uma família semântica de grande prestígio. Da palavra *mistério* deriva, com efeito, o adjetivo *místico*, empregado de várias maneiras, e especialmente na expressão "corpo místico", corpo de mistério, mistério tomando corpo. Como mostrou H. de Lubac[21], essa fórmula designava, a princípio, a eucaristia no Ocidente, no século IX, depois, sempre no Ocidente, a Igreja, a partir do século XI. Por outro lado, da palavra 'mistério' provém igualmente o termo técnico *mistagogia*, que significa a entrada nos mistérios e sua assimilação pela fé. *As catequeses mistagógicas* de Cirilo de Jerusalém, Ambrósio, João Crisóstomo, Agostinho e Teodoro de Mopsuéstia são testemunhos: só compreendemos bem o sentido dos mistérios quando os celebramos. "Fostes estabelecidos em estado de compreender os mistérios mais divinos, que dizem respeito ao divino e vivificante batismo. [...] Permiti-nos vos dar esta instrução exata, a fim de que saibais o sentido do que se passou convosco nessa tarde batismal"[22].

## 2. MISTÉRIOS, MAS TAMBÉM SACRAMENTOS

Embora devesse finalmente conhecer um uso considerável, o termo 'mistério' teve, de início, dificuldades na linguagem sacramentária. Temia-se que ele levasse a confundir o cristianismo com as religiões de mistérios. Isso pelo menos no Ocidente, porque no Oriente a situação era outra: a palavra *mistério* tinha ressonâncias bíblicas, ao passo que o *mysterium* latino soava como algo estranho, inquietante, e mesmo um pouco abstrato. Em suma, as comunidades da África do Norte, no século II, resolveram traduzir a palavra bíblica *mistério* por um termo latino da vida cotidiana, mais inculturado, embora religioso também, a palavra *sacramentum*. Essa escolha é, portanto, anterior à questão do vocabulário sacramental. É uma opção de tradução bíblica. O mistério de que fala Paulo a propósito de Cristo será dito um *sacramentum*.

O termo *sacramentum*, bem estudado há cerca de uns trinta anos, tem uma significação bastante precisa. Designa um gesto sagrado ligado a um engajamento jurídico. O militar que se engajava, a pessoa que depositava um penhor num templo faziam um juramento e, por isso, davam a seu ato um alcance religioso.

---

21. H. DE LUBAC, *Corpus mysticum. L'eucharistie et l'Église au Moyen Âge.*
22. CIRILO DE JERUSALÉM, *Catéchèses mystagogiques* 1,1, SC 126bis, p. 85.

O sacramento é, portanto, um juramento ou um contrato que tem, simultaneamente, um aspecto jurídico e um aspecto sagrado.

Curiosamente, o cristianismo da África do Norte vai considerar as Escrituras, os mistérios da vida de Cristo, como *sacramenta*. Para escapar da ambigüidade da palavra 'mistério', usa-se, então, uma palavra não-bíblica. A ambigüidade era sem dúvida menor, e as conotações religiosas da palavra 'sacramento' não tinham o efeito suspeito de que era portadora a palavra 'mistério'. Caso absolutamente notável de inculturação cristã: introduz-se na linguagem da Escritura um termo que não lhe pertence, integra-se na fé bíblica uma palavra que designa um uso social e religioso localmente bem conhecido. O *sacramentum* pode ser transportado e designar o engajamento sagrado de Deus com o mundo, sua Aliança em Jesus Cristo.

Foi por essa porta bíblica que a palavra 'sacramento' passou a designar também, no fim do século II, os ritos eclesiais de que se trata aqui. Tertuliano, especialmente em seu *Tratado do batismo*, parece ter sido o primeiro a operar essa ampliação da linguagem: "Todas as espécies de água, devido à antiga prerrogativa que lhes marcou a origem, participam, portanto, do sacramento de nossa santificação, quando Deus é invocado sobre elas"[23]. Compreende-se bem essa extensão: na época, o mistério começava a designar não somente o dom bíblico do Reino, mas também os gestos rituais da Igreja.

A partir do século IV, no Ocidente, a tentativa feita na África do Norte teve um grande sucesso, não somente na linguagem de Agostinho, que habita essa região, mas também na de Ambrósio, que emprega simultaneamente, e quase como equivalentes, as palavras 'mistério' e 'sacramento'. Em seguida, Leão Magno jogará com os dois termos. H. de Lubac coletou uma série de fórmulas que ligam as duas palavras: o *mistério do sacramento* e *o sacramento do mistério*[24], fórmulas que se encontram em Hilário, Ambrósio e Agostinho, e depois na Idade Média, mas sempre no Ocidente.

Como avaliar a integração da palavra *sacramentum* na teologia ocidental? Aparentemente, o sentido religioso do "mistério" é mantido, pois *sacramentum* é forjado a partir da palavra "sagrado". Mas essa ênfase se modifica: a religião de que se trata é a de um engajamento, o que abre o caminho a insistências voluntaristas e jurídicas. Além disso, dois traços do mistério bíblico correm o risco de ser minimizados: a manifestação do desígnio divino por meio das realidades históricas e sensíveis e, por outro lado, a sensibilidade escatológica que marca essa manifestação. Enfim, sem radicalizar já a diferença, é preciso reconhecer que a adoção ocidental da palavra 'sacramento' implica um afastamento em relação à espiritualidade e à teologia das Igrejas do Oriente, bizantina ou siríaca. O Ocidente terá de se esforçar para não perder de vista que os sacramentos de que fala são também os mistérios bíblicos que o Oriente proclama.

---

23. TERTULIANO, *Traité du baptême*, 4,4, SC 35, p. 70.
24. H. DE LUBAC, *Corpus mysticum*, pp. 343-350.

## 3. A LITURGIA E A CELEBRAÇÃO DOS SACRAMENTOS

'Mistério' e 'sacramento': esse par de palavras representa o essencial da criatividade semântica para dar nome, na Antiguidade cristã, aos ritos que no Ocidente chamamos de sacramentos. Mas houve outras inovações, durante esses séculos, particularmente com o emprego da palavra *liturgia* e o uso do verbo *celebrar*.

Podemos dizer que, na era patrística, os sacramentos são atos litúrgicos? A fórmula empregada acima comportava talvez algum anacronismo, pelo menos no que concerne ao cristianismo ocidental. Hoje, a palavra 'liturgia', uma das palavras mestras de uma constituição do Vaticano II, parece muito pertinente. Não há dificuldade nenhuma em considerar os sacramentos dependentes da liturgia eclesial naquilo que ela tem de estabelecido e público. Além disso, o termo 'liturgia' parece judicioso, pois designa uma ação (*-urgie, ergon*) e não palavras (*logos*), ficando entendido que esse agir tem relação com o povo (*lit-, laos*). Eis o que justifica a celebração dos sacramentos.

Todavia, essas duas observações exigem alguns matizes. A palavra 'liturgia' pode ser bíblica e designar, segundo a Septuaginta, um serviço cultual, mas perde esse sentido ritual no Novo Testamento, no qual indica, sobretudo, o serviço espiritual e corporal de Deus realizado pela vida de fé. Além disso, a interpretação feita hoje do papel da comunidade na ação litúrgica não parece garantida pelo sentido antigo da palavra. A liturgia, na Antiguidade, era uma ação para o povo, a seu favor, e não uma ação realizada pelo povo, como sujeito coletivo. Tudo isso leva-nos a ser prudentes e a evitar interpretar os tempos antigos com os interesses atuais.

Na Antiguidade cristã, se o cristianismo do Oriente adotou, aliás com parcimônia, a palavra 'liturgia', centrando-a particularmente na eucaristia (cf. a anáfora de Serapião, século IV), o do Ocidente foi bem mais reticente. O termo em questão tinha provavelmente um ar estrangeiro e, sobretudo, uma ressonância secular, a de um serviço prestado à comunidade por um cidadão abastado. A patrística e, depois, a Idade Média no Ocidente preferem falar de *ofício, função, serviço*, vocábulos que permaneceram na linguagem corrente acompanhados do adjetivo *litúrgico*. A própria palavra 'liturgia' só entrou na língua da Igreja católica ocidental no século XVI, por sugestão do humanismo.

As relativas reticências do Ocidente em relação à palavra 'mistério' se repetem em relação à palavra 'liturgia'. Para a Igreja latina da Antiguidade, o sacramento, mais que um gesto litúrgico, é uma função eclesial, um serviço que ela presta a Deus e a seus membros, dando graças ao Senhor e assegurando aos seus os dons que Deus lhes comunica. Inversamente, o Ocidente se mostrou, por essa época, mais aberto à cultura, integrando na linguagem sacramentária o termo secular *celebração*. A operação é, aqui, análoga à realizada com a palavra "*sacramentum*", também emprestada da linguagem da sociedade civil.

"Celebrar um sacramento": a expressão tornou-se, hoje, habitual. Não é a única possível. A Antiguidade, tanto a oriental como a ocidental, falava também de *confeccionar, realizar* ou *constituir* o rito sacramental, de *fazê-lo* simplesmente, ou ainda, segundo uma linguagem ocidental, de *administrá-lo*. Todos esses termos de ação valorizam, evidentemente, o papel do ministro, tendo os membros da assembléia apenas de receber o que lhes é dado, ainda que, como escreveu Agostinho, seja "toda a Igreja que dá à luz cada um" pelo batismo[25]. E eis que, na litania dos verbos que exprimem o agir sacramental, aparece bem cedo, desde o século II, o verbo *celebrar*. Esse termo designa, na cidade, o que é realizado com um grande concurso de pessoas, mais freqüentemente os Jogos. Na África do Norte, lá mesmo onde se implanta no vocabulário eclesial a palavra *sacramentum*, falar de celebração parece bem-vindo. Tertuliano não diz logo que se "celebra o *sacramentum*", contenta-se em indicar que se "celebra a Páscoa"[26]. Mas a idéia é aceita. E Agostinho dirá que o sacramento tem seu lugar "em uma celebração": "Há sacramento em uma celebração quando se faz memória do acontecimento (de Cristo) de modo que se compreende que alguma coisa é significada que se deve receber santamente"[27].

Hesitação diante de certas palavras, adesão a outros termos em outros contextos e em outras ocasiões, assim se constituiu a linguagem da teologia sacramental ocidental antiga. Parece que o Oriente cristão não conheceu essa oscilação, sem dúvida porque a língua bíblica da fé, o grego, não teve de ser progressivamente traduzida para a língua de todos os dias, o latim.

## III. A TEOLOGIA SACRAMENTAL DA ANTIGUIDADE E DA ALTA IDADE MÉDIA

**OS AUTORES E OS TEXTOS:** TERTULIANO, *Traité du baptême*, ed. R. F. Refoulé, SC 35, 1952. — CIRILO DE JERUSALÉM, *Les 24 Catéchèses,* trad. J. Bouvet, PF 1993; *Catéchèses mystagogiques,* ed. A. Piédagnel, SC 126 bis, 1988. — AMBRÓSIO DE MILÃO, *Des sacrements. Des mystères. Explication du Symbole*, ed. B. Botte, SC 25bis, 1961. — *Conciles gaulois du IVe siècle*, ed. J. Gaudemet, SC 241, 1977. — *Les Conciles mérovingiens*, ed. J. Gaudenet et. B. Basderant, SC 353 e 354, 1989. — PSEUDO-DIONÍSIO, O AREOPAGITA, *La Hiérarquie ecclésiastique,* em *Oeuvres complètes,* Paris, Aubier, 1943.

**INDICAÇÕES BIBLIOGRÁFICAS:** A. BENOIT, *Le Baptême chrétien au IIe siècle,* Paris, PUF, 1953. — J. JEREMIAS, *Le baptême des enfants dans les quatre premiers siècles*, Lyon, Mappus, 1967. — B. NEUNHEUSER, *Baptême et confirmation*, Paris, Cerf, 1966. — L. VILLETTE, *Foi et sacrement*, 1. *Du N.T. à S. Augustin*, Paris, Bloud et Gay, 1959.

Antes do século XII, o que se pode considerar dogma a respeito dos sacramentos é relativamente muito pouco. A Igreja tinha então outras preocupações

---

25. AGOSTINHO, *Lettres* 98,5 à Boniface, *PL* 33, 362.
26. TERTULIANO, *Traité du baptême,* 19,1, *SC* 35, p. 93.
27. AGOSTINHO, *Lettres* 55,1,2, *PL* 33, 205.

dogmáticas relativas à confissão de fé, ao mistério trinitário e à cristologia: os grandes concílios da Antiguidade o atestam. Ela tinha também problemas práticos para resolver em relação ao uso dos sacramentos, problemas que não levavam imediatamente a formulações precisas e rigorosas. Todavia, foi considerável o esforço de reflexão teológica durante os onze primeiros séculos da Igreja. Essa teologia sacramental, mesmo nem sempre assumida e oficializada pelos concílios ou pelos papas, era muito autorizada, como o demonstraram os séculos posteriores.

## 1. POR QUE A NECESSIDADE DOS SACRAMENTOS?

Foi com essa primeira questão que se constituiu a estrutura sacramental antiga, desde o século II. Havia necessidade de ritos no cristianismo? A fé evangélica, manifestamente espiritual, tem necessidade de gestos sensíveis e materiais, correndo o risco de se confundir com as religiões de mistérios?

Essas questões eram levantadas no próprio interior das comunidades: no final do século I, a *Didaché* apresenta a eucaristia em referência ao sacrifício "puro" e, portanto, espiritual anunciado por Malaquias, e a *Epístola* de Clemente de Roma aos *Coríntios* fala de um "sacrifício de louvor", referindo-se ao Salmo 50[28]. Mas o debate era igualmente mantido pela corrente gnóstica, que recusava o papel da matéria criada na ordem da fé espiritual, manifestando-se assim como anti-sacramental ou, pelo menos, como defensora de uma sacramentalidade poética e metafórica. O problema era grave. Por um lado, o cristianismo não é um materialismo. Por outro, é testemunha da encarnação de Deus em Jesus Cristo, o que dá ao sensível cidadania na ordem espiritual.

Em Roma, por volta de 150, Justino não transige. O sacrifício eucarístico é evidentemente espiritual[29] e, ademais, Deus "não tem nenhuma necessidade" de nossos sacrifícios[30]. E, no entanto, a fé cristã é ritual, comporta batismo e eucaristia[31], e isso porque Jesus o quis[32] e porque ela está em relação com a criação cósmica[33].

Ireneu de Lião, alguns anos mais tarde, iria mais longe. Também ele sabe muito bem que Deus não tem necessidade de nossos sacrifícios. Mas, explica ele, nós sim precisamos[34], na medida, evidentemente, em que nos apresentamos com uma consciência pura e com liberdade[35]. Em suma, o rito tem uma justi-

---

28. CLEMENTE DE ROMA, *Épître aux Cor.*, 52,3-4, SC 167, p. 185.
29. JUSTINO, *Dialogue avec Tryphon*, 41,2, TD I, p. 185.
30. Id., *Ière Apol*, 13,1, Wartelle, p. 113.
31. *Ibid.*, 61 e 65-67, pp. 183 e 189-193.
32. JUSTINO, *Dialogue avec Tryphon*, 41,1, TD I, p. 183.
33. Id., *Ière Apol*, 67, Wartelle, pp. 191-193.
34. IRENEU, *CH* IV, 18,6, Rousseau, p. 465.
35. *Ibid.*, IV, 18,2-3, pp. 461-463.

ficação na experiência cristã não apenas porque Jesus o decidiu, não apenas porque a criação foi assumida pelo rito eucarístico, mas porque, no seio da fé, a condição humana requer gestos sensíveis e rituais[36].

Um pouco mais tarde, ainda, em fins do século II, Tertuliano aborda o mesmo tema em seu *Tratado do batismo*, o primeiro tratado cristão da sacramentária. Por que o sacramento? Não basta a fé? Certo, é a fé que obtém a purificação batismal dos pecados, uma fé no Pai, no Filho e no Espírito Santo, na Igreja. Mas, no sacramento do batismo, a fé recebe uma "vestimenta"[37]. A comparação abre caminho para a fórmula de outro teólogo da África do Norte, Agostinho, que compreenderá o sacramento como "palavra visibilizada"[38], ao insistir na simplicidade das celebrações, que não devem distrair ou perturbar a fé, porque a inflação dos ritos "faz pesar o peso da servidão sobre uma religião que a misericórdia de Deus quis fosse livre graças à celebração de sacramentos pouco numerosos e muito significativos"[39].

## 2. É NECESSÁRIO BATIZAR AS CRIANCINHAS?

Se o sacramento é, assim, uma expressão ou um ato da fé, pode-se batizar os recém-nascidos que, por definição, não podem crer ainda no Evangelho? O uso estava, na verdade, estabelecido. Como escrevia Orígenes, "a Igreja recebeu dos apóstolos a tradição de dar o batismo às criancinhas"[40]. Mas no século III a questão surge de novo. Tertuliano a discute. Sua opinião é que as crianças, cujo acesso a Cristo é indiscutível, só deveriam vir ao batismo na idade da razão: "Que sejam ao menos capazes de pedir a salvação, para que se veja bem que ela só é dada àqueles que a pedem"[41]. Por outro lado, diziam, não se pode garantir o futuro. O bebê não pode se comprometer, e ninguém pode saber o que ele virá a ser. Ainda Tertuliano: "Eles podem morrer sem poder cumprir seus compromissos e, se viverem, sua má natureza poderá trair suas esperanças". Enfim, deve-se superestimar o comprometimento dos recém-nascidos com o pecado? Tertuliano pergunta: "Por que essa idade inocente é tão pressionada a receber a remissão dos pecados?"[42]

Esse debate foi sobretudo ocidental, embora tenha encontrado eco em Orígenes, no Oriente. Iniciado no século III, durou até o fim do século V. Mas permanece sempre latente na história eclesial ocidental. Deveria ser retomado no século XII, depois no século XVI, e hoje os batistas o mantêm com vigor.

---

36. *Ibid.*, IV, 17,5, pp. 459-460.
37. TERTULIANO, *Traité du baptême*, 6, 1-2 e 13,2, SC 35, pp. 75 e 85.
38. AGOSTINHO, *Homélies sur l'Ev. de Jn*, 80,3,2, PL 35, 1840.
39. AGOSTINHO, *Lettres* 55,19,35, PL 33, 221.
40. ORÍGENES, *Comment. sur Rm*, 5,9, PG 14, 1047b.
41. TERTULIANO, *Traité du baptême*, 18,5, SC 35, p. 93.
42. *Ibid.*

Do ponto de vista dogmático, essa questão aparentemente prática tinha implicações consideráveis quanto ao próprio sentido do sacramento. A posição que se impôs não foi a de Tertuliano, mas a de Cipriano e, sobretudo, a de Agostinho: a África do Norte estava, uma vez mais, na vanguarda da reflexão sacramentária. Para Cipriano de Cartago, a criança "com pouco tempo de nascida não cometeu nenhuma falta". Mas os pecados que lhe são remidos no batismo "não são os seus", são pecados herdados. Vemos manifestar-se aqui, bem antes de Agostinho, o tema do pecado original. Há uma solidariedade de todos os seres humanos no pecado. Por outro lado, Agostinho encarava outra solidariedade, uma solidariedade positiva, que o batismo das criancinhas precisamente faz aparecer, a solidariedade da Igreja. Escrevendo ao bispo Bonifácio, Agostinho insiste: "A criança é apresentada não tanto por aqueles que a trazem no braço — ainda que seja por eles também, quando são verdadeiros crentes — quanto por toda a assembléia dos santos e dos fiéis". Por conseguinte, acrescenta ele, "é a Mãe Igreja, como totalidade, que opera, aquela que está nos santos. Como totalidade, ela é constituída por todos. Como totalidade, ela dá à luz cada um"[43]. Em outras palavras, somos batizados na fé da Igreja, e é a Igreja que engloba na sua fé um bebê que não pode, por si mesmo, ser crente. A reflexão sobre o batismo — num caso, é verdade, bem particular — levou então a Igreja a explicitar a dupla solidariedade indicada pelos escritos paulinos: a solidariedade em Adão e a solidariedade em Cristo (Rm 5).

## 3. HÁ NECESSIDADE DE REBATIZAR OS CRISTÃOS BATIZADOS EM UMA IGREJA SEPARADA?

Trata-se ainda do batismo e de uma questão prática proposta, mais uma vez, sobretudo no Ocidente: como acolher cristãos cismáticos desejosos de vir ou voltar para a grande Igreja?

O debate se desenvolveu em dois tempos: no século III e, depois, no século V. Numa primeira etapa, Cipriano de Cartago pretendeu evitar a imprecisão. Resolveu inovar, considerando que o batismo dado em uma comunidade cismática era sem valor, pois o Espírito não pode habitar fora da Igreja unida[44]. Se cristãos separados se apresentassem, era preciso rebatizá-los. O papa da época, Estêvão I, recusou essa argumentação, e sua posição foi logo adotada pelo episcopado da África: "que não se inove fora da tradição" e, portanto, que "se imponham as mãos para a penitência" quando cismáticos quiserem ser integrados à Igreja católica[45]. Dois concílios intervieram então, um ocidental, outro oriental. O Concílio de Arles, em 314, exigia que não se rebatizassem as pessoas que ti-

---

43. AGOSTINHO, *Lettres* 98,5 (entre 408 e 412), *PL* 33, 362.
44. CIPRIANO, *Correspondance*, 69,2-5 e 7ss., trad. Bayard, *Budé*, 1925, II, p. 240ss.
45. ESTÊVÃO I, *Lettre à Cyprien*, DzS 110.

nham sido expressamente batizadas em nome da Trindade[46], e o Concílio de Nicéia, em 325, adotou a mesma posição, embora explicitando que a menção dos três nomes de Deus não era forçosamente suficiente para que a fé católica fosse indubitável[47]. Os concílios de Laodicéia[48] e de Constantinopla (381) orientaram-se no mesmo sentido.

A medida assim decidida era puramente prática? O que estava em jogo era muito importante para uma acomodação no empirismo. Mas, então, como pensar que o Espírito tivesse alguma presença e alguma eficácia nos sacramentos das comunidades separadas? Questão considerável, cujo eco ressoou até o Vaticano II e seu decreto sobre o ecumenismo. Foi Agostinho que, uma vez mais, fez progredir a reflexão no Ocidente. Em seu debate com os cismáticos dos séculos IV e V, os donatistas, ele enfocou uma distinção bastante libertadora. Por um lado, é Cristo que opera no sacramento, é ele que faz existir o sacramento. Há portanto, no sacramento, uma realidade fundamental que não depende das condições eclesiais (uma marca, um *selo*, aquilo que o latim exprime falando de *caráter* para os sacramentos que se dão de uma vez por todas). Por outro lado, o sacramento não tem sempre o seu efeito salutar, nem sempre comunica o Espírito, o perdão dos pecados e a graça divina. É o caso do sacramento celebrado no cisma; pode também ser o caso do sacramento recebido na grande Igreja mas não integrado na fé e na experiência espiritual de um fiel. Em suma, "uma coisa é o sacramento, outra coisa o efeito (*virtus*) do sacramento"[49]. Em outras palavras: "O batismo pode existir sem o Espírito de Deus"[50]. Por conseguinte, "vindo à paz católica, começa-se a tirar proveito daquilo que existia fora, mas não se aproveitava"[51].

Há, portanto, dois planos no sacramento: o de um estado radical de Aliança, de eclesialidade (para empregar uma palavra atual) "que jamais pode ser perdido"[52], e o de uma relação salutar com Deus na santidade e na vida eclesial; este segundo plano não é forçosamente implicado pelo primeiro, mesmo se, em princípio, um decorre do outro.

Essa teologia prática é extremamente dogmática e, evidentemente, ocidental. De fato, o cristianismo do Oriente se sente, aqui, inquieto. Clemente de Alexandria, no século III, mantém, como Cipriano de Cartago, que o batismo recebido na heresia não é real[53], e Firmiliano de Cesaréia, em carta a Cipriano[54],

---

46. Concílio de Arles, cân. 8, *DzS* 123.
47. Concílio de Nicéia, cân. 8 e 19, *COD*, II-1, pp. 43 e 55, *DzS* 127-128.
48. Concílio cuja reunião e data (364?) permanecem obscuras, cân. 7.
49. AGOSTINHO, *Homélies sur l'Ev. de Jn*, 26,11, *BA* 72, p. 509.
50. Id., *Du Baptême, contre les donatistes*, V,24,34, *BA* 29, p. 389.
51. *Ibid.*, VI,9,13-14, *BA* 29, p. 427.
52. Cf. AGOSTINHO, *Contre la lettre de Parménien*, II, 13,28, *BA* 28, p. 341.
53. CLEMENTE DE ALEXANDRIA, *Stromates*, 1, 19,7, *SC* 30, p. 121.
54. FIRMILIANO DE CESARÉIA, Lettre 75 do corpo das *Lettres de Cyprien*, Bayard II, pp. 289-308.

indica que em sua Igreja se rebatiza. Nela, o sacramento é indissociável da comunhão eclesial: a exatidão das palavras e dos gestos não é suficiente para torná-lo real. É exatamente a posição de Cipriano, e o Oriente cristão era inteiramente "ciprianista". Basílio de Cesaréia, todavia, haveria de explicitar a posição oriental tal como fora expressa pelo Concílio de Nicéia. É preciso, diz ele, distinguir entre o cisma e a heresia. O cisma pode não acarretar divisões na fé e subsistir como uma disputa entre pessoas. Por conseguinte, os cismáticos celebram realmente os sacramentos. Mas a heresia tem conseqüências totalmente diferentes. Ela torna nulo o sacramento[55].

O Oriente ortodoxo atual guardou a teologia de Basílio, aquém da de Agostinho. É preciso rebatizar os heréticos, e admitir à penitência, sem rebatizá-los, os cismáticos. Com o risco de que, em certos casos duvidosos, o "princípio de economia" leve a reconhecer como efetivo um batismo celebrado numa comunidade herética (caso dos arianos). Salvo neste último caso, o Ocidente está, em princípio, de acordo, insistindo sempre na fórmula trinitária requerida para o batismo[56]. Mas o cristianismo latino pretende ir mais longe do que a distinção entre heresia e cisma. Há no sacramento uma dimensão que depende do ato de Cristo e que não resulta das condições eclesiais da celebração. Para os cristãos orientais, essa posição parece diminuir perigosamente o laço entre os sacramentos e a Igreja. De modo que, na prática e para certas correntes do cristianismo ortodoxo contemporâneo, a validade do batismo católico ou protestante não é evidente. Como se o cisma do Ocidente em relação ao Oriente fosse, de fato, mais ou menos suspeito de heresia[57].

## 4. O SACRAMENTO NO CREDO

"Confesso um só batismo para a remissão dos pecados." Essa fórmula, integrada à eucaristia dominical do Ocidente, traduz a confissão de fé grega do Concilio de Constantinopla em 381. Esse Credo levava em conta o batismo, pela primeira vez, de maneira oficial. Até então, as fórmulas de fé, especialmente as ocidentais, se limitavam a falar da remissão dos pecados. Talvez a menção batismal tenha vindo do Credo da Igreja de Jerusalém.

Essa menção comporta uma certa "dogmatização" do sacramento. Cita-se o batismo no próprio movimento da fé cristã. há um só batismo como há um só Deus, um só Senhor, Cristo, uma só Igreja (cf. Ef 4,4-6). Ele é nomeado para sublinhar como a remissão dos pecados, um dos bens significativos da fé, se realiza de maneira sensível, como sinal ritual e como celebração evangélica. O batismo é mencionado no final do Credo, no terceiro artigo, quando a experiência cristã se

---
55. BASÍLIO DE CESARÉIA, *Lettres*, 188,1, ed. Courtonne, *Budé* II, pp. 121-124.
56. Carta do papa Inocêncio I, *DzS* 214.
57. Esta questão será retomada, do ponto de vista da eclesiologia, abaixo, pp. 328-331.

concentra na referência ao Espírito e à Igreja e quando o perdão dos pecados assume normalmente seu lugar no conjunto quadriforme que ele constitui com a comunhão eclesial, a fé pascal na ressurreição e a afirmação da vida eterna.

Tudo isso, cabe ao batismo significar. Por que ele e por que somente ele? Ele representa, aqui, a ordem sacramental em seu conjunto, pois é sua porta de entrada. E lembra, se for necessário, que a sacramentalidade cristã não se reduz à eucaristia. Para a sacramentária da Igreja primitiva, o batismo é tão fundamental quanto o sacramento eucarístico e os outros ritos ditos sacramentais[58].

## 5. A PASTORAL SACRAMENTAL

Por que sacramentos? Por que o batismo das criancinhas? Que significam o batismo e, eventualmente, a ordenação de cristãos separados? Foi com essas questões práticas que se constituiu a primeira teologia sacramental do cristianismo, ao passo que a introdução do batismo no Credo correspondia antes a uma meditação bíblica exprimindo o essencial da fé.

Trata-se de questões pastorais. Elas se juntam, na consciência eclesial, ao cuidado dos responsáveis pelo desenvolvimento da qualidade e do conteúdo das celebrações, sua catequese e seu enquadramento paroquial: regulamentação da iniciação cristã (catecumenato), desenvolvimento dos rituais particulares segundo as regiões e as tradições locais, vigilância disciplinar e mesmo reformadora em relação aos problemas práticos suscitados pelo uso dos sacramentos. No fundo, a sacramentária dos inícios se organizou a partir do ponto de vista dos ministros. O outro ponto de vista, o do povo e de sua própria experiência, se exprime menos e é, portanto, dificilmente levado em conta. Seria, no entanto, outro caminho possível para a reflexão sobre os sacramentos, um caminho que o cristianismo oriental explorou bastante.

Retivemos, aqui, as questões pastorais que parecem ter desempenhado papel importante na elaboração da teologia sacramental. Mas na verdade, claro, elas eram muito mais numerosas, como indicam os cânones dos concílios da Antiguidade e da Alta Idade Média. Como iniciar bem os catecúmenos, resolver as dificuldades eventualmente suscitadas por sua conduta ou por seu casamento (concílios de Elvira, de Neocesaréia e de Nicéia) e assegurar a verdade do batismo depois que desapareceu o catecumenato? Bastava batizar em nome de Deus ou de Jesus, sem nomear o Pai, o Filho e o Espírito (intervenções de vários papas, do século VI ao IX)? Sob que condições se podia batizar ou reconciliar os gravemente enfermos e os moribundos (Concílio de Nicéia, em 325, cânone 13; no século V, as cartas dos papas Inocêncio I, Celestino I, Anastácio II e Leão Magno)? Como organizar a penitência (em 306, o Concílio espanhol de Elvira estabeleceu um diretório minucioso; em seguida, os papas

---

58. Sobre esse ponto, cf. t. 1, p. 118.

Sirício, Inocêncio I e Leão Magno, bem como os concílios gauleses dos séculos V-VI, multiplicaram as orientações)? Como regulamentar as ordenações e, especialmente, evitar a simonia ou a influência, grande demais, do poder civil (Concílio de Calcedônia, em 451, Concílio de Roma, em 1060)? De que maneira assegurar a qualidade da celebração eucarística (não sair da igreja antes do fim da celebração, Concílio de Antioquia, cânone 2, em 341; Concílio de Orléans I, cânone 26, em 511)? De que maneira aplicar a exclusão da comunhão, isto é, a excomunhão (por exemplo, o Concílio de Arles I, em 314, exige que os condutores de circo e os artistas de teatro sejam "mantidos afastados da comunhão", cânones 4-5)?

Essas tomadas de posição, embora se pretendessem evangélicas, estavam evidentemente ligadas à cultura da época e dos diversos lugares, e comportavam traços de mentalidade que hoje nos espantam. A condenação de pessoas do teatro, no Concílio de Arles, é um exemplo. Do mesmo modo, o Concílio de Tours II (em 567, cânone 4) exige que os leigos não permaneçam "perto do altar onde se celebram os santos mistérios". Já o Concílio oriental de Laodicéia indicara que as mulheres não deviam se aproximar do santuário (cânone 44), e o Sínodo de Auxerre prescrevera aos cristãos que não recebessem a eucaristia de "mão nua" ou "sem véu" (cânones 36 e 42). A tendência a perceber o sacramento da eucaristia de maneira sacral estava então em pleno desenvolvimento. Aliás, foi essa mesma tendência que levou a adiar a comunhão das crianças para a idade da razão. Até a época carolíngia, os recém-nascidos comungavam imediatamente depois do batismo, como sempre se fez no cristianismo do Oriente.

## 6. QUESTÕES DOUTRINAIS EM DEBATE

Menos imediatamente pastorais, de alcance sobretudo espiritual e intelectual, outras questões intervieram durante os primeiros séculos cristãos, antes do século XII. Não se deve, sem dúvida, exagerá-las. Mas, no final das contas, sua influência seria notável.

### *A graça e o batismo*

O primeiro debate foi sobre a graça divina, a partir dos séculos V-VI. Lutando contra a espiritualidade pelagiana que supervalorizava o esforço humano na experiência cristã, Agostinho sublinhara a prioridade do dom divino. O 16º Concílio de Cartago, reunido em 418, avalizou o agostinismo, que lhe pareceu inteiramente de acordo com as Escrituras[59]. Todavia, não se referia explicitamente aos sacramentos. Por volta de 440, o bispo Próspero de Aquitânia

---

59. Concílio de Cartago, *DzS* 222-230, *FC* 521-526.

publicou uma coleção de textos de diversos papas e concílios que apoiavam o Concílio de Cartago. Essa coleção (*Indiculus*), sem ser uma definição dogmática, tinha entretanto uma grande autoridade e foi recebida como tal. Nela se fazia, dessa vez, menção ao batismo citando um texto de Inocêncio I[60] que observava que a vida batismal tem ainda e sempre necessidade da graça divina. Ao mesmo tempo, Próspero introduziu na série algumas afirmações felizes sobre o sentido da liturgia: "Consideremos os mistérios (*sacramenta*) das orações ditas pelos sacerdotes. Transmitidos pelos apóstolos, eles são celebrados uniformemente no mundo inteiro e em toda a Igreja católica [...] Tudo isso é tão fortemente experimentado como sendo obra de Deus que uma contínua ação de graças e o louvor de sua glória são dirigidos a Deus que faz essas coisas"[61].

Em 529, o 2º Concílio de Orange abordou de novo a mesma questão: a graça não é devida ao nosso querer, a fé vem do dom divino tanto em seu início como em sua duração, o batismo não depende de nosso livre-arbítrio[62]. Cesário de Arles escreveu, em conclusão dos cânones do concílio:

> É Deus que, sem qualquer mérito anterior de nossa parte, primeiro nos inspira a fé e o amor por ele, para que procuremos fielmente o sacramento do batismo e, depois do batismo, possamos fazer, com a sua ajuda, aquilo que lhe agrada[63].

O papa Bonifácio II aprovou o Concílio de Orange:

> É uma proposição certa e católica que em todos os bens, à frente dos quais está a fé, a misericórdia divina se nos antecipa, antes que queiramos, para que queiramos, nos é presente enquanto queremos, e nos acompanha ainda para que perseveremos na fé[64].

Belo texto, na verdade. Entretanto, o Concílio de Orange permaneceu desconhecido até o século XVI.

### Um "segredo sacramental"?

Uma segunda questão doutrinal foi colocada por um bispo teólogo do século VI, Isidoro de Sevilha, que pretendeu reformular a interpretação clássica do sacramento como sinal do mistério. Adepto fervoroso das "etimologias" (é o título de seu livro), ele compreendeu a palavra *sacramentum* como derivada da

---

60. Cf. *Indiculus*, DzS 239 e 241, FC 528 e 530.
61. DzS 246, FC 537.
62. Concílio de Orange II, cân. 3-25, DzS 373-396, FC 541-547.
63. Concílio de Orange II, Conclusão, DzS 397, FC 547.
64. BONIFÁCIO II, Carta a Cesário confirmando o Concílio de Orange II, SC 353, p. 181.

palavra *secretum*. O sacramento assim compreendido não era mais um sinal apontando para algo diferente dele, mas um *segredo*, uma realidade na qual se oculta a ação divina. Etimologia evidentemente sem fundamento, mas a idéia agradou, sem dúvida porque se começava, então, a objetivar demais o rito ou o elemento sensível. Durante mais de cinco séculos, até o século XI, a teologia ocidental se deixou obnubilar pelo segredo sacramental, com o risco de esquecer o mistério e sua dinâmica de comunicação. Agostinho não fora esquecido, mas foi relido e modernizado de uma maneira que não respeitava sua teologia do sinal sacramental.

## *A presença de Cristo na eucaristia*

O terceiro debate doutrinal é um caso de especialistas a respeito da *eucaristia*, primeiro no século IX, depois no século XI. Dois monges espanhóis, Pascásio Radberto e Ratramno, um e outro se reportando a Isidoro de Sevilha, confrontaram-se, no século IX, o primeiro em nome de um realismo eucarístico muito forte (o corpo eucarístico de Jesus é idêntico a seu corpo histórico), o segundo pleiteando uma teologia menos objetiva (o sacramento da eucaristia é um *símbolo* e não, propriamente falando, uma *verdade*, precisamente porque mascara ou vela aquilo que contém). Dois séculos mais tarde, a mesma tensão se renovou entre Berengário, teólogo de Tours, que radicalizava o simbolismo de Ratramno, e Lanfranco, monge de Bec, que tentava conciliar o sinal sacramental e a verdade do mistério comunicado por esse sinal, afirmando, com isso, o realismo eucarístico. A autoridade eclesial dirimiu a questão. Em 1059, um sínodo realizado em Latrão contestou a teologia de Berengário: "O pão e o vinho consagrados não são apenas um sacramento, mas verdadeiramente também o corpo e o sangue de Nosso Senhor Jesus Cristo"[65]. Vinte anos mais tarde, Gregório VII impôs a Berengário uma formula de fé que declarava:

> O pão e o vinho que estão sobre o altar são, pelo mistério da oração santa e pelas palavras de nosso Redentor, mudados substancialmente na verdadeira carne, própria e vivificante, e no sangue de nosso Senhor, [...] não apenas em figura e pela virtude do sacramento, mas em sua própria natureza e em sua verdadeira substância[66].

Que reter desse debate complexo? Aparentemente, essa querela de teólogos está muito longe da pastoral do povo cristão. Mas, nessa Alta Idade Média, a cultura dos intelectuais está começando a se mexer: ela dá lugar à dialética, isto é, à racionalidade e à lógica. Deseja-se explicar aquilo em que se crê, sem

---

65. 1ª profissão de fé imposta a Berengário, *DzS* 690.
66. 2ª profissão de fé imposta a Berengário, *DzS* 700, *FC* 726.

ter, para isso, os conceitos apropriados. Fala-se de *figura* e de *realidade*, de *verdade* e de *substância*, sem que esses termos tenham um sentido determinado e comum para os pensadores. Dito isso, dois pontos se tornam claros. De um lado, é certo que a eucaristia constitui um sacramento muito particular do ponto de vista da presença de Cristo: Cristo não está aí presente como está, por exemplo, no batismo. Por outro lado, é preciso se decidir a dizer alguma coisa a respeito da mudança, da *conversão*, da *comutação* operadas pela consagração: a idéia de transubstanciação, que ainda não havia aparecido, está no horizonte.

## Primeiras listas de sacramentos

Enfim, quarta questão doutrinal: não seria útil determinar o que é exatamente *sacramento* no conjunto de ritos e celebrações, ou mesmo de crenças, a que damos, às vezes, esse nome? Efetivamente, o termo 'sacramento' era usado com flexibilidade e se aplicava, na Antiguidade e durante a Alta Idade Média, ao conjunto dessas realidades que se podiam chamar também de mistérios. Pascásio Radberto sustentava que a Escritura é sacramento porque "sob a letra das Escrituras o Espírito age eficazmente", e considerava, também, que a encarnação de Cristo era "de alguma forma um grande sacramento"[67]. Já Agostinho, uma vez ou outra, arrolava sob o nome de 'sacramentos' o Credo e o Pai-nosso[68].

De fato, tanto no Ocidente como no Oriente, diversos eram os sacramentos, ou mistérios, e não se tinha a preocupação de fixar uma lista deles. Tertuliano cita o batismo e a eucaristia, mas também a unção com óleo, a imposição da mão[69] e até mesmo o leite e o mel que simbolizavam a terra prometida batismal[70]. Ambrósio enumera a água, o óleo e a eucaristia[71]. Agostinho menciona como sacramentos o batismo e a eucaristia, o óleo e a imposição da mão, a ordenação[72], mas também o sal batismal[73], as grandes festas litúrgicas[74] e mesmo "outros mais que possa haver recomendados pela Escrituras canônicas"[75]. Por volta de fins do século V, desta vez no Oriente, o Pseudo-Dionísio distingue o batismo ou iluminação, a eucaristia ou comunhão, o rito da crisma, a penitência, a profissão monástica e os funerais[76]. Essa lista haveria de ter grande

---

67. PASCÁSIO RADBERTO, *Du Corps et du sang du Seigneur*, PL 120, 1275cd-1276a.
68. AGOSTINHO, *Sermons*, 228,3, PL 38, 1102.
69. TERTULIANO, *Traité du baptême*, 7 e 8, SC 35, pp. 76-78.
70. Id., *Contre Marcion*, 1,14,3, ed. R. Braun, SC 365, 1990, p. 165.
71. AMBRÓSIO, *Comment. sur les Ps*, 35,19 e 36, 63, PL 14, 962 e 999.
72. AGOSTINHO, *Du baptême*, I,1,2, BA 29, p. 57; *Contre la lettre de Parménien*, II, 13, 28, BA 28 p. 341.
73. Id., *La Catechèse des simples*, 26,50, PL 40, 344; *De Peccatorum meritis* II,25,42, PL 44, 176.
74. Cf. AGOSTINHO, *Lettres 54 e 55 a Janvier*, PL 33, 199-223.
75. AGOSTINHO, *Lettres* 54,1, PL 33, 200.
76. PSEUDO-DIONÍSIO, *Hiérar. eccl.*, II-VII, *Oeuvres complètes*, ed. M. de Gandillac, Paris, Aubier, 1943, pp. 251-326.

influência no Oriente até o século XIII. No século VIII, Isidoro de Sevilha conserva "o batismo e a crisma, o corpo e o sangue"[77]. No século XI, o bispo italiano Bonizo enumera o batismo e a eucaristia, o sal batismal e os óleos consagrados, o exorcismo, o gesto de *effeta* realizado sobre os catecúmenos e os ritos de imposição das mãos[78]. Nessa mesma época, Pedro Damião se limita a citar o batismo, a eucaristia e a ordenação[79].

O mínimo que se pode dizer é que antes do século XII não existe uma lista "canônica" dos sacramentos. Mas em alguns lugares se sente a necessidade de organizar a diversidade dos ritos eclesiais. O binômio batismo e eucaristia é, evidentemente, fundamental; ele organiza o ritual da iniciação cristã e integra, desse ponto de vista, o óleo e a imposição da mão ou das mãos. Por outro lado, as circunstâncias e, em particular, o problema levantado pela admissão de cristãos cismáticos levam a ligar o batismo à imposição penitencial das mãos: "um e outro sacramento", diz Cipriano[80]. Por seu lado, Agostinho aproxima o batismo e a ordenação[81], ou mesmo o matrimônio e a ordenação[82], por causa do caráter não-reiterável desses sacramentos. O Pseudo-Dionísio distingue os ritos "hierárquicos" de outros ritos espirituais para os catecúmenos, os possessos e os penitentes[83]. Bonizo indica que certos sacramentos foram instituídos pelo Senhor (batismo e eucaristia), que alguns vêm dos apóstolos (sal, óleo) e que outros, enfim, são de origem eclesial (imposição das mãos em particular). Pouco importa, no fundo, o detalhe das análises. O importante é o desejo de estabelecer algumas correlações entre os diversos ritos cristãos.

Todavia, essa estruturação ainda tateante tem limites. É evidente que Cristo não é o fundador de todos os sacramentos, mas esse princípio tem aplicações hesitantes. Por outro lado, certos ritos não estão absolutamente no mesmo plano de outros, dado o seu uso ou seu conteúdo. Assim é que Agostinho nunca cita a unção dos enfermos à qual, no entanto, o papa Inocêncio I, na mesma época, dá o nome de *sacramentum*[84]. Do mesmo modo, o matrimônio, se é verdadeiramente *sacramentum* para Agostinho, e se é análogo ao batismo e à ordenação, tem um estatuto particular: é mais um estado que uma celebração[85]. Enfim, se a imposição da mão para a penitência é freqüentemente tida como *sacramentum*, a tendência habitual não é a de dar esse nome à reconciliação ou à penitência. Não se fala muito do "sacramento da penitência". Gregório Magno usa essa expressão, mas ela só vai se generalizar no século XI.

77. ISIDORO DE SEVILHA, *Étymologies*, VI, 19,39, *PL* 82,255c.
78. BONIZO, *Petit livre des sacrements*, *PL* 150, 857-866.
79. P. DAMIÃO, *Gratissimus*, 9, *PL* 145, 109c.
80. CIPRIANO, *Correspondance*, 72,1 e 73,20, *Budé*, pp. 260 e 275.
81. AGOSTINHO, *Contre la lettre de Parménien*, II, 13, 28, *BA* 28, p. 341.
82. Id., *Le bien du mariage*, 24,32, *BA* 2, p. 79.
83. PSEUDO-DIONÍSIO, *Hiérar. ecclés.* II, 3, 3, 6-7 (432c-436b), Gandillac, pp. 269-273.
84. INOCÊNCIO I, *Lettre à Décentius*, 11, DzS 216, FC 875-876.
85. Cf. E. SCHMITT, Le *sacramentum* dans la théologie augustinienne du mariage, *RDC* 42 (1992), pp. 197-213.

## IV. OS GRANDES TRAÇOS DE UMA HERANÇA PASTORAL E TEOLÓGICA

Três eixos principais podem ser extraídos desse primeiro percurso sobre a dogmática sacramentária: o tipo de sacramentário constituído antes do século XII, a relação, nessa época, entre o cristianismo ocidental e o cristianismo oriental do ponto de vista dos sacramentos e, por fim, as primeiras intervenções magisteriais marcantes.

### 1. AS FONTES DA TEOLOGIA SACRAMENTAL ANTIGA

1. A doutrina dos sacramentos se constituiu, primeiramente, a partir da *Bíblia*. O mistério de Deus é bíblico e ao mesmo tempo sacramental; o gesto ritual é a Palavra de Deus que se faz ver e tocar depois de ter sido escutada e entendida, e que se modula sensivelmente, permanecendo sempre simples e discreta (Tertuliano, Orígenes, Agostinho). Celebrar os sacramentos é ainda acolher a Escritura. Isso significa que a Bíblia esclarece a interpretação dos ritos e das práticas. Biblicamente falando, o sacramento é ato de Cristo, graça de Deus, comunhão com Deus Trindade e perdão do pecado. Ao mesmo tempo, como observa Agostinho, ele é memória de um acontecimento bíblico: recebe-se o efeito do acontecimento celebrado, faz-se memória de Cristo, de sua paixão e de sua ressurreição.

Essa fundamentação bíblica da sacramentalidade cristã significa também que a novidade evangélica dos ritos é percebida em referência aos sacramentos da Antiga Aliança (Justino, Tertuliano, Ambrósio, Agostinho). O batismo realiza o que é anunciado pela circuncisão judaica, e a eucaristia completa o dom do maná durante o Êxodo.

2. A teologia sacramental dos primeiros séculos cristãos constituiu-se igualmente a partir da *prática pastoral*, que passa pelo desenvolvimento litúrgico, pela catequese (especialmente mistagógica) e pelas tomadas de posição nos casos litigiosos. É evidentemente marcada pela preocupação dos clérigos, mesmo se, uma vez ou outra, se perceba, nos discursos e atos dos ministros, algo da experiência espiritual dos fiéis que recebem os sacramentos e vivem deles. Enfim, essa pastoral sacramental é acompanhada de uma reflexão teológica invocada para apoiar certas insistências ou para justificar certas desaprovações. São, sobretudo, certos bispos que se adiantam nos debates, especialmente na África do Norte (Cipriano, Agostinho). Mas o reflexo conciliar é imediato: procura-se elaborar um pensamento comum que será, em seguida, submetido ao papa.

Ao longo dos onze primeiros séculos cristãos, as questões pastorais foram evidentemente numerosas. Parece que três delas tiveram especial importância para a elaboração da teologia sacramental: a iniciação cristã, o problema da reconciliação e da penitência e as questões ligadas ao sacramento da ordenação.

3. Na Antiguidade e durante a Alta Idade Média, a teologia sacramental cristã se organizou, enfim, a partir da *cultura*. Sua influência, todavia, não se percebe muito nos gestos rituais, particularmente na liturgia batismal (o sal, os exorcismos, o fato de se voltar para o Oriente e para o Ocidente, o dom simbólico do leite e do mel, quer dizer, de drágeas) e na liturgia eucarística (beijo da paz, oração de epiclese dirigida ao Espírito Santo, uso de pão ázimo, não-levedado, no Ocidente no século IX etc.). Muitos desses gestos têm uma fonte bíblica, e o cristianismo parece ter, durante muito tempo, mantido reserva em relação a certos ritos religiosos que tivessem traços de paganismo (Justino, Tertuliano). A inculturação dos gestos litúrgicos se fez, portanto, lentamente, sobretudo a partir do século IX. De qualquer forma, os sacramentos cristãos não integraram certos ritos não-bíblicos (adivinhação, comunicação com os mortos, máscaras) aos quais os primeiros cristãos não foram sempre insensíveis (Cesário de Arles). E a teologia sacramental medieval permaneceu alheio aos rituais do judaísmo e do Islã.

A inculturação mais doutrinal foi sobretudo ocidental e se manifestou em três domínios. Primeiro, no vocabulário utilizado para falar dos sacramentos: *sacramentum, celebrar, missa* (essa palavra, que quer dizer "despedida", designa a partir do século VI no Ocidente a celebração eucarística em seu conjunto), *confirmação* (termo ocidental, empregado no Ocidente a partir do século V para designar um rito de óleo depois do batismo). Certos termos muito bem recebidos no Oriente, como *liturgia* ou *iniciação*, foram pouco apreciados no Ocidente. Em seguida, na maneira de pensar: depois da grande época em que dominou a compreensão do invisível a partir do visível (Orígenes, Agostinho), viu-se surgir no Ocidente, desde o século VII, outra forma de compreensão do real, mais lógica e mais dialética (Isidoro de Sevilha no século VII, Berengário no século XI). De repente, a estrutura sacramental deixou de estar sobretudo nas mãos dos bispos: monges e docentes entraram, pouco a pouco, em cena (Pascásio Radberto, Ratramno, Berengário). Enfim, pode-se constatar uma influência da cultura sobre a estrutura sacramental quando se observa que um certo número de responsáveis políticos (por exemplo Constantino, Carlos Magno) desempenharam um papel não apenas suscitando concílios, mas também exigindo que as práticas fossem unificadas.

## 2. TEOLOGIA SACRAMENTAL OCIDENTAL E TEOLOGIA SACRAMENTAL ORIENTAL

Estamos habituados a localizar em 1054 a separação oficial entre o cristianismo do Oriente e o do Ocidente, por motivos teológicos e culturais entre os quais, aliás, a teologia sacramental conta pouco. Na realidade, essa ruptura deve ser matizada. Por exemplo, por ocasião da primeira cruzada, os maronitas e os armênios se aproximaram dos latinos. Sobretudo no que concerne à prática dos sacramentos e à reflexão a seu propósito, o cristianismo ocidental e o cristianismo oriental têm muito mais pontos comuns e convergências do que diferenças reais.

Certamente, há distâncias. As comunidades cristãs do Oriente estavam em relação imediata com o novo Testamento em grego, enquanto o Ocidente precisava, aos poucos, procurar na língua latina aproximações para traduzir as palavras-chave. É possível, também, que certos problemas pastorais tenham assumido, no Ocidente, proporções espantosas para o Oriente: particularmente a readmissão de cristãos separados. O essencial, entretanto, se encontra numa diferença de sensibilidade religiosa. O Oriente tem mais ou menos a opinião que os ocidentais teorizam demais, que Agostinho é genial mas muito inclinado a sistematizar e que algumas de suas distinções enrijecem a experiência cristã, como a estabelecida entre a objetividade irreversível do sacramento e seu efeito salutar e eclesial. Os orientais temem que a teologia ocidental negligencie o mistério e minimize as condições eclesiais efetivas da sacramentalidade: o batismo e a eucaristia são, em primeiro lugar, liturgias, antes de ser objetos teológicos. Evidentemente, a mudança cultural registrada no Ocidente a partir do século VII, e que leva às interrogações sobre o como da presença eucarística de Cristo, surge, nesse contexto, como o sinal extremo de uma dialética que vai longe demais.

Para ilustrar essa diferença na concepção da teologia sacramental, pode-se aproximar o ocidental Agostinho de um oriental como João Crisóstomo, mais ou menos seu contemporâneo.

A teologia agostiniana no domínio sacramental é evidentemente, para os ocidentais de hoje, impressionante. O sacramento é um sinal inteligível, acessível à fé, cuja eficácia radical se deve a Cristo. Ele opera, portanto, quando se trata do batismo ou da ordenação, de maneira objetiva e irreversível: é portador, então, de um "caráter" que transforma o fiel a quem cabe entrar naquilo que recebe e assimilar o efeito (*virtus*) do sacramento, o que nunca é absolutamente garantido.

João Crisóstomo, por sua vez, é menos especulativo. Ele sabe muito bem que, "mesmo nas coisas sensíveis, tudo é espiritual"[86]. Não ignora que a qualidade do ministro que comunica o mistério batismal ou a eucaristia não conta quando se trata da realidade do rito[87]. Jamais perde de vista que certos ritos eclesiais apõem uma marca, um selo, o que não está tão distante do "caráter" agostiniano[88]. Mas ele se apóia na liturgia. Sua teologia é, antes de tudo, homilia e catequese.

A diferença, portanto, é real, mas o que conta mais ainda, durante esses séculos, é uma profunda convergência entre Ocidente e Oriente. Para todos os cristãos de então, em todo caso para quem quer que se ocupe de teologia, o mistério-sacramento é um sinal compreensível, não um gesto religioso mágico

---

86. JOÃO CRISÓSTOMO, *Hom. sur Mt,* 82,4, *PG* 58,743.
87. Id., *Hom. sur Jn,* 86,4, *PG* 59, 471-474.
88. Id., *Hom. sur 2Cor,* 3,7, *PG* 61, 418.

ou puramente emocional. A compreensão do dom divino supõe a fé e, ao mesmo tempo, alimenta, estrutura e orienta essa fé para o bem da Igreja e das pessoas. Enfim, é claro que a prática ritual, se tiver, como deve ter, um sentido bíblico, trará em si mesma uma confissão de fé e, mesmo, uma teologia. Como dizia Ireneu de Lião, "nossa maneira de pensar está de acordo com a eucaristia, e a eucaristia, por sua vez, confirma nossa maneira de pensar"[89].

## 3. PRIMEIRAS INTERVENÇÕES MAGISTERIAIS NO DOMÍNIO SACRAMENTAL

São diversas, pois emanam de concílios locais ou provinciais e do papado, e têm objetivos bem variados, em geral suscitados pelas situações e conjunturas. Acrescente-se o fato de que são quase todas ocidentais, latinas.

Há, em primeiro lugar, textos relativos ao que se poderia chamar de *a objetividade* dos sacramentos, especialmente do batismo. A teologia agostiniana é aqui invocada: a realidade e o valor do sacramento não dependem da dignidade do ministro. É o que afirmam o papa Estêvão em 256[90], os concílios de Arles (314), de Nicéia (em 325)[91], de Cartago (em 348), de Laodicéia (entre 341 e 381), os papas Sirício em 385, Inocêncio I em 401 e em 414, Leão Magno em 458, Anastácio II em 496, Pelágio I em 559, Gregório Magno em 601[92].

Em seguida, pode-se assinalar as intervenções concernentes a casos difíceis ou problemáticos na área que chamaríamos de *pastoral sacramental*. Por exemplo, as fórmulas exigidas da parte dos ministros; textos dos papas Gregório Magno em 601, Gregório II em 726, Gregório III em 739, Zacarias em 746 e em 748[93]. Ou o problema dos batismos em caso de urgência (Concílio de Elvira, entre 300 e 306)[94], e da reconciliação na hora da morte (Inocêncio I em 405; Celestino I em 428)[95]. Do mesmo modo, o caso bastante particular de um batismo dado por um judeu ou um pagão (Nicolau I em 866)[96]. Ao mesmo tempo, o magistério lembra a disciplina no que diz respeito aos ministros (para a confirmação ou extrema-unção: Inocêncio I em 416)[97] ou defende o segredo na celebração da penitência (Leão Magno em 459)[98]. Uma vez ou outra, a autoridade eclesial impõe uma profissão de fé a teólogos cuja teologia sacramental fosse contestável (por exemplo, a que foi exigida de Berengário de Tours, em 1079)[99].

---

89. IRENEU, *CH* IV, 18,5, Rousseau, p. 464.
90. *DzS* 110, *FC* 680.
91. *DzS* 123, 127-128.
92. *DzS* 183, 211 e 214, 320, 356, 445, 478.
93. *DzS* 478, 580, 582, 588, 589.
94. *DzS* 120, 121.
95. *DzS* 212, 236, *FC* 795/5.
96. *DzS* 646.
97. *DzS* 215 e 216, *FC* 875-876.
98. *DzS* 323, *FC* 796.
99. *DzS* 700, *FC* 726.

Uma terceira categoria de intervenções tem um alcance mais propriamente teológico e, por ocasião de alguma situação particular, expõe um *quadro de conjunto*. Como a carta de Inocêncio I ao bispo Decêncio, em 416[100], a propósito da unção dos enfermos, que pertence ao "gênero do *sacramentum*". Ou o 5º cânone do Concílio de Valença, em 855, que liga os sacramentos à redenção de Cristo[101].

---

100. *DzS* 215-216, *FC* 875-876.
101. *DzS* 632.

CAPÍTULO II
# O testemunho da Igreja antiga: as instituições sacramentais

B. SESBOÜÉ

A economia sacramental herdada pelo século XII, no momento em que se elabora uma doutrina dos sacramentos, exprimiu-se em certo número de instituições sacramentais. Isso está na lógica do que o capítulo precedente fez sentir ao resgatar a própria noção de sacramento e ao dar conta das primeiras questões doutrinais, concernentes principalmente ao batismo, que os séculos da era patrística tiveram de resolver. A fé sacramental da Igreja tomou uma primeira consciência refletida de si mesma sobre inúmeros pontos e a partir de uma prática em que a celebração litúrgica constituía um lugar institucional importante, sem ser o único.

Em suas determinações concretas, as instituições sacramentais estão marcadas pela história e pela cultura e dão testemunho da relação concreta e viva — e, portanto, mutável — da Igreja com o mundo. Nesse sentido, elas ultrapassam a norma dogmática. Entretanto, uma história dos dogmas não pode se desinteressar delas, porque constituem um lugar doutrinal concreto (ao adágio *lex orandi, lex credendi,* poder-se-ia juntar este outro: *lex agendi, lex credendi*), e por meio delas se exprime e se compromete a convicção de fé da Igreja. Por outro lado, suas próprias variações manifestam todo o espaço de liberdade de que goza a Igreja na gestão dos sacramentos recebidos de Cristo.

Na época da Igreja antiga aqui considerada, não havia sete sacramentos. Viu-se como o próprio conceito de sacramento estava em gestação. Não se encontra, portanto, uma instituição sacramental correspondente a cada um dos ritos que chamamos de sacramento. Durante muito tempo, por exemplo, não houve nenhuma celebração propriamente cristã para o matrimônio. Entretanto, quatro instituições importantes manifestam-se rapidamente, as quais é preciso considerar aqui: a do catecumenato e do batismo; a liturgia eucarística que domina o conjunto do culto cristão; a instituição do ministério ordenado a ela ligada, mas que a ultrapassa; a disciplina penitencial, enfim, destinada a conhecer evoluções espetaculares.

## I. A DISCIPLINA DO CATECUMENATO E A CELEBRAÇÃO BATISMAL

**OS AUTORES E OS TEXTOS:** La Doctrine des douze apôtres (Didaché), ed. W. Rordorf e A. Tuilier, SC 248, 1978. — HIPÓLITO DE ROMA, La Tradition apostolique, ed. B. Botte, SC 11bis, 1968. — EGÉRIA, Journal de voyage; ed. P. Maraval, SC 296, 1982. — JOÃO CRISÓSTOMO, Huit Catéchèses baptismales, ed. A. Wenger, SC 50, 3ª ed., 1985; Trois Catéchèses baptismales, ed. A. Piédagnel e L. Doutreleau, SC 366, 1990. — TEODORO DE MOPSUÉSTIA, Homélies catéchétiques, ed. R. Tonneau, Cidade do Vaticano, 1949. — AGOSTINHO, La Catéchèse des simples, ed. J. Combès, BA 11, 1949. — Le Baptême d'après les Pères de l'Église; L'initiation chrétienne, textos apresentados por A. Hammam, Paris, Grasset, 1962 e 1963. — Cf. os autores e os textos da p. 42.

**INDICAÇÕES BIBLIOGRÁFICAS:** J. A. JUNGMANN, La liturgie des premiers siècles jusqu'á l'époque de Grégoire le Grand, Paris, Cerf, 1962. — J. DANIÉLOU, R. DU CHARLAT, La Catéchèse aux premiers siècles, Paris, Fayard-Mame, 1968. — A. LAURENTIN, M. DUJARIER, Catéchuménat, donnés de l'histoire et perspectives nouvelles, Paris, Centurion, 1969. — M. DUJARIER, Le Parrainage des adultes aux trois premiers siècles, Cerf, 1962. — TH. MAERTENS, Histoire et pastorale du rituel du catéchuménat et du baptême, Saint-André, 1962. — L. LIGIER, La Confirmation. Sens et conjoncture oecuménique hier et aujourd'hui, Paris, Beauchesne, 1973. — H. KUNG, "La Confirmation comme parachèvement du baptême", L'Éxperience de l'Esprit, Mélanges Schillebeeckx, Beauchesne 1976 — H. BOURGEOIS, L'Initiation chrétienne et ses sacrements, Centurion, 1982. — Cf. ind. bibl. p. 42.

### 1. CATEQUESE E CATECUMENATO

Em sua rápida expansão pelo mundo mediterrâneo, a Igreja antiga praticava principalmente o batismo de adultos. O discurso querigmático de Pedro (At 2,41) se concluiu pelo batismo imediato de "cerca de três mil pessoas" no mesmo dia. Essa rapidez, ligada à graça dos inícios, não podia se manter. A celebração do batismo requer, na verdade, uma preparação que consiste numa conversão à fé e numa conversão de vida. Exige uma instrução de ordem moral e de ordem doutrinal. Tudo isso exigia tempo e requeria uma instituição adaptada, a instituição catecumenal. Nós a conhecemos muito bem a partir de diversos documentos: a *Tradição apostólica* de Hipólito, o *Tratado do batismo* de Tertuliano e as diversas catequeses de Cirilo de Jerusalém, de João Crisóstomo,

Teodoro de Mopsuéstia, Ambrósio e Agostinho. Fixada, em seus traços essenciais, desde o início do século III, desenvolve-se ainda no século IV. É assim possível conhecer o itinerário exigido do catecúmeno até seu batismo. Apresentamos aqui um quadro global, levando em conta as variantes de tempo e lugar[1].

O catecumenato comporta duas etapas principais: a preparação remota e a preparação imediata. Para entrar no catecumenato, "os que se apresentam pela primeira vez" são levados diante dos doutores (leigos ou clérigos) pelos padrinhos. Estes, cujo papel institucional é atestado desde o início do século III, devem dar testemunho da sinceridade de suas motivações. Verifica-se, então, se suas condições de vida são conformes à moral cristã e se não exercem profissões próximas do paganismo[2]. Tornam-se, então, catecúmenos (*catèchoumenoi*) no Oriente, auditores (*audientes* ou *auditores*) no Ocidente. Sua formação dura, em geral, três anos[3]: são iniciados na Escritura e recebem uma catequese moral no decurso de reuniões que comportam instrução, oração e ritos comunitários. Podem assistir à liturgia da palavra no decurso da eucaristia dominical. No século IV, alguns ficam por aí, sem jamais dar o passo do pedido do batismo.

No final desse primeiro período, os que decidem se inscrever para a preparação do batismo a se realizar na noite pascal são apresentados por seus padrinhos ao bispo, que, mediante inquirição, examina se sua vida durante o período de preparação remota esteve conforme às exigências cristãs e verifica se deram prova de uma real conversão: "Viveram eles honestamente enquanto eram catecúmenos? Respeitaram as viúvas? Visitaram os doentes? Fizeram todo tipo de boas obras?"[4] Os padrinhos se apresentam como fiadores da sinceridade de suas disposições diante da comunidade eclesial. O bispo procede, então, a sua inscrição no registro do "patrimônio de Cristo"[5]. Essa diligência constitui, da parte deles, um engajamento definitivo: tornam-se "eleitos" (*electi*) no Ocidente, "os que vão ser iluminados" (*photizômenoi*) no Oriente. A celebração prossegue com a protocatequese pronunciada pelo bispo, que dá o sentido da preparação batismal[6] e convida à alegria por esse tempo de núpcias espirituais. Mas trata-se, também, de um tempo de provação e de combate espiritual: são quarenta dias de treino e exercício com jejuns, orações e escuta assídua das catequeses. A preparação dura seis semanas no Ocidente, oito semanas no Oriente, isto é, o tempo da Quaresma, firmemente instituída a partir do século IV. Excetuando-se os sábados, há reuniões todos os dias, domingo inclusive, presididas pelo bispo. A formação comporta um aspecto catequético, ascético e ritual.

---

1. Cf. J. DANIÉLOU, R. DU CHARLAT, *La Catéchèse aux premiers siècles,* pp. 44-67. — Para a descrição dos ritos, inspiro-me igualmente numa dissertação feita sob minha direção por um de meus estudantes (P. Morand-Marteil).

2. *Tradition apostolique,* 15-16, SC 11bis, pp. 69-75.

3. *Ibid.,* 17, p. 75.

4. *Ibid.,* 20, p. 79.

5. Cf. JOÃO CRISÓSTOMO, *Huit catéchèses baptismales,* II,1, SC 50, p. 133; EGÉRIA, *Journal de voyage* 45, 1-4, SC 296, p. 307.

6. Cf. as protocatequeses de Cirilo de Jerusalém e de João Crisóstomo.

Durante as primeiras semanas, a catequese versa sobre o ensino das Escrituras. Segundo Egéria, o bispo, "partindo do Gênesis, percorre, nesses quarenta dias, todas as Escrituras, explicando primeiro o sentido literal e, depois, o sentido espiritual"[7]. Em seguida vem a catequese dogmática, durante os últimos quinze dias. É uma explicação dos artigos do Símbolo de fé. Já mencionada por Tertuliano, essa catequese assume um lugar essencial no século IV. Começa no sexto domingo da Quaresma, no Oriente, no quarto domingo no Ocidente, pela celebração da *entrega do Símbolo* (*traditio Symboli*). O bispo entrega solenemente aos catecúmenos o texto do Credo, que eles ignoravam até então, pois era oculto pela disciplina do segredo (*arcano*). E lhes ordena que o aprendam de cor:

> Encerramos nesses poucos versículos todo o ensinamento da fé. Eis precisamente o que quero que retenhais textualmente e que reciteis para si mesmos, com grande cuidado, sem escrevê-lo em papiros, mas gravando-o pela memória em vosso coração. [...] Guardai essa [fé] como um viático por todo o tempo de vossa vida e não recebei mais nenhuma outra fora dela[8].

Durante as duas semanas seguintes, o bispo comenta o Símbolo "artigo por artigo, primeiro literalmente, depois espiritualmente"[9] (*explanatio symboli*). Em seguida, no domingo de Ramos, os futuros batizados "devolvem" o Símbolo (*redditio symboli*), recitando-o publicamente diante do bispo, dos padrinhos e de toda a comunidade. Proclamam, assim, a fé recebida da Igreja. A catequese dogmática termina com a *redditio* do Símbolo. A Semana Santa é ocupada por ofícios litúrgicos, preparação espiritual e penitência.

As catequeses mistagógicas, isto é, as que comentam os ritos de iniciação cristã, batismo, crisma e eucaristia, só são dadas no correr da semana pascal, portanto depois da recepção desses sacramentos pelos neófitos. À razão do segredo parece se juntar um motivo pedagógico: é depois de ter feito a experiência dos ritos e da graça dos sacramentos que os neófitos são capazes de perceber seu sentido espiritual:

> Porque eu sabia muito bem que confiamos mais na vista do que no ouvido, esperei a presente ocasião de vos encontrar, após essa grande tarde, em condições de apreender o que vos tem sido dito e de vos conduzir pela mão pelos prados luminosos e perfumados deste paraíso[10].

Esse mesmo tempo de quaresma é uma espécie de "retiro", tempo forte de penitência e de iniciação à oração, com a "tradição do *Pater*". Desde os primei-

---

7. EGÉRIA, *Journal*, 46,2, SC 296, p. 309.
8. CIRILO DE JERUSALÉM, *Catéchèses baptismales*, 5,12, PF, p. 91-92.
9. EGÉRIA, *Journal*, 46,3, SC 296, p. 311.
10. CIRILO DE JERUSALÉM, *Catéchèses mystagogiques* 1,1, SC 126bis, pp. 83-85.

ros tempos se recomenda um jejum anterior ao batismo, ao qual se associa a comunidade[11]. Tertuliano exorta o candidato a multiplicar os atos de penitência, o jejum, as vigílias e as orações: "Os que vão ter acesso ao batismo devem invocar a Deus mediante orações fervorosas, jejuns, genuflexões e vigílias"[12]. Em Roma se exige jejum na Sexta e no Sábado santos. Esses exercícios traduzem a sinceridade do arrependimento e têm por finalidade atrair a misericórdia de Deus. O jejum tem também o efeito de exorcismo. Julga-se que o demônio ataca até o último momento para impedir o catecúmeno de se fazer batizar. O catecúmeno é, enfim, auxiliado em sua preparação por uma série de exorcismos; no decurso de celebrações em que a comunidade ora com os catecúmenos, clérigos ou leigos habilitados pronunciam sobre eles uma oração de exorcismo, impondo-lhes as mãos. Esses exorcismos se realizam todos os dias no século III, somente aos domingos no século IV. Esses ritos têm por finalidade afugentar o demônio e purificar o catecúmeno antes que ele receba o Senhor.

Essa pedagogia catecumenal é rica de ensinamentos doutrinais sobre a iniciação cristã. Sua seriedade e sua duração lembram, antes de tudo, que uma doutrina do batismo deve ser pensada em função do batismo de adultos ou da criança em condições de confessar pessoalmente a fé. Vimos como a Igreja se situou em relação ao batismo das crianças[13]. Mas sua legitimidade deve ser compreendida por analogia com e em referência aos batismos dos "confessantes". Por outro lado, essa preparação sublinha a ligação complexa entre a fé e o batismo: o batismo é o sacramento que dá a fé, mas só pode ser recebido na pressuposição da conversão à fé. Ora, esta só pode ser feita no tempo, manifestando-se por atos sua seriedade. Vê-se também o lugar central que ocupa o Símbolo da fé no ensino catecumenal e na própria celebração. Isso porque, pelo batismo, os acontecimentos confessados no Credo se tornam acontecimentos para o neófito[14]. O batismo comporta ainda a remissão dos pecados: esse aspecto está muito presente na preparação batismal, com todo o seu cortejo de exorcismos e de imposição de mãos. Enfim, o catecúmeno é integrado progressivamente ao corpo da Igreja segundo uma pedagogia muito concreta, durante a qual os padrinhos desempenham importante papel.

## 2. OS RITOS DA INICIAÇÃO CRISTÃ

A liturgia do batismo, na Antiguidade cristã, é uma liturgia solene que se desdobra em numerosos ritos, comportando o batismo propriamente dito, a crisma e o acesso à eucaristia. Esses ritos se realizam na noite de Páscoa, a fim de salientar sua ligação com o mistério pascal de Cristo. Em Jerusalém,

---

11. *Didaché*, 7,4, SC 248, p. 173.
12. TERTULIANO, *Traité du baptême*, 20,1, SC 35, p. 94.
13. Cf. *supra*, pp. 44-45.
14. Sobre a ligação entre Símbolo da fé e batismo, cf. t. 1, p. 88 e ss.

Cirilo sublinha que os acontecimentos dos quais ele fala realizaram-se nos mesmos lugares em que ele pronuncia suas catequeses.

## Os ritos preparatórios

Antes do próprio batismo, realizam-se ritos preparatórios. O primeiro é o do *éffeta*, que se realiza na manhã do Sábado santo. O bispo reza sobre cada um dos catecúmenos, sopra-lhes o rosto e traça o sinal-da-cruz sobre suas frontes, orelhas e narinas. Esse rito, que reproduz o gesto de Jesus, significa a abertura dos sentidos à Palavra de Deus[15].

O segundo rito é o da renúncia ao demônio e da adesão a Cristo: é praticado em todas as Igrejas. João Crisóstomo mostra os catecúmenos vestidos de túnica, ajoelhados, as mãos elevadas para o céu, atitude que traduz o cativeiro de que serão libertados. Respondendo às interrogações do sacerdote, cada um se compromete a renunciar a Satanás e unir-se radicalmente a Cristo:

> O sacerdote vos faz dizer: "Renuncio a ti, Satanás, às tuas pompas, ao teu serviço e às tuas obras". Algumas palavras apenas, mas grande é o seu poder [...] (O sacerdote) de novo vos faz dizer: "Eu me uno a ti, Cristo!" [...] De ti, ele só recebeu tuas palavras, e te confiou um tão grande tesouro de realidades![16]

Em Jerusalém, o catecúmeno estende a mão e renuncia a Satanás, voltado para o Ocidente, "lugar das trevas visíveis", e se volta para o Oriente, "região da luz", para aderir a Cristo. A adesão é então seguida de uma profissão de fé trinitária: "Então fizeram-te dizer: 'Creio no Pai, no Filho e no Espírito Santo, e num só batismo de penitência'"[17].

Os ritos seguintes se realizam no batistério. A entrada no batistério simboliza a entrada na Igreja e o retorno ao paraíso perdido pelo pecado do primeiro Adão. O catecúmeno é, então, despojado de suas vestes — em Antioquia, pelo sacerdote —, gesto que simboliza o despojamento do velho homem e o retorno à nudez original perdida[18]. Em seguida seu corpo todo é ungido com óleo, previamente exorcizado pelo bispo. *A Tradição apostólica* de Hipólito de Roma menciona, pela primeira vez, dois tipos de óleo, um chamado óleo de exorcismo, tendo sido objeto de uma oração de exorcismo, o outro chamado óleo de ação de graças, bendito pelo bispo[19]. João Crisóstomo menciona igualmente uma unção de óleo feita sobre todo o corpo com um "óleo espiritual"[20].

---

15. *Tradition apostolique*, 20, SC 11bis, pp. 79-81.
16. JOÃO CRISÓSTOMO, *Huit. cat. bapt.*, II, 20-21, SC 50, p. 145.
17. CIRILO DE JERUSALÉM, *Cat. myst.*, 1,4 e 9, SC 126bis, pp. 89 e 99.
18. *Ibid.*, 2,2, pp. 105-107.
19. *Tradition apostolique*, 21, SC 11bis, p. 83.
20. JOÃO CRISÓSTOMO, *Huit. cat. bapt.*, II, 24, SC 50, p. 147.

## A *celebração do batismo*

O batismo é precedido da bênção da água, primeiro rito mencionado pela *Tradição apostólica*: "No momento em que o galo canta, rezar-se-á primeiro sobre a água, seja a água que corre da fonte ou a água que corre do alto"[21]. No século IV, o batismo é conferido numa piscina batismal. O futuro batizado, com o corpo impregnado da unção que acaba de receber, desce na piscina. As pinturas primitivas mostram que há água até os joelhos. O bispo — ou o sacerdote —, pousando a mão sobre a sua cabeça, o interroga sucessivamente sobre a sua fé no Pai, no Filho e no Espírito Santo, recitando, assim, um Símbolo de fé[22]; a cada resposta ele o mergulha na água. É o mesmo costume na África, em Roma e em Jerusalém. Em Antioquia, menciona-se a fórmula trinitária dita pelo sacerdote:

> Eis como se faz a colação do batismo: quando o sacerdote pronuncia sobre o interessado: "Fulano é batizado em nome do Pai e do Filho e do Espírito Santo", ele mergulha três vezes a cabeça na água e a retira, dispondo o sujeito, por esse rito misterioso, a receber a visita do Espírito Santo[23].

Ao sair da piscina, o neófito é revestido de uma veste branca que ele guardará por toda a semana da Páscoa. A veste branca simboliza o homem novo: "Agora que despojastes as vestes de outrora", diz Cirilo, "e que te revestistes da alvura espiritual, é preciso estar sempre vestido de branco"[24].

## *Os ritos pós-bastimais: a crisma*

Os neófitos recebem, então, uma nova unção com óleo consagrado, um sinal e, além disso, no Ocidente, uma imposição das mãos. Mas esses ritos são combinados de maneiras diferentes no Oriente e no Ocidente.

No Ocidente, em Cartago, os neófitos têm o corpo todo besuntado, pelo bispo, com óleo santo. É um rito de consagração sacerdotal ligado à consagração dos sacerdotes e dos profetas do Antigo Testamento. Depois o bispo invoca sobre cada um deles o Espírito Santo, impondo-lhes as mãos[25]. Segundo a *Tradição apostólica,* o rito de unção é desdobrado. Ao sair da água, os neófitos recebem, de um sacerdote, uma primeira unção com um óleo de ação de graças:

---

21. *Tradition apostolique,* 21, SC 11bis, p. 81.
22. Cf. t. 1, p. 84.
23. JOÃO CRISÓSTOMO, *Huit cat. bapt.,* II, 26, SC 50, p. 147.
24. CIRILO DE JERUSALÉM, *Cat. myst.,* 4,8, SC 126bis, p. 143.
25. TERTULIANO, *Traité du baptême,* 7 e 8, SC 35, p. 76.

"Quando ele subir, será ungido pelo sacerdote com o óleo de ação de graças com estas palavras: 'Eu te unjo com o óleo santo em nome de Jesus Cristo'"[26]. Depois eles se vestem de novo e entram na igreja. O bispo lhes confere então a imposição das mãos, invocando o Espírito Santo: "Senhor Deus, que os tornaste dignos de obter a remissão dos pecados pelo banho da regeneração, torna-os dignos de ser repletos do Espírito Santo e envia sobre eles a tua graça, a fim de que te sirvam segundo a tua vontade"[27]. Em seguida, ele lhes faz uma nova unção, derramando, com a mão, um óleo de ação de graças sobre suas cabeças. Essa segunda unção é consagradora, e faz referência às do Antigo Testamento. Enfim, ele os assinala na fronte. O dom do Espírito Santo é então conferido pela imposição das mãos.

No Oriente, em Jerusalém, o neófito, em novas vestes, recebe uma crisma com óleo perfumado, previamente consagrado por uma epiclese pronunciada pelo bispo. Esse rito proporciona a comunicação do Espírito Santo que vivifica e santifica a alma. A crisma, feita sobre a fronte, as orelhas, as narinas e o peito, indica a abertura espiritual dos sentidos para os dons de Deus e a força para o combate contra o adversário[28].

Antioquia apresenta uma grande originalidade na ordem dos ritos: a unção precede o batismo e é conferida em duas etapas com um "óleo de unção espiritual" ou crisma espiritual. Depois da renúncia e da adesão a Cristo, na Sexta-feira santa, a fronte é marcada com uma primeira unção com o crisma, sob a forma de sinal-da-cruz em nome da Trindade. A unção exprime a pertença a Cristo. Depois, na noite de Páscoa, logo antes do batismo, o catecúmeno é ungido de novo, desta vez sobre todo o corpo, com esse óleo espiritual. Essa unção lembra a efetuada sobre os lutadores que entram na arena para lutar. Tem o efeito de fortificar e está ligada ao dom do Espírito Santo. Em seguida, o catecúmeno é mergulhado na água. A unção produz seu efeito no contato com as águas batismais, às quais parece ligada: "Ele vos faz descer nos rios sagrados [...] É nesse momento que, pelas palavras do sacerdote e por sua mão, sobrevém a descida do Espírito Santo, e é um outro homem que sobe"[29].

Ao se tornar membros da Igreja pelo batismo, os neófitos são acolhidos pela assembléia como irmãos: "Toda a assistência os abraça, os saúda, lhes dá o beijo, os felicita e partilha de sua alegria pelo fato de que, outrora escravos e cativos, se tornaram, em um instante, homens livres"[30]. Eles recebem, pela primeira vez, o beijo da paz. Recitam o Pai-nosso com toda a comunidade. E Cirilo de Jerusalém comenta-o, frase por frase, durante a semana de Páscoa[31].

---

26. *Tradition apostolique*, 21, SC 11bis, p. 87.
27. *Ibid.*, 21, p. 87.
28. CIRILO DE JERUSALÉM, *Cat. myst.*, 3,3 e 4, SC 126bis, pp. 125-127.
29. JOÃO CRISÓSTOMO, *Huit cat. bapt.*, II,22-23 e 25, SC 50, pp. 145-147.
30. *Ibid.*, II,27, p. 148.
31. CIRILO DE JERUSALÉM, *Cat. myst.*, 5, 11-18, SC 126bis, pp. 161-169.

Em seguida, realiza-se a celebração da eucaristia na qual comungam os neófitos. No século III, eles bebem também de uma taça cheia de leite e mel[32].

## Da crisma ao "sacramento" de confirmação

Como vimos, a crisma e/ou a imposição das mãos segue-se imediatamente ao batismo. Dois problemas doutrinais estão aqui em questão. Em primeiro lugar, a que rito se deve atribuir o dom do Espírito? O simbolismo batismal é, antes de tudo, o da remissão dos pecados e do renascimento para a vida pela entrada no mistério da morte e ressurreição. O simbolismo da crisma e da imposição das mãos (com sua epiclese) está fortemente ligado ao mistério do Espírito Santo que desceu sobre Jesus por ocasião de seu batismo, e sobre a comunidade em Pentecostes. Uma interpretação seletiva pode se apoiar em um texto importante de Tertuliano: "Depois nos impõem as mãos invocando e convidando o Espírito Santo por uma bênção"[33]. O batismo só operava a remissão dos pecados; o dom do Espírito seria o efeito da confirmação. Mas introduzir uma dicotomia entre os diferentes ritos seria, aqui, anacrônico. O rito de crisma e/ou de imposição das mãos pertence a um conjunto que não seria completo sem ele. A água batismal já é objeto de uma epiclese. O próprio Tertuliano conhece a ligação do batismo a toda a Trindade e sabe que a remissão dos pecados é também um dom do Espírito[34]. Os dois ritos operam esse dom *in solidum*, sendo que o segundo o completa e o arremata. A relação entre sua unidade e sua distinção é a mesma que a do mistério pascal com o dom de Pentecostes.

Isso nos leva ao problema da unidade de um só sacramento ou da dualidade de dois sacramentos. A evolução das práticas litúrgicas foi aqui decisiva. Como o número de batizados crescia e as celebrações se realizavam em lugares cada vez mais descentralizados, os bispos não podiam estar presentes para a celebração da maior parte dos batizados. O Oriente preferiu confiar a totalidade da liturgia, até a unção final, aos sacerdotes (utilizando um óleo consagrado pelo bispo); o Ocidente só confiou aos sacerdotes o batismo, guardando o sinal da presença pessoal do bispo para o último rito. Essa decisão levou à sua separação, no tempo, do rito batismal, cuja liturgia, até entao, se concluía por ele. Nesse momento o termo "crisma" foi substituído, no Ocidente, por "confirmação", que mantém sua referência ao batismo. A separação no tempo vai aumentando, ao se deixar de dar a confirmação aos recém-nascidos, e levará o Ocidente a uma teologia desse sacramento decorrente dessa situação, enquanto o Oriente guardará a tradição de uma iniciação cristã completa de uma só vez[35].

---

32. *Tradition apostolique*, 23, SC 11bis, p. 93.
33. TERTULIANO, *Traité du baptême*. 8, 1, *SC* 35, p. 76.
34. Cf. F. REFOULÉ em SC 35, p. 75, n. 1.
35. Cf. H. KÜNG, *L'expérience de l'Esprit*, pp. 119-124.

## II. A CELEBRAÇÃO DOS MISTÉRIOS: A EUCARISTIA

**OS AUTORES E OS TEXTOS:** JUSTINO, *1ère Apologie,* caps. 65-67, ed. Wartelle, Paris, Études august., 1987. — IRENEU DE LIÃO, *Contre les hérésies,* IV, 18,5 e V, 2,2-3, ed. Rousseau, Cerf, 1984. — ORÍGENES, *Commentaire sur l'évangile selon Matthieu,* ed. R. Girod, *SC* 162, X,25 (pp. 262-265), XI,14 (pp. 336-347). — GREGÓRIO DE NISSA, *La Catéchèse de la foi,* cap. 37; *PF* 1978, pp. 95-99. — *Les Constitutions apostoliques,* ed. M. Metzger, *SC* 320, 329, 336, 1985-1987, ou Cerf 1992. — H. LANG, *S. Aurelii Augustini textus eucharistici selecti,* Köln, P. Hanstein, 1933. — *L'Eucharistie dans l'Antiquité chrétienne,* textos apresentados por A. Hamman, *PF*, DDB, 1981. — Cf. *supra,* p. 60.

**INDICAÇÕES BIBLIOGRÁFICAS:** A. HAMMAN, *Vie liturgique et vie sociale,* Paris, Desclée, 1968. — *Prex eucharistica. Textus e variis liturgiis antiquioribus selecti,* ed. A. Hänggi e I. Phal, Fribourg, ed. Univers., 1968. — J. A. JUNGMANN, *La Grande Prière eucharistique,* Paris, Cerf, 1955. — *Eucharisties d'Orient et d'Occident,* semaine liturgique de l'Institut saint Serge, 2 vols., Cerf, 1970. — L. BOUYER, *Eucharistie. Théologie et spiritualité de la prière eucharistique,* Paris, Desclée, 2ᵉ ed., 1990. — *L'Eucharistie des premiers chrétiens,* sob a direção de R. Johanny, Paris, Beauchesne, 1976. — J. REUMANN, *The Supper of the Lord. The New Testament, Ecumenical Dialogues,* Philadelphia, Fortress Press, 1985. — H. MOLL, *Die Lehre von der Eucharistie als Opfer. Eine dogmengeschichtliche Untersuchung von Neuen Testament bis Irenäus von Lyon,* Köln/Bonn, Hanstein, 1975. — A. V. STRÖM, G. KRETSCHMAR et alii, art. "Abendmahl" e "Abendmahlfeier", *TRE* 1 (1977), pp. 43-428. — C. GIRAUDO, *Eucaristia per la Chiesa: prospettiva teologica sull'eucaristia a partire della "lex orandi",* Roma/PUG, Brescia/Morceliana, 1989. — R. CABIÉ, *L'Eucharistie, dans l'Église en prière,* vol. 2, 2ª ed., Paris, Desclée, 1983; *Histoire de la messe,* Desclée, 1990. — H. LEGRAND, "La Présidence de l'eucharistie selon l'Église ancienne", *Spiritus* 69 (1977), pp. 409-431.

A eucaristia é a principal celebração dos cristãos. Não só está claramente atestada nos Evangelhos pelas perícopes evangélicas de sua instituição, como essa narrativa é retomada por Paulo (1Cor 11,23-25). E ainda, segundo o testemunho dos Atos dos Apóstolos, a Igreja primitiva praticava correntemente a "fração do pão". Vamos acompanhar a celebração principal da comunidade cristã por duas vias paralelas que são atestados seguros da fé eucarística da Igreja: a via da liturgia propriamente dita e a da prática comunitária.

### 1. AS ANTIGAS LITURGIAS DA EUCARISTIA

Os testemunhos mais antigos mostram que as primeiras liturgias da eucaristia se enraízam na liturgia judaica. As liturgias da sinagoga e da mesa comportavam numerosas orações de bênção (*berakah*). Ora, pode-se apontar correspondências muito estreitas entre a oração de ação de graças judaica, antes da refeição, chamada *Birkat ah-Mazon*, datada geralmente do ano 100 a.C. e a oração eucarística da *Didaqué*. A *Birkat ah-Mazon* comporta três tempos: um louvor dirigido a Deus criador que alimenta o mundo todo; uma ação de graças pelos benefícios da salvação; uma súplica por Jerusalém, concluindo-se tudo com um breve retorno à bênção[36]. A composição tripartida comporta, então, a série louvor-ação de graças-súplica. Impõe-se, aqui, uma comparação com a longa seqüência sobre a eucaristia — aliás, de interpretação bastante delicada — presente na *Didaqué*:

> 9,1. Para a eucaristia, dai graças desta maneira. Primeiro pelo cálice: Nós te agradecemos, Pai nosso, por tua santa vinha de Davi, teu servo, que nos revelaste por Jesus, teu servidor. Glória a ti pelos séculos!
>
> Depois, pelo pão partido: Nós te damos graças, Pai nosso, pela vida e pelo conhecimento que nos revelaste por Jesus, teu servo. Glória a ti pelos séculos!
>
> Assim como esse pão partido, semeado nas montanhas, foi recolhido para ser um, assim também seja a tua Igreja reunida, das extremidades da terra, no teu reino! Pois a ti pertencem, por Jesus Cristo, a glória e o poder pelos séculos!
>
> [...]
>
> 10,1. Depois de saciados, dai graças desta maneira: Nós te agradecemos, Pai santo, por teu santo nome que fizeste habitar em nossos corações, e pelo conhecimento, pela fé e a imortalidade que nos revelaste por Jesus, teu servidor. Glória a ti pelos séculos!
>
> Foste tu, senhor todo-poderoso, que criaste o universo por causa de teu nome e deste aos homens o gozo da comida e da bebida, a fim de que eles te dêem graças. Mas a nós, tu nos concedeste a graça de uma comida e uma bebida espirituais e da vida eterna por (Jesus) teu servidor. Por tudo isso, nós te agradecemos, pois és poderoso. Glória a ti pelos séculos!
>
> Lembra-te de tua Igreja, para livrá-la de todo o mal e aperfeiçoá-la em teu amor [...] Pois a ti pertencem o poder e a glória pelos séculos!
>
> 10,6. Venha a graça e passe este mundo! Hosana ao Deus de Davi! Quem é santo, venha![37]

Nesse texto complexo, duas orações sucessivas são chamadas eucaristia. O mais recente comentador, K. Niederwimmer, considera que se trata da seqüência

---

36. Cf. T.-J. TALLEY, "De la 'berakah' à l'eucharistie. Une question à réexaminer", *La Maison-Dieu* 125 (1976), pp. 11-39, corrigindo e completando J. P. AUDET, "Esquisse historique du genre littéraire de la 'bénédiction' juive et de 'l'eucharistie' chrétienne", *RB* 65, (1958), pp. 371-399.

37. *Didaché*, 9,1–10,3, *SC* 248, pp. 175-181. (N. do T. Cf. trad. bras. de URBANO ZILLES: *Didaqué, catecismo dos primeiros cristãos*, 5ª ed., Petrópolis, Vozes, [⁵1986], pp. 32-34.).

de uma ágape e de uma eucaristia: o versículo 10,6 é uma fórmula de convite à comunhão eucarística. A ceia sacramental de Cristo deve, então, ser colocada a partir do capítulo 10. A refeição terminada em 10,1 não é, portanto, propriamente uma eucaristia, mas uma ágape da comunidade. A oração de 10,2-6 introduz à liturgia eucarística. A seqüência litúrgica seria, então, a seguinte: ágape da comunidade, introduzida por uma curta bênção sobre o vinho e o pão; os convivas saciados, oração de ação de graças, inspirada nos modelos judaicos, que introduz imediatamente à ceia do Senhor; convite à comunhão[38].

Essa segunda oração mostra como a bênção judaica foi utilizada para uma eucaristia cristã segundo um processo de transposição lúcida. Já de início, a bênção cede totalmente lugar à ação de graças. Deus Pai é sempre o criador e aquele que dá o alimento; mas o motivo primeiro da ação de graças é Jesus, "que nos concedeu a graça de uma comida e uma bebida espirituais e a vida eterna"; a ação de graças pelos dons do alimento físico tornou-se um memorial; a súplica por Jerusalém, uma prece pela Igreja. Enfim, a bênção final tornou-se uma doxologia. Não se pode, portanto, identificar bênção e ação de graças, pois a passagem de uma à outra é também uma passagem consciente para o vocabulário sacrifical. Remete à *zebah Todah*, sacrifício de ação de graças e de comunhão no qual se partilhava uma refeição. "Assim se combinaram as noções de refeição e de sacrifício"[39]. Mesmo que o vocabulário cristão tenha hesitado, por algum tempo, entre *eulogia* e *eucaristia* para designar a celebração, o termo 'eucaristia' corresponde à sua plena identidade cristã. A trilogia louvor-ação de graças-súplica, concluída por uma bênção, transformou-se numa nova trilogia: ação de graças-memorial-súplica, terminada por uma doxologia. São esses os primeiros elementos da oração eucarística: ação de graças ao Pai em virtude do envio de seu Filho Jesus, que nos deu o alimento da eternidade.

A *Didaqué* também é testemunha da celebração dominical, à qual é dado um caráter sacrifical:

> Reuni-vos no dia do Senhor para a fração do pão e dai graças, depois de terdes confessado vossas faltas para que vosso sacrifício (*thusia*) seja puro. [...] Eis, com efeito, a palavra do Senhor: "Que em todo o lugar e em todo o tempo me ofereçam um sacrifício puro; porque sou um grande rei", diz o Senhor, "e meu nome é admirável entre as nações" (Ml 1,11.14)[40].

Tomando por base essa fonte, geralmente se reconhece que quatro tipos de oração eucarística[41] se desenvolveram no decurso dos cinco primeiros séculos:

---

38. Cf. K. NIEDERWIMMER, *Die Didachè*, Göttingen, Vandenhoeck & Ruprecht, 1989, pp. 173-209.
39. Cf. J.-T. TALLEY, *art. cit.*, pp. 27-28.
40. *Didachè* 14,1-3, SC 248, p. 193.
41. Cf. L. BOUYER, *op. cit.*, pp. 137ss.

1. O tipo sírio oriental, do qual é testemunho a oração de Addai e de Mari, "a mais antiga composição eucarística que podemos ter em mãos"[42], e que permite apreender, em estado arcaico, a justaposição de bênçãos de refeição e bênçãos sinagogais. Ela está próxima da *Didaqué* e, como esta, não comporta, pelo menos no estado em que nos chegou, a narrativa da instituição[43].

2. O tipo sírio ocidental é atestado primeiro na *Tradição apostólica* de Hipólito no início do século III:

> Levem os diáconos (ao bispo) a oblação, e ele, impondo sobre ela as mãos, com todo o presbitério, diga dando graças: o Senhor esteja convosco!
>
> E todos dizem: — E com o teu espírito.
>
> — Elevai vossos corações. — Nós o temos no Senhor.
>
> — Demos graças ao Senhor. — É digno e justo.
>
> E continue assim: Nós te damos graças, ó Deus, por teu Filho bem-amado Jesus Cristo, que nos enviaste nestes últimos tempos (como) salvador, redentor e mensageiro de teu desígnio, ele que é teu Verbo inseparável, por quem tudo criaste e que, por tua benevolência, nos enviaste do céu no seio de uma virgem e que, tendo sido concebido, encarnou-se e manifestou-se como teu Filho, nascido do Espírito Santo e da Virgem. Ele que, cumprindo a tua vontade e adquirindo para ti um povo santo, estendeu as mãos enquanto sofria para libertar do sofrimento todos os que confiam em ti.
>
> Enquanto se entregava ao sofrimento voluntário, para destruir a morte e romper as cadeias do diabo, pisar sob os pés o inferno, conduzir os justos à luz, fixar a regra e manifestar a ressurreição, tomando o pão, te deu graças e disse: Tomai e comei, isto é meu corpo partido por vós. Também o cálice, dizendo: isto é meu sangue, derramado por vós. Quando fizerdes isso, fazei-o em minha memória.
>
> Lembrando-nos, portanto, de sua morte e ressurreição, nós te oferecemos este pão e este cálice, agradecendo-te por nos teres julgado dignos de estar na tua presença e te servir como sacerdotes.
>
> E nós te pedimos enviar teu Espírito Santo sobre a oblação da santa Igreja. Ao reuni-la, dá a todos os que participam de teus santos (mistérios) (deles participar) para serem repletos do Espírito Santo, a fim de que nós te louvemos e glorifiquemos por teu Filho Jesus Cristo na santa Igreja, agora e pelos séculos dos séculos. Amém![44]

---

42. *Ibid.*, p. 147.
43. Texto estabelecido por B. BOTTE, cf. L. BOUYER, *ibid.*, pp. 148-149.
44. *Tradition apostolique*, 4, SC 11bis, pp. 47-53.

Essa oração, sem correspondência verbal com a de Addai e de Mari, lhes é próxima na estrutura e permanece marcada pela herança judaica das orações da mesa. Muito cristológica, ela tem uma estrutura trinitária: dá graças ao Pai pelo acontecimento de Jesus; menciona a encarnação, a paixão, a instituição (talvez então ainda ausente da oração de Addai), a anamnese; faz menção ao Espírito numa "epiclese" (cujo caráter primitivo e o sentido exato são questionados[45]) ligada à oração pela Igreja. Tem uma doxologia, mas não comporta ainda o *Sanctus*.

Esse tipo de liturgia conhecerá toda uma série de desenvolvimentos, ligados à elaboração do dogma trinitário, e chegará às anáforas das *Constituições apostólicas*[46] e às grandes liturgias orientais de São Basílio e São João Crisóstomo. Dessa família depende também a liturgia descrita por Cirilo de Jerusalém[47], que precedeu a liturgia dita de São Tiago na mesma cidade.

A esses dois tipos se acrescentam o tipo alexandrino (liturgias de São Marcos e de São Cirilo) e, enfim, o tipo romano, que apresenta inúmeras semelhanças com a precedente e originará o cânon romano.

Com notáveis variantes, essas liturgias se estruturam segundo o esquema trinitário: ação de graças ao Pai (geralmente no prefácio e concluída pelo *Sanctus* [*trisagion*]), memorial do Filho (palavras da instituição e anamnese de sua vida, morte e ressurreição), invocação do Espírito (*epiclese* sobre os dons e sobre a assembléia) e intercessão pela Igreja; a doxologia conclusiva é também trinitária. A analogia com a estruturação dos símbolos de fé é impressionante[48]. A única variante importante concerne ao cânon romano: o que constitui, de maneira relativamente implícita, sua epiclese situa-se antes da narrativa da instituição, e não depois dela, como no Oriente. Essa diferença entre o Oriente e o Ocidente deu origem a um debate: O que constitui o momento da transformação das oferendas, a epiclese (Oriente) ou as palavras da consagração (Ocidente)?

## 2. OS TESTEMUNHOS DA PRÁTICA EUCARÍSTICA

Inácio de Antioquia se fez, em suas *Cartas*, o apóstolo da unidade da Igreja. Ora, o lugar de expressão prioritária dessa unidade é a eucaristia. Só deve haver uma eucaristia, como há um só Cristo:

> Cuidem, portanto, de participar de uma única eucaristia; pois há uma só carne do Senhor Jesus Cristo, e um só cálice (*potèrion*) para nos unir em seu sangue, um só altar (*thusiastèrion*), como um só bispo com o prebistério e os diáconos[49].

---

45. Cf. L. BOUYER, *op. cit.*, 170-176.
46. *Constitutions apostoliques*, VIII, 12,4-15,11, cf. M. METZGER, "La Didascalie et les Constitutions apostoliques", *L'Eucharistie des premiers chrétiens,* pp. 187-210.
47. CIRILO DE JERUSALÉM, *Cat. myst.*, 5, SC 126bis, pp. 147-175.
48. Cf. t. 1, pp. 94-95.
49. *Aux Philadelphiens*, 4, SC 10bis, pp. 143-145.

Esse texto recapitula todos os aspectos da eucaristia que se encontram confirmados nas outras passagens das *Cartas*: essa é a celebração (a palavra "sacramento" seria aqui anacrônica) da "carne" e do sangue de Cristo, carne única que funda a unidade da comunidade reunida em torno de seu bispo, de seu presbitério e de seus diáconos. É por isso que deve haver uma única celebração. O vocabulário sacrifical é claramente empregado: o cálice une os fiéis no sangue de Cristo; a mesa sobre a qual se celebra é um altar. A menção desse único altar se repete sempre e designa mais do que a mesa das oferendas: é o povo reunido em torno da única eucaristia[50]. Tudo isso está marcado pelo símbolo da unidade. Essa doutrina supõe, contra os gnósticos, "que a eucaristia é a carne de nosso Salvador Jesus Cristo, (carne) que sofreu por nossos pecados e que, na sua bondade, Deus Pai ressuscitou"[51]; ou ainda: "É o pão de Deus que eu quero, que é a carne de Jesus, da raça de Davi, e por bebida quero seu sangue, que é o amor incorruptível"[52]. Por isso o pão da eucaristia é "remédio de imortalidade (*pharmakon athanasias*) e antídoto para não morrer, mas viver em Jesus Cristo para sempre"[53]. Sabemos, enfim, como Inácio quer unir o próprio sacrifício de sua vida à eucaristia, visto que descreve seu martírio numa linguagem eucarística: "Sou o fermento de Deus, e sou moído pelos dentes das feras, para ser julgado um pão puro de Cristo"[54].

Em seguida à sua narrativa sobre o batismo, Justino, na metade do século II, expõe assim a celebração da eucaristia:

> Trazem-se, àquele que preside a assembléia dos irmãos, pão e um cálice de água com vinho; ele os toma em suas mãos, dirige louvor e glória ao Pai do universo, em nome de seu Filho e do Espírito Santo, pronuncia longamente uma ação de graças por esses bens que ele teve a bondade de nos conceder; terminadas as orações e a ação de graças, todo o povo presente exprime o seu acordo respondendo Amém. Quando o presidente da assembléia termina a oração de ação de graças (eucaristia) e todo o povo responde, aqueles que chamamos de diáconos permitem que cada um dos presentes participe do pão e do vinho misturado com água, sobre os quais foi dita a oração de ação de graças (eucaristia), e os levam aos ausentes.

> Ora, esse alimento recebe entre nós o nome de eucaristia, e não tem o direito de tomar parte dela quem não crê na verdade de nossa doutrina, quem não recebeu o banho para a remissão dos pecados, em vista da regeneração, e quem não vive em conformidade com os ensinamentos de Cristo. Pois não tomamos esse alimento como um pão comum, ou como uma bebida comum; mas, assim como, pelo Verbo de Deus, Jesus nosso Senhor se encarnou e tomou carne e

---

50. *Aux Magnésiens*, 7,2, *Aux Tralliens*, 7,2, pp. 101 e 117.
51. *Aux Smyrniotes*, 7,1, p. 161.
52. *Aux Romains*, 7,3, p. 137.
53. *Aux Éphésiens*, 20,2, p. 91.
54. *Aux Romains*, 4,1, p. 131.

sangue para a nossa salvação, assim também o alimento tornado eucaristia pela oração feita com as próprias palavras de Cristo, com as quais nossa carne e nosso sangue são alimentados por assimilação, é, conforme aprendemos, a carne e o sangue desse Jesus que se encarnou [*Segue-se a citação das perícopes evangélicas da instituição.*][55].

Esse texto descreve uma oração eucarística de estrutura trinitária: é constituída de uma longa ação de graças pelos dons de Deus, deixada em grande parte à iniciativa do presidente; compreende as palavras da instituição de Jesus sobre o pão e o vinho que estão presentes (o vinho no cálice misturado com água, conforme o costume na Antiguidade) e se tornarão comida e bebida da assembléia. Esse pão e esse vinho não são mais comida e bebida comuns, pois foram objeto de uma oração feita com palavras emprestadas do próprio Jesus. O alimento se tornou "eucaristia" por uma misteriosa "mudança", comparada ao próprio ato da encarnação: "assim como o Logos assegura a união da divindade e da humanidade em Cristo, assim também a oração da consagração assegura uma união análoga nos elementos 'eucaristiados'"[56]; esse alimento "é a carne e o sangue de Jesus que se encarnou". Ele nos alimenta por assimilação. Justino, que se contenta em descrever a liturgia para uso de seus interlocutores pagãos, não menciona aqui o caráter sacrifical da eucaristia, mas o faz em outra parte afirmando que a eucaristia é o memorial (*anamnese*) da paixão de Jesus, ao mesmo tempo que uma ação de graças, e que, segundo Malaquias 1,11, ela é "em todo lugar um sacrifício oferecido em meu nome". E Justino esclarece: "Falo do pão de ação de graças e também do cálice de ação de graças"[57]. Mas essa liturgia eucarística é precedida de outras orações:

> No dia que chamamos dia do sol, todos, quer morem na cidade ou no campo, nos reunimos em um mesmo lugar, e se lêem as *Memórias* dos Apóstolos ou as obras dos profetas, durante o tempo disponível. Depois, quando o leitor termina, o presidente toma a palavra para nos dirigir conselhos e nos exortar a imitar esses belos ensinamentos. Em seguida, nos levantamos todos juntos e oramos em voz alta e, como já dissemos, terminada a oração, são trazidos pão, vinho e água; o presidente pronuncia em voz alta as orações e ações de graças de que é capaz, e o povo responde proclamando *Amém*; em seguida se faz, a cada um, a distribuição e a partilha do alimento eucarístico, e se envia a parte que lhes cabe aos ausentes, pelo ministério dos diáconos. Os que têm os meios, e quiserem fazê-lo, distribuem livremente os seus bens, cada um como o entende, e o que se recolhe é depositado junto do presidente da assembléia que assegura, assim, auxílio aos órfãos e às viúvas, aos que a doença ou qualquer outra

---

55. JUSTINO, *1ère Apologie*, 65,3–66,2, Wartelle, pp. 189-191.
56. A. WARTELLE, *op. cit.*, p. 296.
57. JUSTINO, *Dialogue avec Tryphon*, 41, 1-3, TD 1, pp. 183-185.

causa reduz à indigência, aos prisioneiros, aos hóspedes estrangeiros; em uma palavra, ele cuida de todos os necessitados[58].

Essa segunda descrição abarca a totalidade da celebração, que se realiza no domingo porque nesse dia se comemoram, ao mesmo tempo, a criação e a ressurreição de Cristo. Menciona a liturgia da palavra e a homilia, que precedem à eucaristia propriamente dita. E sublinha que a celebração se acompanha de dons aos irmãos carentes.

Trinta anos depois de Justino, o bispo Ireneu, em seu debate com os gnósticos, evoca a eucaristia, na qual vê a realização dos sacrifícios figurativos da Antiga Lei. Retoma, primeiro, o ensinamento dos profetas, lembrando que Deus não tem necessidade de nada e que não é para ele que nos pede um sacrifício, mas para nós:

> A seus discípulos, ele aconselhava que oferecessem a Deus as primícias de suas próprias criaturas, não porque tivesse necessidade delas, mas para que eles mesmos não fossem infecundos e ingratos. O pão que provém da criação, ele o toma em suas mãos, e dá graças dizendo: "Isto é meu corpo". E o cálice, igualmente, que provém da criação à qual pertencemos, ele o declarou seu sangue e ensinou que era a nova oblação da nova aliança. É essa mesma oblação que a Igreja recebeu dos apóstolos e que, no mundo inteiro, ela oferece a Deus que nos dá o alimento, como primícias dos dons de Deus sob a nova aliança (cf. Ml 1,10-11). [...]
>
> Assim, portanto, a oblação da Igreja, que o Senhor ensinou a oferecer no mundo inteiro, é considerada sacrifício junto de Deus e lhe é agradável. Não é que ele tenha necessidade de nosso sacrifício, mas aquele que o oferece é ele mesmo glorificado pelo fato de oferecê-lo, se sua oferta é aceita[59].

Ireneu quer sublinhar a mudança radical operada entre os sacrifícios antigos e o novo culto. Para ele, a eucaristia, recebida dos apóstolos segundo a ordem de Cristo, é evidentemente uma "oblação", isto é, um sacrifício: sacrifício de ação de graças, para que o homem não seja um "ingrato", mas também um dom de si do homem a Deus, cuja finalidade não é dar algo a Deus, mas servir ao bem do homem.

Mas os gnósticos, a partir de sua concepção negativa das coisas da terra, dão pouca importância ao pão e ao vinho e, correlativamente, à "carne". Ireneu mostra, ao contrário, a ligação entre a obra da criação, que compreende o alimento do homem, e a obra da salvação que se recapitula na eucaristia a partir dos elementos da criação, a fim de que a carne de Cristo dê a vida definitiva a nossa carne. Essa correspondência repousa na identidade do Criador e do Salvador:

---

58. *Ibid.*, 67,3-7, pp. 191-193.
59. IRENEU, *CH* IV,17-5 e 18,1, Rousseau, pp. 459-461.

Finalmente, como terão eles a certeza de que o pão eucaristiado é o corpo do Senhor, e o cálice, o seu sangue, se não dizem que ele é o Filho do Autor do mundo [...]? Como ainda podem dizer que a carne desaparece na corrupção e não tem parte na vida, quando ela é alimentada com o corpo do Senhor e com o seu sangue? Que mudem a maneira de pensar, ou então se abstenham de oferecer o que acabamos de dizer! Quanto a nós, nossa maneira de pensar está de acordo com a eucaristia, e a eucaristia, por sua vez, confirma nossa maneira de pensar. Pois nós lhe oferecemos o que é seu, proclamando de maneira harmoniosa a comunhão e a união da carne com o Espírito: porque assim como o pão que vem da terra, depois de ter recebido a invocação de Deus, não é mais pão comum, mas eucaristia, constituída de duas coisas, uma terrestre, a outra celeste, assim também nossos corpos que participam da eucaristia não são mais corruptíveis, pois têm a esperança da ressurreição[60].

Esse texto contém uma fórmula célebre que exprime a concepção de Ireneu da presença real de Cristo na eucaristia. Ele fala, aqui, de maneira dinâmica daquilo a partir do que (*ek*) se forma a eucaristia: de uma parte, o pão, o vinho, coisas terrestres e, de outra parte, a invocação de Deus (epiclese), coisa celeste. Ele ressalta um processo de "conversão", que compara ao de nossos corpos corruptíveis que, pela eucaristia, se tornam corpos incorruptíveis[61]. Essa relação é muito cara a Ireneu, que a repete, pois é o motivo de seu realismo eucarístico:

Se não há salvação para a carne, então o Senhor também não nos resgatou por seu sangue, o cálice da eucaristia não é uma comunhão em seu sangue e o pão que partimos não é uma comunhão em seu corpo. [...] O cálice, tirado da criação, ele o declarou seu próprio sangue, pelo qual ele fortifica nosso sangue, e o pão, tirado da criação, ele o proclamou seu próprio corpo, pelo qual se fortificam nossos corpos. Se, portanto, o cálice que foi misturado e o pão que foi confeccionado recebem a palavra de Deus e se tornam eucaristia, isto é, o sangue e o corpo de Cristo, e se por estes se fortifica e se afirma a substância de nossa carne, como essas pessoas podem pretender que a carne seja incapaz de receber o dom de Deus que consiste na vida eterna, quando ela é alimentada do sangue e do corpo de Cristo e quando ela é membro deste?[62]

Muitos outros autores mereceriam ser citados a propósito da consciência eucarística da Igreja antiga no decurso dos cinco primeiros séculos[63]. Conten-

---

60. *Ibid.*, IV, 18,4-5, p. 464.
61. Cf. D. VAN DEN EYNDE, "Eucharistia ex duabus rebus constans", *Antonianum* 15, (1940), pp. 13-28; Y. DE ANDIA, *Homo vivens. Incorruptibilité et divinisation de l'homme selon Irénée de Lyon,* Paris, Études August., 1986, pp. 242-243.
62. IRENEU, *CH* V, 2,2-3, Rousseau, pp. 573-574.
63. Particularmente no Oriente, Clemente de Alexandria, Orígenes, João Crisóstomo, *Les Constitutions apostoliques*; no Ocidente, Tertuliano, Cipriano, cf. *L'Eucharistie des premiers chrétiens, op. cit.*

tar-nos-emos em evocar brevemente, para terminar esse percurso, o testemunho de Agostinho. Convém abordar seu pensamento a partir da ligação entre eucaristia e Igreja, porque, para ele, a eucaristia "faz" a Igreja: ela é ao mesmo tempo *mistério de unidade* e *sacramento de unidade*. Suas exclamações foram popularizadas, em nosso tempo, por H. de Lubac: "Ó mistério de bondade, ó sinal da unidade, ó laço da caridade!"[64] A graça do Espírito Santo, que jorra do sacramento como do lado aberto de Cristo, funde de alguma forma os membros da Igreja para fazer deles o corpo de Cristo. É com essa convicção que Agostinho se dirige aos neófitos:

> Diz-se a vós: o corpo de Cristo. E respondeis: Amém. Sede, portanto, membros do corpo de Cristo, para que o vosso Amém seja verdadeiro. — E por que esse mistério é feito com pão? — Não dizemos nada por nós mesmos. Escutemos o Apóstolo que, falando desse sacramento, diz: "Somos todos nós, embora numerosos, um só corpo, um só pão." — Compreendei e alegrai-vos. Unidade, piedade, caridade! Um só pão: e que é esse pão único? — Um só corpo feito de muitos. Considerai que o pão não se faz com um só grão, mas com um grande número. Durante os exorcismos, estáveis como que sob a mó. No batismo, fostes embebidos em água. O Espírito Santo veio em vós como o fogo coze a massa: Sede, portanto, o que vedes e recebei o que sois[65].

Agostinho está muito preocupado com a realidade última (*res*) da eucaristia, o corpo da Igreja. Seu gosto de sublinhar os simbolismos, sua polêmica contra os que compreendiam a eucaristia em sentido "carnal" e sua insistência justificada sobre o "comer e o beber espirituais"[66] levaram, recentemente, alguns pesquisadores a duvidar de seu realismo sacramental[67]. Mas os textos que exprimem esse realismo percorrem toda a obra do bispo de Hipona[68], em continuidade com sua doutrina da encarnação, e desfazem qualquer ambigüidade acerca desse assunto. "Esse pão que vedes sobre o altar, assim que consagrado pela palavra de Deus, é o corpo de Cristo. Esse cálice, ou melhor, o que o cálice contém, assim que santificado pela palavra de Deus, é o sangue de Cristo"[69]. Portanto, trata-se realmente, para o cristão, de comer o corpo de Cristo e de beber o seu sangue. Por outro lado, Agostinho integra à sua teologia do sacramento a do sacrifício, magnificamente desenvolvida por ele na *Cidade de Deus*. O sacrifício de Cristo se torna, na eucaristia, sacrifício da Igreja[70]:

---

64. AGOSTINHO, *Hom. sur l'év. de Jn*, 26,13, *BA* 72, p. 519.
65. Id., *Sermon* 272, *PL* 38, 1247, trad. H. de Lubac, *Catholicisme*, Paris, Cerf, 1952, pp. 65-66.
66. *Sermon*, 131,1,1, *PL* 38, 729.
67. Cf. as análises de F. M. BERROUARD em *BA* 72, pp. 822-832.
68. Cf. A. SAGE, "L'Eucharistie dans la pensée de Saint Augustin", *REA* 15 (1969), pp. 209-213, "Eucharistie et présence réelle selon saint Augustin", *REA* 10 (1964), pp. 295-304.
69. AGOSTINHO, *Sermon* 227, *PL* 38, 1099.
70. Cf. t. 1, pp. 392-397.

Esse é o sacrifício dos cristãos: ser muitos num só corpo em Cristo. E esse sacrifício a Igreja não cessa de celebrar no sacramento do altar, bem conhecido dos fiéis, onde lhes é mostrado que, naquilo que ela oferece, ela mesma é oferecida[71].

## 3. A PRESIDÊNCIA DA EUCARISTIA

A questão da presidência da eucaristia já diz respeito aos ministérios e à estrutura eclesial. Mas ela tem sua particularidade. Quem preside a eucaristia, na Igreja antiga, e a que título o faz?[72] Sabemos do silêncio do Novo Testamento nesse assunto. Conhecemos apenas um caso em que o presidente da eucaristia é nomeado: é Paulo, por ocasião da eucaristia celebrada em Trôade (At 20,7-11). Isso não quer dizer, porém, que a presidência da eucaristia não obedecesse a uma regra. "Se levamos em conta que a eucaristia está estruturada segundo o modelo da oração da mesa judaica — a *birkat hamazon* — cuja presidência não era deixada ao arbítrio de cada um", escreve E. Schillebeeckx, "torna-se evidente que os presidentes de comunidade eram, eles próprios, os que presidiam a eucaristia, como indicam os textos contemporâneos da última parte do Novo Testamento"[73]. Ora, essa idéia se encontra confirmada nos textos de antes de Nicéia. Para a *Didaqué,* os que "dão graças" são os "profetas", ministros itinerantes associados aos "apóstolos" e "grandes sacerdotes" (*archihiereis*) da comunidade. São também os "bispos", ministros locais eleitos pela comunidade, que desempenham, "eles também, o ofício (*leitourgia*) dos profetas e dos doutores", aos quais parecem substituir[74]. Nos escritos de Clemente de Roma, os presidentes da eucaristia, "os que oferecem os dons de maneira piedosa e irrepreensível"[75], (expressão que compreende a eucaristia mas a ultrapassa), são os epíscopos-presbíteros, destituídos injustamente de sua função. Em Inácio de Antioquia, é o bispo que preside à eucaristia na qualidade de princípio de unidade da Igreja e presidente da comunidade, ou "aquele a quem ele tiver encarregado"[76]. Ele não diz se é um presbítero. Encontramos em Justino a menção de "aquele que preside" sem que se possa discernir se é um "presidente" ou apenas um que está "presidindo". Em Hipólito, "o bispo que preside à Igreja por uma ordenação que confere um carisma apostólico preside também à eucaristia como sumo sacerdote"[77]. O caráter sacerdotal dessa presidência desta vez é bem afirmado.

---

71. *La Cité de Dieu,* X,6, *BA* 34, p. 449.
72. Essa é a questão levantada por H. Légrand em "La Présidence de l'eucharistie selon la tradition ancienne", *art. cit.,* artigo em que me inspiro aqui.
73. E. SCHILLEBEECKX, *Le Ministère dans l'Église,* Paris, Cerf, 1981, pp. 50-51.
74. *Didaqué,* 10,7, 13,3 e 15,1.
75. *Épître aux Corinthiens,* 44,3-4, *SC* 167, p. 173.
76. *Aux Smyrniotes,* 8,1 *SC* 10bis, p. 163.
77. Cf. H. LEGRAND, *art. cit.,* p. 416.

Tertuliano também diz: "Só recebemos o sacramento da eucaristia da mão de nossos presidentes", que exercem "cargos sacerdotais"[78]. Mas em um escrito muito marcado por seu rigorismo montanista diz ele: "Quando não há assembléia eclesiástica, ofereces, batizas, és sacerdote (*sacerdos*) sozinho para ti mesmo"[79]. Esse texto é um hápax: "oferecer" quer dizer "oferecer a eucaristia"? Parece que sim, mas em caso de necessidade[80]. De fato, o mesmo texto reconhece a diferença institucional entre ordenados (*ordo*), e o povo (*plebs*). Simplesmente, na falta de ministros ordenados, os fiéis podem exercer suas funções cultuais, batizar, celebrar a eucaristia[81]. Na verdade, essa possibilidade não terá acolhida na Igreja: Agostinho a recusará[82]. Em Cipriano, é o bispo quem preside à eucaristia, na qualidade de garante da unidade da Igreja. Ele é chamado "sacerdote" (*sacerdos*), porque "se Cristo Jesus Nosso Senhor é o sumo sacerdote (*summus sacerdos*) de seu divino Pai, e foi o primeiro a se oferecer em sacrifício a seu Pai, e ordenou que esse sacrifício seja realizado em memória dele, com certeza desempenha o papel de Cristo (*vice Christi vere fungitur*) o sacerdote que faz o que Cristo fez"[83]. Esse texto inicia o tema medieval do ministério exercido "na pessoa de Cristo" (*in persona Christi*). Cipriano dá, também, o primeiro testemunho escrito relativo à presidência da eucaristia por um presbítero. Trata-se de ir celebrar, na prisão, para os confessores que estão presos[84].

Pode-se concluir essa série de testemunhos com H. Legrand: "Cabe àqueles que presidem à construção da Igreja presidir aos sacramentos que, por sua vez, constituem a Igreja"[85], tese partilhada por E. Schillebeeckx, como vimos. É progressivamente que se ressalta a dimensão sacerdotal dessa presidência.

## 4. UMA DOUTRINA EUCARÍSTICA IMANENTE À PRÁTICA

Tanto as liturgias como os documentos mais antigos exprimem a doutrina eucarística tradicional da Igreja. Podemos recapitulá-la em quatro temas centrais: 1) A eucaristia é o sacramento da comunhão eclesial. Comunhão eucarística e comunhão eclesial vão a par[86]. 2) A eucaristia é o sacramento do corpo e do sangue de Cristo dado em alimento aos fiéis. 3) Ela é a celebra-

---

78. *Sur la couronne,* III,3, CCSL 2, p. 1043, *De la prescription* 41,8, SC 46, p. 148.
79. *Exhortation à la chasteté,* 7,2, SC 319, p. 93.
80. Sobre a interpretação desse texto difícil, cf. VAN BENEDEN, *Archiv für Liturgie-Wissenschaft,* 29 (1987) pp. 31-46, A. FAIVRE, *Ordonner la fraternité,* Cerf, 1992, pp. 192-193, C. MORESCHINI, SC 319, pp. 159-160 (mais reservado).
81. H. LEGRAND, *art. cit.,* p. 418.
82. *Correspondance,* 111,8, CSEL, 34, 655.
83. *Correspondance,* 63,14,4, Bayard, t. II, p. 209.
84. *Correspondance,* 5,2, Bayard, t. I, pp. 13-14.
85. H. LEGRAND, *art. cit.,* p. 429.
86. Cf. H. LEGRAND, "Communion ecclésiale et eucharistie aux premiers siècles", *L'Année canonique* 25 (1981), pp. 125-148.

ção de seu único sacrifício, no decurso da qual a Igreja recebe o poder de se oferecer a Deus em sacrifício. 4) O Espírito Santo, invocado na epiclese sobre as oblações e sobre a comunidade, é quem realiza, por seu poder, o sacramento. A epiclese surge progressivamente nos textos citados, mas assumirá um lugar muito firme. Bom testemunho disso é este texto de Cirilo de Jerusalém, de meados do século IV:

> Em seguida [...] suplicamos a Deus filantropo que envie o Espírito Santo sobre os dons aqui depositados, para fazer o pão corpo de Cristo, e o vinho sangue de Cristo; pois tudo que o Espírito Santo toca se torna santificado e transformado[87].

Sem dúvida nenhuma, a epiclese não tem fundamento bíblico no que diz respeito à eucaristia. Mas o Espírito repousava sobre Jesus, que podia agir em seu poder como seu próprio. A Igreja, ao contrário, só pode obedecer à ordem de Cristo invocando o poder de seu Espírito[88].

## III. MINISTÉRIOS E ORDENAÇÕES

**OS AUTORES E OS TEXTOS:** Cf. *supra*, p. 60 e 68.

**INDICAÇÕES BIBLIOGRÁFICAS:** J. COLSON, *L'Évêque dans les communautés primitives*, Paris, Cerf, 1951. — G. DIX, *Le Ministère dans l'Église ancienne*, Neuchâtel-Paris, Delachaux et Niestlé, 1955. — A. DE HALLEUX, "Ministère et sacerdoce", *Patrologie et oecuménisme*, Leuven, Uitgeverij Peeters, 1990, pp. 710-765. — M. JOURJON, "La sacerdotalisation du ministère aux premiers siècles de l'Église", in *Le Ministère sacerdotal*, Lyon, Fac. Théol., 1970, pp. 72-83. — K. OSBORNE, *Priesthood, A History of Ordained Ministry in the Roman Catholic Church*, New York/Mahwah, Paulist Press, 1988. — M. MACCARRONE, *Apostolicità, episcopato e primato di Pietro, Ricerche e testimonianze dal II al V secolo*, Roma, Lateranum, 1976. — A. FAIVRE, *Naissance d'une hiérarchie. Les premiers états du cursus clérical*, Paris, Beauchesne, 1977; *Le Laïcat aux origines de l'Église*, Paris, Centurion, 1984; *Ordonner la communauté, Pouvoir d' innover et retour à l'ordre dans l'Église ancienne*, Paris, Cerf, 1992.

Os ministérios na Igreja vão muito além do que o que será chamado mais tarde, no Ocidente, de sacramento da ordem. Esse assunto pertence à estrutura da Igreja e, assim, será tratado na segunda parte deste tomo, particularmente na questão da sucessão dos apóstolos e da colegialidade episcopal[89].

---

87. CIRILO DE JERUSALÉM, *Cat. myst.*, 5,7, *SC* 126bis, p. 155.
88. Essas conclusões apresentam o quadro doutrinal no qual se inserirão os debates teológicos da Idade Média, particularmente sobre a presença eucarística de Cristo, cf. *supra*, pp. 51-52.
89. Cf. *infra*, pp. 308-309, 311-313 e 318-320.

De acordo com a perspectiva própria deste capítulo, é a dimensão sacramental do ministério na Igreja primitiva que será evocada, particularmente a partir dos testemunhos litúrgicos.

## 1. BISPOS, PRESBÍTEROS E DIÁCONOS

O Novo Testamento apresenta inúmeras e pouco coordenadas denominações relativas aos ministérios. Os primeiros documentos patrísticos são testemunhos de uma progressiva decantação desse vocabulário, que permanece ainda variado. Entretanto, no início do século II, Inácio de Antioquia é testemunha de uma trilogia hierárquica claramente afirmada e que viria a ser bem-sucedida:

> Dedicai-vos a fazer todas as coisas em divino acordo, sob a presidência do bispo que detém o lugar de Deus, dos presbíteros que detém o lugar do senado dos apóstolos, e dos diáconos que me são tão queridos, a quem foi confiado o serviço de Jesus Cristo. — Que todos venerem os diáconos como Jesus Cristo, assim como também o bispo, que é a imagem do Pai, e os presbíteros como o senado de Deus e como a assembléia dos apóstolos: sem eles não se pode falar de Igreja[90].

Entre esses ministros da Igreja, o papel do bispo se destaca nitidamente, ainda que governe "com o prebistério" e rodeado por ele como por uma "coroa preciosa"[91]. Nele se reúne toda a vida da comunidade, nele se encarna a Igreja:

> Segui todos o bispo, como Jesus Cristo seu Pai, e o prebistério como os apóstolos; quanto aos diáconos, respeitai-os como à lei de Deus. Que ninguém faça à parte do bispo nada do que diz respeito à Igreja. Que somente a eucaristia feita sob a presidência do bispo, ou de alguém encarregado por ele, seja considerada legítima. Lá onde está o bispo, lá esteja a comunidade, assim como lá onde está Jesus Cristo está a Igreja católica. Não é permitido batizar nem fazer o ágape à parte do bispo [...] É bom reconhecer Deus e o bispo. Quem enaltece o bispo é enaltecido por Deus; quem faz qualquer coisa sem o conhecimento do bispo serve ao diabo[92].

A eclesiologia de Inácio se apresenta sob a forma de uma tipologia mística: o bispo, rodeado de seu presbitério e de seus diáconos, presidindo à reunião de sua comunidade para a celebração da eucaristia, representa Cristo (às vezes até mesmo o Pai) rodeado de seus apóstolos. Do mesmo modo, a unidade da comunidade reproduz a união de Cristo com seu Pai e a dos apóstolos com Cristo e

---

90. *Aux Magnésiens,* 6,1, *Aux Tralliens,* 3,1, *SC* 10bis, pp. 59 e 113.
91. *Aux Philadelphiens,* 4, *Aux Magnésiens,* 13,1, *SC* 10bis, pp. 143 e 107.
92. *Aux Smyrniotes,* 8,1 a 9,1, *SC* 10bis, p. 163.

com o Pai. Muito raramente se encontra, depois, uma tal sacralização do papel do bispo, e também de toda a comunidade que forma um só "altar". Inácio é muito consciente de seus direitos e deveres, é compenetrado da graça que está nele: a fidelidade ao bispo é garantida pelo testemunho de Deus.

No plano da história, o que ocorreu entre o testemunho do Novo Testamento e o de Inácio? Só se pode levantar hipóteses aqui. Eis a que é proposta por G. Dix[93]: em um primeiro tempo, os colégios presbiteriais tinham um presidente que, provavelmente, se revezava, segundo a tradição judaica, ao passo que os delegados, que se tornaram sucessores dos apóstolos, exerciam, como Paulo e seus companheiros, um ministério itinerante de visita às comunidades. Depois, com a multiplicação das Igrejas importantes, sentiu-se a necessidade de que cada uma fosse presidida por um sucessor dos apóstolos. Estes teriam, então, adotado uma cidade para residência. Ali eles teriam desempenhado o papel de presidentes, o que teria acarretado a fusão de seu ministério com o do presidente local.

Outra questão é saber se Inácio descreve uma situação geral, ou apenas a da Síria e a da Ásia Menor, que ele percorre, situação que se generalizará mais tarde. Nossa documentação só permite hipóteses. Em todo caso, essa generalização é um fato acabado pelo menos em fins do século II. "Nessa questão, que permanece controversa, não há dificuldade nenhuma em constatar essa diversidade entre as Igrejas, nem em reconhecer que, se o episcopado monárquico não aparece ainda por toda a parte no início do século II, não é, contudo, uma novidade nas Igrejas em que o vemos solidamente estabelecido"[94].

Cipriano será uma grande testemunha da autoridade do bispo: este é estabelecido por Deus, está no lugar de Cristo, é sucessor dos apóstolos. O conjunto das funções eclesiais está em suas mãos: ele vela pela disciplina, ensina, confere os sacramentos, orienta o processo penitencial — tudo, na verdade, de acordo com o conjunto do clero e da comunidade. Os sacramentos só têm valor celebrados no interior da Igreja[95]. A trilogia bispo-presbítero-diácono tornou-se definitiva na maioria das Igrejas, mas conheceu variações consideráveis no decurso do tempo. O ministério sacramental, de modo particular, foi cada vez mais amplamente confiado aos presbíteros. Também o ministério dos diáconos sofreu enormes vicissitudes.

## 2. AS LITURGIAS DE ORDENAÇÃO: HIPÓLITO

Inácio ainda não dizia nada da investidura no tríplice ministério. No início do século III, a *Tradição apostólica* de Hipólito descreve detalhadamente as ordenações do bispo, do presbítero e do diácono, e indica as fórmulas litúr-

---

93. G. DIX, *op. cit.*, pp. 111-119.
94. P.-T. CAMELOT, em *SC* 10bis, p. 48.
95. *De l'Unité de l'Église cath.*, 17, CSEL 3, p. 226, ed. Labriolle, Cerf, 1942, p. 35, *Correspondance*, 3,3; 14,1.4; 16,1.4; 29; 33,1 etc., Bayard, I, pp. 7, 40, 42, 46, 48 etc.

gicas utilizadas nos três casos. Esse testemunho é de grande importância. O bispo deve ter sido escolhido pelo povo e recebe a imposição das mãos dos outros bispos da região, mas não dos presbíteros que rezam em silêncio com o povo (n. 2). A oração de consagração é a seguinte:

> Deus e Pai de Nosso Senhor Jesus Cristo, [...] que instituíste chefes e sacerdotes (*hiereis*) e não deixaste teu santuário sem serviço, [...] derrama agora ainda o poder que vem de ti, (o) do Espírito soberano (Sl 50,14) que destes a teu Filho bem amado Jesus Cristo, que o concedeu a teus santos apóstolos que fundaram a Igreja por toda parte [...].

> Pai que conheces os corações, concede a teu servidor que escolheste para o episcopado, que apascente teu santo rebanho e exerça a teu respeito o soberano sacerdócio (*archihierateuein*) sem mácula, servindo-te noite e dia; que ele torne tua face continuamente propícia e ofereça os dons de tua santa Igreja; que tenha, em virtude do espírito do soberano sacerdócio (*archihieraticô*), o poder de perdoar os pecados seguindo os teus mandamentos; que distribua as tarefas conforme tua ordem e que desligue todos os vínculos em virtude do poder que destes aos apóstolos; que te agrade por sua mansidão e por seu coração puro, oferecendo-te um perfume agradável, por teu Filho Jesus Cristo por quem a ti se dêem glória, poder e honra (Pai e Filho) com o Espírito Santo na santa Igreja, agora e pelos séculos dos séculos. Amém[96].

Essa oração dirigida ao Pai é uma *epiclese* que pede o envio do Espírito sobre o candidato. Ela faz, primeiro, referência a uma origem: o sacerdócio do Antigo Testamento, mas sobretudo ao dom do Espírito Santo ao próprio Jesus e por ele transmitido a seus discípulos. A dimensão pneumatológica é, portanto, fortemente ligada ao acontecimento Jesus, e a ligação do ordinando com os apóstolos é sublinhada. A oração continua enumerando as tarefas do novo bispo: a pastoral é a primeira mencionada; ela é, também, o exercício do "soberano sacerdócio", ligada à oferenda eucarística e ao perdão dos pecados; é, enfim, a tarefa do bom governo da comunidade, pela distribuição das responsabilidades e pelo exercício de ligar e desligar (cf. Mt 18,18). Enfim, a vida do bispo deve ser uma vida de santidade. Só a tarefa de anunciar o Evangelho fica implícita, porque está compreendida no "apascentar o rebanho". Essa descrição das tarefas pode facilmente se inscrever no que virá a ser, nos tempos modernos, a trilogia das funções de Cristo e, à imagem dele, a do ministério ordenado.

A ordenação do presbítero comporta a imposição da mão do bispo e de todos os presbíteros, porque eles participam do "espírito comum do presbitério" (nn. 7-8). Do mesmo modo, os presbíteros impõem as mãos com o bispo sobre a oblação eucarística (n. 4). A epiclese é a seguinte:

---

96. *Tradition apostolique*, 3, SC 11bis, pp. 43-47.

> Deus e Pai de Nosso Senhor Jesus Cristo, olha este teu servo e concede-lhe o Espírito de graça e de conselho do presbitério, a fim de que ele ajude e governe teu povo com um coração puro, do mesmo modo como olhaste teu povo escolhido e ordenaste a Moisés que escolhesse teus anciãos (*presbyteros*), que encheste com o Espírito que deste a teu servidor[97].

A referência veterotestamentária não é aqui sacerdotal, mas presbiteral, pois remete à instituição, por Moisés, dos setenta anciãos (Nm 11,16-17). Mas veremos, a propósito da ordenação do diácono, que este "não é ordenado ao sacerdócio (*sacerdotio*)" (nn. 8), o que significa que o presbítero é. A analogia sugere que o Espírito pedido é o do bispo. A dimensão colegial do presbitério como "conselho" do bispo é sublinhada. As tarefas do presbítero são recapituladas nos verbos "ajudar" e "governar".

A ordenação do diácono se realiza pela imposição das mãos de um único bispo, pois este não é ordenado ao sacerdócio e não participa do espírito do presbitério, mas é ordenado para estar a serviço (*ministerio*) do bispo. A oração de ordenação indica a intenção geral de suas tarefas:

> Deus, que tudo criaste e tudo dispuseste pelo Verbo, [...] concede o Espírito de graça e de zelo a teu servidor, que escolheste para servir tua Igreja e para apresentar em teu santuário o que te é oferecido por aquele que é estabelecido como teu sumo sacerdote, para glória de teu nome, a fim de que, servindo sem mácula e numa vida pura, obtenha um grau superior (1Tm 3,13), e que te louve e te glorifique por teu Filho Jesus Cristo[98].

O diácono é um servidor da Igreja, em primeiro lugar na pessoa do bispo; seu serviço tem uma dimensão litúrgica: a preparação dos dons. Outros textos se revelam mais explícitos sobre as diversas formas desse serviço.

Em fins do século IV, as *Constituições apostólicas*, uma compilação canônico-litúrgica, descrevem um cerimonial de ordenações que é uma repetição ampliada daquelas da *Tradição apostólica*[99], o que manifesta uma liturgia amplamente difundida. Por volta de 400, um novo rito para o bispo é atestado: a imposição do Evangelho sobre a sua cabeça[100].

## 3. LAICATO, MINISTÉRIO E SACERDÓCIO

O Novo Testamento evitara retomar o vocabulário sacerdotal do Antigo Testamento a propósito dos ministérios da nova Aliança. Ele só atribui a qua-

---

97. *Ibid.*, 7, p. 57.
98. *Ibid.*, 8, p. 63.
99. *Les Constitutions apostoliques*, VIII, 4-5, 16-18, SC 336, pp. 141-149 e 217-221.
100. Cf. PALÁDIO, *PG* 47, 53, e SEVERINO DE GABALA, *PG* 25, 533.

lidade sacerdotal a Cristo (Hb) e a todo o povo de Deus (1Pd 2,9), jamais aos diversos encarregados de funções nas comunidades. Os títulos que designam os ministros são emprestados seja das práticas das comunidades judaicas, seja do vocabulário profano: presidentes, guias, pastores, supervisores, anciãos, servidores etc. Os exegetas estão de acordo em ver aí uma escolha deliberada que marcava a distância entre as práticas cristãs (na origem ligadas às casas particulares) e o culto do Templo com seus sacerdotes hereditários. Vimos, entretanto, nas seções precedentes, esse vocabulário retomar progressivamente lugar nos escritos patrísticos, mas com certas precauções. Vale a pena seguir os passos e sua significação. Um primeiro texto de Clemente de Roma apresenta a estruturação comunitária cristã comparando-a com a do povo antigo:

> Ao sumo sacerdote foram reservadas funções particulares, aos sacerdotes foi marcado seu lugar particular, aos levitas são impostos serviços particulares. O leigo está ligado pelos preceitos próprios dos leigos. Que cada um de nós, irmãos, agrade a Deus em seu posto particular, agindo segundo uma consciência reta, com dignidade, sem infringir as regras determinadas para sua função (*leitourgia*)[101].

Essa passagem atesta uma primeira sacralização das funções na Igreja. Trata-se, ainda, de uma comparação apenas: "Estes chefes são, para a Igreja, o que os sacerdotes e levitas eram para o povo de Deus"[102]. Pouco depois, Clemente justifica a instituição apostólica dos epíscopos e dos diáconos apoiando-se no episódio da instituição do sacerdócio de Aarão por Moisés. Esses paralelos são ainda mais surpreendentes quando se sabe que para o próprio Clemente o único sumo sacerdote é Cristo. Ora, essa comparação é feita por ele tão naturalmente que é de supor que fosse partidário de correntes judeu-cristãs. Seja como for, o paralelo feito, a modo de comparação, entre os responsáveis pelas comunidades cristãs e a hierarquia levítica terá graves conseqüências. Com efeito, esse paralelo não era evidente no Novo Testamento. E vai-se passar dessa comparação a uma verdadeira correspondência, já insinuada na *Didaqué* a propósito dos profetas: os ministros cristãos são "vossos sumos sacerdotes"[103]. Encontramos em Inácio de Antioquia, a propósito da eucaristia e de sua presidência, um contexto sacrifical: a assembléia à volta do bispo é o Altar, um altar que é Jesus Cristo. Mas a metáfora vale, aqui, tanto para aquele que preside como para a assembléia.

No início do século III, a figura do bispo se destaca no centro do presbitério. Mais correntemente se lhe dá o nome antigo de pontífice e de sacerdote (*hiereus, archihiereus, sacerdos, summus sacerdos*). Terá sido, antes de tudo, por motivo de sua função litúrgica e da presidência da eucaristia? A afirmação, justa

---

101. *Aux Corinthiens*, 40-41, SC 167, pp. 167-169.
102. M. JOURJON, "Remarques sur le vocabulaire sacerdotal dans la Iª Clementis", *Epektasis*, Paris, Beauchesne, 1972, p. 109.
103. *Didaché* 13, 3, SC 248, p. 191.

no essencial e confirmada pela emergência do vocabulário sacerdotal a propósito do presidente da eucaristia, merece alguma nuance, porque a presidência da comunidade e a responsabilidade por sua unidade faziam também do bispo uma figura sacerdotal. Tertuliano dá um primeiro passo falando do bispo como do "primeiro sacerdote" (*summus sacerdos*)[104].

A *Tradição apostólica*, já vimos, faz a mesma coisa. Em Cipriano, o termo *sacerdos* designa normalmente o bispo. Mas ele dirá, também, que "os presbíteros lhe estão unidos pela dignidade sacerdotal"[105]. No século IV, deu-se uma evolução importante. "Os presbíteros deixam o colégio presbiteral da cidade para se instalar nas aldeias. Lá, por sua vez, fazem sozinhos o que era antes reservado ao bispo, exceto a imposição da mão; celebram a eucaristia, batizam, figuram como chefes da Igreja. São chamados, como os bispos, de sacerdotes, acrescentando-se, porém, *secundi ordinis*"[106]. Constata-se, de fato, que essa linguagem se generaliza, como o atesta o diálogo *Sobre o sacerdócio*, de João Crisóstomo[107].

Impõe-se, contudo, uma observação essencial. O vocabulário sacerdotal tem então o valor de qualificação de ministérios cujos nomes básicos continuam a ser bispo (*episcopos*) e presbíteros (*presbyteros*). As novas denominações são títulos que funcionam como atributos. Quando se diz que o bispo é sumo sacerdote, faz-se uma apreciação sintética e se discerne uma dimensão de seu ministério. Todavia, no fim da época patrística (Pseudo-Dionísio), essa categoria-atributo vai se tornar uma categoria-sujeito[108] e assim permanecerá durante toda a Idade Média.

Mas voltemos ao texto de Clemente que apresenta a primeira aparição do termo *leigo* na literatura cristã. Assim como as comunidades do Novo Testamento eram freqüentemente designadas pelo binômio constituído dos "santos" e seus ministros (Fl 1,1), assim também a comunidade cristã comporta uma série de ministros e "leigos". Esse termo, cuja sorte futura conhecemos, tem duas polaridades: o leigo é, por um lado, membro do povo (*laikos* vem de *laos*) e, assim, pertence à comunidade já bem hierarquizada. A "classe" dos leigos é a última, mas o mais importante "não é que Clemente tenha mencionado o leigo bem embaixo da hierarquia, mas, antes, que não tenha deixado de mencioná-lo"[109], quando a analogia veterotestamentária não o convidava a fazê-lo. Isso quer dizer que o leigo pertence ao povo que faz as oferendas. Cada cristão tem uma função

---

104. *Traité du baptême*, 17, 1, SC 35, pp. 89-90.
105. *Correspondance*, 61,3, Bayard II, p. 195.
106. J. MOINGT, "Caractère et ministère sacerdotal", *RSR* 56 (1968), p. 568.
107. JOÃO CRISÓSTOMO, *Sur le sacerdoce. Dialogue et homélie*, ed. A M. Malingrey, SC 272, Paris, 1980.
108. Sobre esse assunto, cf. J. M. R. TILLARD, "La 'qualité sacerdotale' du ministère chrétien", *NRT* 95 (1973), pp. 481-514; B. SESBOÜÉ, "Ministère et sacerdoce", *Le Ministère et les ministères selon le N. T.*, Seuil, 1974, pp. 474-483.
109. A. FAIVRE, *Les Laïcs aux origines de l'Église*, p. 34.

a cumprir. Na continuação de sua carta, Clemente não emprega mais esse termo, mas diz irmãos, eleitos, chamados, santificados, multidão, porção santa, parte de eleição do Pai, rebanho de Jesus Cristo. A outra polaridade é inversa: opõe leigos como pessoas "profanas" aos que estão estabelecidos nas ordens "sagradas". Na Igreja antiga, a primeira polaridade parece dominante, como atesta a *Didascalia dos Apóstolos,* por volta de 230, mostrando uma Igreja sempre consciente do sacerdócio real dos fiéis segundo o ensinamento de 1 Pedro:

> Escutai isso, vós também, leigos, Igreja eleita de Deus. Porque o povo de outrora era já chamado povo de Deus e nação santa (Ex 19,5-6). Mas vós, vós sois a Igreja de Deus santa e sagrada, inscrita no céu (Hb 12,23), o sacerdócio real, a nação santa, o povo adquirido (1Pd 2,9), a noiva ornada para o Senhor Deus, grande Igreja fiel[110].

Esse termo é retomado por Tertuliano e Orígenes[111] e se encontra de novo na *Tradição apostólica* de Hipólito. As *Constituições apostólicas,* por volta de 380, abordarão, em seu primeiro livro, a "doutrina católica concernente aos leigos"; o livro II tratará dos "bispos, presbíteros e diáconos"; outros livros serão consagrados às viúvas, aos órfãos e aos mártires..

## 4. A DISCIPLINA DAS ORDENAÇÕES

Dado o papel capital do bispo e dos presbíteros na vida das comunidades, era preciso velar pelas condições gerais de sua nomeação, de sua ordenação e de suas relações mútuas. Bem depressa os concílios locais e regionais tiveram de instaurar um certo número de regras ou de cânones geralmente impostos por uma experiência difícil. Tomemos, a título de exemplo, os cânones do Concílio de Nicéia[112]. O concílio dispõe que não se ordene muito rapidamente um neófito (cânone 2); afirma o princípio de que o bispo seja estabelecido por todos os bispos da província eclesiástica; mas, em vista das dificuldades que esse deslocamento possa causar a alguns, três bispos, no mínimo, devem se reunir, "dando também os ausentes o seu sufrágio" (cânone 3). A finalidade não é assegurar de maneira "tutelar" a validade da ordenação, mas mostrar a unidade do corpo episcopal. A autoridade dos bispos das cidades mais importantes, bem como sua hierarquia, é determinada (cânones 6 e 7). A promoção dos presbíteros deve comportar um exame sério (cânones 9). Os clérigos girovagos e os que se enriquecem emprestando a juros são objeto de sanções (cânones 15 e 17). Cânones análogos são votados no decurso dos concílios seguintes.

---

110. Texto retomado em *Les Constitutions apostoliques* II, 26, 1, SC 230, pp. 235-237.
111. TERTULIANO, *Exhortation à la chasteté,* 7,2, SC 319, p. 93. *De la prescription,* 41,8, SC 46, 148; ORÍGENES, *Sur Jérémie,* 11,3, SC 232, p. 421.
112. Concilio de Nicéia, cânones, *COD* ll-1, pp. 37-55.

O Concílio de Calcedônia será assim levado a tomar uma decisão muito importante, proibindo as ordenações "absolutas":

> Ninguém deve ser ordenado de maneira absoluta, nem presbítero, nem diácono, nem de maneira geral nenhum dos que se encontram na ordem eclesiástica, se ao ordenando não estiver destinada, a título próprio, uma igreja de cidade ou de aldeia, um santuário de mártir ou um mosteiro. A respeito dos que foram ordenados de maneira absoluta, o santo concílio decidiu que essa imposição das mãos será sem valor e que, para vergonha daquele que a conferiu, eles não poderão desempenhar a função em parte alguma[113].

Esse decreto disciplinar exigindo que toda ordenação seja necessariamente acompanhada, sob pena de invalidade, de um vínculo concreto com um encargo na Igreja tem também um valor doutrinal[114]. Veremos, mais tarde, como será interpretado.

## IV. O DESENVOLVIMENTO DA DISCIPLINA PENITENCIAL

**OS AUTORES E OS TEXTOS:** HERMAS, *Le Pasteur,* ed. R. Joly, *SC* 53, 1958. — TERTULIANO, *La pénitence,* ed. Ch. Munier, *SC* 316, 1984; *La Pudicité,* ed. C. Micaelli et Ch. Munier, *SC* 394-395, 1993. — ORÍGENES, textos recenseados e estudados por K. Rahner, "La doctrine d'Origène sur la pénitence", *RSR* 37, (1950), pp. 47-97, 252-286, 422-456. — BASÍLIO DE CESARÉIA, *Lettres à Amphiloque sur les canons,* 188, 199, 217; trad. Y. Courtonne, Budé 1961, t. II. — AMBRÓSIO DE MILÃO, *La Pénitence,* ed. R. Gryson, *SC* 179, 1971. — *Le Pécheur et la pénitence dans l'Église ancienne,* textos apresentados por C. Vogel, Cerf, 1969.

**INDICAÇÕES BIBLIOGRÁFICAS:** H. KARPP, *La Pénitence, Textes et commentaires des origines de l'ordre pénitentiel de l'Église ancienne,* Neuchâtel, Delachaux et Niestlé, 1970. — B. POSCHMANN, *La Pénitence et l'onction des malades,* (1951), Cerf, 1966. — H. VORGRIMLER, *Busse und Krankensalbung. Handbuch der Dogmengschichte,* IV, 3, Freiburg, Herder, 1978. — K. RAHNER, *De Paenitentia. Tractatus historico-dogmaticus,* mimeo., Innsbruck, ³1955.

Se as disciplinas e liturgias precedentemente evocadas são bem atestadas na Igreja antiga, o mesmo não se dá com a instituição penitencial, sobre a qual os primeiros documentos permanecem mudos. A razão disso é muito simples: a penitência, mais que um rito, é uma questão de conduta, menos fácil de observar; além disso, nas primeiras comunidades, numericamente reduzidas e

---

113. Concílio de Calcedônia, cân. 6, *COD* II-1, p. 207.
114. Cf. H. CROUZEL, *"La Doctrine du caractère sacerdotal", BLE* 74 (1973), pp. 252-260.

geralmente fervorosas, o pecado representava uma exceção. Começou-se a prestar mais atenção a ele quando passou a marcar a face das comunidades e a levantar um terrível problema relativo à graça perdida do batismo.

## 1. A VIDA PENITENCIAL NAS COMUNIDADES PRIMITIVAS

Nas comunidades mais antigas, até a metade do século II, é toda a vida cristã que é vivida sob o signo da penitência. Não só o catecúmeno recebe o batismo ao fim de um período durante o qual foi convidado à conversão do coração e à penitência de seus pecados anteriores, mas ainda ele se compromete, por seu batismo, a viver uma vida nova que comporta uma mudança total de costumes relacionados com a sociedade pagã e que o separa visivelmente dela. O pecado, nesses primeiros tempos, será percebido principalmente como um retorno à vida do mundo, a sua idolatria, a sua incredulidade e a seus modos depravados.

A penitência é, portanto, antes de tudo, na Igreja um exercício contínuo da vida batismal. Os fiéis tornavam-se culpáveis por faltas cotidianas que feriam a fraternidade cristã. Esses pecados eram objeto da confissão ou *exomologese* dominical que precedia a celebração da eucaristia e tinha em vista a reconciliação fraterna. Esta é atestada na *Didaqué* num texto que já vimos:

> Reuni-vos no dia do Senhor para a fração do pão e dai graças, depois de terdes confessado vossas faltas para que vosso sacrifício seja puro. Mas o que estiver em desavença com seu irmão não se junte a vós antes de ter se reconciliado, a fim de que vosso sacrifício não seja profanado[115].

A Epístola de Barnabé é outro testemunho, talvez um pouco menos claro: "Confessarás teus pecados. Não virás à oração com má consciência"[116]. Um texto de Tertuliano, um pouco mais tardio, nos leva a pensar que essa confissão comunitária terminava com o beijo da paz[117]. Tratava-se de um ato litúrgico, presidido pela Igreja, antepassado da liturgia penitencial que ainda marca o início das eucaristias. Seria isso uma forma primitiva do "sacramento"? Essa indagação não comporta resposta imediata no quadro de nossas categorias atuais. Mas é legítimo dizer que os cristãos de então viviam efetivamente a realidade da graça da reconciliação por meio dessa liturgia. Trata-se efetivamente do perdão dos pecados vivido na comunidade eclesial. A análise dos ritos penitenciais da eucaristia no Oriente, feita por L. Ligier, de uma época sem dúvida mais tardia (do século IV ao IX), concluiu que as Igrejas orientais

---

115. *La Didachè,* 14,1-2, SC 248, p. 193.
116. *Épitre de Barnabé,* 19,12, SC 172, p. 211.
117. TERTULIANO, *De la prière,* 18, 1, CCSL 1, p. 267.

reconheceram uma eficácia sacramental a esses ritos celebrados "em plena liturgia eucarística"[118]. Em todo caso, a ligação entre liturgia penitencial e eucaristia é absolutamente primitiva.

Os documentos da época falam de faltas mais graves como, por exemplo, escândalo provocado na comunidade, rebelião formal contra a autoridade da Igreja, cismas gnósticos. Institui-se, aqui, uma diferença clara entre o que rompe e o que não rompe a comunhão com a Igreja. Diversos testemunhos mostram que, mesmo nesses casos, a reconciliação é possível por meio da penitência e da submissão ao julgamento da Igreja. Para Inácio de Antioquia, o retorno à comunhão com o bispo é também o retorno à união com Deus:

> Todos os que pertencem a Deus e a Jesus Cristo estão com o bispo; e todos os que se arrependerem e voltarem à unidade da Igreja, esses também pertencerão a Deus, para que vivam segundo Jesus Cristo.
>
> [...] O Senhor perdoa a todos os que se arrependem, se esse arrepender-se os conduz à unidade com Deus e com o senado do bispo[119].

Outros textos falam de hereges recebidos na Igreja após penitência[120]. Esses dados contradizem a tese de um rigorismo absoluto da Igreja.

## 2. A PREGAÇÃO PENITENCIAL DE HERMAS

Conforme cresce o número das comunidades, diminui seu fervor. Um elemento novo intervém, por volta de 150, com a pregação do escravo liberto Hermas, e seu livro *O Pastor*. É um elemento antes de tudo sociológico e histórico, mas apresenta um problema doutrinal que exercerá influência decisiva sobre as futuras institucionalizações das condutas penitenciais. Hermas nos dá uma descrição severa da comunidade cristã de Roma[121]. Cristãos em massa se encontram disseminados ao longo do caminho que afasta da Igreja e leva de volta ao paganismo. Há, evidentemente, os apóstatas formais ou heréticos, mas também aqueles cuja fé é hipócrita e misturada com doutrinas estrangeiras, os hesitantes, "de coração duplo" (*dipsychoi*), os "não-praticantes" que não freqüentam mais a comunidade e preferem os interesses do mundo ou que acham, até, que a vida com os pagãos é muito mais agradável. A novidade não está na existência de tais condutas, mas em seu número. Os pecadores se tornaram uma população, e seu pecado é visto como renegação

---

118. L. LIGIER, "Dimension personnelle et dimension communautaire de la pénitence en Orient", *La Maison-Dieu* 90 (1967), pp. 155-188.
119. *Aux Philadelphiens*, 3,2 e 8,1, SC 10bis pp. 143 e 149.
120. Cf. H. VORGRIMLER, *Busse und Krankensalbung*, pp. 40-41.
121. HERMAS, *Le Pasteur*, Simil. 8,4,1-11,5, SC 53bis, pp. 271-287.

do compromisso batismal. Ora, não é possível batizar uma segunda vez. Essa é a doutrina dos didáscalos citada por Hermas:

> "Ouvi alguns doutores dizerem que não há outra penitência além daquela do dia em que descemos na água onde recebemos o perdão de nossos pecados anteriores". Ele me disse: "O que ouvistes é exato. É isso mesmo. Aquele que recebeu o perdão de seus pecados, com efeito, não deveria mais pecar, mas permanecer em santidade". Mas, visto que necessitas de todas as minúcias, te direi também isto, sem dar pretexto de pecar àqueles que virão a crer ou àqueles que se dispõem agora a crer no Senhor, porque nem uns nem outros têm de fazer *penitência* (*metanoia*) por seus pecados: eles têm a *remissão* (*aphesis*) de seus pecados anteriores. É portanto unicamente para aqueles que foram chamados antes destes últimos dias que o Senhor instituiu uma penitência (*metanoia*) [...] Em sua grande misericórdia, o Senhor se comoveu com sua criatura e instituiu essa penitência e me concedeu dirigi-la. Mas te digo, repetiu ele: se, depois desse apelo importante e solene, quem quer que, seduzido pelo diabo, comete um pecado, dispõe de apenas uma penitência[122].

Nesse texto distinguem-se com firmeza dois conceitos diferentes que correspondem um ao batismo e o outro à penitência. O batismo é, antes de tudo, uma *remissão* que pressupõe, sem dúvida, uma conversão-penitência anterior. Para os batizados que voltaram ao pecado, o Senhor instituiu uma *penitência* que comporta, sem dúvida, a promessa de uma remissão. Em outras palavras, não há um segundo batismo, nem remissão imediata; mas há a possibilidade de uma penitência orientada para a reconciliação, de uma conduta diligente e durável. Os dois sacramentos comportam, sem dúvida, penitência e remissão; mas sua diferença está em que o batismo é, primeiramente, uma remissão, enquanto a segunda conduta é, antes de tudo, uma penitência.

Para Hermas, essa penitência é possível apenas uma vez. Essa é uma idéia nova, que não se encontra nos outros Padres apostólicos, mas que será mantida por todo o tempo da disciplina pública da penitência. A razão doutrinal parece situar-se na relação entre batismo e penitência: assim como aquele é único, assim deve permanecer esta. Por outro lado, a perspectiva de Hermas é escatológica: não há mais muito tempo para penitência, e é impensável que se possa reiterá-la. Mas não se vê ainda nada em Hermas que se assemelhe a instituições penitenciais.

Esse texto deu ocasião a inúmeras interpretações. Em fins do século XIX julgava-se que a Igreja primitiva praticava um rigorismo absoluto (com base em Hb 6,4-6 e 10,26) e não admitia nenhuma falta grave para os batizados (teoria batismal, *Tauftheorie*). Não havia para eles nenhum perdão. Hermas foi o primeiro a fazer brilhar um pouco de indulgência, inventando a idéia da penitência pós-batismal. Como não havia Escritura em que se basear, ele teria revestido seu

---

122. *Ibid.*, *Precèpte* 4,3,1-6, pp. 159-161.

anúncio de uma revelação celeste. Por timidez, no contexto do rigorismo ambiente, ele só fala de uma penitência excepcional, uma espécie de Jubileu, um perdão com data fixa como na Lei antiga. Outros, julgando que o rigorismo primitivo absoluto não existiu, pensavam que Hermas já é um testemunho daquilo que se tornará, em Tertuliano, a penitência segunda. Recentemente, N. Brox[123], que relativiza a oposição entre remissão batismal e segunda penitência, propôs outra interpretação. Hermas aprova a posição rigorista de "alguns doutores" que excluem qualquer outra penitência além da do batismo, mas no plano prático tem uma atitude mais misericordiosa, sem ver nisso, no entanto, nenhuma contradição. Se a posição rigorista era de apenas alguns, infere-se que outros doutores, mais numerosos, reconheciam a possibilidade dessa penitência. A Igreja de Roma já praticava, portanto, uma forma de penitência pós-batismal. A novidade da mensagem não está, então, no anúncio de uma penitência, mas na insistência em seu caráter único e no estabelecimento de um prazo limitado. Hermas seria, portanto, mais rigorista do que dizem: ele não quer que a penitência pós-batismal se traduza em solução de facilidade e em "farsa" da vida eclesial.

## 3. INSTITUCIONALIZAÇÃO DA PENITÊNCIA PÚBLICA

Parece que no tempo de Hermas não estava em funcionamento nenhuma instituição penitencial. As primeiras manifestações dessa instituição aparecem no início do século III, na obra de Tertuliano, no Ocidente, e na de Orígenes no Oriente.

### *A penitência "segunda" em Tertuliano*

O tratado *A Penitência*, que pertence ao período católico de Tertuliano, é um opúsculo que faz um apelo convincente à penitência. Parece que se dirige sobretudo aos catecúmenos. Todo aquele que compreendeu o mistério do perdão dos pecados realizado no batismo, diz Tertuliano, deve achar maravilhoso que o Senhor, em sua misericórdia, tenha ainda disposto de um novo perdão para quem recai. Essa segunda vez já é demais. Pois não se permite mais o pecado. Haverá, portanto, uma única penitência, pois já é a segunda. Aumentar seu número seria convidar ao pecado e ofender a misericórdia de Deus, permitindo que se faça penitência de sua penitência. A penitência participa, portanto, da unicidade do batismo:

> Prevendo, portanto, esses assaltos da virulência [diabólica], permitiu Deus que se abrisse ainda um pouco a porta do perdão, embora estivesse fechada e barrada

---

123. N. BROX, *Der Mirt des Hermas übersetzt und erklärt, Göttingen,* Vandenhoeck & Ruprecht, 1991, pp. 476-485.

pelo ferrolho do batismo; ele colocou no vestíbulo uma segunda penitência, a fim de abrir, àqueles que baterem, mais uma vez somente, pois já é a segunda vez, e nunca mais depois[124].

A imagem veiculada por esse texto é de difícil interpretação, se lembrarmos que não existiam praticamente edifícios-igreja na época de Tertuliano. Ela apresenta um paralelismo entre a primeira penitência, pré-batismal, e a segunda penitência, agravada, pois se trata de uma recaída. A distinção entre batismo e penitência é semelhante à proposta por Hermas. O primeiro é o sacramento do perdão (*ignoscentia*); o acesso que permanece é o da penitência (*paenitentia*) e se dá no vestíbulo, portanto no exterior da assembléia. Mas Tertuliano esclarece sua afirmação mediante uma descrição muito concreta dessa conduta de penitência:

> Tão delicada é a questão da obrigação dessa penitência segunda quão laboriosa é sua prova: não basta produzi-la no âmago da consciência, mas é preciso, ainda, que um ato a manifeste. Esse ato, mais comumente designado por um termo grego, é a exomologese, pela qual confessamos nosso pecado ao Senhor, não, é claro, porque o ignore, mas porque a satisfação se prepara pela confissão; pela confissão nasce a penitência, pela penitência Deus é apaziguado. A exomologese é, portanto, a disciplina que prescreve ao homem se prosternar e se humilhar, impondo-lhe, até mesmo na maneira de se vestir e de se alimentar, uma conduta de natureza a atrair sobre ele a misericórdia. Ela ordena que se deite sobre saco e cinza, que se deixe o corpo ficar escuro de sujeira, que se afunde a alma na tristeza, que se puna com um tratamento severo tudo o que é causa de pecado; além disso, que só se experimentem comida e bebida muito simples, para o bem não do ventre, mas da alma; em compensação, manda alimentar sua oração com jejuns freqüentes, gemer, chorar, gritar de dor, dia e noite, diante do Senhor, teu Deus, prosternar-se aos pés dos presbíteros, ajoelhar-se diante dos altares de Deus, e recomendar a todos os irmãos que se façam embaixadores de sua súplica de graça. [...] É por isso que, quando ela prostra o homem, ela o reergue muito mais; quando ela o cobre de sujeira, ela o torna mais limpo; quando ela o acusa, ela o escusa; quando ela o condena, ela o absolve. Na medida em que tiveres recusado a te poupar, nessa medida, creia o bem, Deus te poupará[125].

Nesse texto, os diferentes atos do penitente já estão esclarecidos: ele é conduzido por sua *contrição*, que deve exteriorizar-se em uma conduta pública de penitência cujos traços são herdados do Antigo Testamento (*satisfação*). Essa conduta comporta a dimensão de reconhecimento da culpa (*confissão*) por gritos e súplicas dirigidas aos membros da comunidade. Essa publicidade supõe que o pecado tenha sido uma conduta pública. O penitente se submete ao julgamento

---

124. TERTULIANO, *La Pénitence*, VII,10, SC 316, p. 175.
125. *Ibid.*, IX, 1-6, *SC* 316, pp. 181-183.

da Igreja que ora a seu lado por ele: sua intercessão tem valor de promessa de perdão. Mas o momento de reconciliação não é indicado.

Por volta de 210, a reconciliação vem concluir esse processo (atestado pelo segundo livro de Tertuliano, sobre *A pudicícia*) em Cartago e em Roma, e, por volta de 230, em Alexandria. Com ela, a instituição penitencial se torna completamente determinada. A reconciliação compete ao bispo.

Não existe, evidentemente, por essa época, disciplina secreta da penitência, que funcionaria paralelamente com a penitência pública. Mas por volta de 230 aparece, enquadrada nela, a confissão secreta, segundo testemunho de Orígenes[126]. É a primeira confissão, aquela a que permite a entrada em penitência. O testemunho de Orígenes permanece isolado em sua época. Mas essa prática de confissão secreta ao sacerdote se desenvolverá, tanto no Ocidente como no Oriente, no correr do século IV. Será objeto de um encorajamento por parte dos papas Inocêncio I e Leão Magno. Em fins do século V, Simplício estabelece em Roma os primeiros sacerdotes penitenciários. No Oriente, João Crisóstomo é testemunha de uma atitude mais indulgente para com os pecadores. Ele os convida a vir mostrar-lhe suas feridas e a aceitar a boa medicina proposta. Convida mesmo aqueles que hesitam diante das exigências da penitência pública a fazer penitência em particular e "tratar familiarmente com os sacerdotes"[127].

## Os conflitos em torno da irremissibilidade

No século III, quando a disciplina canônica da penitência pública ainda não está totalmente instalada, coloca-se o problema da irremissibilidade de certos pecados. Por irremissibilidade se deve entender a submissão do pecador a uma penitência perpétua, estando sua reconciliação confiada a Deus, ou eventualmente concedida no leito de morte.

No início do século III, alguns bispos reconciliam os adúlteros, outros não. É o que se pode compreender a partir de Tertuliano, depois que se tornou montanista[128]. Ele fustiga um bispo, cuja identidade permanece questionada (Agripino de Cartago?), que teria promulgado um edito de indulgência: "Quanto a mim, perdôo as faltas de adultério e de fornicação aos que fizeram penitência". Tertuliano o acusa de favorecer, assim, o pecado: "E onde iremos publicar essa medida de indulgência? É lá mesmo, penso, sobre as portas de entrada dos lugares de devassidão, sob as insígnias dos lugares de devassidão; é lá que se deve promulgar tal penitência, nos lugares mesmos onde o pecado será cometido"[129].

---

126. ORÍGENES, *Hom. sur le Levitique*, II, 4, SC 286, 111.
127. JOÃO CRISÓSTOMO, *Homélies sur Hé*, 9,4, PL 63, 81.
128. Igreja ou seita de "espirituais" fundada por Montano, que pretendia ter recebido uma revelação ou profecia vinda do Paráclito. Sua moral era muito severa para com o pecado.
129. TERTULIANO, *La Pudicité*, 1,6-7, SC 394, p. 147.

Tertuliano baseia sua acusação em uma longa argumentação, ao mesmo tempo bíblica e doutrinária, a fim de provar que há na Igreja diferentes categorias de pecados e que, segundo o ensinamento e o exemplo dos apóstolos, uns devem ser reconciliados e outros não. Sua documentação bíblica é abundante. Essa distinção tem por base a solução eclesial que caracteriza a penitência nesses dois casos: uma obtém o perdão, a outra não. Tertuliano distingue, então, três espécies de pecados: os "cotidianos", aos quais todos estão sujeitos e que não são submetidos à penitência pública (19,24); os "médios e perdoáveis", submetidos à penitência pública e que obtêm o perdão; enfim, os mais graves e mortais (*exitiosa*), "que não são suscetíveis de perdão: homicídio, idolatria, fraude, renegação, blasfêmia, e qualquer outra forma de profanação do templo de Deus"[130]. Tertuliano julga essa severidade necessária para preservar a santidade da Igreja. Entretanto, ao mesmo tempo reconhece a ela o poder de perdoar os pecados:

> Mas a Igreja, dizes, tem o poder de perdoar os pecados. — Eu o reconheço, e o formulo melhor que tu, porque nos novos profetas tenho o próprio Paráclito que declara: a Igreja tem o poder de perdoar o pecado; mas não o farei, com receio de que cometam ainda outro[131].

Por conseguinte, mesmo que Tertuliano recuse o apelo a Mt 16,18-19 para justificar o poder dos bispos, porque é ao homem "espiritual" que cabe perdoar o pecado, ele reconhece que a disputa entre seus adversários e ele é, definitivamente, de ordem disciplinar. Por motivo muito parecido, Orígenes há de censurar vigorosamente a certos bispos a atitude por demais indulgente em relação a pecados que ele julga "incuráveis"[132].

Em Cartago, Cipriano mudará de atitude em relação aos que caíram (*lapsi*) no decurso da perseguição. Após ter, primeiro, recusado a reconciliação daqueles que tinham sacrificado aos ídolos (*sacrificati*), ele a concederá, em seguida, na iminência de uma nova perseguição. Seu argumento, tipicamente pastoral, é o seguinte:

> Não está apto para o martírio aquele que a Igreja não arma para o combate, e o coração falha se não for reanimado e abrasado pela comunhão eucarística [...]. Como poderá se encontrar pronto e apto para a confissão quem antes, ao receber a paz, não tiver recuperado o Espírito do Pai, que fala, ele mesmo, para confirmar seus servidores e confessa em nossas pessoas?[133]

---

130. *Ibid.*, XIX, 25, p. 261.
131. *Ibid.*, XXI, 7, p. 271.
132. ORÍGENES, *Sur la prière*, 28, *PG* 11, 258c; sobre a interpretação desse texto, ver também K. RAHNER, "La Doctrine d'Origène sur la pénitence", *RSR* 37 (1950), p. 429.
133. CIPRIANO, *Correspondance*, 57, 4, 2, Bayard II, p. 157.

A questão que interessa, em primeiro lugar, a uma história dos dogmas é saber se, na Grande Igreja, a irremissibilidade era uma tomada de posição doutrinária ou disciplinar, em termos modernos "pastoral". Julgava a Igreja que certos pecados eram *a priori* excluídos de qualquer remissão, em nome da Escritura (cf. Hb 6,4-10; 10, 26; 1Jo 5,16)? Essa interpretação foi sustentada pelos pesquisadores do início do século XX. A análise da documentação precedente permite concluir que a Igreja não julgou limitada sua autoridade diante de certos pecados por causa de sua gravidade. Mas, guardiã da santidade de seus membros e do testemunho das comunidades, julgava não dever fazê-lo em certos casos. Isso era reconhecido mesmo pelo Tertuliano montanista. Apenas no século IV, com a heresia novaciana, a irremissibilidade de certos pecados vai se tornar objeto de um debate doutrinal e será combatida por Atanásio, Ambrósio, Jerônimo e Agostinho. Esse conflito antigo é a primeira expressão de uma tensão presente no ministério da Igreja: como conciliar a severidade para o pecado e a indulgência para com o pecador? Concretamente, na disciplina antiga, os pecados originariamente julgados irremissíveis, pelo menos em algumas regiões, se tornaram pecados reconciliáveis, o mais tardar, no leito de morte.

### *A disciplina pública sob sua forma desenvolvida*

A disciplina posta em prática no século III apresenta, no século IV, uma forma desenvolvida cujo esquema é fácil de ser reconstituído.

*A entrada em penitência.* No ponto de partida, o cristão reconhecido por uma conduta notoriamente pecadora e incompatível com a santidade da Igreja é objeto de denúncia por seus irmãos ou de repreenda (*correptio*) pelo bispo ou pelos presbíteros. Se não se submete, é banido da comunidade. Se ele se submete, entra na ordem dos penitentes no decurso de uma celebração litúrgica presidida pelo bispo: sua falta é declarada publicamente (mas ela já era de domínio público); são-lhe entregues as vestes de penitente e se lhe indicam a natureza e a duração de sua penitência. O bispo lhe impõe as mãos e o expulsa liturgicamente da comunidade. Seu pecado é então "ligado". O cumprimento da penitência se fará sob o controle dos presbíteros.

Quais são os pecados submetidos à penitência pública? Não são os "pecados cotidianos" de fraqueza ou inadvertência. Tertuliano dá seu catálogo: a participação nas festividades pagãs, nas atividades públicas em torno do culto dos ídolos, as renegações ou blasfêmias "equívocas", graves perturbações criadas na vida da comunidade (revolta, cólera etc.); e, por outro lado, "homicídio, idolatria, ação criminal (*fraus*), apostasia, blasfêmia e, naturalmente, adultério, fornicação e qualquer outra profanação do templo de Deus"[134]. Essa lista se organizará cada vez mais em torno de três grandes pontos capitais: apostasia, adultério e assassínio.

---

134. TERTULIANO, *La Pudicité*, VII, 15-16 e XIX, 25, *SC* 394, pp. 181 e 261.

*O cumprimento da penitência.* Esta consiste, por um lado, em jejuns e macerações e, por outro, em participação nas liturgias penitenciais. Durante todo o tempo da penitência, a comunidade toda — presbíteros e fiéis — ora pelos penitentes. A afinidade entre a conduta dos catecúmenos e a dos penitentes levou Tertuliano a falar de *segunda penitência*. A convicção doutrinal da Igreja é a seguinte: à medida que o penitente cumpre a penitência a ele imposta, seu pecado é perdoado por Deus. Por isso o penitente é progressivamente reintegrado na liturgia, primeiro no fundo da igreja, depois em outros lugares de onde assistirá às partes mais importantes da celebração. Ele poderá aí receber diversas bênçãos e imposições de mãos, como se a reconciliação fosse distribuída ao longo do tempo.

*A reconciliação.* O fim da penitência comporta uma nova confissão ao bispo, primeiro pública, depois mais discreta ou até mesmo secreta. Este julga o valor da penitência concluída. Numa liturgia final e solene, concede ao penitente a reconciliação e lhe dá de novo o acesso à eucaristia impondo-lhe as mãos, gesto cujo alcance é considerado equivalente à água do batismo. O pecado é, então, "desligado". Mas é claro que a Igreja só pode reconciliar o pecador quando o cumprimento de sua penitência o reconciliou com Deus.

No século IV, vê-se aparecer, na obra de Basílio de Cesaréia[135], tabelas de penitência para os principais pecados, com a indicação da duração em cada categoria de penitentes. Com o tempo, as grandes liturgias penitenciais se organizam durante a Quaresma, e a reconciliação se dá freqüentemente na Quinta-feira Santa. Toda a comunidade cristã é associada a essas liturgias, que são também ocasião para todos os cristãos reconhecerem seus pecados.

### Teologia dos atos da penitência

Nessa disciplina, a penitência aparece nitidamente constituída por uma dupla conduta, a do penitente e a da Igreja, cuja ligação é feita pelo que hoje chamamos de sacramento. Compete primeiro ao penitente converter-se sinceramente sob a graça de Deus, conversão inseparavelmente interior e exterior. Mas os costumes da época insistiam na manifestação exterior; por um deslize semântico significativo, a conversão (*metanoia*) se faz satisfação (*paenitentia*) exterior, inscrita no tempo. É o princípio segundo o qual não há penitência sem obra e duração (*opus e tempus*). Por isso a penitência concedida no leito de morte não pode ser considerada garantida. A graça da penitência leva o pecador a destruir, na medida em que está nele, a realidade de seu pecado, a fim de reencontrar a reconciliação. Mas a conduta penitencial do pecador não terá eficácia "sacramental" se não estiver submetida à Igreja. A atividade desta comporta três tempos: primeiro ela "liga" o pecador excomungando-o e impon-

---

135. BASÍLIO DE CESARÉIA, *Lettres,* 188, 189, 217 "À amphiloque sur les canons".

do-lhe uma penitência cuja natureza e duração tem uma intenção medicinal; em seguida, ela "ora", enquanto comunidade espiritual, para a remissão dos pecados e ajuda o pecador a perseverar na penitência; por fim, "desliga", concedendo a reconciliação. Assim ela distingue o que é próprio de Deus e o que depende de seu ministério. Por isso só intervém quando considera o penitente já reconciliado com Deus. A forma litúrgica da reconciliação tem caráter suplicatório. A reconciliação comporta o dom do Espírito. Não é, portanto, uma declaração extrínseca à realidade do perdão divino.

## 4. A GRANDE MUTAÇÃO DA DISCIPLINA PENITENCIAL (SÉCULOS VI-X)

A disciplina penitencial da Igreja conheceu, ao longo da Alta Idade Média, primeiro no Ocidente, depois no Oriente, uma mutação espetacular. A partir do século VI, certo número de contradições, já perceptíveis nos testemunhos precedentes, vêm entravar gravemente o funcionamento da penitência pública. Por um lado, pouco a pouco, os fiéis a vão abandonando, porque lhes parece rigorosa demais. Pedem discrição e segredo, em lugar de uma publicidade considerada odiosa e insuportável. Além das obrigações julgadas excessivas, a penitência pública comporta seqüelas que assemelham o estado de vida do penitente a um estatuto pseudo-monástico. Enfim, ela é única, uma vez que a Igreja recusa qualquer nova penitência; hesita-se então em comprometer cedo demais a chance de reconciliação e adia-se para mais tarde a entrada em penitência. Daí o paradoxo: no momento em que se abandona cada vez mais a penitência, os fiéis pedem com insistência à Igreja a possibilidade de reiterá-la. De outro lado, os bispos se vêem num impasse pastoral. Seu papel é convidar à penitência e lembrar que é um dever. Mas eles mesmos hesitam em dar a penitência a pessoas muito jovens, pois o risco de recaída é muito grande; ou alguns deles passam a conceder uma segunda penitência. Mas o resultado mais corrente é que a penitência se torna um sacramento dos moribundos. Muitos cristãos passam a vida, assim, numa espécie de "vazio sacramental"[136].

Essa evolução da situação pastoral é solidária com a evolução da consciência ao longo dos séculos, evolução que é também fruto da pedagogia da Igreja. O pecado perdeu sua antiga figura sociológica de retorno ao mundo pagão. A sociedade já é globalmente cristã. Em compensação, desenvolveu-se o sentido ético do pecado. A influência monástica foi decisiva nessa questão. O monge é mais atento ao aspecto interior da falta, ligada à mutabilidade e à fraqueza da consciência. Nasce então uma nova consciência do pecado, que considera mais o seu interior do que o seu exterior.

---

136. Cf. C. VOGEL, *Le Pécheur et la pénitence dans l'Église ancienne,* p. 23; H. VORGRIMLER, *Busse und Krankensalbung,* p. 92.

## *A penitência monástica*

Em uma época em que a estrutura episcopal está em declínio na Europa ocidental, a atividade missionária dos monges celtas (dos quais Columbano, vindo da Irlanda para o continente, é o modelo) vai difundir uma forma de penitência derivada da tradição monástica, que corresponde bastante bem à solicitação dos fiéis. Eles propõem uma penitência secreta, reiterável, não marcada pelo aspecto exterior da excomunhão e compreendida como um exercício constante da vida batismal. Trazem com eles um catálogo de pecados que remonta, no essencial, a Evágrio Pôntico, e que chegou até eles via João Clímaco e Cassiano. Esse catálogo apresenta sete títulos de capítulos, no domínio do pecado, que se tornaram os "pecados capitais". Apresenta, antes de tudo, a lista dos principais pensamentos culpáveis e afeições a vícios que são as tentações do estado monástico. Mas a lista aponta também os atos exteriores.

Os monges são também os práticos da confissão secreta e da abertura espiritual. Nos mosteiros, a confissão era feita a um pai espiritual, não necessariamente sacerdote, ao menos no Oriente. Ela não comportava nenhuma absolvição. Os monges se põem a confessar os leigos dessa maneira, conservando da disciplina antiga a indicação de uma penitência ou satisfação. Para ajudá-los nisso, os abades difundem o uso de penitenciais, coleção de tarifas correspondentes aos diferentes pecados. Um clero geralmente pouco instruído se servirá abundantemente deles. As penitências se inspiram nas da antiga disciplina (jejuns, esmolas, oração), mas não têm caráter público e litúrgico. Doravante se pode fazer penitência em segredo. Globalmente, a duração da penitência tenderá a diminuir, e a idéia de que uma penitência mais intensa e mais curta, ou uma esmola, possa substituir uma penitência mais longa levará à prática das indulgências.

Sob muitos aspectos, o sistema penitencial difundido pelos monges permanece próximo da disciplina antiga. Basílio de Cesaréia já sugerira tarifas; João Crisóstomo praticava uma forma de confissão secreta. A idéia de que a penitência exige tempo permanece a mesma. A verdadeira inovação consiste em propor a todos os cristãos uma penitência, por um lado, secreta e, por outro, reiterável.

## *As duas etapas da passagem à penitência privada*

Em uma primeira etapa (séculos VI-IX), os monges escutam a confissão, indicam a penitência a ser cumprida, mas não dão nenhuma absolvição. O perdão é prometido para o término do cumprimento dessa satisfação. As fórmulas dos penitenciais são as seguintes: "Que ele venha à paz; que ele se reconcilie com o altar". Não há, normalmente, novo encontro do penitente com o sacerdote para a reconciliação, que continua reservada ao bispo, no quadro de uma penitência pública teoricamente ainda em vigor. O rito novo corresponde, portanto, ao rito antigo de entrada na penitência pública. Exprime a mesma convicção da Igreja de que ela só pode reconciliar e admitir à eucaristia o pecador que se encontra reconciliado com Deus.

Essa penitência se implantou em relativo conflito com a disciplina antiga em declínio. Seu aspecto eclesial diminui grandemente. Seu desenrolar litúrgico é incompleto. Não se tem certeza de que os monges confessores tenham sempre sido sacerdotes. A atitude dos bispos e dos concílios regionais varia. Alguns a toleram. Mas, por ocasião da reforma carolíngia, os bispos tentam retomar a coisa em mãos: condenam o uso dos penitenciais e restabelecem solenemente a penitência pública. Ao mesmo tempo, ratificam a existência da penitência secreta colocando o princípio de duas penitências: "a pecado público, penitência pública; a pecado privado, penitência privada". Esse desdobramento da penitência não se sustentará por muito tempo, e a penitência privada acabará por vencer. Pode-se dizer que, apesar das incertezas e ambigüidades de seus começos, e apesar da falta da absolvição, a penitência privada foi sacramental, porque se impôs como um ato de Igreja.

Em uma segunda etapa (a partir de 950), aparece a menção a uma liturgia de reconciliação ligada imediatamente à confissão. Essa liturgia vem do ritual público da reconciliação dos penitentes. A forma, primeiro deprecativa, torna-se indicativa no século XIII. Já estamos, então, em presença do sistema moderno. Pois há realmente uma mudança na ordem dos atos da penitência: a reconciliação, chamada agora de absolvição, é dada antes da satisfação. Essa mutação traduz a passagem para uma concepção do pecado como sendo sobretudo interior. Desde então, a duração não parece mais essencial. A contrição que levou ao ato da confissão constitui o essencial da penitência e, portanto, também da satisfação. Antes de se apresentar, o penitente é reconciliado com Deus, e a Igreja, por sua vez, pode reconciliá-lo. A satisfação que ela impõe não é mais que um complemento normal. É essa a disciplina herdada pelos teólogos escolásticos da Idade Média, cuja teologia será feita por Santo Tomás; é sua doutrina que será sintetizada no concílio de Trento[137].

---

137. Cf. *infra*, pp. 151-158. — Para a análise doutrinal das instituições penitenciais, inspirei-me nos cursos inéditos de J. Moingt.

CAPÍTULO III
# A constituição da teologia sacramental (do século XII ao século XIV)

H. Bourgeois

É a partir do século XII que se constituem, na Igreja latina, uma teologia sacramental e uma dogmatização progressiva da prática sacramental. Para organizar essa longa história, que vai do início do século XII à época contemporânea, o mais simples é tomar os pontos de referência no Ocidente, pois aí foram mais marcantes as tomadas de posição magisteriais. Dois marcos conciliares são decisivos, como o demonstra a influência que tiveram: o Concílio de Trento, no século XVI, e o Concílio Vaticano II, no século XX. Este capítulo terá por objetivo analisar os dados da tradição cristã que levam ao Concílio de Trento. Esse período vai ser estudado sob dois aspectos: os principais textos que preparam aquele concílio e o contexto dessas intervenções.

**INDICAÇÕES BIBLIOGRÁFICAS:** R. FOREVILLE, Latran I, II, III, IV, Paris, Orante, 1965. — H. WOLTER e H. HOLSTEIN, *Lyon I et Lyon II*, Paris, Orante, 1966. — I BOISSET, *Un concile provincial au XIII<sup>e</sup> siècle, Vienne, 1289,* Paris, Beauchesne, 1973. — J. GILL, *Constance et Bâle-Florence,* Paris, Orante, 1965. — J. DE GUIBERT, "Le decret du concile de Florence pour les Arméniens. Sa valeur dogmatique", *BLE* 10 (1919), pp. 81-95, 150-162, 195-216. — L. SALTET, *Les Réordinations. Étude sur le sacrement de l'ordre,* Paris, Gabalda, 1907. — B. D. MARLIANGEAS, *Clé pour une histoire du ministère. In persona Christi, in persona Ecclesiae,* Paris, Beauchesne, 1978. — P. MIQUEL, *Le Vocabulaire de l'expérience spirituelle dans la tradition patristique grecque du IV<sup>e</sup> au XIV<sup>e</sup> siècle,* Paris, Beauchesne, 1989. — B. NEUNHAUSER, *L' Eucharistie au Moyen Âge et à l'époque moderne,* Paris, Cerf, 1965. — Colloque Sociétés savantes, Dijon, 1984, *L'Encadrement religieux des* *fidèles au Moyen Âge et jusqu'au concile de Trente*, Paris, Minis. Éduc. Nat., CTHS, 1985. — Colloque sur Lyon II: *1274, année charnière. Mutations et continuités,* CNRS, 1977.

## I. QUATRO PRINCIPAIS TEXTOS MAGISTERIAIS

Durante os quatro séculos e meio que vão do início do século XII — ocasião de um admirável desenvolvimento teológico ocidental — ao Concílio de Trento, organizou-se, a partir da herança recebida da Antiguidade, uma reflexão que buscou formular-se de maneira sintética e precisa. O magistério romano o documentou por meio de declarações, muitas vezes circunstanciais, em resposta a correntes transgressoras ou para expressar as concepções latinas em confronto com as do cristianismo oriental. Citaremos aqui quatro documentos significativos: uma confissão de fé que marca as diferenças entre a teologia sacramental comum e as tendências separatistas; outra confissão de fé que se inscreve em um programa de reforma eclesial no século XIII; um enunciado da doutrina católica sobre os sacramentos, redigido para os cristãos orientais em vista da unidade entre as Igrejas; um enunciado análogo mas destinado, dessa vez, aos cristãos do Oriente unidos a Roma, no século XV.

### 1. UMA CONFISSÃO DE FÉ PARA OS VALDENSES (1208)

Este primeiro texto é do papa Inocêncio III, teólogo notável que interveio sobre diversos pontos da prática sacramental. Ele se dirige à corrente valdense, movimento reformador e espiritual considerado simpatizante da teologia dos albigenses e, em última análise, da dos antigos maniqueus. Atribuía-se aos valdenses reticências em relação à matéria, que não podiam aceitar que proviesse de Deus criador, e, portanto, em relação aos sacramentos que têm um componente material e sensível. Eis o que diz esse texto sobre os sacramentos:

> Não rejeitamos, de forma alguma, os sacramentos que a Igreja celebra e para os quais coopera a virtude inestimável e invisível do Espírito Santo, mesmo se forem celebrados por um padre pecador, desde que a Igreja o reconheça. Não desprezamos as funções eclesiásticas, nem as bênçãos que ele realiza, mas as aceitamos de coração benevolente como se viessem de um ser muito digno. De fato, que um bispo ou um padre seja mau não prejudica nem o batismo nem a consagração da eucaristia, nem as outras funções eclesiásticas realizadas para os fiéis.
>
> Nós aprovamos o batismo das criancinhas. Se morrerem depois do batismo, antes de ter cometido pecados, nós cremos e confessamos que estão salvas. [...]
>
> O sacrifício, isto é, o pão e o vinho, é, depois da consagração, o verdadeiro corpo e o verdadeiro sangue de Nosso Senhor Jesus-Cristo: cremos firmemente

e sem qualquer dúvida, de coração sincero, e o afirmamos simplesmente por nossas palavras de crentes.

Nesse sacrifício, afirmamos que um bom padre não realiza mais, nem um mau padre menos, pois não é o mérito de quem consagra, mas a palavra do criador e a virtude do Espírito Santo que operam. É por isso que cremos e confessamos firmemente que ninguém, por mais honesto, por mais religioso, por mais santo e por mais prudente que seja, pode e nem deve consagrar a eucaristia, nem realizar o sacramento do altar, se não for padre, ordenado regularmente por um bispo visível e tangível.

Para essa função três coisas cremos necessárias: uma pessoa determinada (*certa persona*), isto é, um padre estabelecido por um bispo para esse ofício propriamente dito, como indicamos; as palavras solenes (*solemnia verba*) que são expressas pelos santos Padres no cânon; e a intenção fiel (*fidelis intentio*) daquele que as pronuncia. [...]

Quanto aos pecadores penitentes, nós cremos que Deus lhes concede seu perdão e de muito boa vontade comungamos com eles.

Temos devoção para com a unção dos enfermos com o óleo consagrado.

Não negamos que matrimônios carnais devam ser contraídos, segundo o Apóstolo (1Cor 7), e proibimos terminantemente que se rompam os que foram regulamente contraídos. Também cremos e professamos que o homem, mesmo casado, pode ser salvo e não condenamos, também, as segundas núpcias, nem as seguintes[1].

Esse texto assume, de maneira adaptada às circunstâncias, a herança tradicional e integra novidades teológicas.

Em primeiro lugar, são recusadas duas tendências presentes em grupos marginais. Uma contestava o batismo das criancinhas, querendo reservar o sacramento da fé somente para os adultos. A outra, segundo a antiga concepção gnóstica, combatia o casamento e, em todo caso, seu valor sacramental. Essas duas questões já tinham sido abordadas nos séculos anteriores.

Por outro lado, a confissão de fé sublinha o fato de que a *dignidade* do ministro não influi no *valor* do sacramento. Princípio que Agostinho já formulara em face do donatismo e que o papa Estêvão já fizera valer diante de Cipriano. Note-se, entretanto, uma evolução. O problema da dignidade do ministro se apresenta não mais por causa da heresia ou do cisma, mas por razões morais (simonia e, nessa época, o casamento dos clérigos). Em seguida Inocêncio III introduz na doutrina agostiniana um elemento que a teologia daquele tempo ressaltava, *a intenção do ministro* (Alexandre de Hales, Guilherme de Auxerre, Alberto Magno).

---

1. *DzS* 793-794, *FC* 655, 687, 918.

Enfim, a confissão de fé sente a necessidade de sublinhar que a eucaristia só pode ser presidida por um ministro ordenado. Isso sugere que a denúncia do ministério tal como era exercido na época chegava até a questionar a sacramentalidade tradicional. De fato, parece que os valdenses, na sua preocupação de igualdade espiritual diante de Deus, tinham tido essa tendência.

### Uma relativa novidade: o setenário

A confissão de fé proposta aos valdenses comporta ainda um traço importante. Ela leva em conta o *setenário* sacramental sem enumerar os sete sacramentos, mas apresentando-os sucessivamente: batismo, confirmação, eucaristia, ordenação, penitência, unção dos enfermos, matrimônio.

Na época, o setenário era uma relativa novidade. Antes do século XII, a determinação do número de sacramentos não era problema, nem no Ocidente, nem no Oriente. No século XII, na Igreja latina, sentiu-se a necessidade de definir o que era sacramento e o que não era. A partir daí tornou-se possível e normal estabelecer uma lista limitativa. Pedro Lombardo não foi o primeiro a fazê-la, visto que uma *Suma de Sentenças* mais antiga, obra da primeira metade do século XII, de autor desconhecido para nós, já tentara elaborar uma; e a biografia de Otto de Bamberg, o apóstolo da Pomerânia, redigida em 1150, enumera: batismo, confirmação, unção dos enfermos, eucaristia, reconciliação, matrimônio e ordem. Mas foi Lombardo quem, dado o seu prestígio, teve, na ocasião, uma influência determinante.

No seu *Livro das Sentenças* IV, escrito por volta de 1155, ele registra: "sacramentos da nova Lei são o batismo, a confirmação, a bênção do pão, isto é, a eucaristia, a penitência, a extrema-unção, a ordem e o matrimônio"[2]. Apresenta, assim, uma lista liminar e precisa, uma ordem dos diversos sacramentos enunciados e uma justificativa da escolha dos sete ritos mencionados; pois há ritos eficazes e outros que são apenas sinais. A homogeneidade entre os sete sacramentos, na verdade, não é total. Mas o setenário foi rapidamente adotado não apenas pelos teólogos (Pedro de Poitiers, Alberto Magno, Boaventura, Tomás de Aquino) mas também pelos concílios locais[3] e mesmo, mais cedo, pelos estatutos diocesanos publicados por Guilherme de Beaumont, bispo de Angers, em 1216-1217. "O setenário é aceito pela primeira vez em um documento legislativo", sublinha J. Longère[4]. Essas datas mostram que a confissão de fé apresentada por Inocêncio III não está atrasada na consideração do

---

2. P. LOMBARDO, *Les sentences*, IV,2,1, *PL* 192, 841-842.

3. Durham (1217), Oxford (1222), Ratisbona (1235), Cremona (1247), Valença (1255), Clermont (1268).

4. J. LONGÈRE, "La prédication et l'instruction des fidèles selon les conciles et les statuts synodaux", *L'Encadrement religieux des fidèles au Moyen Âge et jusqu'au concile de Trente*, p. 401.

setenário. Embora não enuncie os sacramentos, como o faz Pedro Lombardo, e use uma ordem diferente, ela ratifica a nova teologia.

## 2. A CONFISSÃO DE FÉ DE UM CONCÍLIO REFORMADOR, LATRÃO IV (1215)

O Concílio de Latrão IV publica seus decretos precedidos por um Credo em que se trata de novo dos sacramentos. O papa é ainda Inocêncio III, e é em função dos cristãos tidos por heréticos (valdenses, albigenses, discípulos de Joaquim de Fiore) que a fé católica é enunciada.

O símbolo de Latrão IV se caracteriza por desenvolver o terceiro artigo dos Credos antigos, o que se refere ao Espírito e à Igreja, ao explicitar não só o batismo (mencionado no Credo de Nicéia-Constantinopla), mas também a eucaristia. Essa ênfase sacramental é nova nas profissões de fé conciliares:

> Há uma só Igreja universal dos fiéis, fora da qual absolutamente ninguém se salva, e na qual o próprio Cristo é ao mesmo tempo o sacerdote e o sacrifício, ele cujo corpo e sangue, no sacramento do altar, são verdadeiramente contidos (*continentur*) sob as espécies (*sub speciebus*) do pão e do vinho, sendo o pão transubstanciado (*transsubstantiatis*) no corpo e o vinho no sangue pelo poder divino, a fim de que, para realizar o mistério da unidade, nós recebamos dele o que ele recebeu de nós. E certamente esse sacramento não pode ser realizado por ninguém a não ser pelo sacerdote legitimamente ordenado, conforme o poder das chaves da Igreja que o próprio Jesus Cristo concedeu aos apóstolos e aos seus sucessores.

> O sacramento do batismo que se efetua na água, invocando-se a Trindade indivisa, isto é, o Pai, o Filho e o Espírito Santo, legitimamente (*rito*) conferido por quem quer que seja (*quocumque*) segundo a forma da Igreja (*in forma Ecclesiae*), tanto às crianças como aos adultos, serve à salvação.

> E se, depois de ter recebido o batismo, alguém cai no pecado, poderá sempre ser restabelecido no seu estado por uma verdadeira penitência. Não são apenas as virgens e os continentes, mas também as pessoas casadas que, agradando a Deus por uma fé reta e por boas obras, merecem alcançar a vida eterna[5].

Esse texto tem mais autoridade que a confissão de fé para os valdenses. Exprime a fé de maneira comum, oficial e universal, conforme o permite a forma conciliar.

Note-se, antes de tudo, a insistência na unidade eucarística da Igreja: o lugar dado à eucaristia, antes do batismo, indica provavelmente certa mudança na espiritualidade em relação à Antiguidade, como se, doravante, a Igreja se definisse primeiramente como eucarística antes de se dizer batismal. O texto

---

5. *COD* II-1, pp. 495-496, *DzS* 802, *FC* 31.

exprime, em seguida, a fé sacramental católica de maneira, a partir de então, clássica: vocabulário eucarístico da continência (o corpo e o sangue de Cristo são "contidos" sob as espécies do pão e do vinho), compreensão do batismo como elemento material e palavra ("a água" e "a invocação" trinitária). Mas a linguagem do *sacramentum* não elimina totalmente a referência ao "mistério", compreendido aqui como mistério de unidade, e a ênfase patrística para exprimir a salvação não é diminuída: "para que nós recebamos dele aquilo que ele recebeu de nós", seu corpo e seu sangue.

Além disso, o Credo de Latrão IV leva em conta a atualidade. Como a confissão de fé para os valdenses, ele diz que o batismo é destinado tanto às criancinhas como aos adultos, que o matrimônio é santo, e que a eucaristia só pode ser celebrada por um ministro ordenado: três pontos contestados por algumas correntes marginais. Afirma que o ministro do batismo pode ser, eventualmente, "qualquer um". Caso extremo, evidentemente, mas formulado de forma abrupta, o que tende a minimizar a significação eclesial do sacramento. Embora tradicionalmente, de fato, o batismo possa ser dado, em caso de urgência, por qualquer um, o sacramento da fé exige normalmente uma liturgia e uma ministerialidade que exprimam seu sentido. A fórmula de Latrão IV é certamente legítima, assim como, em seguida, a do decreto de Florença, em 1439 ("não só um padre ou um diácono, mas mesmo um leigo ou uma mulher, e até um pagão e um herético"[6]), e, recentemente, a do Vaticano II (*LG* 17). Mas a significação da ministerialidade do batismo assegurada por um ministro ordenado e exercida em uma assembléia litúrgica não poderia ser esquecida.

A confissão de fé de Latrão IV assume, enfim, dois dados da teologia recente a respeito da eucaristia. A primeira é o uso da palavra *espécies* para designar o elemento sensível e figurativo do pão e do vinho, uso em difusão desde o século XI (por exemplo, Lanfranco[7]). A segunda inovação é bem mais marcante: Latrão IV emprega a palavra *transubstanciados*. O termo também surgiu no século XI. Encontra-se em Pedro de Poitiers[8] e em Guitmond d'Aversa[9]. O próprio papa Inocêncio III o emprega, seja em um texto teológico redigido antes de ser papa[10], seja em uma carta de 1202, dirigida a um antigo arcebispo de Lião[11]. Empregada por Latrão IV, a palavra não tem ainda o sentido técnico que a escolástica lhe dará. Indica simplesmente a conversão ou a mudança que se realiza na eucaristia e que afeta não apenas as aparências ou as espécies, mas

---

6. *COD* II-1, p. 1113, *DzS* 1315, *FC* 690.
7. LANFRANCO, *Sur le corps et le sang du Seigneur*, X, *PL* 150, 42abv.
8. P. DE POITIERS, *Sentences*, V,12, *PL* 211, 1247b.
9. G. D'AVERSA, *Sur la vérité du corps et du sang du Seigneur das l'eucharistie*, I, *PL* 149, 1444a: *essentialiter transmutari*.
10. INOCÊNCIO III, *Du saint mystère de l'autel*, IV, 20, *PL* 217, 870.
11. "Foi o próprio Cristo que transubstanciou em seu corpo e em seu sangue o pão e o vinho", *DzS* 782, *FC* 726/1.

a própria substância do pão e do vinho. Essa interpretação teológica, assumida dessa maneira por Latrão IV, será retomada e fixada pelo Concílio de Trento[12], depois de ter sido integrada pelo papa Bento XII em um texto de 1342[13].

## 3. A CONFISSÃO DE FÉ DE MIGUEL PALEÓLOGO (1274)

O terceiro documento oficial do século XIII é o que se chama confissão de fé do imperador bizantino Miguel Paleólogo, no Concílio geral de Lião em 1274. Esse texto tem um estatuto bastante original. Foi enviado pelo papa Clemente IV ao imperador Miguel VIII, em uma carta de 1267, convidando-o para o Concílio de Lião. Tinha duas partes. Uma, antiga, remontava a 1053 e consistia em um formulário enviado pelo papa Leão IX ao patriarca de Antioquia. Esse texto era, portanto, anterior ao cisma. A outra era do próprio Clemente IV e tratava de pontos litigiosos. Os legados do imperador bizantino em Lião tinham esse texto autorizado, que leram solenemente na assembléia. É na segunda parte que a doutrina sacramental é apresentada nestes termos:

> Os que, depois do batismo, caem em pecado não devem ser rebatizados, mas obtenham o perdão mediante uma verdadeira penitência [...]

> A própria santa Igreja romana sustenta e ensina ainda que há sete sacramentos da Igreja: o batismo, de que se falou acima; o sacramento da confirmação, que os bispos conferem pela imposição das mãos, ungindo os batizados; a penitência; a eucaristia; o sacramento da ordem; o matrimônio; a extrema-unção, que, segundo a doutrina do bem-aventurado Tiago, é administrada aos enfermos.

> A própria Igreja católica realiza o sacramento da eucaristia com pão ázimo; ela sustenta e ensina que, nesse sacramento, o pão é verdadeiramente transubstanciado no corpo e o vinho no sangue de nosso Senhor Jesus Cristo.

> Sobre o matrimônio, ela sustenta que o homem não tem o direito de ter simultaneamente várias esposas, nem a mulher vários maridos. Quando um matrimônio legítimo se quebra pela morte de um dos cônjuges, ela declara que as segundas e, em seguida, as terceiras núpcias são sucessivamente lícitas, se a isso não se opõe, por algum motivo, outro impedimento canônico[14].

O texto enumera o setenário, como já o fizera, a sua maneira, a confissão de fé para os valdenses. Mas aqui o enunciado é claro, à maneira de Pedro Lombardo. Todavia, a ordem da lista de sacramentos não é a de Lombardo: a extrema-unção vem no final. O lugar dos sacramentos na lista setenária não

---

12. Cf. *infra*, pp. 144-146.
13. *DzS* 1018.
14. *DzS* 855 e 860, *FC* 36, 38-40.

está ainda plenamente fixado. Em todo caso, é a primeira vez que o setenário é enunciado por um concílio geral.

Como a confissão de fé de Latrão IV, a de Miguel Paleólogo integra o termo teológico *transubstanciados*. A audácia de Latrão IV tem, portanto, efeitos duráveis.

Como a confissão de fé para os valdenses, a de Miguel Paleólogo aborda a questão do matrimônio para manter seu valor diante das correntes espirituais que o denegriam. Todavia, se a legitimidade de um novo matrimônio, depois da morte de um dos cônjuges, é afirmada, o texto não diz que o matrimônio é uma realidade boa. Ataca simplesmente a poligamia. É pouco provável que essas nuances se devam ao que Clemente IV julgava ser questões importantes no cristianismo oriental. Será, entretanto, por causa da proximidade do Islã que se faz aqui menção à poligamia?

Dois pontos são, ao contrário, claramente ligados ao contexto oriental. Primeiro, a tendência, em vários lugares, de rebatizar os latinos: Latrão IV denunciara essa atitude. Em seguida, a suspeita da ortodoxia a respeito do pão eucarístico sem fermento usado pelos latinos: a confissão de fé de Miguel Paleólogo afirma esse uso mas não contesta a outra maneira de fazer, com pão fermentado, que era o uso no Oriente. Questão menor, sem dúvida, mas que, ainda hoje, faz parte do contencioso entre os cristianismos ortodoxo e latino. O Oriente guardou, nesse ponto, o uso originário, o do pão fermentado e comum, ao passo que o Ocidente optou pelo pão sem fermento a partir dos séculos IX e X.

O documento fala da Igreja *romana*. O esforço de unidade é, portanto, compreendido como um retorno a Roma, o que é ambíguo, porque Roma pode significar tanto um princípio de unidade como uma Igreja particular que tem seus usos litúrgicos e sua teologia. É difícil, aparentemente, distinguir esses dois aspectos.

## 4. O DECRETO DO CONCÍLIO DE FLORENÇA PARA OS ARMÊNIOS (1439)

O quarto texto marcante sobre os sacramentos, entre os séculos XII e XVI, é uma exposição destinada aos armênios unidos a Roma, integrada aos atos do Concílio de Florença.

### *Intervenções magisteriais entre os séculos XIII e XV*

As intervenções da Igreja católica sobre os sacramentos, entre os séculos XIII e XV, não acrescentam nada de essencial. A polêmica contra as heresias, particularmente contra os albigenses, prolongou-se e ampliou-se, atingindo os begardos e as beguinas (chamada à ordem a respeito da eucaristia)[15], ou os

---

15. Concílio de Verona, 1184, *DzS* 761, e Concílio de Vienne de 1311-1312, *DzS* 898.

"fraticelles", que questionavam a legitimidade do matrimônio[16]. A polêmica ressurgiu, no início do século XV, com Wyclif e Hus, que atacam o velho princípio segundo o qual a dignidade do ministro não tem efeito sobre o sacramento dado por ele[17]. Wyclif contestava, além disso, a formulação escolástica da doutrina eucarística[18]; João Hus reivindicava a comunhão sob as duas espécies para os leigos[19]. Um e outro davam a impressão de desvalorizar a sacramentalidade. O Concílio de Constança, em 1415, depois a bula *Inter cunctas,* de Martinho V, em 1418, reafirmaram a tradição sacramental. A essa primeira linha de intervenções magisteriais podem-se juntar dois outros dados mais ou menos constantes na época: declarações, que são sobretudo de ordem pastoral, e textos de acordo "ecumênico" (se for permitido empregar essa palavra de sentido moderno e, portanto, anacrônica para a época).

É sobre esse segundo ponto que intervém o Concílio de Florença. Na realidade, a questão "ecumênica" estava aberta havia muito tempo. Os papas e os concílios gerais da Idade Média tiveram, muito freqüentemente, desde Latrão I (1123) e Latrão II (1139), a preocupação com a unidade a ser restabelecida com as Igrejas orientais. Mas os bispos "orientais" que participaram efetivamente de Latrão III (1179) eram, de fato, latinos que vinham dos Estados fundados pelos cruzados, e dois bispos gregos da Calábria. O ecumenismo católico daquele tempo consistia, aliás, em querer trazer de volta ao seio romano as Igrejas orientais e, no mínimo, explicar aos dissidentes a doutrina latina, particularmente o seu setenário sacramental. Isso não se dava sem polêmica, às vezes viva. Latrão IV (1215) denuncia o fato de os gregos terem a "temeridade" de rebatizar os latinos[20]. Nesse mesmo século XIII, em 1254, Inocêncio IV enumera uma série de ritos gregos, toleráveis, sem dúvida, mas bastante estranhos para os ocidentais[21]. No século seguinte, são os armênios unidos a Roma que recebem a atenção romana sem muita amenidade. Bento XII, em 1341, elabora um catálogo de erros que lhes são imputados, dentre os quais se encontram questões sobre o batismo[22], a confirmação e a eucaristia. Dez anos mais tarde, em 1351, Clemente VI dirige uma carta ao patriarca dos armênios unidos a Roma para interrogá-lo sobre a confirmação[23]. Enfim, no Concílio de Florença, um decreto para os gregos evoca, de maneira aliás bastante irênica, o problema do pão comum ou do pão ázimo para a eucaristia[24].

---

16. Constituição *Gloriosam Ecclesiam* de João XXII, 1318, DzS 916.
17. Concílio de Constança, Erros de J. Wycliff 4 e de J. Hus, 8, COD, II-1, pp. 849 e 885, DzS 1154 e 1208.
18. *Ibid.*, Erros de Wyclif 1 e 3, COD, II-1, p. 849, DzS 1151-1153, Bula de Martinho V, Q. 16-17, DzS 1256-1257, FC 729-730.
19. Concílio de Constança, Sess. 13, COD II-1, pp. 863-865, DzS 1198, FC 728, cf. DzS 1258.
20. Concílio de Latrão IV, cap. 4, COD II-1, p. 505, DzS 810.
21. INOCÊNCIO IV, DzS 830-834.
22. DzS 1016, ed. antigas de DZ 543 e DzS 1018 e 1020.
23. DzS 1068-1071.
24. Concílio de Florença, Sess. 6, COD II-1, p. 1081/DzS 1303.

## O decreto para os armênios

É nesse contexto complexo que se pode situar o decreto para os armênios apresentado pelo Concílio de Florença em 1439. Eis o que diz respeito aos sacramentos:

> Os sacramentos da nova Lei são em número de sete, a saber, o batismo, a confirmação, a eucaristia, a penitência, a extrema-unção, a ordem e o matrimônio, que diferem bastante dos sacramentos da Antiga Lei. Esses, de fato, não causavam (*causabant*) a graça; eram somente a figura daquela que seria dada pela paixão de Cristo. Os nossos, em compensação, contêm (*continent*) a graça e a conferem (*conferunt*) àqueles que os recebem como convém. Os cinco primeiros deles foram ordenados para a perfeição espiritual de cada um, os dois últimos para a condução e a multiplicação da Igreja inteira.
>
> Pelo batismo, com efeito, renascemos espiritualmente; pela confirmação, crescemos na graça e somos fortificados na fé. Nascidos de novo e fortificados, somos nutridos pelo alimento da divina eucaristia. E, se pelo pecado caímos numa enfermidade da alma, somos espiritualmente curados pela penitência. Espiritualmente e corporalmente, conforme convier à alma, pela extrema-unção. Mas pela ordem a Igreja é governada e se multiplica espiritualmente, e pelo matrimônio ela aumenta corporalmente.
>
> Todos esses sacramentos se realizam mediante três componentes: coisas que lhes são como que a matéria, palavras que lhes são como que a forma; e a pessoa do ministro que confere o sacramento com a intenção de fazer o que faz a Igreja (*cum intentione faciendi quod facit Ecclesia*). Faltando um desses componentes, não se realiza o sacramento.
>
> Entre esses sacramentos, há três, o batismo, a confirmação e a ordem, que imprimem (*imprimunt*) na alma um caráter (*caracterem*), isto é, um certo sinal espiritual, indelével, que a distingue de todas as outras. É por isso que eles não são reiterados na mesma pessoa. Os quatro outros não imprimem caráter e admitem reiteração[25].

Este texto, seguido de indicações detalhadas sobre cada um dos sacramentos, apresenta-se como "brevíssimo" resumo da fé sacramental católica. Ele é inspirado por um escrito de Tomás de Aquino[26]. Enuncia o setenário como o fazia a confissão de fé de Miguel Paleólogo: o fundamento tornou-se clássico. Por outro lado, o decreto tem uma teologia sacramental de tipo ternário que retoma a da confissão para os valdenses. Para que haja sacramento, é preciso e

---

25. *COD* II-1, pp. 1109-1111, *DzS* 1310-1313, *FC* 658-661.
26. TOMÁS DE AQUINO, *Des Articles de la foi et des sacrements de l'Église*, Op. 15, ed. Mandonnet, t. 3. pp. 11-18.

basta que se conjuguem três fatores objetivos: o elemento material, as palavras sacramentais, o ministro e sua intenção. Essa análise remonta ao século XII. Dois outros esquemas ternários eram possíveis e, aliás, complementares: um distinguia o elemento sensível, as palavras e a realidade (*res*) da graça dada pelo sacramento; o outro distinguia o elemento sensível, a realidade da graça e um plano intermediário (*sacramentum et res*), que se encontra em Pedro Lombardo. Enfim, aparece a referência, doravante tradicional, aos sacramentos da Antiga Lei ou Antiga Aliança. Esse tema não se encontrava nos dois documentos precedentes. Mas é um clássico da teologia do tempo que remonta à patrística.

A primeira novidade importante na linguagem oficial, o latim, é o emprego do vocabulário causal: os sacramentos da Antiga Aliança "não causavam a graça". O decreto não diz explicitamente que os sacramentos cristãos são causa da graça divina; contenta-se em dizer que eles a contêm e que a conferem; mas uma sugestão nesse sentido é esboçada pela aproximação das duas ordens de sacramentalidade, a da antiga Aliança e a da nova. Essa terminologia da causalidade fora introduzida na teologia sacramental medieval por Pedro Lombardo[27]. O termo tinha, então, o sentido da linguagem corrente. Depois, essa teologia da causalidade tornara-se técnica e sutil: causalidade instrumental (Tomás de Aquino), ocasional (Boaventura, Duns Scot), dispositiva (Alexandre de Hales). O decreto aos armênios não entra nessas precisões, que, aliás, não contavam com unanimidade. Contenta-se com integrar a palavra como fizera Pedro Lombardo. Todavia, na seqüência do texto citado, leva em conta, a propósito do batismo, as noções de causa principal (Deus) e de causa instrumental (o ministro); e, a propósito do matrimônio, a noção de causa eficiente[28].

Outra novidade teológica: a intenção do ministro, que foi assunto tratado na confissão de fé para os valdenses (*fidelis intentio*), acha-se explicitada aqui com a ajuda de uma fórmula surgida no século XIII com Prevostino de Cremona e Guilherme de Auxerre. Diz-se que o ministro do sacramento deve ter "a intenção de fazer o que faz a Igreja". A fórmula voltará na seqüência do texto, a propósito do batismo. Essa expressão, que tivera grande sucesso no sacramentário teológico, já fora integrada em um documento magisterial, a bula *Inter cunctas* de Martinho V, em 1418[29]. O Concílio de Florença, portanto, não inova propriamente, mas pretende afirmar a objetividade ministerial, sem esquecer o aspecto pessoal e subjetivo do ato do ministro. A intenção ministerial é, portanto, objetivada pela referência ao que faz praticamente a Igreja; ela é regulada pelo sentido do rito, tal como é expresso pelo elemento material e pelas palavras sacramentais. A intenção do ministro é a intenção da Igreja. Isso foi o que sublinhara um papa do século XIII, Inocêncio IV: "Não é necessário que aquele que batiza tenha presente ao espírito a intenção

---

27. P. LOMBARDO, *Les sentences*, IV, 1, 2, *PL* 192, 839. Texto citado *infra*, p. 120.
28. *COD* II-1, pp. 1113 e 1127, *DzS* 1314 e 1327, *FC* 689 e 919.
29. MARTINHO V, *DzS* 1262.

de fazer o que faz a Igreja. [...] Desde que observe exatamente a forma, isso prova que tem a intenção de batizar"[30].

Outro ponto importante se encontra na proposição da doutrina do *caráter* sacramental para o batismo, a confirmação e a ordem, isto é, os sacramentos que não se repetem. O termo remonta a Agostinho, que unira a noção de selo (*sphragis*) à da não-repetição de certos ritos sacramentais, inclusive o do batismo e o da ordenação, celebrados no cisma[31]. O papa Inocêncio III, decididamente muito atento aos sacramentos, retomou essa doutrina agostiniana em uma carta endereçada ao arcebispo de Arles, em 1201, na qual respondia a questões pastorais. Primeira questão: que acontece com o batismo de um adulto sob coerção? Essa pessoa não recebeu o caráter batismal a menos que tenha tido liberdade suficiente para recusar e não tenha manifestado seu desacordo. Segunda questão: que acontece com alguém que tenha recebido o batismo enquanto dormia, ou em estado de demência? Resposta de Inocêncio III: o caráter não é recebido, a menos que se tenha manifestado, anteriormente, o desejo de receber o batismo. Assim, portanto, "a operação sacramental imprime um caráter quando não encontra obstáculo de uma vontade contrária"[32].

O decreto para os armênios retoma essa concepção. Define o caráter sacramental tal como o fizera a teologia a partir do século XIII (Alexandre de Hales, Tomás de Aquino): um sinal espiritual indelével, exprimindo o sentido definitivo de certos dons divinos. A teologia discutia a natureza desse sinal: uns o compreendiam como uma orientação estável do agir (*habitus*), outros o concebiam como uma faculdade ou habilitação em vista dos outros sacramentos. O Concílio de Florença não entra nessas precisões.

Do mesmo modo, o decreto integra o vocabulário teológico da matéria e da forma: "coisas que lhes são como a matéria, palavras que lhes são como a forma". Era um vocabulário também clássico na época. Encontra-se desde o século XII, por exemplo na *Suma das sentenças*, que faz da palavra sacramental uma "*forma*"[33], o que é assumido por Pedro Lombardo[34]. O termo, aqui, não é técnico, e é no seu sentido corrente que o emprega Latrão IV, no texto analisado mais acima (*in forma ecclesiae*). Paralelamente, era também habitual designar o elemento ou a espécie por "matéria" (*materia*). Era então possível aproximar os dois vocabulários e interpretá-los segundo a filosofia aristotélica da matéria e da forma. Daí o hilemorfismo de Tomás de Aquino[35]. Essa interpretação haveria de ter grande sucesso, ainda que o esquema matéria-forma parecesse rígido no caso da penitência e do matrimônio. O decreto para os armênios fica, mais uma

---

30. INOCÊNCIO IV, *Comm. du III<sup>e</sup> L. des Décrétales*, cap. 2, X, 3,42, in B. LEEMING, *Princ. de théol. sacrament.*, pp. 601-602.
31. AGOSTINHO, *Contre la lettre de Parménien*, II, 13,29, *BA* 28, pp. 343-345.
32. INOCÊNCIO III, *DzS* 781.
33. *Somme des sentences*, V,1,3,4, *PL* 176, 130.
34. P. LOMBARDO, *Les sentences*, IV, 3,1-2, *PL* 192, 130.
35. *ST*, III, q. 60, a. 6, ad 2.

vez, aquém do debate teológico. Contenta-se em utilizar matéria e forma em sentido imediato para designar o elemento sensível e as palavras do sacramento relacionados entre si.

Pode-se juntar à lista das fórmulas teológicas incorporadas pelo Concílio de Florença uma expressão que não se encontra no texto citado, mas que aparece, em seguida, a propósito da eucaristia: o ministro, diz o mesmo decreto, fala em nome de Cristo (*in persona Christi*)[36]. Essa expressão é de origem patrística, mas só passou a ser usada nos séculos XII e XIII. Ela indica, no caso particular da eucaristia, a íntima relação entre Cristo e o celebrante e inaugura uma interpretação fortemente cristológica desse ministério.

O decreto para os armênios não fala de *transubstanciação* eucarística. Contenta-se com mencionar a *conversão da substância* do pão e do vinho no corpo e no sangue de Cristo. A doutrina sacramental implica, por conseguinte, que haja uma mudança real dos elementos visíveis, mas não exige que o vocabulário da transubstanciação seja considerado indispensável. No entanto, um século antes, os armênios tinham sido censurados por não aderir a essa linguagem.

## II. O CONTEXTO TEOLÓGICO E PASTORAL DESSAS DECLARAÇÕES

Os textos que acabamos de apresentar exprimem o que o magistério latino pretendeu explicitar nos quatro séculos que vão do início do século XII ao Concílio de Trento. Convém, agora, analisar a importância dessas declarações em relação à experiência global dessa época. Será uma maneira de perceber como atua na circunstância a *dogmatização* ou a formulação doutrinal dos sacramentos cristãos.

### 1. A IMPORTÂNCIA DAS INTERVENÇÕES MAGISTERIAIS MEDIEVAIS

Os quatro documentos que acabam de ser analisados têm, cada um a sua maneira, a preocupação de propor uma exposição de conjunto da doutrina dos sacramentos, em outras palavras uma teologia sacramental. Todos exprimem essa teologia em função de *outros* e não dos cristãos praticantes das paróquias. São documentos polêmicos, contra os valdenses, os albigenses ou os discípulos de Wyclif e de Hus, ou têm a preocupação de ensinar os cristãos de longe, os armênios ou os bizantinos ortodoxos. Nos dois casos, o magistério latino reage a uma alteridade. Tudo se passa como se, na vida eclesial cotidiana e comum, não fosse preciso traçar oficialmente um quadro doutrinário de conjunto. Cabia aos teólogos assegurar esse serviço e atender a essa necessidade. Se o magistério

---

[36]. Concílio de Florença, *COD* II-1, p. 1119, *DzS* 1321, *FC* 732.

intervém, é porque o corpo eclesial parece estar ameaçado ou porque é preciso reunificá-lo. Fora dessas duas urgências, algumas intervenções oficiais sobre este ou aquele ponto delicado, freqüentemente pastoral, são suficientes.

Dito isso, os quatro documentos revistos apresentam traços fáceis de ser notados. Exprimem o gosto da ordem ou da coerência que anima a Idade Média: os sacramentos podem ser contados, organizados, compreendidos segundo alguns esquemas intelectualmente claros. De repente, a heresia ou o desvio se revelam insuportáveis: o magistério defende o princípio sacramental quando ele é ameaçado por uma minimização gnóstica da matéria e do sensível (matrimônio), por um questionamento mais ou menos radical dos ministros (valdenses, Wyclif, Hus) ou por uma subjetividade que leva, por exemplo, a questionar o batismo das criancinhas.

Para garantir a coerência e corrigir o desvio, o magistério reafirma a tradição atualizando-a, levando em conta as circunstâncias particulares do momento e a teologia da ordem sacramental que se desenvolve naturalmente no decorrer desses séculos. O que assim se afirma é a herança dos Padres e da Alta Idade Média e, também, o trabalho teológico dos séculos XII e XIII. O magistério integra os elementos que parecem certos por estar teologicamente fundamentados e conformes à tradição recebida, mas sem entrar em esclarecimentos técnicos ou nos debates de especialistas. O que foi assumido dessa maneira é bastante considerável: o setenário dos sacramentos, o caráter comunicado pelos sacramentos que não se repetem, o esquema ternário de elementos, palavras e ministro, o vocabulário causal possível para falar da eficácia dos sacramentos, a articulação entre o sensível e as palavras segundo o modo de ligação entre matéria e forma, a definição da intenção do ministro em relação ao que a Igreja faz objetivamente, enfim a compreensão do ministério eucarístico *in persona Christi*. Um elemento é absolutamente original, por sair da reserva magisterial relativa à linguagem teológica: é o termo *transubstantiater* de Latrão IV.

Qual é a autoridade desses textos magisteriais? Eles não são todos, é claro, da mesma ordem. A confissão de fé para os valdenses, apresentada por Inocêncio III, não emana de um concílio. O decreto para os armênios é assumido pelo Concílio de Florença, mas "não tem valor de uma definição conciliar. É simplesmente uma instrução prática destinada aos armênios unidos e não à Igreja universal. Esse decreto é, portanto, soberanamente respeitável mas não se impõe à fé"[37]. Pode-se, evidentemente, matizar essa apreciação porque, se o decreto de Florença não é da mesma ordem que a profissão de fé de Latrão IV, a proposição dirigida aos armênios unidos a Roma exprime a fé da Igreja latina e sua doutrina. Enfim, a confissão de fé de Miguel Paleólogo tem um estatuto muito original: é um texto papal assumido por uma testemunha leiga da Igreja grega ortodoxa e lida, em seu nome, em um concílio geral constituído quase

---

37. P. POURRAT, *La Théologie sacramentaire,* Paris, Gabalda, 1907, p. 47, n. 1.

totalmente por bispos latinos. O sentido desse documento é análogo ao do decreto para os armênios: Roma explica a outros a sua própria doutrina, considerada a única interpretação da experiência eclesial.

Esses dados reclamam, hoje, uma hermenêutica que se pode formular assim: entre os séculos XII e XV, a Igreja latina deu uma forma oficial aos sacramentos mediante atos em parte conjunturais, mas que indicam tomadas de posição refletidas e uma vontade de defender e promover a fé evangélica. Entretanto, de um lado, os "outros", quer se trate de transviados internos ou de Igrejas não-latinas, deveriam ter podido fazer valer mais sua própria interpretação, seus motivos e suas formulações. De outro lado, seria preciso explicitar a compatibilidade que pode haver entre expressões diferentes e mesmo aparentemente contrárias. Mas isso, que se pode dizer com o recuo no tempo, sem dúvida alguma não era comumente perceptível naquela época.

Resta o texto de Latrão IV, emanado de um concílio geral. Sua formulação é solene, pois é uma profissão de fé. Essa declaração também se inscreve em um contexto eclesial em que era preciso defender a fé contra interpretações ameaçadoras. De novo, parece que o magistério procura assumir, ao mesmo tempo, uma tradição a ser mantida e uma conjuntura a ser avaliada.

Agora nos é permitido apreciar, em seu conjunto, as proposições magisteriais de então. A seu crédito contam-se, certamente, um sentido do global, uma atenção às dificuldades da época, uma preocupação de fazer progredir a doutrina sem se prender a esta ou àquela escola de teologia. A seu passivo pode-se registrar certa falta de referência às Escrituras, o pouco caso feito da liturgia, uma propensão a referir os sacramentos a Deus e a Cristo sem os ligar suficientemente ao Espírito Santo, uma maneira de considerar as heresias latinas sem as compreender por dentro, uma maneira global de nomear as Igrejas não-latinas sem perceber sua experiência própria. Além disso, o aspecto eclesial dos sacramentos é pouco marcado: a fórmula do decreto para os armênios, "fazer o que faz a Igreja", é sugestiva, mas está longe de cobrir toda a eclesiologia envolvida na realidade sacramental. Sem dúvida, é "na Igreja" que são celebrados os sacramentos (confissão de fé para os valdenses), mas a indicação é breve. Do mesmo modo, Latrão IV introduz sua exposição sacramental por uma referência à "Igreja dos fiéis", mas não desenvolve esse traço. O decreto para os armênios observa que a ordem e o matrimônio têm um alcance eclesial, mas a indicação não é comentada. Enfim, o magistério latino da Idade Média concentra os sacramentos em torno da eucaristia, o que pode, por conseqüência, diminuir a importância tradicionalmente atribuída ao batismo.

Ademais, essas afirmações magisteriais se referem a um contexto eclesial histórico e cultural, e mesmo político. Para melhor compreender seu sentido e sua importância, analisaremos esse contexto do ponto de vista pastoral, depois em função da atividade teológica desses séculos e, enfim, segundo uma perspectiva "ecumênica".

## 2. A PREOCUPAÇÃO PASTORAL DO MAGISTÉRIO MEDIEVAL LATINO: PENITÊNCIA, MINISTÉRIO, MATRIMÔNIO

Do ponto de vista pastoral, fica claro que o cuidado de defender a sacramentalidade cristã contra os desvios não é a única preocupação do magistério latino. Ele intervém, também, nesses séculos, em outras ocasiões. Essas intervenções, freqüentemente pontuais, pretendem responder a necessidades sentidas nas paróquias ou dioceses.

Para o magistério, no curso do período considerado, a questão principal era a da *penitência*. Questão prática e não, primeiramente, doutrinal. Como manter nos batizados o ardor batismal apesar das dificuldades cotidianas em uma época de violência, medo e insegurança econômica? Como, também, assegurar a coesão social e eclesial regulando, quanto possível, os comportamentos e a culpabilidade? A decisão de Latrão IV, em 1215, instaurando a obrigação anual da confissão "ao seu próprio pároco" e da comunhão pascal é bem conhecida:

> Todos os fiéis, de um e outro sexo, depois de terem atingido a idade da razão, confessarão pessoalmente e fielmente todos os seus pecados ao menos uma vez por ano a seu pároco, aplicar-se-ão, na medida de suas forças, a cumprir a penitência que lhes será imposta, recebendo com respeito, ao menos na Páscoa, o sacramento da eucaristia[38].

Essa dupla obrigação anual não é somente jurídica. Ela faz justiça às "forças" de cada um. Aliás, isso é explicitado, logo depois, a propósito da comunhão pascal: "a menos que, a conselho de seu pároco, por qualquer razão válida, julgue que deva se abster dela por um tempo". Além disso, Latrão IV se preocupa com a competência do confessor e o segredo da confissão. Já Latrão II, em 1139, alertara o clero contra o que chamou de "falsa penitência":

> Há manifestamente falsa penitência quando, desprezando a maior parte dos pecados, se faz penitência de um só ou quando só se faz de um sem renunciar a outro[39].

Uma segunda questão pastoral provoca a reação do magistério latino, a do *ministério*. De novo, é uma questão prática. Trata-se especialmente de lutar contra a simonia[40] ou a vida de casado praticada por alguns clérigos[41]. A atenção dos responsáveis eclesiais se aplica também à liturgia sacramental.

---

38. Concílio de Latrão IV, *COD* II-1, p. 525, *DzS* 812, *FC* 797.
39. Concílio de Latrão II, cân. 22, *COD* II-1, p. 443, *DzS* 717.
40. Concílio de Latrão I, *COD* II-1, p. 417, *DzS* 710; Latrão V, *COD* II-1, pp. 1227-1233.
41. Concílio de Latrão II, 1139, cân. 7, *COD* II-1, p. 435.

Eles se mostram vigilantes a propósito da "forma" do sacramento[42]. Mas o essencial era uma contestação difusa dos ministros, no caso da simonia, e às vezes, também, nas suas pretensões abusivas em relação ao povo cristão: por exemplo, e a título simbólico, o debate sobre a comunhão sob as duas espécies, defendida por J. Hus contra o seu monopólio clerical, tratado pelo Concílio de Constança em 1415. A conseqüência dessa crítica do ministério a respeito dos sacramentos não foi negligenciável. Um certo número de grupos e movimentos recusou toda ou parte da prática e da doutrina dos sacramentos[43] e também, de fato, o princípio da ministerialidade instituída, passando, assim, do fato pastoral ao direito doutrinal: foi o que aconteceu com os valdenses e os "fraticelli", ou ainda com Pedro de Osma[44] no século XV. O questionamento sobre o batismo das criancinhas, que ainda subsistia então, embora de forma marginal, participa dessa sensibilidade que continua a enfatizar a fé pessoal (por exemplo, Pedro João Olivi, discutido no concílio de Vienne em 1312). Nesse contexto, a prática das indulgências, por causa das cruzadas ou por outros motivos, devia reforçar, em alguns, a suspeita em relação ao poder das autoridades eclesiais.

O questionamento sobre o ministério, sua dignidade, sua credibilidade e, enfim, sobre sua legitimidade, foi grave. Um dos sinais disso é que desde a Alta Idade Média na Igreja latina, aliás, também no Oriente, passou-se a considerar a nulidade de ordenações duvidosas, especialmente por motivo de simonia. Tais medidas iam contra o princípio comum segundo o qual a santidade ou dignidade do ministro não tem efeito sobre o sacramento. O que mostra como podiam ser difíceis as situações. Não se ignorava o princípio, mas ficava-se preso a querelas complexas a respeito das pessoas. A partir do século XII, virou-se a página. Podia-se interditar o ministério, mas não se podia fazer que alguém que tivesse sido ordenado *in forma Ecclesiae* deixasse de sê-lo.

O terceiro problema pastoral sensível no decurso desses séculos é o do *matrimônio*. Praticamente, o papado interveio a propósito da indissolubilidade (Alexandre III), do privilégio paulino, ao qual Inocêncio III prestou grande atenção, e, enfim, a propósito da invalidade de matrimônios cujo consentimento fosse condicional (Gregório IX[45]). Paralelamente, a legitimidade da união conjugal era regularmente lembrada contra as tendências gnósticas que a questionavam.

---

42. Em relação ao batismo, ALEXANDRE III, *DzS* 757-758; INOCÊNCIO III, *DzS* 780-781; GREGÓRIO IX, *DzS* 829, a confirmação; INOCÊNCIO III, *DzS* 785, a eucaristia; INOCÊNCIO III, *DzS* 782, *FC* 426/1; HONÓRIO III, *DzS* 822; GREGÓRIO IX, *DzS* 1101-1103, a ordenação; GREGÓRIO IX, *DzS* 826.

43. Cf. Latrão II, cân. 23, *COD* II-1, p. 443, *DzS* 718.

44. Cf. *Dz*, edições antigas, 724-728 e 732.

45. ALEXANDRE III, *Dz*, edições antigas, 395; INOCÊNCIO III, *DzS* 769 e 776-779; GREGÓRIO IX, *DzS* 827.

## 3. O CONTEXTO TEOLÓGICO DA ESTRUTURA SACRAMENTAL MEDIEVAL

**INDICAÇÕES BIBLIOGRÁFICAS:** DE GHELLINCK, *Le Mouvement théologique du XIII<sup>e</sup> siècle,* Bruxelles/Paris, L'éd. Univ./DDB, 1948. — M. D. CHENU, *La théologie au XII<sup>e</sup> siècle,* Paris, Vrin, 1957. — *La théologie comme science au XIII<sup>e</sup> siècle,* Pro manuscripto, 1943. — A. M. ROGUET, "S. Thomas d'Aquin, Somme théologique: les sacrements", *Le Revue des Jeunes,* 1951. — L. VILLETTE, *Foi et sacrement,* t. 2. *De saint Thomas à Karl Barth,* Paris, Bloud et Gay, 1964. — J. GALOT, *La Nature du caractère sacramentel, Études de théologie médiévale,* Bruges, DDB, 1956. — B. LEEMING, *Principes de théologie sacramentaire,* Tours, Mame, 1961. — P. M. GY, *La liturgie dans l'histoire,* cap. 8: "La validité sacramentelle. Développements de la notion avant le concile de Trente", Paris, Cerf, 1990.

Os documentos analisados referem-se à teologia do tempo ao qual pertencem e que assumem com discrição mas com continuidade. A teologia assim levada em conta aparece menos presente nas intervenções pessoais dos papas que acabamos de passar em revista e que são, na maior parte, ligadas a questões pastorais. Isso se explica pelo gênero literário dessas intervenções, mais prático que doutrinal. Compreende-se, igualmente, que a necessidade de se referir à teologia que se elaborava era mais manifesta quando se tratava de formular globalmente a teologia sacramental como tal.

### A *trilogia do* sacramentum *e da* res

Encontramos, entretanto, o caso de um papa de fins do século XII e início do século XIII, realmente de grande competência teológica, que não receou integrar, em sua correspondência, esse ou aquele tema da teologia do seu tempo. Inocêncio III fala do caráter sacramental em uma carta ao arcebispo de Arles, em 1201[46]. Mas essa menção só será retomada oficialmente em 1349, no decreto para os armênios. Da mesma forma, Inocêncio III, em carta a um antigo bispo de Lião, em 1202, cita um esquema teológico concernente à eucaristia, tirado de Pedro Lombardo, que o propusera uns cinqüenta anos antes:

> Deve-se distinguir com cuidado três aspectos dos sacramentos: a forma visível, a verdade do corpo e a força espiritual. A forma é a do pão e do vinho; a verdade é a do corpo e do sangue; a força é a da unidade e da caridade.
>
> Em primeiro lugar, há o sacramento e não a realidade (*sacramentum et non res*). Em segundo lugar, há o sacramento e a realidade (*sacramentum et res*). Em terceiro lugar, há a realidade e não o sacramento (*res et non sacramentum*).

---

46. *DzS* 781.

Assim, o primeiro aspecto é sacramento de dupla realidade. O segundo aspecto é sacramento de uma coisa e realidade de outra coisa. Quanto ao terceiro, é realidade de um sacramento duplo[47].

Esse texto emprega a palavra *forma* referindo-se não só às palavras sacramentais, mas também ao elemento material. Essa linguagem, que encontramos em Hugo de São Vítor[48], distinguia entre a forma do sacramento e sua *virtus*, seu poder, sua força, sua eficácia. Pedro Lombardo[49] introduziu um plano intermediário, ao mesmo tempo *sacramentum* e *res*, e é a partir desse nível mediano que Alexandre de Hales organiza uma teologia do caráter. Inocêncio III, portanto, estava bem a par da teologia mais recente quando escreveu ao antigo arcebispo de Lião. Todavia, convém notar que o esquema de Lombardo, embora fosse se tornar clássico na teologia latina dos sacramentos pelo menos até o século XIX, não foi incorporado ao discurso magisterial. Não há dúvida de que a noção de caráter (*sacramentum et res*) desempenhou papel equivalente para os sacramentos que não se repetem e que a noção de presença real de Cristo teve a mesma importância no que se refere à eucaristia. Os textos latinos oficiais parecem preferir outro esquema, também ternário: elemento-palavra-ministro.

É, portanto, útil destacar não só o que da teologia contemporânea é integrado à palavra magisterial, mas também o que é deixado de lado, seja porque faça parte do debate entre escolas, seja porque não pareça útil, seja ainda porque a teologia não esteja igualmente difundida entre as autoridades eclesiais.

## Da definição do sacramento ao setenário

Vimos, acima, o que os documentos pesquisados assumiram da teologia desses séculos. Mas a teologia sacramental que se constitui no Ocidente do século XII ao XVI tem outros elementos que basta indicar brevemente.

Os textos magisteriais apresentados oferecem *os elementos de uma definição* teológica do sacramento que se pode resumir assim: os sacramentos são atos celebrados em Igreja, mediante um elemento sensível, uma forma-palavra e um ministro que tem a intenção de fazer o que faz a Igreja, atos com os quais o Espírito coopera e que são não apenas símbolos ou sinais, mas dons da graça múltipla de Deus.

Entretanto, essa definição não está enunciada em uma fórmula sintética. A teologia da época amava, ao contrário, aquelas formulações semelhantes à definição, de certo modo matriz, que foi redigida, na primeira parte do século XII, por Hugo de São Vítor: "Um elemento sensível proposto aos sentidos"

---
47. *DzS* 783.
48. H. DE SÃO VÍTOR, *Sur les sacrements de la foi chrétienne*, II, 6,6, *PL* 176, 451.
49. P. LOMBARDO, *Les sentences*, IV, 8, 4, *PL* 192, 857.

que "representa por semelhança (*ex similitudine*), significa por instituição (*ex institutione*) e contém por santificação (*ex sanctificatione*) uma graça espiritual"[50]. Alguns anos mais tarde, Pedro Lombardo deveria escrever, na mesma perspectiva agostiniana: "Um sacramento pode ser assim definido: é um sinal da graça de Deus e uma forma da graça invisível de tal sorte que traz sua semelhança e existe como sua causa"[51].

Essas definições estão de acordo ao sublinhar que o sacramento é um sinal, mas também um dom eficaz. "Não é somente o sinal de uma coisa santa, é também o dom dessa coisa."[52] Como articular essas duas dimensões de sinal e dom? Esse foi o problema do século XIII. Problema teológico que o magistério não pretende resolver. Globalmente, em todo caso, a definição do sacramento que resulta de suas intervenções está absolutamente de acordo com a dos teólogos da época.

Por outro lado, o magistério medieval latino assume bem depressa, desde o século XIII, o setenário sacramental, que, evidentemente, não foi uma criação pura e simples dos teólogos, de Pedro Lombardo e de alguns outros: se, no século XII, determina-se a lista canônica dos sacramentos, é porque na experiência eclesial esses gestos eclesiais exprimiam tradicionalmente a fé e o dom divino feito à Igreja. É errado, portanto, dizer que antes do século XII o matrimônio, por exemplo, não era um sacramento: nem sempre foi nomeado como tal, nem obrigatoriamente catalogado com os seis sacramentos, mas era já percebido, nas comunidades, como um *sacramentum* na linha de Agostinho[53].

Mas no século XIII a teologia teve, em relação ao setenário, dois problemas que o magistério não menciona. A dificuldade era a respeito da homogeneidade dos sete sacramentos. O matrimônio era, claro, um *sacramentum*, mas era sentido como um caso à parte, no setenário, porque considerado mais um "remédio" do que o dom de uma graça. Apenas no século XIII, com Alberto Magno e Tomás de Aquino, a teologia considera o matrimônio como conferindo uma graça positiva para a vida conjugal. Até Trento, os textos do magistério deixam a questão em aberto. Eles defendem a legitimidade do matrimônio e estão preocupados com a pastoral, mas não se apressam em explicitar sua sacramentalidade. Da mesma maneira, também a penitência suscitava questões teológicas. Era tida sem hesitação como um sacramento. Mas, indagava a teologia do século XII, qual era exatamente o efeito desse sacramento, visto que Deus perdoa diretamente quem se arrepende? De novo, é o século XIII que esclarecerá a questão, sempre com Tomás de Aquino. De novo, também, o magistério não se preocupou com esse debate, mas afirmou a eficácia própria da penitência: o

---

50. H. DE SÃO VÍTOR, *Sur les sacrements de la foi chrétienne*, 1,9,2, PL 176, 317.
51. P. LOMBARDO, *Les sentences*, IV, 2, PL 192, 839.
52. *Somme des Sentences*, VI,1, PL 176, 117.
53. Cf. E. SCHMITT, "Le *Sacramentum* dans la théologie augustinienne du mariage", e J. WERCKMEISTER, "Le mariage sacrement dans le décret de Gratien", *RDC*, 42 (1992), pp. 197-213 e 237-267.

"perdão", um "restabelecimento", uma "cura"[54]. Anteriormente, o Concílio de Constança, em 1415, declarara, contra Wyclif, que não se podia dizer que, "se um homem está verdadeiramente contrito, toda confissão exterior é, para ele, supérflua e inútil"[55]. Era exatamente nesses termos que o problema era proposto no século XII. O Concílio de Florença não entra numa teologia da penitência, mas marca o valor do sacramento. Nesse meio tempo, a questão tomou maior vulto por causa da crise concreta do ministério e se radicalizou com a emergência progressiva da subjetividade,

Outra dificuldade teológica em relação ao setenário: todos os sacramentos estavam no mesmo plano? Desde o século XII, era claro que havia diferenças entre eles. Na escola de Abelardo, por exemplo, distinguia-se sacramentos "maiores" (batismo, eucaristia e, curiosamente para nós, matrimônio) e os "outros"[56], mas o setenário não está aí claramente identificado. Em seguida, distinguem-se sacramentos portadores de um caráter (batismo, confirmação, ordenação) e os sacramentos repetíveis. O decreto para os armênios adota ainda outra distinção, doravante também clássica: os sacramentos que "são ordenados à perfeição individual" e os que são ordenados "ao governo e ao crescimento da Igreja" (ordem, matrimônio). O magistério leva em conta, sem problema, uma ou outra das distinções elaboradas na época. Mas ainda não se vê aparecer, no setenário, uma diferenciação que se tornou hoje freqüente, a que agrupa os dois sacramentos claramente bíblicos (batismo e eucaristia) organizando, em torno deles, o restante do sistema sacramental.

## *Eficácia e graça sacramentais*

A teologia sacramental da Idade Média latina, à qual não falta coragem e zelo especulativo, acumulara inúmeros outros dados que o magistério desse período não assumiu, por não ser nem necessário nem desejável, tendo-se em conta a distância entre a função magisterial e a função teológica.

É o que se verifica a propósito da eficácia sacramental, considerada na linha da causalidade, com a distinção entre "aquele que opera" (*operans*) e "a realidade operada" (*operatum*), ou ainda entre o ato do ministro e, também, em outro plano, o do fiel que recebe o sacramento (*opus operantis*) e o efeito do rito sacramental em seu aspecto objetivo (*opus operatum*). Essa distinção nasceu no início do século XIII, com Pedro de Poitiers[57]. Era uma distinção corrente na análise dos atos humanos e foi muito normalmente aplicada ao caso dos sacramentos. Ela permitia autenticar o princípio agostiniano contra o donatismo:

---

54. Cf. o parágrafo do decreto de Florença aos armênios consagrado à penitência, *COD*, II-1,1123, *DzS* 1323, *FC* 803.
55. Concílio de Constança, Erros de Wyclif, *COD* II-1, p. 849, *DzS* 1157, *FC* 799.
56. ABELARDO, *Épitome de théologie chrétienne*, 28, *PL* 178, 1738.
57. P. DE POITIERS, *Sentences,* V, 6, *PL* 211, 1235.

não importa a dignidade do ministro operante, o sacramento existe por causa do dom de Deus. No início do século XIII, Inocêncio III escreve: "Ainda que às vezes o *opus operans* seja impuro, o *opus operatum* é sempre puro"[58]. Nesse mesmo século, a teologia iria aprofundar essa diferença, por exemplo com Tomás de Aquino ou com Boaventura[59]: os sacramentos "conferem a graça *ex opere operato* e produzem aquilo que significam, a menos que o sujeito lhes oponha obstáculos".

A respeito da graça sacramental, a teologia medieval também propusera distinções sutis (por exemplo, entre a graça sacramental e a graça dita habitual, santificante), que, aliás, não tinham a unanimidade do mundo teológico. Boaventura recusava essas diferenças, consideradas sutis e inúteis, ao passo que Alexandre de Hales e Tomás de Aquino as achavam extremamente interessantes. O magistério permanece silencioso sobre esse ponto.

Também no século XII, difundiu-se a noção de "fé da Igreja", inspirada em Agostinho, para designar o ato da fé eclesial, a instância crente da Igreja (e não o conteúdo da fé eclesial)[60]. Tomás de Aquino dá grande importância a essa fé da Igreja para interpretar a eficácia sacramental. Essa noção pode ajudar a compreender o *opus operatum* sacramental e a evitar que a objetividade do sacramento apareça como mágica. Ao mesmo tempo, permitia interpretar a prática sempre sensível do batismo das criancinhas. Mas ela não entra na linguagem oficial.

Outro ponto, debatido desde o século XIII, sem que tenha sido retomado pelo magistério antes de Trento, é a questão da instituição dos sacramentos por Cristo. A resposta era tida como evidente. Entre os teólogos, alguns aceitavam que Jesus tivesse, de modo geral ou em princípio, instituído os sacramentos, deixando à Igreja a incumbência de determinar seus elementos (Alexandre de Hales, Boaventura); outros julgavam que Jesus tivesse, de vários modos, uma relação imediata com cada um dos sete sacramentos (Alberto Magno, Tomás de Aquino). Inocêncio IV teria optado pela primeira opinião[61] em um texto incerto que só foi comentado bem mais tarde, no século XVII. Antes do Concílio de Trento, o magistério se limitou a denunciar os heréticos que questionavam os sacramentos ou, pelo menos, alguns deles[62].

Enfim, o magistério latino medieval não integra expressamente um dos princípios teológicos essenciais da teologia dos sacramentos: "Deus não limita seu poder aos sacramentos"[63]. É o sinal de que se vive em cristandade e de que

---

58. INOCÊNCIO III, *Du saint mystère de l'autel*, III,6, *PL* 217, 844d.
59. TOMÁS DE AQUINO, *Sur le L. IV des Sent.*, D. I, q. 1, a. 5; BOAVENTURA, *Sur le L. IV des Sent.*, D. I, p. 1, a. 1, q. 3.
60. Cf. M. Th. NADEAU, *Foi de l'Église. Évolution et sens d'une formule,* Paris, Beauchesne, 1988.
61. Cf. E. POURRAT, *La Théologie sacramentaire*, p. 80, n. 4.
62. Especialmente Pedro de Osma e Wyclif, no século XV, *DzS* 1255, 1259, *Dz* ed. antigas., 724-725.
63. H. DE SÃO VÍTOR, *Des Sacrements*, I, 9, 5, *PL* 176, 323, PEDRO LOMBARDO, *Les Sentences,* IV, 1, 7, *PL* 192, 840.

a questão dos não-sacramentalizados não provoca debate. Lembre-se, por exemplo, a famosa conferência de Valladolid, realizada em 1550, na Espanha, sobre o estatuto dos índios do Novo Mundo e sua identidade própria.

## 4. O CONTEXTO "ECUMÊNICO" DAS AFIRMAÇÕES MAGISTERIAIS MEDIEVAIS

A compreensão dos textos magisteriais sobre os sacramentos entre os séculos XII e XVI exige, enfim, que se esteja atento à situação "ecumênica" na qual estão envolvidos a confissão de fé de Miguel Paleólogo e o decreto para os armênios.

Essa situação implicava suspeitas recíprocas entre os latinos e orientais, particularmente os gregos ortodoxos. Mas não ficava só na polêmica e nas tentativas de compromisso: havia também toda uma prática e uma reflexão sobre os sacramentos em curso nos dois conjuntos cristãos.

Para o cristianismo oriental, muito mal conhecido no Ocidente, os sacramentos não constituíam, então, o maior ponto de atrito com esse último. Havia algo mais grave. O fato das cruzadas levou os orientais a perceber os latinos como invasores mais ou menos ávidos, que instalavam sua própria hierarquia sem levar em conta as legítimas autoridades locais. Havia ainda o debate permanente sobre a introdução da menção do *Filioque* no Credo da Igreja indivisa[64]. Com tudo isso, certos orientais têm algumas reticências em relação à estrutura sacramental latina. Por sua vez, os armênios não parecem ter demonstrado hesitações diante da doutrina romana dos sacramentos. Os maronitas também enviaram, em 1514, uma carta ao papa Leão X para expressar seu acordo com a fé latina, e Latrão V, em 1514, registrou essa unidade. O debate existe, na realidade, entre os católicos latinos e os ortodoxos gregos, mas não é radical. Há muitos usos e muitas reflexões em comum. Os ortodoxos aceitam a equivalência entre a palavra latina *sacramentum* e o termo *mistério*, corrente no Oriente. Eles não têm dificuldade em ratificar o setenário, que não é de sua iniciativa mas cujo simbolismo lhes agrada. No essencial, eles partilham, com os latinos, o senso patrístico do simbolismo sacramental no qual se comunica o dom de Deus, perspectiva sobre a qual o agostinismo ocidental está de acordo com Gregório, o teólogo, João Crisóstomo e João Damasceno, ou ainda com Pseudo-Dionísio. Mas quatro diferenças bem precisas nos usos constituem problemas para eles.

### Dificuldades orientais em torno da eucaristia

Por que o Ocidente adotou o pão ázimo para a eucaristia, quando a Ceia da Quinta-feira Santa foi celebrada com pão comum? Isso não é "judaizar" de

---

64. Sobre a questão do *Filioque*, cf. t. 1, pp. 272-290.

maneira infeliz? (objeção formulada, no século XI, por Nicetas Stéthanos). Em Lião, o legado de Miguel Paleólogo admite o uso latino, conforme o formulário romano que lhe fora preparado. Mas a questão permanecia. E continuaria mesmo quando o Concílio de Florença, em 1439, desejou que fosse reconhecida a legitimidade eclesial das duas práticas, a do ázimo e a do pão fermentado.

Por outro lado, que lugar os latinos dão à intervenção do Espírito Santo na celebração eucarística, visto que sua liturgia não comporta a invocação do Espírito depois da consagração (*epiclese*)? Nicolau Cabasilas, no século XVI, apresenta essa questão em sua *Interpretação da divina liturgia*, e o debate foi aberto, sobre esse ponto, no Concílio de Florença[65], chegando-se a uma relativa compreensão recíproca.

Por que, também, os latinos dão a comunhão aos fiéis somente sob a espécie do pão? No século XIV, Mateus Ângelo Panaretos levanta a questão e a suspeita de clericalismo. Um século mais tarde João Hus retomará o mesmo problema no Ocidente e o Concílio de Constança procurará justificar essa prática ocidental[66].

### *Dificuldades orientais em torno da iniciação cristã*

A iniciação cristã, tal como se desenvolvia no Ocidente, surpreendia os gregos. Desde o século XIII, a imersão na água fora quase sempre substituída por um rito de ablução de água. Qual poderia ser o motivo que autorizava a romper com a antiga tradição e seu simbolismo pascal? Sobretudo, os latinos não davam mais a confirmação junto com o batismo, desde os séculos V-VI. Isso não tendia a desdobrar o batismo? (Pseudo-Fócio, Marcos de Éfeso). Que haja um setenário sacramental, vá lá. Mas a unção do crisma, essa unção que os latinos passaram a chamar de confirmação, não era separável do batismo. Por outro lado, Simeão de Tessalônica, em seu *Tratado sobre os ritos sagrados*, de 1420, sugere que o mistério do *myron*, ou do óleo consagrado, não tem exatamente a mesma significação que o Ocidente, na mesma época, lhe dava ao falar da confirmação. No Oriente, o gesto do óleo significa o dom batismal e espiritual; no Ocidente, é um ato eclesial que fortifica os batizados em vista de sua fidelidade e de seu testemunho, em referência ao bispo. A propósito da iniciação cristã, é preciso acrescentar que o cristianismo ortodoxo não devia compreender muito bem que o batismo pudesse ser celebrado por "qualquer um", como declaram Latrão IV e o decreto para os armênios em sua parte consagrada ao batismo[67]. É demais para os gregos e, sem dúvida, também para os armênios,

---

65. Cf. *Mansi*, XXXI/2, 1693 c-1694a.
66. Concílio de Constança, Sess. 13, *COD* II-1, p. 863, *DzS* 1198, *FC* 728.
67. Concílio de Florença, "Mesmo um pagão ou um herético". *COD* II-1, p. 1113, *DzS* 1315, *FC* 690.

que não vêem como se pode dissociar, a esse ponto, o sacramento das condições eclesiais de sua celebração. Mas esse desacordo não entra no contencioso entre latinos e gregos antes do século XVIII.

Esses diversos pontos sensíveis incidem sobre práticas: os gregos não pretendem polemizar sobre noções teológicas, mas sobre a maneira como vive a Igreja, pois é aí que se exprime sua fé e é somente aí que se pode verificar ou recompor sua unidade.

## Dificuldades latinas

O Ocidente se reporta não só aos gregos ortodoxos mas também, e mais freqüentemente, às diversas Igrejas orientais. O Concílio de Florença se dirige aos armênios, jacobitas, sírios, caldeus, maronitas. Por outro lado, os latinos procuram se limitar, o mais possível, às práticas sacramentais dessas Igrejas. A esse respeito, podem ser identificadas várias questões.

Antes de tudo, por que às vezes os orientais rebatizam latinos que querem se unir a eles? Latrão IV denuncia essa maneira de agir. Nesse ponto, os costumes parecem ter variado. Em todo caso, em 1484, um sínodo reunido em Constantinopla determinou que armênios e latinos fossem recebidos com uma profissão de fé e uma unção de reconciliação. Esse dispositivo esteve em vigor até 1755, quando o patriarca de Constantinopla, Cirilo V, com o acordo dos patriarcas de Jerusalém e de Alexandria, reuniu um sínodo que ordenou que se rebatizassem os latinos.

Como podem os sacerdotes dar a unção do óleo, chamada de confirmação no Ocidente? Aqui o mal-entendido é grande. O magistério latino não pode compreender que essa unção seja associada à celebração do batismo e, por conseguinte, não seja reservada aos bispos[68].

A propósito da eucaristia, o magistério romano se mostra igualmente muito vigilante: "Que os armênios, também, se conformem com todo o mundo cristão e que seus sacerdotes, no momento da oferenda do cálice, misturem com o vinho um pouquinho de água"[69]. A injunção resultou em alinhar a liturgia armênia com a liturgia latina. Além disso, o mesmo decreto, abordando o plano das doutrinas, ataca a terminologia eucarística dos armênios, que não falam do corpo e do sangue de Cristo, mas de símbolo, de figura, de oferenda, de sacrifício e de comunhão. Trata-se de um desconhecimento da presença eucarística de Cristo? É muito pouco provável. Mas Roma, que quer homogeneizar os ritos, procura igualmente unificar o vocabulário sacramental.

---

68. Inocêncio IV se admira disso em 1254, *DzS* 831; Bento XII, em 1341, denuncia o fato, *DzS* antigo, 543; Clemente VI retoma a questão em carta aos católicos armênios, em 1531, *DzS* 1068-1071-1071, *FC* 712-715.

69. Concílio de Florença, *COD*, II-1, p. 1119, *DzS* 1320, *FC* 731.

A respeito do sacramento da penitência, Inocêncio IV (1254) questiona de maneira obscura a prática grega de uma unção com valor de satisfação. Não se sabe bem a que costume se faz referência aqui[70].

Enfim, o magistério ocidental contesta a idéia de fazer depender a validade do sacramento da dignidade do ministro. É certo que no Oriente, como aliás no Ocidente, existia às vezes a tendência de declarar nulos os sacramentos (especialmente as ordenações) dados por bispos ou padres em condições irregulares (escolha dos candidatos, liberdade dos participantes). No Oriente, entretanto, o argumento da indignidade moral do ministro parece ter sido menos elaborado que no Ocidente, onde a questão da simonia era lancinante.

## O caráter próprio da teologia sacramental oriental

Primeiramente, a doutrina dos sacramentos, no Oriente, não tem o estilo organizado e argumentado assumido no Ocidente latino. Os orientais preferem as abordagens concretas, caso a caso, às declarações de conjunto. Eles não sentem a necessidade de um magistério que intervenha sempre. O Oriente, na Idade Média, como aliás hoje, se contenta com alguns sínodos, freqüentemente consagrados a questões práticas ou à condenação de posições doutrinais julgadas arriscadas. O que tem autoridade para o cristianismo do Leste é um certo número de Padres permanentemente lidos e comentados, alguns teólogos nos quais se reconhece o consenso eclesial e, sobretudo, os principais concílios da Antiguidade. a teologia sacramental greco-oriental não tem, portanto, o desenvolvimento que teve o ocidental. Não se encontra nela, nessa época, nem esquema ternário teológico, nem reflexão sobre a eficácia sacramental, nem análise da graça sacramental e do caráter, nem afirmações sobre a instituição dos sacramentos por Cristo, nem evocação da fé da Igreja inscrita no processo sacramental, nem coletânea de sentenças, nem sumas teológicas.

Essa diferença entre a sensibilidade ocidental e a mentalidade oriental tem uma conseqüência: globalmente, o Oriente quer integrar esse ou aquele dado ocidental (por exemplo, o setenário), mas permanece sempre hesitante em relação às afirmações abstratas, gerais, mesmo quando não tem nada contra elas. Por isso é que os esforços de unidade promovidos na Idade Média, aliás freqüentemente a partir do Ocidente, jamais tiveram resultados definitivos. Por isso, também, os textos oficiais ocidentais mais exprimem a teologia sacramental ocidental do que promovem, forçosamente, melhor compreensão recíproca.

Uma das características fortes da doutrina dos sacramentos na Igreja grega é sua ênfase *espiritual*. Desde o século XI, Simeão Novo Teólogo ligara a eficácia do sacramento à tomada de consciência da graça recebida. "Aqueles que comem a carne de Cristo e bebem seu sangue têm vida eterna, conforme sua palavra

---

70. *DzS* 832.

divina. Mas, se ao comê-la não sentimos mais efeito em nós do que ao tomar o alimento material, sem obter dela conhecimento de outra vida, então recebemos pão puro e simples e não Deus ao mesmo tempo."[71] No século XIV, Nicolau Cabasilas desenvolve esse mesmo tema que valoriza as disposições do sujeito e que não se inscreve, portanto, na linha do *ex opere operato*. Se quiséssemos interpretar Simeão e Nicolau Cabasilas na linguagem latina, seria preciso dizer que o *opus operantis* é essencial e que ele designa, no caso, não o ministro, mas o fiel.

A teologia sacramental greco-oriental é igualmente muito eclesiológica. Essa ênfase é de ordem litúrgica e tradicional. Celebrar os sacramentos é receber e pôr em uso o que se recebeu, sem modificar os gestos ou as palavras. A verdade e a unidade da Igreja passam por essa fidelidade antes de estarem ligadas a declarações doutrinais. Tudo isso se exprime, durante o período medieval, a propósito do pão fermentado da eucaristia ou a propósito da *epiclese* eucarística.

Pode haver aí lugar para algum debate doutrinal, em caso de necessidade. Mas a questão está circunscrita. Durante esse período, houve um caso notável, no século XII, a respeito da identidade entre a eucaristia e o sacrifício da cruz, suscitado pelas afirmações de Soterios Panteugenes, patriarca de Antioquia. Esse debate tem alguma analogia com o que sacudiu os meios latinos, um século mais cedo, em torno de Berengário de Tours.

Enfim, a teologia sacramental oriental dá grande importância ao que chamam de "economia". O termo, que não é usado apenas em relação aos sacramentos, designa uma derrogação da norma (*acribie*) por preocupação com a pedagogia e a misericórdia. É em nome do princípio de economia que as Igrejas orientais reconhecem os sacramentos dos "heréticos", quando não os rebatizam ou não os reordenam, o que, em princípio, deveria ser feito. Pode-se, então, dizer que a economia desempenha, no Oriente, papel equivalente ao do princípio agostiniano sobre o valor dos sacramentos celebrados fora da Igreja católica. Mas, na prática, as duas concepções são bem diferentes. A economia não é, jamais, necessária; deve ser discernida a cada vez. E, sobretudo, ao princípio agostiniano que valoriza uma objetividade sacramental teologicamente fundada, o Oriente opõe um julgamento eclesial inspirado pela caridade.

---

71. SIMEÃO NOVO TEÓLOGO, *Traités éthiques* X, 754, *SC* 129, p. 315.

CAPÍTULO IV
# A doutrina sobre os sacramentos do Concílio de Trento

H. Bourgeois e B. Sesboüé

O Concílio de Trento (1545-1563) representa, no que diz respeito aos sacramentos, o ponto final da teologia e das tomadas de posição magisteriais da Idade Média latina. Os textos tridentinos relativos aos sacramentos se apresentam segundo o esquema do decreto para os armênios, distinguindo um conjunto de indicações globais e uma série de decretos concernentes a cada sacramento. O primeiro grupo de declarações, enunciado na sessão VII, em 1547, é relativamente breve (um preâmbulo e treze cânones) e trata do que se convencionou chamar os "sacramentos em geral". O segundo grupo, cada vez mais desenvolvido no correr do tempo, passa em revista o batismo, a confirmação, a eucaristia, a penitência, a extrema-unção, a ordem e o matrimônio. Enfim, o concílio ainda promulgou vários decretos de reforma, entre os quais alguns se referem também aos sacramentos, particularmente aos da ordem e do matrimônio. A teologia sacramental tridentina, ao longo dos três períodos do concílio[1], é de considerável amplidão. Esse domínio da vida eclesial foi o principal ponto de atenção do Concílio de Trento.

## I. OS SACRAMENTOS EM GERAL — O BATISMO E A CONFIRMAÇÃO
(H. BOURGEOIS)

> **INDICAÇÕES BIBLIOGRÁFICAS:** *Concilium Tridentino. Diarium, actorum, epistularum, tractatuum nova collectio,* Edidit Societas Goerresiana (= Görresgesellschaft),

---

1. Sobre o contexto histórico do Concílio de Trento, cf. t. 2.

t. V, VI/1 e 2 e VII/1, VIII e IX, Freiburg, Herder, 1911-1972. — H. JEDIN, *Histoire du concile de Trente*, t. I: *La Lutte por le concile* (ed. alemã, 1951), Desclée, 1965; t. II: *Die erste Trienter Tagungsperiod* (1545-1547), Herder, 1957; t. III: *Bologneser Tagung, Zweite Trienter Tagungsperiod* (1551-1552), Herder, 1970; *Krisis und Abschluss des Trienter Konzils* (1562-1563), Herder, 1964. — O. DE LA BROSSE, J. LECLER, H. HOLSTEIN, CH. LEFEBVRE, *Latran V et Trente I*, Paris, Orante, 1975. — J. LECLER, H. HOLSTEIN, P. ADNÈS, CH. LEFEBVRE, *Trente II*, Orante, 1980. — F. CAVALLERA, "Le décret du concile de Trente sur les sacrements en général", *BLE* 6, 1914, pp. 361-377 e 401-425; 7, 1915-1916, pp. 17-33 e 66-68; 9, 1918, pp. 161-181. — A. MICHEL, *Les Décrets du concile de Trente* (T. X/1 de l'*Histoire des conciles* de C.-J. Hefele e H. Leclercq), Paris, Letouzey et Ané, 1938. — A. DUVAL, *Des sacrements au concile de Trente*, Cerf, 1985. — P. F. FRANSEN, *Hermeneutics of the Councils and other Studies*, University Press, Leuven, 1985. — K. Lehmann e W. Pannenberg (edit.), *Les Anathèmes du XVIe siècle sont-ils encore actuels?*, Paris, Cerf, 1989. — V. VAJTA, *Évangile et sacrement*, Cerf, 1973. — B. NEUNHEUSER, *Baptême et confirmation*, Cerf, 1966.

## 1. O CONTEXTO ECLESIAL

### A polêmica com a Reforma

O concilio foi convocado por causa dos abalos provocados pela Reforma luterana. Foi efetivamente para responder aos reformadores que muitos textos foram redigidos, discutidos e votados. Os diversos preâmbulos exprimem essa preocupação de maneira repetida e algo polêmica: o concílio está reunido "para eliminar os erros e extirpar as heresias surgidas ultimamente a respeito dos santíssimos sacramentos"; para "corrigir todas as heresias e todos os outros gravíssimos danos que, infelizmente, hoje perturbam a Igreja de Deus", com "o desejo de arrancar pela raiz o joio dos erros e cismas abomináveis que, nestes infelizes tempos, o inimigo tem semeado (Mt 13,25) na doutrina e na fé"; porque, "pelos artifícios do demônio extremamente perverso, foram difundidos em diversos lugares vários erros monstruosos" que "parecem ter desviado inúmeras pessoas da fé e da obediência à Igreja católica"; trata-se de denunciar "certos homens provocadores e perversos" que reduzem as afirmações bíblicas "a figuras de estilo sem consistência e imaginárias", deplorando-se o fato de que "numerosos erros foram difundidos e muitas coisas foram ensinadas e discutidas por uma multidão de pessoas, em oposição à fé antiga"[2]. Assim vigorosamente expresso, esse tema parece ter sido, em seguida, um pouco menos enfatizado. Assunto encerrado. Entretanto, o decreto sobre o matrimônio expõe, de novo, a série de acusações e danos:

---

2. Cf. *COD* II-2, pp. 1393, 1411, 1477, 14951413, , *DzS* 1600, 1635, 1725, 1637, 1750.

> Homens ímpios deste século, insensatos, não só emitiram opiniões falsas sobre esse venerável sacramento, mas, como é de seu hábito, introduzindo a liberdade da carne sob a capa de Evangelho, por escrito e oralmente, difundiram inúmeros elementos estranhos ao sentimento da Igreja católica e aos costumes aprovados desde o tempo dos apóstolos, com grande dano para os fiéis[3].

A reação aos protestantes é, portanto, fundamental na teologia sacramental tridentina. Mas, polêmica à parte, o concílio admite ter duas intenções principais.

### Tradição e preocupação pastoral

A primeira intenção é confirmar a tradição, isto é, reafirmar "a doutrina das sagradas Escrituras, as tradições apostólicas e o consenso dos outros concílios e dos Padres", "a sagrada e autêntica doutrina que a Igreja católica [...] sempre guardou e guardará até o fim do mundo", a "verdade apostólica" que deve ser "eternamente guardada", "a fé e a doutrina antigas, absolutas e, sob todos os aspectos, perfeitas"[4].

A segunda preocupação de Trento é pregar essa doutrina a um povo que a conhece mal. A propósito da penitência, o concílio julga que é "muito útil ao bem geral apresentar uma definição mais exata e mais completa". A propósito da eucaristia, "ensina, declara e decide que é preciso pregar ao povo fiel o que se segue", isto é, a doutrina sobre o sacrifício eucarístico. Da mesma forma quanto ao sacramento da ordem: "Eis o que o concílio julgou dever ensinar, de maneira geral, aos fiéis sobre o sacramento da ordem". É essa mesma preocupação que motiva o concílio a exigir que se explique, no próprio coração da liturgia, um ou outro texto para, assim, esclarecer o mistério sacramental[5].

Percebe-se portanto, nas intenções do Concílio de Trento, uma preocupação com a tradição e um senso pastoral. Os bispos se sentem testemunhas da fé apostólica transmitida até eles na vida eclesial. Vêem-se como herdeiros da Idade Média latina, no que diz respeito à doutrina eucarística e também à compreensão do matrimônio e da penitência — dois sacramentos considerados, até bem pouco tempo, como mal encaixados no "modelo" sacramental geral. O concílio é, ao mesmo tempo, doutrinal e pastoral. Afirmar a doutrina é, para ele, um serviço pastoral e ministerial. Daí os textos reformadores relativos à pregação (o concílio promulgou em1546, antes portanto de abordar os sacramentos, um decreto sobre a pregação[6]), aos matrimônios clandestinos, à prática da penitência, à da eucaristia, ou ainda ao batismo das criancinhas e à admissão das crianças à comunhão.

---

3. COD II-2, p. 1533, DzS 1800, FC 923.
4. COD II-2, preâmbulos, DzS 1600, 1635, 1667, 1738, FC 662, 734, 814, 765.
5. COD II-2, DzS 1667, 1738, 1770, 1740, FC 814, 765, 774.
6. Trento, Sessão V, Decreto de reforma, COD II-2, pp. 1359-1365.

## *A concepção protestante dos sacramentos*

O protestantismo a que se opõe o concílio não é unitário. Lutero, a confissão de Augsburg, Calvino, Melanchton, Zuínglio e os anabatistas não têm uma doutrina comum, embora tenham a mesma inspiração. Por outro lado, as posições protestantes, especialmente as de Lutero, evoluíram. Entre as declarações de *O cativeiro da Babilônia* (1520) e as que o reformador pronuncia contra os anabatistas (que recusavam o batismo das criancinhas e rebatizavam os adultos), a partir de 1522, ou as que sustenta sobre a eucaristia no debate com Zuínglio, entre 1525 e 1529, há diferenças notáveis. O Concílio de Trento inclinou-se a privilegiar os primeiros escritos luteranos, os quais, aliás, já tinham sido contestados na bula *Exsurge Domine* de Leão X (1520)[7]. Retenhamos alguns elementos principais das afirmações do protestantismo de então.

Em primeiro lugar, nem Lutero, nem Calvino, nem Zuínglio pretendem debater apenas no plano doutrinal. O que os motiva é, antes de tudo, o Evangelho e a fé que lhes parecem comprometidos na Igreja do século XVI. Mas a prática é, neste caso, inseparável da doutrina: a crise de fé advém de uma insuficiência da experiência e da reflexão. Se a questão dos sacramentos não é prioritária, mas secundária, em relação à da fé e da pregação, vê-se, no entanto, posta concretamente em jogo quando se trata da fé do povo e da responsabilidade eclesial. Na realidade, a Igreja medieval não fala muito da fé, ou o faz de modo formal e jurídico: "Haveria, portanto, qualquer utilidade em escrever tanto sobre o batismo, quando se deixa de ensinar a fé na promessa?", pergunta Lutero[8]. A fé na promessa é *confiança* na palavra divina que anuncia a salvação e faz experimentar a certeza. "A promessa e a fé são correlativas, de modo que onde não há promessa não pode haver fé, e onde não há fé a promessa não é nada."[9] A Igreja oficial tem a tendência de reduzir a fé a um dado adquirido ou ainda a uma atitude que se contenta em não opor obstáculos ao dom divino.

Essa falta de fé salutar tem conseqüências manifestas que equivalem, todas elas, a substituir a fé pela *obra* ou pela pretensão humana. Primeiro, as tradições ou as regulamentações eclesiais as sobrepõem às Escrituras. Em seguida, o ministério eclesial perde seu significado espiritual e se torna um poder que oprime a liberdade das pessoas. Enfim, os sacramentos correm o risco de ser tidos por gestos mágicos, sem real relação com a pregação da Escritura e sem verdadeiro ato de fé: acabam por expressar a dominação clerical sobre o povo cristão.

Reconhece-se a necessidade urgente de uma reforma. No que diz respeito aos sacramentos, o protestantismo recusa tudo que faça deles um sistema eclesial dotado de uma eficácia por demais objetiva, em detrimento da fé-confiança em Deus. "Os teólogos [...] não levam absolutamente em conta a fé nem a

---

7. Cf. *DzS* 1451-1491, *FC* 804-813, sobre os sacramentos, proposições 2, 5-14, 15-16.
8. LUTERO, *De la captivité babylonienne de l'Église*, 1520, Labor et Fides, t. 2, p. 204.
9. Id., *De l'abrogation de la messe privée*, 1521, WA, VIII, 436/26.

promessa ligada aos sacramentos, só se detêm no sinal e na prática do sinal e nos arrastam da fé à obra, da palavra ao sinal"[10]. E ainda: "Eles preferem atribuir o perdão dos pecados ao poder dos ministros, de modo que se fiam neles mais do que na fé pela qual cremos na Palavra de Deus"[11]. A prática abusiva das indulgências era, para Lutero, um dos sinais dessa distorção.

Assim, Lutero e os outros reformadores recusam: a afirmação de que, biblicamente falando, Cristo tenha instituído os sete sacramentos e ligado, a cada um deles, uma promessa divina (exceto o batismo, a eucaristia e, sem dúvida, a penitência); o setenário sacramental e, por conseguinte, a compreensão do ministério eclesial em termos sacramentais, que faria dos ministros uma casta sagrada; a definição da eficácia dos sacramentos com fórmulas não-bíblicas e perigosas por serem objetivas demais (*ex opere operato*, transubstanciação, noção de caráter); a valorização das tradições eclesiais acima das Escrituras e a inflação da autoridade dos Padres da Igreja (entre eles Agostinho); a falta de apelo à fé dos fiéis no curso das celebrações.

## 2. A DOUTRINA DE TRENTO SOBRE O SETENÁRIO SACRAMENTAL (7ª SESSÃO, 1547)

Diante dessa denúncia bastante radical e de sua preocupação pastoral, o Concílio de Trento reagiu reafirmando a tradição e explicitando-a em alguns pontos. Não chega, porém, a honrar a crítica protestante em sua importante inspiração evangélica. Atém-se a formulações rápidas ou sem nuances; procura tapar as brechas, mas não faz justiça à parte de verdade apresentada pela Reforma. Nesse sentido, o magistério tridentino encerra a Idade Média latina em vez de inaugurar um período novo. Repete o já conhecido, deixando à teologia ulterior o encargo de entrar em debate com as reivindicações protestantes e, mais amplamente, com a cultura moderna. Eis as principais afirmações da teologia sacramental tridentina, extraídas do primeiro decreto sobre os sacramentos, de 1547.

### *Os sacramentos são sinais eficazes*

Até aqui, essa convicção tradicional e comum fora expressa oficialmente em uma linguagem de causalidade, pela indicação de que a graça estava "contida" e era "conferida" pelos sacramentos; pela noção de uma transubstanciação eucarística e pela idéia de que certos sacramentos não-repetíveis imprimem um caráter naquele ou naquela que os recebe; enfim, pela diferença estabelecida entre os sacramentos da antiga Lei e os da Nova (não sendo estes últimos

---

10. Id., *De la captivité...*, Labor et Fides, t. 2, p. 209.
11. Id., *Assertio omnium articulorum*, prop. 12, WA, VII, 120/33.

simples sinais, mas sinais eficazes do acontecimento Jesus Cristo). Mas o protestantismo abala esse ponto de vista. A eficácia imputada ao sacramento é a da fé na promessa divina. Os sacramentos são apenas suscetíveis de "alimentar a fé". Diante dessa expressão minimizante, o Concílio de Trento alinhou, em defesa, várias afirmações clássicas, sublinhando que os sacramentos fazem mais que alimentar a fé, pois comunicam a graça:

> Se alguém disser que esses sacramentos só foram instituídos para alimentar a graça, que seja anátema (Decr. sobre os sacramentos em geral, 1547, cânone 5).
>
> Se alguém disser que os sacramentos da nova Lei não contêm a graça que significam, ou que não conferem essa graça àqueles que não lhes opõem obstáculos, como se fossem apenas sinais exteriores da graça ou da justiça recebida pela fé, e marcas da profissão cristã, pelas quais os cristãos se distinguem dos infiéis, que seja anátema (cânone 6).
>
> Se alguém disser que a graça não é conferida *ex opere operato* por esses sacramentos da nova Lei, mas que só a fé na promessa divina basta para obter a graça, que seja anátema (cânone 8).
>
> Se alguém disser que nos três sacramentos do batismo, da confirmação e da ordem não se imprime na alma um caráter, isto é, uma marca espiritual indelével tal que não possa ser reiterada, que seja anátema (cânone 9)[12].

Contra a fórmula "alimentar a fé", são mobilizadas afirmações segundo as quais os sacramentos "contêm" e "conferem" a graça *ex opere operato* e de tal maneira que, às vezes, um "caráter" é impresso no ser da pessoa sacramentalizada. Há aí quatro noções que os reformadores rejeitavam expressamente, seja por não serem bíblicas, seja por favorecerem um objetivismo que tendia para a magia.

O choque entre o Concílio de Trento e a Reforma foi, portanto, frontal. É preciso, ainda, perceber seu alcance. Antes de tudo, o concílio se interroga se a noção de sinal sacramental, separada da eficácia do sacramento, tradicionalmente reconhecida, é ainda pertinente. Esvaziado de seu efeito próprio, o sinal que é o sacramento se torna "supérfluo" — visto que, nessa perspectiva, "somente pela fé o homem obtém de Deus a graça da santificação" (cânones 4 e 5) — ou puramente exterior, isto é, pedagógico e social (cânone 6).

Tocamos, aqui, um ponto sensível nos textos da Reforma. Pois, se Lutero jamais aceitou uma concepção assim tão redutora do sinal sacramental, Calvino e Zuínglio admitiram-na. Eis o que escreveu Calvino: "Os sacramentos nos servem, da parte de Deus, da mesma forma que os mensageiros de boas novas, da parte dos homens: não para nos conferir o bem, mas somente para nos anunciar e demonstrar as coisas que nos são dadas pela liberalidade de Deus"[13]. Na

---

12. *COD* II-2, pp. 1393-1395, *DzS* 1605, 1606, 1608, 1609, *FC* 667, 668, 670, 671.
13. CALVINO, *Institution chrétienne*, IV, 14, 17, Labor et Fides, IV, p. 282.

realidade, o problema estava, antes, em perceber como — em vez de opor o sacramento à fé, como se o sacramento fosse exterior à fé — seria possível reconhecer a fé *no* sacramento, no próprio ato sacramental. Era isso que desejava a Reforma. Mas o debate não chegou a se instaurar sobre esse ponto, sem dúvida porque o concílio tinha da fé uma definição muito restrita ("não opor obstáculos", cânone 6) e não percebia bem a questão espiritual, pastoral e teológica levantada pela Reforma.

Por outro lado, o concílio fala da graça, enquanto os reformadores insistem em dar prioridade à fé. Os dois pontos de vista não são incompatíveis, claro, mas se inscrevem em perspectivas diferentes. De novo está presente a incompreensão recíproca. Do lado do concílio, a ênfase é posta na salvação e, assim, na ontologia dos crentes. Do lado da Reforma, a insistência é dada à forma pessoal que assume a salvação na experiência de fé. O Concílio de Trento faz eco à escolástica medieval; Lutero anuncia uma concepção personalista ou "existencial" do cristianismo.

### *Os sete sacramentos são instituídos por Jesus Cristo*

> Se alguém disser que os sacramentos da nova Lei não foram todos instituídos por Jesus Cristo Nosso Senhor, ou que há mais, ou menos, de sete [...] ou, ainda, que um desses sete não é verdadeira e propriamente um sacramento, que seja anátema (cânone 1)[14].

Era a primeira vez que o magistério latino abordava esse ponto de modo explícito. Debatido pela teologia desde o século XIII (instituição imediata ou mediata), o tema não fora integrado no decreto do Concílio de Florença para os armênios, sem dúvida porque a resposta era evidente. A verdade é que os reformadores formulam claramente a questão: não é possível que os sete sacramentos tenham um fundamento bíblico e que sejam todos baseados em uma promessa e numa ordem de repetição emanada de Jesus. Na realidade, o setenário não tem base bíblica.

A réplica do concílio é clara: há sete sacramentos[15]. Mas não menciona seu fundamento bíblico. Pensou-se em condenar o seguinte artigo: "Só são sacramentos os que estão mencionados nas Escrituras". Mas, finalmente, pareceu mais oportuno ater-se à instituição por Cristo. Essa afirmação só pode ser fundamentada na prática eclesial em referência a Cristo, e expressamente a Cristo ressuscitado (a instituição do batismo, em Mt 28,19, é uma palavra pascal). Mas o

---

14. *COD* II-2, p. 1393, *DzS* 1601, *FC* 663. A mesma afirmação será retomada sobre a eucaristia como sacramento e como sacrifício, sobre a penitência e sobre a ordem.

15. A mesma afirmação será retomada a respeito da penitência, da extrema-unção e do matrimônio.

protestantismo queria maior precisão: pretendia que se chamasse de sacramento somente o que se referisse claramente a Jesus, e ao Jesus pré-pascal.

Hoje, as duas perspectivas se aproximaram. A teologia contemporânea, tanto a católica como a protestante, adota a concepção de uma instituição mediata dos sacramentos que, nem por isso, os priva de uma referência cristológica essencial. Mas, no século XVI, o grupo reformador fazia questão de só considerar as decisões de Jesus em seu ministério público, o que levava a reduzir o número do setenário a dois ou três: o batismo, a eucaristia e, eventualmente, a penitência.

Por que essa insistência dos protestantes? Eles não excluem de sua liturgia as celebrações para o ministério, o matrimônio, a confirmação. Embora não-sacramentais, em sua opinião, essas celebrações têm um sentido espiritual e eclesial. Mas, para os Reformadores, querer reduzir o número dos sacramentos era uma maneira de protestar contra o poder excessivo da instituição eclesial. Ao falar do número dos sacramentos, eles queriam, na realidade, falar da liberdade cristã e do poder da Igreja. Mas o Concílio de Trento também não percebia nem as implicações, nem o verdadeiro alcance disso. Prefere declarar que os sacramentos recusados pelos reformadores não são "invenções humanas". Mas não era isso que a Reforma queria dizer.

## *Os sacramentos, atos de Deus, são também ações eclesiais*

É na Igreja que opera o agir santificante de Deus, do qual os sacramentos são sinais eficazes. Essa terceira afirmação, formulada aqui em linguagem contemporânea, é feita pelo Concílio de Trento a propósito do ato do ministro ou do celebrante. Por meio desse agir ministerial, é Deus quem age. Mas é também a Igreja que manifesta seu poder. Eis o objeto de outro mal-entendido com os reformadores. Estes vêem no sistema sacramental um dos setores-chave do poder eclesial e o dizem com veemência, defendendo o sacerdócio comum e reinterpretando o antigo adágio agostiniano ao dizer que não se podia pôr facilmente entre parênteses o que toca à dignidade dos ministros. De novo o concílio reagiu, lembrando a doutrina tradicional:

> Se alguém disser que todos os cristãos têm o poder sobre a palavra ou sobre a administração dos sacramentos, que seja anátema (cânone 10).

> Se alguém disser que dos ministros, quando realizam e conferem os sacramentos, não se requer a intenção de fazer ao menos o que faz a Igreja, que seja anátema (cânone 11).

> Se alguém disser que um ministro em estado de pecado mortal, desde que observe tudo o que é essencial concernente à realização ou à conferição do sacramento, não realiza ou não confere um sacramento, que seja anátema (cânone 12).

Se alguém disser que os ritos recebidos e aprovados pela Igreja católica, em uso na administração solene dos sacramentos, podem, à vontade dos ministros, ser desprezados ou omitidos sem pecado, ou ainda transformados em outros novos por qualquer pastor das Igrejas, que seja anátema (cânone 13)[16].

Esse conjunto sobre a ministerialidade sacramental assume bem a herança latina: o sacramento supõe um ministro ordenado (salvo no caso do batismos de urgência), que tenha a intenção de fazer o que a Igreja faz, respeitando os ritos conhecidos e sem condicionar o valor do sacramento a sua própria qualidade pessoal, visto que ele mesmo é portador de um caráter indelével. Todos esses pontos insistem na objetividade do ministério no contexto da objetividade do sacramento, dado que o próprio ministério é regulado pela Igreja: trata-se de fazer o que faz a Igreja, de respeitar os ritos recebidos. Eis o que pode ser interpretado em referência ao agir de Deus, anterior ao do ministro, mas que não é explicitado no texto do decreto. Daí a ambigüidade: o que deveria manifestar a iniciativa proveniente de Deus é percebido, pela Reforma, como o indício de uma pretensão humana que tende para a magia.

De fato, o termo *potestas* retém a atenção (cânone 10), como se a questão de fundo fosse o poder eclesial sobre os sacramentos. É isso que a Reforma não pode aceitar. No seu decreto de 1562 sobre a comunhão eucarística, o concílio tentou se explicar sobre o papel da Igreja em matéria sacramental.

> Na administração dos sacramentos, sempre houve, na Igreja, o poder de decidir ou de modificar, salvando-se a substância desses sacramentos (*salva illorum substantia*), o que julgasse melhor convir para a utilidade daqueles que os recebem ou para a veneração dos próprios sacramentos, segundo a diversidade das coisas, dos tempos e dos lugares[17].

Esse texto, que é preciso ler relacionado com os cânones 10 e 13 de 1547, tem por objeto o que é variável nos sacramentos. A citação *salva illorum substantia* foi acrescentada a pedido de três bispos e aceita imediatamente. Ela marcava um limite e concordava com uma declaração antiga de Clemente VI ao patriarca dos armênios, em 1351, dizendo que a diversidade dos ritos era possível "desde que se salve o que atinge a integridade e a necessidade dos sacramentos" (*salvis illis*)[18]. O concílio não indica o que queria dizer exatamente a palavra *substantia*. Mais tarde, Pio X e, depois, Pio XII voltarão a esse ponto. Trata-se pelo menos do que é tido por essencial na celebração e na compreensão dos sacramentos. Mas, na polêmica do momento, o "poder da Igreja" corria o risco de ser entendido de maneira muito mais ampla pelos reformadores, como uma superintendência sobre o próprio dom de Deus.

---

16. *COD* II-2, p. 1395, *DzS* 1610-1613, *FC* 672-675.
17. *COD* II-2, p. 1477, *DzS* 1728, *FC* 758.
18. *DzS* 1061.

## Os sacramentos estão correlacionados entre si

O Concílio de Trento prolonga, aqui, a Idade Média, num domínio que a polêmica antiprotestante não tornava particularmente sensível. A Idade Média enunciara o setenário, e certos teólogos, especialmente Tomás de Aquino, tinham procurado estabelecer uma organização entre os sacramentos. Trento assume essa reflexão a sua maneira. Observa, antes de tudo, a situação privilegiada da eucaristia na ordem sacramental:

> Os outros sacramentos têm a virtude de santificar a quem recorre a eles, ao passo que na eucaristia se encontra o próprio autor da santidade, antes que se a receba[19].

Por outro lado, o concílio insiste na diferença entre o batismo e a penitência. Enfim, como a tradição sempre dizia, o sacramento da ordem é orientado para os outros sacramentos e, de maneira especial, para a eucaristia e a penitência. Contudo, os vínculos entre o batismo e a eucaristia ou entre o batismo e a extrema-unção não são expressos. Nem tampouco são indicadas as relações entre a ordenação e o batismo recebido por quem é ordenado, ou entre o matrimônio e o batismo recebido pelos que se casam.

## 3. O BATISMO E A CONFIRMAÇÃO

O Concílio de Trento tratou do batismo e da confirmação na esteira dos sacramentos em geral, no decurso da mesma sessão 7 de 1547. Também como para a teologia sacramental em geral, não se escreveram capítulos doutrinais. O concílio se contentou com uma série de quatorze cânones sobre o batismo e três sobre a confirmação. Nada que se compare à extensão das exposições que fará, no decurso dos dois períodos seguintes, sobre o restante do setenário.

## O batismo

O batismo, porta para os outros sacramentos, sacramento que não se repete, é, de alguma forma, o fundamento da economia sacramental e o tipo mesmo do sacramento. Não é, portanto, de admirar que tenha estado em primeiro lugar, como o demonstrou a história, na elaboração do conceito do sacramento. O batismo tem sido freqüentemente mencionado, no correr destas páginas, porque os pontos dogmáticos que se referem a ele já tinham sido tratados. Trento só precisava recapitular esse conjunto.

---

19. COD II-2, pp. 1413-1415, DzS 1639, FC 738.

Da parte da Reforma, o batismo não era questionado em seu fundamento bíblico. Era reconhecido, com a eucaristia, como um dos dois verdadeiros sacramentos. Entre os grandes reformadores, a contestação em relação ao batismo visava, de fato, à própria natureza de qualquer sacramento. A novidade vinha da tendência "anabatista", que questionava o batismo das crianças e rebatizava os adultos.

Antes de tratar formalmente do batismo, o Concílio de Trento o evocara nos dois decretos precedentes sobre o pecado original e a justificação.

O primeiro decreto afirma que a herança do pecado original é retirada "pelo mérito do único mediador nosso Senhor Jesus Cristo" e que "esse mérito de Jesus Cristo é aplicado tanto aos adultos como às crianças pelo sacramento do batismo conferido segundo a forma e o uso da Igreja" (cânone 3). Explica que mesmo as criancinhas têm necessidade do batismo "para a remissão dos pecados", porque não se pode dizer "que não carreguem nada do pecado original vindo de Adão", em razão do célebre texto de Rm 5,12. Fundamenta o costume eclesial do batismo "sobre essa regra de fé vinda da tradição dos apóstolos" (cânone 4)[20]. Enfim, afirma que, "pela graça de nosso Senhor Jesus Cristo, conferida no batismo, a culpabilidade do pecado original é perdoada" e que "tudo o que tem, verdadeira e propriamente, caráter de pecado" é "totalmente retirado". Mas o objeto, aqui, é mais a concepção luterana do pecado original em nós do que a do batismo (cânone 5)[21].

A 6ª sessão descreve a justificação[22] como uma

> transferência do estado no qual nasce o homem, filho do primeiro Adão, para o estado de graça e de adoção dos filhos de Deus pelo segundo Adão, Jesus Cristo, nosso Salvador. Depois da promulgação do Evangelho, essa transferência não se pode fazer sem o banho da regeneração ou o desejo dele (cap. 4, com referência a Jo 3,5).

Essa afirmação articula o aspecto interior da justificação a seu aspecto exterior, sacramental, social e institucional — o batismo. Do mesmo modo, o processo que encaminha o não-cristão adulto para a justificação deve comportar "o propósito de receber o batismo" (cap. 6)[23]. A ligação entre justificação e sacramento é tão necessária que a segunda justificação passa pela recepção do sacramento da penitência.

Os cânones da 7ª sessão sobre o batismo constituem uma enumeração descontínua de pontos essenciais a serem mantidos. Para perceber a doutrina completa do concílio, convém ligar seu conteúdo às afirmações das sessões

---

20. Esse apelo à "tradição dos apóstolos" vem de Orígenes.
21. *COD* II-2, pp. 1357-1359, *DzS* 1513-1515, *FC* 277-279.
22. Sessão estudada no t. 2 desta obra.
23. *COD* II-2, pp. 1369-1371, *DzS* 1524 e 1526, *FC* 558 e 560.

precedentes e ao conteúdo dos cânones da mesma sessão sobre os sacramentos em geral. Essa doutrina pode ser resumida como se segue.

O batismo é um sacramento da nova Lei (sacramentos, cân. 1), cuja força é superior à do batismo de João (bat., cân. 1), que perdoa o pecado original das crianças e dos adultos, bem como os pecados pessoais dos adultos (sess. 5), dá a justificação (sess. 6) ao que crê, e imprime na alma um caráter, isto é, uma certa marca indelével (sacr., cân. 9). Exige não só a fé, mas também a observação de toda a lei de Cristo (câns. 7-8), porque o batizado pode perder a graça (cân. 6). Para recuperá-la, "a lembrança do batismo" não é suficiente (cân. 10). Será necessário o sacramento da penitência.

Além disso, o batismo é necessário para a salvação (cânone 5). Se for dado por um herético ou cismático, será válido, desde que ele pronuncie a fórmula trinitária e tenha a intenção de fazer o que faz a Igreja (cânone 4). O rito comporta, necessariamente, o uso de água natural (cânone 2). O batismo jamais pode ser reiterado (cânones 11, 13). É preciso batizar as crianças, pois o batismo faz delas verdadeiros fiéis (cânones 12, 13, 14)[24]. Toda essa doutrina pressupõe que se viva em meio cristão, "isto é, o de um mundo onde todos conheçam, ou supõe-se que conheçam, a revelação de Jesus Cristo". Por isso é que "a salvação das crianças mortas sem batismo não foi objeto de debate"[25].

## *A confirmação*

O caso da confirmação era mais complexo. Vimos que na tradição antiga o verdadeiro problema era o da distinção entre confirmação e batismo. A prática oriental mantém o vínculo dos dois sacramentos na unidade da mesma celebração. O Ocidente assumiu outra orientação, reservando a administração da confirmação ao bispo. Ao mesmo tempo, parece mais difícil fundamentar a confirmação, isolada, em um ato de Cristo. Lutero nega, portanto, que a confirmação seja um sacramento, a partir de sua concepção exigente da instituição por Cristo:

> Nós buscamos os sacramentos de instituição divina: não encontramos razão alguma para classificar a confirmação entre eles. Para constituir um sacramento, antes de tudo requer-se uma palavra, uma promessa divina, pela qual se exerça a fé. Mas não lemos em parte alguma que Cristo tenha prometido seja o que for a respeito da confirmação, embora ele mesmo tenha imposto as mãos a um grande número de homens[26].

---

24. *COD* II-2, pp. 1393-1397, *DzS* 1601-1627, *FC* 663-677 e 692-705.
25. A. DUVAL, *op. cit.*, pp. 15 e 17.
26. LUTERO, *De la captivité...*, Labor et Fides, t. 2, p. 231; também o faz CALVINO, *Institution chrétienne*, L. IV, 19, 4-13.

A essa contestação radical, o concílio responde de maneira extremamente breve em três cânones[27]. Afirma que a confirmação é um "verdadeiro sacramento" e não "uma vã cerimônia", que já o incluíra no setenário (sacr., cânone 1) e que lhe atribuíra a impressão de um caráter na alma (sacr., cânone 9). Mas o concílio se abstém de falar explicitamente de uma instituição por Cristo. Em todo caso, atribuir uma virtude ao crisma não é cometer uma injúria contra o Espírito Santo (cânone 2). Reconhece-se nessa expressão a obsessão protestante do risco de magia de um rito que se opusesse ao dom interior. Enfim, o concílio, ao canonizar desse modo a prática latina, afirma que "o ministro ordinário da confirmação" é "unicamente o bispo". Malgrado a rigidez de sua formulação, o texto se mantém prudente e supõe exceções. A Igreja romana admitia outra prática para o Oriente, mas a contragosto.

Esses cânones silenciam sobre o sentido e a graça sacramental específicos da confirmação. Trento permanece bem aquém do decreto de Florença para os armênios, que consagrara a essa questão um parágrafo substancioso. Esse concílio não só mencionava a matéria, a forma e o ministro da confirmação, mas ainda lhe dava como origem o dom do Espírito conferido pela imposição das mãos (At 8,14-17). Dizia, enfim, que o efeito do sacramento era "a força" que permite ao cristão anunciar audaciosamente Cristo[28]. Trento não oferece, portanto, uma doutrina completa sobre a confirmação.

## II. A EUCARISTIA E O SACRIFÍCIO DA MISSA (B. SESBOÜÉ)

**INDICAÇÕES BIBLIOGRÁFICAS:** B. NEUNHEUSER, *L'Eucharistie. Au Moyen Âge et à l'époque moderne,* Paris, Cerf, 1966. — M. THURIAN, *L'Eucharistie, Mémorial du Seigneur, sacrifice d'action de grâce et d'intercession,* Presses de Taizé, 1959. — K. RAHNER, "La Présence du Christ dans le sacrement de l'eucharistie", *Écrits théologiques,* t. 9, DDB, 1968, pp. 95-124. — E. SCHILLEBEECKX, *La Présence de Christ dans l'eucharistie,* Cerf, 1970. — G. MARTELET, *Réssurrection, eucharistie et genèse de l'homme,* Paris, Desclée, 1972. — A. DUVAL, "Le culte eucharistique" e "Le Sacrifice de la messe", *op. cit.,* pp. 21-59 e 61-150.

O Concílio de Trento voltou cinco vezes à eucaristia e lhe consagrou três sessões. No decurso de seu segundo período (13ª sessão) tratou do *sacramento* da eucaristia, segundo a lógica da abordagem sucessiva de todo o setenário. Essa sessão, comportando doutrina e cânones, está centrada na presença real de Cristo na eucaristia, então objeto de grandes controvérsias, e, conseqüentemente, trata do culto a ser prestado à eucaristia. No decurso do terceiro período, o concílio teve de voltar às questões não menos controvertidas — embora de

---

27. *COD* II-2, p. 1397, *DzS* 1628-1630, *FC* 719-721.
28. *COD* II-1, p. 1115, *DzS* 1317-1319, *FC* 716-718.

menores proporções — da comunhão sob as duas espécies e da comunhão das crianças. Mas a eucaristia, sacramento, tem a característica única, no setenário, de ser também *sacrifício*, um sacrifício relativo ao da cruz, visto que é não sua repetição, nem mesmo sua "renovação", mas simplesmente sua reapresentação e sua atualização. Ao caráter sacrifical da missa, contestado pelos reformadores, Tentro consagrou sua 22ª sessão em 1562. Com isso, o concílio se faz eco de uma "certa fragmentação da reflexão teológica sobre o 'mistério da fé', reflexo de uma verdadeira divisão entre as práticas eucarísticas do povo cristão"[29]. A teologia da época tinha a tendência de separar essas duas considerações essenciais: dizia que a eucaristia é, de um lado, sacramento e, de outro, sacrifício, mas não via bem como sacrifício e sacramento fariam uma verdadeira unidade. Trento iria, então, orientar a doutrina futura da eucaristia segundo esses dois parâmetros autônomos.

Só com o Vaticano II e, depois, com os primeiros resultados do diálogo ecumênico o conceito bíblico de *memorial*, já utilizado por Trento mas não explorado em todas as suas possibilidades, permitirá descobrir uma unidade ao mostrar que a eucaristia é o *memorial de um sacrifício*, sob forma sacramental, e, assim, o *sacramento de um sacrifício*, portanto um *sacrifício sacramental.*

## 1. A EUCARISTIA SACRAMENTO (13ª SESSÃO, 1551)

### *Os problemas apresentados pela Reforma*

A prática eucarística católica apresentava, no início do século XVI, muitos sinais de degradação[30]. A comunhão sacramental é muito rara. Em compensação, as missas se multiplicam "por causa dos benefícios muito particulares que o individualismo religioso de uns e de outros delas esperam"[31], especialmente para aquele que "manda oferecer" missas. Lutero pretende, então, voltar a uma prática bíblica da eucaristia, tal qual se exprime nos relatos de sua instituição. Se Jesus disse: "tomai e bebei, todos", não há razão para proibir aos leigos a comunhão sob as duas espécies. Em nome dessas mesmas palavras, Lutero mantém a presença real de Cristo na eucaristia, mas rejeita qualquer apelo à filosofia, como a linguagem da transubstanciação. O pão e o vinho foram dados por Cristo para serem comidos e bebidos. Em lugar algum é dito que devem ser conservados e adorados. Por que, então, as procissões do Santíssimo Sacramento? Mas há algo ainda mais grave. A Igreja romana fez da missa um sacrifício, quer dizer, uma obra, um *opus operatum* que se pretende acrescentar à obra única de Cristo. A eucaristia é o testamento de Jesus, o dom de seu corpo e de

---
29. A. DUVAL, *op. cit.*, p. 63.
30. Cf. *ibid.*, pp. 21ss.
31. *Ibid.*, p. 65.

seu sangue; não é um sacrifício, que só poderia fazer sombra ao "de uma vez por todas" da paixão de Cristo. Há, portanto, uma perversão nessas missas privadas, nas quais não se comunga, às quais nem mesmo se assiste, mas que se "manda dizer" como se fossem uma boa obra.

Por esse caminho, outros reformadores irão muito mais longe. Por exemplo, Ecolampádio e Zuínglio chegaram a uma interpretação puramente "simbólica" (no sentido fraco do termo) das palavras da instituição. Essas divergências vão provocar conflitos no seio da própria Reforma. Para Calvino, o cristão recebe, por obra do Espírito Santo, o corpo e o sangue de Cristo, mas os elementos do pão e do vinho permanecem o que são. Não são transformados, como dizem os católicos; não contêm Cristo, como pensa Lutero. Em todo caso, todos os reformadores estão de acordo para fazer voltar o culto eucarístico à celebração da ceia apenas.

### Da presença ao memorial (caps. 1-3)[32]

A primeira afirmação do concílio, proferida com solenidade, diz respeito à presença de Cristo na eucaristia:

> Após a consagração do pão e do vinho, Nosso Senhor Jesus Cristo, verdadeiro Deus e verdadeiro homem, está verdadeira, real e substancialmente contido sob a aparência dessas realidades sensíveis (cap. 1).

Essa presença não é idêntica à do Salvador à direita do Pai, mas sacramental, "segundo um modo de existência" (*ratio existendi*) que só se pode reconhecer na fé. A Idade Média latina dizia, também, que Cristo estava contido no pão e no vinho[33], expressão demasiado espacializante, que nos parece hoje desajeitada. Em todo caso, a presença real eucarística é uma presença "substancial". Cristo não está apenas presente na eucaristia "na qualidade de um sinal, ou na de uma figura, ou virtualmente" (cânone 1, o último termo visando Calvino), ou ainda somente no momento da comunhão e não antes ou depois (cânone 4), ou mesmo de maneira "espiritual", se esse termo se opõe a "sacramental" ou "real" (cânone 8). Mas o concílio recusa, também, uma compreensão da presença eucarística que seria espacialmente prisioneira dos sinais sensíveis do sacramento, como se, por exemplo, "Cristo não estivesse inteiro" presente tanto no pão e no vinho como em cada "parte" do pão e do vinho (cânone 3).

Essa presença se fundamenta na instituição feita na Última Ceia, no decurso da qual o Salvador declarou diante de seus discípulos "que lhes dava seu próprio corpo e seu próprio sangue". O concílio situa, em seguida, essa presença na intenção e na dinâmica do sacramento:

---

32. *COD* II-2, pp. 1411-1415, 1419-1421, *DzS* 1636-1638, 1651-1658, *FC* 735-737, 745-752.
33. Latrão IV, *COD* II-1, p. 495, *DzS* 802, *FC* 31.

> Nosso Senhor, antes de deixar este mundo para ir ao Pai, instituiu esse sacramento no qual, de alguma forma, derramou todas as riquezas de seu amor pelos homens, "deixando um *memorial* (*memoria*) de suas maravilhas" (cf. Sl 110,4; 1Cor 11,24-26), e nos permitiu, na recepção desse sacramento, celebrar sua *memória* e anunciar sua morte até que ele venha para julgar o mundo. Ele quis esse sacramento como alimento espiritual das almas que nutre e fortifica os que vivem de sua vida. [...] Ele quis, além disso, que fosse o penhor de nossa glória futura e de nossa felicidade eterna, ao mesmo tempo que um símbolo desse único corpo do qual ele mesmo é a cabeça (cap. 2).

Esse belo texto recapitula os dados tradicionais em torno do termo *memorial*, em referência às palavras da instituição: "Fazei isto em memória de mim". A eucaristia é, com efeito, o memorial do acontecimento pascal, isto é, o ato pelo qual esse acontecimento é tornado presente (re-presentado) e atuante na celebração. O memorial supõe uma tríplice referência ao passado, ao presente e ao futuro, segundo o texto de Paulo evocado pelo concílio, trilogia retomada e popularizada na antífona do Santíssimo Sacramento, composta por Tomás de Aquino[34]. O sacramento da eucaristia celebra, de fato, a memória de Cristo (passado); anuncia sua morte e alimenta os fiéis (presente); é penhor de nossa glória por vir (futuro e antecipação). Enfim, ele visa a realização do corpo eclesial de Cristo, do qual ele mesmo é a cabeça.

Essa é a razão pela qual a eucaristia é superior a todos os outros sacramentos: "O que nela se encontra de excelente e particular é que os outros sacramentos têm a virtude de santificar a quem recorre a eles, ao passo que na eucaristia se encontra o próprio autor da santidade, antes que se a receba".

### *Presença real e transubstanciação (cap. 4)*

A afirmação da transubstanciação só intervém no cap. 4. Porque a presença real de Cristo na eucaristia é proposta pelo concílio segundo três níveis que convém distinguir[35]. O primeiro nível de afirmação é o da expressão mais tradicional da fé: ele reporta a presença real de Cristo na eucaristia à instituição na Última Ceia e ao gesto do dom que o Senhor então fez do pão e do vinho nomeando-os seu corpo e seu sangue:

> Porque Cristo nosso Redentor disse que era verdadeiramente seu corpo aquilo que ele oferecia sob a espécie de pão... (cap. 4, retomando o cap. 1)[36].

---
34. "*O sacrum convivium in quo Christus sumitur...*"
35. Cf. E. SCHILLEBEECKX, *op. cit.*, pp. 37ss.
36. *COD* II-2, p. 1415, *DzS* 1642, *FC* 739.

Essas palavras devem ser levadas a sério, como o fez toda a tradição, e não poderiam ser reduzidas "a figuras de estilo, sem consistência e imaginárias" (cap. 1). Esse primeiro nível de afirmação é expressamente bíblico. É digno de nota que, nas duas formulações (caps. 1 e 4), a afirmação da presença é reportada ao *dom* feito por Jesus: é no movimento desse dom ordenado à comunhão que se inscreve a presença.

O segundo nível de afirmação é a conseqüência imediata da primeira: se o que era pão e vinho se tornou corpo e sangue de Cristo, foi porque houve uma mutação ou uma *conversão* das oferendas do primeiro estado para o segundo. Afirma-se, portanto, a objetividade da mutação realizada nas espécies eucarísticas:

> ... sempre se esteve persuadido, na Igreja de Deus [...] que pela consagração do pão e do vinho se dá uma mutação (*conversio*) de toda a substância do pão na substância do corpo de Cristo nosso Senhor e de toda a substância do vinho na substância de seu sangue (cap. 4, retomando o cap. 1) (*ibid.*).

O concílio retoma aqui, por conta própria, a velha argumentação que, a partir das palavras da instituição, concluía que o pão e o vinho eram o objeto de uma misteriosa mutação ou conversão (*metabolé, metapoièsis, metastoikheiôsis*), que afetava os elementos em si mesmos. E a desenvolveu no vocabulário medieval da substância.

O terceiro nível de afirmação concerne à introdução do conceito de *transubstanciação*:

> Essa mutação foi justa e propriamente chamada, pela santa Igreja católica, de transubstanciação (cap. 4).

> ... mutação que a Igreja católica chama de maneira muito apropriada de transubstanciação (cân. 2)

Esse terceiro nível de afirmação é bem distinto dos dois primeiros, porque visa formalmente à linguagem e não mais à realidade do mistério. O concílio afirma sua adesão a essa linguagem elaborada ao longo da Idade Média e que se tornara privilegiada havia alguns séculos. Mas evita o emprego desse termo como um bloqueio na afirmação da presença real, como se esta fosse inseparável dele. As atas de Trento são muito claras nessa matéria: os dois primeiros níveis de afirmação não suscitaram nenhuma discussão, tão conscientes estavam os Padres de estarem exprimindo a fé tradicional da Igreja. A "canonização" do termo técnico *transubstanciação*, ao contrário, foi objeto de repetidas discussões quase até o último dia, porque alguns sustentavam que esse termo relativamente recente não gozava da unanimidade das escolas escolásticas. Ele foi, finalmente, mantido como sendo o termo que melhor resumia, no contexto cultural e nas controvérsias da época, a doutrina da presença real, e que podia servir de "sinal de reunião" e de "guardião da fé" em tempos particularmente agitados. Segundo uma justa expressão de E. Schillebeeckx, "o termo 'transubstanciação' tornou-se, para o Concílio de Trento, a bandeira da ortodoxia"[37]. Mas tanto as atas do concílio como a redação final da doutrina atestam que Trento não quis impô-lo como Nicéia impôs o *consubstancial*. Deve-se, em todo caso, reconhecer o limite tanto eclesial como cultural desse termo. Do lado ortodoxo, ele permanecerá controvertido. Fortemente atacado por alguns teólogos, o termo é utilizado (sob a forma grega *metousiôsis*) por outros e reaparece nos concílios de Jerusalém, em 1672, e de Constantinopla, em 1691 e 1727. Mas exprime apenas o fato da mutação, fora de qualquer teoria escolástica. A mentalidade protestante tem sempre aversão a um termo que há muito lhe parece veicular uma concepção mágica ou por demais materialista da transmutação.

### O culto do Santíssimo Sacramento (caps. 5-8)

A excelência da eucaristia legitima o culto[38] e a veneração que lhe rende o costume católico, particularmente a adoração fora da missa: esse Santíssimo Sacramento "não deve ser menos adorado porque foi instituído por Cristo Senhor para nos alimentar". Pois nele está presente aquele que os anjos de Deus adoram. A festa anual do Santíssimo Sacramento bem como as procissões e as diversas manifestações do culto eucarístico são plenamente legítimas (cap. 5). O mesmo ocorre com o costume de conservar a eucaristia para levá-la aos doentes (cap. 6). Pela mesma razão, a recepção da eucaristia exige uma preparação séria e respeitosa, no espírito de 1Cor 11,29. Quem se julgar culpado de um pecado mortal não deverá se aproximar da eucaristia antes de se ter confessado. O cânone 9 lembra a obrigação, editada por Latrão IV, da comunhão pascal anual.

## 2. A COMUNHÃO SOB AS DUAS ESPÉCIES (21ª SESSÃO, 1562)

Depois do decreto precedente sobre a eucaristia, passaram-se onze anos de interrupção do concílio. Nesse meio tempo, intensificou-se a reclamação da comunhão no cálice para os leigos. E isso mesmo em certos meios católicos. Para Carlos V, essa seria uma concessão muito útil para restaurar a paz religiosa. Em sua 21ª sessão, o concílio volta a essa questão, bem como à da comunhão das crianças.

O concílio declara que não há nenhum mandamento divino que obrigue os leigos e os clérigos que não "celebram" a receber a eucaristia sob as duas

---

37. E. SCHILLEBEECKX, *op. cit.*, p. 35.
38. COD II-2, pp. 1415-1419, 1421, DzS 1643-1650, 1659, FC 740-744, 753.

espécies do pão e do vinho, quaisquer que sejam as palavras evangélicas que os mencionam. Algumas fórmulas, de fato, só falam do pão (Jo 6,51 e 58). Mas essa tomada de posição se baseia em um princípio importante, o do "poder" ou da autoridade da Igreja em matéria sacramental. "Salvando-se a substância dos sacramentos" (cap. 2), a Igreja pode tomar um certo número de decisões no campo de sua administração (*dispensatio*) a fim de adaptá-los à diversidade dos tempos e dos lugares. O próprio Paulo dá exemplo disso. A Igreja foi, assim, levada "por graves e justas causas" a mudar o uso das duas espécies no de uma só. Essas razões não são indicadas aqui, mas pode-se imaginar que se refiram ao mesmo tempo à comodidade e à higiene. Por outro lado, Cristo é total e inteiramente recebido sob cada espécie e, portanto, os fiéis não são privados de nada (caps. 1 e 2)[39].

Esses argumentos visam exprimir a parte de liberdade que cabe à Igreja na administração dos sacramentos; infelizmente, eles não respondem de forma alguma à questão apresentada e ao que há de legítimo na solicitação de uma comunhão que respeite o duplo simbolismo do pão e do vinho. Entretanto, no correr da sessão seguinte, será feita uma pequena abertura: o uso do cálice pelos leigos poderá ser objeto de um pedido junto ao papa, que "fará o que julgar dever ser útil para os Estados cristãos e salutar para os que reclamam o uso do cálice"[40].

Na mesma ordem de idéias, o concílio ensina que as crianças que não atingiram ainda a idade da razão não têm nenhuma necessidade de comungar. O motivo invocado é menos convincente: "visto que não podem, nessa idade, perder a graça de filhos de Deus que receberam" (cap. 4). Mas essa tomada de posição pretende respeitar a Antiguidade, que teria permitido a comunhão às criancinhas. Trata-se de uma questão de disciplina legítima e não de uma necessidade.

Essa sessão, dedicada a questões menores, mostra que Trento distingue o que depende da disciplina e não da fé propriamente dita. Uma coisa é o que é necessário para a salvação, ou é de instituição divina, outra coisa o que é da ordem das disciplinas legítimas que podem evoluir.

## 3. A EUCARISTIA SACRIFÍCIO (22ª SESSÃO, 1562)[41]

Em sua 22ª sessão, o Concílio de Trento aborda a eucaristia segundo o ponto de vista do sacrifício. O título da sessão oficializa uma expressão que Lutero denunciara por contribuir para "o cativeiro babilônico da Igreja" e que, até aqui, não fazia parte da linguagem cristã comum no Ocidente, "o sacrifício da missa"[42]. O ponto de partida da *doutrina* é o que será encontrado na sessão

---

39. *COD* II-2, pp. 1477-1479, *DzS* 1726-1729, *FC* 757-759.
40. *COD* II-2, p. 1507, *DzS* 1760.
41. *COD* II-2, pp. 1489-1497, *DzS* 1738-1759, *FC* 745-784.
42. Expressão "praticamente desconhecida antes de Lutero"; P.-M. GY, "Avancées du traité de l'eucharistie de saint Thomas dans la *Somme* para rapport aux *Sentences*", *RSPT* 77 (1993), p. 227.

consagrada ao sacramento da ordem: consiste na ligação entre sacerdócio e sacrifício e se apóia, sistematicamente, na Epístola aos Hebreus[43]. Como o sacerdócio levítico era impotente para oferecer um verdadeiro sacrifício, era preciso que outro sacerdote segundo a ordem de Melquisedeque (aquele que ofereceu o pão e o vinho) venha para "se oferecer a si mesmo, de uma vez por todas, a Deus Pai, sobre o altar da cruz, por sua morte, a fim de realizar uma redenção eterna para eles". Nesse resumo sobre a redenção, o documento faz uma leitura cultual da cruz ao falar, em sentido metafórico, do "altar da cruz". É em relação a esse único sacrifício do único Sumo Sacerdote que se compreende o "sacrifício da missa":

> Entretanto, porque não convinha que seu sacerdócio fosse extinto pela morte, por ocasião da Última Ceia, na noite em que foi entregue, ele quis deixar à Igreja, sua esposa bem-amada, um sacrifício que fosse visível (como o exige a natureza humana). Desse modo seria representado (*repraesentaretur*) o sacrifício sangrento que devia se realizar de uma vez por todas sobre a cruz. [...] Ele ofereceu (*obtulit*) a Deus Pai seu corpo e seu sangue, sob as espécies do pão e do vinho; sob o símbolo (*symbolis*) deles, ele os deu aos apóstolos (que constituiu então sacerdotes da nova Aliança) para que eles os tomassem; e a eles, bem como a seus sucessores no sacerdócio, ordenou que os oferecessem pronunciando estas palavras: "Fazei isto em memória de mim" (Lc 22,19; 1Cor 11,24). [...] Ele instituiu a nova Páscoa na qual ele mesmo deve ser imolado (*immolandum*) pela Igreja, pelo ministério dos sacerdotes, sob os sinais visíveis, em memória de sua passagem deste mundo para o Pai... (cap. 1).

O texto invoca, antes de tudo, a necessidade de uma expressão visível do sacrifício, em conformidade com as exigências da natureza humana e com a economia da encarnação que respeita essa natureza. Ele evita definir o sacrifício em si mesmo (simplesmente o opõe ao *testamentum* de Lutero), mas acentua a identidade do sacerdote com a vítima, visto que Cristo oferece a si mesmo, o que é a característica do sacrifício cristão, sacrifício vivido numa vida de amor, por amor. Há sacrifício porque há uma ligação entre o dom feito ao Pai e o dom feito aos irmãos, aqui os discípulos de Jesus: sob as espécies ou os "símbolos" do pão e do vinho, Cristo se dá, em um mesmo movimento, a seu Pai e aos homens (cf. cânone 1).

A palavra-chave para exprimir a relação do sacrifício da missa com o da cruz é *representação* de um pelo outro, termo de origem tomista. A palavra deve ser tomada em seu sentido literal: o que foi realizado de uma vez por todas é re-presentado, isto é, tornado presente. A missa não se soma à cruz, ela "não prejudica" a cruz e a ressurreição de Jesus e não constitui nenhuma "redução" (cânone 4) da oferenda que Jesus fez de si mesmo, pois ela não lhe

---

43. Cf. A. DUVAL, "Le Sacrifice de la messe", pp. 110-150.

"acrescenta" nada. Ela não é sua repetição (repete, sim, a Ceia, o que é coisa totalmente diferente), nem mesmo sua "renovação", pois não se renova o que já passou e acabou. O Concílio de Trento é aqui muito mais rigoroso em sua linguagem do que, infelizmente, numerosos textos teológicos, e mesmo pastorais, modernos. O termo 'representação' remete, de fato, ao conceito bíblico de memorial que várias expressões desse parágrafo conotam, embora o concílio não tenha apreendido todo o seu alcance. É possível que até desconfie dele por causa dos que reduzem a missa a "pura e simples comemoração" (cânone 3). O capítulo termina com a invocação da profecia de Malaquias sobre a "oferenda pura", que deve ser feita em todos os lugares entre as nações (Ml 1,11).

Entretanto, o concílio emprega, de maneira insistente, o mesmo termo, *imolar*, para a cruz e para a missa. Volta a ele explicitamente no cap. 2:

> Porque, nesse divino sacrifício que se realiza na missa, esse mesmo Cristo é contido e imolado de maneira não sangrenta, ele que se ofereceu de uma vez por todas de maneira sangrenta no altar da Cruz, o santo concílio ensina que esse sacrifício é verdadeiramente propiciatório [...]. Pacificado pela oblação desse sacrifício, o Senhor, concedendo a graça e o dom da penitência, perdoa os crimes e os pecados, mesmo os que são enormes. É, de fato, uma só e mesma vítima, a mesma que, oferecendo-se agora pelo ministério dos sacerdotes, ofereceu então a si mesma na Cruz, sendo diferente apenas a maneira de se oferecer (cap. 2).

O vocabulário é delicado. Não se pode negar que serviu de pretexto, em seguida, para um "desvio sacrifical" de má qualidade. Assim como é justo o cuidado de não colocar no mesmo plano o único sacrifício de Cristo na cruz e o sacrifício da missa, assim também o emprego repetido do verbo *imolar* cria problema. Não seria melhor falar da imolação como o concílio falou do próprio sacrifício: que ela é representada? Pois o sacrifício da cruz não é "refeito"[44]. Por "imolação não sangrenta" é preciso entender o ato sacramental que torna presente o sacrifício sangrento da cruz. Segundo a convicção do concílio, há identidade concreta entre o sacrifício da cruz e o da missa, porque o segundo é relativo ao primeiro. Cristo sentado ao lado do Pai não tem de se imolar novamente várias vezes. Mas a Igreja tem necessidade de que essa única imolação se faça presente e visível, sempre e por toda parte, a fim de que o sacrifício de Cristo suscite, sem cessar, o da Igreja. A missa não é uma outra imolação além da da cruz: ela é sua presença sacramental. Nem a Igreja, nem o sacerdote "imolam" Cristo: eles apresentam a Deus, a cada celebração, a única imolação de Cristo. Trata-se de uma metáfora, cujo uso fora reconhecido por Agostinho,

---

44. Sobre esse ponto, cf. J.-M. TILLARD, "Vocabulaire sacrificiel et eucharistie", *Irenikon* 53 (1980), pp. 162-165.

precisamente a propósito do termo 'imolação'. "Se os sacramentos não tivessem uma certa semelhança com as coisas das quais são sacramentos, não seriam sacramentos. Ora, em razão dessa semelhança, eles recebem, na maior parte do tempo, os nomes das próprias coisas"[45]. A semelhança sacramental é, portanto, o motivo da transferência do termo 'imolação' da cruz para a eucaristia. Tomás de Aquino diz o mesmo. Felizmente, essa ambigüidade do texto se desfaz pela análise das atas do concílio: a missa é "a representação comemorativa da imolação passada"[46].

Porque a missa é verdadeiramente a representação do sacrifício da cruz, ela é, como ele, *propiciatória*. Ela não é somente sacrifício de louvor (embora também o seja, como indicado pelo termo 'eucaristia'). Tem, junto de Deus, o valor de intercessão, visto que a Igreja nela se une à grande intercessão de Cristo. O Senhor nela concede o perdão dos pecados, "mesmo daqueles que são enormes". A eficácia salutar da cruz é "aplicada" pela celebração da missa. Essa "propiciação" vale para os mortos e para os vivos.

Os capítulos seguintes (3-9) justificam a celebração da missa em honra e memória dos santos (não é para eles que o sacrifício é oferecido); esses capítulos defendem a ortodoxia do cânon romano, a legitimidade dos ritos, cerimônias e solenidades que envolvem a celebração como pedagogia visível da fé. O concílio deseja que os fiéis comunguem sacramentalmente a cada missa, mas mantém a legitimidade de uma missa na qual só o sacerdote comunga; insiste no rito que mistura um pouco de água ao vinho do sacrifício. Enfim, se recusa a celebração da missa em língua vulgar, reconhecendo que a eucaristia contém um "grande ensinamento",

> para que as ovelhas de Cristo não morram de fome e os pequeninos não peçam pão e ninguém lhes dê, o santo concílio ordena aos pastores e a todos os que têm o encargo das almas que dêem freqüentemente, eles mesmos ou por meio de outros, algumas explicações, durante a celebração das missas, a partir dos textos lidos na missa e que esclareçam o mistério desse sacrifício, sobretudo aos domingos e festas (cap. 8).

Em outro decreto da mesma sessão, cuja teologia é o prolongamento da precedente, o concílio faz um certo número de recomendações sobre "o que se deve observar e evitar na celebração da missa"[47]. Exclui toda forma de "avareza", quer dizer, de simonia, e indica certo número de condições a serem respeitadas no que concerne à pessoa dos sacerdotes, bem como aos lugares, às horas, aos ritos e à música das celebrações.

---

45. AGOSTINHO, *Lettres* 98,9, PL 33,364.
46. Cf. M. LEPIN, *L'idée du sacrifice de la Messe d'après les théologiens depuis l'origine jusqu'à nos jours,* Paris, Beauchesne, 1926, p. 313.
47. COD II-2, pp. 1497-1499.

## III. A PENITÊNCIA E A EXTREMA-UNÇÃO (B. SESBOÜÉ)

**INDICAÇÕES BIBLIOGRÁFICAS:** P. ANCIAUX, *La Théologie du sacrement de pénitence au XII*e *siècle,* Grembloux, Duculot, 1949. — P. CAVALLERA, "Le Decret du concile de Trente sur la pénitence (Session XIV)", *BLE* 24 (1923); 25 (1924); 33 (1932); 34 (1933); 35 (1934); 36 (1935). — H. DONDAINE, *L'Attrition suffisante,* Paris, Vrin, 1943. — G. J. SPYKMAN, *Attrition et Contrition at the Council of Trent,* Kok Kampen, 1955. — A. DUVAL, "La confession, *op. cit.*, pp. 151-222. — Groupe De La Boussière, *Pratiques de la confession,* Paris, Cerf, 1983. — J. DELUMEAU, *Le Péché et la peur, La culpabilisation en Occident (XIII-XVIII*e *siècle),* Paris, Fayard, 1983; *L'Aveu et le pardon. Les difficultés de la confession. (XIII-XVIII*e *siècles),* Fayard, 1990 — *Le Sacrement du pardon entre hier et demain,* org. L.-M. Chauvet et P. De Clerck, Paris, Desclée, 1993. — Cf. indicações bibliográficas *supra,* p. 88.

Até o Concílio de Trento, a principal referência doutrinal da Igreja sobre a penitência era a prática. Só muito raramente o magistério se pronunciara sobre esse assunto: um cânone de Nicéia ordenando a reconciliação de todos os moribundos[48]; a decisão disciplinar de Latrão IV sobre a confissão anual e o resumo catequético do decreto para os armênios, do Concílio de Florença[49]. Trento, ao contrário, propõe uma exposição doutrinal circunstanciada e precisa sobre todos os aspectos desse sacramento. Mas sua reflexão é condicionada por uma herança teológica de vários séculos e pela vigorosa contestação dos reformadores.

### 1. OS ANTECEDENTES DO CONCÍLIO DE TRENTO SOBRE A PENITÊNCIA

*A teologia da penitência do século XII ao século XVI*

Os teólogos do século XII se viram confrontados, no que diz respeito à disciplina da penitência, com um verdadeiro dilema: o da ligação da penitência interior com a penitência exterior. Eles sempre estiveram convictos de que o processo penitencial compete ao pecador, de que a Igreja o reconcilia quando sua penitência já o fez entrar novamente na amizade de Deus. Mas na disciplina secreta a penitência se torna sobretudo interior; ela escapa à autoridade da Igreja e se apresenta como um ato privado da virtude da penitência. Não se via mais sua relação com o sinal sacramental. Daí uma espécie de antinomia; se a penitência reconcilia com Deus, antes da absolvição, para que serve esta? Por que se confessar ao sacerdote da Igreja? Em que consiste a causalidade do sacramento? A resposta predominante consistia em dizer que a absolvição é uma declaração

---

48 *COD* II-1, p. 49, *DzS* 129.
49. Cf. acima, pp. 116 e 110.

posterior da remissão dada por Deus. Ela realiza a reconciliação com a Igreja e readmite à eucaristia, mas tem, sobretudo, efeitos secundários (remissão das penas). A referência bíblica freqüente, na época, era uma herança da patrística: Lázaro fora ressuscitado por Jesus e desatado de suas faixas pelos discípulos (Jo 11,43-44); ou, ainda, o leproso curado por Cristo foi enviado ao sacerdote para que sua cura fosse declarada segundo a lei de Moisés (Mc 1,41-44).

O gênio teológico de Santo Tomás foi reconciliar em uma unidade sintética equilibrada todos os aspectos do sacramento. Para ele, os atos humanos do penitente (contrição, confissão, satisfação) constituem a *matéria* do sacramento, e o ato da Igreja (absolvição) sua *forma*. Um cristão não pode ter uma autêntica contrição sem a intenção de se referir à Igreja, isto é, sem o desejo da confissão e da absolvição. A razão disso é a própria iniciativa de Deus em Jesus Cristo, que veio se constituir o autor visível do perdão em seu mistério pascal, e deixar em sua Igreja, pelo ministério das chaves, o sinal da reconciliação. Semelhante contrição é já, em sua própria interioridade, uma penitência total: é também confissão de desejo e satisfação já realizada quanto ao essencial. A penitência imposta pelo sacerdote será apenas um complemento e sublinhará a submissão ao ministério das chaves. Essa contrição, desabrochando em caridade, recebe da benevolência divina a remissão dos pecados, mas pela mediação de Jesus Cristo e em razão da antecipação do efeito do ministério das chaves sobre a celebração sacramental. Toda a estrutura da relação penitencial se desenvolve, portanto, na interioridade, e o penitente se apresenta para o sacramento já justificado.

Tudo isso só vale pela intenção. Normalmente o sinal sacramental completo virá se apor sobre uma penitência já acabada no plano interior: a contrição se exterioriza na confissão; a remissão é significada na absolvição; o sinal das chaves vem se colocar visivelmente sobre o perdão recebido e exercer sua mediação ministerial. Esse caso é considerado por Santo Tomás como o caso normal e normativo do sacramento. Mas, diz ele, "nada impede que às vezes, (*aliquando*), no próprio curso da absolvição, em virtude das chaves, a graça que apaga a falta seja concedida àquele que se confessou"[50]. Essa doutrina responde à questão apresentada no século XII. Há um duplo laço que une os dois pares, contrição-remissão, de um lado, e confissão-absolvição de outro: o da intencionalidade do desejo de absolvição e o da antecipação do efeito da remissão sobre seu sinal eclesial.

Duns Scot dissociou essa síntese separando os dois pares, interior e exterior, em duas vias distintas da justificação. O primeiro par (contrição-remissão) constitui a primeira via: o penitente faz o esforço de um arrependimento perfeito que obtém a justificação ao termo de sua conduta. A confissão é apenas um preceito da Igreja que nos ordena seguir pelo caminho mais seguro. O segundo par constitui a segunda via da justificação, que só "exige o ato de

---

50. *Contra Gentes*, IV, 72, trad. R. Bernier e F. Kerouanton, Paris, Lethielleux, 1957, IV, p. 355.

recorrer ao sacramento e a ausência de obstáculo interior que oporíamos voluntariamente à graça"[51]. Essa segunda via é mais fácil e mais segura; é a obra-prima da nova Lei. O raciocínio de Duns Scot obterá grande sucesso. Sua posteridade entre os nominalistas abrirá a porta para uma série de dissociações perigosas para a teologia e a prática. O Concílio de Trento deverá levar em consideração essas posições teológicas. Sua orientação básica estará mais próxima à de Santo Tomás, mas evitará qualquer julgamento sobre a teologia de Scot e levará em conta a situação pastoral que tinha diante dos olhos.

## *A contestação da Reforma sobre a penitência*

A questão da penitência não é secundária no pensamento de Lutero: está muito ligada às angústias de sua experiência monástica e é muito próxima da questão central da justificação pela fé. Além disso, a prática penitencial católica dera lugar aos abusos gritantes das indulgências[52]. Segundo seu método, o Concílio de Trento não trabalha diretamente a partir dos escritos dos reformadores, mas a partir de teses ou de artigos extraídos de suas obras pelos teólogos católicos. As formas são materialmente exatas, mas sua ordenação é feita em função da doutrina católica e não acompanha a intuição religiosa e doutrinal dos reformadores. Doze artigos enumeram as teses que se seguem. A penitência não é verdadeiramente um sacramento instituído por Jesus Cristo: é o batismo que é o verdadeiro sacramento de penitência (1). Ela não é estruturada por contrição, confissão e satisfação, mas pela antinomia entre "os temores despertados nas consciências pelo reconhecimento do pecado" e "a fé, nascida do Evangelho ou da absolvição" (2). A contrição "ativa", segundo a concepção católica "torna, antes, o homem hipócrita e mais pecador" (3). A confissão não é de direito divino; não é necessária à remissão e deve permanecer livre. Uma confissão de todos os pecados é impossível e não passa de uma tradição humana (4, 5, 6). A absolvição não é um ato judiciário, mas "um simples ministério no qual [...] declara que os pecados são remidos àquele que os confessa, desde que ele se creia absolvido". Todos os cristãos podem ser ministros da absolvição. A reserva de casos é ilegítima (7, 8, 9). Enfim, a satisfação só pode ser a fé na satisfação realizada por Cristo, a melhor penitência é uma vida nova. As satisfações não passam de tradições humanas (10, 11, 12)[53]. Esses artigos dão o esboço do plano que será seguido pela *doctrina* e pelos cânones.

---

51. DUNS SCOT, *Écrit d'Oxford*, sobre o livro IV das *Sentenças*, d. 14, q. 4, n. 2, resumido por B. CARRA DE VAUX SAINT-CYR, *Revenir à Dieu, pénitence, conversion, confession*, Cerf, 1967, p. 415.
52. Cf. a exposição de Lutero sobre a penitência em *Les Articles Smalkalde*, Labor et Fides, t. 7, pp. 241-253.
53. *CTA*, VII, pp. 233-239.

## 2. A 14ª SESSÃO DE TRENTO SOBRE A PENITÊNCIA (1551)[54]

### Necessidade e instituição da penitência (cap. 1)

A *doctrina* conciliar começa por afirmar a necessidade da penitência e sua instituição por Cristo. A penitência, como sacramento distinto do batismo, é necessária em razão da fragilidade do batizado diante do pecado. Visto que a justificação pela graça passa pela economia visível, a primeira justificação passa pelo batismo e a segunda pela penitência. A referência cristológica, aqui, é a cruz: por esse sacramento, "o benefício da morte de Cristo é aplicado àqueles que caíram depois do batismo".

Mas, antes de ser sacramento da Nova Lei, a penitência foi e permanece, para todos os homens, uma virtude necessária para chegar à graça e à justiça. Essa reflexão tem a vantagem de mostrar que o sacramento se insere em uma virtude e em uma conduta humana indispensáveis. Baseado nessas reflexões que levam em conta a economia sacramental e os dados da antropologia, o concílio afirma:

> O Senhor instituiu o sacramento de penitência principalmente (*praecipue*) quando, ressuscitado dos mortos, soprou sobre seus discípulos dizendo: "Recebei o Espírito Santo. A quem perdoardes os pecados, ser-lhes-ão perdoados; a quem os retiverdes, ser-lhes-ão retidos" (Jo 20,22-23) (cf. cânone 3).

Faz, então, apelo ao consenso unânime dos padres na aplicação desse texto à instituição do sacramento da penitência. Historicamente, essa "unanimidade" suscita dúvidas. Na realidade, Jo 20,22-23 foi invocado, num primeiro tempo, para o perdão dos pecados que se realiza por ocasião do batismo (Cipriano, Orígenes). Só num segundo tempo (Ambrósio, Cirilo de Alexandria) é que os Padres o estenderão ao sacramento da penitência. Ao mesmo tempo, porém, eles se reportarão mais a Mt 16,19 e 18,18 (os dois textos comportam o par ligar/desligar). O jogo de contrastes evoca um "julgamento". A referência a João virá em seguida, por também conter um jogo de contrários (remir/reter) que parece ser uma tradução em linguagem cristã de um par de opostos judaico.

O advérbio "principalmente" é, portanto, de uma conveniente prudência. Trento formaliza um raciocínio que se constituiu lentamente na Igreja: esta tem um poder ilimitado de perdoar os pecados, tanto dos que vêm a ser como dos que já são cristãos. Esse poder é atestado pela atitude de Jesus e por uma série de textos evangélicos. Um cânone recapitulará essa doutrina afirmando que a penitência é um verdadeiro sacramento (cânone 1).

---

54. *COD* II-2, pp. 1431-1451, *DzS* 1667-1715, *FC* 814-850.

## *A diferença entre o batismo e a penitência (cap. 2)*

Embora o batismo e a penitência sejam, ambos, sacramentos do perdão dos pecados, eles permanecem profundamente diferentes um do outro, tal como se manifesta na forma de sua celebração. O batismo representa um nascimento para a vida de Deus e significa a novidade radical daquele que se reveste de Cristo e se agrega à Igreja. Pois esta não tem de julgar os que estão fora ou que vêm de fora (cf. 1Cor 5,12). Ao contrário, a situação do batizado que recai no pecado é totalmente diferente: ele é um "recaído", ofende a Igreja. Conseqüentemente, o pecador cai sob o julgamento da Igreja que lhe vai impor, desta vez, "um batismo laborioso". Se o batismo é um nascimento, a penitência é uma cura. Encontramos aqui as intuições de um Hermas[55]. O concílio pretende, assim, responder a Lutero, que assimilava a penitência ao batismo (cânone 2). Ele já dissera que a memória do batismo não era suficiente[56], nem tampouco só a contrição. Era assim que Wyclif e João Hus haviam apresentado a via do perdão pós-batismal[57].

## *Os atos e os frutos da penitência (cap. 3)*

O concílio se interessa pelos dois lados da relação penitencial: o ato do ministro da Igreja (absolvição) constitui a forma do sacramento; os atos do penitente (contrição, confissão, satisfação) constituem a "quase-matéria" (cf. cânone 4), como já fizera o decreto para os armênios[58]. Essa nuança ("quase") trazida à doutrina de santo Tomás permite não tomar posição entre ele e a escola scotista, para a qual esses atos não passavam de disposições prévias ao sacramento. O Concílio de Trento invoca, a seu respeito, a "instituição divina" e voltará sempre ao "direito divino" daquilo que pertence à essência desse sacramento. Essa ênfase se mostra reservada a esse sacramento, talvez por causa da contestação luterana. O efeito do sacramento é a "reconciliação com Deus": Trento é, portanto, sensível a essa dimensão que será valorizada a partir do Vaticano II.

O concílio, em seguida, vai estudar os quatro atos da penitência segundo a ordem temporal de seu desenvolvimento: impelido pela *contrição* de seu pecado, o penitente vem se *confessar*, recebe a *absolvição* que o reconcilia com Deus e se submete à *satisfação* que lhe é imposta

## *Contrição e "atrição" (cap. 4)*

O concílio, em primeiro lugar, descreve e justifica a contrição. Mas, sobretudo, considera excepcional o caso em que o penitente se apresenta para

---

55. Cf. acima, p. 110.
56. Cânone 10 sobre o batismo, *COD* II-2, p. 1397, *DzS* 1623, *FC* 701.
57. Cf. o concílio de Constança e Martinho V, *DzS* 1157 e 1260, *FC* 799 e 800.
58. *DzS* 1323, *FC* 803.

o sacramento tomado por uma contrição perfeita, caso considerado normal por Santo Tomás.

> O santo concílio ensina, além disso, que, mesmo que às vezes (*aliquando*) aconteça que essa contrição seja tornada perfeita pela caridade e reconcilie o homem com Deus antes que esse sacramento seja efetivamente recebido, nem por isso se deve atribuir essa reconciliação unicamente à contrição sem o desejo do sacramento, desejo que está incluso nela (cânone 4).

O "às vezes" mudou de posição. A pastoral da época julga, portanto, que mais freqüentemene o penitente se apresenta com uma contrição imperfeita, chamada de "atrição" pelas escolas teológicas desde a Idade Média. O texto do concílio sobre a atrição é fruto de debates entre teólogos de diferentes escolas, e sua interpretação será um pomo de discórdia entre "contricionistas" e "atricionistas" até o século XVIII:

> A contrição imperfeita, que chamamos de "atrição", por ser de modo geral concebida em vista da torpeza do pecado ou por medo do inferno e dos castigos, se exclui a vontade de pecar junto com a esperança do perdão, o santo concílio declara que não só ela não faz do homem um hipócrita e maior pecador, mas é também um dom de Deus, um impulso do Espírito Santo que, não habitando ainda o penitente, mas somente movendo-o, vem em sua ajuda para que prepare para si mesmo o caminho da justiça. E, embora sem o sacramento da penitência ela não possa, por si mesma, conduzir o pecador até a justificação, ela o dispõe, entretanto, à obtenção da graça de Deus no sacramento da penitência (cânone 4)[59].

Os motivos da atrição são imperfeitos porque o penitente permanece fechado na consideração de si mesmo e das conseqüências desagradáveis de seus atos. Mas o concílio lhes acrescenta uma abertura para Deus: firme propósito para o futuro e esperança do perdão. Assim considerada, a atrição é uma disposição positiva que vem de Deus. Seu fruto se inscreve em um movimento evolutivo: ela "prepara o caminho para a justiça" e, no sacramento, ela "dispõe à obtenção da graça de Deus". A prudência intencional desse texto é manifesta em comparação com o projeto submetido, antes, aos Padres. Nela, a descrição dos motivos da atrição era mais grosseira. Mas sobretudo dizia-se que a atrição "basta para a constituição desse sacramento" e dispõe para obter "mais facilmente" a graça (referência à doutrina de Duns Scot). Ela era até mesmo apresentada como "uma incomparável beneficência" de Deus.

O texto finalmente adotado exige apenas manter que a atrição é uma disposição que permite aproximar-se do sacramento e que dispõe a recebê-lo

---

59. Não entramos, aqui, no debate sobre a vírgula ligando o fragmento sobre os motivos da atrição ao que precede ou ao que se segue.

com fruto. Não toma posição sobre a maneira como a coisa se passa. Duas interpretações foram dadas: alguns entenderam o texto segundo o sentido expresso no projeto; outros julgam, a justo título, que no quadro do sacramento a disposição evolutiva, que é a atrição, chega a sua perfeição num verdadeiro amor de Deus[60].

## *A confissão e seu segredo (cap. 5)*

O capítulo consagrado à confissão pretende estabelecer sua legitimidade "de direito divino". Apela a um consenso universal na Igreja que levanta alguns problemas históricos. O concílio não tem uma idéia muito clara da disciplina antiga e "pública" da penitência e parece ter suposto que havia uma disciplina paralela a ela.

Não há nada nas Escrituras concernente à confissão sacramental dos pecados: o que Tiago aconselha (5,16) é uma confissão fraterna; João fala de confissão dos pecados em geral (1Jo 1,9). O concílio, então, argumenta mostrando que há uma ligação intrínseca entre o sacramento da penitência e a confissão, visto que a penitência foi instituída sob a forma de um julgamento e que não é possível fazer um julgamento sem conhecer a causa julgada. Em linguagem muito imediata ele até diz que Jesus "tinha deixado os sacerdotes em seu lugar". O valor dessa argumentação provém do fato de formalizar o que foi "vivido" pela tradição eclesial no desenvolvimento das instituições penitenciais. Essa confissão deve comportar a declaração de todos os pecados mortais (cf. cânone 7).

Quanto ao caráter secreto da confissão, o concílio é ainda mais circunspecto, malgrado uma afirmação histórica demasiado generalizante sobre o uso original da confissão secreta. Reconhece que não há preceito vindo de Cristo para a confissão pública. Mas refuta a tese segundo a qual a confissão secreta "é estranha ao mandamento divino e é uma invenção humana" ou "é contrária à instituição e ao preceito de Cristo" (cânone 6). Ela é, portanto, "indiretamente divina", na medida em que está suposta no desenvolvimento normal do sacramento desejado por Cristo[61].

## *Absolvição e satisfação (caps. 6 9)*

Os capítulos sobre os ministros do sacramento, a absolvição, a reserva de casos e a satisfação retomam os pontos clássicos da doutrina penitencial e sacramental. A absolvição não é somente um ato de anúncio do Evangelho, mas um

---

60. Sobre as discussões posteriores entre contricionistas e atricionistas, cf. abaixo, pp. 190-191.
61. Sobre a complexidade da noção de "direito divino" em Trento, cf. A. DUVAL, *op. cit.*, pp. 193-222.

"ato judiciário" (cf. cânone 9), portanto, uma "decisão criativa" de uma situação nova[62]. Trento insiste muito na satisfação. Sua preocupação pastoral queria, sem dúvida, evitar um laxismo penitencial. Ele salienta a dimensão cristológica da satisfação: mediante ela "nos tornamos conformes a Cristo Jesus que satisfez nossos pecados"; a "satisfação que realizamos por nossos pecados não é nossa mas de Jesus Cristo"; "toda nossa glorificação está em Cristo em quem vivemos".

## 3. A EXTREMA-UNÇÃO

**INDICAÇÕES BIBLIOGRÁFICAS:** F. CAVALLERA, "Le Décret du concile de Trente sur la pénitence et l'extrême-onction", *BLE* 39 (1938), pp. 3-29. — A. CHAVASSE, *Étude sur l'onction des infirmes dans l'Église latine du III$^e$ au XI$^e$ siècle,* t. I: *Du III$^e$ siècle à la réforme carolingienne,* Lyon, Librairie du Sacré-Coeur, 1942; t. II: datilografado. — F. BOURASSA, *L'Onction des malades,* Rome, PUG, 1979. — C. ORTEMANN, *Le Sacrement des malades. Histoire et signification,* Lyon, Chalet, 1971. — B. SESBOÜÉ, *L'Onction des malades,* Lyon, Profac, 1972. — A. DUVAL, "L'extrême-onction. Sacrement des mourants ou sacrement des malades?", *op. cit.,* pp. 223-279.

O Concílio de Trento, ainda na 14ª sessão, tratou da extrema-unção. Manteve uma ligação tradicional entre os dois sacramentos, que geralmente se seguem na enumeração do setenário, considerando a unção como a "consumação do sacramento de penitência".

### Os antecedentes dogmáticos da unção dos enfermos

A prática da unção dos enfermos e dos moribundos é muito antiga na Igreja. Encontramos bem cedo, na tradição, o testemunho da visita do bispo ou dos sacerdotes aos doentes[63] e das unções de óleo realizadas em diversas circunstâncias, comportando o óleo uma liturgia de bênção reservada ao bispo[64]. Mas está tudo envolto em grande imprecisão: uma denominação flutuante (no Oriente: óleo, óleo santo, mistério das lâmpadas, óleo da oração; no Ocidente: óleo santo, óleo de unção, santa unção, unção dos enfermos; depois, na Idade Média: sacramento dos que partem, extrema-unção) acompanha uma prática de aspectos diferentes quanto aos ritos, aos ministros (os padres ou os próprios fiéis), aos destinatários (do levemente doente ao moribundo), aos efeitos (segundo

---

62. Id., *ibid.,* pp. 206-207.
63. POLICARPO, *Aux Philippiens,* 6,1; *SC* 10bis, p. 210. HIPÓLITO, *Tradition apostolique,* n. 34; *SC* 11bis, p. 117; Cânones ditos de Hipólito; cf. A. CHAVASSE, *op. cit.,* pp. 39-40.
64. Cf. B. SESBOÜÉ, *op. cit.,* pp. 18-24.

as épocas, acentuava-se o efeito corporal ou os efeitos espirituais), quanto, enfim, ao rito central do sacramento (é a bênção do óleo ou o ato da unção?).

A primeira intervenção de um papa na matéria é a resposta dada por Inocêncio I, em 416, a uma série de questões apresentadas pelo bispo Decentius, de Gubbio[65]. Essa carta contém a primeira referência oficial da Igreja ao texto de Tiago 5,14-16; ela se tornou, apesar de seu caráter ocasional, uma "decretal" de grande autoridade que se encontra nas coleções canônicas mais importantes. Ela servirá de ponto de partida para o estudo teológico do sacramento[66]. Nessa resposta a uma consulta pastoral, fica evidente que, por essa época, a unção dos enfermos, com um óleo preparado, "confeccionado" pelo bispo, era praticada "pelos padres, mas também por todos os cristãos" (inclusive, ao que parece, por uma unção feita sobre si mesmo). É claro que o bispo pode administrá-la também. Mas, como ela pertence ao "gênero sacramental", não era permitida aos cristãos que se achassem em estado de penitência pública, já que estavam excluídos dos sacramentos. Inocêncio I codifica a prática ocidental, embora o Oriente possa ter outros costumes legítimos. O papa, ao que parece, não diferencia o uso pelos padres do uso pelos fiéis, o que de forma alguma tira a razão de ser da visita pastoral dos sacerdotes.

A recusa de dar a unção aos fiéis em processo de penitência terá um efeito muito prático sobre a evolução diversa desse sacramento no Ocidente e no Oriente. No Ocidente, a unção vai se deslocar da situação de doença para o momento da morte, porque a Igreja só reconcilia os penitentes à hora da morte. A evolução tardia da penitência pública generalizara os casos de cristãos excluídos da via dos sacramentos que só podiam ser reconciliados no leito de morte. A reconciliação arrastou em sua esteira a unção, que se tornou *strictu sensu* uma "extrema-unção", dada depois mesmo do viático. Por conseqüência, essa prática vai gerar uma teologia que considera a unção, de maneira cada vez mais unilateral, uma preparação para a morte. Ela é a perfeição do rito penitencial. Correlativamente a essa evolução, a unção passa a ser reservada aos sacerdotes e seus efeitos espirituais são mais ressaltados. O Oriente não conheceu a mesma evolução, e lá a unção não assumiu o aspecto de preparação imediata para a morte.

Recapitulando a doutrina latina, o decreto de Florença (1439) para os armênios[67] fala de um "sacramento" cuja matéria é o óleo bento pelo bispo e que é dado "ao doente cuja morte se receia". Segue a lista de sete unções feitas sobre os cinco sentidos, mais os pés ("por causa da marcha") e os rins ("por causa do prazer que aí reside"). Depois se enuncia a fórmula do sacramento que invoca o perdão divino. Especifica-se, então, que "o ministro desse sacramento é o sacerdote". Enfim, indica-se que o efeito dessa unção é a cura da alma e do corpo, em referência ao texto neotestamentário de Tg 5,14-15.

---

65. *DzS* 216, *FC* 875-876.
66. Cf. B. POSCHMANN, *op. cit.*, p. 209.
67. *COD* II-1, pp. 1123-1125, *DzS* 1324-1325, *FC* 877.

## A *contestação dos reformadores*

A problemática do concílio é ainda aqui dominada pela polêmica com a Reforma, que não aceitava o rito da unção como um sacramento da Igreja. Na Epístola de Tiago, não se trataria simplesmente de um carisma de cura, hoje extinto, e não de um gesto sacramental que Tiago não tinha autoridade para instituir? Além do mais, a Igreja romana reserva a unção para os moribundos, ao passo que Tiago visava à cura. Enfim, esse rito, baseado numa epístola que os reformadores consideravam pouco autorizada[68], não é suspeito de magia atentatória à fé?

## A **doctrina** *do Concílio de Trento*

Relativamente curto, esse decreto passa em revista os dados enunciados no decreto para os armênios: a qualidade sacramental da extrema-unção, seu efeito, seu ministro e as pessoas a quem se destina[69]. Ele segue o texto de Tiago, citado a propósito da instituição do sacramento, e do qual se deduzirão todos os elementos da extrema-unção.

Se é um sacramento, foi instituído por Cristo. Mas, como sua origem não pode ser estabelecida em relação a um ato historicamente atestado de Jesus, o concílio habilmente "decompõe" essa instituição em dois tempos: o sacramento foi insinuado (*insinuatum*) pelo próprio Jesus em Mc 6,13 (trata-se da primeira missão dos Doze no decorrer da qual eles "curaram muitos enfermos, ungindo-os com óleo"), depois "recomendado e promulgado" por Tiago (5,14-15). Não se trata, portanto, de uma "invenção apostólica". A autoridade da instituição pertence a Cristo, os apóstolos exercem uma função instrumental. Essa distinção tem a vantagem de reconhecer o papel da Igreja na instituição dos sacramentos.

O texto de Tiago indica a matéria, que será o óleo bento pelo bispo; a forma é uma oração: caso único nos sacramentos, essa forma permanecerá deprecativa e não indicativa. Os termos 'matéria' e 'forma' não tinham ainda sido empregados a propósito dos sacramentos em geral. Seu emprego, cômodo, revela a rapidez da elaboração do decreto (cap. 1). O efeito ou a realidade (*res*) do sacramento é "a graça do Espírito Santo", que aproxima esse sacramento da confirmação: essa graça "limpa" os pecados (que poderiam permanecer depois da penitência previamente recebida), apaga suas seqüelas, alivia e fortifica o doente na provação pela qual está passando[70]. Às vezes, pode acontecer que ele

---

68. Cf. LUTERO, *De la captivité babylonienne de l'Église,* "Du sacrement d'extrême-onction", *Oeuvres,* t. II, Labor et Fides, 1966, pp. 253-257. — "Articles sur le sacrement de l'extrême-onction" submetido ao concílio, *CTA,* VII/1, pp. 233-240.

69. *COD* II-2, pp. 1445-1447 e 1451, *DzS* 1694-1719, *FC* 878-885.

70. Ao citar Tiago, o concílio segue a corrupção introduzida pela Vulgata: a oração da fé "aliviará" (*alleviabit*) e não "reanimará" (*allevabit*) o doente.

recupere a saúde do corpo. Mas esse efeito eventual e condicional não pertence ao efeito próprio do sacramento (cap. 2). Os ministros do sacramento, designados como "presbíteros" por Tiago, são os bispos e os sacerdotes. A hipótese da Reforma, que queria confiar a celebração desse rito aos "anciãos" da paróquia ou da comunidade, é então recusada.

O sujeito ou o destinatário do sacramento foi objeto de calorosos debates. O projeto afirmava, simplesmente, que a unção só devia ser dada aos doentes "cujo estado é tão perigoso que parecem ter chegado ao fim de sua vida. É por isso que ela é justamente chamada de extrema-unção e sacramento dos que partem"[71]. Era essa a concepção de inúmeros teólogos; mas tinha-se consciência das variações da tradição e do fato de que Marcos e Tiago falavam de "enfermos". Lutero, por sua vez, acusara a Igreja católica de não ser fiel ao texto de Tiago, substituindo "enfermo" por "moribundo". Por isso o texto definitivo é bem mais matizado: "Essa unção deve ser feita aos doentes, sobretudo aos que correm tão grande perigo que parecem ter chegado ao termo de sua vida; por isso ela é chamada de sacramento dos moribundos" (cap. 3). Sem excluir nada, pretende afirmar que a prática católica corresponde à intenção do sacramento. O concílio concede, portanto, o benefício do sacramento a todos os doentes cujo estado constitui um "perigo para a sua vida" (*discrimen vitae*). O risco de morte não deve ser confundido com a hora da morte. Tomando distância do sumário do Concílio de Florença, Trento manteve uma abertura discreta, da qual o Vaticano II poderá se aproveitar para requerer que, doravante, a extrema-unção seja chamada de "unção dos enfermos".

Os três cânones que seguem a *doctrina* respondem, ponto por ponto, aos quatro artigos que representam as posições dos reformadores: a extrema-unção é um verdadeiro sacramento, instituído por Cristo, promulgado por Tiago; seu efeito é conferir a graça, perdoar os pecados e aliviar os doentes; a prática da Igreja não está em contradição com o pensamento de Tiago.

## IV. O SACRAMENTO DA ORDEM (B. SESBOÜÉ)

**INDICAÇÕES BIBLIOGRÁFICAS:** E. BOULARAND, "Le Sacerdoce de la loi nouvelle d'après le décret du concile de Trente sur le sacrement de l'Ordre", *BLE* 56 (1955), pp. 277-324. — L. OTT, *Le Sacrement de l'Ordre,* Paris, Cerf, 1971. — A. DUVAL, "L'Ordre", *op. cit.*, pp. 327-404. — G. MARTELET, *Théologie du sacerdoce,* t. 3: *Du schisme d'Occident à Vatican II,* Cerf, 1990. — Sobre o pensamento de Lutero, D. OLIVIER, *Les deux visages du prêtre,* Paris, Fayard, 1971. — J. M. CHAPPUIS, *La Figure du pasteur. Dimensions théologiques et composantes culturelles,* Genève, Labor et Fides, 1985.

---

71. Texto citado por A. DUVAL, *op. cit.*, p. 277.

A interpretação do decreto de Trento sobre o sacramento da ordem é particularmente complexa: entram em jogo ao mesmo tempo a herança teológica e disciplinar da Idade Média, a contestação oriunda da Reforma, tensões muito fortes no seio do concílio, entre partidários do poder divino dos bispos e partidários da cúria romana, e, enfim, a recusa do papa de ver o concílio abordar a questão dos bispos. Jamais as discussões foram tão ásperas. Esses dados explicam por que o concílio não quis propor uma doutrina completa do sacramento. "Os Padres do concílio estão bem informados de que, sobre esse assunto, ele (o decreto) não diz tudo que teria a dizer."[72]

## 1. O CONTEXTO HISTÓRICO DA REFLEXÃO TRIDENTINA

### A herança da prática e da teologia medieval

A passagem do primeiro para o segundo milênio e a ruptura cultural entre o mundo antigo e a Alta Idade Média provocam certo número de dissociações na vida da Igreja. A primeira é a ruptura da relação comunitária entre clérigos e leigos. É verdade que toda a sociedade é cristã, mas o povo é ignorante, permanece à porta da liturgia e assiste de bem longe a uma missa que não compreende. Ao mesmo tempo, a Igreja em sua visibilidade se identifica com os clérigos e monges. O correspondente medieval da comunidade cristã antiga é o mosteiro ou o capítulo dos clérigos. Correlativamente, a hierarquia eclesial é cada vez mais considerada como um em si, uma "ordem" da sociedade. Ela se organiza em função dela mesma e participa do sistema feudal (os príncipes-bispos). Nessa lógica, a ordenação é cada vez mais separada de sua ligação com uma comunidade cristã. A interdição de ordenações absolutas, expressa em Calcedônia, é interpretada como a necessidade de um título de Igreja (*titulus Ecclesiae*): não se deve ordenar ninguém sem lhe dar os meios de uma existência decente, que corresponda a uma função. É o sistema de benefícios que dará ocasião a inúmeros abusos: pois muitos procurarão ter o benefício sem exercer a tarefa correspondente e ser ordenados mais em vista do benefício que do ministério. Segundo a mesma lógica, constroem-se igrejas particulares, dotadas de fundações de missas a serviço das quais se ordenam sacerdotes, freqüentemente muito pouco instruídos, exclusivamente para celebrar essas missas obrigatórias. A prática, que se difundiu desde o século IX e sobretudo no século XI, multiplica, de fato, as "ordenações absolutas". Difunde-se então a imagem do sacerdote como ministro do culto e, sobretudo, do sacrifício da missa. Assiste-se à multiplicação de um proletariado sacerdotal. No século XVI, havia sacerdotes demais, muitos dos quais davam o pior exemplo. Daí o provérbio oriundo da cidade de Nápoles: "Se queres ir para o inferno, vai ser sacerdote!"

---

72. *Ibid.*, p. 343.

A antiga ordenação do bispo dava-lhe o tríplice encargo de apascentar o rebanho, apresentar os dons e pregar o Evangelho. Ora, a evolução da reflexão levou a uma relação cada vez mais exclusiva entre ordenação e ministério sacramental e, sobretudo, entre ordenação e eucaristia. Mas na celebração da eucaristia o bispo não é mais *sacerdos* que o sacerdote do segundo escalão. Daí a idéia de que suas funções de ensinar e governar lhe venham não de sua ordenação, mas de uma jurisdição que lhe foi confiada pelo papa. Nessa perspectiva, não se vê em que o episcopado seria um grau particular do sacramento da ordem. Em conseqüência, seguindo uma opinião de Jerônimo e de um autor anônimo que se supôs ser Santo Ambrósio (*o Ambrosiaster*), a maioria dos teólogos, Alexandre de Hales, Boaventura, Alberto Magno, Tomás de Aquino, consideram o episcopado não uma *ordo*, mas uma dignidade que se acrescenta ao sacerdócio. A consagração episcopal não é, portanto, um sacramento, mas apenas um "sacramental". Ou, para santo Tomás e numerosos canonistas, embora seja uma ordem distinta do presbiterato enquanto função (*officium*), porque o bispo possui um poder hierárquico superior ao do sacerdote, não é um *sacramentum*. Ela se acompanha de uma investidura, dada pelo papa, que confere ao bispo jurisdição sobre uma diocese. A distinção entre poder de ordem e jurisdição — um processo iniciado no século XII — será admitida por todos em Trento mas, para alguns, ela tenderá a uma separação. Ao mesmo tempo, constatava-se uma evolução do rito de ordenação: a transmissão (*porrectio*) dos instrumentos do culto se acrescentava à tradicional imposição das mãos. Seu valor simbólico (transmissão de um poder, e de um poder cultual) suplantava o valor, mais amplo, da imposição das mãos (invocação do Espírito)[73].

No plano propriamente teológico, a reflexão dos teólogos sobre o "poder de ordem" não parte, portanto, do bispo, mas do sacerdote e é totalmente centrada na eucaristia, mais precisamente no poder de "oferecer o sacrifício" e de "consagrar as santas espécies". De acordo com os grandes escolásticos, a categoria de sacerdócio é a categoria-mãe do sacramento da ordem. Esse sacerdócio, numa perspectiva que guarda referências veterotestamentárias importantes, está ligado ao sacrifício. Essa conexão já estava presente no decreto tridentino sobre o sacrifício da missa. O decreto sobre o sacramento da ordem se inscreverá na mesma teologia.

## As posições dos reformadores

Os reformadores criticam asperamente o estado da hierarquia católica, marcada por inúmeros abusos. Mas eles vão até uma contestação propriamente doutrinária do sacramento da ordem. No que diz respeito a Lutero, sua doutrina se apresenta assim: (1) Todos os batizados são igualmente sacerdotes; (2) não

---

73. Cf. o Concílio de Florença, *COD* II-1, p. 1125, *DzS* 1326, *FC* 891.

há mais, portanto, distinção entre sacerdotes e leigos; (3) a ordem não é um sacramento; a única ordenação sacramental que existe é a ordenação batismal; (4) aquele que é encarregado do ministério é um sacerdote tirado dentre os sacerdotes; cabe à comunidade reconhecer a autenticidade da vocação do candidato e ordená-lo[74]. Essa ordenação, necessária, é um simples rito, uma instituição humana. Por outro lado, para Lutero, o único ministério fundado no Novo Testamento é o da pregação. Portanto, quem não prega não é sacerdote. Não há poder sacerdotal reservado quanto à eucaristia, que seria o fundamento de uma estrutura hierárquica.

## 2. O ENSINAMENTO CONCILIAR SOBRE A ORDEM

### As opções do Concílio de Trento

Diante dessa situação, Trento fará determinadas opções em relação às três funções do ministério ordenado: pregação da palavra, ministério dos sacramentos, pastoreio da comunidade. Como os reformadores insistem unilateralmente no ministério da palavra, não se discutirá isso no decreto dogmático, porque seria uma espécie de concessão. Mas, como se tem a firme convicção de que esse ministério corresponde à primeira responsabilidade dos bispos e sacerdotes, tratar-se-á dele nos decretos de reforma, outra linha de trabalho na qual Trento pretende remediar abusos existentes na Igreja. O decreto sobre o sacramento da ordem tratará só do poder sacramental, a partir da correlação entre sacrifício e sacerdócio estabelecida pela teologia. Quanto à questão do pastoreio, que abarca toda a teologia do episcopado e da jurisdição, não será discutida, pelos motivos já mencionados. O concílio fica seriamente dividido, sem saída possível, entre os que julgam que a jurisdição vem da ordenação, portanto, de Cristo e de direito divino (*jure divino*), e os que julgam que ela vem do papa. Além disso, o próprio papa não quer que se aborde essa questão que envolve a relação entre o primado romano e o episcopado: "No que diz respeito à ordem [...] deixar de lado, sem qualquer menção, tudo o que possa se referir ao primado de São Pedro e, por conseqüência, à autoridade de Sua Santidade, à instituição dos bispos e à sua jurisdição: só abordar pura e simplesmente o que pertence ao sacramento da ordem"[75]. O Concílio de Trento guardará, portanto, silêncio total sobre todos os pontos que, quatro séculos mais tarde, serão objeto privilegiado da reflexão do Vaticano II sobre a Igreja. Mas para fazer justiça a Trento convém ter em conta, ao mesmo tempo, os decretos de reforma e o decreto dogmático.

---

74. Cf. D. OLIVIER, *op. cit.*, pp. 23-29.
75. Diretrizes transmitidas por Carlos Borromeu, sobrinho do papa; cf. A. DUVAL, *op. cit.*, p. 339.

## Os decretos de reforma

A cada sessão, o concílio tratava ao mesmo tempo de um ponto de dogma e de um ponto de reforma. A pregação é um dos pontos nos quais se insiste diversas vezes[76]. O concílio ordena que "os bispos, arcebispos, primados e outros ordinários dos lugares, obriguem e coajam, até mesmo suprimindo suas rendas, os que recebem prebenda, prestimônio ou salário desse tipo, a dar uma explicação ou uma interpretação da sagrada Escritura" (sess. 5, cân. 1). E diz mais: "porque pregar o Evangelho [...] é a tarefa principal dos bispos, o mesmo santo concílio estatuiu e decretou que todos os bispos, arcebispos, primados, assim como todos os outros prelados das igrejas seriam obrigados a pregar, eles mesmos, o santo Evangelho de Jesus Cristo" (*ibid.*, cân. 9). Do mesmo modo, todos os que têm encargo das almas devem ensinar, aos domingos e dias de festas, o que é necessário à salvação, os vícios e as virtudes. Serão aplicadas sanções contra os que se omitirem, "de modo que se realize a palavra: 'as criancinhas pedem pão: não há quem o parta!'" (Lm 4,4, cân. 11). A afirmação sobre a pregação, "tarefa principal" dos bispos, será retomada no terceiro período do concílio (sess. 24, cânone 4). Essas decisões correspondem aos diferentes esforços, feitos na época, para dar à Igreja "sacerdotes reformados" (João de Ávila, Caetano de Thienne, Giberti, Inácio de Loyola).

Mas para realizar a tarefa pastoral — na qual "é ordenado por preceito divino, a todos aos quais foi confiado o encargo das almas, que conheçam as suas ovelhas, que ofereçam por elas o sacrifício, que as alimentem pela pregação da Palavra de Deus" — é preciso que os bispos residam, e o concílio lhes lembra o belo ideal tradicional dos bispos antigos, redescoberto pelo humanismo (sess. 23, cân. 1). Do mesmo modo, a capacidade de ensinar o povo e de administrar os sacramentos será doravante condição necessária para ser ordenado (*ibid.*, cân. 14). O concílio acentua também a ligação entre anúncio da palavra e administração dos sacramentos. É preciso fazer a catequese no ato de administrar os sacramentos e de celebrar a missa, "mesmo recorrendo à língua vulgar" (sess. 24, cân. 7). O decreto sobre o sacrifício da missa também o exigia[77]. Antes do Vaticano II, a renovação litúrgica se apoiava nesse decreto para justificar as monições que duplicavam o texto latino da liturgia.

Segundo A. Duval, a teologia que se exprime nesses decretos não é exatamente a mesma do decreto dogmático[78]. Esses textos são o eco do esforço pastoral da época no que tinha de melhor. Eles exercerão grande influência na reforma do clero. O Vaticano II citará as fórmulas de Trento sobre a função principal dos bispos. Assim faz essa afirmação passar de um contexto disciplinar para um contexto dogmático.

---

76. 5ª sessão do 1º período em 1546, 23ª e 24ª sessões do terceiro período em 1563, *COD* II-2, pp. 1359-1365, 1513 e 1523, 1551-1553.

77. Cf. acima, p. 150.

78. A. DUVAL, *op. cit.*, pp. 371-379.

## O decreto dogmático (23ª Sessão)[79]

A *doctrina* se intitula "doutrina verdadeira e católica sobre o sacramento da ordem para condenar os erros de nosso tempo". Sua intenção polêmica contra a Reforma é evidente. Suas afirmações responderão às teses da Reforma sem pretender ir além. A frase inicial indica o essencial da argumentação:

> Sacrifício e sacerdócio foram tão unidos por uma disposição de Deus que um e outro existiram em toda lei. É por isso que, como a Igreja católica recebeu no Novo Testamento, por uma instituição do Senhor, o santo sacrifício visível da eucaristia, é preciso também reconhecer que há nela um novo sacerdócio, visível e exterior, que substitui o sacerdócio antigo (cf. Hb 7,12) (cap. 1).

Esse ponto de partida está diretamente correlacionado com a *doctrina* sobre o sacrifício eucarístico. Os atos do concílio mostram que, nos três períodos, os dois assuntos foram tratados juntos. De acordo com a tradição escolástica, a categoria do sacerdócio é a categoria-mãe do desenvolvimento doutrinal. O termo latino *sacerdos* será empregado nove vezes, contra um único uso do termo *presbyter*, para distinguir o sacerdote do bispo. O termo "ministério" só entrará no cap. 2 com a menção ao "ministério de um tão santo sacerdócio".

> Esse sacerdócio foi instituído pelo mesmo Senhor, nosso Salvador: aos apóstolos e a seus sucessores no sacerdócio foi dado o poder de consagrar, oferecer e administrar seu corpo e seu sangue, bem como o de perdoar e reter os pecados (*ibid.*).

A instituição do sacramento é chamada de instituição do 'sacerdócio', e os ministros ordenados da Igreja são chamados de "sucessores" dos apóstolos "no sacerdócio", expressão retomada da sessão sobre o sacrifício da missa (cap. 1). A referência bíblica indireta é a de Hebreus. Mas, lá onde a Epístola só falava de Cristo Sumo Sacerdote, o concílio transpõe imediatamente para os apóstolos e seus sucessores. Uma vez estabelecido esse princípio, o conteúdo do sacerdócio se reduz a "consagrar e oferecer" o sacrifício eucarístico e a perdoar os pecados. Mas as diversas sessões mencionam o ministério dos outros sacramentos[80]. Assim, um dado negado pelos reformadores vem a ser o único retido, a tal ponto que se poderia compreender, não se prestando atenção ao ministério da palavra mencionado nos outros textos, que essa afirmação exclui outras funções.

A propósito do ministério da pregação, que não é mencionado, o concílio quer, antes de tudo, mostrar que se pode ser sacerdote mesmo sem pregar. A

---

79. COD II-2, pp. 1509-1513, *DzS* 1764-1778, *FC* 892-906.
80. Confirmação, unção dos enfermos e ordenação; mas nada a propósito do batismo e do matrimônio.

maioria julgava, de fato, que a "faculdade de pregar depende não da ordem, mas da jurisdição". O projeto de 1563 o mencionava discretamente: "Não se pode negar, na verdade, que o ministério da palavra convém aos sacerdotes; entretanto, não deixam de ser sacerdotes os que não exercem esse encargo. Disso dá testemunho o apóstolo, quando fala da dupla honra devida aos que exercem bem a presidência, e sobretudo aos que se afadigam na palavra e no ensino (cf. Tm 5,17)"[81]. O texto definitivo recusou-se a dizê-lo e até mesmo retirou o inciso "e de realizar as outras funções de seu encargo". A razão polêmica está expressa no cânone 1: o sacerdócio não é "apenas uma função e um simples ministério da pregação do Evangelho".

Essa argumentação de Trento exprime de maneira infeliz um dado correto e o isola de seu verdadeiro contexto doutrinal. Se é verdade que o ministério da presidência da eucaristia tem uma dimensão sacerdotal, o ministério da Nova Aliança não se reduz a essa presidência. Seu caráter sacerdotal se exerce também no ministério da palavra e do governo da comunidade. Trento não nega esses dois ministérios, mas os julga dependentes da jurisdição. Vê-se o perigo que há em se tomar a proposição contraditória de uma negação exterior por princípio geral da doutrina.

Estabelecido, assim, o fundamento doutrinal, o concílio enumera sete ordens (cap. 2), mencionando a tonsura (que era uma ordem para os canonistas). É notável que essa lista de ordens menores e maiores não mencione o episcopado. Esse silêncio é fruto dos desacordos evocados sobre sua natureza. Nesse capítulo, tudo converge para o sacerdócio dos presbíteros.

Assim definida em sua relação com Cristo, a ordem é "verdadeira e propriamente um dos sete sacramentos da Igreja", pois é constituído de palavras e sinais exteriores, e confere a graça (cap. 3). A justificativa bíblica é o texto de 2Tm 1,6-7: "... eu te exorto a reavivar o dom de Deus que há em ti pela imposição das minhas mãos". A ordenação, por conseguinte, não é nem uma "invenção humana" nem um rito social útil para a gestão comunitária (cânone 3). Ela comporta o dom do Espírito Santo (cânone 4). O último capítulo aborda, antes de qualquer coisa, a realidade do caráter ligado a esse sacramento, caráter que não pode ser destruído nem retirado. A distinção entre sacerdotes e leigos pertence à estrutura hierárquica da Igreja. A insistência em afirmar o sacerdócio dos sacerdotes ordenados leva logicamente o concílio a guardar silêncio sobre o sacerdócio universal dos fiéis.

Era preciso, enfim, dizer uma palavra sobre os bispos, que pareciam paradoxalmente excluídos de um decreto sobre o sacramento da ordem. Conforme a interpretação que poderá ser dada ao mínimo que o concílio diz deles, a função episcopal seria dependente da jurisdição. Os bispos, que sucederam aos apóstolos, pertencem "a título principal" à ordem hierárquica; foram estabelecidos para governar a Igreja de Deus; são superiores aos sacerdotes; conferem a confirmação e a ordenação. Têm, portanto, poderes mais amplos que os dos

---

81. A. DUVAL, *op. cit.*, p. 347.

sacerdotes, no domínio sacramental. Essa hierarquia foi "instituída por uma disposição divina" (cânone 6), fórmula mais vaga que a do "direito divino". O Vaticano II inverterá o movimento desse raciocínio ao expor a doutrina do ministério partindo do episcopado.

## V. O MATRIMÔNIO (B. SESBOÜÉ)

> **INDICAÇÕES BIBLIOGRÁFICAS:** R.-C. GEREST, "Quand les chrétiens ne se mariaient pas à l'Église. Histoire des cinq premiers siècles", *Lumière et Vie* 82 (1967), pp. 3-32. — E. SCHILLEBEECKX, *Le Mariage, Réalité terrestre et mystère du salut,* Paris, Cerf, 1966. — P. VIERSET, *La Signification chrétienne du mariage. Étude comparative de la doctrine des Réformateurs, des controversistes catholiques et du concile de Trente,* Univ. cath. de Louvain, tese datilog., 1973. — *Le Mariage dans l' Église ancienne.* Textos selecionados por F. Quéré-Jaulmes, Paris, Centurion, 1969. — C. MUNIER, *Mariage et virginité dans l'Église ancienne,* Berne, Peter Lang, 1987. — J. MEYENDORFF, *Le Mariage dans la perspective orthodoxe,* Paris, OEIL, 1986. — J. GAUDEMET, *Le Mariage en Occident. Les moeurs et le droit,* Cerf, 1987. — A. DUVAL, "Le mariage", *op. cit.,* pp. 281-325. — J. B. SEQUEIRA, *Tout mariage entre baptisés est-il nécessairement sacramentel?,* Cerf "Thèses", 1985. — D. BAUDOT, *L'inséparabilité entre le contrat et le sacrement de mariage, la discussion après le concile Vatican II,* Roma, PUG, 1987; *Le Mariage, un sacrement pour les croyants?,* org. de H. Denis, Cerf, 1990. — J. BERNHARD, "Le Mariage sacrement au concile de Trente", *RDC* 42/2 (1992), pp. 269-285.

No que concerne ao matrimônio, o Concílio de Trento toca em dois pontos principais: um pertence à doutrina: o matrimônio é um verdadeiro sacramento; o outro está ligado à reforma da Igreja: ele deve ser celebrado publicamente. A existência, na época, de inúmeros matrimônios clandestinos constituía, de fato, um abuso gritante. Já encontramos o matrimônio mencionado no quadro do setenário, na Idade Média, apesar de seu caráter absolutamente original; e era objeto da solicitude pastoral da Igreja. De novo é o concílio de Trento que vai expressar uma doutrina circunstanciada do matrimônio.

### 1. PRÁTICA E DOUTRINA DO MATRIMÔNIO ANTES DE TRENTO

*A celebração do matrimônio na Igreja antiga*

Antes dos séculos IV e V, o matrimônio cristão não é ocasião de nenhuma celebração na Igreja. Os cristãos se conformam normalmente aos costumes do matrimônio romano tradicional. O direito romano julgava que os esposos entravam em estado conjugal por consentimento mútuo. É a concepção "consensual".

Não se exige nenhuma forma de celebração: o Estado não intervinha diretamente; ele protegia o matrimônio e estipulava certas condições. A publicidade do matrimônio era assegurada pelas festas e cerimônias de natureza familiar, previstas segundo um costume bastante rigoroso, que comportava uma inscrição sobre as "lápides nupciais", espécie de arquivos de família[82].

Os historiadores, hoje, julgam que os cristãos faziam o mesmo[83]. "Eles se casam como todo o mundo", dizia *Carta a Diogneto*[84]. Dois textos, entretanto, motivaram, durante muito tempo, uma interpretação em sentido contrário. Inácio de Antioquia julga que "convém aos homens e mulheres que se casam contratar sua união com o conselho do bispo, a fim de que seu matrimônio se faça segundo o Senhor"[85]. Tertuliano, por sua vez, falará "dessa união que a Igreja administra, que confirma a oferenda, que sela a bênção: os anjos a proclamam, o Pai celeste a ratifica"[86]. Mas o texto de Inácio não diz respeito à celebração, e o de Tertuliano evoca a santificação do matrimônio pela vida cristã.

Doutrinariamente, julgava-se que o casamento tinha, para os cristãos, um valor santo devido ao batismo e a sua fé em Cristo (Tertuliano, Clemente de Alexandria), fé que atingia sua plena dimensão na participação na eucaristia. O matrimônio era, então, uma realidade "segundo o Senhor", mas nem por isso celebrado na Igreja. A doutrina cristã se apropriava, sem problema, da concepção "consensual" do direito romano: a decisão mútua de se casar constitui o matrimônio. Os cristãos se submetiam a certas regras: casamentos desaconselhados ou proibidos (impedimentos específicos); indissolubilidade, sinal de contraste com os pagãos; excomunhão de divorciados em segundo casamento; reconhecimento do direito dos escravos ao matrimônio.

A partir dos séculos IV-V (conforme a região) adquire-se o hábito de convidar o clero para a celebração familiar. Também se evitam as orgias pagãs. Na África, convidava-se o bispo a assinar as "lápides nupciais". Em certos lugares, pede-se ao clero que abençoe os esposos em primeiras núpcias. Esse rito vai evoluir para uma liturgia pública: os esposos são conduzidos à bênção do sacerdote, a princípio dada diante da igreja, sob o pórtico. No século VI surge o formulário de uma missa "para os esposos" e de uma forma de bênção. Com o tempo essa bênção torna-se obrigatória e um processo puramente eclesiástico. No século IX, as cerimônias civis do matrimônio se aproximam do edifício da igreja, "de sorte que, por fim, os costumes populares se tornam assunto da Igreja e costume litúrgico"[87]. No ano 1000, o matrimônio passa a ser sujeito ao poder jurisdicional da Igreja.

---

82. Cf. R.-C. GEREST, *art. cit.*, pp. 6-16.
83. *Ibid.*, E. SCHILLEBEECKX, *op. cit.*, a mesma orientação com algumas nuances em M. METZGER, "Apports de l'histoire de la liturgie à la théologie du mariage", *RDC* 42 (1992), p. 236.
84. *Lettre à Diognète*, V, 6, *SC* 33bis, p. 63.
85. *À Polycarpe*, 5,2, *SC* 10bis, p. 177.
86. *À son épouse,* II, 8, 6, *SC* 273, ed. C. Munier, p. 149.
87. E. SCHILLEBEECKX, *op. cit.*, p. 329.

## A doutrina de Agostinho, decisiva para o Ocidente

Agostinho usa bastante o termo *sacramentum* a propósito do matrimônio, mas num sentido que não é ainda o do setenário. Não se serve dele para mencionar o matrimônio numa enumeração dos ritos cristãos[88]. Ele o faz a partir da tradução latina de Ef 5,32: "Este mistério (*sacramentum*) é grande: por mim, declaro que ele concerne ao Cristo e à Igreja" — e explica o simbolismo desse texto. Para ele, o termo *sacramentum*, aplicado ao matrimônio[89], tem dois sentidos, que se interferem mutuamente. O *sacramentum* é, por um lado, um "vínculo sagrado", que intervém como o terceiro termo da trilogia dos bens do matrimônio: os filhos (*proles*), a fidelidade (*fides* que exclui o adultério) e o vínculo indissolúvel (*sacramentum-vinculum*) referente ao juramento feito (*juramentum*)[90]. O *sacramentum*, por outro lado, é um sinal sagrado (*sacramentum-signum*), que orienta o crente para o mistério da unidade de Cristo e da Igreja; é o sacramento "de uma realidade superior"[91]. "Santo Agostinho, primeiro, e a escolástica, depois, aproximaram as duas idéias: justamente por ser sinal desse mistério (*sacramentum-signum*) é que o matrimônio, 'vínculo sagrado' já no nível natural (*sacramentum-vinculum*), é verdadeiramente e radicalmente indissolúvel"[92]. Assim o sacramento-sinal reporta a Cristo o sacramento-vínculo.

## O matrimônio sacramento na Idade Média

O texto de Ef 5,32 desempenhou, certamente, papel importante para a inscrição do matrimônio no setenário. A Idade Média reflete sobre o matrimônio enquadrando-o, cada vez mais, na categoria de sacramento. Mas então surge a questão de saber o que faz do matrimônio um sacramento: o consentimento dos esposos em si mesmo, segundo a antiga teoria consensual? O ministério do sacerdote e a bênção, como pensavam o Oriente, desde o século IX, e alguns teólogos ocidentais? Nesse caso, o matrimônio consiste na celebração litúrgica do consentimento e é considerado mistério. Essa divergência não será resolvida pelo Concílio de Trento.

Entretanto, tem-se consciência da originalidade do sinal que constitui o matrimônio: normalmente, um sacramento realiza o que significa; ora, o matrimônio não realiza a união de Cristo com a Igreja, da qual é sinal. É a realidade preexistente do mistério de Cristo e da Igreja que lhe confere um valor novo do qual ele se torna sinal. No século XII, recusa-se ainda em lhe reconhecer uma

---

88. Cf. E. SCHMITT, "Le *sacramentum* dans la théologie augustinienne du mariage", *RDC* 42 (1992), pp. 197-213.
89. Cf. SCHILLEBEECKX, *op. cit.*, pp. 249-253.
90. *Le Bien du mariage*, 24,32, BA 2, p. 81.
91. *Ibid.*, 7,7, p. 39.
92. E. SCHILLEBEECKX, *op. cit.*, p. 289.

eficácia ordenada à salvação. Na verdade, ele não lhes é necessário, não faz parte da vida de todos os cristãos. Não corresponde, portanto, à definição do sacramento já elaborada. Apenas no século XIII se lhe reconhece a eficácia da graça. Mas então a opinião dominante dos teólogos identifica o contrato com o sacramento: para os cristãos, o contrato matrimonial é o sacramento do matrimônio. Todos concordam em reconhecer que os casamentos clandestinos, proibidos pela Igreja, são todavia válidos.

## A doutrina do matrimônio em Lutero e Calvino

Para Lutero, o matrimônio pertence à ordem da criação. Ele é objeto de uma ordem divina desde a origem do mundo. É, portanto, uma "realidade mundana". Como tal, não depende do Evangelho, pois lhe é anterior. Existe uma obrigação geral ao matrimônio, exceto para os inaptos e os que Deus libertou por um dom sobrenatural. A partir de 1520, ele ensina que o casamento não é um sacramento porque não corresponde à definição: uma promessa de graça, um sinal e a instituição divina por Cristo. Calvino o acompanha nesse ponto: um e outro são, com efeito, rigorosos a respeito do testemunho bíblico da instituição dos sacramentos por Cristo. Os homens não podem "instituir" sacramentos. Quanto a Ef 5,32, Lutero segue Erasmo: trata-se do mistério de Cristo e da Igreja; do mesmo modo Calvino julga que é preciso traduzir o *mysterium* grego por *arcanum,* não por *sacramentum,* e, em francês, por *secret* ou *mystère.* O matrimônio é um estado divino, porque é sinal do mistério da união entre Cristo e a Igreja, mas não é um sacramento. Nesse sentido, ele pertence ao plano da fé[93].

No conjunto, Lutero tem uma visão pessimista do matrimônio corrompido pelo pecado e remédio para a concupiscência. Declara ser condição de validade o consentimento dos pais. Julga, também, que o matrimônio depende da disciplina do Estado, que goza de uma espécie de delegação da autoridade paterna. Essa posição, ligada a sua concepção do matrimônio "realidade terrestre", permanece fora dos debates ulteriores sobre a autoridade do Estado e da Igreja, mas lhes abriu caminho. Lutero pensa que o divórcio é um pecado, porque a indissolubilidade é um apelo evangélico da ordem da fé. Mas a lei pode regulamentá-lo para reprimir os abusos. Ele permite o casamento do cônjuge inocente, em razão da exceção mateana (Mt 5,32 e 19,9: "a não ser por motivo de união ilícita", impudicícia, adultério). Lutero e Calvino insistem na publicidade do engajamento matrimonial. As Igrejas protestantes serão levadas a estabelecer uma disciplina eclesiástica do matrimônio. A liturgia não é essencial para a existência do matrimônio, mas é moralmente obrigatória para os que querem viver o matrimônio cristão.

---

93. Sobre as doutrinas de Lutero e Calvino relativas ao matrimônio, cf. as análises de P. VIERSET, *op. cit.*, 1ª parte.

## 2. OS DECRETOS SOBRE O MATRIMÔNIO (24ª SESSÃO, 1563)

### A doctrina e os cânones sobre o matrimônio[94]

Se o matrimônio era ou não um sacramento tratava-se de um dos pontos simbólicos que distinguiam os católicos dos protestantes (assim como o termo "transubstanciação"). Por isso, o primeiro cuidado da *doctrina* — um texto curto que quase se torna um prefácio para os cânones — é mostrar como se pode entender que o matrimônio seja um sacramento. A instituição divina do matrimônio como "laço perpétuo e indissolúvel" é situada, primeiro, no texto de Gn 2,23-24, cuja proclamação é atribuída a Adão em pessoa. Ora, o próprio Cristo citou essas palavras "como pronunciadas por Deus" e "confirmou" a solidez desse laço. A instituição é, portanto, duas vezes divina, cabendo a Cristo a confirmação que faz do matrimônio um sacramento: "ele instituiu e levou a sua perfeição os veneráveis sacramentos". Há, portanto, uma novidade no matrimônio cristão com relação às "núpcias da Lei Antiga". Essa originalidade é um sinal, o sinal do amor de Cristo pela Igreja, segundo Ef 5,32.

O matrimônio comporta uma graça que leva a sua perfeição o amor humano; ela confirma sua unidade indissolúvel, santifica os esposos. Essa graça foi merecida pela paixão de Cristo, no decorrer da qual ele se entregou pela Igreja, sua esposa: é o que Paulo "insinua" em Ef 5,25 e 32.

Como foi instituído por Cristo e comporta uma graça, o matrimônio é um verdadeiro sacramento da nova Lei. O concílio apela aqui, a sua maneira generalizante, aos Padres, para os concílios e para a tradição universal, numa passagem muito polêmica.

A seqüência dos doze cânones a seguir é fundada na seguinte argumentação: visto que é um sacramento e não uma "invenção humana" (cânone 1), monogâmico (cânone 2), o matrimônio está sujeito à jurisdição da Igreja. A sacramentalidade do matrimônio legitima dogmaticamente essa jurisdição. A Igreja tem, portanto, o direito de estabelecer normas disciplinares, os impedimentos (cânones 3 e 4), de professar que a profissão solene anula o matrimônio não consumado (cânone 6), de ensinar que a heresia, ou uma vida comum insuportável (cânone 5), ou ainda o adultério não rompem o matrimônio e que o esposo inocente não pode tornar a se casar enquanto seu cônjuge estiver vivo (cânone 7)[95], de ensinar que o estado de virgindade ou de celibato é superior ao estado matrimonial (cânone 10) e de administrar outros pontos de disciplina sobre as causas matrimoniais (cânones 8, 9, 11, 12). A Igreja, portanto, defende firmemente, aqui, sua competência sobre o sacramento, sem dar atenção à dos poderes civis. Esses cânones concernem, na maior parte, ao domínio da disciplina. Por outro

---

94. *COD* II-2, pp. 1531-1535, *DzS* 1797-1812, *FC* 920-935.

95. A análise da formulação desse cânone, muito reveladora da intenção do concílio (que não quis condenar a prática oriental), será apresentada no t. 4.

lado, o cânone previsto sobre os matrimônios clandestinos passou para o início do texto do decreto de reforma *Tametsi*. Essa *doctrina* e esses cânones comportam silêncios característicos que correspondem a outras tantas opiniões discutidas. Trento não toma posição sobre a definição do matrimônio nem sobre a ligação entre consentimento e liturgia, isto é, entre contrato e sacramento. A tese da identidade dos dois e a de sua distinção se opunham uma à outra. Na redação do cânone 1, o concílio não quis se pronunciar sobre a questão de saber "se, eventualmente, poderia haver, para os cristãos, matrimônio válido sem sacramento"[96]. A indagação, de fato, era feita a propósito dos matrimônios clandestinos, reconhecidos válidos, mas não forçosamente sacramentais. O decreto *Tametsi* prudentemente os declarará válidos e verdadeiros (*rata et vera*), o que não implica, necessariamente, que sejam sacramentais[97]. Trento nada indica sobre a matéria e a forma do sacramento e não diz quem é o ministro (o sacerdote ou os esposos?).

## *A forma canônica do matrimônio: o decreto* **Tametsi**[98]

A Igreja considerava os matrimônios clandestinos — fato social difundido na época — uma praga. Havia divórcios clandestinos que comportavam o risco de novos casamentos públicos com a bênção da Igreja. A moralidade pública sofria com isso. Por outro lado, no plano social, o poder absoluto das famílias sobre os casamentos de seus filhos era tal que muitos jovens se casavam clandestinamente, sem o conhecimento dos pais, fosse com a presença de um sacerdote, fosse diretamente entre si.

Esses matrimônios foram sempre proibidos desde que a Igreja tomara em suas mãos a celebração litúrgica do sacramento. O costume de publicar os proclamas existia desde séculos. Mas, dada a doutrina consensual do matrimônio geralmente admitida, se esses casamentos eram ilícitos, não eram inválidos. A preocupação do Concílio de Trento, portanto, é se opor aos matrimônios clandestinos tornando-os inválidos. Os padres conciliares pensavam que a única maneira de os reduzir seria fazer da publicidade e da "forma canônica" uma condição de validade.

Mas essa intenção criava um problema delicado concernente ao papel da Igreja com relação à instituição sacramental. Tinha ela o poder e a autoridade de impor uma condição de validade ao matrimônio, uma condição externa que afetava o consentimento dos esposos — que é constitutivo do matrimônio — intervindo, dessa forma, em um terreno de "direito divino"? Por outro lado,

---

96. A. DUVAL, *op. cit.*, p. 297. As análises de DUVAL tomam distância em relação à interpretação de C. Santori do cânone 1 de Trento sobre o matrimônio por ocasião da preparação do Vaticano I, interpretação que será retomada por P. Gasparri no código de 1917.

97. *Ibid.*, p. 311.

98. *COD* II-2, pp. 1535-1543, *DzS* 1813-1816.

como invalidar, no futuro, matrimônios cuja validade foi reconhecida no passado? A solução depende de expediente jurídico. Consiste em declarar a incapacidade das pessoas de contratar matrimônio fora da forma prescrita. O decreto visaria, então, exclusivamente aos matrimônios futuros, constituindo a recusa da forma um impedimento dirimente que afetava os contratantes.

O texto começa por uma famosa concessiva: "Ainda que" (*tametsi*) os matrimônios clandestinos anteriores sejam válidos...; continua a descrever os danos pastorais criados pelo costume dos matrimônios clandestinos e chega a uma decisão. Doravante, a celebração do matrimônio exigirá uma tríplice publicação dos proclamas; compreenderá uma forma litúrgica comportando a interrogação dos esposos sobre o seu consentimento e a palavra do sacerdote: "Eu vos uno pelo matrimônio, em nome do Pai, do filho e do Espírito Santo"[99]. O sacerdote deverá ser o pároco ou um sacerdote devidamente delegado por ele, e deverá haver "duas ou três testemunhas". O pároco manterá um registro sobre o qual anotará o nome dos esposos e das testemunhas, bem como o dia e o local do matrimônio. Os que se casam de outra forma são tidos pelo concílio como "absolutamente incapazes desse tipo de contrato". Seus casamentos são, portanto, inválidos e nulos. Enfim, o concílio recomenda a confissão e a comunhão antes do matrimônio. Esse decreto será aplicado com grande rigor. E contribuirá para fazer do matrimônio uma questão puramente eclesiástica.

## VI. CONCLUSÃO: AVALIAÇÃO DA TEOLOGIA SACRAMENTAL TRIDENTINA (H. BOURGEOIS)

Resta, agora, apreciar a teologia sacramental tridentina como tomada de posição do magistério latino. A obra do Concílio de Trento é freqüentemente considerada ou decisiva ou unilateral. Convém, sem dúvida, evitar os julgamentos passionais ou sumários.

### *Limites evidentes*

No domínio dos sacramentos, Trento tem limites evidentes, levados em consideração no ato magisterial. Antes de tudo, a preocupação em defender a tradição ameaçada impede o concílio de compreender o que querem dizer os reformadores para além de suas declarações e de suas fórmulas às vezes propositadamente provocantes. Com uma documentação restrita e um método constrangedor (discussões sobre enunciados extraídos de textos da Reforma e isolados de seu contexto e de sua intenção), o concílio passa ao largo de um

---

99. Sobre essa fórmula, recente na época, recomendada mas não imposta por Trento, cf. A. DUVAL, *op. cit.*, pp. 314-325.

verdadeiro debate. Tal confrontação seria possível na época? O próprio protestantismo estaria pronto para isso? Em todo caso, os desvios são claros. Os padres de Trento insistem na objetividade dos sacramentos, quando, no fundo, é da experiência espiritual da fé que se trata; eles defendem o poder da Igreja, ao passo que os reformadores se referem à liberdade evangélica dos fiéis; eles insistem no sacrifício e no sacerdócio, com o risco de minimizar outros aspectos da eucaristia e do ministério.

Além disso, o Concílio de Trento, que pretende ser pastoral, não levou suficientemente em conta as questões pastorais concretas da época. É verdade que fala do batismo das criancinhas, dos matrimônios clandestinos, do ministério dos bispos e dos sacerdotes, da pregação, da eucaristia, da penitência, da extrema-unção, mas não está suficientemente atento à fé tal como é vivida pelos cristãos num século em mutação. O concílio desejou a restauração do diaconato, mas sem efeito prático. Também não avaliou os problemas que então suscitava o sacramento da penitência. Quanto à eucaristia, levou em consideração uma prática e uma teologia bastante dissociadas. Seus textos ratificam, de fato, certas dissociações pastorais e espirituais entre o culto da presença real (adoração, procissões), a comunhão (algumas vezes somente no decorrer do ano), a referência ao sacrifício da cruz e a percepção da unidade entre os fiéis reunidos na missa.

Enfim, o Concílio de Trento, concílio ocidental e assembléia de cristandade, não dá lugar, em sua teologia sacramental, nem aos orientais, nem aos não-sacramentados.

De um lado, trata-se, por exemplo, da confirmação, sem que seja mencionada a prática oriental na qual esse sacramento é celebrado pelo sacerdote imediatamente após o batismo. Também, ao tratar da eucaristia, não se aborda a questão da epiclese. Todavia, depois do concílio, dois teólogos protestantes de Tübingen enviaram a Constantinopla uma tradução grega da confissão de Augsburg. O patriarca Jeremias respondeu com uma recusa, enumerando o setenário sacramental tal qual fora recebido em sua Igreja[100]. Esse é um fato significativo, mais do que a presença episódica e silenciosa de delegados orientais à tal sessão do concílio. Manifesta, com efeito, que o cristianismo oriental, certamente distante dos debates ocidentais, permanece pelo menos no horizonte da teologia sacramental latina. Aliás, um dos bispos do Concílio de Trento fez alusão a Nicolau Cabasilas, que acabara de ser traduzido e publicado em Veneza[101].

Quanto à questão dos que não são sacramentados, o Concílio de Trento manifesta carência análoga. Não diz nada sobre as crianças que morrem sem ser batizadas (mas o problema foi evocado), nem sobre a situação dos não-cristãos diante de Deus. Também nisso o pensamento tridentino é mais medieval que moderno.

---

100. JEREMIAS, *Perpetuité de la foi sur les mystères*, V, 1,3, cf. P. N. TREMBELAS, *op. cit.*, t. 3, p. 74, n. 2.
101. A. DUVAL, *op. cit.*, p. 126, nota 111.

## Os aspectos positivos

Uma vez reconhecidos esses limites, pode-se salientar, na obra do concílio em matéria sacramental, aspectos bastante positivos. Em primeiro lugar, a doutrina tridentina recapitula a reflexão da Idade Média e prolonga de modo especial o decreto para os armênios publicado pelo Concílio de Florença. Com esse documento, Trento concorda em vários pontos: sobre a concepção do sacramento (sinais que contêm e conferem a graça), sobre a diferença entre os sacramentos da antiga Lei e os da nova Aliança, sobre o setenário sacramental, sobre a intenção do ministro determinada segundo "o que faz a Igreja", sobre a noção de caráter, sobre o esquema forma (palavra sacramental) e matéria (ou quase-matéria), utilizado a propósito da penitência e da extrema-unção.

Contudo, a doutrina tridentina não mantém a linguagem da causalidade, o esquema matéria-palavra-ministro (embora apareça discretamente acerca da extrema-unção), nem tampouco a expressão *in persona Christi* para qualificar o ministério da eucaristia: esses três elementos se encontram no decreto para os armênios[102].

Por outro lado, o concílio usa fórmulas teológicas que não pertencem a esse decreto, ou aborda questões que esse documento não considerava: a instituição dos sacramentos por Cristo, a fórmula *ex opere operato* (teologia do século XIII), a noção de transubstanciação eucarística, a distinção entre o sacramento (comunhão) e o sacrifício (oferenda de Cristo) na eucaristia, o sentido da eucaristia oferecida na intenção dos mortos. Além disso, o concílio manifesta a tradição do batismo das criancinhas e interpreta os sacramentos como "necessários" para a salvação e, portanto, não facultativos ou supérfluos. Assume o termo *substantia* para exprimir a essência estável das celebrações sacramentais (termo que remonta a Pedro Lombardo) e, para a eucaristia, usa a linguagem da substância e das espécies em vez da linguagem aristotélico-tomista *substantia-accidents*[103]. Cauciona a noção medieval de *direito divino* para explicar o estatuto do sacramento da penitência. Entretanto, adapta ligeiramente a fórmula clássica "ter a intenção de fazer o que faz a Igreja" considerando-a um mínimo: é preciso "pelo menos (*saltem*)" essa forma de intenção. Da mesma forma, um bispo fez substituir a expressão, bem conhecida também, do decreto para os armênios — "os que recebem dignamente" os sacramentos — pela forma jurídica igualmente aceita desde a Idade Média: "os que não opõem obstáculo" (*obex*). Enfim, a assembléia conciliar fez questão de explicitar algumas das relações que os sacramentos mantêm entre si: batismo e penitência, eucaristia e outros sacramentos.

De duas maneiras ainda, além desses elementos tradicionais e teológicos, a teologia sacramental tridentina é uma obra positiva. Antes de tudo, nela se

---

102. Cf. *COD* II-1, p. 1119, *DzS* 1321, *FC* 732.
103. Cf. K. RAHNER, art. cit., *Écrits théol.*, t. 9, pp. 95-124.

esboçam ou até mesmo se elaboram sínteses sobre cada sacramento. Encara-se de frente a difícil questão do matrimônio e da penitência, e seu estatuto sacramental. Era a primeira vez que o magistério tomava posição sobre esses dois sacramentos, efetivamente delicados porque não apresentam todas as condições do batismo e da eucaristia (qual é o elemento material?). Quanto à eucaristia, a Reforma leva o concílio a realizar uma obra ampla e relativamente precisa. Pode-se achar que essa doutrina seja por demais fragmentada e que hesita, às vezes, entre o essencial e o secundário. Mas não lhe falta força. Em resumo, o Concílio de Trento tem uma teologia sacramental desigual, mas sempre bastante elaborada.

Continuando, se o concílio não abordou os grupos da Reforma no plano em que eles se colocavam, nem por isso deixou de perceber duas questões bastante claras. Primeiro, a relação entre a significação do sacramento e sua eficácia: questão permanente da teologia sacramental. Depois, a ligação entre a cristologia e a eclesiologia implicada na doutrina dos sacramentos. O concílio, de fato, privilegia a eclesiologia, mas ao menos percebe o problema.

## *A autoridade dos decretos de Trento*

Resta determinar a autoridade do magistério tridentino. Evidentemente, o concílio, embora ocidental, reivindica um alcance universal e pretende anunciar a fé da Igreja, embora a expresse segundo o modo latino e medieval. Para não ficar numa avaliação imprecisa, vamos reunir alguns elementos que permitam construir uma hermenêutica.

Em primeiro lugar, o concílio multiplica, sem hesitação, os anátemas. Já foi criticado por isso. Aliás, alguns bispos teriam desejado ou condenações globais ou apreciações nuançadas para qualificar as proposições recusadas (discutível, temerária, herética). A solução finalmente adotada levou a anatematizar enunciados de ordem muito diferente. Por exemplo, a recitação do cânon da missa em voz alta é censurada da mesma maneira que outros pontos muito mais fundamentais[104]. É que a noção de erro ou de heresia tem certa amplitude, e o conceito de fé era mais amplo que hoje[105].

Em segundo lugar, os textos tridentinos se abstêm, tanto quanto possível, de entrar em debates teológicos livres ou não esclarecidos. Por isso não adotam o vocabulário da causalidade sacramental, não tomam posição sobre a modalidade da instituição dos sacramentos por Cristo (mediata ou imediata) ou sobre as formas da intenção do ministro, e não procuram dar um estatuto preciso ao caráter sacramental. Se fazem alusão ao esquema matéria-forma, não dão a esses termos um sentido técnico. Em resumo, a teologia sacramental

---

104. Cf. A. DUVAL, *op. cit.*, p. 170.
105. A questão da autoridade dos cânones de Trento será retomada, do ponto de vista da função magisterial, no t. 4.

de Trento não deve ser interpretada segundo as precisões das escolas teológicas contemporâneas ou posteriores. Sobre dois pontos, entretanto, o concílio cita noções teológicas elaboradas e inevitavelmente complexas: o *ex opere operato* e a transubstanciação.

Em terceiro lugar, para compreender o Concílio de Trento é preciso levar em conta o jogo entre *doutrinas* (desenvolvimentos em capítulos sobre os sacramentos) e *cânones* (fórmulas breves que são criticadas). Essa articulação entre os dois falta apenas no primeiro texto sacramental, o de 1547, sobre os sacramentos em geral, o batismo e a confirmação. Mas a qual dos dois elementos o concílio quis conferir maior autoridade? Podemos suspeitá-lo a partir das condições históricas do trabalho conciliar. Os cânones são, em princípio, tidos como mais fundamentais que as considerações das *doutrinas*[106]. Entretanto, as *doutrinas* propõem um espaço de formulação mais elaborado, que permite perceber melhor as intenções do concílio.

Em quarto lugar, o elemento hermenêutico: os *debates* conciliares, pelo menos na medida em que estamos suficientemente informados a seu respeito, mostram que certas questões não alcançavam unanimidade. Por exemplo, a noção de "caráter" parece ter sido considerada, por alguns bispos, uma opinião cuja recusa não seria condenável. Do mesmo modo, o setenário não suscitava problema, mas o cânone 3, sobre os sacramentos em geral, vem utilmente sublinhar que há diferenças entre os sete sacramentos, que não são totalmente iguais entre eles. Ou, ainda, a propósito da extrema-unção, uma correção de última hora evitou que se qualificasse esse sacramento como reservado "exclusivamente" aos moribundos. Da mesma maneira, o número de sessões conciliares consagradas a esse ou àquele sacramento é sugestivo. A extrema-unção, por exemplo, provocou apenas um rápido debate. Como, sabiamente, observa A. Duval: "Pode-se dizer que o tempo não afeta em nada a questão; os textos conciliares permanecem textos conciliares, quer sua redação tenha sido cuidadosamente preparada ou feita às pressas. Talvez. Nem por isso deixamos de ser convidados a desconfiar prudentemente de qualquer interpretação exagerada. As pessoas que agiram assim tão apressadas certamente não quiseram se comprometer além do essencial"[107].

Se considerarmos esses diversos elementos hermenêuticos, poderemos compreender a teologia sacramental de Trento como um ato magisterial importante, que marca uma etapa na história latina e conclui a etapa medieval. O que está em jogo é, de um lado, o papel da Igreja perante um mistério no qual só Deus tem a iniciativa; e, de outro, a relação sempre frágil entre a significação e a eficácia do rito. O sacramento leva à reflexão, ao mesmo tempo que se refere à Palavra de Deus e comunica o dom divino.

---

106. Cf. A. DUVAL, *op. cit.*, pp. 97, 170 e 254-256.
107. *Ibid.*, p. 241.

CAPÍTULO V
# Do Concílio de Trento ao Vaticano II
H. BOURGEOIS

O Concílio de Trento foi seguido, na série de concílios gerais latinos, pelo Vaticano I (1870), que não abordou a questão sacramentária. É o Vaticano II que a retoma. A Igreja latina, portanto, durante quatrocentos anos referiu-se, no que diz respeito a sua doutrina oficial dos sacramentos, ao Concílio de Trento. Todavia, durante esse longo período, o magistério católico não permaneceu silencioso. A emergência de novas questões obrigava a atualizar a herança ou, pelo menos, a explicitar sua pertinência. Essas questões foram tratadas pela autoridade romana, freqüentemente de maneira dispersa. A teologia sacramental não criou grande problema no decorrer desses séculos, a julgar pelos textos magisteriais. O Concílio de Trento se pronunciara, a questão era tida como resolvida e, daí em diante, outras urgências passaram a sua frente, tais como a crítica multiforme da religião e suas conseqüências para o cristianismo, ou ainda a relação entre a Igreja e as nações que se organizavam.

As tomadas de posição magisteriais entre o Concílio de Trento e o Vaticano II merecem, contudo, ser levadas em consideração. Não trazem grande novidade do ponto de vista doutrinal. Mas permitem ver como os sacramentos estão envolvidos em muitos debates suscitados na sociedade ou na Igreja. Além disso, pouco a pouco surgiu um novo gênero literário, a encíclica, que visava orientar positivamente as práticas e a reflexão dos católicos.

Um ponto de vista simplesmente cronológico não é suficiente para fazer aparecer a lógica desses textos. Por outro lado, a perspectiva temática, que passa em revista cada um dos sacramentos, leva a uma separação que deixa escapar conexões sugestivas. Vamos reler, então, a teologia sacramental magisterial dos quatro últimos séculos segundo a finalidade dos textos aos quais se refere, ou seja, segundo o modo adotado por eles e o contexto em que se inscrevem.

Nessa perspectiva, podem-se distinguir textos de sustentação ou de difusão da teologia sacramental tridentina, de esclarecimentos de ordem pastoral de alcance mais ou menos dogmático, de tomadas de posição em debates doutrinais ou espirituais que tiveram um impacto no domínio dos sacramentos, enfim de julgamentos sobre os sacramentos das outras Igrejas.

> **INDICAÇÕES BIBLIOGRÁFICAS:** CL. BLANCHETTE, *Pénitence et eucharistie. Dossier d'une question controversé,* Montréal/Paris, Bellarmin-Cerf, 1989. — A. BOLLAND, art. "Modernisme", *DSp* 10 (1980), 1415-1440. — P. BROUTIN, *La Réforme pastorale en France ay XVIIe siècle,* 2 vol., Paris, Desclée, 1956. — J. DELUMEAU, *Le Catholicisme entre Luther et Voltaire,* Paris, PUF, 1971; *Le Péché et la peur. Culpabilisation en Occident, XIIIe-XVIIIe siècles,* Paris, Fayard, 1983. — J. CL. DHÔTEL, *Les origines du cathéchisme moderne d'après les premiers manuels imprimés en France,* Paris, Aubier, 1967. — J. LE BRUN, art. "Quiétisme", *DSp* 12 (1986), 2756-2842. — B. LEEMING, *Principes de Théologie sacramentaire,* Tours, Mame, 1961. — L. SALTET, *Les Réordinations. Études sur le sacrement de l'ordre,* Paris, Gabalda, 1907. — E. POULAT, *Histoire, dogme et critique dans la crise moderniste,* Tournai, Casterman, 1962. — J. B. SEQUEIRA, *Tout mariage entre baptisés est nécessairement sacramentel?,* Paris, Cerf, 1985. — P. N. TREMBELAS, *Dogmatique de l' Église orthodoxe catholique,* t. III, Paris, DDB, 1968.

## I. A DIFUSÃO DA TEOLOGIA SACRAMENTAL TRIDENTINA

A Reforma católica se preocupou com a catequese sobre os sacramentos (por exemplo com o *Catecismo* de Canísio) e com a pastoral sacramental (Carlos Borromeu, em Milão).

### 1. UM CATECISMO DOS SACRAMENTOS

O Catecismo oficial publicado em seguida ao Concílio de Trento (1566), chamado ainda de Catecismo romano, serve de referência[1]. Ao tratar dos sacramentos assume, de maneira menos polêmica que o próprio concílio, a herança doutrinária constituída desde o século XII. Eis como se define nele o sacramento:

> Uma realidade sujeita aos sentidos que, em razão da instituição por Deus, tem o poder de significar e, de outra parte, de realizar a santidade e a justiça (II, 9).

---

1. *Ou Catecismo para os párocos, publicado sob ordem do Soberano Pontífice Pio V, com base no decreto do Concílio de Trento,* Roma, 1566, *Catechismus Romanus, seu Catechismus ex decreto concilli Tridentini...,* ed. crítica por P. Rodriguez, Libr. Edit. Vat., 1989.

Em poucas palavras, o essencial é dito: a relação entre as aparências sensíveis e o mistério invisível, a instituição divina, a relação entre significação e eficácia, o dom da graça (qualificada aqui, segundo o vocabulário bíblico comum na época, de "justiça e santidade").

O Catecismo do Concílio de Trento apresenta, então, os sacramentos de maneira ampla. Era uma novidade, porque até aí a catequese só falava deles na apresentação do Credo, como comentário da fórmula "a comunhão dos santos" (compreendida como "comunhão das coisas santas"). A polêmica com a Reforma requeria um tratamento mais amplo e, portanto, um lugar à parte, que vem imediatamente após o Símbolo de fé, segundo o plano da confissão de fé do Concílio de Trento e seguindo um esquema agostiniano de associar *fides* e *sacramentum*. Mas outros planos eram possíveis. No século XVII, é a organização de Canísio e de Bellarmino é que foi mais freqüentemente adotada: o Catecismo começava pelas três virtudes teologais e os sacramentos vinham em quarto lugar. No século XIX, outro plano o substitui: o dogma (as verdades a crer), os mandamentos de Deus (a Lei a praticar), a oração dominical e os sacramentos (os meios a serem utilizados para crer e obedecer aos mandamentos). Nesse último esquema, os sacramentos são considerados meios de salvação, o que, aliás, o prefácio do Catecismo romano dizia claramente: "A doutrina dos sacramentos compreende a dos meios sensíveis pelos quais podemos participar da graça".

O Catecismo do Concílio de Trento considera também os sacramentos de maneira pastoral, especialmente partindo dos ritos ou dos elementos (o sal, a água, a veste branca para o batismo etc.) e analisando os principais nomes dados, pela tradição, a cada um deles (p. ex., para a eucaristia, ação de graça, sacrifício, comunhão, sacramento da paz e da caridade, viático, Ceia). A preocupação teológica, entretanto, não está ausente: a questão da matéria e da forma dos sacramentos, de sua instituição, de seus efeitos; a propósito da eucaristia, uma explicação maior é dada para a transubstanciação.

A seguir, o magistério católico teve por objetivo manter essa herança. Não continuou a polêmica com o protestantismo, embora os teólogos a isso se dedicassem com constância, na esteira de Bellarmino, até o início de nosso século. Mas, quando tinha de tratar dos sacramentos, recorria espontânea e normalmente às formulações tridentinas.

## 2. UMA VULGATA TRIDENTINA COMO TEOLOGIA SACRAMENTAL

As expressões do Concílio de Trento são retomadas pelo magistério ulterior fazendo parte da linguagem normal da fé: por exemplo, o esquema habitual da matéria e da forma dos sacramentos. Essa formulação se encontra num breve de Bento XIV, de 1749, a propósito do batismo, e numa resposta do Santo

Ofício, em 1901; igualmente a propósito do sacramento da ordem na carta de Leão XIII, em 1896, sobre as ordenações anglicanas, e na constituição apostólica *Sacramentum ordinis*, de Pio Xll, em 1947[2].

Mencionamos ainda uma fórmula medieval adotada pelo Concílio de Trento a respeito da eucaristia: o ministro age *in persona Christi*. Essa expressão foi integrada ao Código canônico de 1917 (cânone 1256), depois empregada por Pio XII na encíclica *Mediator Dei*, em 1947, e retomada amplamente pelo Vaticano II (*SC* 33; *PO* 2; *LG* 10 e 28)[3].

## O Concílio de Trento explicitado

Outras formulações do Concílio de Trento foram um tanto quanto explicitadas pelo magistério ulterior. Assim é que a linguagem da transubstanciação, outrora integrada em Latrão IV e retomada pelo Concílio de Trento, foi defendida pelo Santo Ofício, em 1875 e em 1887[4], contra interpretações teológicas que guardam o termo mas procuram reinterpretá-lo. Em 1950, Pio XII, na encíclica *Humani Generis*, ataca uma teologia que pretendia descartar o termo e considerar a presença eucarística de Cristo na ordem do sinal:

> Sustentam que a doutrina da transubstanciação, fundada numa noção filosófica antiquada da substância, deve ser corrigida, de tal sorte que a presença real de Cristo na eucaristia se reduza a um simbolismo[5].

Da mesma forma, a noção clássica de *caráter* sacramental é defendida contra uma reinterpretação filosófica de Rosmini que parecia estranha, em 1887[6].

Enfim, na linguagem espontânea do magistério se encontra sempre a fórmula tridentina relativa à "substância dos sacramentos", isto é, aquilo sobre o qual a Igreja declara não ter "poder". Pio X, numa carta de 1910 a respeito da epiclese eucarística oriental, usa essa expressão. Pio XII, em sua *Constituição* de 1947 sobre o sacramento da ordem, serve-se igualmente dela e explicita um pouco o seu conteúdo[7]: pertence à *substância* dos sacramentos "aquilo que depende da vontade" de Cristo, mas não tudo o que é requerido para sua validade, do qual uma parte depende da vontade da Igreja e é, portanto, passível de ser modificada.

---

2. Textos desses quatro documentos: 1749, *DzS* 2566; 1901, *DzS* 3356; 1896, *DzS* 3315; 1947, *DzS* 3859; *FC* 916.
3. Textos: 1947, *DzS* 3848; Vaticano II, *SC* 33; *PO* 2; *LG* 10,28.
4. Textos: 1875, *DzS* 3121; 1887, *DzS* 3229 e 3231.
5. *DzS* 3891; *FC* 795.
6. Declaração do Santo Ofício, *DzS* 3228.
7. Textos: Trento, *DzS* 1728; *FC* 758; 1910, *DzS* 3556; 1947, *DzS* 3857; *FC* 915.

## Ganhos e perdas de certas formulações tridentinas

Nas intervenções modernas e contemporâneas do magistério católico antes do Vaticano II, três fórmulas clássicas que o Concílio de Trento assumira foram reativadas por causa de um debate a seu respeito. Elas não são empregadas como elemento da linguagem comum, mas como tema que permite ao magistério tomar posição em função de um debate contemporâneo.

É o caso, em primeiro lugar, de uma formulação clássica relativa à *intenção* do ministro dos sacramentos. Essa questão atravessa, curiosamente, os séculos XVII e XVIII. A norma medieval tridentina era clara: o ministro deve fazer o que faz a Igreja. Coube ao Santo Ofício vigiar sobre essa afirmação. E ele se manifestou em três tempos. Primeiro, em 1660, um decreto condena uma interpretação exagerada da fórmula recebida, atribuída a certos jansenistas: "O batismo é válido, mesmo se conferido por um ministro que observa integralmente o rito e as formas exteriores do sacramento mas que, em seu coração, diz a si mesmo: não quero fazer o que faz a Igreja". Hipótese acadêmica? Em todo caso, tal ministro não tem um mínimo de conformidade subjetiva com a objetividade do rito eclesial. Em seguida, o Santo Ofício lembra a validade dos sacramentos dados e recebidos nas comunidades cristãs não-católicas (respostas de 1872 e de 1877)[8]. Enfim, em um texto de 1833, a Congregação esclarece, por meio de equivalências, o que significa "o que faz a Igreja":

> Para que um sacramento seja válido, não há necessidade de uma intenção expressa ou determinada; uma intenção mais geral é suficiente: é preciso querer fazer o que faz a Igreja ou o que Cristo instituiu ou o que os cristãos fazem[9].

Todavia, não basta falar da intenção do ministro. A intenção dos fiéis que recebem os sacramentos também conta. Isso, a teologia medieval deixara bem claro. O magistério pós-tridentino insiste nisso. Em 1703, depois em 1860 e 1898[10], o Santo Ofício destaca as condições de consciência e de compreensão requeridas para que a pessoa receba o sacramento. O Código do direito canônico de 1917 o repete a propósito do matrimônio (cânone 1086).

Segundo caso significativo: o sentido do que chamamos aqui de um princípio agostiniano, segundo o qual os sacramentos são reais, mesmo quando o *ministro* está separado da Igreja católica ou quando é pessoalmente indigno. Essa regra que o magistério assumira desde o século VIII[11] foi mantida na Idade Média, a despeito dos protestos dos movimentos reformadores (Wyclif, Hus), e

---

8. Textos: 1660, *DzS* 2328; 1872, *DzS* 3100; 1877, *DzS* 3126.
9. Cf. B. LEEMING, *Principes de théologie sacram.*, p. 644.
10. Textos: 1703, *DzS* 2381-2382; 1860, *DzS* 2835-2839; 1898, *DzS* 3333.
11. *DzS* 580, depois 644, 914.

reafirmada no Concílio de Trento. Ela foi invocada por Leão XIII, em 1896, a propósito da validade das ordenações anglicanas:

> Qualquer um que tenha utilizado séria e corretamente a forma e a maneira prescritas, realizando e conferindo um sacramento, presume-se por isso mesmo que tenha querido fazer o que faz a Igreja. É sobre esse princípio sensato que se apóia a doutrina segundo a qual o sacramento existe verdadeiramente, mesmo se conferido pelo ministério de um herético ou de um não-batizado, desde que o rito católico seja utilizado. Mas, ao contrário, se o rito for mudado, com a finalidade manifesta de introduzir outro rito não aceito pela Igreja ou de rejeitar o que faz a Igreja e aquilo que, por instituição de Cristo, pertence à natureza do sacramento, é claro que não só falta a intenção necessária, mas também que a intenção é contrária e oposta ao sacramento[12].

Na opinião de Leão XIII, não é o cisma que invalida as ordenações celebradas no anglicanismo: o princípio agostiniano é intocável. O que intervém aqui é a distorção da intenção do ministro em relação ao que a Igreja faz, distorção que é objetivamente manifestada pela mudança do rito. O "princípio agostiniano" deve ser então interpretado em função da intenção ministerial, ela mesma definida pela relação com "o que a Igreja faz".

Uma terceira questão, em princípio também regulada pelo Concílio de Trento, voltou em seguida à tona, no quadro do modernismo. Para o magistério que se exprimiu em Trento, os sacramentos foram "todos instituídos por Nosso Senhor Jesus Cristo". Mas o concílio não se definiu sobre o modo dessa instituição, imediata ou mediata e "em geral". Os trabalhos bíblicos desenvolvidos no início de nosso século deveriam repor o problema. Não se poderia dizer que os sacramentos, com exceção da eucaristia e, de outra maneira, do batismo, tenham sido instituídos pela Igreja, evidentemente na fidelidade à vontade e à intenção de Cristo? O decreto do Santo Ofício de 1907 denuncia essa maneira de ver e a condena, apresentando-a assim:

> Os sacramentos tiveram sua origem no fato de os apóstolos e seus sucessores terem interpretado uma certa idéia e intenção de Cristo, sob o estímulo e a pressão das circunstâncias e dos acontecimentos[13].

Ficava, contudo, por compreender qual fora o papel da Igreja e se esse papel, por secundário que tivesse sido, não deveria ser reconhecido, sem que, por isso, a instituição dos sacramentos fosse desvinculada de uma referência fundamental e instauradora a Cristo.

---

12. LEÃO XIII, *Apostolicae curae,* 1896, DzS 3318.
13. Decreto *Lamentabili,* 1907; *DzS* 3440; *FC* 678.

## II. DECISÕES PASTORAIS DE ALCANCE DOGMÁTICO

Não é papel do magistério intervir na regulação da pastoral. Esta depende da sabedoria das comunidades e do discernimento dos ministros. Mas certas questões práticas têm motivos ou efeitos que afetam o sentido, às vezes os fundamentos e até mesmo a "substância" dos sacramentos. O magistério latino, depois do Concílio de Trento, interveio a esse título, conforme o velho adágio: *lex orandi, lex credendi*. A celebração empenha a doutrina da fé.

### 1. O MATRIMÔNIO, TESTE DAS RELAÇÕES ENTRE A IGREJA E O MUNDO

Depois de Trento, o matrimônio, que na Idade Média custara a encontrar um estatuto sacramental de pleno direito, deu ocasião ao maior número de intervenções magisteriais. O problema surgiu, primeiro, no contexto das missões e das jovens Igrejas, devido às dificuldades decorrentes, às vezes, da conversão cristã de um dos cônjuges. Roma se aplicou a lembrar as condições do que a tradição canônica chama de *privilégio paulino,* isto é, a possibilidade de anular uma união conjugal para permitir à parte cristã viver em paz. Em 1537, um texto de Paulo III já trata disso; depois, em 1571 e 1585, dois outros papas, Pio V e Gregório XIII, são igualmente levados a abordar esse ponto. Em 1759, o Santo Ofício intervém, por sua vez, e volta a se explicar em 1855[14]. Os textos que acabamos de citar não discutem a questão dogmática, querem ajudar a regular casos concretos. Pode-se pelo menos perceber, ao lê-los, que a conversão cristã e a Aliança com Deus por ela aberta não combinam sempre e imediatamente com uma união conjugal já iniciada (e às vezes já rompida). Em certos casos, a causa da fé pode prevalecer sobre a causa do matrimônio.

Não destacaremos aqui como particularmente significativas outras intervenções magisteriais sobre os matrimônios clandestinos (declaração de Bento XIV em 1741), ou sobre os matrimônios mistos (entre cristão e não-cristão) (carta de Pio VI em 1782)[15].

Muito mais importante é o longo debate que o magistério católico sustentou com os Estados e governos a propósito da competências destes últimos sobre o matrimônio dos cristãos. Tratava-se de saber se a Igreja católica podia partilhar com eles o seu poder, total e único, sobre a união conjugal de seus membros. Iniciado no século XVIII, o conflito entre Roma e os poderes civis e políticos ocupou praticamente todo o século XIX. Em 1782, uma carta de Pio VI reivindica para a Igreja a competência no domínio dos impedimentos matrimoniais[16].

---

14. Textos: 1537, *DzS* 1497; 1571, *DzS* 1983; 1585, *DzS* 1988; 1759, *DzS* 2580-2585; 1855, *DzS* 2817-2820.

15. Textos: 1741, *DzS* 2515-2520; 1782, *DzS* 2590.

16. Cf. J.-B. SEQUEIRA, *Tout Mariage entre baptisés est-il nécessairement sacramentel?*, p. 320.

O mesmo papa intervém no mesmo sentido, em 1787 e 1788, fazendo referência, nesse último texto, ao cânone 12 do Concílio de Trento sobre o matrimônio. De maior peso, a constituição de Pio VI, *Auctorem fidei,* condenando o Concílio de Pistóia e sua tendência a minimizar o poder de Roma em relação ao dos bispos e dos governantes civis, mantém que é direito e responsabilidade da Igreja regular, ela e só ela, as questões relativas ao matrimônio. Em 1803, um breve de Pio VII vai no mesmo sentido[17].

É sobretudo com Pio IX que a tensão aumenta. O papa constatava o desenvolvimento do casamento civil, que lhe parecia ser a conseqüência das legislações que davam aos Estados poder sobre a união conjugal. Ele percebia que o poder civil tendia a legalizar o divórcio. Continuou a política concordatária de Pio VII, fazendo incluir nos acordos o reconhecimento da competência da Igreja em matéria matrimonial. Multiplicou as cartas e alocuções sobre esse mesmo tema. Em 1864, o repertório conhecido como *Syllabus* declarava rejeitar a proposição segundo a qual "as causas matrimoniais e as questões relativas ao matrimônio dependem, por sua própria natureza, do tribunal civil". Uma instrução da Penitenciaria, em 1886, procurava indicar o que precisaria ser concretamente feito levando em consideração uma dupla celebração, civil e religiosa[18].

A partir de 1878, Leão XIII deu um passo à frente, querendo reconhecer o papel do Estado na significação social do matrimônio. "Ele convidou os Estados para uma cooperação em lugar de uma confrontação." Como Pio IX, redigiu, contudo, cartas e alocuções para afirmar o papel próprio da Igreja[19]. Sobretudo a encíclica *Arcanum divinae sapientiae,* de 1880, toma posição de maneira precisa e argumentada:

> Cristo, tendo renovado o matrimônio levando-o a uma tão grande perfeição, entregou e confiou à Igreja toda a sua disciplina. Esse poder sobre o matrimônio dos cristãos, a Igreja o exerceu em todos os tempos e em todos os lugares, e o fez de modo a mostrar que esse poder lhe pertencia particularmente e que não se originava de uma concessão dos homens, mas que lhe tinha sido divinamente concedido pela vontade de seu fundador[20].

O problema pastoral aqui aventado não é antes de tudo o das pessoas que se casam, mas o dos pastores e responsáveis eclesiásticos. A questão está ligada à cultura da época e a uma forma de secularização do político e, portanto, do conjugal. A resposta do magistério consiste em defender a competência eclesial e em guardar um poder para assegurar o valor religioso do

---

17. Textos: 1788, *DzS* 2598; cânone 12 de Trento, *COD* II-2, p. 1535; *DzS* 1812; *FC* 935; *Auctorem fidei, DzS* 2659-2660; 1803, *DzS* 2705-2706.

18. *Syllabus, DzS* 2974; 1886, *DzS* 3190.

19. Cf. J.-B. SEQUEIRA, *op. cit.*, pp. 381 e 383-396.

20. *DzS* 3144; *FC* 937.

matrimônio. O que se recusa é o esfacelamento da realidade conjugal em dois domínios separados, um dependente do Estado, da sociedade civil, da cultura, e outro da Igreja, da fé, do sacramento. Sobre esse ponto, Leão XIII é de uma grande clareza:

> Não nos deixemos afetar por essa distinção, tão vigorosamente proclamada pelos legistas do rei, entre o contrato e o sacramento, no desígnio de reservar à Igreja o que depende do sacramento e de entregar o contrato ao poder e à arbitragem das autoridades civis. Uma distinção, ou melhor, uma dissociação desse gênero não pode ser aceita, pois é claro que no matrimônio cristão o contrato não é dissociável do sacramento e que, portanto, não pode existir verdadeiro e legítimo contrato que não seja, realmente, um sacramento[21].

Esse documento manifesta a ligação entre uma situação cultural e pastoral e uma tomada de posição romana. Essa tomada de posição assume formas variadas, mas é constante ao longo do tempo. Ela se expressa como compromisso com o dogma. A questão não é somente prática ou disciplinar, ela toca o essencial, a saber, a unidade do matrimônio em sua realidade sacramental:

> O matrimônio é um sacramento na medida em que o contrato pertence à substância do sacramento e entra em sua definição. E isto é um dogma católico [...] É uma heresia, portanto, afirmar que, na lei evangélica, o contrato matrimonial é habitual e essencialmente separado do sacramento, e que o sacramento é somente um simples ornamento do contrato, ornamento indiferente ou exterior ao valor e à consistência do contrato[22].

> É um dogma de fé que o matrimônio foi elevado por nosso Senhor Jesus Cristo à dignidade de sacramento e é doutrina da Igreja católica que o sacramento não é uma qualidade acidental acrescentada ao contrato. [...] Uma lei civil que, supondo a separabilidade do sacramento e do contrato de matrimônio para os católicos, contradiz a doutrina da Igreja viola os seus direitos inalienáveis[23].

Esses dois textos mostram a passagem de um problema cultural e pastoral a uma afirmação de ordem dogmática ou, pelo menos, doutrinal. Finalmente, o magistério latino, depois do Concílio de Trento e até o fim do século XIX, percebeu desse modo a espiritualidade do matrimônio. Nem tudo, evidentemente, está expresso aí. Indicamos anteriormente o cuidado de apresentar o melhor possível o privilégio paulino. Por outro lado, o envolvimento da autoridade romana no que concerne ao matrimônio e sua pastoral assumiu, a partir do século XIX, uma forma nova, a das encíclicas papais. Esses

---

21. *DzS* 3145; *FC* 938.
22. Instr. do Santo Ofício, 1817, cf. J.-B. SEQUEIRA, *op. cit.*, pp. 341-342.
23. PIO IX, Carta ao rei Vitório Emmanuel, 1852; cf. J.-B. SEQUEIRA, *op. cit.*, p. 359.

documentos são ao mesmo tempo dogmáticos e espirituais e têm uma clara finalidade pastoral[24].

Deve-se acrescentar que, nos séculos recentes, Roma tem estado também muito preocupada com o que chamamos de controle de natalidade e que era chamado, então, de "onanismo conjugal"[25]. Nessas questões éticas, a ligação com a doutrina é evidente para o magistério, pois se trata da lei natural da qual ele se pretende guardião; mas a referência não é habitualmente explicitada. As condições da celebração do matrimônio entre cristãos não são as únicas que dependem da competência do magistério — a moralidade da vida conjugal é também confiada a sua vigilância.

## 2. IMPLICAÇÕES DOUTRINAIS DA PRÁTICA SACRAMENTAL

Os outros sacramentos podem também ser tidos por problemáticos quanto a sua celebração. No decorrer dos últimos séculos, o magistério latino procurou valorizar essa questão. Primeiro, apelou ao que chamamos hoje *pastoral sacramental*. Habitualmente enfatiza-se a catequese preparatória à celebração do sacramento. Nesse sentido vão as respostas do Santo Oficio de 1703, de 1860 ou ainda de 1898[26]. Esses textos visam a situações ditas "de missão". São prolongados pelo código de 1917 (cânone 1086). O fundamento dogmático dessas advertências (as quais, se perceberá, no século XX, valem também para os países de "cristandade") é evidente: os sacramentos são sacramentos da fé e implicam, portanto, a adesão à Palavra de Deus.

Também na perspectiva de uma pastoral sacramental e da situação das missões, levantou-se a questão do *ritual* e do que chamaríamos hoje sua inculturação, isto é, sua renovação pelas culturas locais. No século XVII, falava-se de *acomodação* a propósito da obra realizada pelo jesuíta Matteo Ricci, na China, em fins do século XVI. Ricci aceitara o culto dos ancestrais e das devoções familiares tradicionais entre os novos cristãos chineses. Mas essa abertura foi recusada pelos missionários que se pretendiam mais rigoristas. Durante um século (1650-1750), o papado oscilou entre as duas tendências. Finalmente venceu intransigência[27]. Foi preciso esperar Pio XI e sua encíclica *Rerum Ecclesiae*, em 1926, para que fosse reassumida por Roma a solicitude com as culturas locais. Mas, em relação ao ritual dos sacramentos e a sua adaptação, o Vaticano II é que

---

24. Três textos são desse tipo: *Arcanum divinae sapientiae* de Leão XIII, em 1880. DzS 3142-3146; *FC* 936-939; *Casti connubii* de PIO XI, em 1930, DzS 3700-3713; *FC* 940-947; *Sacra virginitas* de Pio XII, em 1954, DzS 3911-3912.

25. Inúmeras respostas da sagrada Penitenciaria no século XIX: DzS 2715, 2758s, 2791s, 2795, 3185; ainda em 1916, DzS 3634 e 3638; em 1922, decretos do Santo Ofício sobre a união conjugal não consumada, DzS 3660; em 1952, DzS 3907.

26. Textos: 1703, DzS 2381-2382; 1860, DzS 2835-2839; 1898, DzS 3333.

27. Constituição *Ex illo die* de Clemente XI, em 1715; bula *Ex quo singulari* de Bento XIV, em 1742.

haveria de estabelecer o princípio de possíveis variações no catolicismo latino, porque os ritos particulares que subsistiam na Europa (Milão, Lião) se limitavam praticamente à eucaristia e só expressavam variantes menores.

A questão suscitada pela querela dos ritos teve uma analogia na Europa no século XVIII. Surgiu na Alemanha, por essa época, um movimento litúrgico ligado à sensibilidade do Iluminismo, propondo a língua vernácula no culto, o abandono da comunhão eucarística dada fora da missa e a recusa das celebrações monopolizadas só pelo sacerdote. Embora reticente, o papado não interveio imediatamente contra essas inovações. Mas em 1794 condenou essa corrente de renovação litúrgica sob a forma italiana e jansenizante, por ocasião do Sínodo de Pistóia: algumas teses sacramentais são recusadas[28], algumas por parecerem estranhas, outras por aparentemente não respeitarem a autoridade de Roma em matéria de liturgia.

Esse período foi assim marcado por diversas tomadas de posição em relação aos sacramentos em situações difíceis ou litigiosas. Na maioria das vezes, o magistério lembra as normas recebidas: por exemplo, a respeito da matéria do batismo ou do segredo da confissão[29]. Em outros momentos, a questão dos sacramentos insere-se em um debate espiritual e teológico de conjunto, especialmente o que foi aberto pelo jansenismo. Pelo menos vê-se emergir, entre o Concílio de Trento e o Vaticano II, alguns problemas práticos que levam o magistério romano a intervir. Ei-los aqui.

## *O batismo*

A prática do batismo das criancinhas, reafirmada no Concílio de Trento, não provocou um verdadeiro debate. O que causava problema era o batismo de crianças nascidas de pais não-cristãos ou, ainda, a eventualidade de batizar crianças sem o acordo dos pais[30], especialmente em caso de perigo de morte. Supondo que a criança assim batizada se cure, Bento XIV coloca os direitos da Igreja acima dos direitos dos pais. Pio IX, por ocasião do "caso Mortara" (uma criança judia batizada em segredo quando estava doente e, depois de curada, tirada de seus pais), adotou a mesma atitude. Durante o pontificado de Pio XII, uma reação do mesmo tipo, a propósito do "caso Finaly", foi evitada em tempo, tendo se tornado cada vez menos aceitável a posição de Bento XIV.

Nestes últimos séculos, a pastoral do batismo levantava outro problema, a bem dizer clássico, sendo sua persistência o sinal da insatisfação da resposta. Trata-se da sorte dos não-batizados, filhos de pais cristãos, que morreram antes

---

28. Constituição *Auctorem fidei* de Pio VII, *DzS* 2627-2660.
29. Sobre o batismo, resposta do Santo Ofício (1901), *DzS* 3356; sobre o segredo da confissão, decreto de Clemente VII (1593), *DzS* 1989, e decreto do Santo Ofício (1682), *DzS* 2195.
30. Resposta do Santo Ofício (1894), *DzS* 3296; *Código* de 1917, cânone 750; decreto do Santo Ofício (1639), *DzS* 1998; instrução de Bento XIV (1747), *DzS* 2552-2558 e 2562.

de ser batizados, muitos não-cristãos. A posição herdada da Antiguidade e da Idade Média era firme: "Fora da Igreja não há salvação"[31]. Essa afirmação é ainda lembrada pelo Santo Ofício em 1949. Entretanto, sobre esse ponto, a teologia oficial católica tem evoluído lentamente, desde antes do Vaticano II. Diferentemente do pessimismo do tipo jansenista, Roma se recusou a falar de uma danação dos não-batizados, parecendo-lhe a doutrina do limbo então em voga mais pertinente[32]. Da mesma forma, diante de intransigências contemporâneas, o Santo Ofício, em 1949, não aceitou que se afirmasse *a priori* e sistematicamente a exclusão da salvação para os não-batizados[33]. Positivamente, o magistério romano ofereceu duas explicações. A primeira é que fora da Igreja "ninguém pode estar seguro de sua salvação eterna", o que é, claro, totalmente diferente. A segunda é que, "por certo desejo e aspiração inconsciente", os não-batizados se encontram "ordenados ao Corpo místico do Redentor"[34]. O Vaticano II (*LG* 16) abrangeria essa mesma perspectiva, a bem dizer bastante recente em sua expressão oficial.

## A *penitência*

No correr dos últimos séculos outro sacramento ganhou destaque na atenção do magistério: a penitência. O motivo principal disso foi a oposição permanente entre o rigorismo moral mais ou menos jansenizante e uma atitude mais flexível que seus detratores chamavam de "relaxamento". Finalmente adotou-se uma linha mediana, mas somente em 1831, referindo-se a Afonso de Ligório[35]. Entrementes, desenvolvera-se na pastoral penitencial católica uma oposição conexa à precedente. Os penitentes, ao se apresentar para a confissão, poderiam ter só uma contrição imperfeita de suas faltas, isto é, uma atitude espiritual mais inspirada pelo medo de ser castigado por Deus do que por amor evangélico pelo Senhor? Sobre esse ponto, o magistério acalmou os ânimos, pedindo aos adeptos de uma atitude exigente (os *contricionistas*) e aos que tinham uma posição mais compreensiva (e aceitavam a contrição imperfeita, chamada *atrição*, donde o seu rótulo de *atricionistas*) que respeitassem, uns e outros, o ponto de vista diferente do seu[36].

Por outro lado, e de menor importância, duas questões práticas relativas à celebração da confissão deram ocasião a intervenções. Decretos do Santo Ofício de 1602 e 1603 mantêm que a presença do confessor deve ser física e que não se pode contentar com a comunicação por correio e mensageiro. Mais recen-

---

31. Sobre o sentido e a história desse adágio, cf. abaixo.
32. Cf. *DzS* 1949, 2429, 2626, 3866.
33. Sobre esse ponto, cf. abaixo, p. 336.
34. Encíclica *Mystici corporis* de Pio XII (1943); *DzS* 3821; *FC* 499/1.
35. *DzS* 2309-2319 e 2031, 2033-2044, 2060, 2725-2727.
36. Decreto do Santo Ofício (1667), *DzS* 2070.

temente, a Sagrada Penitenciaria, numa instrução de 1944, queria reservar a absolvição coletiva para casos absolutamente excepcionais (militares de partida para o combate etc.)[37]. Essa questão foi recolocada pelo Vaticano II.

Enfim, o magistério recente sublinhou a relação entre penitência e comunhão eucarística. É o que, durante o pontificado de Pio X, a Congregação para os Sacramentos observava, no decreto *Quam singulari,* de 1910: a comunhão precoce vai a par com a confissão precoce. Em seguida, Pio XII insistiu no valor da confissão freqüente para os fiéis que não têm pecados graves para acusar, mas que comungam freqüentemente (*Mystici corporis,* 1943; *Mediator Dei,* 1947)[38]. Esse ponto será igualmente valorizado no Vaticano II (*PO* 18) e depois dele[39].

## *A eucaristia*

Para a eucaristia, tudo se passou como se a ampla reflexão do Concílio de Trento tivesse por muito tempo servido de referência suficiente e como se a pastoral eucarística da Contra-Reforma não tivesse levantado dificuldades especiais. Mais recentemente, Pio X, em 1905, promoveu a comunhão freqüente, contra a tendência jansenizante[40]; depois, em 1910, como acabamos de dizer, um decreto da Congregação para os Sacramentos convida a que se apresentem as crianças para a confissão e para a comunhão desde os 7 anos. Por outro lado, como para o matrimônio, o magistério contemporâneo recorre, a propósito da eucaristia, a encíclicas que são textos de orientação para a prática sacramental mais doutrinais e espirituais do que polêmicos[41]. Enfim, a partir dos anos 50, discutiu-se, no catolicismo latino, o uso da concelebração eucarística. Essa prática antiga tinha se apagado, sem, entretanto, desaparecer completamente (missas de ordenação, por exemplo). O Vaticano II a restabeleceu (*SC* 57). Mas antes disso Pio XII tratara da questão duas vezes, para negar uma concelebração compreendida como ato comum dos ministros e fiéis (*Mediator Dei,* 1947) e para explicitar que os concelebrantes deviam dizer todos e cada um as palavras da consagração (Discurso de Assis, em 1956). Aos olhos do papa, a concelebração tem, portanto, implicações dogmáticas bem claras: "Essas verdades são de fé segura", diz Pio XII a propósito da distinção entre ministério ordenado e o povo reunido para a eucaristia[42].

---

37. Textos: 1603, *DzS* 1994-1995; 1944, *DzS* 3832-3827.
38. Textos: 1910, *DzS* 3530, 3531 e sobretudo 3535; 1943, *DzS* 3818; 1947, *DC* 45 (1948), 243.
39. *Ordo paenitentiae* de 1973, praen., sect. II, n. 7: *Código de direito canônico* de 1983, cânone 914; Exortação apostólica de João Paulo II, *Reconciliação e penitência,* 1984, n. 32.
40. *DzS* 3375.
41. *Mirae caritatis* de Leão XIII (1902), *DzS* 3360-3364; *Mediator Dei* de Pio XII (1947), *DzS* 3840-3841; *FC* 703-794.
42. *Mediator Deis, DzS* 3850, *FC* 913-914; disc. no Congresso de Assis (1956), decreto do Santo Ofício (1957), *DzS* 3928.

## A ordem

O magistério moderno tem falado pouco do sacramento da ordem, permanecendo o Concílio de Trento como a referência habitual. Os problemas que se levantam hoje sobre a identidade do sacerdote só vieram à tona neste século. Os papas recentes simplesmente trataram do ministério ordenado da mesma forma como trataram do matrimônio e da eucaristia: mediante encíclicas em que se articulavam doutrina e espiritualidade[43]. Nesse quadro, o magistério só interveio para decidir sobre o que constituía o rito principal da ordenação. E decidiu a favor da imposição das mãos[44].

## 3. O SENTIDO DESSAS INTERVENÇÕES

Quase todos os sacramentos, uma vez ou outra, têm sido objeto de tomadas de posição magisterial. A extrema-unção, entretanto, não suscitou atenção, salvo em um texto dirigido aos gregos unidos a Roma, em 1742, e no decreto *Quam singulari*, de 1910: as crianças que podem se confessar e comungar desde a idade da razão podem também receber a unção dos enfermos desde essa idade[45]. Por outro lado, as intervenções magisteriais que acabamos de indicar são diversas quanto a seu objeto, seu contexto, sua importância eclesial e sua autoridade. São as circunstâncias que comandam.

O Concílio de Trento assegura a trama de fundo, e é sobre esse fundo que se colocam as declarações mais circunstanciais do magistério pontifício.

Por que essas intervenções? Os casos são variados. Em geral, o magistério julga ter o dever de reagir a propósito das práticas e não apenas em relação às crenças e à confissão de fé. Esse é um traço bastante notável do magistério recente. O objeto de sua vigilância não são só as questões doutrinais maiores, mas também as maneiras de fazer, seja no domínio da moral, seja no domínio litúrgico e sacramental. Pois as questões doutrinais de fundo estão ligadas às questões suscitadas pelas práticas.

Constata-se também uma evolução nos modos de intervenção do magistério. Subsistem as eventuais declarações específicas, mas, ao mesmo tempo, desenvolvem-se apresentações mais globais, do tipo *encíclica*. O magistério recente não é só doutrinal, disciplinar e pastoral. Ele se faz também teológico, na linha do Concílio de Trento, mas sob a única autoridade do papa e, portanto, no exercício ordinário de sua responsabilidade.

O magistério católico dos últimos séculos conheceu outra evolução que incide sobre o conteúdo das tomadas de posição. Por exemplo, a propósito da acomoda-

---

43. Cf. Pio XI (1935), *Ad cath. sacerdotii*, DzS 3755-3758; Pio XII (1947), *Sacram. ordinis*, DzS 3857-3861, FC 915-917.
44. Pio XII, *Sacramentum ordinis*, 1947; DzS 3859, FC 916.
45. Textos: 1742, DzS 2524; 1910, DzS 3536.

ção dos ritos na China, ou ainda a respeito do estatuto dos não-batizados e, sem dúvida nenhuma, sobre a questão relativa às competências complementares dos Estados e da Igreja no que tange ao matrimônio. Essas intervenções procuram não romper a continuidade tradicional. São claramente motivadas pela cultura e suas transformações. Deve-se ter observado a ocasião das respostas das Congregações romanas aos bispos missionários: o encontro do Evangelho com tradições culturais às vezes desconcertantes obriga a refletir sobre como ser fiel ao Evangelho respeitando os que são evangelizados. Mas o problema cultural se põe também na Europa: a emergência das nações remaneja a problemática romana do matrimônio; a lenta tomada de consciência da liberdade religiosa dificulta o batismo de crianças, mesmo doentes, sem o consentimento dos pais; a maior percepção da vida eclesial comunitária traz à baila a questão da concelebração.

Se é verdade que o Concílio de Trento constitui a referência fundamental para a teologia sacramental, o tempo pós-tridentino, entretanto, implica modificações nas mentalidades, nas preocupações e na interpretação das fontes da fé. Esse aprofundamento, em última análise discreto, tornaria possível o Vaticano II, que, claro, iria depender menos da evolução do magistério do que da vitalidade do catolicismo posterior à Segunda Guerra Mundial e da qualidade do trabalho teológico efetuado desde o início do século.

Do ponto de vista pastoral, o período pós-tridentino conheceu várias evoluções que marcaram a experiência eclesial em seu conjunto e tornaram urgente a renovação do Vaticano II. Citemos simplesmente alguns fatos notáveis. As missões paroquiais na Europa mantiveram certo senso da iniciação batismal, mas a prioridade era dada à confissão, como exigia, aliás, a moralização da pregação e da catequese. Por outro lado, comungava-se pouco no século XIX e valorizava-se a comunhão espiritual, "como se ela tivesse o mesmo valor e os mesmos efeitos"[46]. À força de insistir na presença real de Cristo na eucaristia, perdia-se de vista, às vezes, tudo o que a união a Cristo representava e tudo o que significava o valor eclesial da missa. Enfim, parece que no século XX a confirmação — valorizada em princípio como o sacramento que fazia dos batizados soldados de Cristo — era de fato mais ou menos celebrada e, às vezes, por demais orientada para o "fazer" em detrimento do ser cristão.

## III. OS SACRAMENTOS NOS DEBATES DOUTRINAIS E ESPIRITUAIS

Entre os dois concílios, Trento e Vaticano II, o magistério católico interveio também nos debates que se desenvolveram na Igreja latina, isto é, praticamente no catolicismo europeu. Esses debates não eram puramente teóricos. Seu caráter doutrinal ia a par com implicações eclesiológicas. Para nos convencer disso, bastará evocar alguns deles: a emergência das nações e, pelo mesmo fato,

---

46. J.-Cl. DHÔTEL, *op. cit.*, p. 332.

do galicanismo (com seus diversos equivalentes na Europa), que suscitava, em reação, uma reafirmação do magistério e do poder pontifício; a questão das missões na Ásia, na África, na América Latina; depois, a ampliação do ponto de vista em razão da urgência da evangelização nos países de cristianismo antigo (Pio XI); a interpretação da relação entre a graça divina e a liberdade humana; as questões provocadas pela cultura do Iluminismo e pela ciência moderna (crítica da religião, revisão histórica da história do cristianismo), entre outros.

Esses debates nem sempre tiveram repercussões na ordem sacramentária. Mas os sacramentos foram sempre testes práticos que permitiam perceber as conseqüências concretas de certas posições que se apresentavam, primeiro, de modo doutrinal e espiritual. Retenhamos aqui, por causa de seu impacto nos sacramentos, três debates modernos de longo alcance e no qual Roma se envolveu de várias maneiras: o jansenismo[47], a disputa em torno do quietismo, enfim a questão dita "modernista".

## 1. OS SACRAMENTOS E O JANSENISMO

Às vezes se diz que Baio abriu o caminho para Jansênio. Na realidade, suas doutrinas são bem diferentes, embora as duas se refiram ao agostinismo e tenham por objeto, antes de tudo, a relação entre a graça e a liberdade. O jansenismo foi um fenômeno durável, visto que exerceu influência até o início do século XX. Apresentava-se como uma realidade de múltiplos aspectos, ora doutrinal, ora moral, ora sacramental, ora política e cultural.

O agostinismo de Jansênio[48] tem a clara característica de se opor à espiritualidade "modernizante" dos jesuítas. Enquanto a Companhia de Jesus queria dar lugar, na Igreja, à novidade cultural da Renascença, do saber e da educação, o bispo Jansênio sustentava que o homem é viciado pelo pecado e que a graça divina tem uma eficácia total, chegando à predestinação dos seres humanos. Essa doutrina afetava, portanto, o sentido da graça e a liberdade humana. Era extremamente pessimista e não dava muita importância à liberdade. A esse primeiro aspecto, doutrinal e espiritual, logo se juntou, principalmente na França, uma perspectiva pastoral e sacramental. Saint-Cyran, diretor espiritual da abadessa de Port-Royal, Angélica Arnauld, e sobretudo o irmão da abadessa, Antônio Arnauld, efetuaram esse deslocamento. Os textos de Jansênio não falavam dos sacramentos. Antônio Arnauld foi quem levantou a questão da graça em relação a eles. No seu livro *De la fréquente communion* (1643), ele acusava a pastoral jesuíta de ser permissiva demais no que concernia à admissão à eucaristia. Opunha-se à comunhão semanal e exigia condições morais e

---

47. Assinalamos também que, entre as 79 proposições de Baio condenadas por Pio V, dez dizem respeito aos sacramentários; *DzS* 1901-1980. Sobre as teses de Baio, cf. t. 2.

48. Sobre Jansênio e sua doutrina, cf. t. 2.

espirituais rigorosas para o acesso ao sacramento. Essa posição teve acolhida na Europa pelo menos até o fim do século XIX. O cura d'Ars foi influenciado por ela na primeira parte de seu ministério.

O magistério romano não interveio diretamente, de início, a propósito da eucaristia. Pio X é que deveria voltar a esse ponto em 1905 e, sobretudo, em 1910[49]. O debate se concentrou, em primeiro lugar, sobre a penitência. Um decreto do Santo Ofício de 1690, que recapitula o conjunto das posições jansenistas, aborda pela primeira vez a questão sacramental a propósito do valor de uma contrição imperfeita dos penitentes, e quanto ao uso de se antepor a absolvição à realização da satisfação penitencial. Sublinha, igualmente, que o jansenismo está errado ao ligar, de maneira exagerada, a confissão à comunhão, ou ao exigir para comungar uma pureza de coração radical demais. Por outro lado, outro dado é ressaltado em relação ao batismo: não minimizar o papel do ministro[50]. Porque o jansenismo dava a impressão de insistir de tal forma no papel da graça que o ato próprio do ministro podia se tornar secundário.

Essa última tendência se manifesta, de novo, no início do século XVIII, no domínio penitencial. Diante das censuras romanas, certos jansenistas pretendiam guardar um "silêncio respeitoso" na confissão, contestando interiormente a interpretação de Jansênio dada pelo magistério, o que redundava em afirmar a autonomia relativa do fiel em relação à autoridade doutrinal e em relação ao ministro do sacramento. Em 1705, Clemente XI condenou essa atitude. Depois, em seguida à publicação, pelo oratoriano Quesnel, de comentários bíblicos julgados jansenizantes, o mesmo Clemente XI interveio, em 1713, pela bula *Unigenitus*, que se tornou famosa. Ele passou em revista 101 afirmações de Quesnel, julgadas incompatíveis com a fé católica. A respeito dos sacramentos, podemos destacar o sentido dado por Quesnel à graça batismal como se nada mais de pecado permanecesse na vida dos batizados (prop. 43), de tal sorte que um cristão que não cumprisse a lei evangélica ou que vivesse no temor deveria ser tido como ainda dependente da Antiga Aliança (prop. 63). Além disso, Quesnel sustentava rigorosamente que "fora da Igreja nenhuma graça é concedida" (prop. 29), o que o magistério não podia aceitar[51]. A bula *Unigenitus* provocou agitação na Igreja da França, por motivos ao mesmo tempo religiosos e políticos. Bento XIV chegou até a ordenar, em 1756, que se negassem os últimos sacramentos aos fiéis que notoriamente recusassem a bula. Isso significava permanecer na perspectiva adotada por Clemente XI contra o "silêncio respeitoso".

Contudo, o jansenismo não teve só essa tendência, globalmente minimizante, no domínio dos sacramentos. Teve, ainda, uma atitude bem diferente em

---

49. Decreto de 1905 sobre a comunhão cotidiana e de 1910 sobre a confissão e a comunhão das crianças na idade da razão; *DzS* 3375-3383 e 3530-3533.

50. *DzS* 2315-2318, 2322-2323, 2327-2328.

51. Textos: 1705, *DzS* 2390; 1713, *DzS* 2400-2502, em particular 2443, 2463, 2429.

relação a uma renovação pastoral das celebrações e da pregação. Na França, mas também na Alemanha, na Áustria e na Itália, essa corrente procurou levar os fiéis a participar da liturgia dominical (língua nacional, anáfora pronunciada em voz alta, comunhão sob as duas espécies) e a devolver à liturgia a sua prioridade em relação às devoções. Ao fazê-lo, pretendia sacudir as normas e as rotinas. Seria isso jansenismo, propriamente dito? Ou, antes, não teriam certos jansenistas sido despertados para uma renovação litúgica influenciada pela filosofia das Luzes? O fato é que o Sínodo de Pistóia foi condenado por Pio VI, em 1794, simultaneamente por jansenismo e por inovações na celebração dos sacramentos[52].

Finalmente, os três séculos de jansenismo vividos, em graus diversos, pela Europa ocidental permitem extrair alguns traços notáveis do magistério católico. Antes de tudo, parece que a autoridade doutrinal latina julga ser seu dever vigiar a interpretação que se faz de Agostinho: a bula *Unigenitus* atesta vigorosamente essa responsabilidade que se pode considerar tipicamente póstridentina. Da mesma forma, o magistério romano avalia as tendências cristãs que lhe parecem discutíveis estabelecendo uma ligação por demais estreita entre o que toca à doutrina da salvação (a graça) e o que depende da sacramentalidade: os sacramentos exprimem o sentido da profissão de fé e lhe dão forma. Isso também é muito pós-tridentino, tendo o Concílio de Trento já abordado a questão da justificação antes de tratar dos sacramentos e de exprimir a sua importância ritual.

Por outro lado, no decorrer do debate suscitado pelo jansenismo, o magistério nem sempre interveio por iniciativa própria. Foi freqüentemente convidado a tomar posição pelas autoridades locais (universidades, episcopado) ou por grupos de pressão (religiosos e políticos). Isso se compreende no contexto da época, mas levou a multiplicar as tomadas de posição romanas. Enfim, certos jansenistas contestaram as interpretações do magistério não quanto ao fundo, com o qual se declaravam de acordo, mas quanto a sua pertinência. O que era censurado, diziam eles, não correspondia ao que fora escrito por Jansênio ou por Quesnel. A compreensão que se tinha de suas afirmações não correspondia ao que eles queriam dizer. Reação semelhante já houvera no século XVI a propósito das condenações feitas contra o protestantismo. Este muitas vezes se queixara de não ser bem interpretado pelo magistério católico. Eis que encontramos, no interior do catolicismo, uma dificuldade análoga. É um fato que permanece atual. O magistério, pensam alguns, não é discutível no que diz, mas sim no que entende dizerem os grupos que ele condena. Seja porque globaliza de maneira esquemática demais posições nuançadas e freqüentemente diversas, seja porque enumera de maneira por demais analítica suas afirmações sem fazer aparecer sua coerência e sua finalidade.

---

52. Batismo, *DzS* 2627; eucaristia, 2628-2633; penitência, 2634-2650; ordem, 2651-2657; matrimônio, 2658-2660.

## 2. OS SACRAMENTOS E A MÍSTICA

Ao mesmo tempo que o jansenismo, mas de maneira mais breve, em alguns setores do catolicismo europeu surgiu, depois do concílio de Trento, um segundo debate ao mesmo tempo doutrinal e espiritual. A polêmica, de menor envergadura, está associada aos nomes de Molinos, Fénelon, Madame Guyon e ainda Malaval. Circuncreveu-se aos nos limites do século XVII e é conhecido pelo nome de disputa *quietista*. O problema em questão é antigo como o cristianismo: trata-se de saber qual o lugar que a fé cristã dá ou pode dar à mística, visto que esta tende a relativizar as práticas e as mediações eclesiais.

Molinos, que pode ser considerado a figura instauradora da corrente quietista, considerava que a passividade diante de Deus era o ideal do crente. Todo desejo, toda aspiração, todo interesse pela própria salvação deveriam desaparecer diante do mistério divino. Como em Baio ou no jansenismo, essa posição teológica não é orientada, em primeiro lugar, para a realidade dos sacramentos. Mas, de novo, ela encontra nos sacramentos uma espécie de conseqüência concreta: as "almas interiores" tomam alguma distância em relação ao regime sacramental. Entre as proposições molinistas censuradas por um decreto do Santo Ofício, de 1687, quatro têm a ver com os sacramentos[53]. O magistério contesta que "antes e depois da comunhão" não se requeira qualquer outra preparação ou ação de graça além de ficar habitualmente na "resignação passiva". A confissão sobretudo constitui uma dificuldade, porque, segundo a afirmação imputada a Molinos, "a via interior é independente da confissão", e, por isso, "às almas avançadas, Deus às vezes torna impossível a confissão, suprindo-a por uma graça que as preserva e que é igual à que receberiam do sacramento".

Seja qual for a forma como Molinos foi interpretado, pode-se pelo menos julgar que a mística (em sentido amplo) aparentava, nesse gênero de afirmação, ser reticente em relação à instituição eclesial e aos sacramentos. Nesse sentido, a espiritualidade sob a forma mística tomava distância em relação ao programa pastoral da Contra-Reforma, no qual os ritos e a instituição assumiam lugar de destaque.

Essa mesma dificuldade reaparece, em contexto francês, com Madame Guyon e Fénelon, mas com alguma nuance. Madame Guyon indica, em sua autobiografia, que às vezes, diante de seu confessor, "ela não sabia o que dizer, não achava mais nada". Fénelon, em sua *Explication des maximes des saints sur la vie intérieure* (1697), declarava que "não se é obrigado a fazer as confissões igualmente freqüentes", mas se negava a dizer que "a confissão é um remédio que convém só às almas imperfeitas". A doutrina do puro amor, tal como ele mesmo e Madame Guyon a formulavam, não foi menos condenada. Era julgada quietista. No breve *Cum alias* (1699) de Inocêncio XII, que censurava vinte e

---

53. *DzS* 2232 e 2234, 2259 e 2260.

três proposições extraídas da explicação das "máximas dos santos", Fénelon viu-se acusado desta afirmação: "as almas transformadas devem, ao se confessar, detestar suas faltas e desejar a remissão de seus pecados, não como sua própria purificação e libertação, mas como uma coisa que Deus quer e quer que queiramos para a sua glória"[54].

Mesmo que tenham sido, elas também, inspiradas por motivos de ordem política, as reprovações de Molinos e de Fénelon pelo magistério apresentam uma questão importante que não foi regulada pelas censuras do século XVII. A corrente mística, que se abrigou em alguns conventos no século XVIII, parece ter voltado à tona hoje, depois do Vaticano II. Questiona-se de novo se a espiritualidade tem realmente necessidade da expressão sacramental. Agora não se trata mais de mística, mas de uma interpretação da fé cristã que valoriza a experiência pessoal e se vê em dificuldade diante da positividade institucional da Igreja.

## 3. OS SACRAMENTOS E O MODERNISMO

Eis o terceiro debate moderno do qual participou o magistério católico. Está ligado à introdução do pensamento crítico e científico na reflexão sobre o cristianismo. Análise exegética, pesquisa histórica (especialmente sobre a história das origens cristãs), integração de novas abordagens filosóficas, esforço para encontrar uma nova expressão da fé cristã levando em conta a cultura "moderna", todo esse movimento se desenvolveu progressivamente desde o século XVII, acelerando-se no século XIX. Novamente a questão dos sacramentos não esteve no centro dessas atualizações, mas foi inscrita nesse programa renovador. Assim, no século XVII, o oratoriano João Morin publica um *Commentaire historique au sujet de la discipline dans l'administration du sacrement de pénitence* (1651). No século seguinte, Dom Martène estuda *Les Rites antiques de l'Église* (1700). Eusébio Renaudot valoriza *La perpetuité de la foi dans l'Église touchant l'eucharistie, les sacrements* (1711-1713), e D. Chardon publica uma *Histoire des sacrements* (1745). No século XIX, a estrutura sacramental histórica é apresentada por D. Guéranger (*Institutions liturgiques,* 1840-1851), J. H. Newman (*Essai sur le développement de la doctrine chrétienne,* 1845) e L. Duchesne (*Les origines du culte chrétien,* 1889).

Esse trabalho histórico considerável podia surpreender a teologia clássica, tanto mais que era às vezes realizado fora dos ambientes universitários cristãos. Podia também inquietar a autoridade, mas esta só interveio quando a história foi considerada a aliada objetiva de uma filosofia da experiência e de uma eclesiologia segundo a qual a autoridade eclesial não podia desconhecer os dados históricos, mesmo quando eles relativizavam dados julgados incontestáveis. Essa era a identidade do "modernismo", aos olhos de Roma[55]. A entrada em cena das

---

54. *DzS* 2370.
55. O sentido da crise modernista será analisado no t. 4 desta obra.

ciências exegéticas e históricas devia dar aos sacramentos um lugar até então inédito e suscitar uma nova tomada de posição do magistério.

O magistério romano interveio contra o fenômeno modernista em 1907, com dois textos, o decreto *Lamentabili* do Santo Ofício, depois a encíclica *Pascendi* de Pio X. Conforme o método clássico empregado contra o jansenismo e o quietismo, o decreto enumera os erros modernistas em diversos domínios, dentre os quais o dos sacramentos. A encíclica adota o gênero mais elaborado assumido pelo papado moderno há pouco mais de cem anos. A dupla intervenção de 1907 teve uma repercussão considerável. Com ou sem razão, *Lamentabili* e *Pascendi* foram tidos, até o Vaticano II, como uma condenação global da modernidade pela autoridade eclesial.

Na questão dos sacramentos, dois temas são denunciados pelo magistério: de um lado, as novas interpretações da tradição motivadas pelo trabalho histórico; de outro, uma concepção de conjunto dos sacramentos ligada a uma filosofia da experiência e do símbolo.

Na primeira perspectiva, a posição modernista reabre a questão da instituição dos sacramentos. O Concílio de Trento pronunciara-se afirmando que os sacramentos da nova Lei foram todos "instituídos por nosso Senhor Jesus Cristo". Ora, os modernistas defendem uma instituição apenas "mediada" por Cristo, tendo a Igreja explicitado, no plano institucional, a intenção de seu Senhor. Eis dois exemplos significativos:

> Os sacramentos têm sua origem no fato de os apóstolos e seus sucessores terem interpretado um pensamento e uma intenção de Cristo sob o estímulo e a pressão das circunstâncias e dos acontecimentos[56].

> Os dogmas, os sacramentos, a hierarquia, tanto em sua noção como em sua realidade, são apenas interpretações e evoluções do pensamento cristão que aumentaram e aperfeiçoaram, mediante desenvolvimentos externos, o pequeno germe escondido no Evangelho[57].

Essa concepção pretendia se apoiar em elementos exegéticos e históricos. O decreto *Lamentabili* nota que, para o modernismo, o que Paulo diz a respeito da eucaristia em 1Cor 11,23-25 não deve ser compreendido como totalmente histórico; ou ainda que as palavras de Jo 20,22-23 ("Os pecados serão perdoados a quem vós os perdoardes") não visam expressamente ao sacramento da penitência; da mesma forma, Tg 5,14, sobre a unção dos enfermos, não funda, como tal, o sacramento dessa unção. Por outro lado, a história do cristianismo permite, na ótica modernista, perceber o papel instituinte da Igreja para a penitência, a confirmação, o ministério sacerdotal e

---

56. *Lamentabili*, n. 40, *DzS* 3439; *FC* 678 (texto já citado, p. 205).
57. *Ibid.*, *DzS* 3454.

o matrimônio[58]. Finalmente, a encíclica *Pascendi* compreende assim a teologia modernista da instituição dos sacramentos:

> Isso não impede, é preciso afirmá-lo, que a Igreja e os sacramentos tenham sido instituídos mediadamente por Jesus Cristo. Eis como: todas as consciências cristãs foram envolvidas de alguma forma na consciência de Cristo, assim como a planta em sua semente. E da mesma forma os rebentos vivem da vida de Jesus Cristo. Ora, a vida de Jesus Cristo é divina, segundo a fé. Divina será, portanto, a vida dos cristãos. E é por isso que, se acontece que a vida cristã, na seqüência dos tempos, dá nascimento aos sacramentos e à Igreja, poder-se-á afirmar, em toda a verdade, que sua origem está em Jesus Cristo e que ela é divina[59].

Ao mesmo tempo, o modernismo contestado pelo decreto *Lamentabili* julga que a posição do Concílio de Trento deveria ser revista:

> As concepções sobre a origem dos sacramentos de que estavam imbuídos os padres conciliares de Trento e que, sem dúvida nenhuma, influíram em seus cânones dogmáticos estão muito longe das que hoje prevalecem, com razão, entre os historiadores que fazem pesquisas sobre o cristianismo[60].

O modernismo, visto pelos documentos magisteriais de 1907, tinha dos sacramentos uma segunda perspectiva. Não está apenas preocupado com a história, mas tem igualmente um ponto de vista filosófico, antropológico, diríamos hoje. Os sacramentos seriam expressões da fé que refletem as necessidades pessoais e comunitárias dos crentes, segundo a análise de *Pascendi*:

> O culto, para os modernistas, vem de um duplo impulso ou necessidade. Pois, como vimos, em seu sistema tudo é apresentado como saindo de impulsos ou necessidades interiores.
>
> A primeira é fornecer à religião um elemento sensível. A segunda é dar a conhecê-la, o que não se poderia absolutamente produzir sem uma forma sensível e os atos santificantes que chamamos de sacramentos. Assim, para os modernistas, os sacramentos são puros símbolos ou sinais. Mas não são sem eficácia. Para definir essa eficácia, eles tomam como exemplo certas palavras das quais se diz, na linguagem corrente, que são bem-sucedidas porque possuem o poder de propagar grandes noções fortes que marcam fortemente os espíritos. O que são essas palavras para essas noções, são os sacramentos para o sentido religioso: nada mais.
>
> Os modernistas falariam mais claramente se afirmassem que os sacramentos foram instituídos para alimentar a fé. Mas foi isso que o Concílio de Trento

---

58. *Ibid.*, DzS 3445, 3447, 3448, 3443 e 3446, 3444, 3449-3450, 3451.
59. *Dz* 2088 (suprimido em *DzS*).
60. *DzS* 3439; *FC* 677.

condenou: se alguém disser que esses sacramentos foram instituídos somente para alimentar a fé, que seja anátema[61].

Os documentos de 1907 eram inclinados, como muitas vezes no passado, a globalizar e radicalizar as proposições contestadas, tanto que as pessoas nem sempre se reconheciam no retrato de conjunto que se lhes apresentavam. A parte de verdade histórica descoberta pelas pesquisas do momento se via imediatamente integrada a teses inadmissíveis. Com o recuo do tempo, as condenações do modernismo no campo dos sacramentos perderam parte de sua importância. O conflito que se exprimia em termos de "ou isso ou aquilo" se resolveu progressivamente, deixando o terreno das soluções simples demais e fazendo justiça, ao mesmo tempo, a uma história mais bem conhecida — em sua origem e em seus desenvolvimentos (a gênese do setenário sacramental) — e a um dogma mais bem compreendido. Pouco a pouco, a teologia católica soube justificar de maneira mais crível sua instituição e sua natureza. A realidade *simbólica* dos ritos sacramentais é compreendida hoje em sentido forte e atuante; o símbolo não é uma simples figura pedagógica; ele tem uma eficácia própria. As concepções atuais do símbolo, longe de reduzi-lo a uma linguagem artificial, vêem nele um modo de comunicação consideravelmente corporal, que desperta a vida profunda dos sujeitos. Essas perspectivas não minimizam de forma alguma o dom de Deus comunicado de maneira específica pelos sacramentos.

## IV. OS SACRAMENTOS NAS OUTRAS CONFISSÕES CRISTÃS

Entre o concílio de Trento e o Vaticano II, constata-se que o ecumenismo, que hoje se tornou uma das dimensões dos atos magisteriais, não é ainda uma realidade efetiva. Roma não tem nem o gosto nem a ocasião de entabular um diálogo oficial com as Igrejas da Reforma, mesmo quando, desde os anos 30, diversos contatos se faziam entre católicos e protestantes, tanto na oração comum como na pesquisa teológica. Com os cristãos orientais e os anglicanos, o magistério católico permanece também em atitude de reserva. Até o Vaticano II, o magistério romano conserva-se fundamentalmente tridentino.

### 1. OS SACRAMENTOS DOS ORIENTAIS VISTOS DE ROMA

O decreto para os armênios, de 1439, marcara a possibilidade de um acordo ecumênico e, ao mesmo tempo, a fragilidade desse gênero de aproximação, em que os latinos sempre parecem querer impor suas próprias tradições e inter-

---

61. *DzS* 3489; *FC* 680.

pretações. Depois do Concílio de Trento, a dificuldade permanecerá. No século XVIII, sob o pontificado de Bento XIV, uma constituição para os gregos da Itália (1742) lembra que os sacerdotes orientais devem, em princípio, respeitar o costume latino que reserva a confirmação só para o bispo. No que diz respeito à unção dos enfermos, é possível que vários sacerdotes estejam presentes mas só um deve ungir e dizer a fórmula sacramental[62]. Reencontramos nessas disposições a atitude medieval habitual do magistério latino. Entretanto, em 1743, uma profissão de fé exigida dos marionitas unidos a Roma se atém, como é normal, à doutrina essencial e comum: o setenário, o sentido dos sacramentos[63]. É verdade que, na época, a liturgia marionita experimentava uma latinização que lhe faria perder, por muito tempo, seu espírito particular.

Outro episódio nas relações entre o magistério romano e o cristianismo oriental esteve ligado ao problema da epiclese eucarística. Essa invocação do Espírito Santo tinha valor consagratório como a narrativa da instituição? Um texto de Pio VII, em 1822, recusa essa interpretação e privilegia a tradição romana que ignorava, então, a epiclese propriamente dita. Pio X, em 1910, voltou à questão e deu a mesma resposta, julgando que, no caso em apreço, estava comprometida a "substância" do sacramento[64]. A realidade da teologia sacramental oriental é portanto, de fato, pouco reconhecida por Roma.

## 2. A TEOLOGIA SACRAMENTAL ORIENTAL DURANTE OS ÚLTIMOS SÉCULOS

No século XVI, logo depois da Reforma, o patriarca Jeremias de Constantinopla despedira polidamente os reformadores que queriam lhe apresentar suas concepções. Mas outro patriarca de Constantinopla, Lukaris, que residira no Ocidente e tinha tido relações diretas com o protestantismo, publicou, em 1629, uma profissão de fé de tendência calvinista: Jesus só tinha instituído dois sacramentos (batismo e eucaristia), a transubstanciação era uma noção supérflua e perigosa. Essa profissão de fé, editada primeiro em Genebra, em latim, depois traduzida para o grego, em 1633, provocou vivos protestos em Constantinopla. Lukaris foi deposto e, depois de sua morte, um sínodo o condenou.

Em seguida, nos séculos XVII e XVIII, dois textos do cristianismo ortodoxo foram considerados marcantes.

Primeiro, o *Catecismo* de Pedro Moghila, metropolita de Kiev, obra clara e didática. Sua doutrina é tradicional, mas incorpora certas precisões ocidentais como, por exemplo, a noção da transubstanciação: "A substância do pão e a substância do vinho são transformadas em substância do corpo e do sangue de

---

62. *DzS* 2522-2524.
63. *DzS* 2356.
64. Textos: 1822, *DzS* 2718; 1910, *DzS* 3556.

Cristo [...]. Porque, depois dessas palavras, realiza-se a transubstanciação e o pão é transformado no verdadeiro corpo de Cristo e o vinho em seu verdadeiro sangue". Moghila também não ignora a importância da intenção do ministro, embora fale disso sem os detalhes ocidentais: "O sacerdote santifica o sacramento pelo poder do Espírito Santo, mediante a firme intenção de o santificar". O que importa ao metropolita é mais a atitude espiritual do fiel do que a conceitualização: "A confissão deve ter estas qualidades: ser humilde, piedosa, verdadeira, sincera, condenando-se a si mesmo com dor". Isso não impede o realismo na escolha dos ministros ordenados: "É preciso examinar se as pessoas a serem promovidas a esse sacramento têm três coisas: primeiro, uma consciência boa e pura, afastada dos pecados que impedem o sacerdócio; em seguida, que tenham ciência e sabedoria, tanto para a administração dos sacramentos como para a direção do povo; e, enfim, que tenham os membros sadios"[65].

Nessa teologia sacramental, as particularidades orientais são normalmente indicadas: o batismo por imersão; a importância da unção imediatamente em seguida ao batismo ("Com a unção do santo crisma, serás selado e confirmado nos carismas do Espírito Santo, que recebes para a confirmação da fé cristã"); a importância da epiclese eucarística ("depois dessas palavras, a transubstanciação é no mesmo instante realizada"[66]); a comunhão sob as duas espécies; o papel do sacerdote na celebração do matrimônio.

O segundo grande texto de referência da teologia sacramental ortodoxa é a confissão de fé de um patriarca de Jerusalém do fim do século XVII e começo do século XVIII, Dositeu. Sua doutrina é tradicional, como a de Moghila. O que caracteriza a apresentação de Dositeu é, primeiro, a preocupação de buscar uma precisão conceitual maior que a de Moghila. Ele também aceita a noção ocidental de transubstanciação, mas explica cuidadosamente: "Depois da consagração do pão e do vinho, sua substância não permanece, mas o corpo e o sangue do Senhor estão sob as espécies e a forma do pão e do vinho, isto é, sob os 'acidentes' do pão e do vinho", o termo 'acidentes' designando aqui as aparências sensíveis[67]. Em seguida, Dositeu exerce certa vigilância em relação aos desvios doutrinais. Ele faz questão, por exemplo, de sublinhar bem que os sacramentos não são "simples sinais de promessas de Deus. Nós cremos que eles são, necessariamente, os instrumentos eficazes da graça para os iniciados". Ele indica que as criancinhas "devem ser batizadas". Denuncia a concepção protestante do ministério: "A par de outras impiedades, pareceu aos calvinistas que foi por acaso que existiram sacerdotes e bispos", e defende vigorosamente o setenário: "Nós cremos que os sacramentos do Evangelho

---

65. Cf. P. N. TREMBELAS, *Dogmatique de l'Église orthodoxe catholique*, t. III, p. 209, n. 1; p. 45, n. 3; p. 282, n. 1; p. 321, n. 1; G. PODSKALSKY, *Griechische Theologie in der Zeit der Türkenherrschaft (1453-1821)*, Munique, C. H. Beck, 1988.

66. *Ibid.*, p. 153; p. 178, n. 1.

67. *Ibid.*, p. 211, n. 1.

existem na Igreja e são em número de sete. Não admitimos um número de sacramentos nem inferior, nem superior, pois qualquer outro número de sacramentos só é fruto de uma demente heresia"[68].

Essas duas referências ortodoxas mostram que, se nas Igrejas da ortodoxia não existe um magistério do tipo latino, a autoridade eclesial se manifesta pelo reconhecimento, feito pelos sínodos, de textos autorizados. Por outro lado, o cristianismo oriental é mais permeável do que parece às questões ocidentais (noção de transubstanciação, teologia da Reforma) e procura conjugar a tradição bíblica e patrística com as questões espirituais e pastorais do tempo presente. O que pode levar a uma vigilância às vezes análoga à do magistério ocidental.

## 3. A QUESTÃO DAS ORDENAÇÕES ANGLICANAS

Desde o século XVI discute-se a questão da validade das ordenações anglicanas, pretendendo a Igreja anglicana guardar em seu seio as realidades da tradição cristã, especialmente o sacramento da ordem. Depois de muito estudo, a resposta romana foi dada em fins do século XIX com a carta *Apostolicae curae* de Leão XIII, em 1896.

Leão XIII situa esse caso preciso no quadro global da teologia sacramental clássica herdada da Idade Média e do Concílio de Trento. Todo sacramento é um "sinal sensível que causa a graça invisível"; os sacramentos "significam a graça que causam e causam a graça que significam". Isso se realiza mediante uma matéria — a imposição das mãos no caso da ordenação — e uma forma, a palavra de ordenação: "recebe o Espírito Santo"[69].

Mas o uso desse gesto e dessa palavra "não significa com bastante certeza e clareza a ordem do sacerdócio, nem sua graça e seu poder próprio"; e menos ainda pelo fato de o ritual anglicano "ter sido mudado com a finalidade manifesta de introduzir um rito não aceito pela Igreja"[70]. Há portanto, neste caso, escreve Leão XIII, um defeito de forma que implica um defeito de intenção[71]. No caso das ordenações anglicanas, o pressuposto segundo o qual o ministro "herético" quis fazer o que faz a Igreja ao se servir da matéria e da forma requeridas não funciona: a mudança do ritual impede a aplicação do princípio agostiniano:

> É claro, portanto, que não só falta a intenção necessária, mas também a intenção existente é contrária e oposta ao sacramento (*ibid.*).

---

68. *Ibid.*, p. 23, n. 7; p. 128, n. 317; p. 74, n. 2.
69. *DzS* 3315-3316.
70. *Dzs* 3318.
71. Cf. o texto de Leão XIII, citado acima, p. 184.

Os arcebispos anglicanos se declararam de acordo com o papa sobre as condições da validade do sacramento. Mas negaram que tenha havido, em sua Igreja, um defeito de intenção porque, segundo eles, as declarações e promessas requeridas dos candidatos à ordenação eram suficientes para exprimir objetivamente que eles queriam realmente "fazer o que faz a Igreja". Por seu lado, os bispos católicos ingleses estimaram a questão como "relativamente simples": "O rito anglicano pelo qual se administra a ordenação não é um rito reconhecido pela Igreja católica mas foi, ao contrário, estabelecido em oposição ao rito católico [...]. Por isso, a intenção do clero anglicano, coincidindo com a de sua própria Igreja, se opõe à da Igreja católica; ela é, portanto, contrária ao sacramento"[72].

O diálogo atual entre católicos e anglicanos ainda não chegou a ultrapassar essa incompreensão recíproca. Não obstante uma reflexão prolongada e frutuosa sobre os ministérios, que resultou no que a Comissão Mista Anglicana-Católica Romana (ARCIC) definiu como "um acordo substancial", parece que o debate não tem por objeto apenas o ritual e a intenção, mas ainda o sentido dado ao ministério ordenado. O distanciamento entre as duas Igrejas se revela portanto doutrinal e, por ora, Roma não vê como reconhecer a teologia aglicana da ordenação[73]. É, sem dúvida, num aprofundamento respectivo das duas posições que se poderá realizar um progresso decisivo.

### Conclusão: *de um concílio ao outro*

O período entre o Concílio de Trento e o Vaticano II não foi um tempo de grandes originalidades no campo sacramental, pelo menos nos textos do magistério. É a época em que Roma procura guardar a linha tridentina, o mais possível, apesar de novidades culturais e eclesiais muito importantes. Ao mesmo tempo, os problemas ligados aos sacramentos servem de teste da evolução da relação entre a Igreja e a sociedade ou o mundo. A tradição não pode se limitar à repetição de algumas fórmulas, embora judiciosas no momento em que foram definidas. Os sacramentos participam forçosamente das evoluções históricas, guardando sua identidade, mas se deixando envolver em conjunturas às vezes imprevistas. A tradição sacramental manifesta que parte do sentido do Concílio de Trento se encontra nos séculos que se seguiram. É pouco a pouco que, depois de Trento, se compreendeu parte do que o concílio queria dizer.

Nessa perspectiva, a referência tridentina se mostra, ao mesmo tempo, com o que tem de positivo e de limitado. De um lado, os sacramentos são

---

72. B. LEEMING, *op. cit.*, pp. 651-653.
73. Cf. A. BIRMELÉ, *Le salut en Jésus-Christ dans les dialogues oecuméniques,* Paris/Genebra, Cerf/Labor et Fides, 1986, pp. 361-388; resposta da Santa Sé ao documento final da ARCIC I, *DC* 89 (1992), pp. 111-115.

dons de Deus que têm sentido e eficácia, são santos mas acessíveis a muitos, têm uma natureza eclesial institucional mas se dirigem à liberdade da fé pessoal. Por outro lado, a Igreja católica tem dificuldade em ser ecumênica, em compreender a modernidade e em apresentar claramente certas questões clássicas como a da instituição dos sacramentos por Cristo e o papel da Igreja nessa instituição.

CAPÍTULO VI
# Os sacramentos segundo o Vaticano II
H. BOURGEOIS

O Vaticano II (1962-1965) constitui, para a Igreja católica deste tempo, um ponto de referência autorizado e de grande importância. Os textos conciliares sobre os sacramentos são, sem dúvida, menos originais que os referentes à eclesiologia em seu conjunto. Mas o Concílio tomou à letra a sacramentalidade, elemento sintomático porque marcado pela necessidade permanente de adaptação. Na perspectiva conciliar, os sacramentos são sinalizadores da vida evangélica e eclesial. Eles exprimem algumas questões importantes do cristianismo atual em sua fidelidade a Deus e em sua relação com os sinais dos tempos.

O Vaticano II não teve por objetivo renovar a teologia sacramental em seu conteúdo doutrinal. Nesse campo ele manteve, na maioria das vezes, as afirmações clássicas. Mas teve uma dupla intuição que haveria de se mostrar de grande importância. Por um lado, falar dos sacramentos não era tanto analisá-los quanto rever sua celebração: nesse sentido foi mais da liturgia do que da teologia sacramental que se ocupou aquele Concílio. Por outro lado, os sacramentos implicam uma eclesiologia e, também, uma cristologia: abordá-los para renovar sua celebração era também referi-los à Igreja e a Cristo.

Vamos considerar, aqui, a teologia sacramental do Vaticano II de três maneiras: primeiro, voltaremos à preparação do Concílio nesse campo; depois, procuraremos analisar e caracterizar o propósito conciliar sobre os sacramentos; enfim, proporemos uma avaliação do trabalho realizado.

## I. AS PREPARAÇÕES DO VATICANO II

**INDICAÇÕES BIBLIOGRÁFICAS:** R. GUARDINI, *L' Esprit de la liturgie,* Paris, Plon, 1929. — O. CASEL, *Le Mystère du culte dans le christianisme* (1935), Paris, Cerf,

1964. – O. ROUSSEAU, *Histoire du mouvement liturgique. Esquisse historique depuis le début du XIXe siècle jusqu'au pontificat de Pie XII,* Cerf, 1945. – G. DIX, *The shape of the liturgy,* Westminster, Dacre Press, 1945. – L. BOUYER, *La vie de la liturgie. Une critique constructive du mouvement liturgique,* Cerf, 1956. – A. G. MARTIMORT, *L'Église en prière. Introduction à la Liturgie,* nova ed., vols. I-IV, Paris, Desclée, 1983. – P. M. GY, *La Liturgie dans l'histoire,* Paris, Cerf/Saint-Paul, 1990. – E. SCHILLEBEECKX, *Le Christ, sacrement de la rencontre de Dieu,* Cerf, 1960. – O. SEMMELROTH, *Les sens des sacrements,* Bruxelles/Paris, OGL, 1963; *L'Église, sacrement de la rédemption,* Éd. Saint-Paul, 1963. – K. RAHNER, *Église et sacrements,* Paris, DDB, 1960.

A liturgia foi o primeiro assunto tratado pelo Vaticano II: a constituição *Sacrosanctum Concilium* (1963), que constitui o primeiro dos documentos conciliares, é totalmente consagrada a uma reflexão sobre a significação, a reforma ou a restauração e o progresso dessa realidade eclesial (*SC* 1). Essa insistência, de alguma forma iniciadora em relação à obra do Concílio, não foi devida a uma geração espontânea. No campo litúrgico e sacramental, o Vaticano II foi herdeiro de três elementos: a herança do Concílio de Trento, o investimento pastoral e teológico da primeira parte do século XX, e as iniciativas, enfim, de três papas, Pio X, Pio XI e Pio XII.

## 1. A HERANÇA DO CONCÍLIO DE TRENTO

O Concílio de Trento é uma referência espontânea do Vaticano II em matéria de doutrina sacramental. Aliás, segundo alguns comentadores, o Concilio permaneceu por demais tridentino nessa matéria. Em todo caso, o Vaticano II pretende que "seja mantida a sã tradição", desejando, no entanto, que "se abra caminho para um legítimo progresso" (*SC* 23).

O Concílio se refere a Trento a propósito do valor de ensinamento da liturgia (*SC* 33), a respeito da eucaristia (*SC* 6, 7, 55; *LG* 17) e do matrimônio (*SC* 77.2), e no que concerne ao ministério presbiteral ou episcopal (*PO* 2,2; *LG* 20.3, 21, 28.1). Menciona também três vezes um decreto tridentino de reforma (*PO* 4.1, 17.3, *CD* 12.1). Deve-se reconhecer que essas referências não são muito numerosas: o texto litúrgico-chave do Vaticano II, *Sacrosanctum Concilium,* comporta cinco referências a Trento, e não cita nenhum texto do magistério pós-tridentino. Entretanto, por duas vezes, sobre pontos sensíveis, o Vaticano II invoca o testemunho do concílio de Trento. Quando permite aos fiéis a comunhão sob as duas espécies, explica: "salvaguardados os princípios dogmáticos estabelecidos pelo Concílio de Trento" (*SC* 55). Do mesmo modo transcreve, a propósito do matrimônio, uma declaração do decreto *Tametsi*: "Se alguns países têm outros louváveis costumes e cerimônias para a celebração do matrimônio, o santo sínodo deseja ardentemente que de todo se conservem"

(*SC* 77.2). As novidades legitimadas pelo Vaticano II não vão, portanto, contra a tradição doutrinal e pastoral garantida pelo Concílio de Trento.

Mas Trento está sobretudo presente na teologia sacramental do Vaticano II graças a certas perspectivas adotadas e ao vocabulário usado, especialmente a propósito da eucaristia. Como Trento, o Vaticano II compreende a eucaristia como um sacrifício, segundo a linguagem bíblica (um sacrifício "espiritual", *LG* 10 e 34; oferecido "de modo incruento e sacramental", *PO* 2; cf. *SC* 12 e *LG* 28; comportando uma "vítima", *LG* 11 e 28); e o Concílio usa, aliás com discrição, o termo clássico espécies (*species*) eucarísticas (*SC* 7). No que se refere ao sacerdócio ministerial, o Vaticano II, por prudente preocupação de fidelidade, insere, numa problemática decididamente nova, as expressões tridentinas que falam dele como um "poder sagrado" (*PO* 2.2, *LG* 10 e 18) e retoma a fórmula do ministro agindo *in persona Christi* (*SC* 33, *PO* 2, *LG* 10 e 28; cf. *PO* 13 e *LG* 21).

Mais amplamente, o Vaticano II foi tradicional adotando as categorias recebidas na doutrina tridentina: os "sacramentos da fé" (*PO* 4, *GS* 38; cf. *SC* 59), o "efeito" (*SC* 72) ou a "virtude" (*SC* 7 e 10) ou a "eficácia" (*SC* 11) do sacramento e sua "significação" (*SC* 21 e 24, *LG* 7 e 11), a noção de "caráter" (do batismo, *LG* 11; do sacerdócio ministerial, *PO* 2), a noção de "substância" do sacramento (*SC* 38) ou ainda as expressões clássicas: "receber os sacramentos" (*LG* 10.2 e 37, *PO* 4,2, *CD* 30) ou "administrar os sacramentos" (p. ex., *PO* 2 e 18, *SC* 20, 36, 39, 63, *CD* 15, 30).

Mas o Concílio de Trento, reputado por seu rigor em questão de doutrina sacramental, não deixou de tomar posições práticas, repetidas pelo Vaticano II. Acabamos de citar a valorização dos "costumes e cerimônias" do matrimônio. Podemos ainda lembrar a preocupação de Trento em facilitar ao povo a compreensão da celebração eucarística, preocupação análoga à do Vaticano II[1].

Na mesma linha da preocupação pastoral de dar à doutrina sua verdadeira importância, o papa Pio V, que publicou, em 1570, em seguida ao concílio de Trento, um *Ordo missae* que permaneceu em vigor até o Vaticano II, foi um "corajoso inovador" em matéria litúrgica. A tradição oriunda de Trento não era, portanto, sem flexibilidade. "É um incrível paradoxo" o fato de alguns se reportarem a esse papa "para se opor a uma reforma inspirada pelo mesmo espírito, sustentada e aplicada por ocasião do concílio Vaticano II"[2]. De fato, Pio V simplificou o ritual eucarístico e sublinhou seu teor propriamente litúrgico, diferente das orações particulares ou das devoções.

## 2. UM ESFORÇO BICENTENÁRIO DE PASTORAL E DE TEOLOGIA

Uma segunda fonte da teologia sacramental apresentada pelo último Concílio se encontra no variado trabalho teológico que o precedeu e o preparou,

---

[1]. Cf. acima, pp. 151 e 165.
[2]. R. CABIÉ, em A. G. MARTIMORT, *L'Église en prière*, t. 2, *L'Eucharistie*, 1983, p. 191.

trabalho pouco a pouco ligado a uma renovação pastoral. Essa história não se limita às declarações magisteriais. Ela é feita também de pesquisas, iniciadas desde o fim do século XVI e durante o século XVII e continuadas, depois, nos séculos XIX e XX.

Do ponto de vista dos sacramentos, deve-se dar prioridade à renovação litúrgica com os nomes de L. Duchesne, G. Dix, O. Casel, R. Guardini. Os sacramentos se apresentam aí como atos litúrgicos, inscritos em uma celebração; seu sentido e sua eficácia se exprimem por meio do processo pelo qual se realizam. A *Sacrosanctum Concilium* tem início, assim, com uma reflexão sobre a liturgia.

É preciso, em seguida, considerar a renovação patrística (e também, mais amplamente, histórica) de que se beneficiou a reflexão do Vaticano II sobre os sacramentos. Essa renovação se deve às pesquisas de ingleses, como, por exemplo, E. B. Pusey e J. H. Newman; de franceses como J. Danielou e H. de Lubac e de muitos outros. Se nos atemos só às passagens dos textos conciliares que tratam expressamente dos sacramentos, parece, entretanto, que as referências patrísticas são relativamente limitadas, embora bem distribuídas[3]. Embora Oriente e Ocidente sejam igualmente citados ou lembrados, o florilégio desses textos está longe de representar a renovação patrística no cristianismo latino deste século. Na verdade, a teologia sacramental do Vaticano II está pouco preocupado em fazer referência aos Padres da Igreja e, conforme o caso, procura neles mais apoio do que verdadeira inspiração. Pode-se enfim constatar que o maior número de referências patrísticas concerne ao ministério ordenado (com uma coletânea de citações clássicas ou *testimonia* em *LG* 29, a propósito do diaconato) e à eucaristia (com uma coletânea de *testimonia* em *LG* 17 sobre a "oferenda pura" de que fala Malaquias 1,11).

O Concílio igualmente se beneficiou da renovação eclesiológica que o preparou. Isso aparece na ênfase eclesial dos textos referentes às celebrações e particularmente as celebrações sacramentais: "As ações litúrgicas não são ações privadas, mas celebrações da Igreja" (*SC* 26.1); "Elas pertencem a todo o corpo da Igreja, e o manifestam e afetam" (*SC* 26.2). Daí a importância dada à assembléia reunida para a celebração e à participação ativa dos fiéis no mistério celebrado.

A mesma renovação eclesiológica aparece também de maneira propriamente teológica. É o que se vê, primeiro, no uso do esquema ternário dos "ofícios

---

3. INÁCIO DE ANTIOQUIA, testemunha da unidade eucarística e do presbitério reunido em torno do bispo (*SC* 5 e 41; *LG* 20.2-3; 26.1; 27.4; 28.1-2); IRENEU DE LIÃO, sobre a tradição apostólica guardada pelos bispos (*LG* 20.2); a *Tradição apostólica* de Hipólito sobre o papel do bispo (*LG* 21.2 e 26.3); TERTULIANO, a propósito da tradição (*LG* 20.2); CIPRIANO DE CARTAGO, cantor da unidade eclesial (*SC* 26, *LG* 9 e 28.1) que insistia sobre o papel dos ministros (*LG* 20.3, 21.2 e 28.1); CIRILO DE JERUSALÉM, sobre o dom batismal do Espírito (*LG* 11.1); GREGÓRIO DE NAZIANZO, a propósito dos presbíteros (*LG* 28.1); AGOSTINHO DE HIPONA, sobre o batismo: "Quando Pedro batiza, é Jesus quem batiza" (*SC* 7), sobre a eucaristia (*SC* 47), sobre o matrimônio (*LG* 11,2) e sobre a pertença eclesial (*LG* 14.2); CIRILO DE ALEXANDRIA, a propósito da eucaristia (*SC* 48); enfim o PSEUDO-DIONÍSIO, a respeito do ministério presbiteral (*LG* 28,1).

de Cristo" (profeta, sacerdote e rei) para analisar a realidade eclesial e ministerial, isto é, as funções de evangelização, santificação e governo. Esse modelo permite dar aos sacramentos um lugar que os liga, de um lado, à evangelização e, de outro, à vida comum e à solidariedade entre cristãos. Segue-se a atribuição à Igreja de um estatuto de "sacramento" (*LG* 1, 9, 48, *AG* 1 e 5)[4]. Essa formulação, que fora proposta alguns anos antes do concílio (Semmelroth, Schillebeeckx, Rahner, Congar, de Lubac), permite considerar a Igreja não somente uma instituição definida por sua organização e sua função ou somente uma "comunhão" auto-suficiente. Os sacramentos-ritos são compreendidos, a partir daí, como expressão de uma Igreja que é, ela própria, de ordem sacramental.

A renovação bíblica deste século aparece na teologia sacramental do Vaticano II por meio da ênfase posta no mistério pascal de Cristo (*SC* 5-6, 47, 61, 102, 106-107) e do valor dado à escatologia[5]. Por outro lado, algumas referências bíblicas são indicadas nos textos sacramentais do Vaticano II, mais para apoio da reflexão em curso do que como fonte de pensamento teológico. Assim, em referência ao Antigo Testamento, *LG* 17 cita o texto de Malaquias 1,11 sobre a oferenda "pura", texto muitas vezes mencionado pelos autores cristãos do século II. Sobretudo, o Concílio emprega, por duas vezes (*SC* 47 e *UR* 22.3), o termo bíblico *memorial*. Essa palavra (Ex 12,14) fora salientada, antes do Vaticano II, para esclarecer a presença eucarística de Cristo em relação à Ceia da Quinta-feira santa[6]. Este é um elemento precioso da renovação bíblica na teologia sacramental. Mas o Vaticano II não o utilizou nos textos eucarísticos. Do mesmo modo, o Concílio fala naturalmente de "sacrifício" eucarístico, sem explicar esse termo por seu sentido bíblico.

Quanto ao Novo Testamento, além de algumas referências habituais aos sinóticos, ao quarto Evangelho e aos Atos, e empréstimos mais numerosos de Paulo, o concílio cita amplamente a Epístola aos Hebreus, a propósito da eucaristia e do ministério ordenado (2,17; 5.1-10; 7,24; 9, 11-28; 13, 17), assim como 1Pd 3,15 e 4,10 e Ap 19,10.

Outra renovação teológica precedera o Vaticano II, a da teologia sacramental como tal, graças a uma reflexão abundante sobre a eucaristia (de la Taille, Vonier, Jungmann), a iniciação cristã (Duchesne, Casel), a confirmação (um grupo de teólogos anglicanos, Dix, Lampe, Thornton) e, mais amplamente, o sentido da sacramentalidade (Schillebeeckx, Rahner, Semmelroth). O Concílio

---

4. Do mesmo modo *SC* 26, citando Cipriano: "a Igreja sacramento da unidade" e *GS* 43.6: "a Igreja, um sinal de salvação para o mundo". O tema da Igreja sacramento será retomado abaixo, pp. 432 e 436.

5. Cf. a liturgia celeste, *SC* 8 e *LG* 51.2; a espera da vinda final do Senhor, *PO* 2.4; a busca da plenitude do corpo de Cristo, *AG* 36.1 e 39.1; a condição de Igreja peregrina que "leva em seus sacramentos e em suas instituições a figura deste mundo que passa", *LG* 48.3.

6. Cf. M. THURIAN, *L'Eucharistie, memorial du Seigneur, sacrifice d'action de grâce et d'intercession*, Neuchâtel, Delachaux e Niestlé, 1959.

não fez eco a esses trabalhos, julgando, sem dúvida, que não devia entrar nas sistematizações teológicas, o que é a atitude conciliar tradicional.

## 3. AS INICIATIVAS DE TRÊS PAPAS

Uma terceira forma de investimento nos sacramentos precedera o Vaticano II. Três papas, Pio X, Pio XI e Pio XII, de fato se manifestaram, várias vezes, nesse campo. Todavia, suas declarações não tiveram real influência sobre o Concílio, a não ser por algumas referências. Elas exprimiam, na verdade, concepções comuns que não era necessário repetir. Além disso, algumas focalizavam pontos particulares, enquanto o Vaticano II pretendia ter uma visão de conjunto. Enfim, seu gênero literário apresentava sínteses teológicas, e essa não era a preocupação do Concílio. No Vaticano II, tudo se passa como se o tom e as perspectivas fossem outros, diferentes, em relação às declarações anteriores; e como se os grandes debates a propósito da relação com os Estados no que diz respeito ao matrimônio ou a propósito do jansenismo, da mística e do modernismo estivessem por ora esgotados, a menos que ressurgissem em seguida.

### *Pio X e a eucaristia*

As iniciativas papais a respeito dos sacramentos remontam, pelo menos no século XX, aos atos de Pio X em 1905 (comunhão freqüente) e em 1910 (confissão e eucaristia de crianças). Essas intervenções instauraram atitudes novas. Analogicamente, foi na mesma perspectiva que o Vaticano II começou sua obra reformadora pela revisão da liturgia, estendendo a preocupação ao conjunto dos sacramentos e celebrações.

Quanto às encíclicas relativas aos sacramentos, Leão XIII publicara, em 1902, a *Mirae caritatis*[7] sobre a eucaristia. Esse texto tinha a preocupação de lembrar a todos os católicos a importância desse sacramento para sua vida pessoal e seu senso eclesial, mas não teve o impacto dos outros escritos de Leão XIII. O mesmo pode-se dizer da constituição *Divini cultus* de Pio XI sobre a liturgia. Esse documento manifesta a fé comum da Igreja, mas não contribui com pontos de vista originais.

### *Pio XI e o matrimônio*

Bem diferente é a encíclica *Casti connubii* de Pio XI, em 1930, que propõe uma síntese teológica e espiritual sobre o matrimônio, detalhando os *bens* da vida conjugal numa linha agostiniana. Esse texto indica que o velho debate

---

7. *DzS* 3360-3364.

entre Igreja e Estado sobre a competência em relação ao matrimônio dos cristãos está encerrado. Daí em diante tratava-se de perceber melhor como viver o estado conjugal, considerando-se o que significa e propõe o sacramento:

> Este sacramento, naqueles que não lhe opõem obstáculos, não só aumenta a graça santificante, princípio permanente da vida sobrenatural, mas lhe acrescenta ainda dons particulares, movimentos positivos, germes de graça[8].

A *Mirae caritatis* e a *Divini cultus* falavam sobretudo da eucaristia, numa perspectiva conforme à sensibilidade do Concílio de Trento: eis que, agora, também o matrimônio assumia valor importante no setenário, por causa do que se passara entre a Igreja católica e os Estados, e também pelo fato de se dar maior atenção ao laicato. O Vaticano II citará naturalmente a *Casti connubii* (*LG* 40.2, *GS* 48.1 e 2, 49.1, 51.3, *AA* 11.3).

### *Pio XII, a Igreja e a liturgia*

Datada de 1943, a encíclica de Pio XII *Mystici corporis* é uma vigorosa síntese eclesiológica. Ela não fala dos sacramentos, à exceção de algumas afirmações sobre os "poderes sagrados" dos ministros ordenados e sobre o episcopado[9]. Esse texto anuncia, entretanto, o Vaticano II em dois pontos de grande importância. Por um lado, considera a realidade eclesial de maneira espiritual, na linha da renovação eclesiológica iniciada no século XIX (Scheeben), que aponta para o tema Igreja-sacramento. Por outro, leva em conta o esquema ternário dos ofícios ou funções de Cristo[10], esquema que terá lugar importante nos textos do Vaticano II. Por isso a *Mystici corporis* é citada diversas vezes, em nota, pelo último Concílio. Mas só três referências dizem respeito à sacramentalidade (duas a propósito da ordenação episcopal, *LG* 20.3 e 27.1, uma outra a respeito do culto que os santos rendem a Deus, *LG* 49). O Vaticano II não foi, portanto, influenciado muito diretamente pela *Mystici corporis*.

Em 1947, Pio XII publicou uma nova encíclica, *Mediator Dei,* inteiramente consagrada à renovação litúrgica. Esse documento, de grande repercussão, é para a liturgia e para a teologia sacramental o que a *Mystici corporis* é para a eclesiologia. Explica, primeiro, o que é a liturgia em termos totalmente consoantes aos do Vaticano II (embora a *SC* não o cite e a *LG* lhe faça referência a propósito de outro tema, o do sacerdócio ministerial, 10,2):

> Uma noção totalmente inexata da santa liturgia seria considerá-la uma parte puramente exterior e sensível do culto divino, ou uma cerimônia decorativa.

---

8. *DzS* 3713; *FC* 947.
9. *DzS* 3804; *FC* 503.
10. *DzS* 3821; *FC* 500.

Não é um erro menor considerá-la simplesmente o conjunto de leis e preceitos pelos quais a hierarquia eclesiástica regula a execução dos ritos sagrados[11].

Positivamente, a liturgia não é mais que o exercício da "função sacerdotal de Cristo":

> É o culto público que nosso Redentor rende ao Pai na qualidade de cabeça da Igreja. É também o culto prestado pela sociedade dos fiéis à sua cabeça e, por ele, ao Pai eterno. É, em suma, o culto integral do corpo místico de Jesus Cristo, isto é, da cabeça e de seus membros[12].

Pela liturgia se manifesta a presença de Cristo na eucaristia e também nos outros sacramentos e nas "orações" públicas dirigidas a Deus em seu nome. A mesma coisa dirá o Vaticano II na *SC* 7. Daí decorre o duplo movimento da ação litúrgica, o que vem de Deus para os homens e o que sobe dos homens para o seu Deus[13], que será sublinhado também pelo Vaticano II (*SC* 2.5 e 33). Daí, enfim, a insistência sobre a participação ativa dos fiéis, tema sobre o qual o último Concílio será também muito atento (p. ex. *SC* 11,14,21,48,50). Além disso, *Mediator Dei* lembra a distinção entre o sacerdócio batismal e o ministério sacerdotal[14], ponto sobre o qual o Vaticano II retoma a mesma doutrina (*LG* 10,2) e menciona explicitamente a encíclica.

Enfim, Pio XII, a propósito da presença de Cristo na eucaristia, mas também nos outros sacramentos e no ano litúrgico, lembra que esses mistérios "são fontes de graça divina pelos méritos e intercessão do Redentor, prolongando em nós seus efeitos e sendo cada um deles, segundo seu modo particular, causa de nossa salvação". É a oportunidade para o papa repetir o sentido da "transubstanciação" e de tomar distância, sem nomeá-la, da teologia de D. Casel, monge beneditino que procurara esclarecer o sentido da presença mistérica de Cristo por uma antropologia do culto como mistério[15]. O Vaticano II não tem nem essa referência à transubstanciação nem esse traço polêmico. Sua doutrina eucarística prefere insistir na presença multiforme de Cristo na Igreja (*SC* 7.1) e na identidade entre o sacrifício eucarístico e o de Cristo (*PO* 2.4 e 5.2, *AG* 15.2, *LG* 10.2).

## Pio XII, a ordem e a eucaristia

No mesmo ano de 1947, Pio XII publicou uma constituição consagrada à ordem. A *Sacramentum ordinis* toma posição sobre a matéria desse sacramento

---

11. *DzS* 3843.
12. *DzS* 3841; *FC* 793.
13. *Mediator Dei,* 20-22; *AAS* 39 (1947), p. 529; *DC* 45 (1948), 217-218.
14. *DzS* 3849-3852; *FC* 913-914.
15. *DzS* 3848 e 3855; *FC* 794.

(o gesto requerido) e sobre sua *forma* (as palavras tidas por constitutivas). Para isso, esse documento modifica o que declarara o decreto para os armênios, que considerava a entrega ou *"porrectio"* de objetos significativos (cálice com vinho, pátena com pão eucarístico, evangeliário etc.) como a matéria do sacramento da ordem[16]. Pio XII afirma que "a matéria e a única matéria das santas ordens do diaconato, do sacerdócio e do episcopado é constituída pela imposição das mãos"[17]. Essa modificação era devida à renovação bíblica e patrística: a imposição das mãos é o rito tradicional da ordenação. Ela tinha também um interesse ecumênico, visto que a *"porrectio" dos instrumentos* (segundo a expressão em uso) não existia nos rituais orientais: isso poderia eventualmente criar "angústias de consciência", no dizer do papa, embora a validade das ordenações dos cristãos orientais jamais tenha sido posta em dúvida pelo cristianismo latino. Pio XII pretendia, portanto, "suprimir qualquer controvérsia".

A argumentação desenvolvida pela *Sacramentum ordinis* observa que, para o Concílio de Florença e o decreto para os armênios, "a tradição dos instrumentos não é requerida pela vontade de nosso Senhor Jesus Cristo para a substância e para a validade" do sacramento da ordem. Se ela foi tida como "necessária", foi "pela vontade e pelo mandamento da Igreja". A substância do sacramento depende, portanto, da intenção de Cristo; seu uso e mesmo sua validade resulta da vontade eclesial. Ora, continua o papa, "sabemos que o que ela estabelece, a igreja pode também mudar ou ab-rogar"[18]. Princípio sacramental fundado na reflexão teológica e também na história da Igreja. Com essa afirmação, a reforma litúrgica do Vaticano II é, em certa medida, antecipada. Mas a continuidade tradicional exige que as mudanças sejam garantidas pela autoridade de maneira expressa e quase solene:

> É por isso que, depois de ter invocado a luz divina, em virtude de nossa autoridade apostólica e ciência segura, declaramos e, na medida em que for necessário, decidimos e ordenamos: (*segue-se a declaração sobre a imposição das mãos*)[19].

Por outro lado, se a principal preocupação da *Sacramentum ordinis* é com a matéria do sacramento da ordem, Pio XII intervém, também, na questão das palavras que são forma sacramental da ordenação. De passagem, ele lembra o sentido dessa *forma*:

> A forma e a única forma é constituída pelas palavras que determinam a aplicação dessa matéria, e significam de maneira unívoca os efeitos sacramentais, isto é, o poder de ordem e a graça do Espírito Santo, palavras que a Igreja recebeu e utilizou como tais (*ibid.*).

---

16. "Sua matéria é aquilo cuja entrega confere a ordem", *DzS* 1326; *FC* 891.
17. *DzS* 3859; *FC* 916.
18. *DzS* 3857; *FC* 915.
19. *DzS* 3859; *FC* 916.

A forma sacramental exprime, portanto, ao mesmo tempo, o poder conferido e o dom espiritual comunicado. Por outro lado, é considerada um elemento tradicional que a Igreja recebe. As palavras de que se trata são litúrgicas e pertencem aos prefácios de consagração.

O Vaticano II não retomou a linguagem da matéria e da forma a propósito dos sacramentos. Refere-se uma vez à *Sacramentum ordinis* em *LG* 28.1. Mas a constituição de Pio XII serve, doravante, de base para os rituais de ordenação, e o Código de 1983 integra a sua contribuição (cânone 1009.2). Esse texto constitui, portanto, uma expressão de valor *dogmático* em matéria sacramental, comparável à tomada de posição de Paulo VI sobre a celebração da confirmação[20], que estabeleceu, para a Igreja latina, que o gesto essencial desse sacramento era a unção e que as palavras para acompanhar esse gesto deveriam ser: "Recebe o sinal do dom do Espírito Santo".

O último texto magisterial notável a propósito dos sacramentos, antes do Vaticano II, é a encíclica de Pio XII *Humani generis*, de 1950. Esse documento passa em revista tendências ou posições teológicas e filosóficas que parecem incompatíveis com a fé cristã e sua expressão habitual. Foi percebido, às vezes, como um novo *Syllabus*, em referência ao texto de Pio IX em 1864. As diferenças entre os dois documentos, entretanto, são grandes. *Humani generis* é um escrito composto e desenvolvido e não se reduz a uma lista de teses rejeitadas. Nessa revisão, os sacramentos têm pouco lugar. Um ponto, entretanto, retém a atenção de Pio XII. É relativo à eucaristia e faz eco ao Concílio de Trento e à vigilância do Santo Ofício ao longo do século XIX: é a transubstanciação. Em 1947, na *Mediator Dei*, Pio XII defendera esse termo. Três anos mais tarde, a *Humani generis* explicita a questão:

> Há quem sustente que a doutrina da transubstanciação, fundada, dizem, numa noção filosófica ultrapassada da substância, deve ser corrigida, de tal modo que a presença real de Cristo na eucaristia se reduz a uma espécie de simbolismo, no sentido de que as espécies consagradas seriam apenas os sinais eficazes da presença espiritual de Cristo e de sua íntima união no corpo místico com os membros fiéis[21].

Essa constatação é complexa. Tem por objeto ensaios teológicos do momento que explicavam a presença real de Cristo na eucaristia pelos termos de *transignificação* ou *transfinalização*. Aos olhos de Pio XII, é insuficiente: o termo 'transubstanciação' permanece uma categoria sempre válida e necessária a título de referência. Mas isso não quer dizer *a priori* que qualquer tentativa de formulação da fé na presença eucarística que busque abster-se do termo

---

20. Const. apost. *Divinae consortium naturae* sobre a confirmação, 1971, *DC* 68 (1971), pp. 852-855.

21. *DzS* 3891; *FC* 795.

'transubstanciação' implique forçosamente uma redução dessa presença real a uma simples presença espiritual. Querer explicar de outra forma a transubstanciação não significa, só por isso, que se diga menos do que esse termo exprime. O Vaticano II, que evidentemente adere à tradição cristã sobre a presença eucarística de Cristo, não desejou reabrir o processo. A palavra 'transubstanciação' faz, portanto, parte da formulação do dogma eucarístico, com o valor que lhe deu o Concílio de Trento[22]. Nesse sentido, a tradição não pode contorná-lo ou deixar de se confrontar com ele. Mas permanece aberta a possibilidade de dizer de outra forma o que esse termo de referência implica. Sinal disso se encontra no Oriente: o cristianismo oriental pode confessar a fé eucarística da Igreja sem recorrer ao termo 'transubstanciação'.

Uma influência sempre decisiva do Concílio de Trento, uma abertura diversamente adaptada às várias renovações — espiritual, litúrgica e teológica — de nosso século, uma preocupação em integrar o essencial dos textos pontifícios recentes sem, por isso, repeti-los, nem mesmo obrigatoriamente citá-los: eis em que sentido se pode falar de uma preparação do Vaticano II no que diz respeito às afirmações conciliares sobre os sacramentos.

## II. A DOUTRINA SOBRE OS SACRAMENTOS DO VATICANO II

O exame da doutrina do concílio em matéria sacramental exige que se faça primeiro o levantamento dos textos marcantes que a exprimem, a fim de expor o seu conteúdo e, em seguida, resgatar suas características particulares.

> **INDICAÇÕES BIBLIOGRÁFICAS:** *La Liturgie après Vatican II. Bilans, études, prospectives,* org. por J. P. Jossua e Y. Congar, Paris, Cerf, 1967. — *La charge pastorale des évèques,* Decreto *Christus Dominus,* texto e comentários, Cerf, 1969. — *Les Prêtres.* Decreto *Presbyterorum ordinis et Optatam totius,* texto e comentários, org. por J. Frisque e Y. Congar, Cerf, 1969 (em particular H. DENIS, "La théologie du presbyterat de Trente à Vatican II", pp. 193-232). — *L'Apostolat des laïcs.* Decreto *Apostolicam actuositatem,* texto e comentários, org. por Y. Congar, Cerf, 1970. — *L'Activité missionnaire de l'Église.* Decreto *Ad gentes,* texto e comentários, org. por J. Schütte, Cerf, 1976. — *La Collegialité épiscopale. Histoire et théologie,* obra coletiva, Cerf, 1965. — B. SESBOÜÉ, "Le déplacement des catégories du ministère apostolique à Vatican II et sa répercussion sur le dialogue oecuménique", *Pour une théologie oecuménique,* Paris, Cerf, 1990, pp. 337-374. — R. PARENT, *Prêtres et évèques. Le service de la présidence ecclésiale,* Paris, Cerf/Éd. Paulines, 1992. — Cf. indicações bibliográficas dadas acima, p. 239.

---

22. Cf. acima, pp. 145-146.

# 1. OS LUGARES DA TEOLOGIA SACRAMENTAL DO VATICANO II

## A *constituição sobre a liturgia* (SC)

A constituição *Sacrosanctum Concilium*, promulgada em dezembro de 1963, é relativamente curta. Ela afirma, antes de tudo, a vontade de uma "restauração" e também de um "progresso" da liturgia (cf. 1 e o título do capítulo I). O magistério quer, portanto, agir de acordo com a tradição, trabalhando num sentido pastoral ("fomentar a vida cristã") e levando em conta as "necessidades de nossa época". O Vaticano II não luta contra nenhuma tendência particular a propósito dos sacramentos, busca somente tornar a liturgia mais significativa e mais adaptada. É por ser pastoral que se sente obrigado a ser teológico.

Nessa perspectiva, os sacramentos são inscritos numa realidade mais ampla do que eles, a liturgia — o que a *Mediator Dei* já propusera em 1947. O que lhes diz respeito representa menos de um terço do texto: isso quer dizer que eles não são objetos teológicos isolados, mas momentos (privilegiados) da vida litúrgica. A *Sacrosanctum Concilium* dá prioridade à eucaristia (11 parágrafos), enquanto os outros sacramentos, especialmente o batismo (7 parágrafos), são abordados mais rapidamente. Essas proporções são compreensíveis, dada a importância da celebração eucarística na vida pessoal e eclesial dos cristãos. Mas no equilíbrio do conjunto o batismo parece um tanto quanto minimizado. Nesse caso, a *Sacrosanctum Concilium* participaria ainda de uma mentalidade de cristandade para a qual a eucaristia é a principal marca sacramental, sendo o batismo mais um rito de passagem e de integração do que a fonte de uma espiritualidade permanente na vida cristã.

## *Lumen Gentium: os sacramentos e a existência cristã*

Esse importante texto conciliar dá aos sacramentos lugar digno de nota. Vinte e seis parágrafos falam deles, às vezes repetidamente, freqüentemente por simples menção, outras vezes acrescentando uma explicação. Nenhum desses parágrafos tem a ambição de dizer algo novo, ou de entrar em debates teológicos. A doutrina apresentada é tradicional, no sentido positivo da palavra.

Essa teologia sacramental não-sistemática atribui à Igreja o qualificativo de "sacramento" e utiliza o esquema ternário das funções ou ofícios de Cristo — profeta, sacerdote e rei —, que permite integrar os sacramentos no conjunto das funções eclesiais. Além disso, *Lumen Gentium* fala naturalmente dos sacramentos em geral, em sentido global. Diz-nos que "os sacramentos unem a Cristo" (7.2), que fazem parte dos "meios salutares" disponíveis aos cristãos (11.3), que sua celebração é "organizada" pelos bispos (26.3) e que os fiéis são convidados a "participar freqüentemente dos sacramentos, sobretudo da Eucaristia" (42.1). Ao mesmo tempo, os sacramentos são apresentados em correlação com outras realidades cristãs, o que é outra maneira de significar sua expansão: "os sacramentos e as virtudes" (11.1), "os sacramentos e os ministérios" (12,2), "a Igreja peregrina leva consigo, em seus sacramentos e em suas instituições, a figura deste mundo que passa" (48.3).

Em suma, se a *Lumen Gentium* fala dos diversos sacramentos e se esse texto dá ao batismo muito mais espaço do que lhe dava a *Sacrosanctum Concilium* (16 menções ao batismo na LG e somente 8 menções da eucaristia), a ênfase é dada, em primeiro lugar, à vida sacramental. Isso é particularmente claro ao se tratar do batismo, da ordenação e do matrimônio. Os sacramentos são integrados num movimento espiritual de conjunto que anima, de alguma forma, o setenário e lhe retira o estilo de pura enumeração (esse enfoque aparece em LG 11, do ponto de vista dos fiéis, e em 26.3, do ponto de vista dos bispos). Os sacramentos são, assim, tratados no quadro global da experiência cristã[23].

## *Lumen Gentium: o episcopado, ápice do sacramento da ordem*

O capítulo III da *Lumen Gentium* é consagrado à "constituição hierárquica e em especial ao episcopado"[24]. Ele comporta um ensino doutrinal que traduz uma mudança de problemática e um sensível deslocamento das categorias em relação ao decreto do Concílio de Trento sobre o sacramento da ordem. Lembramos que esse decreto era construído por completo sobre a categoria de sacerdócio[25]. Ora, o reconhecimento do sacerdócio universal dos fiéis, segundo Ap 1,6 e 1Pd 2,4-10 (*LG* 10), não permitia mais a referência à noção de sacerdócio para o ministério ordenado de maneira tão imediata. Como ponto de partida, o Concílio devia distinguir dois modos diferentes e complementares de participação ao único sacerdócio de Cristo: "O sacerdócio comum dos fiéis e o sacerdócio ministerial ou hierárquico ordenam-se um ao outro, embora se diferenciem na essência e não apenas em grau" (*LG* 10). O primeiro é um sacerdócio existencial, fundado sobre os sacramentos de iniciação cristã: faz do batizado alguém que tem acesso direto a Deus para se oferecer a ele e lhe oferecer o mundo, num sacrifício espiritual cujo conteúdo é a própria vida. O segundo é um encargo recebido pelo dom de outro sacramento: comporta a missão de exercer, perante o povo de Deus, a iniciativa de Cristo,

---

23. *LG* 10.2, sacramentos, oração e ação de graças, testemunho, abnegação, caridade; 11.1, os sacramentos e as virtudes; 12.2, os sacramentos, os ministérios, as virtudes, os carismas; 14.2, a profissão de fé, os sacramentos, o governo da Igreja, a comunhão eclesial; 15, os sacramentos, a comunhão na oração e nos outros benefícios espirituais, a união no Espírito; 34.2, atividades, orações, apostolado, vida familiar, trabalho e descanso, eucaristia; 37, a palavra de Deus e os sacramentos; 42, abrir-se à palavra de Deus, fazer a vontade divina, participar dos sacramentos, oração, abnegação, serviço aos irmãos, virtudes.

24. A importância desse capítulo quanto à estrutura da Igreja será tratada abaixo, pp. 437-438.

25. Cf. acima, pp. 166-167.

que o ensina, o santifica e o reúne. O segundo ordena-se ao primeiro, não lhe é nem superior, nem inferior, é de outra ordem.

Por outro lado, a opção principal do Concílio, que consiste em tratar do ministério ordenado e da hierarquia a partir do episcopado, e não mais, como em Trento, a partir do presbiterato, levou a situar de novo o sacerdócio ministerial como uma qualificação desse ministério e não como aquilo que o define pura e simplesmente. Com efeito, foi no nível de sacerdote de segundo escalão que se deu, no correr dos séculos, a confusão semântica entre o vocabulário *presbiteral* e o vocabulário *sacerdotal*. Encontramos a ilustração disso em um texto da *Lumen Gentium*, perfeitamente claro em latim:

> Embora os presbíteros (*presbyteri*) não possuam o ápice do pontificado [...], estão contudo com eles [os bispos] unidos na dignidade sacerdotal. Em virtude do sacramento da ordem, segundo a imagem de Cristo sumo e eterno sacerdote, eles são consagrados para pregar o Evangelho, apascentar os fiéis e celebrar o culto divino, de maneira que são verdadeiros sacerdotes (*sacerdotes*) do Novo Testamento (*LG* 28).

Onde o latim diz que os *presbyteri* são verdadeiros *sacerdotes*, muitas línguas modernas diriam: "os sacerdotes são verdadeiros sacerdotes"... A importância desse texto está em transpor a categoria sacerdotal de seu estatuto de categoria-sujeito, que tinha desde a Idade Média, a propósito do ministério ordenado, para a categoria-atributo[26]. Esse estatuto de categoria-atributo é claramente afirmado para o episcopado: "o episcopado [...] tanto pelo costume litúrgico como pela voz dos Santos Padres, é chamado o sumo sacerdócio" (*LG* 21).

Falando, portanto, do episcopado segundo essa perspectiva, o Concílio pode fazer três importantes afirmações a seu respeito. Primeiro, os bispos são *sucessores dos apóstolos por instituição divina*. (O Concílio de Trento recusara-se a abordar o problema litigioso do "direito divino dos bispos".) De fato, eles são os herdeiros do encargo dos apóstolos enviados em missão por Cristo, também ele enviado pelo Pai (*LG* 18-20). O ministério episcopal se define, antes de tudo, pela *missão* que impõe um encargo (*munus*) ou uma responsabilidade em relação ao povo de Deus, encargo que consiste em desempenhar "de maneira eminente e visível o papel do próprio Cristo, Mestre, Pastor e Pontífice", "agindo em seu nome" (*in ejus persona, LG* 21.2). O bispo exerce, portanto, a título ministerial, o tríplice ofício de Cristo. Esse tríplice ofício é formalmente enunciado: proclamação do Evangelho (*LG* 25.1, com citação do texto do decreto de reforma de Trento), santificação pelos sacramentos, "sobretudo na eucaristia" (*LG* 26.1), e direção das Igrejas como "vigários e legados de Cristo" (*LG* 27.1). A dimensão sacerdotal desse ministério é decomposta nas três funções: não é, portanto, só a função de santificar que é sacerdotal.

---

26. Cf. B. SESBOÜÉ, *Pour une théologie oecuménique*, p. 349.

Isto é relativamente novo e permite compreender melhor a originalidade do sacerdócio cristão em relação ao da Antiga Lei.

A segunda afirmação decorre logicamente da precedente, que definiu o episcopado por sua origem, sua significação, suas tarefas e sua finalidade; o episcopado é o grau supremo do sacramento da ordem (*LG* 21.2). Era uma questão discutida desde a Idade Média sobre a qual o Concílio de Trento não quis ou não pôde se pronunciar. Isso quer dizer que o único sacramento da ordem está distribuído em três graus, que devem ser compreendidos a partir do grau superior. É o que faz o concílio, percorrendo sucessivamente o episcopado, o presbiterato e o diaconato. Mas ele não se pronuncia sobre a origem dessa distinção sacramental: não afirma que vem da instituição por Cristo; ela pode vir de uma disposição eclesial, como muitos outros elementos relativos à gestão dos sacramentos.

A terceira afirmação consiste em dizer que o episcopado forma um colégio "apostólico". Mas "o colégio ou o corpo episcopal não tem autoridade se nele não se considera incluído, como chefe, o pontífice romano, sucessor de Pedro" (*LG* 22.2). Sente-se que a afirmação nova — embora manifestamente fundada no Novo Testamento e na antiga tradição da Igreja — da colegialidade dos bispos é sempre e prudentemente equilibrada pela lembrança das prerrogativas do bispo de Roma. Nesse sentido, o Vaticano II permanece fiel ao Vaticano I. A colegialidade significa, muito concretamente, que a responsabilidade de cada bispo não termina nos limites de sua diocese: ele "é obrigado a ter solicitude para com a Igreja universal" (*LG* 23.1).

Quando passa a falar — mais brevemente aqui — dos sacerdotes, o concílio os apresenta como "solícitos *cooperadores* da ordem episcopal" (*LG* 28.2). Eles exercem um ministério que é da mesma ordem do ministério dos bispos e que comporta as mesmas três tarefas sacerdotais: anúncio da palavra, santificação, especialmente pela eucaristia, e exercício da autoridade de Cristo Pastor, mas as realizam subordinados ao bispo e em comunhão com ele, num campo de responsabilidade qualitativa e quantitativamente mais reduzido.

O Concílio aborda, enfim, os diáconos, descrevendo as diversas funções de sua *diaconia*, "a liturgia, a palavra e a caridade", e restabelece a ordem do diaconato como um "grau próprio e permanente da hierarquia" que poderá ser conferido "a homens de idade madura, mesmo casados" (*LG* 29.2).

## *O ministério e a vida dos presbíteros* (PO)

O Vaticano II trata ainda dos sacramentos no decreto sobre o ministério e a vida dos presbíteros *Presbyterorum Ordinis* (1965). Seis números desse documento (2,4,5, 9,13 e 18) mencionam os sacramentos; o da ordem, é claro, mas também os que os bispos e os presbíteros conferem, particularmente a eucaristia (2.2, 5) e a penitência (2.2, 5.1, 13.3). Além disso, os presbíteros e os bispos não são apenas os que presidem e administram as celebrações sacramentais. Eles são também fiéis que receberam os "sacramentos da iniciação cristã" (2.3), que é o que fundamenta sua íntima solidariedade com o povo dos batizados (9.1); eles também recebem os sacramentos (13.3 e 18.2).

Como indica seu título, esse documento fala sobretudo do sacramento da ordem a propósito dos presbíteros. O título do decreto é fruto de uma intenção deliberada: o texto pretende tratar do *presbiterato* e não do *sacerdócio*, como o fez Trento. De fato, o termo *presbyter* (na maioria das vezes no plural) é empregado 125 vezes, contra 32 empregos dos substantivos *sacerdos, sacerdotium* e 15 empregos do adjetivo *sacerdotalis*[27]. A dinâmica das afirmações se insere exatamente no movimento das afirmações da *Lumen Gentium:* menção inicial do "sacerdócio santo e régio" (PO 2.1), recordação do envio dos apóstolos e dos bispos, seus sucessores, apresentação dos presbíteros como cooperadores da ordem episcopal, encarregados de exercer "publicamente o ofício sacerdotal em favor dos homens e em nome de Cristo". Assim como os bispos, mas "em grau subordinado", os presbíteros são configurados "com Cristo sacerdote, de forma a poderem agir na pessoa de Cristo cabeça" (*in persona ejus*, PO 2.2-3). *PO* 2 é uma duplicata mais desenvolvida de *LG* 28. O texto continua falando das três funções (2 e 4-6) já anunciadas, pois os presbíteros são "promovidos para o serviço de Cristo Mestre, Sacerdote e Rei" (PO 1). E articula com profundidade o ministério da evangelização com o da eucaristia. Numa linguagem paulina, descreve o ministério da palavra como "o serviço sagrado do Evangelho" (PO 2.4), isto é, um "serviço sacerdotal" (Rm 15,16).

Esse esquema do documento, que confirma as opções da *Lumen Gentium*, é velado pela presença de certas expressões do Concílio de Trento, acrescentadas para satisfazer as apreensões da minoria conciliar. Por isso se diz dos presbíteros que "são investidos do poder sagrado, conferido pela ordem, de oferecer o sacrifício e perdoar os pecados" (PO 2.2). Trento reduzia a esses dois sacramentos os "poderes" do sacerdócio presbiteral[28]. O Vaticano II retém o conteúdo positivo da afirmação, mas não seu aspecto exclusivo. Todo o peso do documento vai no sentido da articulação dos três encargos. Mas a sutura entre duas problemáticas radicalmente diferentes, mesmo que não sejam contraditórias, é um tanto quanto desajeitada.

Enfim, *Presbyterorum Ordinis* inscreve a sacramentalidade no conjunto da vida eclesial, o que permite destacar a ligação essencial entre os sacramentos e a pregação (2.4 e 4.2) e valorizar o fato de os sacramentos serem "sacramentos da fé" (4.2). O documento convida à compreensão da ordem em termos de vida e espiritualidade sacramentais (13 e 18.1). E recomenda aos presbíteros que não se esqueçam dos que estão longe da Igreja e, até, da fé: "À sua especial solicitude se encomenda os que abandonaram a praxe sacramental, talvez mesmo a fé. Como bons pastores, não deixem de fato de abordá-los" (9.3).

---

27. Cf. *ibid.*, p. 357.
28. Cf. acima, p. 166.

## *A atividade missionária da Igreja* (AG): *a iniciação cristã*

Um quarto texto conciliar aborda a questão sacramental de maneira significativa: o decreto sobre a atividade missionária, *Ad Gentes* (1965). Esse texto faz eco à *Lumen Gentium*, destacando a ligação entre os sacramentos e a palavra de pregação, isto é, o Evangelho (6.3 e 9.2; cf. 37.1 e 40.1), ao ressaltar a responsabilidade de testemunhas que os cristãos têm em razão de seu batismo e de sua confirmação (11.1: cf. *LG* 33.2) e, enfim, ao ligar a celebração dos sacramentos ao fim escatológico da vida cristã e eclesial (9.2; cf. *LG* 35.2 e 48.3). O documento fala sobretudo do batismo, com base numa prática pastoral concreta, a do catecumenato (13-14). Embora o acento seja posto prioritariamente nas Igrejas novas mais do que nas comunidades cristãs antigas, onde, desde então, a pastoral catecumenal é uma realidade efetiva, o *Ad Gentes* apresenta o batismo, a confirmação e a eucaristia de maneira bastante nova nos documentos magisteriais. Serve-se da categoria de "iniciação" cristã, que indica uma entrada no mistério da fé e na experiência progressiva tanto da Palavra evangélica como dos ritos que a celebram: "os catecúmenos devem ser iniciados" (14.1); "os sacramentos da iniciação cristã" (14.2; cf. *PO* 20.3).

## *A unidade das igrejas* (UR)

O decreto *Unitatis Redintegratio* (1964) sobre o ecumenismo e a unidade entre os cristãos reveste-se também de alguma importância para a teologia sacramental. Ele cruza as questões relativas aos sacramentos em três ocasiões.

Primeiro, o batismo "incorpora" os cristãos a Cristo (3.1 e 22.1), justifica pela fé e dá o título de cristão (3.1). Nesse sentido, ele é "o vínculo sacramental da unidade que liga todos os que foram regenerados por ele" (22.2). *Unitatis Redintegratio* leva em conta, portanto, certa comunhão sacramental entre os cristãos separados, baseada no batismo, mas cujo limite se revela na eucaristia; não há dúvida de que os cristãos orientais, mesmo separados de Roma, têm "verdadeiros sacramentos" (15.3), o que, em princípio, permite uma comunhão aberta ou uma hospitalidade eucarística com eles; mas, embora as Igrejas e comunidades oriundas da Reforma do século XVI tenham uma eucaristia que "faz memória da morte e ressurreição do Senhor", e professem que nela "é significada a vida na comunhão de Cristo" e que "esperam o seu glorioso advento", elas não conservaram, "por causa da falta do sacramento da ordem", "a genuína e íntegra substância do mistério eucarístico" (22.3). O Concílio, portanto, em sua avaliação da Santa Ceia protestante, se expressa levando em conta as mínimas diferenças. E sustenta que a intercomunhão com os protestantes "não pode ser considerada um meio a ser aplicado indiscriminadamente na restauração da unidade dos cristãos" (8.4). Dito isso, acrescenta que, "se a expressão da unidade proíbe, na maioria das vezes, a *communicatio,* a busca da graça, às vezes a recomenda" (8.4). Esses dois princípios circunscrevem o espaço aberto à prática.

Em seguida, o decreto sobre o ecumenismo apresenta uma afirmação que, na verdade, se refere ao diálogo ecumênico, mas que possui certa importância para a teologia sacramental. Os teólogos são convidados a se lembrar de que "existe uma ordem ou 'hierarquia' de verdades na doutrina católica, já que o nexo delas com o fundamento da fé cristã é diverso" (11.3). Esse princípio permite não só justificar as reformas litúrgicas, mas também não ligar a fé, no que ela tem de fundamental, com costumes litúrgicos ou com noções teológicas[29].

Portanto, os sacramentos são abordados em todos os grandes textos do Vaticano II, mas não ocupam lugar considerável, e o problema sacramental não é uma prioridade do Concílio. A teologia sacramental conciliar se apresenta segundo várias perspectivas complementares: a liturgia (sobretudo *SC*), a eclesiologia (sobretudo *LG*), o papel do ministro ordenado (sobretudo *LG* e *PO*), a responsabilidade missionária e evangelizadora do povo cristão (sobretudo *AG*), a questão ecumênica (sobretudo *UR*), enfim o conjunto da vida e da espiritualidade cristã (sobretudo *LG* e *PO*).

## 2. AS CARACTERÍSTICAS DA TEOLOGIA SACRAMENTAL DO VATICANO II

### Uma definição dos sacramentos

Uma única vez o Vaticano II intenta identificar os atos sacramentais. E o faz menos referindo-se ao que eles são (sinais, causas, meios de salvação, dons de Deus, atos de fé etc.) do que exprimindo o que fazem. A perspectiva é mais

---

29. A teologia sacramental do Vaticano II se encontra, enfim, em algumas menções complementares menores: — O decreto *Christus Dominus* (*CD*) sobre o munus pastoral dos bispos: o sacramento da ordem habilita os bispos e os sacerdotes para o serviço do povo de Deus (15.1); os bispos, que "são os organizadores, promotores e guardiães" da vida litúrgica, têm uma responsabilidade em relação à vida eucarística e sacramental dos fiéis (15.2); os párocos têm um dever análogo (30.6). — A constituição *Gaudium et Spes* (*GS*) faz uma alusão à eucaristia (38.2) e duas ao matrimônio (48.2 e 49.2). — O decreto *Apostolicam Actuositatem* (*AA*) sobre o apostolado dos leigos evoca o batismo e a confirmação como bases da vocação para o apostolado e nota que "os sacramentos e, sobretudo, a eucaristia" comunicam aos leigos batizados e "alimentam neles aquela caridade que é como a alma de todo apostolado" (3.1); e ressalta que, "para exercer tal apostolado, o Espírito Santo santifica o Povo de Deus por meio do ministério" (3.4) e também pelos carismas (*ibid.*). — O decreto sobre as Igrejas orientais católicas, *Orientalium Ecclesiarum* (*OE*), depois de ter proclamado, nessas Igrejas, "a mesma fé, os mesmos sacramentos e o mesmo governo" (2) e reconhecido a legitimidade de seus ritos particulares (2-4), aborda a "disciplina dos sacramentos" (12). Confirma a possibilidade, para o sacerdote, de ser ministro da confirmação (13-14). Fixa pontos práticos concernentes à penitência (16) e ao matrimônio (18) e deseja a restauração do diaconato onde for necessário (17). As comunidades orientais unidas a Roma são convidadas a certa flexibilidade em relação à intercomunhão ou à admissão ao sacramento da penitência (2-29). — Enfim, o decreto *Optatam Totius* (*OT*), sobre a formação dos sacerdotes, faz duas alusões aos sacramentos: "o sacrifício eucarístico e os sacramentos" (4) e "o culto litúrgico e a administração dos sacramentos" (19).

funcional que essencialista, mais prática que teórica. O que é dito tem mais a forma de uma descrição, que analisa e justapõe os diversos aspectos, do que o tom de uma definição condensada e articulada:

> Os sacramentos destinam-se à santificação dos homens, à edificação do corpo de Cristo e ainda ao culto a ser prestado a Deus. Mas, sendo sinais, destinam-se também à instrução (*SC* 59).

Essa formulação indica, a sua maneira, que os sacramentos vêm do alto (santificação, edificação do corpo de Cristo), mas também de nós (prestar culto a Deus). O primeiro movimento, o que vem de Deus, é fundamental e torna possível o segundo, o que sobe de nós para Deus. Assim compreendidos, os sacramentos têm várias funções: santificam, em outras palavras, transmitem a salvação aos fiéis que os recebem em sua vida pessoal; têm uma ação eclesial, a edificação do corpo de Cristo; possuem, enfim, uma importância litúrgica, são atos de culto. Por conseguinte, ao mesmo tempo que estabelecem um movimento "descendente" e um movimento "ascendente", eles conjugam uma função junto às pessoas e uma função constitutiva da Igreja: os sacramentos são para cada um e para todos.

Na última fórmula, o "mas" introdutivo ressoa de maneira curiosa. Não se vê como o quarto papel poderia se opor às três finalidades que acabam de ser indicadas. A menos que o Vaticano II sinta que, pelo fato de as três primeiras fórmulas falarem do efeito dos sacramentos, corre-se o risco de perder de vista sua significação: como se, ao se dar hoje prioridade à eficácia, fosse preciso lembrar a significação. O texto toma aí outro caminho, sugerido pelo acento posto na significação:

> Não só supõem a fé, mas por palavras e coisas também a alimentam, a fortalecem e a exprimem. Por essa razão são chamados sacramentos da fé (*ibid.*).

Aqui não se trata mais das finalidades ou das funções dos sacramentos, mas de sua relação com a fé. Os sacramentos são *sacramentos da fé* (essa expressão antiga se encontra em *PO* 4.1, *LG* 40.1 e *GS* 38,2) a tríplice título: a fé está antes deles (eles a supõem), neles (eles a alimentam, a exprimem) e depois deles (eles a fortificam). O Vaticano II retoma aqui uma linguagem que fora questionada no século XVI, quando diz que os sacramentos "alimentam" a fé, "alimentam" a vida cristã (*SC* 59.2), "comunicam e alimentam a caridade" (*AA* 3.1; cf. *LG* 33.2). O Concílio de Trento condenara aqueles para quem "os sacramentos foram instituídos somente para alimentar a fé"[30]. Era o caráter exclusivo dessa afirmação que oferecia dificuldade. Mas, tomada num conjunto em que se destaca a eficácia própria dos sacramentos, a fórmula que os considera alimento da fé é totalmente admissível. O problema do século XVI foi ultrapassado. Todavia,

---

30. Cf. acima, p. 134.

"a proclamação da Palavra se faz necessária para o próprio ministério dos sacramentos, uma vez que são sacramentos da fé, esta nasce e se alimenta da Palavra" (*PO* 4.2). Dessa forma fica excluída qualquer magia ritual: o sacramento pressupõe e implica a evangelização. Isso supõe, é claro, que os fiéis possam compreender os sinais sacramentais e que os pratiquem com regularidade para obterem a inteligência da fé.

Em um terceiro momento, o texto prossegue:

> Conferem certamente a graça, mas, além disso, sua celebração também prepara os fiéis do melhor modo possível para receber frutuosamente a graça, cultuar devidamente a Deus e praticar a caridade (*ibid.*).

Esse terceiro elemento acentua a eficácia dos sacramentos. O Vaticano II sente a necessidade de retornar a esse aspecto a partir de uma fórmula tradicional: "conferir a graça". O "além disso" não é absolutamente pertinente, porque o que se segue só explica como as celebrações sacramentais dão a graça de três maneiras: elas dispõem a receber a graça (tema clássico expresso pelo Concílio de Trento em seu decreto sobre a justificação), a prestar a Deus o culto devido, a viver na caridade. Ao mesmo tempo, determina-se a série dos efeitos do sacramento: se o culto prestado a Deus, já indicado no início do parágrafo, encontra-se simplesmente expresso de novo aqui, a santificação e a eclesialidade que eram igualmente mencionadas anteriormente são explicitadas: "receber a graça", "exercer a caridade". Ao movimento descendente (da santificação) e ao movimento ascendente (do culto prestado a Deus), se junta um movimento horizontal, antes apresentado como a tarefa de edificação do corpo de Cristo e expresso agora, de modo mais amplo, menos unicamente eclesial, por meio da vida na caridade.

Esse parágrafo não tem nenhuma pretensão teórica mas procura, de preferência, tomar em consideração a experiência sacramental. Para isso, combina as palavras da Bíblia (santificar os homens, construir o corpo de Cristo, prestar culto a Deus), a linguagem da tradição (conferir a graça, disposição para o dom de Deus, receber frutuosamente a graça, exercer a caridade, a título de sinais, sacramentos da fé) e uma relativa atualidade (celebração sacramental, expressão da fé pelos sacramentos, jogo dos "mas" para lembrar a importância da significação). A doutrina assim formulada é clássica. Pretende simplesmente manter juntas "as palavras e as coisas (sensíveis)", a graça e a disposição para a graça, a experiência pessoal e a experiência eclesial, o movimento descendente, o movimento ascendente e o movimento horizontal da fé.

## *As quatro referências dos sacramentos*

Outro traço da teologia sacramental do Vaticano II é dar aos sacramentos pontos de referência sem os quais não se pode absolutamente compreendê-los.

A preocupação não é nova, e a tradição está aí para afirmar que os sacramentos são dons de Deus e têm um sentido e uma eficácia em relação com a Igreja, ao mesmo tempo em que, em princípio, têm efeitos na vida daquelas e daqueles que os celebram e os recebem. O Concílio assume essa herança. Mas acrescenta a liturgia ao número das referências indispensáveis e, por outro lado, procura ligar os sacramentos aos outros elementos que tecem a vida cristã.

*A referência litúrgica.* Para o Vaticano II, que nisso prolonga a *Mediator Dei,* não se pode, na verdade, falar dos sacramentos independentemente de sua celebração e, portanto, da ação litúrgica na qual se inscrevem (*SC* 7.1 e 7.3). A liturgia, na qual o Espírito opera (*LG* 50.4), distingue-se das "cerimônias" não-litúrgicas (*SC* 13) pelo fato de ser um lugar privilegiado onde se exerce "a função sacerdotal de Jesus Cristo" (*SC* 7.2). Isso faz dela um ato eclesial (*SC* 26-27) pelo qual o povo responde a Deus que lhe fala (*SC* 33.1). Desse modo, portanto, "os sinais visíveis que a sagrada liturgia usa para significar as coisas divinas invisíveis foram escolhidos por Cristo ou pela Igreja" (*SC* 33.2). Nisso tudo a liturgia tem um sentido escatológico. Ela é o "antegozo da liturgia celeste" (*SC* 8, *LG* 49 e 50.4).

Os sacramentos estão na liturgia. Eles lhe pertencem e se inserem em sua categoria particular. Mas eles não são toda a liturgia: há liturgias da Palavra (*SC* 7.1) e do Ofício (*SC* 7,1), ou ainda dos *sacramentais,* que o Concílio define como "sinais sagrados" que se apresentam mais ou menos como uma "imitação" dos sacramentos e são orientados para eles (*SC* 60); eles têm, portanto, um estatuto propriamente litúrgico ("a liturgia dos sacramentos e dos sacramentais", *SC* 61). Os sacramentais têm um lugar privilegiado na liturgia: "toda a vida litúrgica gira em torno do sacrifício (eucarístico) e dos sacramentos" (SC 6).

A noção medieval de sacramental, que o Concílio integra à sua doutrina e que o Código de 1983 igualmente assumiu (cânone 1168), parece ser representada praticamente pelas bênçãos (*SC* 60 e 79.1) e pelo rito da consagração religiosa (*SC* 80). Sua definição, fortemente inspirada na de sacramento, é um tanto original em relação à da Idade Média[31]. A vantagem de semelhante concepção é manifestar que o setenário não é algo totalmente fechado: há uma relativa osmose entre os sacramentos e os sacramentais.

Contudo, a liturgia "não esgota toda a ação da igreja" (*SC* 9.1). Há, antes dela, a evangelização, depois a pastoral (*SC* 9,1-2), bem como o serviço do mundo (*GS* 38.1). Mas a liturgia é o "cume para o qual tende a ação da Igreja e, ao mesmo tempo, é a fonte da qual emana toda a sua força" (*SC* 10). "Fonte" e "cume": o Vaticano emprega de novo esses dois termos, num contexto análogo, para exprimir a relação da eucaristia com a evangelização (*PO* 6.5). Parece pertinente compreender essas duas palavras metafóricas como visando, ao mesmo tempo, à significação e à eficácia dos ritos. Falar de fonte e de cume significa

---

31. Cf. A. ROGUET, "Qu'est-ce qu'un sacramental?", *La Maison-Dieu,* 2 (1945), pp. 24-26.

considerar o papel da liturgia como o de uma força e de um sentido que, ao mesmo tempo, instauram ou fundam, e finalizam ou orientam o dom divino e a fé dos fiéis. Ela é "a ação sagrada por excelência, cuja eficácia, no mesmo título e grau, não é igualada por nenhuma outra ação da Igreja" (SC 7.4). Eficácia, sim, mas também significação, visto que a Igreja é sinal de ordem sacramental (LG 1). Em todo caso, o acento causal (fonte) e o acento final (cume) são mantidos conjuntamente.

*A ligação dos sacramentos a Deus.* A segunda referência importante do sacramentário apresentado pelo Vaticano II liga os sacramentos a Deus. Essa relação pode ser considerada de dois pontos de vista. Antes de tudo, os sacramentos são lugar da ação divina. É verdade que, muito freqüentemente, o Vaticano II se exprime como se eles tivessem uma atividade própria e como se fossem realmente sujeitos da ação: eles "prestam culto a Deus" (SC 59.1), "unem a Cristo" (LG 7.2), "comunicam e alimentam a caridade" (LG 33.2, AA 3.1). Mas essas fórmulas não devem enganar. Na realidade, é Deus que intervém pelo ato eclesial do sacramento. O que já o indica, segundo uma linguagem bem tradicional, é o passivo empregado para falar dos que recebem o dom sacramental. Esse passivo, inscrito em sua atividade crente, é uma maneira bíblica de marcar a prioridade do ato divino: os batizados "são consagrados" (LG 10.1), são "incorporados à Igreja" (LG 11.1); quer dizer que Deus os consagra e os incorpora. De fato, o Concílio sublinha, a propósito das celebrações sacramentais, o engajamento próprio e fundamental de Deus, na maioria das vezes ao ressaltar a ação de Cristo e a "função sacerdotal" que ele exerce nessas celebrações litúrgicas (SC 7.2, PO 5.1).

Teria nesse assunto a teologia sacramental do Vaticano II um certo sentido trinitário, embora não tão manifesto como seria de desejar? Sua teologia sacramental é, na verdade, sobretudo cristológica: os sacramentos unem a Cristo (LG 7.1-2), "enxertam" em seu mistério pascal (SC 6), "fazem "participar" de seu corpo (LG 7.3, AG 36.1, UR 22.1), "inserem" nesse corpo místico (PO 5.2), fazem "participar de seu sacerdócio" (LG 26.3) e "comungar em sua oblação" (PO 4.2), tornam "semelhantes" a ele (LG 7.2) e, mais ainda, "incorporados e configurados" a ele (AG 36.1), "configurados a Cristo sacerdote" (pela ordenação, PO 2.3 e 12.1). A doutrina dos três ofícios de Cristo, dos quais participam os cristãos, é também uma expressão da união dos fiéis a seu Senhor. Por meio de tudo isso, é Cristo quem opera. Ele exerce seu papel sacerdotal (SC 7.2, PO 5.1), fala na celebração, batiza (SC 7.1), oferece-se pessoalmente (PO 4.2) e convida os crentes a "se oferecerem com ele" (PO 5.2). É ainda ele quem realiza a comunhão eclesial (UR 2.4) e vem "ao encontro dos esposos cristãos", "permanecendo" em seguida com eles (GS 48.2). É ele quem chama para o apostolado (LG 33.2, AA 3.1). Manifestamente, a teologia sacramental do Vaticano II opera uma concentração "cristológica". O sacramento é, antes de tudo, "sacramento de Cristo" (GS 49.2).

As referências dos sacramentos ao Pai e ao Espírito, entretanto, não estão ausentes dos textos conciliares. Mas a ênfase neles é muito mais discreta. O fato de os sacramentos orientarem para o Pai e lhe prestarem culto é freqüentemente indicado (p. ex. *SC* 59.1). Mas o agir de Deus Pai, nos sacramentos, apenas implicitamente é ressaltado a propósito da "regeneração" batismal (*AG* 14.3 e 21.2, *UR* 22.1), na medida em que é o Pai que comunica uma nova identidade (*LG* 11.1). A filiação nova dos cristãos, na relação com Deus, instituída pelo batismo, é muito pouco sublinhada (há, contudo, um texto bastante forte: *LG* 64), o que representa sem dúvida uma falha. No fundo, para o último Concílio os sacramentos são mais sacramentos de Cristo do que "sacramentos de Deus", embora a linguagem conciliar multiplique fórmulas como "Palavra de Deus" ou "povo de Deus".

A relação dos sacramentos com o Espírito é um pouco mais favorecida. É verdade que o texto analisado (SC 59), que dá uma definição dos sacramentos, não o designa. Essa ligação, entretanto, é muito mais mencionada do que a dos sacramentos com o Pai. A ela se refere metade das fórmulas de ordem bíblica e litúrgica que exprimem a ação do Espírito de modo global: "no Espírito" (*OE* 2), "na unidade do Espírito" (*LG 13.2*), ou "os dons do Espírito" (*LG* 12.2, *GS* 38.1), "a força do Espírito" (*LG* 11.1, *AG* 11.1), "o poder do Espírito" (*LG* 44.3, *GS* 38.1), "a unção do Espírito" (*LG* 10.1, *PO* 2.1 e 12.2) etc. Quanto ao agir do Espírito, o Vaticano II o detalha, descrevendo seu papel multiforme (*LG* 4). Assim é dito que esse Espírito "opera a santificação do povo de Deus por meio do ministério e dos sacramentos" (*AA* 3.4, que faz eco a *LG* 12.2), "gera para uma nova vida" pelo batismo (*AG* 15.1; cf. *LG* 11.2 e 64, *AG* 7.3), "unifica os fiéis pela mesma fé, pelos mesmos sacramentos e pelo mesmo governo" (*OE* 2), "reúne num só povo" os batizados (*AG* 15.1; cf. *LG* 15), fortifica os batizados pela confirmação (*LG* 11.1, *AA* 3, *AG* 11.1), "vivifica" o corpo de Cristo dado em eucaristia (*PO* 5.2), "impregna a vida" dos batizados que receberam o sacramento do matrimônio (*GS* 48.2).

A referência ao Espírito é muito desigual entre os sacramentos. É bem marcada para o batismo (*LG* 10.1, 11.2 e 64, *AG* 7.3 e 15.1), a confirmação (*LG* 11.1, *AA* 3, *AG* 11.1) e o ministério ordenado (*PO* 2.3, 12.2 e 12.3, *AA* 23.1). Muito pouco para a eucaristia (*PO* 5.2): mas a reforma litúrgica decorrente do Concílio deveria desenvolver as epicleses invocando o Espírito durante a oração eucarística. Quase não há referência ao Espírito para o sacramento do matrimônio (apesar de *GS* 48.2), absolutamente nenhuma para o sacramento da penitência e para a unção dos enfermos. Essa falha é devida aos procedimentos de redação dos textos e também ao fato de a teologia sacramental do Vaticano II não ser sistemática.

*A ligação dos sacramentos com a Igreja.* Esse terceiro elemento estruturante da teologia sacramental do Vaticano II é tão transparente que às vezes tem sido unilateralmente destacado com o risco de minimizar os outros. O Vaticano II liga os sacramentos à Igreja de quatro maneiras.

1) Antes de tudo, a Igreja está em relação com os sacramentos na medida em que eles são celebrados nela, quando ela se reúne para a liturgia. É isso que quer dizer o termo "assembléia", aliás menos freqüente na linguagem conciliar do que se poderia supor (*PO* 5.3). "Comunidade sacerdotal" (*LG* 11.1), "comunidade fraterna habitada por um dinamismo de unidade" (*PO* 6.1), a Igreja "se reúne para celebrar o mistério pascal" (*SC* 6). Ela se congrega para a celebração litúrgica.

2) Assim ela está mergulhada nos sacramentos. Primeiro pelos próprios atos da celebração, atos de todo o povo e não apenas dos ministros: "em virtude de seu sacerdócio régio", decorrente do batismo, "os fiéis concorrem na oblação da eucaristia e exercem seu sacerdócio na recepção dos sacramentos" (*LG* 10.2). Receber os sacramentos, portanto, é também celebrá-los. Em seguida, a Igreja se edifica pelos sacramentos: ela é feita por aquilo que ela faz, ela se realiza fazendo realizar-se o dom sacramental de Deus. A finalidade dos sacramentos é "edificar o corpo de Cristo" (*SC* 59), eles lhe dão um rosto. "A principal manifestação da Igreja consiste na participação plena e ativa de todo o santo povo de Deus nas mesmas celebrações litúrgicas" (*SC* 41.2). Enfim, os sacramentos também dão uma missão na missão da Igreja. Os batizados são "delegados ao culto" (*LG* 11.1), "recebem a delegação ao apostolado" (*AA* 3.1). A eucaristia "desemboca" na caridade, na ação evangelizadora e no testemunho (*PO* 6.1 e 6.5). "Incorporados e configurados pelo batismo e também pela confirmação e pela eucaristia, todos os fiéis acham-se obrigados ao dever de cooperar na expansão e dilatação do Corpo" de Cristo (*AG* 36.1).

3) Mais fundamentalmente, o Vaticano II considera que a Igreja tem valor sacramental. Esse tema da Igreja sacramento já foi mencionado (*LG* 1, 9.3, 48.2, *AG* 1.1 e 5.1). Ele tem a vantagem de basear a ligação dos sacramentos com a Igreja na própria identidade do corpo eclesial. E convida também a não se considerar a realidade da Igreja somente como uma estrutura jurídica. Seu risco é o de eventualmente exagerar o papel da Igreja no mistério da salvação, algo sugerido por algumas formulações do Vaticano II[32].

4) A celebração dos sacramentos manifesta, enfim, a abertura ecumênica da Igreja. Esse traço é posto em relação com a sacramentalidade, isto é, com a fé evangélica que toma forma litúrgica. O único batismo funda uma solidariedade entre todos os cristãos, qualquer que seja sua afiliação confessional (*UR* 3.1 e 22.2). As Igrejas e comunidades não-católicas têm, portanto, também elas, uma qualidade sacramental, limitada mas real, que é o que exprimem estes dois termos — "significação" e "valor" — empregados conjuntamente a seu respeito: essas Igrejas e comunidades "não estão destituídas de significação e valor no mistério da salvação" (*UR* 3.4); ou, ainda, as palavras "santificação" e "verdade": "elementos de santificação e verdade subsistem fora das estruturas" da Igreja

---

32. P. ex., a *LG* 26.3 diz que "os bispos santificam os fiéis mediante os sacramentos", o que, em termos rigorosos, não é exato. Só Deus santifica. Assim também *OT* 4 deseja que os seminaristas sejam preparados "para realizar a obra da salvação por meio do sacrifício eucarístico e dos sacramentos", o que é ambíguo, pois a salvação é ato de Deus. O agir eclesial está a serviço desse ato.

católica (*LG* 8.2). Mas, ao mesmo tempo, entre o batismo comum e a concepção do ministério se introduziu uma fonte de divisão (*UR* 3.1 e 22.3), assim como também um desvio afeta as diversas concepções da eucaristia (*UR* 8,4 e 22.3). O Concílio menciona com nuances essas divergências. O magistério católico dá, portanto, no Vaticano II um estatuto oficial ao ecumenismo sacramental.

*A ligação dos sacramentos com os outros aspectos da vida cristã* define, enfim, a teologia sacramental conciliar. Isso não é novidade. Mas até então enfatizava-se os efeitos das celebrações sacramentais, efeitos eclesiais (apostolado, testemunho) ou efeitos na vida cotidiana secular (caridade, santidade, sentido espiritual da oblação de si etc.). O último Concílio teve uma preocupação a mais de inscrever os sacramentos no quadro global da experiência cristã. Em outras palavras, a preocupação de expandir os gestos rituais da fé. Já observamos acima, a propósito da *Lumen Gentium,* essa insistência[33]. O que vai a par com os sacramentos na vida dos cristãos é a relação com a Palavra de Deus, a oração, os dons do Espírito e as virtudes, o apostolado, o serviço aos outros, a renúncia. O sacramento, portanto, não é a totalidade da prática cristã, como também não é a totalidade da prática litúrgica. Essa referência é importante e muito sugestiva para a teologia sacramental. Os sacramentos não são apenas gestos que têm efeitos na existência cristã. São também expressões da fé, acompanhadas de outras manifestações evangélicas cujo contexto contribui para sua significação e seus frutos.

## Uma pastoral sacramental

A pastoral sacramental é um último elemento característico do sacramentário do Vaticano II e tem um valor dogmático. O Concílio estabeleceu uma ligação muito íntima entre a Palavra de Deus e os sacramentos (*LG* 17, 37.1, 64, *SC* 9.1-2, *PO* 4,1-2, *UR* 2.4). A razão dessa correlação é muito clara: "A pregação da palavra se faz necessária para o próprio ministério dos sacramentos, uma vez que são sacramentos da fé, e esta nasce e se alimenta da Palavra" (*PO* 4.2). Leituras bíblicas e pregação são, portanto, um elemento constitutivo da celebração. Ao mesmo tempo, Paulo VI, no moto-próprio *Sacram Liturgiam* (1964), indicava que os pastores devem fazer uma homilia aos domingos e nos dias de festa[34]. Mais tarde, na *Institutio generalis,* que acompanha o novo ritual eucarístico, seria afirmado: "A homilia faz parte da liturgia"[35]. Doravante, os rituais renovados dos sacramentos comportam pelo menos uma leitura bíblica, o que não se fazia antes (penitência-reconciliação, unção dos enfermos).

---

33. *LG* 10,2, 11.1, 12.2, 14.2, 15, 34.2, 37, 42.1; cf. *AG* 6.3 e 9.2; *PO* 2.5 e 4.2.
34. *Sacram Liturgiam, DC* 61 (1964), 359.
35. *Institutio generalis,* abril de 1969, n. 41; *Missale romanum ex decreto S.O. Concilii Vaticani II instauratum auctoritate Pauli pp. VI promulgatum,* typis polyglottis Vaticanis, 1970.

Em seguida, o Vaticano II insiste várias vezes na participação dos fiéis na liturgia dos sacramentos. Participação fundada no sacerdócio batismal (*LG* 10.2 e 26.3) e descrita como devendo ser "consciente, ativa e frutuosa" (*SC* 11), ou "plena" (*SC* 14.1, 21.2, 41.2). O qualificativo "ativa", acompanhado de outras características próximas (*SC* 14.1, 50) ou empregado sozinho (*SC* 19, 27.1 e 3), está no centro dessa atitude: os fiéis não podem ser "estranhos ou espectadores mudos" (*SC* 48); devem "exercer na ação litúrgica a parte que lhes é própria" (*LG* 11.1 e 26.3) e especialmente "concorrer" na oblação da eucaristia (*LG* 10.2). À forma clássica "receber os sacramentos" (*LG* 10.2, 37.1, *PO* 4.2, *CD* 30.6), correlativa de uma expressão não menos habitual, "administrar os sacramentos" (*SC* 36.2, 39, 63.1, *PO* 2.5, *CD* 15.2), se junta à expressão mais feliz "participar dos sacramentos" (*LG* 42.1, *SC* 56). A recepção é ativa, o dom a ser acolhido implica uma ação: "A índole sagrada e organicamente estruturada da comunidade sacerdotal efetiva-se tanto por meio dos sacramentos como pelo exercício das virtudes" (*LG* 11,1). Os fiéis "exercem seu sacerdócio na recepção dos sacramentos" (*LG* 10.2). Assim se pode realizar "uma celebração sincera, plenamente vivida" (*PO* 6.5).

As orientações dessa renovação litúrgica comportam: adoção das línguas vivas (*SC* 36.2); volta às formas antigas julgadas mais portadoras de sentido (por exemplo o batismo de adultos por etapas, *SC* 64-66); abertura para formulações ou ritos pertencentes às tradições orientais (a epiclese eucarística, a fórmula da confirmação); possibilidade de escolher entre vários gestos ou várias palavras (orações eucarísticas, bênção nupcial, gesto da comunhão); disposição de levar em conta as culturas locais (tradições relativas ao matrimônio, *SC* 77.2; ritos de iniciação, *SC* 65); convite para assumir as circunstâncias nas quais intervém a celebração (*SC* 68 e 75). O sacramento é, portanto, uma realidade histórica cuja "substância" está ligada às modificações e adaptações aos tempos e dos lugares, sem por isso perder sua identidade.

## 3. AVALIAÇÃO DA TEOLOGIA SACRAMENTAL DO VATICANO II

Para apreciar a importância da palavra do Vaticano II sobre os sacramentos, pode-se considerar, primeiro, sua relação com o Concílio de Trento e com o período que separou os dois concílios e, depois, sua relação com as sociedades e culturas do tempo presente.

### *O Vaticano II e o Concílio de Trento*

O Vaticano II se inscreve, do ponto de vista sacramental, na linha tridentina que ele pretende atualizar e prolongar, "a fim de que se mantenha a sã tradição e assim mesmo se abra caminho para um legítimo progresso" (*SC* 23.1). As categorias utilizadas para pensar os sacramentos (significação, eficácia, caráter, substância, sacerdócio batismal e sacerdócio ministerial, poder dos bispos e dos sacerdotes, sacrifício eucarístico), bem como a insistência na relação entre os sacramentos e a fé, são tradicionais. Além disso, o Concílio segue a pista de *Mediator Dei* a propósito do sentido da liturgia. Entretanto, são evidentes as diferenças entre o Vaticano II e o sacramentário tridentino.

Antes de tudo, há uma mudança de objetivo e de tom. Os contextos não são mais os mesmos. O Concílio de Trento se opunha à Reforma protestante, o Vaticano II procura reformar a Igreja católica reconduzindo sua autocompreensão ao essencial e adaptando ou renovando suas práticas litúrgicas e evangelizadoras. O último Concílio já não emprega a terminologia da transubstanciação ou da matéria e da forma dos sacramentos como haviam feito o Concílio de Trento e Pio XII. Não parece que o magistério tenha renunciado a essas expressões, mas não sente necessidade de as empregar obrigatoriamente.

Na mesma linha, pode-se arrolar certo número de debates clássicos a respeito da teologia sacramental deixados de lado pelo Vaticano II: por exemplo, a instituição dos sacramentos por Cristo, a intenção dos ministros, a presença eucarística de Cristo, a comunhão sob as duas espécies e mesmo a concelebração eucarística. Essas questões já estão regulamentadas e não requerem novo tratamento por parte da autoridade. Do mesmo modo, as longas discussões suscitadas entre o Concílio de Trento e o Vaticano II a propósito do matrimônio e da competência eclesial em relação ao poder dos Estados, a propósito do jansenismo, da mística e do modernismo não encontram eco no último Concílio.

Por outro lado, apontou-se o importante conjunto de novidades trazidas pelo Vaticano II à teologia sacramental do Concílio de Trento e às explicitações que se lhe seguiram. A mudança é sobretudo de ordem prática, mas toca também à terminologia tradicional. O último concílio fala antes de eucaristia do que de missa. O sacramento da penitência guarda seu nome, mas percebe-se uma multiplicação de termos que serão legitimados por Paulo VI e pelo sínodo de 1983: "Aqueles que se aproximam do sacramento da penitência obtêm da misericórdia divina o perdão da ofensa feita a Deus e ao mesmo tempo são reconciliados com a Igreja que feriram pecando" (*LG* 11.2). A formulação é patrística e tradicional. A linguagem da reconciliação é discretamente esboçada aqui.

Numa preocupação terminológica mais clara, o Vaticano II sugere igualmente que se fale de "unção dos enfermos" em vez de "extrema-unção" (SC 73). Essa não é uma inovação propriamente dita. De fato, "os termos *extrema unctio* ou *unctio exeuntium*, empregados por teólogos e canonistas a partir do século XII, não são muito encontrados nos rituais antes do século XV"[36]. Além disso, os debates do Concílio de Trento sobre a extrema-unção tinham manifestado a vontade de não reduzir esse sacramento apenas à unção dos moribundos. Talvez seja mais típica a linguagem concernente ao sacramento da ordem ou da ordenação. O Vaticano II, embora guardando o vocabulário tridentino do sacer-

---

36. A. G. MARTIMORT, *L'Église en prière*, t. III, *Les sacrements*, p. 147.

dócio, não faz mais dele a referência principal desse sacramento. Emprega a linguagem da missão, do encargo e do ministério. Esse vocabulário não minimiza a consagração ou o estado dos cristãos ordenados e não reduz seu papel a uma pura função. Indica que esse serviço, que está ligado a um sacramento, não se define somente pelo sacerdócio, mas implica, segundo o esquema das três funções de Cristo, uma responsabilidade de evangelização e um papel na unidade e na solidariedade da Igreja.

Pode-se também destacar na teologia sacramental do Vaticano II novidades mais distintamente doutrinais. É o caso da noção bíblica de *memorial*, cuja importância na teologia da eucaristia já foi apontada (*SC* 47 e *UR* 22.3). Citemos igualmente a integração da vida sacramental da Igreja ao esquema ternário dos três ofícios de Cristo: isso dá às celebrações uma relação estruturante com a evangelização e com a unidade eclesial (*LG* 1-13, 25-27, 34-36). Do mesmo modo, intervém na linguagem conciliar a noção de sacramentos da iniciação cristã (batismo, confirmação, eucaristia). Essa formulação tornou-se possível pela renovação patrística e antropológica dos séculos XIX e XX[37]. Ela designa o processo de estruturação da fé e da integração na Igreja tal como é marcada pelos sacramentos que constituem a identidade cristã e eclesial. Esse processo supõe um caminho catecumenal, celebrações apropriadas e a descoberta da realidade eclesial (*SC* 64, *AG* 13-15).

Duas outras novidades têm ainda uma importância doutrinal. Uma, próxima da prática, abarca o sentido do ministério e também a relação com o Oriente cristão: é a restauração do diaconato permanente, que implica um papel ministerial original, pois o diácono é encarregado de uma função de presidência sacramental para o batismo e o matrimônio (*LG* 29). O cristianismo ortodoxo contemporâneo vê nisso uma inovação latina inquietadora, visto que o diaconato tradicional não tinha esse papel. A antiga divergência entre os diaconatos ocidental e oriental sobre esse ponto não era muito evidente, até aqui, porque os diáconos ocidentais não permaneciam nesse ministério, devendo, em princípio, tornar-se sacerdotes. A tomada de posição conciliar impede, em todo caso, de falar, doravante, de "ministério sacerdotal" sem mais detalhes, porque o ministério não-sacerdotal, mas ordenado, do diácono desempenha uma função no batismo e no matrimônio. A segunda novidade teológica e doutrinal consiste em uma extensão da sacramentalidade, especialmente à Igreja: mencionamos de novo sua importância. Embora não constitua uma total novidade em relação à tradição, ela se apresenta como um traço novo quanto à eclesiologia e, portanto, quanto à relação entre a Igreja e os sacramentos: os sacramentos manifestam a sacramentalidade eclesial ao mesmo tempo em que exprimem o agir de Deus.

O último Concílio tentou igualmente formular melhor algumas questões clássicas no cristianismo latino: por exemplo, a relação entre a Palavra de Deus

---

37. Cf. P. M. GY, "La notion chrétienne d'initiation", *La Liturgie dans l'histoire*, pp. 17-39; cf. *AG* 14 e *PO* 2.3; já em *SC* 65 e 71.

e os sacramentos (especialmente *PO* 4.2 ou *LG* 17). Do mesmo modo procurou explicar, com diferentes resultados, a função do Espírito nas celebrações sacramentais, permanecendo, no entanto, fortemente cristocêntrico (*LG* 12.2 e *AA* 3.4). A respeito da presença real e eucarística de Cristo (*SC* 7), ressaltou os diversos modos da presença do Ressuscitado nas celebrações sacramentais: a presença ligada à consagração e à epiclese entra, então, numa globalidade, assim como os sacramentos entram no conjunto constituído pelas três funções de Cristo. Em todos esses casos se sente o desejo de não deixar isolado um elemento do mistério e de o ligar ao contexto no qual se encontra seu sentido.

Entre as questões da teologia sacramental mais bem formuladas, pode-se ainda destacar o que diz o Vaticano II dos sacramentos celebrados fora do catolicismo (*UR* 3.4 e 22). Repete-se, em parte, sobretudo o tema clássico da significação e da eficácia dos sacramentos. Por um lado, a significação dos sacramentos é compreendida como uma "manifestação" da Igreja (*SC* 41.2), como uma realidade cujo caráter eloqüente depende dos ritos (*SC* 59.2), enfim como o fundamento do testemunho que os cristãos devem dar (*LG* 11.2, a propósito do matrimônio). Por outro lado, a eficácia sacramental, classicamente analisada segundo seus múltiplos aspectos (por exemplo, *SC* 10), é considerada não só o dom da graça mas também, de alguma forma aquém desse dom, uma "disposição" para receber a graça (*SC* 59): o Concílio de Trento já o destacara, mas a propósito da justificação em geral, não em relação aos sacramentos.

## O Vaticano II e o tempo presente

Os sacramentos, tais como os compreende o Vaticano II, são realidades para a vida cristã de hoje. Sua formulação, a reforma de seu ritual, a ênfase em sua pastoral indicam, da parte do Concílio, essa convicção. Mas é sempre difícil levar em conta o tempo presente. Por isso o último Concílio não conseguiu evitar a crise sacramental atualmente vivida pelo cristianismo latino.

Em sua *Carta apostólica* para o 25° aniversário da *Sacrosanctum concilium* (1989), João Paulo II enumerou algumas dificuldades que lhe pareciam afetar "a aplicação da reforma litúrgica". Destaca elementos oriundos da cultura. "uma privatização do domínio religioso, uma certa rejeição de qualquer instituição, uma menor visibilidade da Igreja na sociedade, um questionamento da fé pessoal". A esse primeiro conjunto, ele acrescenta uma série de dados provenientes da vida eclesial de hoje: "a passagem de uma simples assistência, muito freqüentemente passiva e muda, para uma participação mais plena e ativa foi uma exigência pesada demais para alguns", o fato de "alguns terem recebido os novos textos com alguma indiferença ou sem procurar compreender, nem explicar, os motivos das mudanças", enquanto "outros se concentraram de maneira unilateral e exclusiva nas formas litúrgicas precedentes, percebidas por alguns como única garantia de segurança na fé", enfim a tendência a "inovações fantasiosas", "perturbando a unidade da Igreja e a piedade dos fiéis, contrariando mesmo, às vezes, os dados da fé"[38].

Essa análise põe em relevo um problema habitual na história do dogma, o da recepção dos atos magisteriais. Ao mesmo tempo, ela indica dois fatores importantes: a cultura atual e a vida da Igreja. Sem dúvida, o primeiro exerceu influência maior. A aplicação eclesial, litúrgica e catequética, e mesmo teológica, das orientações conciliares tem, evidentemente, um papel considerável; e esse papel, malgrado as insuficiências, um pouco por toda a parte, não foi só fonte de dificuldades. Mais decisiva ainda parece ser a sensibilidade cultural e espiritual deste tempo. A teologia sacramental do Vaticano II procedeu a importantes reajustamentos, mas não pôde assumir evoluções que começavam a se delinear nos anos 1960 e que se aceleraram em seguida.

Primeiramente, é a fé que está hoje em transformação. A problemática do Vaticano II insistiu legitimamente na iniciativa de Deus nos sacramentos, na importância comunitária e eclesial das celebrações litúrgicas no fato de os momentos sacramentais se inscreverem no devir da vida cristã. Mas hoje, em muitos casos, o problema é outro. Consiste em esclarecer aquilo em que se crê e até mesmo o que quer dizer o ato de crer. Não basta, portanto, dizer que os sacramentos são "sacramentos da fé" para que esse problema seja resolvido. É preciso ainda que a Palavra de Deus seja aceita por sua própria força e que o Evangelho requeira a celebração para nela se manifestar de outra maneira, sob uma nova forma. Não é garantido, portanto, que o sacramento seja a única ou a primeira celebração no caminho da fé evangélica. Ritos não-sacramentais ou pré-sacramentais seriam, talvez, mais adaptados. Parece, além disso, que a iniciação cristã, cuja importância foi declarada pelo Vaticano II, é muitas vezes deficitária, mal assegurada na infância e difícil na idade adulta. Compreende-se, então, a dificuldade atual do sacramento da penitência, pois sua celebração implica uma iniciação suficiente. Do mesmo modo, o batismo é, finalmente, pouco significativo em muitas comunidades cristãs: ele se reduz praticamente só ao batismo dos recém-nascidos e é percebido como uma forma constante da vida cristã.

O Vaticano II, entretanto, restaurou o sentido do sacramento batismal ao estabelecer o catecumenato dos adultos e ao sublinhar a importância do batismo tanto no apostolado dos cristãos como na solidariedade ecumênica. Mas, de fato, esse esforço não foi esgotado. É o que mostra a relação que o Concílio estabelece entre o batismo e a eucaristia. O batismo é descrito como "fonte de unidade" (*UR* 22.3). Nesse sentido, ele é "início e ponto de partida" (*UR* 22.2) em relação à eucaristia, que ele torna possível e para a qual orienta (*LG* 10.2 e 11.1, *PO* 5.2). Esta realiza "a perfeita inserção em Cristo" (*UR* 22.3), é "centro e cimo" dos sacramentos (*AG* 9.2) que se ordenam a ela (*PO* 5.2).

Como se vê, a eucaristia é por excelência prioritária em relação aos outros sacramentos e, em particular, em relação ao batismo. Essa prioridade é compreen-

---

38. N. 11; *DC* 86 (1989), p. 521.

sível, tem fundamento. Mas, ao mesmo tempo, a originalidade permanente e específica do batismo não é suficientemente marcada. Não seria ele, também, em sua ordem, um ápice da conversão e não apenas uma abertura para a eucaristia? E a eucaristia não seria uma maneira de exprimir o batismo abrindo-o para o sacrifício de Cristo?

Curiosamente, a linguagem conciliar tende a isolar a eucaristia dos outros sacramentos. Evoca-se, por exemplo, "a celebração da missa e administração dos sacramentos" (*SC* 27.2 e 36.2), menciona-se "o sacrifício e os sacramentos" (*SC* 6, *OT* 4). Ou o Concílio indica a prioridade eucarística mediante expressões tais como "sobretudo", "em primeiro lugar", "principalmente" (*SC* 10 e 41.2, *LG* 42.1, *AG* 39.1, *UR* 15.1, *OT* 8). Evita, é verdade, dizer que a missa é "fonte e o cimo" dos sacramentos. Contenta-se com uma fórmula mais restritiva e a compreende como "centro e cimo" dos sacramentos (*AG* 9.2) ou da vida da comunidade (*CD* 30.6). A eucaristia é "fonte" para a evangelização (*PO* 5.2), a vida cristã (*LG* 11.1) e a vida da comunidade (*CD* 30), mas fora do setenário sacramental. Em suma, embora seja legítima a preocupação do Concílio em organizar o setenário e mostrar suas linhas internas de coerência, cabe perguntar se o primado da eucaristia deixa espaço suficiente para o pólo batismal da vida cristã.

A teologia sacramental do Vaticano II comporta, enfim, dois pontos um tanto cegos. Primeiro, a respeito da esperança: os sacramentos da fé são também sacramentos do futuro. Ora, a escatologia conciliar está pouco ligada aos sacramentos. Depois, a propósito do Espírito Santo: já se disse que o lugar dado ao Espírito Santo nas celebrações sacramentais, tais como apresentadas pelo Vaticano II, era limitado, embora aumentado em relação à doutrina e à teologia do Concílio de Trento. Será que uma espiritualidade mais atenta ainda ao batismo e à esperança não seria mais propensa a nomear o Espírito e a celebrar sua ação?

CAPÍTULO VII
# Os sacramentos após o Vaticano II
H. BOURGEOIS

O que ocorreu com a teologia sacramental após o Vaticano II? Ao Concílio se seguiram vários acontecimentos: aplicação da reforma litúrgica, intervenções dos papas e das congregações romanas, declarações dos sínodos dos bispos em Roma, das conferências episcopais e de diversos bispos e, enfim, a publicação de documentos importantes como os *Códigos de direito canônico* e o *Catecismo da Igreja Católica*. A importância dogmática desse conjunto, evidentemente diversa, merece ser considerada. Ao mesmo tempo, um diálogo ecumênico permanente abordava o contencioso doutrinal sobre os sacramentos, e a prática sacramental levantava novos problemas.

**INDICAÇÕES BIBLIOGRÁFICAS:** H. BOURGEOIS, *L'initiation chrétienne et ses sacrements,* Paris, Centurion, 1982; *Théologie catéchuménale,* Paris, Cerf, 1991. — J. Dorf (org.), *Sacremens de Jésus Christ,* Paris, Desclée, 1983. — A. TOURNEUX, "Vatican II et l'eucharistie", Questions liturgiques (1988 e 1990). — "Les Sacrements de Dieu", *RSR* 75, 2-3 (1987). — Apresentação dos rituais pós-conciliares revistos: *La Maison Dieu*: batismo (98 [1969], L. Ligier; 110 [1972], N. Béraudy); confirmação (110 [1972], B. Kleinheyer); eucaristia (100 [1969], R. Cabié e A. M. Roguet; 103 [1970], P. Jounel); penitência-reconciliação (139 [1979], P. M. Gy); unção dos enfermos (113 [1973], P. M. Gy); ordenação (98 [1969], P. Jounel); matrimônio (99 [1969], P. M. Gy).

## 1. A APLICAÇÃO DA REFORMA LITÚRGICA

Foi feita pela publicação de rituais novos para cada um dos sacramentos, de 1968 a 1974. Essa reforma pôs em prática as indicações do Vaticano II, especialmente na *Sacrosanctum Concilium*: vínculo da celebração com a Palavra bíblica, participação dos fiéis, sentido da tradição e do progresso, importância das culturas locais e das diversas situações etc.

Por outro lado, introduziram-se novidades que o Vaticano II previra expressamente, mas que decorrem do dinamismo introduzido pelo Concílio. Muitos católicos foram sobretudo sensíveis às modificações do ritual da eucaristia, mas há outros traços notáveis, por exemplo a abertura à tradição oriental (novas preces eucarísticas, fórmula sacramental da confirmação), a instituição de ministérios não-ordenados (leitor, acólito) ou ainda a instauração de várias formas para a celebração da reconciliação sacramental.

No que diz respeito à doutrina dos sacramentos, a reforma litúrgica se acompanhou de três tipos de textos magisteriais.

Primeiro, Paulo VI publicou constituições apostólicas para apresentar os novos rituais[1]. Esses textos são mais ou menos importantes, do ponto de vista dogmático. Entre eles, o relativo à confirmação tem um peso particular. Nele, Paulo VI explica que, "na Igreja latina", "o sacramento da confirmação é conferido pela unção do santo crisma sobre a fronte, feita impondo a mão", e acrescenta, a propósito da fórmula sacramental: "Nós julgamos que se devia preferir a antiga fórmula própria ao rito bizantino", dando em seguida o seu enunciado: "Recebe o selo do dom do Espírito Santo"[2]. Um outro conjunto textual deve ser considerado: os *praenotanda*, isto é, as indicações teológicas e pastorais que introduzem os rituais. Pode-se considerar esses textos verdadeiros lugares teológicos, sobretudo quando são desenvolvidos, caso do batismo e da penitência-reconciliação. A exposição é densa, clara e sintética. Uma terceira categoria de documentos emana das congregações romanas e explica, a respeito de pontos litigiosos, o sentido da reforma conciliar[3].

Os documentos mostram que a teologia sacramental oficial da Igreja latina encontrou uma forma bem precisa, mas que, na prática, abundam as questões e que a doutrina deve assumir as complexidades pastorais. O magistério quer ser fiel à linha do Vaticano II e, ao mesmo tempo, cuidadoso em evitar irregularidades ou desvios que possam causar prejuízo ao significado dos sacramentos para a fé. A vigilância da Congregação para a Doutrina da Fé nessa matéria exprime bem esse cuidado.

---

1. *Pontificalis Romani*, sobre as ordenações (1968); *Missale romanum*, para a eucaristia (1969); *Divinae consortium maturae*, para a confirmação (1971); *Sacram unctionem*, para a unção dos enfermos (1972).

2. *DC* 68 (1971), p. 854.

3. Cf. a Congregação para o Culto Divino: Instrução *Immensae caritatis* sobre a comunhão eucarística, *DC* 70 (1973), pp. 358-361; carta *Eucharistie participationem* sobre as preces eucarísticas, *DC* 70 (1973), pp. 609-612; notificação a respeito da comunhão na mão, *DC* 82 (1985), p. 803 — a Congregação para a Doutrina da Fé: sobre a absolvição geral, *DC* 69 (1972), pp. 713-715 e 74 (1977), pp. 297-298; sobre o matrimônio, *DC* 70 (1973), p. 707; sobre o batismo das criancinhas, *DC* 77 (1980), pp. 1107-1113; sobre a presidência da eucaristia, *DC* 80 (1983), pp. 885-887.

## 2. AS INTERVENÇÕES MAGISTERIAIS

### Intervenções dos papas

Os papas que intervieram depois do Vaticano II foram Paulo VI e João Paulo II. Suas tomadas de posição têm uma autoridade variável segundo sua natureza. Distinguiremos, aqui, as encíclicas, as exortações apostólicas, as cartas ou mensagens, enfim os discursos feitos em diversas circunstâncias.

As encíclicas de Paulo VI abordam por três vezes o domínio sacramental. Na encíclica *Ecclesiam suam* (1964), texto contemporâneo do Concílio, a espiritualidade do batismo é tratada brevemente (n. 41). No ano seguinte, a *Mysterium fidei* é consagrada à eucaristia e trata de duas questões debatidas antes do Vaticano II, a do simbolismo e a da transubstanciação[4]. Enfim, em 1968 foi publicada a encíclica *Humanae vitae*, texto de conteúdo ético, mais que sacramental, mas que exprime, a propósito dos problemas da fecundidade e do controle da natalidade, uma teologia do matrimônio[5].

As encíclicas de João Paulo II publicadas até 1994 abordam também três vezes o domínio dos sacramentos. A *Redemptor hominis* (1979) faz referência à eucaristia e à penitência (n. 20). O discurso, rápido, destaca a ligação entre o mistério da salvação e a prática sacramental. A *Dives in misericordia* (1980) trata da misericórdia divina e da misericórdia cristã, mas se abstém de fazer referência explícita ao sacramento da reconciliação. Uma outra encíclica, consagrada ao Espírito Santo, a *Dominum et vivificantem* (1986), aborda, ao contrário, a sacramentalidade eclesial (nn. 61, 63-64) e a eucaristia (n. 62), após um discurso preciso sobre o papel do Espírito no reconhecimento do pecado do mundo (nn. 27-48). A *Redemptoris missio* (1990), enfim, fala do batismo como sendo um dos objetivos da missão evangélica (n. 47) e a fonte da evangelização (n. 71).

Na verdade, excetuando-se a *Mysterium fidei*, única encíclica realmente consagrada a um sacramento, as outras versam mais sobre outros temas. Mas os sacramentos são evocados ou apresentados a propósito de questões relativas ao mistério da salvação (a presença do Espírito, a missão evangélica e eclesial etc.). Nesse caso, a teologia sacramental tem mais o papel funcional ou de referência do que de lugar teológico.

As exortações apostólicas se tornaram, há alguns anos, um notável gênero literário no ensino pontifício. Esses textos dão bastante espaço às questões relativas aos sacramentos. Em primeiro lugar, deve-se citar a *Evangelii nuntiandi* de Paulo VI (1975). Nesse tratado, bem completo e muito metódico, sobre a evangelização, é solicitado que não se oponha evangelização aos sacramentos como se estes pertencessem à vida eclesial corrente sem ter uma dimensão

---

4. *DzS* 4411-4412; *FC* 795/3.
5. *FC* 950/5.

evangelizadora (n. 47). Da mesma forma, os ministérios, em sua diversidade, têm seu lugar no processo evangelizador, com ênfase dada aos ministérios não-ordenados (n. 73).

João Paulo II publicou várias exortações apostólicas, geralmente em seguida aos sínodos episcopais realizados em Roma. A *Catechesi tradendae* (1979) tem uma passagem sobre a relação entre a catequese e os sacramentos (n. 23). Na *Familiaris consortio* (1981), sobre as obrigações da família cristã, trata-se, evidentemente, do sacramento do matrimônio (nn. 51 e 56), mas também da eucaristia (n. 57), da reconciliação sacramental (n. 58) e da pastoral do matrimônio (nn. 65-85, preparação para o matrimônio, matrimônios mistos, divorciados casados de novo etc.). Após o sínodo episcopal de 1983, João Paulo II publicou *Reconciliatio et paenitentia* (1984), texto inteiramente consagrado às questões teológicas e pastorais suscitadas pela celebração do sacramento do perdão e, especialmente, às diversas formas dessa celebração. Em 1992, foi publicada a *Christifideles laici*, em conseqüência do sínodo episcopal de 1987. A importância desse texto sobre os leigos, no que diz respeito aos sacramentos, é dupla. De uma parte ele explicita o que são os ministérios não-ordenados (nn. 21-24); de outra parte, analisa a relação entre homens e mulheres (nn. 49-52), o que oferece ao papa ocasião de reafirmar sua posição sobre a não-ordenação de mulheres (n. 51) e de se repetir sobre o sentido do matrimônio (n. 52). Enfim, em *Pastores dabo vobis* (1992), instrução apostólica que se seguiu ao sínodo episcopal de 1990, João Paulo II trata da formação dos sacerdotes, o que o leva a tornar a exprimir o sentido do sacramento da ordem (nn. 11-18).

O papado tem muitos outros meios de expressão, que estão em vias de se multiplicar na cultura midiática atual. João Paulo se expressa especialmente nas cartas apostólicas (duas tiveram certa repercussão: *Mulieris dignitatem* [1988] e *Ordinatio sacerdotalis* [1994], afirmando a não-ordenação de mulheres) e discursos e homilias no decorrer de suas viagens pastorais[6] e em Roma, por ocasião dos sínodos episcopais, de visitas *ad limina* ou por ocasião de encontros anuais com orgãos da Cúria (os discursos anuais para o Tribunal da Rota são muito importantes no que concerne ao sacramento do matrimônio e à compreensão que dele tem a Cúria romana). Os discursos do papa nas audiências gerais semanais são catequeses em que os sacramentos são regularmente abordados. Por exemplo, em 1976-1977, Paulo VI retornou várias vezes ao sentido do batismo[7]. João Paulo II fala com facilidade do matrimônio[8] ou dos outros sacramentos (especialmente da eucaristia e da ordenação).

---

6. Por exemplo, por ocasião da viagem de 1982 à Grã-Bretanha uma homilia em Coventry, sobre a confirmação *DC* 79 (1982), pp. 591-592, e uma homilia em Liverpool sobre a penitência-reconciliação, *ibid.*, pp. 593-594.

7. *DC* 73 (1976), p. 453; 74 (1977), pp. 112-113, 411.

8. *DC* 77 (1980), pp. 870-876; 919-923; 79 (1982), pp. 811-812; 857-863; 975-978; 82 (1985), pp. 42-45.

## Intervenções episcopais

É preciso também citar, a título de intervenções magisteriais, as tomadas de posição dos bispos do mundo, freqüentemente em suas conferências episcopais. Os bispos da França publicaram, em 1971, um documento famoso sobre a sacramentalidade da Igreja e, em 1972, um texto sobre a responsabilidade episcopal em matéria de pastoral sacramental. Em 1978, apresentaram uma profissão de fé a partir de uma das orações eucarísticas, "Il est grand, le mystère de la foi", e em 1979 uma declaração sobre o ministério da penitência e da reconciliação. Recentemente, a comissão de estudos doutrinais do episcopado francês tratou dos "ministérios ordenados numa Igreja comunhão"[9]. As contribuições de outros episcopados às questões sacramentais[10] são, no conjunto, igualmente de tipo pastoral e, portanto, teológicas.

## Os sínodos episcopais em Roma

Agora habituais, essas reuniões de bispos são destinadas a examinar uma questão e propor alguns elementos de reflexão para hoje. Seus trabalhos têm sido, em princípio, simples publicações, pois depois são prolongados pelo papa mediante uma exortação apostólica. Seis sínodos episcopais, depois do Vaticano II, abordaram, mais ou menos diretamente, a teologia sacramental: o de 1971, sobre o ministério sacerdotal (ao qual se pode somar o de 1990, sobre a formação dos sacerdotes), o de 1978, sobre a catequese (relação entre catequese e sacramentos), o de 1980, sobre a família (e, portanto, sobre o matrimônio), o de 1983, sobre o sacramento da penitência-reconciliação, e, enfim, o de 1987, sobre os leigos, no qual se trata, aliás discretamente, do lugar dos sacramentos na espiritualidade e do papel dos batizados.

Com exceção da assembléia de 1983, inteiramente consagrada ao sacramento da penitência-reconciliação, o conjunto desses sínodos só abordou a questão dos sacramentos de maneira indireta, inclusive, em 1971, o problema do ministério sacerdotal. Os sínodos, simples órgãos de conselho do papa, se interessam sobretudo por temas gerais, ligados à eclesiologia e à evangelização. Os sacramentos são apenas um elemento nesse conjunto.

---

9. Textos: *DC* 68 (1971), pp. 1067s; *DC 69* (1972), p. 1027; *Il est grand, le mystère de la foi*, *DC* 75 (1978), pp. 1062-1073; *DC* 76 (1979), pp. 981-982; *Les ministres ordonnés dans une Église en communion*, *DC* 90 (1993), pp. 420-429.

10. Marcamos aqui: textos sobre a eucaristia, episcopado da Holanda, *DC* 70 (1973), pp. 184-185; episcopado italiano, *DC* 80 (1983), pp. 540-542 — documentos sobre o sacramento do perdão; bispos espanhóis, *DC* 69 (1972), p. 740; bispos belgas, *DC* 70 (1973), pp. 913-918 e 975-979; sobre o matrimônio, episcopado do Tchad, *DC* 87 (1990), pp. 1067-1072; sobre o presbiterato, bispos dos Países Baixos, *DC* 89 (1992), pp. 833-846.

## O Catecismo da Igreja católica[11]

Apresentado pela constituição apostólca *Fidei depositum* de João Paulo II (1992), esse documento é "redigido em continuidade com o segundo concílio ecumênico do Vaticano", o que lhe dá não só um caráter oficial, mas igualmente um estatuto análogo ao catecismo dito do Concílio de Trento. O novo *Catecismo* dá aos sacramentos um lugar importante. Depois da primeira parte da obra, que trata da confissão de fé, a segunda parte lhes é praticamente consagrada, conforme decisão adotada em plena conformidade com a do catecismo tridentino. As referências enunciadas pelo texto do *Catecismo da Igreja Católica* são características: Vaticano II e os Padres da Igreja são, evidentemente, citados, mas também os formulários litúrgicos novos (missal de Paulo VI, rituais dos sacramentos); mencionam-se também fórmulas e gestos pertencentes ao cristianismo oriental, com uma forte prioridade dada à liturgia bizantina. Considera o batismo segundo o ritual bizantino (nn. 1239-1240), a unção do crisma (nn. 1241-1242), o rito de coroação dos esposos (n. 1623) e da absolvição bizantina (n. 1481). O *Catecismo* do Vaticano II, mesmo latino, procura assumir algo das diversas tradições sacramentais que constituem o conjunto do cristianismo.

Em sua doutrina dos sacramentos, o *Catecismo da Igreja Católica* está bem inserido na perspectiva do Vaticano II. A preocupação com o lugar teológico constituído pela liturgia é constante, a ênfase trinitária é bem marcada (nn. 1077, 1112, 2264, 2666, 2671), e o mistério pascal é sublinhado (nn. 1085 e 1096; cf. nn. 1680 e 1690). Mais originais são a importância dada à bênção como ato e atitude espiritual (nn. 1079 e 1082-1083), a menção ao Espírito Santo (mais forte do que nos textos conciliares, nn. 1091-1109) e, enfim, a maneira sugestiva de ler e organizar o setenário sacramental. Penitência e unção dos enfermos são os dois ditos "sacramentos de cura" (n. 1421), ao passo que a ordem e o matrimônio são conjuntamente nomeados "sacramentos do serviço da comunhão" (nn. 1534-1535). Três conjuntos articulam, assim, os sete sacramentos: os de iniciação, os de cura e os do serviço da comunhão.

A teologia desse catecismo é clássica. Os termos "sinal" e "símbolo" são aproximados (nn. 1145-1152); a relação entre os sacramentos e a fé é sublinhada (nn. 1122-1126, 1253-1255); os nomes e os efeitos dos sacramentos são detalhados; a noção de sacramental que o Vaticano II tinha integrado (*SC* 60 e 79A) é lembrada (nn. 1667-1679). É explicado (n. 1684) que os funerais, que são uma "celebração litúrgica", não são "nem sacramento nem sacramental", no sentido de que "não conferem ao defunto" nenhum desses dons. Por outro lado, o catecismo evita empregar certos termos técnicos da tradição latina ("matéria" e "forma", por exemplo), mas conserva outros como "caráter" (nn. 1274, 1304-1305, 1582) e "transubstanciação" (n. 1376). As dife-

---

11. *Catecismo da Igreja católica*, Città del Vaticano, 1992, ed. típica Vaticana, São Paulo, Loyola, 2000.

renças litúrgicas entre Ocidente e Oriente são indicadas mas não dão ocasião à reflexão (salvo a propósito da confirmação-crisma, n. 1292).

*Documentos dos organismos romanos*

Entre as expressões do magistério ordinário depois do Vaticano II, é preciso levar em conta, em seu nível próprio, as intervenções das congregações romanas. Já foi indicado, acima, o papel desempenhado por elas na aplicação da reforma litúrgica oriunda do Concílio. O aspecto propriamente teológico ou dogmático dos sacramentos é mais particularmente assumido pela Congregação para a Doutrina da Fé. Os outros dicatérios romanos, a Congregação para o Culto Divino, a Congregação para a Disciplina dos Sacramentos ou ainda o Secretariado (hoje Conselho pontifício) para a Unidade dos Cristãos intervêm sobretudo acerca de pontos práticos e, em geral, só a respeito da eucaristia [12].

A Congregação para a Doutrina da Fé se manifestou a propósito da teologia de E. Schillebeeckx relativa ao ministério e à presidência da eucaristia [13]. Mais recentemente, em carta intitulada *Sobre certos aspectos da Igreja compreendida como comunhão* [14], desenvolveu uma eclesiologia da comunhão eucarística (nn. 5-6) que criou problemas no diálogo ecumênico, não só com as Igrejas oriundas da Reforma, mas também com a Igreja ortodoxa.

Por sua vez, a Comissão Teológica Internacional, cuja autoridade é menor e que não se ocupa prioritariamente dos sacramentos, tratou, entretanto, da doutrina do matrimônio, da reconciliação-penitência, do ministério ordenado e da sacramentalidade da Igreja [15].

## 3. OS CÓDIGOS CANÔNICOS DO CATOLICISMO

Outro testemunho sobre a concepção católica dos sacramentos após o Vaticano II encontra-se nos dois códigos recentemente promulgados, o *Código de direito canônico* da Igreja latina (1983) [16] e o *Código dos cânones das Igrejas orientais* (1990) [17].

---

12. Alguns textos: *DC* 70 (1973), pp. 358-361; 77 (1980), pp. 641-644; 70 (1973), pp. 1005-1006

13. Cf. *DC* 82 (1985), pp. 237-238.

14. *DC* 89 (1992), pp. 729-733; cf. o comentário de D. SICARD, *L'Église comprise comme communion,* Cerf, 1993.

15. Comissão teológica internacional: matrimônio, *DC* 75 (1978), pp. 571-575 e 704-718; reconciliação-penitência, *DC* 80 (1983), pp. 1158-1169; ministério ordenado, *DC* 68 (1971), pp. 699-700; 83 (1986), pp. 67-69; sacramentalidade da Igreja da Igreja, *DC* 83 (1986), pp. 69-70.

16. *Código de Direito Canônico*, Trad. Conferência Nacional dos Bispos do Brasil, São Paulo, Loyola, 1983 (1997, 10ª edição).

17. *Codex canonum Ecclesiarum orientalim,* Roma, Libreria ed. Vaticana, 1990, *AAS* 82 (1990), cf. *DC* 87 (1990), pp. 1085-1087.

O *Código* de 1983, mais conhecido, fala dos sacramentos no quadro dos três ofícios (*munera*) de Cristo: ensino, santificação e governo. Eles pertencem à missão santificadora dada por Cristo à Igreja (cânone 834), missão que está ligada à liturgia e ao culto público (cânones 836-838) e também à oração dos cristãos e à sua vida de penitência e de caridade (cânone 839). É claro que os leigos têm parte nessa função de santificação (cânone 835.4). Nesse quadro de conjunto, os sacramentos são apresentados assim:

> Os sacramentos do Novo Testamento, instituídos pelo Cristo Senhor e confiados à Igreja, como ações de Cristo e da Igreja, constituem sinais e meios pelos quais se exprime e se robustece a fé, se presta culto a Deus e se realiza a santificação dos homens; por isso muito concorrem para criar, fortalecer e manifestar a comunhão eclesial (cânone 840).

Comparando-se esse enunciado ao do Vaticano II (*SC* 59), constatam-se elementos comuns: os sacramentos têm por finalidade a santificação dos homens, a expressão e o fortalecimento da fé, o culto prestado a Deus, a constituição e o desenvolvimento da comunhão entre os fiéis, isto é, do Corpo de Cristo. Mas o *Código* de 1983 apresenta diferenças apreciáveis em relação ao Concílio, preocupado com uma formulação mais precisa e mais concisa. Por um lado, a questão da instituição dos sacramentos por Cristo, que o Vaticano II deixara na sombra, é reintroduzida com uma palavra: os sacramentos são instituídos por Cristo. Isso implica que Cristo os "confia" à Igreja. Desse modo, pode-se então dizer que são simultaneamente ações de Cristo e ações da Igreja, subentendendo-se que o agir eclesial é secundário em relação ao de Cristo. Por outro lado, as funções dos sacramentos são vistas pelo *Código*, como pelo Concílio, de quatro maneiras. Mas o *Código* não as enumera, como o fazia o Concílio. O Vaticano II falava da santificação, da comunhão eclesial, do culto e da fé. O *Código* nomeia em primeiro lugar a fé (mas não guarda a expressão antiga "sacramentos da fé", lembrada em *SC* 59), fala em seguida do culto prestado a Deus, depois da santificação e, enfim, da comunhão entre os fiéis. O *Código* reutiliza a fórmula recebida, "sinais e meios": O Vaticano II tinha seu equivalente, mas não o citava.

Pode-se considerar que esse texto pretende ser mais tradicional, mais atento ao debate em torno do agir eclesial, enfim mais preocupado em detalhar as modalidades da eclesialidade sacramental. O *Código* sustenta que os sacramentos permitem à fé "se exprimir e se robustecer" e aplica à comunhão eclesial as expressões da *SC*: eles contribuem para "instaurar, afirmar e manifestar a comunhão eclesial" (*SC* 59). Em suma, o *Código* se inscreve na linha do Vaticano II, mas atualiza seu discurso em função da tradição a ser mantida, do papel da Igreja a ser bem compreendido, da comunhão eclesial a ser sustentada.

Depois desses esclarecimentos fundamentais, o *Código* enumera os sete sacramentos segundo um esquema mais ou menos idêntico ao do Concílio: trata da celebração e seus ritos (com considerável explanação a respeito da eucaristia), do ministro (o problema do matrimônio não é abordado, cânone 1057), do sujeito que recebe o sacramento (muitas explicações sobre os ordenandos e as pessoas que se casam), da comunidade (padrinhos para o batismo e a confirmação; caráter público para a ordenação e o matrimônio, salvo exceção com motivo), enfim, da inscrição de certos sacramentos nos registros da Igreja (para o batismo, a confirmação, a ordenação e o matrimônio).

O *Código dos cânones das Igrejas Orientais* unidas a Roma não se apresenta como um código oriental complementar do código latino, mas pretende reconhecer o direito das tradições particulares. Entretanto, os cânones 667-895, que tratam dos sacramentos, seguem bem de perto a exposição e a formulação do código latino. Algumas diferenças significativas permanecem entre os dois textos. Eis, primeiro, como são apresentados os sacramentos:

> Pelos sacramentos que a Igreja tem o encargo de dispensar, a fim de comunicar sob um sinal visível os mistérios de Cristo, Nosso Senhor Jesus Cristo santifica os homens no poder do Espírito Santo para que se tornem, de maneira particular, verdadeiros adoradores de Deus Pai, e os integra a si e à Igreja, que é seu próprio corpo (cânone 667).

Comparando-se esse enunciado ao do código latino que acabamos de comentar, fica evidente, primeiro, que as finalidades dos sacramentos são três; a santificação, o culto prestado a Deus e a comunhão eclesial. Não se faz menção à fé, sem dúvida porque a fórmula "sacramento da fé" é mais ocidental que oriental e porque no Oriente os mistérios implicam a fé sem obrigatoriamente explicitá-la. Por outro lado, afirma-se aqui, claramente, que Cristo é o sujeito agente e o ministro fundamental das celebrações: é ele que intervém. A sensibilidade oriental teria, sem dúvida, alguma reticência para compreender os sacramentos como "ações de Cristo e da Igreja", segundo a fórmula latina. Note-se, ainda, a menção ao Espírito, ausente do código latino. O ponto de vista é trinitário, o que leva a falar em adoração a Deus Pai, em vez de um culto prestado a Deus. Enfim, o *Código dos cânones das Igrejas Orientais* não adota a linguagem articulada ou detalhada empregada no Código latino para falar da fé e, mais ainda, da comunhão eclesial. A linguagem oriental se contenta em exprimir sobriamente os efeitos dos sacramentos, de maneira mais objetiva que personalista ou existencial.

Sobre essa base se desenvolve a apresentação dos diversos sacramentos. O plano é mais global, menos analítico, do que na redação latina. As diferenças são pequenas mas, às vezes, significativas. Por exemplo, o diácono jamais é indicado como tendo um ministério estatutário no que diz respeito ao batismo (cânone 677.2; cf. cânone latino 861.1) ou ao matrimônio (cânone 828.1; cf. cânone latino 1108.1). O *Código das Igrejas Orientais* não menciona o catecumenato (cânone 862; cf. cânone latino 865.1) ou as indulgências (cânones latinos 992-997). Designa o sacerdote como ministro da crisma (cânone 696; cf. cânone latino 882), e o termo ocidental "confirmação" não é empregado. Enfim, a unção dos enfermos pode ser concelebrada, como é tradicional em certas Igrejas (cânone 737.2).

## 4. OS DIÁLOGOS ECUMÊNICOS

> **INDICAÇÕES BIBLIOGRÁFICAS: DIÁLOGOS MULTILATERAIS:** Foi et Constitution, *Baptême, eucharistie, ministère*, Paris, Centurion-Taizé, 1982; *Baptême, eucharistie, ministère 1982-1990. Rapport sur le processus BEM et les réactions des Églises*, Paris, Cerf, 1993.
>
> **DIÁLOGOS BILATERAIS:** Comissão Intern. Anglicana-Católica Romana (ARCIC), *Le Rapport final* (1981), Cerf, 1982 [compreendendo *La doctrina eucharistique* (1971); *Elucidation* (1979); *Ministère et ordination* (1973); *Elucidation* (1979)]. — Comissão Intern. Católica-luterana, *Face à l'unité. Tous les documents officiels* (1972-1985), Cerf, 1986 [compreendendo *Le repas du Seigneur* (1979) et *Le ministère dans l'Église* (1981)]. — Comissão Católica-ortodoxa, *Le mystère de l'Église et de l'Eucharistie à la lumière de la sainte Trinité*, DC 79 (1982), pp. 941-945; *Foi, sacrements et unité de l'Église*, DC 85 (1988), pp. 122-126; *Le sacrement de l'Ordre dans la structure sacramentelle de l'Église*, DC 85 (1988), pp. 1148-1152. — Groupe des Dombes, *Pour la communion des Églises*, Paris, Centurion, 1988 [compreendendo *Vers une même foi ecuharistique?* (1971); *Pour une réconciliation des ministères* (1972); *Le Ministère épiscopal* (1976); *L' Esprit Saint, l'Église et les sacrements* (1979)]. — *Baptême, eucharistie, ministère. La response catholique* (Secretariado romano para a unidade), *DC* 85 (1988), pp. 102-119. — Resposta da Santa Sé ao documento final da ARCIC I (Congregação para a doutrina da fé), *DC* 89 (1992), pp. 111-115. — Conselho pontifício para a unidade dos cristãos, *Directoire pour l'application des principes et des normes sur l'oecuménisme*, DC 90 (1993), pp. 609-646.
>
> **REFLEXÃO TEOLÓGICA:** G. SIEGWALT, *Dogmatique pour la catholicité évangelique*, II/2, *L'Église et les moyens de grâce*, Paris/Genève, Labor et Fides/Cerf, 1992. — A. BIRMELÉ, *Le salut en Jésus-Christ dans les dialogues oecuméniques*, Cerf/Labor et Fides, 1986; "À l'ordre du jour des futurs dialogues oecuméniques" *RHPR* 69 (1989), pp. 135-151. — B. SESBOÜÉ, *Pour une théologie oecuménique*, Cerf, 1992.

Os sacramentos ocupam grande parte dos diálogos interconfessionais que se multiplicaram após o Vaticano II. O magistério católico se envolve neles de maneira variável: por um lado, participando integralmente do trabalho de "Fé e Constituição" e nomeando as comissões mistas oficiais e, por outro, dando seu parecer sobre os resultados dos diálogos empreendidos. A realização desses diálogos significa que doravante nenhuma confissão cristã poderá desenvolver uma teologia sacramental que não leve em conta o que se vive, se diz ou se pesquisa nas outras comunidades cristãs. É a primeira vez, na história, que o ecumenismo tem esse estatuto. Trata-se de revisar as controvérsias antigas, examinar que tipo de unidade é possível, enfim, de esclarecer os consensos, as reticências ou as convergências. Mesmo que os resultados atuais não sejam completos nem definitivos, a confrontação doutrinal permitiu progressos consideráveis num domínio que pertence ao dogma cristão.

Esses debates versam essencialmente sobre o batismo, a eucaristia e os ministérios. Quanto ao batismo, as dificuldades são, o mais das vezes, aplanadas: a Igreja católica romana e as grandes confissões oriundas da Reforma afirmam e praticam o reconhecimento mútuo do sacramento. É a aplicação da doutrina agostiniana, com a diferença de que os sacramentos são agora reconhecidos não apenas como válidos, mas também como frutuosos e conferindo graça. Entretanto, permanece uma reticência real, da parte de certos grupos da ortodoxia, em reconhecer a validade do batismo católico, por causa da doutrina grega que remonta a Firmiliano de Cesaréia[18]. Certas Igrejas rebatizam, portanto, os católicos, especialmente por ocasião dos matrimônios. Por outro lado, o diálogo sobre o batismo continua entre os católicos e certas Igrejas pentecostais ou batistas que só reconhecem o batismo dos "confessantes" e recusam o batismo das crianças de pouca idade[19]. A confirmação, enfim, é objeto de debate entre católicos e ortodoxos (Bari, 1986).

Sobre a eucaristia, o avanço dos diálogos é desigual: exprimem acordos já amplos (em particular com a Federação luterana mundial e a Comunhão anglicana), ou convergências sérias (o documento de Lima, dito *BEM*), ou pelo menos o reconhecimento de pontos a serem aprofundados (com a Aliança Reformada Mundial). Pode-se extrair uma orientação de conjunto. A exposição da fé eucarística se inscreve facilmente, de fato, no quadro de um esquema trinitário de origem bíblica e tradicional: a eucaristia é ação de graças ao Pai (*eucharistèsas*, Mc 14,23), memorial (*anamnèsis*) do acontecimento de Jesus Cristo e, sobretudo, de sua morte e de sua ressurreição, invocação (*épiclèse*) do Espírito ao mesmo tempo sobre os dons e sobre o povo reunido. Do mesmo modo, a dimensão eclesial e escatológica é geralmente sublinhada.

O mais importante, sem dúvida, no plano da reconciliação doutrinal, é o uso do termo bíblico *memorial,* tomado em seu sentido forte, que permite afirmar a unidade do sacrifício e do sacramento, antes considerados separadamente na doutrina católica. A eucaristia é memorial do único sacrifício de Cristo sob a forma sacramental; desse modo, é ao mesmo tempo *memorial sacrifical* (em seu objeto) e *memorial sacramental* (em sua forma, por representação e atualização). Essa mesma noção de memorial ajuda a compreender a presença real de Cristo na eucaristia. Esta é conseqüência da presença do acontecimento pelo qual Jesus se dá, num mesmo movimento, a seu Pai e a seus irmãos, partilhando com eles o seu corpo entregue e seu sangue derramado. É notável que a presença

---

18. Cf. acima, pp. 46-47.
19. Cf. *DC* 73 (1976), pp. 983-987; 82 (1985), pp. 1037-1045.

*in signo* de Cristo na eucaristia encontre uma linguagem sem ambigüidade para exprimir a realidade e a objetividade da "mudança" realizada, sem recorrer ao termo "transubstanciação", muito marcado pelas polêmicas do passado. Melhor do que no passado, também, recorre-se à ação do Espírito do ressuscitado como autor da mudança eucarística e ao aspecto escatológico.

Sobre os ministérios — a propósito dos quais é preciso exprimir as mesmas nuances entre os diversos diálogos, como no caso da eucaristia — é igualmente notável que o esquema global da *Lumen Gentium,* que fala do povo de Deus antes de abordar o ministério ordenado, fez escola no conjunto dos documentos ecumênicos. Destaca-se o ministério global confiado à Igreja inteira, assim como os diversos ministérios fundados sobre a iniciação cristã, antes de abordar o ministério pastoral propriamente dito. Este último ministério é definido quanto a sua *origem* — o envio dos apóstolos por Cristo (merecendo, assim, o nome de "ministério apostólico") —, quanto a seu sentido ou sua *significação* (exprimir e tornar efetiva a dependência da Igreja em relação a Cristo que a convoca, tornando presente sua iniciativa absolutamente gratuita) e, enfim, por seus *encargos* (o anúncio da palavra, a administração dos sacramentos, a reunião e a direção da comunidade). Por isso, esse ministério se situa "vis-a-vis" da comunidade, da qual originaram os ministros e da qual continuam sendo membros. Alguns textos não hesitam em dizer em que sentido esse ministério é sacerdotal (prefere-se, aqui, o adjetivo ao substantivo). A ordenação para o ministério comporta a invocação do Espírito e a imposição das mãos, bem como a acolhida da comunidade. O problema da sucessão apostólica do ministério, reconhecido como fundamental, permanece sendo, para certos parceiros, objeto de contencioso quanto à forma de sucessão episcopal. Esse ponto, que constitui o principal obstáculo para o avanço ecumênico, é o objeto de diversas declarações de "reconhecimento" ou de "reconciliação" dos ministérios de importância sacramental. Se, por um lado, as congregações romanas da Igreja católica entram de boa vontade nessa orientação doutrinal evidentemente legitimada pelo Vaticano II, por outro lado permanecem contrárias a uma reconciliação dos ministérios, para a qual julgam não estarem preenchidas todas as condições necessárias. Mantêm-se integralmente as exigências relativas à sucessão episcopal. Ainda uma nova e grave dificuldade surgiu com o problema da ordenação de mulheres na maioria das Igrejas da Reforma, particularmente na Comunhão anglicana.

O diálogo ecumênico abordou, igualmente, mas de maneira muito mais reduzida, o matrimônio. A questão é tratada no quadro das conversações tripartidas luteranos-reformados-católicos e também nos encontros do Comitê Misto Católico-Protestante na França[20]. Enfim, o que concerne à recon-

---

20. *La Théologie du mariage e les problèmes des mariages mixtes,* diálogo entre a Federação Luterana Mundial, a Aliança Reformada Mundial e o Secretariado para a Unidade dos Cristãos da Igreja Católica Romana (1978), *DC* 75 (1978), pp. 157-172; Comitê Misto Católico-protestante na França, *Accord doctrinal sur le mariage, DC* 70 (1973), p. 24.

ciliação e à unção dos enfermos, não deu ocasião, por ora, a uma reflexão ecumênica de ordem sacramental.

O que sobressai dessas confrontações é, em primeiro lugar, uma compreensão mais exata das posições teológicas e pastorais de uns e de outros, além dos incontestáveis avanços doutrinais no sentido de uma convergência e, às vezes, de um consenso muito amplo. Enfim, o sacramentário é indissociável de uma cristologia ou de uma afirmação da salvação em Jesus Cristo e de uma eclesiologia. Sobre este último ponto, o debate entre católicos e ortodoxos é, hoje, significativo. Os ortodoxos enfatizaram que um acordo sobre a teologia sacramental não poderia ser somente doutrinal, mas implicava uma unidade nas práticas eclesiais (cf. o lugar da confirmação na iniciação, o sentido da imersão para o batismo, o papel sacramental que tem o diácono ocidental etc.). Por sua vez, católicos e reformados tentam explicitar o que é ato próprio da Igreja nas celebrações sacramentais[21].

O método adotado consiste em voltar a falar daquilo que dividiu, em respeitar as diferenças e apostar numa dinâmica de convergência. A Igreja católica entra nesse processo valorizando sua própria tradição e sua sensibilidade nas soluções que propõe. O Conselho Pontifício para a Unidade dos Cristãos publicou um novo *Diretório para a aplicação dos princípios e normas sobre o ecumenismo* no qual se trata dos sacramentos a propósito da iniciação cristã (nn. 92-191), da eucaristia (nn. 122-136) e do matrimônio (nn. 143-160).

## 5. UMA QUESTÃO SUSCITADA DE NOVO PELA PRÁTICA: OS MINISTÉRIOS

**INDICAÇÕES BIBLIOGRÁFICAS:** G. MARTELET, *Deux mille ans d'Église en question. Théologie du sacerdoce,* 3 vols., Paris, Cerf, 1984-1990. — E. H. SCHILLEBEECKX, *Pladoyer pour le peuple de Dieu. Histoire et théologie des ministères dans l'Église,* Paris, Cerf, 1987. — P. GRELOT, *Les ministères dans le Peuple de Dieu,* Paris, Cerf, 1988. — R. PARENT e S. DUFOUR, *Les ministères,* Paris, Centurion, 1993. — S. WIEDENHOFER, *Das katholische Kirchenverständnis,* Graz, Styria, 1992 (bibliog. pp. 228-230). — H. BOURGEOIS, *Le rôle des évêques,* Paris, DDB, 1994.

**SOBRE O MINISTÉRIO FEMININO:** E. BEHR-SIGEL, *Le ministère de la femme dans l'Église,* Paris, Cerf, 1987 — A. CARR, *Les femmes dans l'Église. Tradition chrétienne et théologie féministe,* Paris, Cerf, 1993.

O Vaticano II não pôde evitar para a Igreja uma crise sacramental que afetou principalmente o ministério ordenado. A diminuição duradoura de vocações para o sacerdócio nos países de velha cristandade levou, num primeiro

---

21. Cf. Comitê Misto Católico-protestante na França, *Consensus oecuménique et différece fondamentale, DC* 84 (1987), pp. 40-44.

tempo, ao envelhecimento do corpo prebisteral e, daí em diante, a sua ausência em inúmeros postos pastorais até então providos. Por outro lado, nas jovens Igrejas que nunca dispuseram de muitos sacerdotes, vê-se uma multiplicação de novas formas de serviço entre o ministério ordenado propriamente dito e a multidão de fiéis. De maneira geral, assiste-se, assim, a um bom número de transformações que podem ser classificadas sob a etiqueta de "novos ministérios". O próprio termo "ministério", já utilizado pelo Vaticano II, substitui cada vez mais freqüentemente o de "sacramento da Ordem", demasiado restritivo em relação à realidade visada, pois designa apenas os bispos, sacerdotes e diáconos.

A diminuição do clero e seu envelhecimento nos países da Europa ocidental fizeram emergir, além disso, um fenômeno conhecido havia muito tempo nas jovens Igrejas: a existência de numerosas comunidades desprovidas de sacerdotes, que não podiam celebrar regularmente a eucaristia. Daí o surgimento, em numerosos países, de um conjunto de questões mais ou menos inéditas. Em primeiro lugar, a eucaristia não é uma condição da vitalidade cristã? A Igreja não impõe aos fiéis a obrigação de participar da eucaristia aos domingos e dias de festa?[22] Mas a esse dever não corresponde um "direito", o direito aos sacramentos, afirmado no último *Código de direito canônico* (cânone 213)? Além disso, é oportuno manter regras institucionais e disciplinares que limitam o acesso ao sacerdócio e parecem pouco adaptadas a certos continentes? De modo particular, questiona-se freqüentemente a oportunidade de ordenar ao sacerdócio, em certos casos, homens casados (questão que não se deve confundir com a do "casamento dos sacerdotes"). Até agora, a disciplina em vigor continua a ser firmemente defendida por Roma. Enfim, os anos que se seguiram ao Concílio viram se multiplicar as responsabilidades da Igreja, de natureza propriamente pastoral, confiadas a homens ou a mulheres, casados ou celibatários, sem que esses "novos ministérios" sejam designados por um nome diferente da denominação oficial. Desde Paulo VI existe um ritual de "instituição" de alguns ministérios, mas tem sido raramente usado. A questão que ainda não foi resolvida é a da "identidade ministerial" desses "animadores" ou "permanentes" agentes pastorais que participam, sem dúvida incompletamente, mas em larga escala muitas vezes, do exercício das três funções que pertencem normalmente ao ministério presbiteral. O Concílio não tratou dessa questão. Na *Christifideles laici*, João Paulo II sustenta claramente que esses ministérios se exercem com fundamento nos sacramentos da iniciação cristã e do matrimônio e não transformam esses leigos em pastores. Mas acrescenta imediatamente um dado importante: "A função exercida na qualidade de suplente obtém sua legitimidade formal e imediatamente da delegação oficial recebida dos pastores"[23]. No prolongamento dessa afirmação, pode-se dizer que essa delegação é um ato de

---

22. Preceito lembrado três vezes no *Catecismo da Igreja católica,* n. 1389, 2042, 2180.
23. *Christifideles laici,* n. 23, DC 86 (1989), p. 164.

jurisdição do bispo, jurisdição que ele mesmo recebeu com sua ordenação episcopal. Nesse sentido, o leigo enviado em missão pastoral se acha inserido no envio em missão que remonta aos apóstolos[24].

Por outro lado, a evolução das concepções do papel da mulher nas sociedades ocidentais e as iniciativas tomadas pela maior parte das Igrejas oriundas da Reforma no que concerne ao ministério pastoral confiado às mulheres — de modo particular, recentemente, as decisões da Comunhão anglicana a respeito da ordenação de mulheres — despertaram a reflexão sobre o assunto na Igreja católica. Essa reflexão, relativamente serena, a princípio não militou por decisões imediatas quanto à disciplina. As posições dos teólogos eram, aliás, bastante contrastantes: para uns, a ordenação de mulheres ao presbiterato e ao episcopado era absolutamente impossível na tradição católica; para outros (J. Daniélou, por exemplo), não havia obstáculo importante que a impedisse. Em 1976, a Comissão Bíblica Pontifícia considerava que "não há, na Escritura, índices suficientes para resolver a questão"[25]. Mas os teólogos estavam, de modo geral, conscientes da dificuldade cultural ligada a esse problema.

Paulo VI, em correspondência com o Dr. Ramsey, arcebispo de Cantuária, exprimira claramente sua convicção da impossibilidade para a Igreja católica de ordenar mulheres[26]. Em 1976, a Congregação para a Doutrina da Fé alegara certo número de razões doutrinais que tendiam nesse sentido (fidelidade ao comportamento de Jesus, valor simbólico da representação masculina de Cristo)[27]. João Paulo II se manifestou diversas vezes sobre esse assunto. Recentemente, ele foi muito mais claro:

> Por isso, a fim de que não subsista dúvida alguma sobre uma questão de grande importância que diz respeito à própria constituição divina da Igreja, declaro, em virtude de minha missão de confirmar meus irmãos (cf. Lc 22,32), que a Igreja não tem de maneira alguma o poder de conferir a ordenação sacerdotal às mulheres e que essa posição deve ser definitivamente mantida por todos os fiéis da Igreja[28].

Ao aplicar a esse texto as regras habituais de interpretação dos documentos magisteriais, pode-se dizer que, apesar da solenidade extremamente surpreendente do tom empregado, não se trata de uma "definição solene" (expressão do magistério extraordinário), mas do uso, pelo papa, de seu magistério "autêntico". Os comentários oficiais do Vaticano acabaram com toda ambigüidade a respeito desse assunto. Em seguida, o termo que exige adesão é o de "manter"

---

24. Cf. B. SESBOÜÉ, "Les Animateurs pastoraux laïcs", *Études*, setembro, 1992, pp. 253-265.
25. Cf. H. LEGRAND, "Bulletin d'Ecclésiologie", *RSPT* 60 (1976), p. 669.
26. *DC* 73 (1976), pp. 771-772.
27. *Déclaration sur la question de l'admission des femmes au sacerdoce ministériel*, DC 74 (1977), pp. 70-85.
28. *Sur l'ordination sacerdotale exclusivement réservée aux hommes*, DC 91 (1994), p. 552.

e não de "crer": não se trata, portanto, de um dado que exige um ato de fé formal. Enfim, o documento já entrou em processo normal de "recepção" — processo ainda em curso.

## 6. CONCLUSÃO: TEOLOGIA DOS SACRAMENTOS E DECLARAÇÕES DO MAGISTÉRIO

Os decênios decorridos após o Vaticano II foram ocasião de uma abundância de modificações litúrgicas e declarações oficiais. O magistério latino provavelmente jamais publicara tantos textos de ordem sacramental. Esse conjunto se inscreve globalmente na dependência do último Concílio, mas segundo duas tendências sucessivas. Nos anos imediatamente pós-conciliares, o magistério encoraja a reforma litúrgica e pastoral dos sacramentos. A partir de fins dos anos 80 e nos anos 90, de preferência alerta e convida a evitar os desvios. Por outro lado, o magistério latino se torna menos atento aos resultados da pesquisa pastoral e teológica da teologia sacramental contemporânea, na qual se podem assinalar alguns eixos nos quais parecem surgir questões importantes.

Em primeiro lugar, o problema pastoral judiciosamente proposto pelo Vaticano II não pode ser resolvido somente falando da "participação" dos fiéis. É preciso, sem dúvida nenhuma, ir mais longe na linha da *inculturação*, tanto no Ocidente como na África ou na Ásia e na América Latina. Mais ainda, o que está em questão é a fé, suas formas e modalidades. A evangelização nem sempre se preocupa com a iniciação sacramental. Ora, tudo isso apresenta a possibilidade de se abrirem caminhos pastorais ainda muito pouco freqüentados.

Nessa mesma perspectiva, pode-se perguntar se basta hoje integrar a palavra *símbolo*, como equivalente do termo *sinal*, ao vocabulário sacramental. O *Catecismo da Igreja católica* opera essa integração, mas não tira dela benefício pastoral ou litúrgico. Ora, as reflexões contemporâneas sobre o símbolo, particularmente as que incidem sobre a instauração do sujeito por meio da experiência simbólica, deveriam ser assumidas teologicamente.

Em seguida, o campo sacramental é hoje fortemente afetado pela questão dos ministérios. Com a diminuição do número de sacerdotes e, mais ainda, tendo-se deslocado sua significação, apresenta-se para a Igreja o problema do lugar a ser guardado pelos sacramentos. Caminhamos para uma Igreja sem sacramentos, por falta de ministros ordenados? As celebrações dominicais sem sacerdote vão substituir as celebrações eucarística? Em caso afirmativo, qual será o efeito dessa mudança?

Mais ainda, essas evoluções requerem uma reflexão sobre o papel dos leigos na pastoral litúrgica e sobre os diversos "graus de eclesialidade" que apresentam os sacramentos segundo sua natureza ou sua celebração[29]. Não é

---

29. Sobre este ponto, cf. P.-M. GY, *La Maison-Dieu*, 194 (1993), pp. 17-20.

evidente que o ministério ordenado seja forçosamente requerido em toda celebração, quando a liturgia implica, por hipótese, uma eclesialidade "secundária". Dadas as circunstâncias práticas e a rapidez das evoluções, é de se perguntar como será o futuro. O magistério não deve se adiantar a essas questões, claro, mas não pode ignorá-las.

O magistério latino, em todo caso, está atento ao ecumenismo. Até mesmo se engajou em certos diálogos cristãos. É a primeira vez, na história ocidental, que se percebe como nenhuma Igreja pode compreender sua vida sacramental sem levar em conta o que as outras Igrejas percebem e experimentam. Entretanto, o diálogo ecumênico, por mais sério que seja, não afeta muito as declarações habituais destinadas exclusivamente aos católicos. Isso é claro quanto ao que concerne ao papel da Igreja nos sacramentos: as precisões exigidas pelo ecumenismo a esse propósito são às vezes esquecidas quando o catolicismo se exprime *ad intra*.

Seja como for, a compreensão do setenário e dos sacramentos em suas relações recíprocas continua em questão. O batismo e a eucaristia constituem um binômio fundamental, biblicamente fundado, e organizador da experiência cristã. Mas, se quisermos compreender melhor a sacramentalidade da Igreja em seu conjunto e o teor da vida sacramental dos grupos e das pessoas, não será preciso ficar atento a certas dificuldades atuais? O problema reside sobretudo na relação entre o batismo e a eucaristia. O batismo tem um lugar espiritual suficiente no cristianismo contemporâneo? O privilégio dado à eucaristia, por mais fundado que seja, não carrega o risco de minimizar o caráter decisivo e permanente do dom batismal?

Em seguida, a renovação teológica atual da escatologia parece permanecer estranha à teologia sacramental. Tradicionalmente, a atenção voltava-se para a cristologia, depois, mais recentemente, prendeu-se também ao mistério trinitário e à presença do Espírito. Mas subsiste um problema: pode-se dizer que os sacramentos fazem entrar nos tempos que são os "últimos", que eles conferem à criação um estatuto novo e, aos fiéis, capacidades das quais a criação, como tal, não conhece o segredo?

Enfim, a reflexão atual sobre os "graus de eclesialidade" dos sacramentos é sem dúvida útil para organizar o setenário. Todos os sacramentos, com efeito, não têm o mesmo sentido e o mesmo papel para estruturar a Igreja e manifestar sua identidade. Essa constatação pode permitir situar cada um em relação aos outros. Pode também levar a revalorizar certas liturgias, propriamente falando, não-sacramentais, mas muito ligadas ao setenário. Os funerais, especialmente, são suficientemente valorizados pelo que deles se diz no *Catecismo da Igreja católica*? Eles não são "nem sacramento, nem sacramental", pois o defunto "passou" além da economia sacramental. A observação é tradicional. Mas a celebração dos funerais é "sem efeito" para o defunto? Só tem importância para a assembléia reunida? Não se poderia dizer que os funerais, se não são sacramento ou sacramental, têm uma sacramentalidade manifesta?

É sobre esse ponto, provavelmente, que a teologia sacramental exige hoje reflexão. Qual é a relação entre a sacramentalidade (em sentido lato, mas não sem fundamento) e o sacramento propriamente dito? Em que o setenário sinaliza à sacramentalidade global da Igreja, do Evangelho e, finalmente, de toda existência em Cristo?

## CAPÍTULO VIII
# Conclusão:
# o teor dogmático dos sacramentos

H. BOURGEOIS

Este capítulo de conclusão pretende recapitular os principais dados dogmáticos cuja elaboração histórica acabamos de retratar, apresentando seu resultado a propósito de cada sacramento.

### 1. NO PRINCÍPIO, O BATISMO

Do ponto de vista dogmático, "o batismo está em primeiro lugar, porque é a porta da vida espiritual", dizia o decreto para os armênios. Seu papel é fundador, o que pode ser compreendido ao menos de três maneiras.

#### *O batismo, sacramento da fé*

O batismo dá à fé uma forma sacramental, ele a sela sacramentalmente (Ambrósio, Agostinho). Ou ainda, como dizia Tertuliano, ele lhe dá uma veste. Segundo a palavra de Marcos, "aquele que crer e for batizado será salvo" (16,16), é a fé ligada ao batismo que é normalmente a mais adaptada ao mistério do dom divino. O texto evangélico continua: "O que não crer será condenado". Não é, portanto, a ausência do batismo que desqualifica para a salvação, é a falta de fé. Conseqüentemente, o batismo para o qual, em princípio, tende a fé não é necessário sempre e por toda a parte como se sua ausência invalidasse a fé. Em todo caso, se ele é normal e, assim, requerido, é por causa da fé que o reclama: "Quem não nascer da água e do Espírito não poderá entrar no Reino de Deus" (Jo 3,5).

A linguagem dogmática tentou exprimir esse lugar do batismo, diferente do lugar da fé, mas ligado a ela. Por um lado, diz o Concílio de Trento, o batismo não pode ser visto como um ato facultativo, opcional, "não necessário à salvação". Por outro lado, se a salvação "não pode se realizar sem o banho da regeneração", essa exigência ao menos pode ser compreendida como: "sem o desejo de receber" o dom batismal. Essa precisão permite entrever, se não substitutos do batismo (tema que a teologia ocidental desenvolveu bastante antes do Vaticano II), pelo menos uma compreensão da fé salutar em cujo movimento espiritual o batismo, de maneira normal embora obscura, esteja inscrito. Assim, o Vaticano II afirma que os não-batizados não só são "detentores da graça divina" (*LG* 16), mas também "ordenam-se ao Povo de Deus", ao povo batismal por conseguinte, e que tudo o que há de melhor na sua vida é "uma preparação evangélica", portanto uma abertura misteriosa para a fé e para seu caráter sacramental. Nesse sentido, o batismo é ao mesmo tempo sacramento da fé evangélica e eclesial dos cristãos e sacramento da vocação à salvação que Deus dá a todo ser humano, portanto aos não-batizados. O batismo exprime o sentido do sinal cristão no mundo e o dom de Deus universalmente concedido à humanidade inteira.

Resta explicitar a relação entre o sacramento batismal e a fé que salva. O cristianismo da Antiguidade compreendeu essa relação em função da Escritura. O batismo é a Palavra de Deus que "se faz visível" (Agostinho). É um mistério bíblico, a inscrição da Palavra bíblica no corpo dos crentes. Ele dá forma à fé, consagrando sua abertura para a Palavra divina. De outro lado, a fé que assume um caráter sacramental não é só a fé da pessoa batizada, nem mesmo a da assembléia reunida para a celebração: é a fé da Igreja (expressão medieval de inspiração agostiniana).

Fé bíblica e fé da Igreja: essa é a fé marcada pelo batismo. A essas duas indicações, a reflexão dogmática moderna e contemporânea somou dois outros traços. De uma parte, como qualquer outro sacramento, o batismo é um ato litúrgico, uma celebração. Não consiste, portanto, somente num dom oculto vindo do alto. É celebrado na Igreja, segundo uma tradição ritual que comporta palavras (especialmente a fórmula trinitária) e gestos (o gesto de imposição da mão, da água na qual se é imerso ou com a qual se é lavado, do óleo com o qual se é ungido). Nesse dispositivo litúrgico, o papel do ministro ordenado exprime, ao mesmo tempo, a iniciativa de Deus, a tradição ao longo do tempo e a universalidade (católica) da Igreja. A dignidade do ministro não influi no sacramento que ele preside. Em caso de urgência, qualquer um que não seja padre (ou, no cristianismo latino, diácono) pode batizar. Em todo caso, o ministro deve querer "fazer o que a Igreja faz". Essa dimensão litúrgica do batismo não é apenas algo constatável. Por sua vez, ela aclara o fato de ser o batismo um sacramento da fé. De fato, o batismo dá à fé uma forma litúrgica e a habilita a ser, ao longo do tempo, uma energia de celebração. É isso que significa o sacerdócio batismal de que fala o Vaticano II (*LG* 10.2 e 11.1) e o que igualmente quer exprimir a teologia clássica do caráter batismal (Agostinho) ou do "selo da vida eterna" (Ireneu).

De outra parte, o batismo pode ser considerado um elemento em uma sacralidade global, a da Igreja e da existência cristã. Se ele dá forma à fé, é porque esta é, nela mesma, de ordem sacramental, na medida em que é sinal do dom de Deus feito ao mundo, sinal eficaz, visto que intervém para a santificação das pessoas e para a constituição do povo eclesial. Retomando uma fórmula do século IV, o Vaticano II interpretou esse papel do batismo em termos de iniciação (*AG* 14.1-1, *PO* 2.3): o ato batismal inicia a fé, lhe dá uma forma orgânica e consciente de sua identidade. Mais precisamente, ele inaugura a iniciação que se prolonga com a confirmação e a eucaristia.

## *O papel do batismo à luz de sua instituição*

A tradição dogmática tem procurado, desde os inícios da Igreja (especialmente com São Paulo), explicitar qual é a função do batismo. Essa função não pode ser compreendida apenas a partir da experiência cristã, isto é, da importância que as gerações de batizados lhe deram. Ela deve ser considerada a partir de Jesus, porque foi Jesus quem instituiu esse rito e esse mistério. Nesse sentido, o batismo responde a uma vontade de Jesus: é ele o fundador daquilo que funda a vida cristã e eclesial. A instituição do batismo por Jesus não deu ocasião a uma reflexão dogmática muito desenvolvida. Com efeito, foi a propósito dos outros sacramentos que se levantou a questão da instituição. O batismo entra na norma comum do setenário que ele inaugura: não se pode ser discípulo de Jesus sem confessar que "os sacramentos da nova Lei 'foram todos' instituídos por nosso Senhor Jesus Cristo" (Concílio de Trento). Pode-se, todavia, ser mais exato. O batismo se refere a uma palavra do Ressuscitado que lhe dá um estatuto evangélico (Mt 28,19); liga-se, em seguida, à história de Jesus, desde o seu próprio batismo por João Batista (Mc 1,9-11) até uma prática batista que o profeta de Nazaré adotou no início de seu ministério (Jo 4,1-2). Ele remete, enfim, a um gesto simbólico de purificação e de reconhecimento espiritual atestado por várias tradições religiosas no mundo. Por conseguinte, dizer que Jesus instituiu o batismo não significa designar um acontecimento evangélico preciso de instituição, ou uma palavra de Jesus antes de sua morte que estariam na origem do sacramento batismal. É entrar no mistério de Jesus, batizado nas águas do Jordão, depois na morte da cruz e ressuscitado, que, assim, assume e realiza tanto o gesto de João Batista como os das religiões humanas.

Por conseguinte, se a Igreja dos inícios pôde ter, historicamente, um papel na prática inicial do batismo e na interpretação de seu sentido, não foi ela quem o instituiu. O batismo não depende de uma necessidade societária; ele tem por origem o querer pascal de Cristo ressuscitado. É dom de Deus.

Mas a referência do sacramento do batismo a Jesus não se exprime apenas do ponto de vista da instituição. Ela se compreende, também, na permanência da "tradição do batismo". Quando a Igreja batiza, é Jesus que batiza.

É ele o ministro principal do sacramento. E o é na qualidade de Filho ressuscitado no Espírito. O batismo, portanto, dá à fé dos cristãos um caráter crístico, isto é, filial e espiritual. Os batizados têm uma filiação renovada em relação a Deus Pai; eles são gerados de novo, ou recriados, e ao mesmo tempo são ungidos pelo Espírito Santo. O batismo dá, portanto, forma trinitária à vida de fé. Esta estrutura da vida de fé é anterior ao sacramento, mas o sacramento a manifesta e a realiza.

A linguagem cristã da liturgia, da catequese e do dogma sempre exprimiu o que é essa união batismal com Deus Pai, Filho e Espírito Santo, pois é nesse tríplice nome que o sacramento é celebrado. A filiação em relação ao Pai é tradicionalmente compreendida como um novo nascimento, uma regeneração ou uma recriação, ou ainda como um apelo e uma vocação (*LG* 64). Quanto à relação com Cristo, é vista como uma incorporação nele, uma integração a seu corpo (*UR* 3.2). Pode também ser percebida como uma configuração à pessoa de Cristo (*AG* 36.1) e como uma participação em sua função no mundo, função que o Vaticano II apresentou como tríplice, conforme um esquema teológico antigo do qual o ritual batismal latino há muito tempo é testemunho: função profética, sacerdotal e régia (*LG* 10-13). Enfim, a união dos batizados com o Espírito Santo é compreendida em termos de unção ou consagração (*LG* 10.1), de luz e força, de santificação (*LG* 12.2) e personalização (os carismas, *LG* 12.2). Um desses aspectos consiste em manifestar, no ato batismal, não apenas a relação do Espírito com Cristo, mas também a ligação entre o Pai e seu Espírito. É o Espírito que intervém na regeneração ou na filiação dos batizados (*LG* 11.2 e 64).

Portanto, pode-se compreender a função do batismo segundo duas grandes perspectivas sugeridas pelo simbolismo sacramental da água e que justifica a função de Cristo entre os homens. Por um lado, o batismo é sacramento do perdão. Exprime e opera a remissão dos pecados. Conforme a fórmula do Símbolo da fé, ele é "para a remissão dos pecados". Sob o signo da água, ele é gesto de purificação. Essa primeira função do batismo, que remonta a João Batista, tem sido sublinhada com vigor e regularmente pela tradição cristã, tanto oriental como ocidental. No seguimento de Agostinho, o Ocidente fez questão de especificar que o batismo manifestava o perdão de todo pecado, seja qual fosse, inclusive o pecado radical ou original de Adão. Por outro lado, em referência a Romanos 6, o perdão batismal do pecado é visto, às vezes, como uma "morte ao pecado" (*LG* 44.1),

Por outro lado, o batismo tem uma função recriadora, instituinte ou reestruturante. Essa é a outra face do perdão, sem a qual a remissão dos pecados não seria compreensível ou correria o risco de parecer puramente jurídica. Trata-se do mistério divino comunicado aos homens: forma dada à fé, santificação (*LG* 40.1), regeneração e filiação divina, incorporação-configuração a Cristo, presença nova do Espírito e da graça. Mas esse mistério de divinização (sobre o qual o Oriente insiste) não deve encobrir um outro mistério que lhe é ligado no batismo, o da Igreja. O dom batismal de Deus faz existir o corpo eclesial e espiritual de Cristo. De tal forma que quem está incorporado a Cristo está também incorporado à Igreja (1Cor 12,13) e se torna membro do Povo de Deus. "O batismo é, portanto, a ligação sacramental da unidade existente entre os que foram regenerados por ele" (*UR* 22.2). O batismo é, por conseqüência, o mesmo para todos e, em princípio, reconhecido por todos: não se rebatiza alguém que muda de Igreja; sua validade não depende das condições eclesiais de sua celebração (desde que esteja assegurada a fidelidade à fórmula trinitária, ao rito essencial da água e a referência do ministro "ao que a Igreja faz"). O batismo testemunha, assim, a iniciativa radical de Deus que nada no mundo pode controlar. Mas as divergências se manifestam para além do batismo, especialmente a propósito da eucaristia e da ordem ministerial. O problema, portanto, consiste em que a dinâmica batismal se faça atuante para ultrapassar essas divergências[1].

Pode-se, enfim, analisar dogmaticamente o papel do batismo segundo o esquema sacramental que se tornou clássico e distinguir, nele, o que é *significação* e o que é *eficácia*. A importância de semelhante esquema é permitir articular duas dimensões do ato batismal que, de um lado, faz compreender, de maneira análoga à das Escrituras, o que Deus realiza e, de outro, não depende de um ensinamento ou de uma tomada de consciência, mas opera e efetua o que quer dizer. A relação entre significação e eficácia é, portanto, recíproca: o batismo faz o que diz, e diz o que faz. O fundamento dessa dupla capacidade do sacramento batismal se encontra em Jesus, o Cristo, que é simultaneamente revelador e salvador ou recriador.

### De uma vez por todas

A história dogmática do batismo faz ressaltar um terceiro aspecto característico desse ato sacramental: o batismo é dado "de uma vez por todas" (*hapax*); ele manifesta na vida de cada batizado o *hapax* da oferenda crística (Hb 7,27). Essa convicção perpassa toda a história do cristianismo. O batismo não se repete, aconteça o que acontecer. É um *selo*, diz o Oriente, em consonância com as Escrituras. Ele imprime um caráter, afirma o Ocidente, em conformidade com Agostinho. Sob as duas imagens, a Igreja quer falar de um estado estável e irreversível que orienta a existência humana e sua história.

Com freqüência, a teologia ocidental tem-se inclinado a compreender essa estabilidade orientada ligando-a aos outros sacramentos, de modo particular à eucaristia. O Vaticano II se inscreve nessa perspectiva ao observar que o "sacerdócio régio" constituído pelo batismo habilita para a oferenda eucarística e para a celebração dos outros sacramentos (*LG* 10.2; *PO* 5.2). O Concílio insiste, ao mesmo tempo, em um aspecto complementar: os batizados são chamados a tes-

---

1. Cf. *Baptême, eucharistie, ministère,* batismo, n. 6.

temunhar sua fé, têm uma responsabilidade de evangelização (*LG* 33.2, *AG* 11.1, *AA* 3.1). É o que igualmente sublinha João Paulo II: "A necessidade de todos os fiéis partilharem tal responsabilidade não é somente uma questão de eficácia apostólica: é um dever e um direito fundados na dignidade conferida pelo batismo"[2]. Essa insistência ressoa de maneira bastante diferente da posição do Concílio de Trento, que se contentava em lembrar que os batizados, membros de Cristo, deviam "observar a lei de Cristo", levar em consideração os "preceitos da Igreja" e não pensar que o batismo os proibia de fazer votos.

A espiritualidade batismal decorrente do *selo* ou do *caráter* do sacramento tem, evidentemente, outros traços. Antes de tudo, a relação entre o batismo e os outros sacramentos exige aprofundamento. O batismo não é apenas uma condição espiritual e jurídica para a recepção ou a celebração dos atos sacramentais que ele inaugura; tem com eles uma relação concreta e permanente no sentido de que há, em cada um deles, algo de batismal. Isso é claro para a confirmação (*LG* 11.1) e para a eucaristia, também ela "sacramento da fé" (*LG* 10.2, *GS* 38.2), no processo de iniciação cristã. Isso é igualmente manifesto para a penitência-reconciliação, dita "segundo batismo", outrora, e para a unção dos enfermos. Enfim, o batismo está presente na celebração da ordem e do matrimônio, não como se esses dois sacramentos o completassem e o ultrapassassem, mas porque eles intervêm no campo espiritual e eclesial aberto pela iniciação cristã e, portanto, pelo ato batismal.

Assim, pode-se então, em princípio, invocar para cada um dos sacramentos as características batismais, sabendo-se que, de cada vez, a celebração os apresenta de uma maneira simbólica diferente. É, portanto, o conjunto do setenário que é instituído por Cristo, à maneira do batismo: ele é constituído de "sacramentos da fé", articula o perdão dos pecados e um dom vindo do alto, envolve uma pertença e uma responsabilidade eclesial, manifesta a radical igualdade dos batizados (*LG* 32.2) e implica, em princípio, uma relação entre os cristãos e os não-cristãos, ou entre os cristãos que celebram os sacramentos e os que não o fazem. Assim como o batismo diz algo do dom universal de Deus feito à humanidade, do mesmo modo o sacramento do matrimônio exprime, de uma parte, o sentido do amor humano aquém ou fora do sacramento.

Por outro lado, o selo ou o caráter batismal supõem uma maneira de viver de acordo com a fé e lhe dão uma expressão concreta. Neste ponto, o batismo é hoje uma preocupação múltipla. Ele convida permanentemente a uma ação de graças pela salvação. Como todo sacramento, é um culto prestado a Deus (*SC* 59) e, portanto, um estado de louvor e de bênção inscrita na vida. Nessa perspectiva, pode-se compreender a prática do batismo das criancinhas, regularmente discutida e sempre reafirmada no correr da história, como um sinal do dom oferecido a seja quem for. Cabe à Igreja fazer que esse sinal seja percebido como um sinal de fé e não como um hábito cultural. Além disso, o batismo testemunha

---

2. João Paulo II, *Redemptoris missio*, 71,3; *DC* 88 (1991), p. 179.

em favor da igualdade fundamental dos membros da Igreja (Gl 3,28; cf. *LG* 32.2), outro acento espiritual indispensável hoje, quando a relação entre mulheres e homens deve ser expressa de formas novas e quando o papel dos ministros deve ser mais bem considerado. Enfim, pode-se dizer que o *hapax* do batismo tem um sentido escatológico: ele exprime a presença e a proximidade do Reino e qualifica o crente para ser testemunha da esperança em um mundo freqüentemente desiludido e desorientado.

## 2. NA DEPENDÊNCIA DO BATISMO, A CONFIRMAÇÃO

O sacramento da confirmação poderia não ser distinto do batismo. É o que teria acontecido se os bispos ocidentais do século V não tivessem desejado manter sua participação pessoal na liturgia dos batismos para significar a unidade eclesial dos neófitos[3], ao passo que o Oriente preferiu confiar a unção final do batismo ao sacerdote. Nesse momento os cristãos latinos começaram a falar de "confirmação", então uma maneira de manter a referência ao batismo. A confirmação representa, portanto, um caso particular no setenário sacramental. Ela poderia não ter tido a autonomia que lhe foi reconhecida, pelo Ocidente, no século XII e, depois, num consenso ecumênico, pelo Oriente.

O dado histórico que acabamos de mencionar causara inquietude, no tempo do modernismo[4]. É comumente levado em conta desde então[5]. A confirmação é, portanto, um ato litúrgico em cuja formação a Igreja teve um papel notável. No mesmo sentido, pode-se aliás acrescentar que a determinação do rito (unção ou imposição das mãos) tem sido objeto de certa hesitação da qual a história é testemunha.

Todavia, isso não impede de considerar a confirmação um verdadeiro sacramento. Ela não é um simples rito pedagógico. Intervém na iniciação cristã a título sacramental. É certo que, fora dos textos que enumeram os sete sacramentos, a literatura dogmática não diz formalmente que ela foi instituída por Cristo. Mas beneficia-se, por assim dizer, da instituição crística do batismo e, mais amplamente, dos traços de conjunto que valem para o setenário.

A confirmação ou, conforme a linguagem oriental, o mistério do crisma (*myron*) e do selo (*sphragis*) refere-se ao batismo, do qual ela exprime, a título conclusivo, certos traços. O uso antigo e freqüente de uma referência aos Atos dos Apóstolos (At 8,14-17), a tradição litúrgica e a literatura dogmática vão nesse sentido: esse sacramento é um elemento do sacramento batismal, e sua autonomia é relativa ao batismo. Se quisermos estabelecer o acento próprio da confirmação, poderemos considerar três dados. O primeiro é uma relação ori-

---

3. Cf. acima, p. 67.
4. Cf. o decreto *Lamentabili*; *DzS* 3444; *FC* 722.
5. *Catecismo da Igreja Católica,* nn. 1290-1292.

ginal com o Espírito Santo (*LG* 11.1). O segundo, um aprofundamento da condição eclesial dos batizados e de sua responsabilidade evangelizadora (*ibid.*). O terceiro liga-se ao fato de a confirmação intervir como uma finalização do batismo. O caráter que ela confere decorre do caráter batismal e participa dele.

Reunidos, os três dados levam a pensar que a confirmação não completa o batismo (como se, por exemplo, este último não fosse já, como tal, dom do Espírito) mas que o atualiza e sintetiza sua importância, como sugerido pelo termo metafórico *selo*. Para a prática oriental, essa interpretação não traz problema. No Ocidente, desde que a celebração da confirmação foi separada da do batismo, ficou mais difícil exprimir o que é próprio desse selo. Foi expresso, no decorrer da história, em termos de força (*LG* 11.1, *AG* 11.1, *AA* 3), crescimento, maturidade ou aperfeiçoamento (*LG* 11.1) e, mais recentemente, em termos de iniciação cristã (a confirmação é um momento do processo). A teologia contemporânea explora outras possibilidades: por exemplo, a relação entre a ligação com o Espírito e a ligação com a Igreja, ou ainda o fato de que, no Oriente, se valoriza a ligação dos confirmados com o bispo e, portanto, com a Igreja local e universal.

É importante, enfim, ressaltar que a confirmação-unção constitui uma notável ligação ecumênica. Na Idade Média, o Oriente cristão aceitou acompanhar o Ocidente na concepção de um sacramento próprio. Na época moderna, Paulo VI tomou emprestada da liturgia bizantina a fórmula sacramental de confirmação. Mais recentemente, o fato de no Ocidente a confirmação ser habitualmente separada do batismo e, muitas vezes mesmo, situada depois da recepção da eucaristia suscitou questionamento na ortodoxia. Pelo menos a legitimidade de duas práticas (inclusive para o ministro do sacramento) é admitida oficialmente pelo magistério latino[6].

## 3. NO CENTRO DO SETENÁRIO, A EUCARISTIA

A história dogmática da eucaristia revela a continuidade da fé desde o Novo Testamento até o Vaticano II e, ao mesmo tempo, as diferenças de interpretação, ou mesmo de sensibilidade religiosa, cujos traços se encontram na memória das diversas confissões cristãs.

### A eucaristia, "fonte e ápice"

A eucaristia é o sacramento *central*. Ela tem um lugar particular entre os outros sacramentos, de um lado por causa de sua instituição imediata por Jesus, de outro tendo em vista o que ela comunica aos batizados. Sua instituição é expressamente reportada a uma decisão de Cristo antes de sua morte, o que não

---

6. *Ibid.*, nn. 1290-1292.

é o caso dos outros sacramentos. A eucaristia comunica a presença pessoal de Jesus, seu próprio ser, coisa que os outros sacramentos não realizam da mesma maneira nem no mesmo grau. A tradição exprimiu esse lugar privilegiado da eucaristia de diversas maneiras. A linguagem da piedade e da liturgia multiplica as fórmulas que tentam expressar essa originalidade única. Por exemplo, o cristianismo latino se compraz em falar do Santíssimo Sacramento. Por outro lado, a eucaristia tem suscitado, no Ocidente, práticas paralitúrgicas, de modo especial o culto e a adoração fora da missa. Enfim, o Vaticano II apresentou esse sacramento como "fonte e ápice" da evangelização (*PO* 5.2), da vida cristã (*LG* 11.1), "raiz e centro" da comunidade dos fiéis (*PO* 6.5).

Essa ênfase é legítima, mas sob três condições. A primeira é que seja respeitada a discrição espiritual característica das Igrejas da Reforma e da ortodoxia. Em seguida, o lugar privilegiado da eucaristia não deveria levar a minimizar o valor dos outros sacramentos, especialmente o do batismo, fonte permanente de vida cristã. Enfim, se o sacramento eucarístico tem uma realidade toda particular, exprimindo o dom objetivo de Deus em seu Filho, não deixa de ser "sacramento da fé" (*GS* 38.2): é preciso, portanto, ao falar dele, evitar tudo o que tenderia a reduzi-lo a um gesto mágico ou algo em si sem relação real com a fé evangélica.

## *O sacramento da presença de Cristo*

O sacramento da eucaristia manifesta a *presença* misteriosa e real de Cristo em sua Igreja e no mundo. Esse tema da presença de Jesus na eucaristia é expresso com firmeza desde os primeiros textos cristãos (Justino, Ireneu), assim como no Novo Testamento. A história da fé eucarística exprime esse realismo de múltiplas maneiras: Cristo é "verdadeiramente" presente, o que significa que ele não está presente na eucaristia somente de "modo figurado" ou por sua "virtude".

A afirmação da presença real, que suscitou, no Ocidente, muitas polêmicas, tentou vários caminhos para chegar a uma formulação teológica adequada. A Idade Média latina se comprazia em dizer que Cristo estava "contido" no pão e no vinho: essa expressão limitou-se a seu tempo. Os medievais falavam, também, da "transubstanciação", quer dizer, pensavam que a substância do pão e do vinho era "transformada" na do corpo e do sangue de Cristo. A presença real eucarística era, então, uma presença "substancial". O termo "substância" é aqui tomado em sentido metafísico e não em sentido empírico. A "transubstanciação" pretendia excluir uma "transmutação" de tipo alquimista[7]. O Vaticano II propôs duas outras perspectivas teológicas. Uma é bíblica, a do "memorial" (*SC* 47 e *UR* 22.3): é Deus que atualiza em nossa história temporal o mistério permanente

---

7. Cf. B. SESBOÜÉ, *Pour une théologie oecuménique*, pp. 217-224.

de seu Filho. A outra procura integrar a presença sacramental de Jesus num conjunto litúrgico, o dos diversos modos pelos quais Cristo está presente nas celebrações eclesiais (SC 7.1).

A história dogmática da eucaristia revela, então, que a fé eclesial acolhe o realismo da Quinta-feira Santa de maneira radical e global: o Cristo que verdadeiramente ressuscitou está também verdadeiramente presente no sacramento da eucaristia. Mas as divergências surgem logo, desde a Antigüidade (corrente gnóstica), depois na Idade Média (sécs. IX-XI), em seguida com a Reforma (séc. XVI) e depois na época moderna. Daí a necessidade muito clara, no Ocidente, de rejeitar certas interpretações do mistério eucarístico e de propor soluções aceitáveis. A teologia da transubstanciação teve, no cristianismo latino, um peso considerável. Ela deve se abrir, hoje em dia, para o mistério da ressurreição[8]. É possível que a linguagem do memorial ou a mais existencial da presença de Cristo em suas múltiplas formas venha a ocupar uma posição mais importante. Nesse caso, é preciso que a última perspectiva (SC 7) seja estendida às modalidades da presença de Cristo no mundo da criação e da história. A eucaristia poderá ser, então, compreendida como o "ápice" dessa presença misteriosa do Verbo no universo.

### *Presença de Cristo em seu mistério pascal*

A reflexão sobre a presença eucarística de Cristo apresenta uma dificuldade advinda do fato de que essa presença pessoal se acha inscrita na dinâmica de seu mistério pascal, isto é, do dom total de si mesmo que o faz passar para seu Pai. Esse aspecto é, às vezes, muito pouco sublinhado. Fala-se de Cristo "verdadeiramente aí" sem explicitar que ele se comunica na atualidade de sua páscoa. O Concílio de Trento percebera esse risco e, como vimos, providenciou para que o decreto sobre o sacramento eucarístico fosse acompanhado por outro sobre a missa como sacrifício. Passando de um ponto de vista a outro, então ainda bem separados, o concílio já pressentia que o conceito de memorial poderia fazer a unidade.

Quem é, de fato, esse Cristo que é "re-presentado" sob os sinais eucarísticos? A tradição responde de duas maneiras: é Jesus em estado de oferenda de si mesmo e de sacrifício, e é também Jesus ressuscitado em quem permanece o dom sacrifical de si mesmo realizado de maneira definitiva na cruz. A primeira resposta foi a mais freqüente no Ocidente, desde a Idade Média e mesmo na Antigüidade. A profissão de fé para os valdenses fala do "sacrifício", e o Concílio de Trento insistiu firmemente na relação entre a missa e a cruz, portanto, entre o Cristo eucarístico e o Cristo do Gólgota. A segunda resposta, que se

---

8. Cf. F. X. DURRWELL, *L' Éucharistie, presence du Christ*, Paris, Éd. Ouvrière, 1971; *L'Eucharistie, sacrement pascal*, Cerf, 1980; G. MARTELET, *Réssurrection, eucharistie e genèse de l'homme*, Paris, Descclée, 1972.

refere à globalidade do mistério pascal e não só à cruz, foi mais freqüente no Oriente e assumida pelo Vaticano II. Por exemplo: os bispos, "portanto, continuamente se esforcem por que os fiéis cristãos adquiram conhecimentos mais profundos do mistério pascal e o vivam pela Eucaristia" (*CD* 15); "a eucaristia, na qual se torna novamente presente a vitória e o triunfo de sua morte" (*SC* 6); "o memorial de sua morte e ressurreição" (*SC* 47).

Não se trata, evidentemente, de opor, uma à outra, essas duas maneiras de dizer a identidade do Cristo eucarístico. Elas não se chocam, de forma alguma. Mas a segunda é mais adaptada a tudo o que implica o mistério eucarístico: é o Ressuscitado que permanece em estado de oferenda e que nos concede participar de sua atitude espiritual. Falar apenas do *sacrifício* eucarístico e compreendê-lo apenas como *sacrifício da cruz* é correr o risco de ser unilateral. Além disso, a referência ao mistério pascal leva a trazer à luz o papel do Espírito no sacramento eucarístico e a orientação escatológica daí decorrente. Ela permite igualmente contemplar no Cristo presente o mistério da criação do qual ele mesmo é testemunha: pelo "sacramento de fé, no qual os elementos da natureza, cultivados pelo homem, se convertem no Corpo e Sangue gloriosos" (*GS* 38.2). É só na Páscoa eucarística que se compreende bem o sacrifício eucarístico. É no Espírito de sua ressurreição, e por esse Espírito, que Cristo se oferece.

## *A eucaristia, sacrifício espiritual*

Resta explicar o que é esse *sacrifício espiritual* do qual Cristo é portador e que relação tem com o sacrifício histórico de Jesus em sua morte. Não convém, com efeito, que a ampliação pascal do sacrifício venha a ocultar sua importância e sua força misteriosa.

Antes de tudo, o sacrifício presente na eucaristia não é um objeto entregue à nossa posse. É *alguém*, Jesus, que se oferece. Em um ato pessoal que é uma oferenda por amor. Jesus quis arriscar e, finalmente, entregar sua vida. Não é a paixão e a morte que, por si mesmas, têm um sentido espiritual; é o dom de si que elas traduzem que lhes dá um sentido.

Em seguida, o sacrifício presente na eucaristia não é um *outro* sacrifício além daquele do qual Jesus é o autor nos dias de sua Páscoa. Não atenta contra a oferenda histórica que Jesus fez de si mesmo de uma vez por todas (*hephupax*), nem à sua única ressurreição. Nem é um suplemento daquela oferenda, pois não há nada a lhe ser acrescentado. A missa não repete nem renova o dom que Jesus fez de sua vida, ela o "representa" ou "torna presente" e o atualiza, quer dizer, o faz intervir em nossa própria história, conforme o sentido forte do termo "memorial". Ela permite que o sacrifício de Cristo intervenha em nosso tempo de maneira eficaz, "propiciatória", diz o Concílio de Trento. Nesse sentido, a eucaristia tem uma eficácia real, não apenas uma significação importante. Ela é, por conseguinte, um verdadeiro sacramento: efeito e significação vão a par.

Portanto, o que a Igreja faz ao celebrar a eucaristia é *participar* da única oferenda que seu Senhor fez de si mesmo. Ela comunga no sacrifício de Cristo e em sua páscoa. Ela aprende e recebe de Cristo a possibilidade de se oferecer, por sua vez, segundo a perspectiva agostiniana, pelo sacrifício existencial de cada um dos seus. Ela tende a se tornar "uma oferenda viva" para a glória de Deus (*SC* 12). Mas o Vaticano II vai mais longe: a Igreja oferece Cristo: "os fiéis oferecem a Deus a vítima divina e com ela a si mesmos" (*LG* 11.1); os ministros ordenados "tornam presente" o sacrifício crístico (*LG* 28.1), "realizam o sacrifício eucarístico" (*LG* 10.2), têm "o poder de oferecer" esse sacrifício (*PO* 2.2). Mal compreendida, essa linguagem poderia sugerir que o agir eclesial não é simples participação no de Cristo. Mas o que a Igreja faz, ao celebrar a eucaristia, não é nada mais que comungar, no Ressuscitado, de uma comunhão sacrifical, pois Jesus quis "confiar à Igreja o memorial de sua morte e ressurreição" (*SC* 47). Eis o que, bem compreendido, pode autorizar uma fórmula audaciosa: a eucaristia é "ato de Cristo e da Igreja" (*PO* 13.2). Conforme uma fórmula difundida por H. de Lubac, "a Igreja faz a eucaristia", mas, primeiro, "a eucaristia faz a Igreja"[9].

Não convém, portanto, insistir unilateralmente no sacrifício para a remissão dos pecados. Na Bíblia, esse sacrifício tem evidentemente o seu lugar, mas nela se faz igualmente menção de sacrifícios de louvor, de ação de graças ou ainda de comunhão, e o próprio termo "eucaristia" orienta nesse sentido. Se o sacrifício da missa não é "somente" louvor e ação de graças, é também isso e não se reduz ao sacrifício pelo pecado. Ao mesmo tempo, percebe-se, por causa dos sacrifícios de comunhão da Antiga Aliança, que não se deve separar, na eucaristia, o sacrifício da comunhão: é a oferenda que se partilha e que une. Assim como o sacrifício e a presença real, também o sacrifício e a comunhão são indissociáveis.

Resta tirar uma última indicação do esquema do Vaticano II sobre os três *ofícios* de Cristo. Segundo essa análise já conhecida, Cristo é ao mesmo tempo profeta, sacerdote e rei: ele fala e anuncia, oferece sua vida pela salvação do mundo, manifesta como viver na solidariedade da fé e da esperança. O Senhor que se comunica na eucaristia não é, portanto, somente aquele que se dá em sacrifício. É também, e no mesmo movimento espiritual, o que traz a Palavra divina e instaura na humanidade novas formas de vida comum. Há aí uma ampliação importante do tema puramente sacrifical.

### *Significações e frutos*

A eucaristia tem significações e efeitos que podem ser organizados em dois conjuntos: ela une a Cristo e une os cristãos entre si. O Vaticano II re-

---

9. H. DE LUBAC, *Méditation sur l'Église*, Paris, Aubier, 1953, pp. 123-137.

tomou com força esse tema tradicional: que os fiéis "dia a dia se aperfeiçoem na união com Deus e entre si, para que, finalmente, Deus seja tudo em todos" (SC 48).

Pelo sacramento eucarístico, Cristo une a si os homens que nele crêem e são batizados. "O efeito desse sacramento, produzido na alma de quem o recebe dignamente, é a união do homem a Cristo."[10] União santificadora (SC 10), fonte de renovação (LG 11.1), glorificação de Deus (SC 10), perdão dos pecados, o mistério eucarístico faz dos discípulos de Cristo seres que o Espírito associa a sua Páscoa e qualifica para a ação de graças, para a coragem do dom de si e para a espera escatológica da última vinda do Senhor.

A eucaristia, por outro lado, une os batizados entre si. Ela é "sacramento do amor" (SC 47). Cristo, que se comunica por ela, dá aos cristãos uma "inserção plena" em seu corpo (PO 5.2) e "a unidade do Povo de Deus, apropriadamente significada e maravilhosamente realizada por este augustíssimo sacramento" (LG 11,1). Os fiéis são assim chamados a "formar um só corpo estreitamente unido na união da caridade de Cristo" (CD 15). O Concílio de Trento era menos sensível que o Vaticano II a essa unidade eucarística. Mas não a ignorava e sublinhou que a celebração da missa envolvia os vivos e os mortos e, por conseguinte, também os santos. O último Concílio insistiu mais no caráter extensivo da reunião eucarística e, portanto, em sua relação com a evangelização (PO 5.2, 6.5), sem deixar de lembrar que essa liturgia era "fonte e ápice" da comunidade local (CD 30.6) e de toda vida cristã (LG 11.1). Desse ponto de vista, o pecado, cujo perdão é significado e realizado pela eucaristia, pode ser analisado em termos de egoísmo e fechamento do grupo reunido.

### Prática e presidência da eucaristia

A história dogmática da eucaristia passa, em parte, pela história de sua prática, porque os dispositivos pastorais e as ênfases espirituais exprimem a fé e freqüentemente convidam a exprimi-la com ênfases diversas. Esses aspectos práticos foram ressaltados em nossa época. O Vaticano II apresentou a participação dos fiéis na ação litúrgica como uma maneira de entrar no mistério (LG 10,1,11,1 e 26.3). Deu um estatuto marcante à concelebração (SC 57), à comunhão sob as duas espécies (SC 55) e à função própria dos fiéis, que não é anulada pela dos ministros do sacramento (SC 48, LG 10.2). Tudo isso envolve questões teológicas e doutrinais.

Mas, ao longo da história do cristianismo latino, medidas análogas tinham tido incidências sobre o próprio sentido da eucaristia. O ponto mais freqüentemente abordado no decorrer da Idade Média foi, sem dúvida, o do ministério

---

10. *Décret pour les Arméniens*, COD II-I, 1121; DzS 1322; FC 733.

da presidência eucarística. Só o sacerdote regularmente ordenado pode "realizar" o sacramento; seu poder não depende de sua dignidade (Agostinho); ele age *in persona Christi*, o que o Vaticano II exprime dizendo que há nele uma presença de Cristo (*SC* 7) e que ele age "na pessoa de Cristo cabeça" (*PO* 2.3). Outro dado prático foi igualmente ressaltado ao longo da história ocidental, concernente à freqüência da celebração. Latrão IV requer a comunhão anual, por ocasião da Páscoa. Muito mais tarde, depois do episódio jansenista, Pio X convida à comunhão freqüente e precoce.

## Eucaristia e batismo

A relação entre batismo e eucaristia faz também parte da dogmática sacramental, embora seja muito pouco abordada pela teologia e pela espiritualidade. Como já foi dito, há qualquer coisa de batismal na eucaristia. É algo que se impõe *a priori*, devido à progressão e à unidade da iniciação cristã. Na prática, isso se manifesta no fato de que os dois sacramentos unem a Cristo e dão uma identidade eclesial, ao mesmo tempo que uma responsabilidade pelo testemunho evangélico. Mas é preciso ainda indicar o que é próprio de cada um deles. A eucaristia não comunica o dom de Deus "mais" do que o batismo. Ela se apresenta de maneira diferente, não mais como nascimento ou origem, mas como um alimento e uma bebida pelas quais os batizados assimilam a páscoa de Cristo, entram em seu sacrifício e atualizam sua pertença eclesial. Batismo e eucaristia são, juntos, "sacramentos da fé", mas de maneiras diferentes e conjuntas.

Conseqüentemente, celebrar a eucaristia é fazer atuar a capacidade batismal recebida (*LG* 10.2) ou o "caráter" dado pelo batismo. O *de uma vez por todas* do batismo se modula ao *cada vez que* da eucaristia. A escatologia radical que faz entrar nos últimos tempos se atualiza na sucessão das eucaristias. Isso supõe que a referência batismal não esteja ausente da liturgia eucarística (cf. a renovação da fé batismal, na noite de Páscoa) e que o batismo outrora recebido esteja em condições de orientar a vida dos fiéis (o Concílio de Trento exigiu uma confissão antes da eucaristia, em caso de falta grave). A diferença litúrgica, simbólica, teológica e espiritual entre os dois sacramentos encontra então sua verdadeira dimensão.

## 4. A PENITÊNCIA-RECONCILIAÇÃO, NA ANAMNESE DO BATISMO

O sacramento da penitência ou, conforme uma terminologia deste século, da reconciliação suscitou, no Ocidente, muito mais que no Oriente, grande atenção ao longo do tempo. Como vimos, o Concílio de Trento preocupou-se bastante com detalhes precisos a seu respeito.

## Formas muito diversas de um verdadeiro sacramento

A história dogmática mostra que esse sacramento conheceu diversas formas (penitência pública, penitência privada) e que é suscetível de ser considerado conforme várias linguagens: sacramento da conversão, da penitência, do perdão, da reconciliação com Deus, ou ainda da cura[11]. Enfim, durante muito tempo, no Ocidente, a penitência foi tida pelos teólogos medievais como um sacramento à parte. De fato, ela entrava mal no esquema sacramental comum às celebrações do setenário, porque sua "matéria" — os atos do penitente — era muito particular.

Diversidade litúrgica, multiplicidade de ressonâncias eclesiais e espirituais, dificuldade de reconhecer a penitência-reconciliação em conformidade com os sacramentos que têm um elemento material como o batismo e a eucaristia — esses três dados não impedem uma relativa estabilidade da tradição quanto ao essencial, que pode ser assim resumida: os batizados não são sempre fiéis ao Deus de seu batismo e são, por isso, chamados a uma "nova" forma de justificação em nome de Deus pelo ministério eclesial.

Primeiro conteúdo dessa fé tradicional: pode-se pecar depois do batismo. A presença do pecado na vida dos batizados é, ao mesmo tempo, o indício do que é a vida batismal (que permanece histórica e, portanto, confrontada com o mal) e o sinal do que é o batismo (não é um ato mágico). Mas o batizado pecador pode crer e esperar uma "novidade". A nova possibilidade é, todavia, "laboriosa", comparada com a renovação batismal.

Para que se opere essa nova doação, é preciso ainda que a Igreja seja qualificada e esteja à altura de atestá-la e celebrá-la. Essa lógica da experiência cristã leva a considerar a penitência-reconciliação, ou o perdão litúrgico, um verdadeiro sacramento. Isso significa que esse ato eclesial foi instituído por Cristo. O Concílio de Trento interpreta a promessa crística de Jo 20,22-23 como fundamento do que a Igreja constituiu e chamou de sacramento da penitência. Há, sem dúvida, uma distância entre a palavra de Jesus e a prática eclesial. Mas esta se prende àquela. Trento afirma que a instituição do sacramento por Cristo incide em sua forma essencial e especialmente no ato de dizer os pecados dos quais nos arrependemos, a confissão ou reconhecimento da falta. Dizer, portanto, que o sacramento da penitência-reconciliação é instituído por Cristo é dizer que ele não é somente uma instituição eclesial, uma "invenção humana" ou ainda um dispositivo puramente pedagógico.

Afirmar que a penitência-reconciliação é um verdadeiro sacramento significa ainda que a fé, manifestamente indispensável para a conversão e para o pedido de perdão, por si só não opera, normalmente, o perdão ou a nova justificação. Batismal, a fé cristã é orientada para o sacramento, reclama uma cele-

---

11. Em sua exortação apostólica *Reconciliatio et paenitentia,* João Paulo II passou em revista essas diversas abordagens.

bração adequada ao novo dom de Deus. A memória do batismo não basta, nem apenas a contrição. Mas a fé, a lembrança eventual do batismo e a contrição são evidentemente elementos integrantes da situação penitencial.

Sacramento propriamente dito, a penitência-reconciliação o é igualmente pelo fato de a ação de Deus em Jesus Cristo, com seu sinal depositado na Igreja, vir em primeiro lugar e preceder radicalmente os atos e iniciativas do penitente. Por isso, o Concílio de Trento defendeu a sacramentalidade própria da penitência, falando, a seu respeito, de uma realidade de "direito divino". Esse acento tridentino é reservado a esse sacramento.

## *A penitência e o batismo*

Como a penitência-reconciliação, propriamente falando, é um sacramento, o magistério latino cuidou de estabelecer as relações entre esse sacramento e o do batismo. A ligação entre penitência e batismo é diretamente constitutiva daquilo que é o sacramento da penitência-reconciliação. Este atualiza o ato batismal, lhe restitui toda a importância. Mas, ao se referir a penitência sacramental ao batismo, surgem quatro diferenças. A primeira diz respeito a uma disparidade de matéria e de forma, em outras palavras, de rito e de simbolismo. A segunda é quanto ao papel do ministro: o sacerdote que celebra a penitência-reconciliação tem uma função que não tem o ministro do batismo, porque o penitente faltou com a promessa de seu batismo. A terceira aparece no efeito produzido por eles: o dom batismal é mais radical, pelo fato de não deixar subsistir, depois do perdão, uma pena "temporal", um estado que permanece perturbado e que exige uma "satisfação". Depois da absolvição, é preciso ainda fazer penitência, ao passo que o dom batismal é menos "laborioso", pois não exige nem penitência nem satisfação.

Essa terceira diferença é a mais delicada e a mais exigente. Corresponde a uma experiência pastoral, menos clara, aliás, quando se considera o caso do batismo de adultos, porque então há uma preparação ascética ao rito batismal. Mas a ênfase posta na "pena" consecutiva ao pecado pós-batismal pode ser ambígua, se for compreendida unicamente como uma dívida, uma expiação ou uma culpabilidade remanescente.

Sem dúvida, o perdão do sacramento da penitência não tem a radicalidade instauradora ou recriadora do perdão batismal e "trata" o pecado de maneira diferente da do batismo, não tendo o seu mesmo teor escatológico. A prova é dada por aquilo que constitui uma quarta diferença entre penitência sacramental e batismo: o batismo não se repete, ao passo que a penitência pode ser repetida.

Finalmente, batismo e sacramento da penitência-reconciliação se reconhecem complementares. Não se confundem, nem o segundo repete o primeiro: o sacramento da penitência não é, propriamente falando, "um novo batismo", mas ele reatualiza o batismo no concreto de uma existência na qual o pecado ainda tem lugar. Isso significa que o pecado tem duas faces. O batismo manifesta sua essência íntima (falta de fé, compromisso com as forças do mal, a forma adâmica comum e tradicional) e anuncia sua derrota, como atesta a derrota da morte. A penitência-reconciliação reconhece seu caráter durável sob o modo de infidelidade ao batismo. Juntos, batismo e sacramento da penitência dão testemunho da identidade paradoxal do pecado. O batismo tem, assim, dois modos sacramentais de atualização: a confirmação, que, de uma vez por todas, exprime o alcance espiritual e eclesial desse ato fundador, e a penitência, que, na repetição da vida histórica, mostra seu limite atual, na expectativa do Reino.

## *A continuidade de um sentido pastoral e espiritual*

A história dogmática do sacramento da penitência-reconciliação não se desenvolve de maneira regular. Ela é atravessada por muitos imprevistos e numerosos conflitos, pelo menos no Ocidente. O que, no final das contas, parece assegurar alguma unidade nesse processo complexo é um certo senso pastoral e espiritual.

Desde os debates do século II sobre a questão de saber se o perdão podia ser dado aos batizados até as questões atuais sobre a maneira de celebrar o sacramento do perdão, o magistério eclesial tem se manifestado regularmente para ordenar a celebração anual em referência à comunhão pascal (Latrão IV), para analisar os atos do penitente (contrição, confissão, satisfação) e o papel do ministro (absolvição) ou para determinar as formas litúrgicas da celebração (João Paulo II). Ao longo do caminho ocorreram modificações. Assim é que a função do ministro, definida no Concílio de Trento como a de juiz, passou a ser compreendida, pelo Vaticano II, em termos de caridade (*PO* 13,3). Ou ainda: a reconciliação, tradicionalmente vista em relação a Deus, é hoje considerada também uma reconciliação com a Igreja (*LG* 11.2, *PO* 5.1).

Entretanto, a doutrina latina do perdão penitencial e sacramental permanece ainda subdesenvolvida, apesar das abundantes precisões tridentinas. A cruz é, habitualmente, a referência cristológica; mas é de lastimar, a propósito desse sacramento, os limites do Concílio de Trento, indicados mais acima a propósito da eucaristia: é o mistério pascal, portanto, também a ressurreição de Cristo, que está na base da penitência sacramental. Na mesma linha, constata-se que o sacramento do perdão não é posto em relação com o Espírito Santo (apesar da citação de Jo 20,22-23). Seria preciso, também, pensar melhor a relação entre a penitência e a eucaristia: o sacramento de penitência-reconciliação não é somente uma condição de acesso à comunhão eucarística. Talvez esse sacramento deva ser, no futuro, mais bem percebido como sendo um sinal de reconciliação entre membros de uma comunidade eclesial, um testemunho de perdão recíproco no mundo, uma qualificação para trabalhar pela paz e pela esperança na humanidade hoje.

Pode-se pensar, na verdade, que o magistério não tem de dizer tudo. Mas acontece que, nesse domínio, ele é obrigado a estar muito atento às práticas e às interpretações. Daí um certo desequilíbrio na doutrina latina. Não é um sinal disso de que o sacramento em questão não se deixa facilmente "dogmatizar", ligado como está à esfera da culpabilidade pessoal ou coletiva e às variações das culturas e das mentalidades?

## 5. A UNÇÃO DOS ENFERMOS E DOS IDOSOS, SINAL BATISMAL

É evidente que a unção dos enfermos não é um dos sacramentos fundamentais. Nunca se disse, na tradição, que ela fosse "necessária para a salvação". Mas, pelo fato de pertencer ao setenário, ela leva a refletir sobre o que é a sacramentalidade, que não se reduz unicamente ao batismo e à eucaristia ou mesmo à penitência.

### *Uma história em debate*

A doutrina a respeito dessa unção, no Ocidente, foi debatida ao longo dos séculos. Cinco episódios principais marcam essa história. Em primeiro lugar, a carta papal de Inocêncio I dirigida ao bispo Decentius, em 416. Mas na realidade parece que a unção não foi muito praticada até o século XIV, pelo menos no caso de leigos. O segundo testemunho vem dez séculos mais tarde, com o decreto do Concílio de Florença para os armênios. Esse texto tem por finalidade apresentar o costume ocidental, descrito de maneira breve e clara. O terceiro momento dessa história é o mais vibrante. Situa-se no século XVI, com a polêmica da Reforma contra essa prática eclesial que se julgava mal interpretada. Por isso o Concílio de Trento promulgou um decreto que retoma o essencial do decreto para os armênios: a qualidade sacramental da unção, seu ministro e seus destinatários. Um quarto episódio pode ser registrado com a disputa modernista que levanta uma questão extensiva a outras práticas cristãs: será que o fato de se considerar a extrema-unção um sacramento não vai além da intenção do texto lembrado a seu propósito, o da Epístola de Tiago?[12]

Enfim, o Vaticano II quis, recentemente, que se falasse de *unção dos enfermos* de preferência a *extrema-unção* (*SC* 73); insistiu no "alívio" significado por esse gesto (*LG* 28.1; *PO* 5.1), que "entrega os doentes aos cuidados do Senhor sofredor e glorificado" (*LG* 11 B); indicou, também, que o sacramento da unção não era apenas "um sacramento só daqueles que estão nos estertores da morte", mas que era oportuno também para os "que começam a correr perigo de morte, por motivo de doença ou de idade avançada" (*SC* 73).

---

12. *DzS* 3348; *FC* 886.

Essa evolução permite constatar de que modo uma realidade eclesial, como a unção dos enfermos, se modifica. A prática e, depois, a doutrina passaram do sacramento dado aos moribundos (decreto para os armênios, Trento) a um sacramento para os batizados marcados pela doença ou pela idade avançada (Vaticano II): mas a preocupação com a tradição leva a manter uma referência, discreta aliás, à morte (*SC* 73). Sabemos que o deslocamento continua e que a tendência é celebrar a unção no momento da entrada na última etapa da vida. Por isso, chega-se a pensar que a unção possa ser destinada às pessoas de idade. Acrescente-se que outra transformação se realizou na Idade Média: o ministro do sacramento, que na Antigüidade podia ser um leigo, passou a ser o sacerdote, o que alinhou a unção com os outros sacramentos.

O que se mantém no curso dessa evolução é, primeiro, a preocupação da Igreja com os seus membros que a doença, a idade ou a proximidade da morte desestabilizam física e espiritualmente; e, depois, a compreensão do gesto da unção ao mesmo tempo como alívio humano e espiritual e como perdão dos pecados.

## Um verdadeiro sacramento

O cristianismo, tanto oriental como ocidental, considera que a unção dos enfermos ou das pessoas idosas é um mistério litúrgico estruturante da vida das comunidades e, portanto, segundo o vocabulário latino, um *verdadeiro sacramento*. O Concílio de Trento interpreta essa situação, como o faz no caso dos outros sacramentos, em referência a uma instituição por Cristo, embora essa origem crística não esteja ligada a uma vontade de Jesus historicamente atestada. Se a unção é um verdadeiro sacramento, não é, portanto, "uma invenção humana" ou um "costume piedoso". Também não pode ser identificado com o dom carismático de cura, de que dá testemunho a Igreja primitiva e que a Igreja atual está redescobrindo.

Enfim, o fato de a unção dos enfermos ser sacramental quer dizer que ela depende das normas dos sacramentos em geral e que oferece, portanto, simultaneamente, uma significação e um ou mais efeitos. A significação é assegurada pelo simbolismo do óleo e pela liturgia da celebração, particularmente, mas não exclusivamente, pela palavra que acompanha o gesto de unção. O efeito do sacramento é, primeiro, o perdão dos pecados que o Concílio de Trento liga a uma "graça do Espírito Santo" e que ele estende às "sequelas do pecado". Mas é, também, o "alívio" espiritual e, eventualmente, corporal enfatizado pelo Vaticano II (*LG* 28.1 e *PO* 5.1) e um aprofundamento da participação no povo de Deus (*LG* 11B).

## Batismo, penitência e unção dos enfermos

O Concílio de Trento e o *Catecismo da Igreja Católica,* publicado depois do Vaticano II (n. 1421), ligam a unção dos enfermos ao sacramento da penitência.

Os dois atos são orientados para a *cura*, diz o catecismo. Essa relação é, na verdade, justificada tanto pela palavra sacramental da unção que pede o perdão dos pecados como por uma compreensão espiritual da penitência como uma cura. Todavia, a linguagem tridentina sobre a unção é diferente da adotada para a penitência: a unção é posta em relação com o Espírito Santo, abstendo-se o concílio de dizer o mesmo quando se trata da absolvição penitencial. Em todo caso, o Vaticano II assume espontaneamente, a propósito da unção dos enfermos, uma perspectiva pascal: "A Igreja entrega doentes aos cuidados do Senhor sofredor e glorificado" (*LG* 11.1), perspectiva que não se atém só à cruz e que a penitência não pode desconhecer.

Mas a relação entre a unção dos enfermos e a penitência-reconciliação sacramental não deve fazer esquecer a ligação entre a unção e o batismo. É verdade que o magistério latino não ressalta essa relação. Entretanto, a unção dos enfermos comunica efetivamente uma possibilidade de viver como batizado, na fidelidade ativa ao batismo, na doença e na provação, mesmo na angústia e na solidão. À sua maneira, ela atualiza o batismo, como o fazem, de maneiras diferentes, a confirmação e a penitência-reconciliação.

## 6. A ORDENAÇÃO A SERVIÇO DO EVANGELHO

Eis um sacramento que também pertence à tradição desde a Antigüidade, que foi contestado em nome das Escrituras e que constitui, hoje, um assunto importante para a reflexão, tanto a propósito da evangelização e da vida das comunidades como no diálogo ecumênico.

### Um autêntico sacramento

A Igreja católica e as Igrejas ortodoxas afirmam, em comum, que a ordenação é um verdadeiro mistério constitutivo da Igreja, em outras palavras, um *autêntico sacramento*, no dizer do Concílio de Trento. Isso significa que, como os outros sacramentos, esse rito foi também instituído por Cristo. Trento levava em consideração quatro textos neotestamentários (Lc 22,19, 1Cor 11,23-27, 1Tm 4,14 e 2Tm 1,6-7). O Vaticano II acrescenta a essas referências três textos paulinos, aliás indiretamente em causa (Rm 12,4, 15,16 e 1,1, *PO* 2 e 3).

Dizer que Cristo instituiu o sacramento da ordenação é dizer que esse rito corresponde a uma vontade sua. Ele "estabeleceu ministros", diz o Vaticano II (*PO* 2,2), os apóstolos e, por eles, "tornou os seus sucessores, os bispos, participantes de sua consagração e missão" (*PO* 2.2). Essa vontade crística é, assim, análoga à que funda o batismo, a eucaristia ou a penitência sacramental, mesmo se é secundária em relação à que incide sobre o batismo, visto que os ministros ordenados são escolhidos entre os batizados e estão a serviço da vocação batismal (*LG*10.2). O ministério exercido sob o signo de uma ordenação não é, portanto, puramente funcional: implica uma qualificação ligada a um dom particular de Deus para o serviço ao Evangelho e ao povo.

## O sentido e as funções do ministério ordenado

O papel do ministério ordenado tem sido objeto de algumas acentuações ao longo da história dogmática do sacramento. A tradição patrística punha globalmente a ênfase na presidência das comunidades eclesiais e na diversidade de tarefas exercidas pelos bispos, sacerdotes e diáconos. Em seguida, e aliás às vezes desde a Antigüidade, a função litúrgica e a condição sacral das pessoas foram postas em relevo. Na Idade Média, o decreto para os armênios se contenta com uma fórmula muito institucional e um pouco rápida: "Pela ordem, a Igreja é governada e espiritualmente multiplicada"[13].

O Concílio de Trento, que se refere de bom grado à Epístola aos Hebreus, definiu o sacerdote em relação à celebração dos sacramentos, quer dizer, praticamente pelo "poder de consagrar e oferecer" a eucaristia e perdoar os pecados, fórmula retomada pelo Vaticano II (*PO* 2.2). Todavia, o Concílio de Trento não ignora que os sacerdotes são "ministros da palavra e dos sacramentos". Se insiste mais no papel próprio do ministro ordenado para a realização dos sacramentos, não deixa de fazer também alusão à função de pregação e a sua responsabilidade no governo da Igreja. Ao usar o esquema dos três ofícios de Cristo, o Vaticano II expôs claramente os três encargos complementares dos ministros ordenados (*PO* 1.2; cf. *LG* 25-27). A ordenação não orienta, portanto, só para os sacramentos, ela dá competência para o serviço da palavra e da unidade eclesial.

Se a função ministerial, em sua tríplice orientação, não se limita à celebração ou à presidência dos sacramentos, ela tem contudo, em todos os seus aspectos, um *sentido* sacramental e uma *eficácia* de ordem sacramental. O sacramento da ordem confere uma qualidade sacramental ao que faz o ministro enquanto tal. A teologia do Vaticano II, na linha de uma fórmula patrística assumida pelo decreto para os armênios — *in persona Christi*[14] —, declara que os ministros ordenados "são configurados com Cristo sacerdote, de forma a poderem agir na pessoa de Cristo cabeça" (*PO* 2.3), e isso não só no ministério sacramental. A expressão do Vaticano II marca a iniciativa de Cristo da qual os ministros são testemunhas e que se manifesta por suas próprias iniciativas. É verdade que o último Concílio não fala expressamente de uma *sacramentalidade* do ministério ordenado. Mas essa noção está inscrita virtualmente em

---

13. *COD* II-I, p. 1109; *DzS* 1311; *FC* 659.
14. *COD* II-1, p. 1119; *DzS*, 1321; *FC* 732.

seu discurso e deve ser ligada à sacramentalidade global da Igreja; pode-se dizer que ela representa um dado comum ao catolicismo e à ortodoxia.

Sempre segundo o Vaticano II, a função do ministério ordenado implica que se manifeste a de todos os batizados. Essa é uma segunda condição de seu sentido e de seu exercício. Todos os batizados têm uma responsabilidade na evangelização e na transmissão da palavra de Deus, um sacerdócio batismal e uma participação na vida eclesial. Se os ministros têm uma tríplice função, é porque a Igreja, em seu conjunto, tem essa tríplice função que Cristo lhe comunica (*LG* 10,2). Entre a condição batismal comum e o estatuto particular dos cristãos ordenados ou ainda, como diz o Concílio, entre o sacerdócio comum dos fiéis e o sacerdócio ministerial, há uma estreita correlação que em nada contradiz sua "diferença essencial" (*LG* 10).

Como denominar, então, o papel dos ministros ordenados? O Concílio Vaticano II fala sempre de *sacerdócio ministerial* (*LG* 10.2), reconhecendo-lhe uma característica ministerial distinta da situação comum batismal. Mas distingue claramente os *presbyteri* dos *sacerdotes*. Fala, também, dos *ministros*, da *função ministerial* e não só da função *sacerdotal* (*PO* 2.2). Mas não ousa ainda empregar a fórmula *ministério sacerdotal*, que, depois da época conciliar, se difundiu e que tem a vantagem de fazer aparecer a importância "teologal" do ministério episcopal e presbiteral. Em todo caso, não se pode simplesmente identificar ministério ordenado e sacerdócio, dada a existência do sacerdócio universal, de uma parte, e, de outra parte, no plano do ministério ordenado, a existência do diaconato. Este envolve uma ordenação que não é sacerdotal. A expressão *ministério ordenado* se difunde, a justo título, e mantém a distinção com os ministérios batismais. Tornou-se indispensável pôr esse ministério em relação com outros ministérios, ditos "não-ordenados", que empenham, também, a Igreja e seu mistério mas não a mesmo título. O que é sacramental nessa função não-ordenada depende da sacramentalidade global da Igreja e não de uma ordenação sacramental. Recentemente, Paulo VI e João Paulo II[15] tomaram posição sobre esse ponto, e o código canônico de 1983 ratifica o termo "ministério" para os leigos (cânones 230.1 e 3).

## *A condição eclesial e pessoal dos ministros*

As funções asseguradas pelos ministros ordenados têm um impacto sobre sua *condição* eclesial e pessoal. Eles são constituídos naquilo que são por um sacramento. Sua função é, portanto, ligada a uma redefinição de sua identidade. Esta, fundada no batismo, comporta um dom próprio de Deus para a Igreja. A ordenação lhes "confere graça" e lhes comunica a força do Espírito Santo. O cristãos ordenados são definitivamente votados a sua função ministerial por um "caráter" que, daí em diante, marca o seu ser.

---

15. PAULO VI, *Evangelii nuntiandi*, n. 73; JOÃO PAULO II, *Christifidelis laici*, nn. 21-24.

O Vaticano II fala de bom grado em "consagração" para dizer o que é a ordenação (*LG* 21.2; 28.1) e desenvolve a referência ao Espírito (*PO* 2.3; 12.2). Retém, igualmente, a noção de *caráter* (*LG* 21.2; *PO* 2.3). Acrescenta um dado cristológico, o da "configuração" dos ministros ordenados com Cristo (*PO* 12.1), que os torna capazes de "agir na pessoa de Cristo cabeça" (*PO* 2.3). Esboça, enfim, uma espiritualidade ministerial (*PO* 12-13 e 18).

Esse quadro conciliar comporta outras indicações. Primeiro, o antigo princípio do valor objetivo do ministro, seja qual for sua qualidade ou sua dignidade, é mantido na época moderna e contemporânea. É questão resolvida há muito tempo. Em seguida, o Vaticano II ressalta o princípio colegial do ministério ordenado: ligação entre os sacerdotes e o bispo, ligação dos sacerdotes entre si, vínculos dos bispos, sacerdotes e diáconos (*PO* 7-8; *LG* 28.2). Além disso, os ministros, tendo recebido a ordenação, são convidados a viver em solidariedade e proximidade com o povo batismal, embora sejam "de certo modo segregados", mas isso não significa que estejam "separados" (*PO* 3.1).

## Evoluções incontestáveis

O sacramento da ordenação conheceu, ao longo da história doutrinal, evoluções e modificações de ênfases por vezes notáveis. A primeira incide sobre a liturgia do sacramento. O decreto para os armênios considera que o gesto requerido é o da *porrectio* de objetos simbólicos. Pio XII, em *Sacramentum ordinis,* privilegiou solenemente a imposição da mão.

Outra linha de mudança concerne à interpretação da ordenação. O Concílio de Trento a compreendia como o dom de um "poder sagrado", sobretudo no domínio sacramental. O Concílio Vaticano II a compreende como a comunicação de um sentido e de uma eficácia, quer dizer, como a constituição de uma sacramentalidade particular e pessoal (ao mesmo tempo que colegial) no seio da Igreja-sacramento. A ênfase é posta, agora, não só no que fazem os ministros ordenados, mas no que eles significam; eles são sinais da pessoa de Cristo cabeça (*PO* 2.3 e 12.1). Paralelamente, o Concílio de Trento falava unicamente de "sacerdócio", ao passo que o Vaticano II situou esse termo no vocabulário mais vasto da missão e do ministério.

Terceira linha de evolução: o Vaticano II foi muito mais atento que Trento à questão ministerial. De certo modo, ele fez, em relação ao ministério ordenado, o que o Concílio de Trento fizera a respeito da eucaristia e da penitência, isto é, entrou em detalhes e, ao mesmo tempo, extraiu uma visão de conjunto. A novidade do último Concílio é, portanto, apreciável: o ministério ordenado se refere às três funções de Cristo e à sacramentalidade global da Igreja, é colegial, é lugar de vida espiritual. Além disso, de maneira mais doutrinal, o Vaticano II considera o episcopado detentor de uma sacramentalidade própria (*LG* 21.2, 26.1).

## 7. O MATRIMÔNIO, SINAL DA BENEVOLÊNCIA FIEL DE DEUS

Desde a Antigüidade, o matrimônio foi tido, na Igreja, como uma realidade importante, tanto do ponto de vista social ou comunitário como do ponto de vista espiritual. Foi, no entanto, contestado por diversas razões: as correntes gnósticas tendiam a desvalorizá-lo por ser muito carnal; a teologia medieval o percebia como um caso particular no setenário, porque não tinha uma matéria sensível como o batismo ou a eucaristia e, sobretudo, porque o rito era interpretado mais como um meio de espiritualizar o amor físico do que como o dom de uma graça; enfim, a Reforma considerava que pertencia à ordem da criação e não lhe reconhecia um fundamento cristológico. Foi em resposta a esses questionamentos que se constituiu a doutrina do magistério ocidental. No Oriente, as objeções foram menores.

### O matrimônio como sacramento

Para o cristianismo católico e ortodoxo, o matrimônio é um dos mistérios litúrgicos ou, ainda, um dos sacramentos. O Ocidente foi levado a esclarecer essa condição. Não basta evidentemente dizer, para justificá-lo, que o matrimônio pertence ao setenário, como o fazem as diversas afirmações doutrinais da fé, desde a confissão proposta aos valdenses até o Vaticano II (SC 64-78), passando pelo Concílio de Trento. Também não basta considerar a sacramentalidade do matrimônio como um fato da tradição, por mais importante que seja isso. Enfim, não é porque Jesus falou do matrimônio e de sua significação (Mt 19,6) que já está fundada a identidade sacramental do matrimônio cristão.

O Concílio de Trento retoma a fórmula recebida, de certa maneira canônica: o matrimônio é um sacramento "instituído" por Cristo. Mas como? Três respostas foram formuladas na história doutrinal do Ocidente. A primeira consiste em dizer que Cristo instituiu os sacramentos em seu conjunto e sem exceção. A argumentação vai, portanto, do geral para o particular; mas pressupõe, evidentemente, que o matrimônio seja sacramento. A segunda resposta, igualmente expressa pelo Concílio de Trento, recai sobre a experiência eclesial: há uma novidade no matrimônio cristão em relação às "núpcias da Antiga Lei", e essa novidade só pode vir de Cristo. Essa originalidade é o sinal do amor de Cristo pela Igreja, segundo Ef 5,32. Ela é, portanto, sacramental e reconhecida como tal porque São Paulo "deu a conhecer" essa vontade de Cristo. Enfim, Leão XIII, em uma encíclica de 1880, formulou uma terceira resposta: "Cristo elevou o matrimônio à dignidade de sacramento"[16], fórmula tomada da teologia da época. O Vaticano II prolonga o discurso: Cristo "abençoou largamente esse amor multiforme [...] constituído à imagem de sua própria união com a Igreja" (GS 48,2).

---

16. LEÃO XIII, *Arcanum divinae sapientiae*; DzS 3142; FC 936.

A maneira pela qual a história doutrinal estabelece o caráter sacramental do matrimônio cristão é, portanto, bastante original. Na realidade, cada sacramento representa um caso particular. Se, de um lado, a instituição crística é biblicamente fundada para a eucaristia e, de outra maneira, para o batismo e a confissão-reconciliação, assim como para a ordem, de outro lado constata-se claramente que a confirmação, a unção dos enfermos e o matrimônio não têm uma relação imediata com o Cristo dos Evangelhos. A instituição dos sacramentos por Cristo, vivamente debatida na época do modernismo, é, de fato, mais nuançada nos textos tridentinos do que às vezes se diz. O debate hoje é desapaixonado.

## Criação, salvação e sacramento no matrimônio

Sacramento propriamente dito, o matrimônio cristão tem uma importância para a Igreja, para os esposos e para a sociedade. O Concílio de Trento afirma que não é uma "invenção dos homens", pois tem um fundamento em Jesus Cristo. Ou, segundo a linguagem do Vaticano II, Cristo "vem ao encontro dos cônjuges cristãos pelo sacramento do matrimônio" (*GS* 48.2). Mas a ênfase cristológica, em função de Ef 5,32, deixou implícita a presença do Espírito nesse mesmo sacramento: nem o Vaticano II, nem a exortação apostólica *Familiaris consortio* de João Paulo II se detêm nela.

Por outro lado, a sacramentalidade do matrimônio é original porque esse sacramento se reporta a uma realidade humana que existe aquém dele e que é, como tal, uma "instituição" (*GS* 48.1) referida a Deus em razão da criação[17]. No sacramento do matrimônio, a criação e a salvação em Cristo se conjugam, portanto. A graça de Cristo "aperfeiçoa" e "fortalece" o amor humano, diz Trento, "torna-o perfeito", acrescenta Leão XIII. Os esposos são "envoltos e fortalecidos" pelo dom de Cristo. "É pelo próprio autor da natureza e pelo restaurador da natureza, Cristo nosso Senhor, que o matrimônio foi munido de suas leis, confirmado, elevado."[18]. Isso implica que o matrimônio, tal como o apresenta a criação, seja tido por bom e legítimo, algo que o cristianismo não cessa de dizer desde a Antiguidade e a Idade Média. No mesmo sentido, o Concílio de Trento destaca que o celibato dos sacerdotes não deveria parecer como uma diminuição do valor do matrimônio[19]. Na época atual, Pio XI também enfatizou a liberdade vivida pelos cônjuges[20], outra marca desse valor.

Enfim, a sacramentalidade do matrimônio cristão significa que a celebração que o institui e a vida que dele procede têm, simultaneamente, significação

---

17. Cf. PIO XI, *Casti connubii*; DzS 3700; FC 940.
18. LEÃO XIII, *op. cit.*, DzS 3142; FC 936.
19. *DzS* 1809-1810; FC 932-933.
20. PIO XI, *op. cit.*, DzS 3701; FC 941.

e eficácia. O sacramento do matrimônio é "sinal", dizia o decreto para os armênios. Mas trata-se de um sinal eficaz, como sublinha Leão XIII: "A razão pela qual o matrimônio é um sacramento é que ele é um sinal sagrado que produz a graça e que representa as núpcias místicas de Cristo com a Igreja"[21]. O Vaticano II declara a mesma coisa: pelo sacramento do matrimônio os esposos cristãos "significam e participam do mistério de unidade e do fecundo amor entre Cristo e a Igreja" (*LG* 11.2).

A significação bíblica e espiritual da união conjugal sacramental dos cristãos é uniformemente expressa em referência a Efésios 5. Talvez pudéssemos explicitá-la, também, segundo a história doutrinal, como o sinal da salvação que intervém na criação, renovando-a. Quanto ao efeito do sacramento, é o dom particular de uma graça adaptada ao estado de vida conjugal e familiar. O sacramento "confere a graça" e não é apenas uma ajuda ou um remédio para a concupiscência, como por vezes imaginava a teologia medieval.

A bem dizer, não se pode falar aqui de "caráter" porque, mesmo se Agostinho aproximava, outrora, o matrimônio e a ordenação[22] em razão de sua duração ilimitada, a viuvez pode tornar possível um segundo matrimônio. Mas o Vaticano II usa propositadamente o termo forte "consagração": "como consagrados" (*GS* 48.2); "consagrado pelo sacramento de Cristo" (*GS* 49.2). Ele esboçou também uma espiritualidade conjugal e familiar na dependência do sacramento recebido (*GS* 47-52; , *G* 10.2, 35.3, 41.5). O Concílio esclarece que "o Espírito de Cristo impregna" a vida dos esposos (*GS* 48.2, uma das raras menções do Espírito a respeito do matrimônio). João Paulo II menciona a relação entre o matrimônio sacramental e o batismo, assim como com a eucaristia e a penitência-reconciliação[23]. Sublinha, igualmente, o compromisso com os filhos e a participação da família na vida social. E liga o sinal do matrimônio sacramental à igualdade do homem e da mulher[24].

## *Rumo a futuros desenvolvimentos*

É possível que a doutrina do matrimônio, tal como enunciada pelo magistério latino, seja menos elaborada que a dos outros sacramentos. A preocupação pastoral recaiu mais sobre questões éticas (unidade, fidelidade, responsabilidade em relação aos filhos, lugar na sociedade) que sobre os problemas propriamente teológicos e sacramentais. Por outro lado, a participação dos leigos na reflexão sobre um sacramento vivido por eles pode ter, com o tempo, efeitos benéficos. Enfim, o lugar dado ao matrimônio no diálogo ecumênico

---

21. LEÃO XIII, *op. cit.*, DzS 3146; FC 939.
22. AGOSTINHO, *Le Bien du mariage,* 24,32; BA 2, pp. 79-81.
23. *Familiaris consortio,* 13.6, 57, 58; DC 79 (1982), pp. 5 e 22.
24. *Christifidelis laici,* 52.4 e 5; DC 86 (1989), p. 185.

contemporâneo permite esperar um aprofundamento comum do que a fé evangélica tem a dizer a propósito da união conjugal. Destaquemos apenas alguns pontos obscuros na atual doutrina católica do matrimônio: qual é o ministério que intervém nesse sacramento: o do sacerdote, como pensa o cristianismo oriental? O dos esposos, como dizem geralmente os ocidentais? Ou o sacerdote e os esposos, juntos, segundo uma forma ministerial original? Em um mundo em que numerosos batizados perderam a fé, todo casamento entre batizados é necessariamente sacramental?[25] Levantam-se também questões sobre a condição dos batizados que são divorciados e casados de novo, dos que formam um casal estável sem ter celebrado o matrimônio sacramental, da relação entre o sacramento do matrimônio e a cultura (inculturação litúrgica, problema da poligamia em certos países), e da relação entre a vocação para o matrimônio e a vocação para o celibato.

---

25. Segundo o título do livro de J.-B. SEQUEIRA, citado acima.

SEGUNDA PARTE
# A IGREJA
P. Tihon

# INTRODUÇÃO

Mais do que qualquer outro capítulo da história dos dogmas, o concernente à Igreja requer ser tratado à luz do Concílio Vaticano II. Diversos fatores contribuem para tornar necessária essa releitura da história: a renovação eclesiológica de nosso século, o retorno às fontes bíblicas e patrísticas, mas sobretudo a reviravolta, na eclesiologia, provocada pelo próprio Vaticano II.

A importância dessa reviravolta dificilmente pode ser exagerada. A eclesiologia católica fora profundamente marcada, desde a Reforma, pela polêmica primeiro contra o protestantismo, depois contra o racionalismo moderno. Ela se fixara quase exclusivamente nos aspectos contestados da doutrina católica: a organização visível da Igreja e a repartição dos poderes em seu seio. Esse unilateralismo teve consideráveis conseqüências sobre o equilíbrio da eclesiologia, sem falar das práticas eclesiais. Continuamos a sofrer seus efeitos.

Contrariamente a essas visões redutoras, o Concílio Vaticano II apresentou, pela primeira vez, uma visão global em busca da plenitude da experiência eclesial. Falou-se, a esse respeito, de um deslocamento da eclesiologia, de uma mudança de modelo. Com o Vaticano II, passou-se "de uma eclesiologia centrada principalmente no poder, no direito e na autoridade da Igreja a uma eclesiologia dominada pelo senso da comunhão e do serviço recíproco"[1]. Não será exagero dizer que foram precisos quase dois mil anos para se poder enfim construir, no Vaticano II, uma visão mais ou menos completa da doutrina da Igreja.

Nem todos aceitam tais afirmações. Aliás, temos de nos acautelar contra a tentação triunfalista de muitos. De qualquer forma, essas afirmações exigem justificativas. Para ser verdadeiramente esclarecedora, uma história das doutrinas sobre a Igreja não pode ficar numa simples classificação cronológica de tomadas de posição; requer uma retomada interna do desenvolvi-

---

1. Cf. E. MÉNARD, *L'Ecclésiologie hier et aujourd'hui,* Paris, DDB, 1966, pp. 74-75.

mento e deve visar a uma construção coerente. Mas semelhante retomada é cheia de riscos. Pressupõe, necessariamente, certas opções e esbarra também em diversos limites.

## A *escolha de uma leitura positiva*

Primeiro, as opções. Este trabalho se situa na corrente de abertura e de transformações vivida pela Igreja católica romana particularmente depois do último Concílio. Diferentemente das tendências conservadoras que ressaltam, nos textos conciliares, tudo o que é repetição do passado — e que também se encontram lá —, nossa leitura privilegia o que no Vaticano II traz a marca do *aggiornamento* buscado pelos Padres conciliares. De modo particular, procura ter em conta a abertura representada não somente pela constituição dogmática sobre a Igreja (*Lumen Gentium*, 1963), mas também pela constituição pastoral sobre a Igreja no mundo de hoje (*Gaudium et Spes*, 1965). Trata-se de uma leitura positiva, que assumimos conscientemente e por razões antes de tudo doutrinais. A Igreja só permaneceu fiel a suas origens respondendo, de cada vez, aos desafios de novas situações.

## *Uma leitura de fé*

É claro que semelhante leitura do passado supõe adesão de fé à Igreja como "mistério". Para os cristãos, a Igreja é essa fração da humanidade que reconhece em Jesus Cristo o sentido da aventura humana e que, a essa luz, a interpreta como uma história de reunião. Essa visão das coisas, que não se impõe, não pode deixar de influenciar as interpretações por ocasião de uma retomada da história tal qual ela de fato se desenrolou. Concebe-se, assim, que essa leitura seja animada por uma ligação lúcida à Igreja, que de forma alguma exclui o compromisso com uma reforma sempre necessária. Desse ponto de vista, a história é portadora de esperança, pois "o que foi real na história pode ainda tornar-se possível hoje"[2]. Ao nos lembrar um certo número de fatos indiscutíveis, a história doutrinária da Igreja nos ensina que as formas da vida eclesial são muito menos imutáveis do que se imagina. Quem sabe, aliás, se essa instituição que atravessou vinte séculos de história é jovem ou velha, está na infância ou na maturidade, no início ou no fim de sua caminhada?

Além disso, o problema que se apresenta hoje para muitos fiéis sinceramente unidos a Jesus Cristo e a sua mensagem é a Igreja tal como a vêem funcionar diante de seus olhos. Têm dificuldade de reconhecer nela a transpa-

---

2. Cf. H. FRIES, *Wandel des Kirchenbildes und dogmengeschichtliche Entfaltung* (*Mysterium salutis* IV/1), Eisiedeln, Benziger, 1972, p. 223.

rência do Evangelho. Ora, a história permite esclarecer um bom número desses traços atuais e, dessa forma, relativizá-los. Guardar ou reavivar a memória do passado é, portanto, uma tarefa da Igreja para a qual os historiadores do dogma são convidados a trazer sua contribuição.

## Uma regra de método

Anunciar nossas escolhas é também uma exigência metodológica. Não existe história dos dogmas, nem aliás qualquer história, que seja neutra. Não só toda leitura do passado é fragmentária e, por isso, forçosamente provisória, como é também orientada: transpõe sempre para o passado as questões do presente. Afirmar a particularidade das próprias escolhas é, ao mesmo tempo, submetê-las à crítica de escolhas diferentes, é respeitar a liberdade do leitor.

Nessa retomada do passado, o historiador dos dogmas assume o risco de uma interpretação. Quais são os critérios que o vão guiar para apreciar as evoluções que ele constata? Em nome de que vai ele fazer a triagem entre o que foi fidelidade criadora ou deformação da intuição originária? Se fala de reforma, a que modelo se refere? Sob as variações, deve ele supor um substrato permanente que tem sua fonte na vontade instituinte de Cristo? E, em caso afirmativo, como distinguir entre os elementos essenciais desse substrato e as diversas formas contingentes? Onde encontrar a "substância santa" que "subsiste imutável na Igreja desde o seu nascimento até os nossos dias", distinguindo-a de sua "manifestação histórica", que muda no correr do tempo?[3] Já no tempo de Newman, esse era "um problema ineluctável" que, dizia ele, "nos sufoca"[4]. Pois os textos do passado têm, evidentemente, necessidade de hermenêutica.

## O modelo da Igreja antiga?

Não se poderia dizer que, para o teólogo, o critério que lhe permite distinguir as evoluções positivas dos desvios é o modelo da Igreja antiga, a preservação do tipo antigo por meio de seus aspectos cambiantes? A preocupação de fidelidade para com a origem sempre esteve na base de todo esforço de reforma, e serviu para justificar todas as propostas de mudança. Mas esse critério não é assim tão fácil de ser aplicado. É preciso ter o cuidado de não idealizar uma representação dos primeiros tempos que seria totalmente imaginária. Pelo que conhecemos dela, a "Igreja antiga" carrega também o traço das interferências

---

3. A. MAYER-PFANNHOLZ, "*Der Wandel des Kirchenbildes in der Geschichte*", Theologie und Glaube 33 (1941), p. 22.
4. J. H. NEWMAN, *Essai sur le développement de la doctrine chrétienne*, Paris, DDB, 1964, p. 54.

humanas. Sem dúvida podemos igualmente dizer que a força do Evangelho se mostra atuante nela, mas "dificuldades insolúveis se apresentam quando se tenta individualizar concretamente" o que fazia parte dos "elementos constitutivos da Igreja antiga"[5]. É mesmo difícil declarar *a posteriori* que essa ou aquela prática atestada no Novo Testamento possui valor normativo: muitas delas manifestamente não subsistiram. Pode-se, sem hesitar, generalizar essa observação: a história das doutrinas eclesiológicas não tem nenhum interesse em aumentar a importância de uma declaração particular, por mais solene que seja, enquanto ela não tiver mostrado sua persistência ao longo do tempo.

## *A Igreja viva como medida?*

Inevitavelmente, o historiador utiliza, como referência, sua própria experiência de Igreja, a de seu tempo, a de seu país, eventualmente a de outros continentes. Experiência forçosamente incompleta, portanto, também parcial, tanto mais que a ela vêm se juntar as pertenças confessionais que fatalmente induzem a acentuações na reconstrução do passado. Os trabalhos dos historiadores são freqüentemente influenciados por posições confessionais prévias. Seja qual for sua preocupação com a objetividade, a utilização de sua documentação se acha mais ou menos orientada pela imagem que eles têm de sua própria Igreja. É grande o risco de pressupor que a identidade atual de minha Igreja seja a única a corresponder à pureza das origens. Serei, portanto, tentado a descrevê-la de tal modo que produza essa impressão, dessolidarizando-me dos "desvios" ulteriores. Esses preconceitos são mais facilmente observáveis nos outros do que em nós mesmos: maior razão para cultivar uma vigilância constante sobre nossas próprias atitudes.

Parcialidade inevitável, mas que não priva de valor o trabalho necessário de reconstrução. Como consequência, em todo caso, é indispensável situar os dogmas eclesiológicos no contexto histórico, seu primeiro elemento de interpretação. O progresso da inteligência cristã não se faz somente a partir das declarações dos bispos ou da reflexão teológica, mas a partir da experiência espiritual vivida pelas comunidades crentes, mesmo se, no decorrer do tempo, um ou outro desses elementos tenha assumido maior relevo.

O critério da atualidade vivida na Igreja é, portanto, importante, mas insuficiente. Do ponto de vista do método, ele é completado por outro: o estabelecimento progressivo de um consenso entre os especialistas. Por ofício, o historiador dos dogmas está imerso numa tradição (inclusive científica) que engloba a Igreja desde as origens como uma espécie de húmus nutriente. Por isso ele não deixa de rechear seu texto com citações, "autoridades" múltiplas que vêm qualificar suas afirmações. Sem dúvida, dessa forma ele não se ilude sobre as

---

5. A. ANTÓN, *La Iglesia de Cristo,* Madrid, BAC, 1977, p. 737.

escolhas que faz. Esse enraizamento numa tradição científica, no entanto, não tira o historiador de seu tempo, nem da particularidade de sua experiência. Ele pode, entretanto, esperar escapar, até certo ponto, dos *a priori*, se respeitar a regra de deixar se desenvolver as formas historicamente assumidas pelas doutrinas arroladas por ele, sem prejulgar nem um progresso contínuo, nem uma decadência a partir das origens.

## *A história dos dogmas como teologia*

No caso presente, o historiador pretende fazer também obra teológica, pois se esforça por desenvolver uma coerência a partir do pressuposto da fé. Precisa, portanto, respeitar as regras do método histórico sem renunciar a interpretar os resultados à luz da Palavra de Deus, visto que, para a fé, Deus está comprometido nessa história. Isso quer dizer que uma história dos dogmas é inseparável de uma teologia da história. Em última análise, só há interesse vital em recolher as doutrinas concernentes à Igreja porque se trata de Deus e de seu projeto para a história. O assunto de que tratamos é sempre "a Igreja de Deus, Corpo de Cristo e Templo do Espírito" e seu devir ao longo da história da humanidade.

No caso das doutrinas eclesiológicas, a dificuldade é redobrada. É fácil afirmar, em princípio, que a Igreja é ao mesmo tempo realidade divina e sociedade humana e que entre esses dois aspectos há uma relação de interdependência. A dificuldade começa quando é preciso percebê-lo em meio aos imprevistos da história. Ora, o conteúdo originário da mensagem cristã não se deixa jamais apreender em estado quimicamente puro, fora de qualquer formulação contingente.

Tomemos um exemplo simples. São abundantes, na história, os documentos assinados pelos papas em defesa das prerrogativas do bispo de Roma. Diante de tais textos, o sociólogo não deixa de enfocar os pressupostos não-teológicos dessa atitude, em termos de reivindicação de poder ou de lógica das instituições. É papel do historiador situar esse tipo de discurso no seio dos conflitos da época, inclusive diplomáticos ou estratégicos, sem se limitar à superfície edificante do texto. Mas, ao mesmo tempo, ele relativiza sua importância doutrinal para os tempos seguintes. Nesse estágio, ao teólogo cabe a tarefa de avaliar a importância desses textos em relação ao mistério da Igreja.

Aclarar a atualidade da história faz parte da função da teologia. Com efeito, a história dos dogmas eclesiológicos propriamente ditos, isto é, das afirmações pelas quais o grupo-Igreja se definiu em termos públicos e oficiais, não cessou de ser acompanhada pelo trabalho dos teólogos que se esforçam para exprimir o dado da fé de forma a torná-lo inteligível no contexto de seu tempo. Houve sempre uma interação entre o discurso dogmático e as reflexões científicas da mesma época. Por isso não se pode dissociar a história dos dogmas da história da teologia. As pesquisas dos historiadores, que permitem extrair as noções ou concepções originais que surgem na história da teologia, são necessárias para esclarecer os textos oficiais. Isso vale especialmente para as definições dogmáticas: sua formulação está sempre ligada ao estado do pensamento teológico de seu tempo.

Por outro lado, no que concerne à Igreja, há grande necessidade de estabelecer relação entre discursos e práticas porque inúmeros elementos da estrutura da Igreja e de sua compreensão podem ter sido veiculados pela prática vivida das comunidades antes de ser objeto de tematização nos documentos oficiais. No máximo, pode-se descobrir esses aspectos evocados na sutileza de uma frase como um pressuposto evidente. Esse é um traço que pertence ao fundo da natureza da Igreja: a experiência cristã atravessa os séculos não somente sob a forma de uma mensagem incessantemente reatualizada, mas igualmente sob a forma de "inumeráveis elementos de sabedoria cristã cujo caráter concreto lhes dá valor durável [...]: novas simbolizações, sabedoria de experiência, regras de prudência pastoral e pessoal, equilíbrio vivido dos valores de um ministério cultural, costume de vida em Igreja, compreensão das Escrituras"[6]. "Há coisas que fazem parte da essência da Igreja que não estão nos textos; ou, pelo menos, que não tinham sido vistas lá [...], não é tanto o texto que explica a realidade da Igreja, como é essa realidade que esclarece e permite compreender o texto"[7]. Por conseguinte, há prioridade dos dados existenciais vividos pela Igreja em relação aos elementos doutrinais do discurso que os acompanha, embora se possa postular, sem risco, que há uma interação entre o discurso e as práticas. Por conseguinte, também, o historiador só pode se esforçar para extrair, dentre os dois, uma coerência que permanece, em parte, implícita.

## *Alguns outros limites*

Outro problema com que necessariamente se defronta todo historiador é o da subdivisão de sua matéria em períodos. Também aí tomamos consciência de que toda periodização supõe escolhas teóricas. Com efeito, nossa razão ocidental tende a introduzir continuidades na história, a dissimular as rupturas, a impor estruturações lá onde os dados disponíveis permitiriam outras organizações.

Uma primeira escolha comanda a composição da presente *História dos dogmas*: a de pressupor que se conheça, porque é tratada noutro lugar, a fase fundadora de que dão testemunho os escritos do Novo Testamento. Para o assunto que tratamos aqui, essa escolha poderá ter graves conseqüências. Com efeito, a reviravolta eclesiológica que precedeu e se seguiu ao Vaticano II apoiou-se numa atenção renovada aos textos da tradição, não somente dos Padres mas também do Novo Testamento. Numerosos estudos exegéticos foram dedicados ao período de passagem entre Jesus e a Igreja. A consciência eclesiológica renovada

---

6. J.-P. JOSSUA, "Immutabilité, progrès ou structurations multiples des doctrines chrétiennes?", *RSPT* 52 (1968), pp. 184-185.

7. Y. CONGAR, *Esquisses du mystère de l 'Église*, Paris, Cerf, 1941, pp. 6-7.

daí decorrente encontrou uma primeira expressão autorizada nos textos do Vaticano II. Ela marca forçosamente o olhar com que lemos a história. Esse pressuposto pode ser anunciado mas não pode realmente ser demonstrado aqui. O leitor, forçosamente, precisa confiar em nós.

Em seguida, múltiplas periodizações se apresentam. A maior parte, sobretudo do período pós-constantiniano, acompanha as grandes etapas da história geral. Em todo caso, uma história do dogma concernente à Igreja deve necessariamente remontar ao tempo anterior à Idade Média, à época em que surgem os primeiros textos propriamente dogmáticos sobre a Igreja. Deve chegar a uma releitura da tradição patrística, embora a eclesiologia desses primeiros séculos permaneça em grande parte implícita e fragmentária.

O historiador dos dogmas esbarra igualmente em outros limites que se impõem inevitavelmente a todo projeto desse gênero. Antes de tudo, ele se vê diante de uma massa imensa de materiais, absolutamente impossível de dominar, mas cujo conjunto, sobretudo dos primeiros séculos, tem algo de aleatório. "Os textos, por mais abundantes que sejam, representam pouca coisa da vida cristã primitiva... A conservação dos textos é um acidente, assim como sua perda. Eis por que a história, para os séculos pobremente documentados, é uma aproximação passível de ser revista"[8]. Por outro lado, inumeráveis são os estudos minuciosos consagrados a este ou àquele autor, a um ou outro concílio. Felizmente, o historiador se acha também diante de um certo número de exposições de conjunto, que lhe são de grande utilidade; mas essas obras mais sintéticas têm suas próprias opções, não necessariamente iguais às suas. Diante desse material ao mesmo tempo abundante e lacunar, ele só pode propor sua própria leitura, que será, forçosamente, seletiva.

Terminando, devemos reconhecer nossa dívida. A história das doutrinas eclesiológicas é especialmente devedora a alguns autores aos quais nos referiremos muito freqüentemente, sem poder dizê-lo sempre. Evoquemos, antes de tudo, as grandes sínteses do artigo "Kirche" na *Theologische Realenzyklopädie*: Gerhard May para a Igreja antiga, Josef Finkenzeller para o período seguinte; depois, os estudos daquele que é, sem dúvida, o maior eclesiólogo deste século, o Pe. Yves Congar (1904-1995) — particularmente sua contribuição para a grande história dos dogmas das edições Herder: *L'Église de saint Augustin à l'époque moderne*. Enfim, esse monumento de erudição cuidadosa que são os dois volumes do Pe. Angel Antón, *El mistério de la Iglesia. Evolución de las ideas eclesiológicas*: mais de duas mil páginas que cobrem o segundo milênio[9]. As impressionantes bibliografias dessas obras e de algumas outras nos dispensarão de propor ao leitor listas intermináveis: desde já os remetemos a elas, contentando-nos em indicar as obras principais.

---

8. P. BATIFFOL, *L'Église naissante et le catholicisme*, Paris, Lecoffre, 1927, p. X.
9. Cf. a bibliografia geral, pp. 518.

CAPÍTULO IX
# O sentido da Igreja na época dos Padres

Os primeiros textos dogmáticos relativos à Igreja datam da Idade Média. Foram promulgados no contexto das lutas pelo poder entre o papado e os príncipes. Por si só, esses documentos apenas muito parcialmente registram a realidade eclesial. Eles não permitem, particularmente, compreender a maneira pela qual a Igreja se exprime hoje sobre si mesma. Para interpretar os documentos atuais de seu magistério sobre a Igreja e, antes de tudo, os do Concílio Vaticano II, é indispensável voltar, na medida do possível, ao que teria sido a consciência da Igreja durante os primeiros séculos.

Essa pesquisa não é fácil. O que se oferece ao nosso exame, a respeito desses primeiros séculos, são traços e fragmentos. Nada que se assemelhe a uma exposição de conjunto daquilo que era, daquilo que veio a ser a Igreja. É exatamente o que acontece com o período de que são testemunho os escritos do Novo Testamento. Ora, essa herança dos primeiros tempos é propriamente fundadora: nunca deixou de servir de norma para a seqüência da história. Precisamos, portanto, tentar recolher o maior número possível de suas características.

## I. A CONSCIÊNCIA ECLESIAL NOS PRIMEIROS SÉCULOS

**INDICAÇÕES BIBLIOGRÁFICAS:** R. SCHNACKENBURG, *L'Église dans le Nouveau Testament,* Paris, Cerf, 1964. — J. ROLOFF, *Die Kirche im Neuen Testament,* Göttingen, Vandenhoeck, 1993. — P. V. DIAS, *Kirche in der Schrift und im 2.Jahrhundert,* in M. Schmaus e A. Grillmeier (orgs.), *Handbuch der Dogmengeschichte,* t. III, fac. 3A, Freiburg, Herder, 1974, pp. 107-165 (bibliogr.). — J. ZEILLER, "La Conception de l'Église aux quatre premiers siècles", em *RHE* 29 (1933), pp. 571-585, 827-848. — G. BARDY,

*La Théologie de l'Église de saint Clément de Rome à saint Irénée*, Paris, Cerf, 1945. — I. B. LO GRASSO, *Ecclesia et Status. Fontes selecti historiae Iuris Publici Ecclesiastici*, 2ª ed., Roma, PUG,1952. — H. VON CAMPENHAUSEN, *Kirchliches Amt und geistliche Vollmacht in den ersten drei Jahrhunderten*, Tübingen, Mohr, 1953. — K. SCHATZ, *La Primauté du pape. Son histoire, des origines à nos jours* (1990), Paris, Cerf, 1992. — C. ANDRESEN, *Die Kirchen der alten Christenheit*, Stuttgart, Kohlhammer, 1971. — P. BATIFFOL, *Le Catholicisme des origines à saint Léon*, 4 vols., Paris, Gabalda, 1909-1924. — H. RAHNER, *Symbole der Kirche. Die Ekklesiologie der Väter*, Salzburg, Müller, 1964.

## 1. A HERANÇA DAS PRIMEIRAS COMUNIDADES

As comunidades das primeiras gerações — as que viram nascer o Novo Testamento — não nos deixaram nenhuma descrição da Igreja e muito menos uma teoria do que ela deveria ser. Mas elas nos transmitiram muito mais do que isso. Antes de tudo, elaboraram e recolheram, pouco a pouco, uma série de escritos: nossos quatro Evangelhos, as cartas de Paulo e algumas outras. Esses escritos trazem traços dos problemas que afetavam as comunidades onde nasceram. Eles contêm uma quantidade de indicações sobre a maneira como a Igreja era vivida por seus membros e como aos poucos ela se estruturava. Esse conjunto de textos foi reunidos aos herdados da tradição judaica tidos como norma — nosso Primeiro Testamento —, e seus diversos componentes foram, pouco a pouco, adquirindo um valor normativo para as comunidades[1]. Será suficiente, aqui, lembrar seus elementos essenciais.

Mas as primeiras comunidades passavam igualmente para seus sucessores todo um conjunto de práticas. "Nos três primeiros séculos, as Igrejas tomavam corpo graças à aplicação da tradição recebida dos apóstolos, que assim se identificava com a própria vida eclesial, com seus elementos constitutivos essenciais: a profissão de fé, o batismo e a eucaristia, a comunhão dos fiéis, uma disciplina, ministérios, as Escrituras"[2]. Em que medida essa herança remonta ao próprio Jesus é uma questão capital para avaliar a margem de liberdade que a Igreja pode se atribuir se quiser permanecer fiel a seu fundador.

Essas novas comunidades tinham, sobretudo, uma consciência muito viva da originalidade de sua mensagem. Muitas de suas maneiras de agir tinham seu equivalente no judaísmo helenista. Mas, enquanto este último acabou por se fechar em si mesmo, os novos grupos transmitiam o sentimento exaltante de estar vivendo um momento novo e decisivo da história. Com a ressurreição de Cristo e a efusão do Espírito que se seguiu a ela, a obra de Deus na história

---

1. Sobre a constituição do cânon do Novo Testamento, cf. t. 1, pp. 62-64.
2. J. HOFFMANN, "L'Église et son origine", *Initiation à la pratique de la théologie*, t. III, 2, Paris, Cerf, 1983, p. 67.

humana atingia seu cume intransponível, os últimos tempos tinham sido inaugurados: chamamos hoje esse sentimento de "escatológico". Ele encontrou diversas formulações bastante impregnadas, naturalmente, da tradição judaica. A mais freqüente era a aplicação, ao grupo de "cristãos" (At 11,26), de títulos que até então designavam o povo judeu para diferenciá-lo dos outros. Eles eram os "eleitos", o verdadeiro "templo de Deus" onde reside seu Espírito, a "nação santa" e o "sacerdócio real " (1Pd 2,9). Os discípulos de Jesus formavam como que uma "raça nova". Eram eles, doravante, as "doze tribos da dispersão" (Tg 1,1). Do mesmo modo, os discípulos de Cristo formavam "um só corpo", eram concidadãos dos santos (Ef 2,19), de antemão associados à "assembléia dos primogênitos" (Hb 12,23) etc.

O fundamento dessa consciência nova estava essencialmente ligado à pessoa de Jesus Cristo e ao acontecimento de sua morte e de sua ressurreição. Os "santos", os "chamados", os "eleitos" são os que "foram arrancados ao poder das trevas e transferidos para o reino do Filho", porque foram resgatados por seu sangue (Cl 1,12-14). A evocação do grupo remetia imediatamente a seu fundador. Se a Igreja era vista como "rebanho", era para designar o pastor. Se era considerada o "templo do Espírito", era para evocar a "pedra angular" (Ef 2,18-22; cf. 1Pd 2,4-6). Se mencionava-se a esposa, era para falar do Esposo (2Cor 11,2; Ap 19,7; 21,29). A salvação, que atingia cada convertido e se exprimia no batismo, tornava possível uma linguagem de imanência mútua, a de uma misteriosa identificação. Ser cristão era permanecer "em Cristo", o que permitia dizer "Cristo vive em mim" (Gl 2,20). Esse laço estreito entre Cristo e os crentes acarretava, no seio das comunidades, um sentimento de pertença mútua, sentimento expresso pela eucaristia que exigia ser traduzido na prática: "Visto haver um só pão, todos nós somos um só corpo" (1Cor 10,16-17). Daí a exigência de solidariedade e de atenção para com os "mais pequeninos" (Mc 9,35-42; Mt 18,1-14; cf. Mc 10,43-45), os "fracos" (Rm 14,1–15,1), os membros que somos tentados a desprezar (1Cor 11,20-22.33-34).

Todo esse conjunto — maneiras de agir, uma consciência comum de pertença — constituía a realidade viva da Igreja e era objeto de um consenso — de que dão testemunho nossos textos — mais ou menos explícito, que não deve porém criar ilusão a respeito da homogeneidade do grupo: era evidentemente vivido por meio de múltiplas diversidades, segundo a variedade das situações locais. Além disso, as comunidades se encontravam em pleno período de expansão missionária. A admissão de não-judeus nas comunidades não se fazia sem conflitos que deixaram vários traços, além das censuras de Paulo a Pedro registradas em sua Epístola aos Gálatas (Gl 2,11-15).

A abertura aos pagãos provocara, nas comunidades, condutas bastante diversas. Nos primeiros tempos, não parece que elas tenham procurado implantar por toda parte um modelo unitário de organização. Com efeito, numerosas diversidades se refletem no pano de fundo dos escritos neotestamentários. O estudo da história da redação dos Evangelhos ressaltou as diferentes formas de organização ou de repartição dos papéis — proféticos, simbólicos ou funcionais — aos quais esses escritos implicitamente remetiam. Em parte alguma se vê que essas repartições tenham sido enrijecidas em regras sistemáticas. E as diversas práticas levam necessariamente a supor diferenças na concepção que se tinha da Igreja: os primeiros escritos cristãos contêm várias "eclesiologias implícitas". Essas eclesiologias não são simplesmente passíveis de ser superpostas, mas suas diferenças não foram percebidas como incompatíveis com a fidelidade ao dinamismo originário. O que predominava era muito menos a consciência das distinções entre categorias de fiéis que a tensão entre as particularidades do grupo cristão e o restante da sociedade.

Entre essas "eclesiologias implícitas" do Novo Testamento e as do período pós-apostólico não pode ser traçada uma linha muito clara. Mas pode-se constatar que, por meio da diversidade dos testemunhos conservados, se exprime uma consciência de Igreja relativamente unitária. Para essa consciência contribuíram sem dúvida, fortemente, as tendências a divisões contra as quais lutam já as cartas paulinas e os escritos joaninos, mas perceptíveis também nos Evangelhos e no Apocalipse.

## 2. AFIRMAÇÕES OCASIONAIS

A fé dos cristãos na Igreja só se reflete, portanto, durante os três primeiros séculos, graças a elementos ocasionais que manifestam a vida e as preocupações das diversas comunidades ou Igrejas. Estas se desenvolviam e se multiplicavam como que por 'enxertia', segundo a fórmula de Yves Congar, tomada de Tertuliano. Elas transmitem o que as constitui: uma profissão de fé, o rito batismal, a assembléia eucarística, um conjunto de textos de reconhecida autoridade, algumas regras de organização inicialmente pouco unificadas. Para designá-las, a própria palavra "Igreja" pode enganar, por causa do peso da história que ela carrega. A experiência de Igreja dos primeiros cristãos é, antes de tudo, a da comunhão na acolhida da mesma mensagem: o mistério da chegada do Reino de Deus no acontecimento da vida, da morte e da ressurreição de Jesus de Nazaré. Essa experiência se atualiza nas assembléias dos "santos" e na celebração da ceia do Senhor na qual se alimenta o amor mútuo dos "irmãos" e onde as pessoas se animam a perseverar na "vida nova" que a efusão do Espírito tornou possível. "A consciência da Igreja, então, é uma consciência viva e precisa, mas não é, ou é muito pouco, uma consciência reflexa"[3].

Essa experiência de pertença não podia deixar de se exprimir quando se apresentasse a ocasião. Durante esses primeiros séculos, por meio de seus escritos ocasionais, os pastores que tinham o encargo de diversas comunidades

---

3. L. BOUYER, *L'Église de Dieu, Corps du Christ et Temple de l'Esprit*, Paris, Cerf, 1970, p. 19.

deram uma primeira formulação "dogmática" — se é que se pode chamá-la assim — da realidade eclesial. Aí encontramos, expressa de maneira autorizada, a consciência que a Igreja tinha de si mesma. Trata-se, na maioria das vezes, de exortações para se construir a comunidade e, muitas vezes, também, para lutar contra os desvios, as "heresias", cujos traços encontramos desde a fundação da Igreja: por exemplo, em Inácio de Antioquia, Ireneu, Tertuliano, Clemente de Alexandria, Orígenes, Cipriano. Entretanto, mesmo quando polemizam, os Padres não se preocupam, em primeiro lugar, em produzir um discurso defensivo: eles remetem ao que consideram o sentido evidente da Escritura, que a seus olhos fala, toda ela, de Cristo e da Igreja[4].

## 3. A IGREJA VISTA ATRAVÉS DA ESCRITURA

A Igreja do tempo dos mártires se percebe a si mesma por meio de uma série de imagens: ela é o Templo de Salomão, a Arca da Aliança, a casa, o corpo, a esposa, o rebanho, a vinha, a cidade de Jerusalém. Empregam-se também as imagens que nos Evangelhos designam o Reino, tais como o campo, a rede. Sua função é descrita com a ajuda de múltiplas referências alegóricas: por exemplo, a pomba, a lua, a túnica sem costura. Enfim, "de uma ponta à outra da Bíblia, quase não há personagem feminina que não simbolize também, por algum traço, essa Igreja"[5]: Eva, a mulher de Lot, Sara, Raquel, Rebeca, Débora, Raab, Rute... Orígenes desiste de as recensear todas[6]. "Essas imagens, empregadas com os inesgotáveis recursos do simbolismo, exprimem o mistério da Igreja sob o aspecto em que ele é idêntico à relação religiosa. É o mesmo papel que as imagens têm na Escritura: elas exprimem menos a ontologia das coisas do que o comportamento que devemos ter em relação a Deus"[7].

Essa maneira de descrever a experiência das novas comunidades, combinando uma diversidade de imagens, não faz mais que prolongar a prática do Novo Testamento. A chave de interpretação é a mesma: o que permite aplicar à Igreja os textos do Antigo Testamento é a convicção de que ela é o verdadeiro Israel. Semelhante leitura pressupõe toda uma teologia da história: a Igreja condensa e resume a condição humana que Cristo vem libertar e arrancar dos ídolos. A partir daí, tudo o que é suscetível de representar Israel pode ser transposto para a Igreja. Para Orígenes, o "sentido espiritual" de toda a Escritura é, ao mesmo tempo, cristológico e eclesial[8]. Os cristãos se sentem herdeiros

---

4. Cf. P.-T. CAMELOT, "Le sens de l'Église chez les Pères latins", *NRT* 83 (1961), pp. 367-381.

5. H. DE LUBAC, *Catholicisme, aspects sociaux du dogme*, Paris, Cerf, 1938, p. 135 (cf. pp. 133-140).

6. *Comment. sur le Cant. des Cantiques*, 1,2; SC 375, p. 177.

7. Y. CONGAR, art. *"Eglise.* II", *Encyclopédie de la foi*, Paris, Cerf, t. I, 1965, p. 421.

8. *Homélies sur le Lévitique*, XIII, 3; SC 287, p. 209.

dos patriarcas, seus "Pais"[9]. A Igreja, para Ireneu, é o Paraíso onde está plantado Cristo, a árvore da vida[10]. Poderíamos multiplicar os exemplos.

Esse trabalho de transposição simbólica é o que faz a riqueza inesgotável das leituras bíblicas dos Padres. Convém, entretanto, não forçar a importância de uma ou outra de suas aplicações. Se depois do nascimento da exegese histórico-crítica foi de bom tom desprezar o alegorismo dos Padres, sua revalorização atual não deve suprimir nossa vigilância. Para mencionar um só ponto sensível para a eclesiologia: não é sem conseqüência aplicar aos ministros da Igreja, presbíteros ou bispos, as categorias emprestadas do sacerdócio do Templo ou dos cultos pagãos. Ora, tais transposições aparecem bem cedo na literatura patrística[11].

## 4. A *EKKLÈSIA*, PORTADORA DO SENTIDO DA HISTÓRIA

O que se deixa entrever nessa exegese é o nascimento de um "movimento novo": uma espécie de confraria "ao mesmo tempo aberta e centrada ao máximo", que "oferece ao observador um tipo de sociedade irredutível a qualquer outra"[12]. É uma rede de grupos, em rápida expansão, que reúne todos aqueles e aquelas que, crendo na mensagem do Evangelho, se percebem como que repletos do Espírito e ligados entre si pela caridade. A seus olhos, essa rede de comunidades locais diversificadas constitui uma única Igreja. O nome *ekklèsia* que as designa, palavra grega aparentada ao *qahal* bíblico, é um termo de origem política que designa a assembléia de um povo. Desde o século II tornou-se um nome técnico, tão difundido que se contentaram em transpô-lo do grego para o latim sem traduzi-lo, *ecclesia*. Ele designa ao mesmo tempo a comunidade local e o conjunto das comunidades. A *ekklèsia*, assembléia ou convocação dos "chamados" (*klètoi*), é "a totalidade do povo de Deus, realidade concreta, muito reduzida, talvez, em seu aspecto visível e no entanto sempre mais vasta que suas manifestações"[13].

Nesse estágio, a Igreja, comunidade de salvação, não se percebe como instituição; mas desde as primeiras gerações se encontram nela elementos institucionais, e eles não são percebidos em nada contrários a essa dinâmica que transforma a vida. É sempre o conjunto dos batizados que é percebido como beneficiário dos bens da salvação, portador da mensagem, responsável pelo testemunho a dar diante dos pagãos e judeus. O grupo dos crentes, por pequeno que seja, não hesita em se definir como constituindo o termo da história.

---

9. Cf. JUSTINO, *Dialogue avec Tryphon*, 11,5; ed. G. Archambault, *TD* I, p. 55; IRENEU, *CH* IV, 8,1; Rousseau, pp. 425-426.
10. IRENEU, *CH*, V,20,2; Rousseau, p. 628.
11. Cf. acima, pp. 84-87.
12. H. DE LUBAC, *Catholicisme*, op. cit., p. 34; cf. pp. 38-42.
13. *Ibid.*, p. 35.

Sua história é a do mundo, porque está situada em relação a Deus, que quis reunir todo o universo em Cristo como uma nova criatura.

Essa extraordinária consciência de si exprime-se, por exemplo, no texto freqüentemente citado da *Carta a Diogneto* (c. 190-200) — mesmo se a retórica tenha nela a sua parte:

> Os cristãos não se distinguem dos outros homens nem pelo país, nem pela língua, nem pelas vestes. Não habitam cidades que lhes pertençam, não se servem de nenhum dialeto extraordinário, seu modo de vida não tem nada de singular [...], eles se conformam com os costumes locais quanto às vestes, à alimentação e à maneira de viver, embora manifestando as leis extraordinárias e verdadeiramente paradoxais de sua república espiritual [...] Eles passam a vida na terra mas são cidadãos do céu [...] Em suma, o que a alma é para o corpo, os cristãos são para o mundo. A alma se espalha por todos os membros do corpo como os cristãos pelas cidades do mundo. A alma habita no corpo e, no entanto, não é do corpo, como os cristãos habitam no mundo mas não são do mundo [...] A alma está encerrada no corpo: mas é ela que mantém o corpo; os cristãos estão como que detidos na prisão do mundo: são eles, no entanto, que mantêm o mundo[14].

Encontramos essa mesma admirável consciência em um Clemente de Alexandria († 221):

> Deus nunca é deficiente. Assim como seu querer é uma obra realizada, que leva o nome de "mundo", assim também sua vontade, que é a salvação dos homens e se chama a Igreja[15].

Ou, ainda, no *Pastor* de Hermas (c. 150):

> Uma revelação, irmãos, me foi feita enquanto dormia, por um jovem belíssimo que me diz: "A velha senhora de quem você obteve o livrinho, quem você acha que ela é?" Eu digo: "A Sibila. — Enganas-te, diz ele, não é ela — Então, quem é? digo eu — A Igreja", diz ele. Respondi: "E por que é ela tão idosa? — Porque, diz ele, ela foi criada antes de tudo. Eis por que ela é idosa: foi para ela que o mundo foi formado"[16].

Essa consciência de ser portadora de uma missão universal — fato sem precedente na história — se traduz, também, na utilização do adjetivo "católico", que encontramos, desde o século II, em Inácio de Antioquia[17], e até mesmo

---

14. *À Diognète,* V-VI; *SC* 33bis, pp. 63-67.
15. CLEMENTE DE ALEXANDRIA, *Le Pédagogue,* I, VI, 27, 2; *SC* 70, p. 161.
16. HERMAS, *Le Pasteur,* 8,1 (Vis. 2, c. 4, n. 1); *SC* 53bis, p. 95-97.
17. *Smyrn.,* 8,2: *"Hè katholikè ekklèsia"*; *SC* 10bis, p. 163.

usado como substantivo desde o século III[18]. Seu sentido não é nem geográfico, nem quantitativo; significa que a mensagem evangélica se dirige a todos os homens e à terra inteira. À sua luz, a humanidade, que é sua destinatária, aparece como organicamente una. É missão da Igreja revelar aos seres humanos essa unidade nativa perdida, restaurá-la e completá-la. É esse o sentido simbólico da narrativa de Pentecostes, em que cada um compreende na própria língua a verdade única que o deve reunir aos outros.

A pertença ao grupo cristão é percebida ao mesmo tempo como um privilégio e como uma necessidade se quisermos ter parte nos bens da salvação. Porque é ligada a Cristo Salvador, porque é guardiã da verdade divina, a Igreja é o espaço reservado que permite escapar "à cólera que vem". A fórmula clássica desse sentimento será dada, um pouco mais tarde, por Cipriano, bispo de Cartago (c. 200-258): "fora da Igreja não há salvação"[19], mas o sentimento que ele expressa é então geral. Essa fórmula, destinada a uma carreira ambígua, tem em Cipriano a finalidade de defender a unidade da Igreja e visa às tendências cismáticas existentes na comunidade.

## 5. CONFORME AO MODELO CELESTE

Um aspecto dessa consciência eclesial tornou-se mais dificilmente acessível para nós: a Igreja, em seus aspectos visíveis, é sentida como a manifestação de uma essência invisível e celeste. Atribui-se geralmente essa maneira de ver à cultura grega marcada por um clima intelectual platônico, mas o pensamento judeu em que se banhavam as primeiras gerações cristãs também a cultivava. Para muitos autores dos primeiros séculos (de Inácio a Agostinho), o modelo perfeito de toda realidade é a ordem ideal, espiritual, imutável, eterna, em suma, celeste[20]. O culto cristão, por exemplo, é visto como um reflexo da liturgia celeste, celebrada pelos eleitos e pelos anjos. Todas as realidades da Igreja são assim como que "sacramentos", manifestações terrestres daquilo que tem sua verdade eterna "no céu". Por conseqüência, a Igreja engloba o céu e a terra, e sua organização visível reproduz o ordenamento da Igreja celeste[21]. Os diversos papéis que nela se exercem não têm apenas uma função prática: eles podem servir para representar a ordem divina. Porque é espiritual em sua essência, a Igreja preexiste a seu aparelho sensível e se tornou visível "na carne de Cristo"[22].

Esse tipo de abordagem da realidade eclesial comporta seu valor mas também seus riscos. Antes de tudo, permite relativizar as realizações terrestres do

---

18. H. DE LUBAC, *Catholicisme*, op. cit, p. 23, n. 2.
19. *Correspondance,* 73,21,2; ed. Bayard, *Budé,* 1925, t. 2, pp. 275-276.
20. Cf. E. LAMIRANDE, *L'Église céleste selon saint Augustin,* Paris, Études Augut., 1963.
21. Cf. INÁCIO DE ANTIOQUIA, *Éphés.*, Salutation; *Philadelph.*, 9,1; *Smyrn.*, 1,2; 7,1s; *Trall.*, 3,1; *Magnés.*, 6,1; SC 10bis, pp. 67, 151, 157, 161-163, 113, 99.
22. *II[e] Lettre* de Clemente, 14,3; *Les Écrits des Pères apostoliques,* Paris, Cerf, 1991, p. 140.

ser-Igreja. Com efeito, é bastante evidente aos olhos de todos que essas realizações só muito imperfeitamente podem corresponder ao modelo ideal. Existem cristãos "carnais", nos quais a verdade do modelo se realiza de maneira superficial, e cristãos "espirituais", em quem o Espírito está realmente operando. Dessa forma, salvaguarda-se a pureza do ideal levando em conta, ao mesmo tempo, as imperfeições facilmente observáveis do real. "Existe, no entanto, o perigo de substituir a referência escatológica bíblica, que é de tipo histórico (mundo presente – mundo futuro), por uma referência de tipo exemplar (mundo de baixo, mundo do alto; corporal ou carnal e espiritual)[23]. Chega-se, então, bem perto da tentação dos gnósticos, que se consideravam superiores por serem "espirituais". Existe também o perigo de sacralizar modos de organização cuja origem é marcada por circunstâncias contingentes.

## 6. UMA IGREJA QUE SE INSTITUCIONALIZA

Com o tempo, essa Igreja se afasta das origens ao mesmo tempo em que se espalha por um maior número de lugares. Isso não acontecia sem levantar novos problemas. As circunstâncias vão obrigar o grupo-Igreja a desenvolver suas virtualidades internas. Depois dos inícios de organização de formas variadas e designações incertas, ele cria instituições mais estáveis, fixa também normas para a transmissão de sua mensagem, define melhor o conteúdo de sua fé. A gestão das comunidades, continuando uma tendência já presente nas epístolas pastorais (1-2Tm e Tt), tende a tomar, por toda a parte, a forma do que se chamou de "episcopado monárquico"[24]. Há um recuo dos papéis "carismáticos", ao passo que os papéis mais funcionais vão se legitimando como sendo eles mesmos carismáticos, o que vai provocar um certo enriquecimento das realidades eclesiais.

Essa evolução não tem nada de espantoso: ela responde às exigências de toda organização social, mesmo que fique exposta a possíveis derivas, como o demonstra a seqüência da história. A Igreja se organiza porque permanece. Trata-se simplesmente de uma lei sociológica geral. Mas, então, como apreciar o valor propriamente dogmático de certos fatos? Que importância dar a certas declarações de autolegitimação, como as que se encontram já nos escritos do bispo Inácio de Antioquia?

Entretanto, os aspectos mais jurídicos da organização não são logo percebidos como em tensão com a experiência da comunidade dos crentes. Não se hesita em tomar emprestados das administrações profanas elementos de direito e até mesmo os títulos. Ao menos num primeiro tempo, "as questões de direito eclesiástico permanecem praticamente sem significação para a eclesiologia"[25]. A

---

[23]. Y. CONGAR, art. "Église. II", p. 422.
[24]. Cf. acima, pp. 81-82.
[25]. G. MAY, art. "Kirche. III", *TRE* 18, 1988, p. 219.

*ecclesia* é sempre a comunidade dos batizados, completa e totalmente consagrada, celebrante, testemunha e portadora da mensagem, sem que se pense em separar, do resto dos fiéis, as responsabilidades de diversas funções. As distinções existem, é certo, e são respeitadas, mas o ministério dos epíscopos (bispos) e dos anciãos (presbíteros) serve essencialmente para permitir ao conjunto dos batizados que participem ativamente do mistério e da vida da Igreja, participação que exercem intervindo como parte interessada nas decisões: eleições ou aprovação dos ministros, concílios, e também exercendo seus próprios carismas. "Leigos" como Justino ou Orígenes (antes de aceitar ser ordenado sacerdote) põem espontaneamente seus dons a serviço da fé. Muitos cristãos se interessam pelas questões dogmáticas e teológicas — não somente a elite culta, mas até mesmo a plebe. É muito viva a convicção de que, conhecendo a verdade, se deve comunicá-la.

Em outras palavras, a Igreja antiga pode ser caracterizada pela palavra-chave *comunhão*. A Igreja local é uma comunhão da qual o bispo é o centro, mas as diversas comunidades estão igualmente em comunhão entre si, por meio de múltiplas trocas de informações e de serviços. Essa comunhão se exprime também por ocasião da escolha de um novo bispo, quando se conjugam a participação da comunidade local e a decisão dos bispos vizinhos. Ela se exprime também pelas reuniões dos bispos de uma região. Mas a percepção fundamental é sempre a da pertença a uma comunhão católica, quer dizer, universal.

## 7. UMA TRANSFORMAÇÃO DO TECIDO ECLESIAL

Entretanto, a própria expansão das comunidades cristãs não podia deixar de acarretar conseqüências para a composição do grupo. No século III, a Igreja conhece um grande desenvolvimento e reagrupa uma fração importante da população, sobretudo no Oriente. O cristianismo se transforma num fenômeno de massa. Não é de surpreender que, por ocasião das perseguições de Décio (250-251) e de Valeriano (257-258), breves mas violentas, se registram inúmeras defecções. Desde o fim do tempo dos mártires, as disputas em torno da reconciliação dos *lapsi* (os que haviam "caído", isto é, desertado nas perseguições) mostram uma transformação do tecido eclesial. A Igreja deixa de ser uma assembléia mais ou menos elitista, e o contraste entre ela e o resto da sociedade vai, aos poucos, se atenuando. Ela contava com santos em suas fileiras, mas também e sobretudo com numerosos pecadores. Essa mudança acarretava, muito naturalmente, uma diminuição da tensão entre a Igreja e o "mundo", inclusive na consciência eclesial.

Eis um fenômeno cujas conseqüências eclesiológicas precisam ser avaliadas. A Igreja dava mais dificilmente testemunho de certos aspectos da radicalidade evangélica. Mas esta encontra, então, outro caminho. Encontravam-se, no povo cristão, diversas categorias de pessoas com engajamentos e deveres diversos. Já as epístolas do Novo Testamento continham conselhos diferenciados dirigidos aos pais, aos filhos, aos escravos... Desde o século III se afirma uma tendência a canonizar algumas dessas categorias sob a forma de "ordens": ordens das viúvas, dos monogâmicos, das virgens, cada uma delas com suas obrigações e, eventualmente, seus privilégios. A partir do século IV, essa mesma evolução dará origem ao monaquismo. Quando essa maneira de ver a Igreja se difunde, torna-se mais difícil identificar a Igreja pura e simplesmente com o povo dos batizados como um todo.

## II. CONTRIBUTOS ECLESIOLÓGICOS DOS PADRES DO SÉCULO II

> **INDICAÇÕES BIBLIOGRÁFICAS**: K. DELAHAYE, *Ecclesia mater chez les Pères des trois premiers siècles,* Paris, Cerf, 1964. — J.-C. PLUMPE, *Mater ecclesia. An Inquiry into the Concept of the Church as Mother in early Christianity,* Washington, Catholic University of America, 1943. — N. AFANASSIEFF, *L' Église du Saint-Esprit,* Paris, Cerf, 1975. — J.-P. ALDET, *La Didachè. Instruction des apôtres,* Paris, Gabalda, 1958. — P. PRIGENT, *L'Épître de Barnabé (I-XVI) et ses sources,* Paris, Gabalda, 1961. — H. LEGRAND, "La catholicité des Églises locales", *Enracinement et universalité,* Paris, Desclée, 1991, pp. 159-183.

As evoluções que acabamos de esboçar foram marcadas por certo número de personalidades cujos escritos exerceram profunda influência — às vezes em razão inversa de sua brevidade e de sua raridade. Em todo caso, foram abundantemente utilizados para legitimar evoluções que eles dificilmente poderiam prever. Em nada diminui seu peso doutrinal o esforço de distinguir em seus escritos o que depende da conjuntura e o que traduz a coerência interna de uma experiência comumente partilhada.

### 1. DA BOA ORDEM NA IGREJA: CLEMENTE DE ROMA

> **O TEXTO**: CLEMENTE DE ROMA, *Aux Corinthiens,* ed. A. Jaubert, *SC* 167, 1971.
>
> **INDICAÇÕES BIBLIOGRÁFICAS**: K. BEYSCHLAG, *Clemens Romanus und der Frühkatholizismus,* Tübingen, Mohr, 1966. — D. POWELL, art. "Clemens von Rom", *THE* 8, 1981, pp. 113-120. — M. DUJARIER, *L'Église-fraternité,* t. I: *Les Origines de l'expression "adelphotès-fraternitas" aux trois premiers siècles du christianisme,* Paris, Cerf, 1991.

A *Carta aos Coríntios* de Clemente de Roma é um documento capital para o conhecimento da Igreja no fim do século I. Segundo a datação mais prudente, ela foi escrita por volta de 96 e é, portanto, contemporânea dos últimos escritos do Novo Testamento. Ela se apresenta sob o patrocínio de Clemente, mais freqüentemente identificado com o terceiro da lista de bispos de Roma, mas é muitas vezes também citada e apresentada como uma carta da Igreja de Roma do tempo de Clemente († 101), dirigida à Igreja de Corinto. Sua ocasião é uma crise cujo conhecimento nos é dado pela própria carta, que se exprime, aliás, numa linguagem bastante estereotipada. Os "jovens" se levantaram com uma certa arrogância contra os presbíteros, procurando fazê-los ser destituídos pela comunidade, sem dúvida porque pretendiam ocupar seu lugar[26].

A partir das notações ocasionais esparsas na carta, pode-se formar uma idéia bastante clara das tendências eclesiológicas da Igreja de Roma. Se "a Igreja de Deus que tem sua residência transitória em Roma" pode se dirigir "à Igreja de Deus que tem sua residência transitória em Corinto" é porque ela tem consciência de formarem, juntas, uma só e única Igreja. É disso que dá testemunho a preocupação de comunhão que motiva toda a carta. Os membros dessa Igreja são designados como "os chamados", ou a "fraternidade", mais freqüentemente "os eleitos" ou ainda o "rebanho de Cristo", fórmula própria a Clemente[27]. A eles são atribuídas as qualificações que a Bíblia dá a Israel, que Deus escolheu como seu povo particular: os cristãos são sua "parte de eleição", sua "porção santa"[28]. Esse povo está todo orientado para os bens da promessa, mas desfruta já os dons de um "conhecimento mais alto", o da "glória de seu Nome"[29]. Sobretudo, o que liga a comunidade, de certa forma sua lei específica, é o *ágape,* o amor: nela deve reinar a vontade de paz, de humildade, de subordinação mútua[30]. Essas características são fundamentais para o nosso autor, e a importância de lembrá-las é ainda maior porque a *Carta* tem sido comumente citada pela sua concepção da ordem e da obediência, bem como pelo papel que reconhece à Igreja de Roma e a seu bispo.

A ocasião da carta convidava, com efeito, a pregar a concórdia e a boa ordem. Esta é ilustrada pela evocação da harmonia do cosmo, o que a faz parecer como um ideal intemporal, integrando assim a Igreja ao conjunto do plano criador e canonizando suas formas de organização de maneira imutável. Um dos aspectos que chamaram a atenção dos comentadores é a utilização da comparação militar para reclamar o respeito à ordem na comunidade.

Mais de um indício, porém, mostra que Clemente se refere, antes, a "uma concepção sacral e sacerdotal do povo no deserto"[31], de origem judaica[32].

O que transparece, ao menos nesse documento, é a estruturação da comunidade: ela conta com epíscopos ou presbíteros e também com diáconos[33]. Esses

---

26. CLEMENTE DE ROMA, *Aux Corinthiens,* 47,6; 3,3; 13,1; 14,1; 57,2; *SC* 167, pp. 179, 103-105, 121, 123, 191.
27. *Ibid.*, 2,4; 1.1; 6,1 etc.; 44,3; 54,2; 57,2; *SC* 167, pp. 103, 99, 109, 173, 187, 191.
28. *Ibid.*, 29,1; 30,1; *SC* 167, p. 149.
29. *Ibid.*, 34,7; 35,3; 41,4; 59,2; *SC* 167, pp. 157, 169, 195.
30. *Ibid.*, 49; 2,1; 37,5; 38,1; *SC* 167, pp. 181, 101, 163.
31. A. JAUBERT, Intr. a *SC* 167, p. 80.
32. Sobre essa comparação, cf. acima, p. 85s.
33. *Aux Corinthiens,* 42, 4-5; *SC* 167, pp. 169-171. Epíscopo e presbítero, termos ainda intercambiáveis, como em At 20,17.28 e 1Tm 3,2; 5,17, ou em Hermas.

ministros foram estabelecidos pelos apóstolos, os quais vêm de Jesus Cristo, que vem de Deus[34]. Essa "regra" de sucessão é, para Clemente, estabelecida pelos próprios apóstolos, o que de forma alguma impede que a comunidade intervenha na designação dos responsáveis. Pois estes foram instituídos "com a aprovação de toda a *ekklèsia*"[35].

Que papel atribui a carta à Igreja de Roma e a seu bispo? Sem qualquer aspecto de decreto disciplinar, a carta apresenta-se como um documento dirigido por irmãos a outros irmãos, em virtude do senso de responsabilidade que experimentam em relação à paz da comunidade dos coríntios, mas também da preocupação que têm pela unidade da Igreja. Na exortação, é o "nós" que predomina: "Ao vos escrevermos tais coisas, caríssimos, não apenas vos levamos à reflexão mas também nos advertimos a nós mesmos: pois nos encontramos no mesmo campo de batalha e a mesma luta nos espera", "tornemo-nos pois humildes", "não se enfatue nossa alma"[36].

Mas, se seu tom é fraterno, dá testemunho também de uma espécie de autoridade. Quando a união dos corações está em causa, o tom é sem compromisso: trata-se de uma "revolta ímpia, sacrílega". O autor pretende exprimir a vontade de Deus: "Se alguns não obedecerem ao que por nós foi dito, saibam que se envolverão em pecado e perigo consideráveis", pois esta carta "nós vos escrevemos pelo Espírito Santo"[37]. Esse tom de autoridade parece ter sido recebido sem dificuldade pelos coríntios; isso só pode ser explicado pelo papel especial, já reconhecido, da Igreja de Roma na conservação do *ágape* (o amor que liga os crentes entre si e a Deus), fundamento da Igreja universal, e isso "por causa da preeminência das colunas que, em Roma, tinham derramado seu sangue por Cristo"[38].

Deve-se reconhecer, desde então, um papel particular para o próprio autor da carta? Ele, na verdade, deixou sua marca no documento:

> A tradição posterior atribuiu a carta a Clemente, sucessor de Pedro, mas não temos outro testemunho de um episcopado monárquico em Roma nessa época. A interpretação mínima consistiria em dizer que o autor era apenas o porta-voz do conselho presbiteral de Roma. De fato, malgrado seu apagamento voluntário, ele reivindica a autoridade do Espírito Santo para a carta que escreveu em nome de sua Igreja. Talvez se possa dizer que ele tem consciência de ser a voz da Igreja fundada sobre o testemunho de Pedro e de Paulo, Igreja cuja missão é servir o ágape para todas as Igrejas[39].

---

34. *Aux Corinthiens*, 42,1-2; *SC* 167, p. 169.
35. *Ibid*., 44,2-3; *SC* 167, p. 173.
36. *Ibid*., 7,1; 13,1; 23,2; *SC* 167, pp. 111, 121-123, 141.
37. *Ibid*., 1,1; 59,1; 63,2; *SC* 167, pp. 99, 195, 203.
38. A. JAUBERT, *SC* 167, p. 89.
39. *Ibid*., p. 90.

Guardaremos a prudência dessas afirmações. Do ponto de vista da repartição do poder na Igreja, "a carta de Clemente mais suscita do que resolve questões"[40].

## 2. A IGREJA E O BISPO: INÁCIO DE ANTIOQUIA

**TEXTO:** INÁCIO DE ANTIOQUIA, *Lettres,* ed. P.-T. Camelot, *SC* 10bis, 3ª ed., 1969.

**INDICAÇÕES BIBLIOGRÁFICAS:** Os historiadores estão hoje de acordo em reconhecer a autenticidade da recensão medieval das *Cartas,* contestada há alguns anos por R. Joly. — W. R. SCHOEDEL, art. "Ignatius von Antiochien", *TRE* 16 (1987); *Die Briefe des Ignatius von Antiochien. Ein Kommentar,* Müchen, Kaiser, 1990. — R. WEIJENBORG, *Les Lettres d'Ignace d'Antioche,* Leiden, Brill, 1969.

As sete cartas que nos foram conservadas do bispo Inácio de Antioquia († antes de 117) são um dos monumentos mais admiráveis da Igreja antiga. Elas foram escritas quando o bispo, preso em Antioquia, foi levado à Roma, sob escolta militar, para lá ser entregue às feras. Durante a viagem ele recebeu a visita de delegações de diversas Igrejas às quais enviou cartas. Escreveu igualmente para a Igreja de Roma, anunciando sua chegada. Essas circunstâncias explicam certas características do estilo das cartas, que, por sua vez, manifestam a paixão do autor por Cristo. O que não impede que ele se mostre também "conhecedor dos refinamentos da retórica asiática"[41].

Inácio de Antioquia é o primeiro a designar o conjunto dos cristãos sob o título "Igreja católica", no sentido de Igreja universal, em oposição às Igrejas particulares[42]. Apaixonado pela unidade que é o coração de sua teologia, ele não cessa de a pregar a todos os seus destinatários. Os heréticos são perigosos, as divisões estão no princípio de todos os males. "Amai a união, evitai as divisões, sede imitadores de Jesus Cristo como ele também o é de seu Pai."[43] O que sustenta essa união é o *ágape,* o amor mútuo que se traduz em atos, em solicitude para com "a viúva e o órfão, o preso e o liberto, o faminto e o sedento"[44]. Essa união dos corações, Inácio a cultiva também entre as Igrejas. De uma Igreja para outra os cristãos se escrevem, se visitam, se sustentam mutuamente. Nas *Cartas,* vemos Igrejas de Éfeso e de Esmirna se preocuparem com a sorte de Antioquia privada de seu pastor. Inácio recomenda aos romanos que rezem por sua comunidade. Se esta estiver em paz, um diácono será eleito para ir felicitá-la[45]. Naquela

---

40. P. DIAS, *Kirche in der Schrift,* p. 90.
41. P.-T. CAMELOT, *Intr. à SC* 10bis, p. 19.
42. INÁCIO DE ANTIOQUIA, *Smyrniotes,* 8,2; *SC* 10bis, p. 163.
43. *Philadelphiens,* 7,2; *SC* 10bis, p. 147.
44. *Smyrniotes,* 6,2; *SC* 10bis, p. 161.
45. *Philadelphiens,* 10,1; *SC* 10bis, p. 151.

época, as viagens eram muito freqüentes e os cristãos não viajavam menos que os outros, o que favorece os laços entre as comunidades.

Essa grande unidade formada pelos "santos" se encarna em uma sociedade visível, que na Ásia se mostra fortemente organizada e claramente hierarquizada. No cimo, um único epíscopo por cidade, que doravante se distingue nitidamente do colégio dos presbíteros, por fim os diáconos. Não há nenhuma menção, nos escritos de Inácio, às funções carismáticas de profetas, didatas, apóstolos itinerantes de que nos falam as cartas paulinas e dos quais a *Didaqué*, em fins do século I, guardou ao menos a lembrança[46]. Essa hierarquia de três degraus é justificada por razões místicas. Os bispos são comparados a Deus Pai ou a Jesus Cristo, os presbíteros aos apóstolos, os diáconos são os "servidores da Igreja de Deus"[47].

Quando Inácio escreve, essa situação, manifestamente, não é nova, o que não quer dizer que esteja generalizada. Do mesmo modo, sua carta aos romanos não faz menção a um bispo dessa comunidade (ao passo que nomeia os bispos de Éfeso, Magnésia, Tralles, Esmirna): dirige-se coletivamente "à Igreja [...] que preside na região dos romanos".

Encontra-se em Inácio a afirmação de um papel particular da Igreja de Roma? A questão tem sido muito discutida. Ressaltou-se a deferência com a qual ele saúda essa Igreja "que preside na região dos romanos, digna de Deus, digna de honra, digna de ser chamada bem-aventurada, digna de louvor, digna de sucesso, digna de pureza, que preside à caridade, que carrega a lei de Cristo, que leva o nome do Pai"[48]. A Igreja de Roma é a que tem "ensinado as outras" e lhes dá lições, aquela à qual Pedro e Paulo deram ordens, aquela cuja fé é "purificada de toda coloração estrangeira"[49]. Esses poucos indícios obrigam a ver em Inácio a testemunha de uma certa preeminência da Igreja romana, qualificada aqui em relação com o *ágape* e a pureza da fé.

## 3. A IGREJA E OS OUTROS: OS APOLOGISTAS

**OS AUTORES E OS TEXTOS:** *À Diognète,* éd. H. I. Marrou, SC 33 bis, 1965. — ATENÁGORE, *Supplique au sujet des chrétiens,* éd. B. Pouderon, SC 379, 1992. — JUSTINO, *Apologies,* éd. André Wartelle, Paris, Études Augustiniennes, 1987. — *Dialogue avec Tryphon,* éd. G. Archambault, 2 vols., TD 1909.

**INDICAÇÕES BIBLIOGRÁFICAS:** A. PUECH, *Les Apologistes grecs du II<sup>e</sup> siècle de notre ère,* Paris, Hachette, 1912. — L. W. BARNARD, *Justin Martyr, His Life*

---

46. Cf. *Didachè,* 11-13; *SC* 248, pp. 183-191.
47. *Magnésiens,* 3,1; *Tralliens* 2,1.3; *SC* 10bis, pp. 97 e 113. — Sobre os ministérios em Inácio, cf. acima, pp. 81-82.
48. *Romains,* Adresse; *SC* 10bis, p. 125.
49. *Romains,* 3,1; 4,3; Adresse; *SC* 10bis, pp. 129, 131, 137.

*and Thought,* Cambridge, University Press, 1966. — Sobre a relação entre cristãos e judeus na Antiguidade: H. SCHRECKENBERG, *Die christlichen Adversus-Judaeos-Texte und ihre literarisches und historisches Umfeld (1.-11.jh),* Frankfurt-Bern: New York-Paris, 1982.

Por seus escritos, os autores cristãos do século II, que nos habituamos a agrupar sob o nome de apologistas, preocuparam-se em demonstrar o caráter política e moralmente inofensivo da comunidade cristã. Embora dedicassem seus escritos aos imperadores ou às autoridades constituídas, eles visam, na realidade, ao público culto de seu tempo. A Igreja cresceu e suscita a hostilidade do poder dominante. Uma série de objeções é feita contra esse novo movimento religioso, algumas puramente caluniosas, outras mais sutis. O objetivo dos apologistas é dissipar os preconceitos: não devemos, portanto, esperar encontrar neles toda uma apresentação do cristianismo e muito menos uma eclesiologia.

São na verdade muito poucas as referências que fazem à comunidade cristã e a sua vida, além dos pontos em que devem defendê-la das calúnias — como, por exemplo, a acusação de canibalismo ou de incesto. Eles sublinham vigorosamente a alta moralidade dos cristãos, seu amor fraterno, a boa ordem de suas assembléias, a superioridade de sua doutrina. Só indiretamente, pela diversidade de seus temperamentos, é que podemos ter uma idéia da maneira como a Igreja percebia a si mesma diante da sociedade de seu tempo. O que predomina é a distância crítica: crítica do politeísmo e da idolatria, crítica do culto imperial, crítica da imoralidade reinante. Mas encontramos também outra tendência, a que valoriza os elementos positivos da cultura da época. Numerosas são as referências positivas à filosofia, seja a de Platão ou a do estoicismo comumente difundido nos meios cultos. Por mais que critiquem radicalmente o paganismo, partindo de uma espécie de evidência da verdade que proclamam e pela qual estão prontos a dar a vida, nem por isso os apologistas deixam de expressar uma forma de tolerância. Taciano (por volta de 120) formula assim o ponto de vista dos cristãos: "Nós vos concedemos pontos sem importância; portanto, vós ou bem segui a nossa doutrina ou, da mesma forma, deixai-nos as nossas posições"[50]. Assim também a crítica ao culto imperial não impede os apologistas e as comunidades cristãs em geral de aceitar a autoridade do imperador, tanto mais que estas últimas vinham principalmente das camadas populares, acostumadas a aceitar o papel das autoridades públicas. Os cristãos não são rivais do poder político: seu Reino é celeste. Ao contrário: "Vós encontrareis em nós os amigos e os aliados mais zelosos da paz"[51].

Entre os apologistas, lugar especial deve ser dado a Justino († c. 165). Filósofo platônico convertido, Justino não se contentou em tomar a defesa do cristianismo diante dos pagãos mas, em seu *Diálogo* com o judeu Trifão,

---

50. *Discours aux Grecs,* 24,1; *PG* 6, 859.
51. JUSTINO, *I[re] Apologie,* 11-12; Wartelle, pp. 109-113.

procura demonstrar que os cristãos são o novo Povo de Deus, "a raça israelita verdadeira, espiritual"[52].

Justino nos deixou a primeira descrição precisa da eucaristia e de uma assembléia cristã dominical. Vê-se aí o papel capital desempenhado pela ajuda mútua na comunidade:

> Os que têm os meios e querem fazê-lo, distribuem livremente seus bens, como bem entendem, e o que se recolhe é depositado junto do presidente da assembléia que, dessa forma, garante recursos para os órfãos e as viúvas, para aqueles que a doença ou outra causa qualquer reduziu à indigência, para os prisioneiros, para os hóspedes estrangeiros; em uma palavra, ele cuida de todos os necessitados[53].

Essa é uma preocupação que encontramos ao longo de todos os primeiros séculos cristãos. O texto dá testemunho, também, de uma repartição de papéis na comunidade: distingue "o que preside a assembléia dos irmãos", que "terminada a leitura toma a palavra para advertir e exortar", que "faz a eucaristia", a quem "todo o povo" responde, e também "os ministros que chamamos de diáconos"[54]. Mas essa distribuição de funções não oferece obstáculo para a identificação primeira dos cristãos com o "nós" da comunidade inteira.

## 4. A IGREJA E A SUCESSÃO APOSTÓLICA: IRENEU

**O TEXTO:** IRÉNÉE, *Contre les Hérésies*, trad. A. Rousseau, Paris, Cerf, 1984.

**INDICAÇÕES BIBLIOGRÁFICAS:** H.-J. JASCHKE, art. "Irenäus von Lyon", em *TRE* 16 (1987), pp. 258-268. – K. DELAHAYE, *Ecclesia Mater chez les Pères des trois premiers siècles,* Paris, Cerf, 1964, pp. 89-127.

Ireneu de Lião († c. 200) é o primeiro autor cristão em quem se encontram alguns elementos de uma eclesiologia articulada. Em seus escritos, aliás, a Igreja não é tratada em si mesma, mas quase exclusivamente sob o aspecto de estar a serviço da verdade. Em *Contra as heresias,* obra destinada a combater as diversas formas de gnose e sua pretensão de ser a verdadeira Igreja do Espírito, Ireneu concentra sua atenção na autenticidade da fé e na fidelidade de sua transmissão desde as origens. Espalhada por todo o universo, a Igreja é o "recipiente", a "casa" da verdade, a mãe e a nutridora dos fiéis; ela distribui a eles o alimento que é a fé[55]. Foi o Filho de Deus quem reuniu a Igreja: dela ele é a cabeça e também o Esposo. Separar-se dela é afastar-se da verdade. Ela

---

52. *Dialogue avec Tryphon,* 11,5; *TD* 1, p. 55; cf. 123,9; 135,3.
53. *I[re] Apologie,* 67, 6-7; Wartelle, p. 193.
54. *Ibid.,* pp. 65-67.
55. IRENEU, *CH,* III, 4,1; 24,1; V, 20,2; III, Préf.; 24,1; Rousseau, pp. 282, 395, 628, 275, 395.

é que recebeu do Senhor o Espírito, ela é o lugar dos carismas, e os que residem nela são capazes de discernir os espíritos e de detectar os erros[56]. "Onde está a Igreja, aí está o Espírito de Deus, e onde está o Espírito de Deus, aí está a Igreja e toda graça; ora, o Espírito é verdade"[57] — frase célebre, que mostra bem a ligação entre esses três: Espírito, Igreja, verdade. As relações entre o Espírito e a instituição não são explicadas de maneira diferente. As funções eclesiais são vistas por Ireneu principalmente pelo ângulo do magistério doutrinal, e a unidade da fé dos cristãos no mundo inteiro manifesta sua fidelidade à doutrina dos apóstolos. Essa unidade não é comprometida pelas diferenças nas práticas, como o mostra a carta de Ireneu a Victor, bispo de Roma, a propósito da data da Páscoa[58].

Há uma passagem que fez correr rios de tinta, porque trata do papel particular da Igreja de Roma quanto à fidelidade da transmissão da fé:

> Como seria longo demais [...] enumerar as sucessões de todas as Igrejas, tomamos uma dentre elas, a Igreja muito grande, muito antiga e conhecida de todos, que os dois gloriosíssimos apóstolos Pedro e Paulo fundaram e estabeleceram em Roma; ao mostrar que a Tradição que ela guarda dos apóstolos e a fé que anuncia aos homens chegaram até nós por sucessões de bispos, nós confundiremos todos os que [...] constituem agrupamentos ilegítimos: porque a essa Igreja, por causa de sua origem mais excelente (*propter potentiorem principalitatem*), deve necessariamente se conformar toda Igreja, quer dizer, os fiéis de toda parte, — ela em quem sempre, para o benefício dessa gente de toda parte (*ab his qui sunt undique*), foi conservada a Tradição que vem dos apóstolos[59].

Em que sentido se deve interpretar o que é dito da Igreja de Roma e de sua *potentior principalitas*? A idéia é clara e se encontra em outra parte:

> É preciso escutar os presbíteros que estão na Igreja: eles são os sucessores dos apóstolos [...] e, com a sucessão no episcopado, receberam o garantido carisma da verdade, conforme a vontade do Pai. Quanto a todos os outros, que se separam da sucessão original, qualquer que seja o modo como sustentam seus conventículos, é preciso considerá-los suspeitos[60].

Nessa ótica, Ireneu concede certa preeminência às comunidades fundadas imediatamente pelos apóstolos: pode-se confiar mais nelas quanto à pureza da

---

56. *CH,* III, 6,1; 16,6; IV, 20,12; III, 24,2; 17,2; IV, 33,1-7; Rousseau, pp. 289, 352, 480, 395-396, 357, 514-518.
57. *CH,* III, 24,1; Rousseau, p. 395.
58. Citado por EUSÉBIO, *HE,* V, 24,13; *SC* 41, p. 70.
59. *CH,* III, 3,2; Rousseau, p. 279. A. Rousseau justifica a interpretação dada em *SC* 210, pp. 223-236. No mesmo sentido K. SCHATZ, *La Primauté, op. cit.,* pp. 27-29.
60. *CH,* IV, 26,2; Rousseau, p. 492. Cf. t. 1, pp. 54-56.

doutrina transmitida a partir deles. Desse ponto de vista, Roma possui uma "origem mais excelente". Por causa de sua fundação por Pedro e Paulo, ela se basta a si mesma como teste de autenticidade. E esse teste é mesmo "necessário" se queremos estar seguros de uma continuidade com a origem. A autoridade universal dessa referência está nessa origem, e Ireneu a vê aplicada na *Carta aos Coríntios* de Clemente. Essa autoridade é a da verdade vinda de Deus por Jesus Cristo e transmitida pelos apóstolos: é a voz destes últimos que ouvimos ainda na voz dos bispos e, aqui, do bispo de Roma, numa sucessão ininterrupta. Nesse momento da história, a tradução de *potentior principalitas* em termos de primado e de poder seria um anacronismo[61]. Ao contrário, a fundação de Roma sobre o testemunho de Pedro e Paulo, e em particular sobre o seu martírio, é, para Ireneu, como para a continuação da história, um elemento decisivo da fidelidade na fé: "Se devesse existir uma Igreja imunizada contra a heresia, deveria ser aquela"[62].

### III. ATÉ O CONCÍLIO DE NICÉIA (325)

> **INDICAÇÕES BIBLIOGRÁFICAS:** P.-T. CAMELOT, *Die Lehre von der Kirche. Väterzeit bis ausschliesslich Augustinus,* em *Handbuch der Dogmengeschichte* III, 3b, Freiburg-Basel-Wien, Herder, 1970, pp. 1-11. — P. BATIFFOL, *L' Église naissante et le catholicisme,* Paris, 1909 (Cerf, 1971). — E. MERSCH, *Le Corps mystique, Études de théologie historique,* 2 vols., Paris, DDB, 3ª ed., 1951. — J. LUDWIG, *Die Primatworte Mt 16,18-19 in der altkirchlichen Exegese,* Münster, Aschendorff, 1952. — Cf. indicações das pp. 295-296.

#### 1. IGREJA DE SANTOS OU DE PECADORES? HIPÓLITO E CALIXTO

> **INDICAÇÕES BIBLIOGRÁFICAS:** Sobre Calixto I, ST. G. HALL, art. "Calixtus I", *TRE* 7 (1981), pp. 559-563 (bibliogr.). — Sobre Hipólito, M. MARCOVICH, art. "Hippolyt von Rom" *TRE* 15 (1986), pp. 381-387 (bibliogr.). — M. RICHARD, art. "Hippolyte de Rome", *DSp* 7A (1969), pp. 531-571 (bibliogr. classificada). — A. HAMEL, *Kirche bei Hippolyt von Rom,* Gütersloh, Bertelsmann, 1951.

A disputa entre o sacerdote Hipólito e o bispo Calixto (ou Calisto), o décimo quinto na lista dos bispos de Roma (217-222), nos faz reconhecer uma dificuldade que não poderia deixar de surgir com a expansão da Igreja. O pe-

---

61. Cf. A. ROUSSEAU, *op. cit.,* p. 235; J. A. MÖHLER, *Unité dans l'Église ou le principe du catholicisme d'après l'esprit des Pères des trois premiers siècles,* Paris, Cerf, 1938 (alem. 1825), pp. 219-221.
62. K. SCHATZ, *La Primauté, op. cit.,* p. 26.

queno grupo daqueles e daquelas que se consideravam os santos e os eleitos via-se agora congregando numerosíssimas comunidades em que se acotovelavam pessoas cujo compromisso era manifestamente muito diverso. A Igreja se compunha, sem dúvida, de santos, mas também de pecadores. Nos inícios, as situações escandalosas podiam ser resolvidas caso por caso. Multiplicando-se esses casos, a questão assumia outra dimensão. A natureza da Igreja estava em causa. Devia-se conservar a qualquer preço uma Igreja de puros e fiéis ou devia-se abrir mais largamente as portas para que um maior número pudesse se beneficiar da graça de Cristo, mesmo que fosse mais ou menos? Mas a Igreja não correria, então, o risco de deixar-se contaminar, de perder sua identidade e de ser infiel à graça de sua origem?

Esse problema não podia deixar de suscitar tomadas de posição dos teólogos e dos chefes de comunidades. Já por volta de 150, o escravo liberto Hermas levantara a questão em vista da situação da Igreja romana[63].

Calixto, antigo escravo que se tornou bispo de Roma, só nos é conhecido pelos ataques de seu adversário, o erudito sacerdote Hipólito, escritor fecundo e incisivo, preocupado com a santidade da Igreja, que o acusava de diversas heresias e acabou por lhe opor sua própria Igreja, a única ortodoxa de seu ponto de vista. Essa cisão se prolongou sob o pontificado de Urbano I (223-230) e de Ponciano (230-235). Por ocasião de sua subida ao trono, em 235, o imperador Maximino exilou os dois chefes de Igreja na Sardenha, pondo fim ao cisma. Os dois, Hipólito e Ponciano, morreram no exílio e são venerados como santos mártires.

Para Hipólito, a Igreja fundada por Jesus Cristo é essencialmente a "sociedade dos santos" que receberam o Espírito pelo batismo e o conservam guardando uma fé pura e observando fielmente os mandamentos de Cristo. Ela só pode subsistir se permanece incessantemente gerada por ele como "a santa reunião dos que vivem na justiça". Os pecadores, que não vivem conforme a santidade que receberam, só na aparência lhe pertencem[64]. Ao contrário, diz Hipólito, Calixto está pronto a perdoar todos os que se entregam a suas paixões; ele acha que um bispo não deve ser deposto, mesmo que tenha pecado mortalmente; ele admitiu às ordens sacerdotes, bispos ou diáconos que se tinham casado duas ou três vezes; ele tolera que um clérigo que se casa permaneça no clero, como se não tivesse pecado. Calixto, por seu lado, apóia-se em textos como Rm 14,4 ("Quem és tu que julgas o servo alheio?"), Mt 13,30 ("Deixai o joio crescer com o trigo"), ou Gn 6,19ss. "Ele pretendia ainda ver uma imagem da Igreja na arca de Noé, na qual estavam os cães, os lobos, os corvos e todos os animais puros e impuros, acrescentando que assim devia ser na Igreja"[65].

---

63. Cf. acima, pp. 90-92.
64. HIPÓLITO, *Sur Daniel*, 1,17,8; 1,24,5; 4,38,2; *SC* 14, pp. 103-105.
65. HIPÓLITO, *Réfutation de toutes les hérésies*, 9,12; *PG* 16, 3386.

Para além das divergências disciplinares, são duas eclesiologias que se defrontam. A Igreja é um pequeno rebanho de puros, ou a reunião de pecadores que se descobre chamada pela graça e, a essa luz, bem ou mal, caminha como pode? Na mesma época, Tertuliano, na África, mantinha a mesma posição de Hipólito. Um pouco mais tarde, o debate iria ressurgir com maior intensidade, depois que a perseguição de Décio (em 250), breve mas violenta, provocara numerosas apostasias. Em Roma, o sacerdote Novaciano pregava a intransigência. Para decidir por uma pastoral comum no seio de suas respectivas Igrejas, o bispo Cipriano, em Cartago, e Cornélio, em Roma, convocaram, cada um deles, um concílio em 251. Nos dois casos, as decisões foram no sentido de ampliar o acesso à reconciliação, enquanto a doutrina de Novaciano, que o historiador Eusébio declara "antifraterna e totalmente desumana"[66], será rejeitada como "alheia à Igreja". Finalmente prevaleceu a posição romana, menos na base da argumentação teológica do que por um lento processo de esclarecimento.

## 2. A IGREJA ESPOSA DO VERBO: CLEMENTE DE ALEXANDRIA

Clemente de Alexandria[67] (c. 150-221), também como os outros Padres, não dá uma imagem plenamente desenvolvida da Igreja. Essa Igreja da qual ele fala com amor é a Igreja una, santa, a mais antiga, diferentemente dos conventículos heréticos ou cismáticos. Ela é a única Igreja porque reúne todos os que, pela vontade do único Senhor, foram chamados, no decorrer dos tempos, a fazer parte dela. A tendência especulativa de seu espírito faz que Clemente se interesse mais pelo protótipo celeste da Igreja do que por suas formas históricas concretas. Ele conhece sua organização e enumera suas diversas categorias — diáconos, presbíteros, bispos, viúvas —, mas essas "diversas pessoas" são como que um reflexo das hierarquias angélicas[68]. A Igreja é a escola onde ensina seu Esposo, o Logos[69]. Esta declaração lírica é freqüentemente citada:

> Que mistério admirável! Há um só Pai do universo, um só Logos do universo, e também um só Espírito santo, idêntico por toda parte, há também uma única virgem que se tornou mãe, e me agrada chamá-la Igreja [...] Ela é ao mesmo tempo virgem e mãe, intacta enquanto virgem, cheia de amor enquanto mãe; chama a si seus filhinhos e os amamenta com um leite sagrado, o Logos dos discípulos[70].

---

66. EUSÉBIO, *HE*, VI, 43,2; *SC* 41, p. 153.
67. Sobre Clemente de Alexandria, cf. A. MÉHAT, art. "Clemens von Alexandrien", *TRE* 8 (1981), pp. 101-113 (bibliogr.).
68. *Pédagogue,* III, XII, 97,2; *SC* 158, p. 183; *Stromates,* VI, 13, 107; *GCS* 15, p. 485; *Stromates,* VII, 1,3; *GCS* 17, p. 4.
69. *Pédagogue,* III, XII, 98, 1; *SC* 158, p. 185.
70. *Ibid.*, I, VI, 42,1; *SC* 70, p. 187.

## 3. A IGREJA, LUGAR DO VERDADEIRO CONHECIMENTO DE DEUS: ORÍGENES

Não obstante suas tendências espiritualizantes, que o levam a considerar de bom grado a Igreja celeste, Orígenes[71] (c. 184-254) concede mais atenção do que Clemente à Igreja histórica concreta, o que lhe mereceu o título de "homem de Igreja" (*"vir ecclesiasticus"*). As "Igrejas de Deus" estão espalhadas por toda a terra. Comparadas às "Igrejas", às "assembléias políticas" dos pagãos, elas brilham "como fachos no mundo"[72]. Orígenes fala das Igrejas no plural, mas sabe que a Igreja, em seu conjunto, constitui "um único corpo" porque ela tem "um só Deus, Cristo, que nos encerra e nos contém em sua unidade"[73]. "O Logos move a Igreja e cada um de seus membros, que não faz nada independentemente do Logos". Ela é o lugar da verdade e do conhecimento de Deus; fora dela só se encontra uma mistura de verdade e erro. É uma comunidade santa, embora haja "muitas falhas... mesmo em nós que somos tidos como fazendo parte da Igreja"[74]. Aquele que peca se exclui da comunidade da salvação; mas, ao inverso, se alguém é injustamente excluído da Igreja, essa decisão não tem efeito espiritual.

Mais do que Clemente, Orígenes ressalta o caráter apostólico e eclesial da tradição transmitida pela sucessão dos bispos. Seja qual for a importância do papel que reconhece aos "doutores da Igreja", seu ensino está sujeito à "pregação eclesiástica", da qual os bispos são a voz qualificada. Ele mesmo sofreu por causa dessa dependência: duas vezes foi privado de ensinar por seu bispo Demétrio; queixou-se disso, mas não pensou em não se submeter.

## 4. A IGREJA E A TRINDADE: TERTULIANO

> **INDICAÇÕES BIBLIOGRÁFICAS:** Sobre a eclesiologia de Tertuliano, cf. K. ADAM, *Der Kirchenbegriff Tertullians,* Paderborn, Schöningh, 1907. — E. ALTENDORF, *Einheit und Heiligkeit der Kirche. Untersuchungen zur Entwicklung des altchristilichen Kirchenbegriffs im Abendland von Tertullian bis zu den antidonatisten Schriften Augustins,* Berlin-Leipzig, de Gruyter, 1932, pp. 11-43.

Desde os inícios, os teólogos ocidentais atribuíram mais importância à organização da Igreja como instituição mas, até Nicéia, essa diferença entre dois tipos de eclesiologia não deve ser forçada. Um dos primeiros autores latinos que deixaram sua marca na eclesiologia ocidental foi, indubitavelmente, o africano Tertuliano (c. 160-220), um convertido cuja teologia é impregnada por sua formação jurídica.

---

71. Sobre Orígenes, cf. t. 1, pp. 179ss. — Sobre a sua eclesiologia, J. CHÊNEVERT, *L'Église dans le commentaire d'Origène sur le Cantique des cantiques,* Paris/DDB, Montréal/Bellarmin, 1969.
72. ORÍGENES, *Contre Celse,* III, 29; SC 136, p. 71.
73. *Homélies sur Josué,* 7,6; SC 71, p. 211.
74. *Contre Celse,* VI, 48; SC 147, p. 301; *Homélies sur Jérémie,* 15,3; SC 238, p. 119.

As afirmações de Tertuliano sobre a Igreja variam conforme seus escritos sejam de apologética ou de controvérsia, ou ainda dos primeiros tempos ou do período montanista. Realidade essencialmente celeste, já ressuscitada com Cristo[75], habitada pela "Trindade da única divindade, o Pai, o Filho e o Espírito Santo"[76], a Igreja é radicalmente contrária ao mundo: este é a "Igreja do Diabo" oposta à "Igreja de Deus"[77], a "prisão de onde os cristãos saíram"[78]. As imagens paulinas de Corpo e Esposa servem, para Tertuliano, de fundamento para suas exigências morais[79]. A imagem do corpo leva a uma identificação entre Cristo e a Igreja: quando um irmão reza por seu irmão, é o próprio Cristo que intercede pelo pecador[80]. Nascida, como uma nova Eva, do lado de Cristo na cruz, a Igreja é uma mãe que gera seus membros pelo batismo[81].

Diante das heresias, Tertuliano, como Ireneu, sublinha a unidade da Igreja. O fundamento dessa unidade é, a seus olhos, propriamente teológico. A Igreja reflete a unidade de Deus Trindade: "Lá onde estão os Três, Pai, Filho e Espírito Santo, lá também se encontra a Igreja, que é o corpo dos Três"[82]. Essa unidade se manifesta na unidade da fé das diversas comunidades, assim como na comunhão que elas mantêm ente si[83]. Os apóstolos transmitiram a doutrina às comunidades que fundaram, e estas por sua vez a transmitiram às fundações oriundas delas[84], de modo que a comunhão com "essas Igrejas, matrizes e fontes de fé" é um critério de verdade. Os bispos são os portadores dessa tradição[85].

Para manter a unidade, Tertuliano não atribui importância particular aos ministérios eclesiásticos. Ele distingue claramente clero e leigos, *ordo* e *plebs*, mas os leigos formam, também eles, uma *ordo*. O clero é necessário para manter a ordem na Igreja. Como em Orígenes, a pertença à Igreja acarreta altas exigências morais, tanto para os leigos como para os clérigos. O pecador exclui a si mesmo da Igreja[86].

Ao se tornar montanista, Tertuliano não modificou essencialmente seu conceito de Igreja, mas criticou mais vivamente as fraquezas morais dos

---

75. TERTULIANO, *Traité du baptême*, 8,4 e 15; ed. R. F. Refoulé, SC 35, 1952, 78 e 87-88.
76. *La Pudicité*, XXI, 16; ed. C. Micaelli e C. Munier, SC 394, 1993, p. 275.
77. *Les Spectacles*, XXV, 5; ed. M. Turcan, SC 332, 1986, p. 291.
78. *Sur le martyre*, II, 1; CCSL 1,4.
79. Cf. *Le Mariage unique*, XIII, 3; ed. P. Mattei, SC 343, 1988, p. 195; *Exhortation à la chasteté*, V, 3; ed. C. Moreschini e J.-C. Fredouille, SC 319, 1985, p. 89; *La Pudicité*, I, 8, XVIII, 1,11; SC 394, p. 147.
80. *La Pénitence*, X,5; ed. Ch. Munier, SC 316, 1984, p. 183.
81. *Traité du baptême*, 20,5; SC 35, p. 96.
82. *Ibid.*, 15,1 e 6, 2; SC 35, pp. 87 e 75.
83. *De la prescription contre les hérétiques*, XX, 8; ed. R. F. Refoulé e P. de Labriolle, SC 46, 1957, pp. 113-114; *Sur le voile des vierges*, II, 2; CCSL 2, 1210.
84. *De la prescription*, XX-XXI; SC 46, pp. 112-115; *Contre Marcion* IV, 5,1; CCSL 1, p. 550.
85. *De la prescription*, XXI, 4 e 32; SC 46, pp. 114 e 130-132.
86. *Exhortation à la chasteté*, VII; SC 319, pp. 91-95; *Le Mariage unique*, VII, 8-9; 12,2; SC 343, pp. 163 e 189; *La Pudicité*, XIV, 24; SC 395, p. 223.

bispos[87], e, sobretudo, sua pretensão de poder perdoar os pecados graves. A verdadeira Igreja, a única que possui o pleno poder de absolver, é *a Igreja do Espírito*, e não a Igreja "coleção de bispos"[88].

Reconhecia Tertuliano um certo primado à Igreja de Roma? Ele reconhece, certamente, o papel de Pedro como fundamento de toda a organização eclesial[89], mas o poder das chaves que deriva dele existe em cada Igreja apostólica e não somente em Roma. Parece que ele reconhece, sim, à Igreja de Roma uma autoridade doutrinal particular, um pouco como Ireneu, por causa do martírio de Pedro e de Paulo[90].

## 5. CIPRIANO E A COMUNHÃO DOS BISPOS

**OS TEXTOS:** *De l'unité de l'Église catholique*, CSEL 3; trad. P. de Labriolle, Paris, Cerf, 1942. — *Correspondance*, Bayard, t. 1 e 2, Budé, 1925.

**INDICAÇÕES BIBLIOGRÁFICAS:** A. D'ALÈS, *La théologie de saint Cyprien*, Paris, Beauchesne, 1922. — W. SIMONIS, *Ecclesia visibilis et invisibilis. Untersuchungen zur Ekklesiologie und Sakramentenlehre in der afrikanischen Tradition von Cyprian bis Augustinus*, Frankfurt a.M., 1970, pp. 1-23. — J. COLSON, *L' Épiscopat catholique, collegialité et primauté durant les trois premiers siècles*, Paris,Cerf, 1963, pp. 71-123. — E. ALTENDORF, *Einheit und Heiligkeit der Kirche*, op. cit., pp. 44-116.

Cipriano (c. 200-258), bispo de Cartago, teve de enfrentar ao mesmo tempo a perseguição externa e conflitos internos da Igreja. Até seu tratado *Sobre a unidade da Igreja católica* é um escrito polêmico. Homem de ação, dotado de um caráter indomável, ele é mais pastor que teólogo, mas seu pensamento marcou a doutrina concernente à Igreja.

Como Tertuliano, Cipriano sublinha a necessidade da pertença à Igreja única, congregada na unidade de uma mesma fé trinitária[91]. A ele se deve a fórmula sempre citada: "Não se pode ter Deus por Pai quando não se tem a Igreja por mãe. Alguém pôde se salvar ficando fora da arca de Noé? Se pôde, também pode aquele que fica no exterior, fora da Igreja"[92]. Esse axioma reflete a convicção comum da Igreja antiga. Sua importância se explica pelo contexto dos cismas de Novato, em Cartago, e de Novaciano, em Roma (251). É nesse espírito que se deve também compreender sua posição sobre o batismo conferido pelos heréticos:

---

87. Cf. *Sur la couronne*, I, 5; *CCSL* 2, p. 1040; *Sur la fuite*, XIII, 3; *CCSL* 2, pp. 1154-1155; *Du jeûne*, XVII, 4; *CCSL* 2, p. 1276.
88. *La pudicité*, XXI, 17; *SC* 394, p. 275.
89. *Le Mariage unique*, VIII, 3-4; *SC* 343, p. 165.
90. *De la prescription*, XXXVI, 2-3; *SC* 46, pp. 137-138.
91. *Sur l'oraison dominicale*, XXIII; *CSEL* 3, p. 285: texto citado no Vaticano II (*LG* 4).
92. CIPRIANO, *De l'unité de l'Église catholique*, 6; *CSEL* 3, pp. 214-215; trad. P. de Labriolle, p. 13. *Correspondance*, 52,1; 55,24; 71,1; 73,21; 74,7-8; Bayard, pp. 125-126, 147, 256, 275, 284-285. Cf. Y. CONGAR, art. "Hors de l'Église pas de salut", *Catholicisme*, t. 5 (1959), pp. 948-956.

segundo ele, esse batismo deve ser repetido por ocasião do retorno à *catholica:* a Igreja é única e não pode haver batismo fora dela[93]. Será preciso esperar a querela donatista e as posições de Optato de Milevo e de Agostinho para que se encontre, para essa questão, uma solução admitida de modo geral.

O que é mais novo é a posição excepcional atribuída ao ministério, especialmente o do bispo[94], na obra de Cipriano. O bispo é o responsável pela unidade da comunidade. "O bispo está na Igreja e a Igreja no bispo", e estar em comunhão com o bispo significa estar em comunhão com a Igreja.

A unidade da Igreja inteira se manifesta na comunhão dos bispos que, por toda parte, ensinam a mesma doutrina e observam a mesma disciplina em tudo, alguns detalhes à parte[95]. Eles estão em relação uns com os outros, reúnem-se em concílio, corrigem-se mutuamente (Cipriano não se privou de fazê-lo, não poupando nem o bispo de Roma): um mau bispo pode ser deposto por seus colegas. Só há *um único episcopado*[96]; cada bispo o exerce plenamente, estando sempre obrigado à solidariedade com os outros bispos: "A dignidade episcopal é uma; e cada bispo possui uma parcela dela, sem divisão do todo"[97]. Mas a unidade da Igreja não depende propriamente da colegialidade dos bispos (Cipriano fala freqüentemente do *collegium* dos bispos): ela é dada por Deus e decorre da união com Cristo[98].

Cipriano é, portanto, um "episcopalista". No plano doutrinal, ele não é uma testemunha clara do primado do bispo de Roma, mas, se suas posições teóricas são flutuantes, na prática ele não contesta a autoridade da Sé romana: é *"a Igreja principal"* porque fundada sobre a cátedra de Pedro (primeiro emprego desse título)[99]. É um fato admitido por todos. Ele acha normal que se apele à Igreja de Roma e reconhece seu direito de intervenção, embora conteste com vigor algumas de suas decisões.

## 6. A PRÁTICA CONCILIAR

Já encontramos a prática das Igrejas de realizar assembléias de uma mesma região: por exemplo, em fins do século II, para tomar posição na crise montanista[100], ou ainda a propósito das discussões sobre a data da festa da

---

93. Cf. *Correspondance,* 69; 71,1; Bayard, pp. 239-252, 256.
94. Cf. acima, p. 82.
95. *De l'unité,* 5; *CSEL* 3, 213-214; Labriolle, pp. 11-13; *Correspondance,* 45,3; 46,2; 55,1.8.21.24; 66,8; 68,3.5; 72,3; Bayard, pp. 114-115, 116, 131-148, 226, 236, 238, 262.
96. *Correspondance,* 55,24; Bayard, p. 147; *De l'unité* 4; *CSEL* 3, p. 214; Labriolle, 7-11.
97. *De l'unité,* 5; *CSEL* 3, pp. 213-214; Labriolle, p. 11.
98. *De l'unité,* 6-7; *CSEL* 3, pp. 214-216; Labriolle, pp. 13-17; *Correspondance,* 45,3; 52,1; 55,24; 69,5; 74,4.6.11; Bayard, pp. 114-115, 125-126, 147, 242, 282, 284, 288.
99. *Lettre,* 59, 14, 1; Bayard, p. 183.
100. EUSÉBIO, *HE,* V, 16,10; *SC* 41, p. 49. Cf. C. VOGEL, "Unité de l'Église et pluralité des formes historiques d'organisation ecclésiastique du IIIe au Ve siècle", *L'Épiscopat et l'Église universelle,* Paris, Cerf, 1962, pp. 591-636.

Páscoa, no tempo do bispo de Roma, Victor (189-199)[101]. Essas assembléias eram vividas pelos participantes — alguns dos quais eram leigos — como verdadeiras "representações de todo o nome cristão"[102], como "a manifestação visível da unidade católica"[103]. Os bispos presentes estão conscientes de agir em comunhão com o conjunto dos bispos. O fato de realizar simultaneamente essas assembléias manifesta uma preocupação de acordo unânime. Do mesmo modo, os bispos reunidos desejam que suas decisões sejam comunicadas "a toda a Igreja católica que está sob o céu"[104]. Assim o Concílio convocado em Arles, em 314, por ordem do imperador Constantino, para resolver a questão donatista já é como que um concílio geral do Ocidente. O bispo de Roma se faz representar, e as decisões lhe são comunicadas para que ele as difunda. Também o Concílio de Antioquia (324-325), que reuniu uns cinqüenta bispos do Oriente Médio, comunica suas decisões aos outros bispos, particularmente aos de Roma e da Itália[105].

Por meio dessas assembléias, pouco a pouco se delineia, igualmente, o que virá a ser o concílio ecumênico. Mas, mesmo independentemente dessa evolução, essas diversas assembléias desempenharam um papel importante, inclusive no plano doutrinal. Elas são características de um tipo particular de funcionamento da Igreja que podemos chamar de "sinodalidade".

---

101. EUSÉBIO, *HE*, V, 16,23,2; *SC* 41, p. 66. Sobre os sínodos na época das perseguições, ver H. MAROT, "Conciles anténicéens et conciles oecuméniques", *Le Concile et les conciles,* Paris, Cerf et Chevetogne, 1960, pp. 19-43.

102. TERTULIANO, *Sur le jeûne* XIII; *CCSL* 2, p. 1272.

103. G. BARDY, *Paul de Samosate,* Louvain, "Spic. S. LeV.", 1929, p. 352.

104. EUSÉBIO, *HE*, VII, 30, 2; *SC* 41, p. 214. Cf. A. DE HALLEUX, "La collégialité dans l'Église ancienne", *RTL* 24 (1993), pp. 433-454.

105. Sobre a organização das Igrejas no plano supralocal, cf. C. VOGEL, *art. cit.*, nota 100.

# CAPÍTULO X
# A Igreja no Império

## I. A NOVA SITUAÇÃO SOCIAL DA IGREJA

## 1. A IGREJA, SOCIEDADE DE DIREITO PÚBLICO

> **INDICAÇÕES BIBLIOGRÁFICAS:** Sobre a "virada constantiniana", cf. H. FRIES, "Wandel des Kirchenbildes und dogmengeschichtliche Entfaltung", *Mysterium Salutis,* Einsideln, Benziger, 1972. — M. VIDAL, *L' Église, Peuple de Dieu dans l'histoire des hommes,* Paris, Centurion, 1975. — J. LORTZ, *Geschichte der Kirche in ideengeschichtlicher Betrachtung,* Münster, Aschendorff, 15ª ed., 1950. — CH. PIETRI, *Roma christiana,* Paris/Roma, École franç. de Rome, 1976. — W. DE WRIES, *Orient et Occident. Les structures ecclésiales vues dans l'histoire des sept premiers conciles oecuméniques,* Paris, Cerf, 1974.

Com o reconhecimento da Igreja como sociedade pública de direito divino, sob Constantino, suas possibilidades de organização encontram meios de se desenvolver mais livremente ao mesmo tempo em que se tornam mais necessárias. Saindo da situação de minorias perseguidas, as comunidades cristãs adquirem um lugar privilegiado no direito público do Império. A partir de Constantino, também, os cristãos são levados a fazer o que não tinham feito na época das perseguições: ocupar-se dos negócios públicos. De modo mais geral, com a expansão cristã, a Igreja deixava de ser minoritária em inúmeras cidades do Império e adquiria, portanto, um peso que os poderes constituídos deviam levar em conta. Doravante, a pressão social estava a favor do cristianismo.

Doravante, também, o imperador, que se tornara cristão, procura afirmar sua autoridade inclusive na Igreja. Esse modelo se desenvolverá sobretudo a partir do século VI, mas já se vêem seus prelúdios com Constantino. O imperador dita leis em matéria de regras eclesiásticas, e mesmo em matéria de doutrina. Convoca e dirige concílios, cria e modifica as circunscrições eclesiásticas, nomeia para as principais sés, dá às decisões dos concílios valor de leis do império. Essa concepção de seu papel será uma fonte de conflitos que marcou a história da Igreja por inúmeros séculos. A ambigüidade iria aparecer com o primeiro imperador favorável à heresia ariana.

Um dos aspectos dessa evolução é a organização das Igrejas em reagrupamentos regionais. Desde o século II aparecera a instituição das assembléias de bispos, ou sínodos. Bem cedo, sobretudo nas grandes cidades, algumas comunidades tinham adquirido um papel de centro, de encruzilhadas da *communio*. Entre 300 e 450, acima da comunidade reunida em torno de seu bispo, formam-se províncias eclesiásticas com um metropolita no comando. Elas geralmente recobrem as circunscrições do Império. É nesse nível que se exerce, primeiro, a colegialidade dos bispos, quer se tratasse da ordenação de um novo bispo ou de questões concernentes à fé ou à heresia[1]. Em um nível mais elevado situa-se o papel das três Igrejas principais, Roma, Alexandria e Antioquia e, a partir do século IV, Constantinopla. Seus bispos supervisionam regiões mais vastas. A partir do século V, eles são chamados patriarcas. Ao termo dessa evolução, a Igreja está repartida em *patriarcados,* dentre os quais o de Roma, bem cedo, reivindicará e verá reconhecido a si um papel particular, ultrapassando o que era antes seu território, o da Itália central e do sul.

## 2. AS CATEGORIAS DE CRISTÃOS

Outro aspecto dessa evolução é a acentuação dos desníveis entre as diversas categorias de batizados. O aumento do número de cristãos acarretara uma menor homogeneidade das comunidades que reúnem ao mesmo tempo "santos" e pecadores. Introduziu-se igualmente a tendência de considerar que os verdadeiros cristãos são os ascetas, aqueles que se distinguem da condição comum por suas renúncias, que fogem para o deserto para escapar à corrupção das cidades e que, nos moldes do cenobitismo, se esforçam por reproduzir a pureza da comunidade primitiva de que fala o livro dos Atos. O fim da idade dos mártires marcou o início da idade monástica.

Sem dúvida nenhuma foi Basílio de Cesaréia (329-379) quem mais vivamente percebeu os perigos de uma Igreja de massa, que corria o risco de perder sua identidade diante da sociedade. Ele não se contentou em situar o monaquismo

---

1. Cf. A. DE HALLEUX, "La Collégialité dans l'Église ancienne", *RTL* 24 (1993), pp. 433-454. J. COLSON, *L'Épiscopat catholique. Collégialité et primauté dans les trois premiers siècles de l'Église,* Paris, Cerf, 1963.

num lugar bem definido na Igreja, mas também o propôs como exemplo a todos os cristãos, como a continuação da comunidade primitiva de Jerusalém[2], esperando que seu exemplo repercutisse por toda a Igreja.

A aceitação de que goza agora a Igreja leva à constituição do clero em categoria social nitidamente separada. Desde Constantino, os responsáveis pela Igreja recebem privilégios e imunidades. O celibato clerical começa a se difundir a partir do século IV. Por volta de 430, os sacerdotes começam a usar uma veste particular. Por volta do século V, os clérigos adotam a tonsura, à imitação dos monges. A partir do século VII, os fiéis compreendem cada vez menos o latim litúrgico e multiplicam-se os sinais de uma ruptura entre a liturgia celebrada pelos sacerdotes e a comunidade dos fiéis. Num Ocidente sacudido pela invasão dos bárbaros, a cultura faz-se rara, o latim se torna apanágio dos clérigos. Caminha-se na direção da futura fórmula de Graciano: "Há dois gêneros de cristãos..."

Entretanto, as relações entre a Igreja e a sociedade global terão orientações diferentes no Oriente e no Ocidente. A partir do que se pode chamar de a "teologia política" de Eusébio de Cesaréia, nascerá no Oriente a ideologia imperial de Bizâncio, que põe em equivalência o Império e o Povo de Deus — o que não impedirá as resistências diante das intromissões do imperador nos negócios da Igreja. No Ocidente, circunstâncias diferentes despertarão uma consciência mais clara da separação entre a Igreja e o Estado. A *Cidade de Deus* de Agostinho desempenhará importante papel nessa tomada de consciência.

## 3. OS CONCÍLIOS ECUMÊNICOS

Na primavera de 325, o imperador Constantino toma a iniciativa de convocar, em Nicéia, uma assembléia de bispos das diversas cidades e províncias[3]. Essa assembléia se tornara necessária: o sistema sinodal, local e regional, do século III não conseguia mais gerir um conflito doutrinal que se internacionalizava. A idéia de um concílio desse tipo estava no ar, mas só o imperador possuía a autoridade e os meios de pô-la em prática. A importância eclesiológica dessa inovação merece ser sublinhada[4].

A consciência de pertencer a uma única Igreja estava presente desde as origens. O que aparece com os concílios ecumênicos é uma nova expressão dessa universalidade e dessa unidade por meio da proclamação de uma mesma fé. Os bispos do Oriente e do Ocidente (ou seus representantes) testemunham a mesma fé eclesial, que lhes foi transmitida pela Escritura e pela tradição apostólica. Ao decidirem, em matéria de disciplina, quando se trata da fé, eles não dizem "nós decidimos", mas "essa é a fé da Igreja católica"[5]. Aí se

---

2. Cf. *Grandes Règles,* 7,4; *PG* 31, 934c; trad. fr. L. Lèbe, Maredsous, 1969, p. 68.
3. Sobre Nicéia, cf. t. 1, pp. 211-217.
4. Cf. t. 1, pp. 224-226.
5. ATANÁSIO, *Sur les synodes,* 5; *PG* 26, 688; Opitz, p. 234.

funda sua autoridade: eles representam a Igreja inteira, na qual Cristo vive e onde age seu Espírito.

Ao mesmo tempo, desde o Concílio de Nicéia se constata o papel especial desempenhado pelo bispo de Roma. Quando ele se faz representar por dois legados, dois sacerdotes, estes são nomeados, na lista dos participantes, logo após Ósio, o bispo de Córdoba, o conselheiro teológico de Constantino (que alguns consideram o representante oficial da Santa Sé de Roma). Ao Concílio de Sárdica, hoje Sofia (343), o papa Júlio também envia representantes. Os cânones de Sárdica representam um primeiro esforço para definir juridicamente a posição do bispo de Roma na comunhão dos bispos[6]. O papa Damásio se manteve distante do Concílio de Constantinopla, convocado por Teodósio, mas, em 383, cinqüenta anos mais tarde, quando Teodósio II quer convocar um concílio para resolver a questão nestoriana, o papa Celestino se engaja inteiramente no processo: envia suas instruções a Cirilo de Alexandria, nomeia seus delegados e pretende "estar presente em espírito no concílio". Quando seus delegados chegam a Éfeso, em 10 de julho de 431, e lêem a carta do papa dirigida ao concílio, os bispos aclamam Celestino como o "guardião da fé". O concílio subscreve a carta do papa, seus legados confirmam "com autoridade" a condenação de Nestório. Em Éfeso, a autoridade da sé romana é amplamente reconhecida.

O mesmo se dará no Concílio de Calcedônia, convocado pelo imperador Marciano em 451, concílio que o papa Leão acabou por aceitar e onde se fez representar por um legado que presidiu às sessões. Leu-se aí a carta do papa a Flaviano, bispo de Constantinopla, texto que devia servir de norma para os debates, e que foi aprovado por todos[7]. Pouco depois, quando o concílio decidiu reconhecer à Igreja de Constantinopla a jurisdição sobre uma grande parte do Oriente, os legados protestaram vigorosamente. O próprio papa levou muito tempo para aceitar as decisões do concílio "só em matéria de fé", e declarou nulas "em virtude da autoridade do bem-aventurado apóstolo Pedro"[8] as decisões que contradiziam os cânones de Nicéia. Nesses debates, que tornavam difíceis as relações entre "Igrejas irmãs", fica manifesta uma diferença de interpretação da relação do papa com o concílio.

## II. TEOLOGIAS DA IGREJA

### 1. A ENCARNAÇÃO E A IGREJA: OS PADRES GREGOS

**INDICAÇÕES BIBLIOGRÁFICAS:** P. T. CAMELOT, *Die Lehre von der Kirche*, op. cit., p. 337 (bibliogr.) — E. MERSCH, *Le Corps mystique du Christ. Études de*

---

6. O texto dos cânones de Sárdica se encontram em K. SCHATZ, *La Primauté*, pp. 264-265. Esses cânones, por muito tempo negligenciados, servirão aos galicanos da época moderna para apoiar sua concepção subsidiária do primado.

7. Sobre Calcedônia e a eclesiologia conciliar, cf. t. 1, pp. 343-346.

8. *Lettres*, 105,3; *ACO* IV, IV, 58.

*théologie historique,* t. I, Paris, DDB, 1951. — L. BOUYER, *L'Incarnation et l'Église Corps du Christ dans la théologie de saint Athanase,* Paris, Cerf, 1943. — P. BATIFFOL, *Le Siège apostolique,* Paris, Lecoffre-Gabalda, 1924. — Y. CONGAR, "Conscience ecclésiologique en Orient et en Occident du VIe au XIe siècle", em *Istina* 6 (1959), pp. 187-236.

Não houve desenvolvimento da eclesiologia do Oriente a partir do estágio em que se encontrava no século III. Em sua 18ª *Catequese* (c. 350), Cirilo de Jerusalém dá como que um resumo do "que os gregos sempre afirmaram da Igreja" (Harnack). Ele comenta aí a frase da profissão de fé batismal concernente à Igreja: "e na Igreja una, santa, católica". A Igreja é católica por causa de sua universalidade, de sua doutrina, porque reúne pessoas de todas as condições, cura todo pecado e possui toda espécie de virtudes e de carismas do Espírito. Sua qualidade de "católica" permite distingui-la do conjunto das heresias. Só ela é nossa mãe, a esposa de Cristo; ela reflete a Jerusalém do alto. Deus lhe conferiu as funções e os carismas de que fala Paulo em 1Cor 12,28. Outrora perseguida, ela é hoje respeitada pelos reis e poderosos. Mas, enquanto eles só têm uma soberania limitada, a Igreja se estende por toda a superfície da terra[9].

Encontramos nos escritos dos grandes bispos, Atanásio, Gregório de Nazianzo, Basílio, Gregório de Nissa, Cirilo de Alexandria, João Crisóstomo, todas as imagens tradicionais da Igreja. Os debates da época estão por toda parte, mas, em meio às grandes controvérsias dogmáticas, eles guardam a clara consciência de que é a identidade da Igreja que está em jogo. Eles se apóiam comumente na doutrina paulina da Igreja como Corpo de Cristo. A orientação de seu pensamento os leva a ver nessa imagem o laço de intimidade espiritual recíproca entre Cristo e cada batizado, mais do que a unidade entre os fiéis que dele resulta. É o que se vê em João Crisóstomo (344-407) e, mais claramente ainda, em Gregório de Nissa (335-394). Seu interesse os impele, menos ainda, a refletir sobre as questões institucionais que vão influenciar profundamente a eclesiologia ocidental. Quando citam o "Tu és Pedro" (Mt 16,18-19), é geralmente para sublinhar a fé de Pedro como fundamento da Igreja; não vêem muito aí a dimensão institucional. Reconhecem uma autoridade particular ao bispo de Roma, recorrem à sua arbitragem, mas reivindicam igualmente a própria autonomia. Sobre suas declarações não se pode fundar uma doutrina do primado romano como a que se encontrará nos escritos do papa Leão Magno[10] (440-461),

Além disso, sua teologia da encarnação não pode deixar de se refletir em sua eclesiologia: é o caso particular de Atanásio († 373) e de Cirilo de Alexandria[11] († 444), que desenvolvem toda uma teologia da incorporação da huma-

---

9. *Catechèses baptismales,* 18, 23-28; *PG* 33, 1043-1050; trad. J. Bouvet, *PF,* 1993, pp. 310-313.
10. O título "papa" aparece no século IV e é primeiro aplicado a vários bispos, como o de Alexandria. É a partir do século V que é praticamente reservado ao bispo de Roma.
11. Cf. LÉOPOLD MALEVEZ, "L'Église dans le Christ", *RSR* 25 (1935), pp. 257-291 (sobre Cirilo, pp. 280-291).

nidade ao Corpo de Cristo. Cirilo, especialmente, desenvolve a dimensão eucarística da Igreja: ela é mistério de unidade, porque se alimenta da carne vivificante do Verbo encarnado. Ele aprofundou, também, o papel do Espírito nessa incorporação, de maneira sem equivalente no Ocidente.

## 2. A ECLESIOLOGIA LATINA NO SÉCULO IV

> **INDICAÇÕES BIBLIOGRÁFICAS:** P. T. CAMELOT, "Le Sens de l' Église chez les Pères latins", NRT 83 (1961), pp. 367-381. — P. BATIFFOL, Le Catholicisme de saint Augustin, Paris, Lecoffre-Gabalda, 1929. — W. SIMONIS, Ecclesia visibilis et invisibilis. Untersuchungen zur Ekklesiologie und Sakramentenlehre in der afrikanischen Tradition von Cyprian bis Augustinus, op. cit. — Y. CONGAR, Introduction à: saint Augustin, Traités antidonatistes, BA 28, 1963, pp. 7-133.

Os grandes teólogos ocidentais — predecessores ou contemporâneos de Agostinho — Hilário de Poitiers († 367), Ambrósio († 397), Jerônimo († 419) também retomam e exploram as representações bíblicas tradicionais da Igreja, mas não fizeram progredir sensivelmente o pensamento. A Igreja é, sem dúvida, pecadora — somente a Igreja do futuro será "sem mancha e sem rugas" —, mas é, antes de tudo, esposa, virgem e mãe; esposa amada e amante de Cristo, virgem pela pureza de sua fé, mãe da multidão de fiéis. Como Maria, ela é a nova Eva: tudo o que se diz de Maria toca o "mistério da Igreja". A Igreja é também Corpo de Cristo, reunida na unidade pelo "sacramento" de seu Corpo. Sua unidade se realiza pela comunhão da comunidade local com seu bispo e a dos bispos entre si; mais profundamente, ela é a obra do Espírito Santo neles todos. A autoridade dos bispos lhes vem de sua identificação com sua "sé", e é por isso que, até Calcedônia, nem se concebe a idéia de remover um bispo, assim como não se ordena um bispo sem que seja para uma determinada sé[12].

Os Padres latinos dessa época também testemunham a fé comum no papel de Pedro como "primeiro crente e príncipe dos apóstolos"[13], "fundamento da Igreja"[14]. Esse fundamento é, para eles, menos a pessoa de Pedro do que sua fé. Seu primado é de ordem doutrinal, mais do que jurídica: ele é a garantia da fé e da unidade da Igreja. Numa moldura de pensamento simbólico, Ambrósio pode escrever: "Onde está Pedro, lá está a Igreja"[15].

Essa função de Pedro se transmite aos bispos de Roma? Para Ambrósio, a Igreja de Roma permanece o critério da verdadeira fé. Basta segui-la para evitar a heresia. Estar em comunhão com ela é a garantia da unidade da fé e da

---

12. Desde o fim do século II, "sé" (*cathedra* ou *thronos*) significa a autoridade que permanece idêntica malgrado a sucessão dos homens.
13. HILÁRIO, *Sur saint Matthieu*, 7,6; PL 9, 956.
14. AMBRÓSIO, *Sur la foi*, IV, 5, 57; PL 16, 628.
15. *Considérations sur les Psaumes*, 40,30; PL 14, 1082.

própria Igreja. No século V, trata-se de uma convicção comum na Igreja do Ocidente. Mas nada em Ambrósio se assemelha a um primado de jurisdição reconhecido ao bispo de Roma. Jerônimo, também firmemente ancorado na "romanidade", personaliza mais essa referência à fé apostólica: ela é levada pela *cátedra de Pedro* (*cathedra Petri*) e seu titular, o papa Damásio e seus sucessores. Neste sentido é que ele interpreta o texto de Mt 16,18: é a promessa feita a Pedro que funda a autoridade da Igreja romana em matéria de fé.

O desenvolvimento dessa autoridade não mais em termos somente doutrinais, mas disciplinares e de jurisdição, se deveu, antes de tudo, à prática dos papas. São sobretudo eles que promovem, nos séculos IV e V, a reivindicação das prerrogativas da "Sé apostólica"[16], comumente admitida pelo episcopado ao menos no Ocidente. Ela é claramente afirmada em certas ocasiões, como no Sínodo de Roma em 378[17]. Com Sirício, em 385, ela assume a forma de uma autoridade legislativa que edita leis, prerrogativa até então reservada aos concílios. Por volta de fins do século IV, os bispos de Roma têm geralmente a consciência de ter uma posição independente dos concílios e superior a eles. Para todo o espaço latino, Roma é, aliás, a única Igreja apostólica e se torna bem cedo simplesmente "a Sé apostólica".

O que vai tornar necessário um progresso do pensamento propriamente eclesiológico é o debate com o donatismo. Essa "Igreja dos puros" nascera após a perseguição de Diocleciano (303-305), durante a qual sacerdotes e bispos haviam traído as Sagradas Escrituras. Foram chamados de *traditores*, quer dizer, traidores. Em 312, morto o bispo de Cartago, foi eleito em seu lugar seu diácono Ceciliano. Os bispos de Numídia acusaram Ceciliano de ter sido consagrado por um *traditore* e elegeram, contra ele, um certo Majorino, ao qual sucedeu Donato, de 313 a 347. Diante da pretensão donatista de ser a única Igreja verdadeira e santa, e de só ela possuir sacramentos válidos, foi preciso defender a posição católica e justificar o fato de a Igreja não repetir o batismo conferido corretamente pelos heréticos e de reconhecer as ordenações feitas pelos *traditores*.

O caminho para uma solução foi indicado por Optato, bispo de Milevo, na Numídia († c. 400), nos seus sete *Livros contra o donatista Parmeniano* (c. 366-367). A força santificante dos sacramentos não vem dos homens que os conferem, mas do próprio Deus: "É Deus quem lava, e não o homem [...] pertence a Deus purificar, e não ao homem". "Todos os que batizam são operários, e não patrões, e os sacramentos são santos por si mesmos e independentemente dos homens"[18]. Nem mesmo a Igreja é o fundamento da santidade dos sacramentos, ao contrário, é a graça de Cristo, recebida por ela nos sacramentos, que a torna santa: "A Igreja é una, e sua santidade decorre dos sacramentos, e não se mede

---

16. Sobre a história desse título, ver P. BATIFFOL, *Cathedra Petri,* Paris, Cerf, 1938, pp. 151-168.

17. Cf. *PL* 13, 576, 581, 583.

18. OPTATO DE MILEVO, *Livre* 5,4; *CSEL* 26, pp. 128 e 127.

pelo orgulho das pessoas". Dessa maneira, Optato libera a reflexão da problemática da qual Cipriano permanecia ainda prisioneiro. Ele distingue a santidade da Igreja, recebida de Cristo, da de seus membros, que podem ser pecadores. Ninguém, aliás, é "totalmente santo", e todos devem rezar: "Perdoai nossas ofensas". Até o fim dos tempos, o joio e o trigo permanecerão misturados[19]. Agostinho iria prolongar a reflexão nessa mesma linha.

Por outro lado, Optato define a verdadeira Igreja em face do surgimento do cisma mais do que da heresia. Com efeito, os donatistas têm em comum com os católicos "a mesma disciplina, as mesmas leituras, a mesma fé, os mesmos sacramentos da fé, os mesmos mistérios". Os católicos podem, portanto, considerá-los irmãos, mas irmãos que se extraviaram ao se separar da raiz e da comunhão universal. Ora, essas são duas características da verdadeira Igreja: sua extensão geográfica — ela "está espalhada por toda a terra"[20] — e seu vínculo com a Sé de Roma, que foi a de Pedro e é ainda a do papa Sirício. Ao cortar-se da comunhão com a Igreja que possui as *tumbas* (*memoriae*) dos apóstolos Pedro e Paulo, os donatistas ao mesmo tempo se separaram da terra inteira. "O que até então era vivido implicitamente nas relações entre Igrejas é agora percebido expressamente e se vê num sentido teologicamente fundado. A eclesiologia de Optato permanece uma eclesiologia da comunhão, mas essa comunhão se edifica agora em torno de uma afirmação clara do primado romano"[21].

## 3. AGOSTINHO

**INDICAÇÕES BIBLIOGRÁFICAS:** Y. CONGAR, *L'Église de saint Augustin à l'époque moderne,* Paris, Cerf, 1970 (bibliogr.). — A. SCHINDLER, art. "Augustin/Augustinismus I", *TRE,* t. 4 (1979), pp. 678-680 (bibliogr. pp. 692-698). — H. U. VON BALTHASAR, *Saint Augustin: le visage de l 'Église. Textes choisis et présentés,* Paris, Cerf, 1958. — Y. CONGAR, "Ecclesia ab Abel", *Abhandlungen über Theologie und Kirche. Festschrift für Karl Adam,* Dusseldorf, 1952, pp. 79-108. — F. HOFMANN, *Der Kirchenbegriff des hl. Augustinus in seinen Grudlagen und seiner Entwicklung,* München, Huber, 1933. — E. LAMIRANDE, *Études sur l 'ecclésiologie de saint Augustin,* Ottawa, Université Saint-Paul, 1969. — J. RATZINGER, "Die Kirche in der Frömmigkeit des heiligen Augustinus", *Sentire ecclesiam, op. cit.,* pp. 152-175. — Cf. indicações da seção precedente, p. 326.

A eclesiologia de Agostinho (354-430) é caracterizada por suas preocupações pastorais e pela necessidade de tomar posição diante dos donatistas, detentores ainda de numerosas comunidades na África. Diante do que a seus olhos

---

19. *Ibid.,* 2,1; *CSEL* 26, p. 32; 7,2-3; *CSEL* 26, pp. 168-170.
20. *Ibid.,* 5,1; *CSEL* 26, p. 121; 3,3; *CSEL* 26, p. 105.
21. P.-T. CAMELOT, *Die Lehre von der Kirche, op. cit.,* p. 63.

não passava de um partido (*pars Donati*), Agostinho sublinha a universalidade da Igreja no tempo e no espaço: ela engloba todos os justos "desde Abel até o fim do mundo"[22]. Sua verdadeira essência é ser o Corpo de Cristo. O Espírito Santo lhe dá a caridade, que opera sua união com Cristo bem como a de seus membros entre si[23]. Entretanto, a Igreja não apresenta esse Corpo de Cristo em toda a sua pureza: nela se encontram pecadores que não lhe pertencem propriamente. Estão nela *pelo número*, mas não *pelo mérito* — distinção que se tornará clássica. Só os justos "são propriamente Corpo de Cristo". É preciso, portanto, distinguir entre a *Igreja misturada* (*mixta*) daqui de baixo e a santa Igreja do fim dos tempos, "a Igreja tal qual é hoje" e "a Igreja que será um dia". Só Deus sabe quais são os que, naquele momento, pertencerão à verdadeira Igreja: ela é idêntica ao número dos que estão predestinados à salvação. "Porque nessa inefável presciência de Deus muitos que parecem estar fora estão dentro, e muitos que parecem estar dentro estão fora"[24].

Quanto ao valor dos sacramentos conferidos por ministros separados da Igreja, a posição dos donatistas tinha alguma força. Eles se recusavam a separá-los da presença do Espírito que anima a Igreja. Daí, como reconhecer, por exemplo, as ordenações feitas pelos *traditores*? A posição de Agostinho se situa na linha da de Optato: o verdadeiro sujeito da ação sacramental não é a Igreja, é Cristo que age nela ainda hoje: "Pedro batiza, é Cristo quem batiza... Judas batiza, é Cristo quem batiza"[25]. Os sacramentos são, portanto, santos e válidos independentemente de quem os confere[26].

Essa posição, considerada isoladamente, oferecia risco de comprometer a unidade da Igreja, pois reconhecia o valor dos sacramentos celebrados fora da comunhão católica. Compreende-se, portanto, que a posição de Optato e de Agostinho, depois de admitida, fosse em seguida completada com a insistência na união aos pastores legítimos e em sua autoridade. O próprio Agostinho nuançava sua afirmação com uma distinção importante: embora se reconheça o valor dos sacramentos celebrados lá onde são salvaguardadas a fé e as formas recebidas da tradição, eles só são recebidos "utilmente", "salutarmente" no seio da unidade católica, pois é lá somente que age o Espírito[27].

Esta última distinção só pode ser compreendida no seio da perspectiva própria de Agostinho, que, depois, não será sempre interpretada justamente. Marcado por uma visão platônica, Agostinho distingue dois níveis na realidade da Igreja: a "comunhão dos sacramentos" (*communio sacramentorum*) e a "comunidade de santidade" (*societas sanctorum*). Os sacramentos criam uma

---

22. *Sermons au peuple,* 341, 9,11; *PL* 39, 1499s.
23. Cf. *Comment. de la 1<sup>re</sup> ép. de Jean,* 1,12; 10,3; *SC* 75, pp. 141 e 415-417; *Hom. Sur l'év. de Jean,* 27,6; *BA* 72, p. 545.
24. *Sept Livres sur le baptême,* V, 38; *BA* 29, p. 397.
25. *Hom. sur l'év. de Jean,* 5,18; cf. 6,7s; 15,3; *BA* 71, pp. 333-335, 355-359, 761.
26. Cf. acima, p. 46.
27. Cf. *Sept Livres sur le baptême,* 1, 1,2; IV, 17, 24; V, 8, 9 etc.; *BA* 29, pp. 59, 295-297, 339.

comunhão entre os que os celebram, mas uma comunhão que fica num certo nível de superficialidade, e pode reunir bons e maus. Mas esses mesmos sacramentos visam a uma realidade superior, realidade que só é dada aos que estão realmente reunidos na unidade pela caridade. Essa unidade na caridade é obra do Espírito, e é ela que constitui a verdadeira realidade da Igreja e possui a força santificante. Dessa forma, para Agostinho, é essa Igreja, e não só Pedro, que recebeu as chaves dos céus e perdoa os pecados. "Quem recebeu as chaves não foi um homem isolado, mas o conjunto da Igreja"[28]. Interpretar em termos institucionais essa concepção de Igreja seria falsear o pensamento de Agostinho.

Mas é difícil ver como Agostinho relaciona a Igreja com o que ele chama de a Cidade de Deus. Essencialmente celeste, a Cidade de Deus tem como primeiros cidadãos os anjos, mas abrange também a Igreja na medida em que ela é a reunião dos santos. Embora chame, às vezes, a Cidade de Deus de Igreja, jamais diz que ela é *mixta*. Ao contrário, a propósito da Igreja, freqüentemente explicita: a Igreja que é da nossa humanidade, a Igreja daqui de baixo, a Igreja em peregrinação. Isso não o impede de reconhecer que essa Igreja já é uma certa presença do Reino de Deus, mas é o *reino da militância,* não ainda "a que existirá no fim do mundo"[29].

Em sua forma histórica, essa sociedade *cristã* se propagou universalmente a partir das Igrejas apostólicas, as que foram fundadas por um apóstolo. Entre elas, a Igreja romana tem uma situação privilegiada, porque possui a cátedra de Pedro, o que lhe permite confirmar a fé das outras Igrejas[30] e faz dela uma personificação de toda a Igreja. Mas Agostinho não separa a Igreja de Roma das outras Igrejas[31]: seu papel particular em nada prejudica a importância dos concílios plenários, que permanecem sendo, para ele, a instância doutrinal ordinária, visto que representam "a autoridade da terra inteira". Suas decisões exprimem o consentimento da Igreja universal, que só pode repousar numa inspiração de Deus[32].

Por seu conceito diferenciado de Igreja, Agostinho se aproxima, mais que os donatistas, da realidade da Igreja tal como veio a ser no Império. Em relação à teologia anterior, ele profundou sensivelmente o conceito da santidade da Igreja bem como o de cada fiel. Vários elementos dessa eclesiologia permanecerão aquisições duradouras do pensamento católico: por exemplo, sua teologia do Corpo místico, sua idéia da Igreja como realidade misturada (*ecclesia mixta*), do valor objetivo dos sacramentos, do papel puramente ministerial da Igreja em

---

28. *Sermons au peuple,* 295, 2; *PL* 38, 1349. Cf. *Hom. sur l 'év. de Jean,* 124,5; *PL* 35, 1973.
29. Cf. *La Cité de Dieu,* XX, 9; *BA* 37, pp. 231-234; *Sermons,* 56,6; *PL* 38, 379.
30. Cf. *Lettre 177 au pape Innocent,* 19; *PL* 33, 772.
31. Cf. *Contre Julien d'Eclane,* 1,4,13; *PL* 44, 648: Roma é "a Igreja na qual o primeiro dos apóstolos deu seu sangue", e a verdadeira doutrina é "a que guarda desde sempre a Sé apostólica e a Igreja romana com as outras".
32. Cf. *Sept Livres sur le baptême,* II, 4,5; VI, 39,76; VII, 53,102; *BA* 29, pp. 135, 485-487, 571.

relação à graça. A eclesiologia de Agostinho, especialmente sua teologia da Cidade de Deus, continuará a influenciar toda a Idade Média até os reformadores. Mas sua complexidade faz que ela sofra reduções, por vezes num sentido teocrático, em outras num sentido espiritualizante.

## 4. A IGREJA NA PROFISSÃO DE FÉ

Não podemos sair desse período sem mencionar o lugar ocupado pela afirmação da Igreja nas profissões de fé, encontradas, desde a segunda metade do século II, nos interrogatórios batismais[33]. Nada havia de surpreendente em mencionar, depois do Espírito, a Igreja como o lugar de sua ação. A necessidade de distinguir bem a grande Igreja dos diversos grupos heréticos levou, sem dúvida, a explicitar essa menção. Nas profissões de fé batismais do século IV, a menção à Igreja é a regra. Em Roma, dizia-se simplesmente: "Cremos... na santa Igreja"; Em Jerusalém, "Cremos... na Igreja una, santa, católica". O símbolo de Nicéia-Constantinopla acrescenta-lhe o adjetivo "apostólica". O símbolo dos Apóstolos, após "a santa Igreja católica" acrescenta "a comunhão dos santos"[34].

Bem cedo, entretanto, a tradição quis distinguir a fé em Deus Pai, Filho e Espírito, e o que era afirmado da Igreja, da remissão dos pecados e da ressurreição. Foi Rufino de Aquiléia, o tradutor latino de Orígenes (345-c. 410), que observou que se dizia "eu creio em" Deus (com a preposição) enquanto a Igreja (e o que se segue) era simplesmente designada por um acusativo: "eu creio a Igreja". "Por essa preposição, o Criador é separado da criatura, o divino do humano."[35]

## III. DOS PADRES À IDADE MÉDIA

O período que vai do século V ao século VIII não contribui com grandes inovações quanto à compreensão do mistério da Igreja. Podemos, entretanto, com o Pe. Congar, considerá-lo importante em diversos pontos: o desenvolvimento da teologia romana da monarquia papal, a fixação de grandes formulários litúrgicos com a teologia que veiculam e a transmissão da herança eclesiológica agostiniana. Do ponto de vista que nos interessa, alguns grandes nomes se destacam. Os papas Leão Magno (440-461), Gelásio I (492-496) e Gregório Magno (590-604); Isidoro de Sevilha († 636); Beda, o Venerável († 735).

---

33. Cf. t. 1, pp. 113-120. Cf. também P. VALLIN, *L'Église dans la confession de la foi. Esquisse d'un traité dogmatique sur l'Église*, Paris, Centre Sèvres, 1981.
34. Sobre o sentido dessa fórmula, cf. t. 1, pp. 117-118.
35. *Exposé du symbole*, 34; cf. 37; CCSL 20, pp. 169-170 e 171.

## 1. A TEOLOGIA ROMANA DA MONARQUIA PAPAL

**INDICAÇÕES BIBLIOGRÁFICAS:** Y. CONGAR, art. "Papauté", *Encyc. Universalis,* 17 (1990), pp. 449-453. — P. BATIFFOL, *Le Siège apostolique,* Paris, Lecoffre-Gabalda, 1924. — M. MACARRONE, *Vicarius Christi. Storia del titolo papale,* Roma, Pont. Ath. Lateranensis, 1952. — W. ULLMANN, *The Growth of Papal Government in the Middle Ages. A study in ideological relation of clerical to lay Power,* London, Methuen, 2ª ed., 1962. — C. MIRBT e K. ALAND, *Quellen zur Geschichte des Papsttums und des römischen Katholizismus,* Tübigen, Mohr, 2 vol., 6ª ed., 1967-1972. — H.-X. ARQUILLIÈRE, *L'Augustinisme politique. Essai sur la formation des théories politiques du Moyen Âge,* Paris, Vrin, 1934. — H. E. SYMONDS, *The Church Universal and the See of Rome. A Study of the relations between the Episcopate ant the Papacy up to the Schism between East and West,* London, SPCK, 1939. — P. CONTE, *Chiesa e primato nelle lettere dei papi del secolo VII,* Milano, Vita e Pensiero, 1971.

Nas declarações dos papas do século V, Roma é apresentada como a cabeça do corpo que é a Igreja universal. A imagem não é tomada aqui apenas para significar a comunhão dos fiéis com Cristo, mas para designar a estrutura hierarquizada da instituição, no sentido corporativo da palavra. A partir daí, aquele que ocupa o lugar da cabeça (*caput*), ou o primeiro (*princeps*), tem evidentemente uma responsabilidade universal. A consciência de semelhante responsabilidade não é nova, mas se exprime cada vez mais claramente. De modo especial, ela se formula numa espécie de identificação do papa com a pessoa de Pedro: é Pedro que "carrega esse encargo em nós" (Sirício, 384-399). Pedro está presente e age em seus sucessores: uma idéia que será retomada por Inocêncio I (401-417), Zózimo (417-418), Bonifácio I (418-422), Celestino I (422-432), Sixto III (432-440), e muitas vezes por São Leão (440-461).

Essa mesma idéia leva a outra imagem característica: o papa não é somente a cabeça do corpo: é também fonte da autoridade dos bispos, fonte das Igrejas do Ocidente, fonte da comunhão de fé e da caridade, fonte da disciplina eclesiástica. Assim, o papa Inocêncio I (401-417) toma de Cipriano a idéia de que o episcopado teve sua origem em Pedro; mas Cipriano queria dizer, com isso, que a razão da unidade do colégio dos bispos estava na unidade de sua origem, enquanto Inocêncio via aí o princípio do papel normativo de Roma em relação às outras Igrejas. O conjunto da história da Igreja obriga, evidentemente, a nuançar esse discurso de autolegitimação, só parcialmente justificado pela prática eclesial da época. Na realidade, no decurso dos dez primeiros séculos, no Oriente, e mesmo no Ocidente, a última instância, nas controvérsias, é a própria Igreja, "a Igreja universal tal como se exprimia nos concílios ou, mais exatamente, tal como se exprimia nos concílios que conseguiam se impor ao senso universal dos fiéis"[36].

---

36. R. DRAGUET, *RHE* 1940, p. 169.

Rematando um movimento iniciado com o papa Dâmaso (366-384), Leão Magno (440-461) dá a essa teologia romana do primado uma forma sistemática. O papa é "vigário de Pedro" como Pedro é vigário de Cristo. Essa sucessão vai fundar de maneira mais explícita a pretensão de dirigir o conjunto da Igreja. Pedro está sempre presente na Igreja de Roma, é o portador das chaves do Reino: essa é a interpretação romana de Mt 16,18-19, que Agostinho compreendia ainda como uma missão confiada a toda a Igreja. Pedro é o tipo, o modelo de todo bispo, e é também a origem do poder de ligar e desligar, que passa dele para os outros apóstolos; e, assim também, do papa para os outros bispos. Se o episcopado é único, se ele constitui um "colégio", nele o sucessor de Pedro é sempre *cabeça, primeiro, fonte*. O termo "colégio" é freqüente nos escritos dos papas da época, que concebem seu papel como a presidência de uma comunhão organicamente hierarquizada, o que é mais do que um papel de "primeiro entre pares" (*primus inter pares*).

O pontificado de Gelásio I (492-496) é marcado ao mesmo tempo pela origem de uma das primeiras compilações canônicas e pelas dificuldades entre Roma e os bispos orientais a propósito das querelas monofisistas. Proporcionaram elas a Gelásio a ocasião para contestar as pretensões do imperador que se imiscuía nas questões de dogma. Sua tomada de posição "teve um destino excepcional" (Congar): Gelásio afirma a distância nítida entre as duas hierarquias, as duas competências. Aos reis, as coisas temporais, a ordem pública; aos bispos, e especialmente ao bispo de Roma, as coisas divinas, a ordem da religião, o julgamento em matéria de fé. Cristo "distinguiu a tarefa de cada um dos dois poderes por ações próprias e títulos distintos"[37]. Além disso, os imperadores estão, eles também, na Igreja e, portanto, no que diz respeito à sua salvação, têm de ouvir os sacerdotes. Essa é a importância da famosa passagem de uma carta do papa ao imperador, texto que será freqüentemente utilizado, depois, num sentido hierárquico:

> Existem, com efeito, duas instâncias, augusto imperador, pelo primado das quais este mundo é regido: a autoridade sagrada dos pontífices e o poder real. E o encargo dos bispos é tão mais pesado por terem de responder, no tribunal de Deus, pelos próprios reis[38].

Também Gelásio formulou o princípio segundo o qual "a primeira Sé (o papado) não está sujeita ao julgamento de ninguém", aplicando ao governo eclesiástico o que Paulo dizia de toda pessoa guiada pelo Espírito: "O homem espiritual julga de tudo e não é julgado por ninguém" (1Cor 2,15). Sob essa forma concisa, o adágio é posterior (por volta de 500), mas o conteúdo já está

---

37. *Traité* IV, cap. 11; C. MIRBT, *Quellen zur Geschichte des Papsttums,* n. 188; *PL* 59, 109.
38. Carta *Famuli vestrae pietatis* (494) ao imperador Anastásio; *PL* 59, 42-43; trad. segundo Y. Congar.

presente nas duas cartas de Gelásio, de 493 e 495. Esse princípio terá efeitos sobretudo a partir do século IX, e não permitirá resolver a dificuldade quando dois bispos disputarem entre si a Sé de Roma.

Um dos autores mais lidos na Idade Média é São Gregório Magno (590-604). As coordenadas de sua visão da Igreja são de inspiração agostiniana. A "Igreja universal" é formada por todos os que vivem da graça e formam o Corpo de Cristo, "desde Abel, o justo", inclusive os anjos que permaneceram fiéis. A "santa Igreja dos eleitos" é formada de cristãos que vivem de maneira digna de seu batismo. Aquele que foi um extraordinário homem de governo vê na Igreja, antes de tudo, a realidade espiritual da santidade nos cristãos. O Corpo de Cristo: é a unidade que estabelece a vida de graça entre os cristãos e com Cristo, o que faz com que formemos com ele *uma única pessoa*. Assim, todos os fiéis são sacerdotes na qualidade de "membros do Soberano Sacerdote". Gregório não ignora, certamente, a dimensão visível, institucional, sacramental da Igreja, mas a orientação essencialmente moral e espiritual de seu pensamento o faz insistir sobretudo nas virtudes da humildade e do serviço que devem caracterizar os responsáveis pela Igreja, a começar por "aqueles que detêm o encargo de Pedro para ligar e desligar". Ele mesmo chama, geralmente, os bispos "seus irmãos e co-bispos".

Gregório aplica essa visão essencialmente moral ao que diz do poder do príncipe. Este "lhe foi dado do alto [...] para ajudar os que procuram agir bem, para abrir amplamente o caminho do céu, para que o reino terrestre esteja a serviço do reino celeste"[39]. Gregório retoma de Agostinho uma justificação para a coerção religiosa: os que a palavra não consegue converter, a coerção deve levar à obediência religiosa. O que é bom em si só pode ser bom para cada indivíduo[40].

Dada a importância que tomou o papado na Igreja católica, convém avaliar a evolução balizada por alguns desses textos.

Durante os três primeiros séculos, os bispos de Roma não reivindicam jurisdição sobre as outras Igrejas, embora intervenham, por exemplo, em forma de advertência. No plano da fé, a Igreja de Roma é um modelo para as outras Igrejas, e de toda parte se vai a ela (Ireneu). As fórmulas de deferência dão testemunho do prestígio da tradição romana. Desde o século III, vê-se Roma se afirmar como centro da comunhão eclesial, em nome da tradição apostólica. Esse papel não lhe é contestado por nenhuma outra Igreja, e nenhuma pretendeu desempenhá-lo. Roma é consultada e responde: a prática fortifica a afirmação teórica que se reforça. O fundamento da reivindicação romana de um serviço de primado é uma "delicada mistura de história e teologia, de racionalidade organizacional e valores simbólicos. Esse fundamento é duplo: a santificação da Igreja de Roma pela pregação e pelo martírio dos apóstolos São Pedro e São

---

39. *Registre*, III, 61; *MGH, Epistolae*, I, p. 221.
40. Cf *Registre*, I, 72; III, 59; IV, 7,32; VI, 61; VIII, 4; XI, 12; *MGH, Epistolae*, I-II.

Paulo, e que se considera ainda regida por eles; o papel e o prestígio de Roma como capital do Império, o qual [...] é o equivalente do mundo para os cristãos dos primeiros séculos"[41].

## 2. AS LITURGIAS E SUA IMPORTÂNCIA ECLESIOLÓGICA

A consciência eclesial não se reduz às declarações oficiais ou às reflexões dos teólogos. Ela é também veiculada pelas práticas da Igreja. Uma delas é o culto com suas diversas formas, especialmente a liturgia eucarística. Ora, é nessa época, entre a metade do século IV e fins do século VII, que se fixam os grandes formulários litúrgicos, tanto no Oriente como no Ocidente. Esses formulários veiculam uma visão de Igreja que convém considerar, mesmo que não tenha sido muito estudada sistematicamente. Essa visão vem completar a que se encontra nos textos mais reflexivamente elaborados. Além disso, a estabilidade desses formulários ao longo dos séculos representa como que uma memória na qual se reabastecerão, mais tarde, as renovações da eclesiologia[42].

Em primeiro lugar, os termos que designam a Igreja representam, mais freqüentemente, o conjunto de homens e mulheres reunidos diante de Deus na fé em Jesus Cristo. Ela é "tua Igreja", "teu povo", "tua família", "o povo cristão", "o povo fiel"; ou simplesmente "nós". Esse "nós" designa algumas vezes as pessoas que estão lá, outras vezes o conjunto dos cristãos do mundo, e às vezes não se pode discernir se se trata de uns ou de outros. Que se trata, antes de tudo, de pessoas, isso é claro nas orações que a liturgia formula para a Igreja: "Que, reunida pelo Espírito Santo, ela não seja perturbada pelas incursões do inimigo"; "Que, purificada de todo vício, ela receba o sacramento da redenção eterna"; "desembaraçada de todo artifício diabólico"; "Dá à tua Igreja, Senhor, não ter sentimento de orgulho mas progredir nessa humildade que te agrada"[43].

De outra parte, a Igreja designa esse "englobante" que, de certa maneira, transcende o grupo de fiéis e se situa diante de Cristo como sua Esposa, diante dos fiéis como sua Mãe. Mesmo nesse caso, o que é visado não é tanto a instituição, em sentido jurídico, quanto o organismo sacramental, esse lugar ao mesmo tempo visível e espiritual que põe à disposição dos fiéis os meios da salvação, a palavra e os sacramentos.

Às vezes, enfim, a palavra *igreja* designa ao mesmo tempo o grupo de fiéis e o lugar onde eles se reúnem para o culto. O edifício simboliza a comunidade, e vários Padres desenvolveram os detalhes desse simbolismo, tanto no Oriente como no Ocidente. Esses comentários consideram o lugar do culto cristão como uma imagem terrestre da Igreja celeste. Por outro lado, é toda a liturgia que

---

41. M. VIDAL, *L'Église, peuple de Dieu,* Paris, Centurion, 1975, p. 129.
42. Cf. acima, pp. 60-84.
43. Ref. em Y. CONGAR, *L'Église de saint Augustin,* p. 40.

realiza a união entre o visível e o invisível, que reproduz e prolonga na terra a liturgia celeste celebrada pelos anjos e santos: "Admitidos no santo dos santos e tornados participantes do altar do sacerdócio eterno"; "O que é sem cessar cantado pelos anjos no céu e aqui pelo povo".

Não se observa, portanto, desacordo entre a liturgia e o que é a linha principal da eclesiologia dos Padres. Como esta, ela é centrada no mistério da salvação em Cristo e abarca o corpo eclesial todo inteiro. A Igreja é inseparável de Cristo, que continua a agir nela e por ela. Sacerdotal, ela continua o sacrifício de seu Chefe, que é também o seu. Mãe dos fiéis, ela nos gera pela palavra e pelos sacramentos. Corpo de Cristo, ela reproduz, em sua história, os mistérios vividos por ele, sua oração, sua paixão e os sinais precursores de sua ressurreição.

Essa vida da Igreja expressa na liturgia eucarística concerne a cada um dos fiéis. A eucaristia é uma ação comunitária. Cada um, fiel ou clérigo, participa dela ativamente, segundo o lugar que ocupa na Igreja. De modo particular, os fiéis levam suas ofertas ao altar. É a partir dos séculos VIII e IX, e sobretudo no Ocidente, que esse sentido da participação de toda a Igreja na eucaristia vai se enfraquecer. As razões são conhecidas: ruptura cultural devida à "invasão dos bárbaros", perda do sentido do simbolismo eucarístico, ignorância da língua litúrgica pelo povo, distância crescente entre este e a ação sagrada reservada aos sacerdotes.

## 3. A HERANÇA ECLESIOLÓGICA DOS PADRES

Também no período do século V ao VIII situam-se várias teologias que, a títulos diversos, marcaram a reflexão teológica dos séculos seguintes. Cada uma por sua parte, são todas representativas da herança patrística. É a um discípulo de Agostinho, Fulgêncio de Ruspe († 538), que se deve uma formulação rígida do axioma "fora da Igreja não há salvação", que será várias vezes retomado, em seguida, inclusive em textos oficiais do magistério[44]. Seu crédito foi ainda maior na Idade Média pelo fato de a obra *A Pedro, sobre a fé,* se apresentar sob o nome de Agostinho. Depois de ter afirmado que um batismo conferido fora da Igreja católica não obtinha a vida eterna e que as crianças mortas sem batismo estavam votadas ao suplício eterno, ele conclui:

> Guarde firmemente e sem hesitação que não só todos os pagãos, mas todos os judeus, todos os heréticos e cismáticos que morrem fora da Igreja católica irão para o inferno que foi preparado para o demônio e seus anjos[45].

---

44. Por exemplo, no Concílio de Latrão IV (1215); *COD* II-1, p. 495; na bula *Unam Sanctam* (1302) de Bonifácio VIII, *DzS* 870; *FC 422;* no Concílio de Florença, *COD* II-1, p. 1183; *DzS* 1351; sobre a história dessa fórmula, cf. J. RATZINGER, *Le Nouveau peuple de Dieu,* Paris, Aubier, 1971, pp. 145-160.

45. *Sur la foi, à Pierre,* 38,79; *PL* 65, 704ab.

No contexto histórico, um texto como esse deve ser essencialmente tomado como as exortações proféticas da Escritura, às quais faz alusão, e como um convite premente a permanecer unido à única verdadeira Igreja. Mas a formulação se prestava a interpretações rígidas, que, se estimularam a expansão missionária, tiveram no entanto de ser freqüentemente corrigidas.

Santo Isidoro de Sevilha († 636) foi um dos grandes mestres da Alta Idade Média, graças particularmente a suas *Etimologias,* abundantemente utilizadas. Ele expressou nelas a maior parte dos conceitos eclesiológicos retomados depois dele: "Igreja significa convocação, pelo fato de chamar a si todos os homens". Igreja se opõe a sinagoga, porque sinagoga vem de "reunião, ajuntamento" que se pode aplicar também ao rebanho, ao passo que ser convocado é mais próprio dos seres racionais[46]. A Igreja é católica, do termo grego *kath'holon*, que significa "conforme o todo", diferentemente das heresias que são limitadas a um canto do mundo. "Enfim, Isidoro formulou uma definição do concílio materialmente inspirada no direito romano, e uma apologia dos concílios como o meio específico de assegurar à Igreja a unidade e a santidade"[47].

A eclesiologia de Beda, o Venerável († 735) é representativa da maneira pela qual, às vésperas da Idade Média, a tradição patrística é recolhida e transmitida. Beda retoma abundantemente as imagens bíblicas da Igreja: tudo o que é dito de Cristo vale também para a Igreja. Pois Cristo não vai sem a Igreja: os dois são inseparáveis, formam *uma natureza.* O importante, para ele, é menos a instituição visível que a "Igreja universal", feita de todos os seus membros autênticos, os do céu e os da terra, "uma só multidão católica de todos os eleitos através de todos os lugares e tempos deste mundo". A Igreja é o conjunto dos fiéis, mas a palavra designa também a dimensão supra-individual que exerce, para com eles, a maternidade espiritual e lhes confere os sacramentos. Foi essa Igreja que recebeu o poder das chaves: os textos de Mt 16,19, Jo 20,22-23 e 21,15-17 foram dirigidos a todos os eleitos, segundo modalidades diversas[48]; a pedra de Mt 16,18 designa Cristo ou a fé em Cristo confessada por Pedro[49].

Ao final dessa primeira época da história, podemos arriscar um balanço do que veio a ser a fé na Igreja? Os Padres, observa Yves Congar, contribuíram com certo número de precisões propriamente teológicas que entraram na elaboração da noção de Igreja: a apostolicidade e a sucessão apostólica (Ireneu); o papel do bispo e do corpo episcopal (Cipriano); a idéia de união à totalidade (Padres gregos); uma teologia da penitência, condição necessária a uma Igreja de multidões; a independência da Igreja em relação ao poder estatal e o ideal de consonância entre os dois poderes; uma teologia da coerção e da espada material (Agostinho e Gregório); as contribuições de santo Agostinho à teologia do corpo

---

46. *Etymologies,* VIII, 1,1 e 7-8; *PL* 82, 293d, 295b.
47. Y. CONGAR, *L'Église de saint Augustin,* p. 38.
48. *Homélies,* II, 15 e 16; *PL* 94, 218-219 e 222-223.
49. *Homélies,* II, 23; *PL* 94, 260bc.

místico, à idéia de catolicidade como extensão universal, à questão da validade dos atos sacramentais independentemente da santidade pessoal do ministro. No Ocidente, São Gregório e Santo Isidoro desenvolveram os temas tradicionais em sentido mais moralista. Enfim, os bispos de Roma exprimiram claramente, do século III ao século V, as posições que darão ao papado a figura que assumirá por vários séculos: eles aplicam ao bispo de Roma o texto de Mt 16,18-19, no sentido de uma fundação da Igreja sobre a pessoa hierárquica de Pedro, que subsiste e vive em seus sucessores; reivindicam um papel de cabeça no Corpo de Cristo que é a Igreja, com as prerrogativas de magistério e de jurisdição. Essa teologia é perfeita nos escritos de Leão Magno († 461)[50].

Poderíamos ir mais longe na apreciação do contributo propriamente dogmático desse período? Esse tipo de avaliação exige grandes precauções. Desde os primeiros tempos, os desenvolvimentos condicionados pela história influenciaram a ênfase nesse ou naquele traço da Igreja, em detrimento de outros que ficaram de lado. Muitas vezes as circunstâncias levaram os bispos, sobretudo o bispo de Roma, a assumir tarefas dependentes do poder político. Esse fato não podia deixar de dar à Igreja uma nova consciência de seu valor, a ponto de a fazer aparecer como a herdeira do Império. Quer isso dizer que os traços assim postos em relevo são contingentes? Na realidade, só a continuação da história permite julgar com certeza.

---

50. Cf. Y. CONGAR, art. "Église. II", *op. cit.*, p. 423.

## CAPÍTULO XI
# Rumo à Igreja de Cristandade

### I. A ALTA IDADE MÉDIA

> **INDICAÇÕES BIBLIOGRÁFICAS:** Y. CONGAR, *L'Ecclésiologie du Haut Moyen Âge. De saint Gregoire le Grand à la désunion entre Byzance et Rome,* Paris, Cerf, 1968. — M. PACAUT, *La théocratie. L'Église et le pouvoir au Moyen Âge*, Paris, Desclée, 2ª ed., 1989. — H.-X. ARQUILLIÈRE, *L'Augustinisme politique. Essai sur la formation des théories politiques du Moyen Âge,* Paris, Vrin, 1934. — J. RUPP, *L'idée de chrétienté dans la pensée pontificale des origines à Innocent III,* Paris, Presses modernes, 1939. — H. FRIES, *Wandel der Kirchenbildes und dogmengeschichtliche Entfaltung, op. cit.* — R. W. SOUTHERN, *L'Église et la société dans l'Occident médiéval,* Paris, Flammarion, 1987 (ingl. 1976). — J. GAUDEMET, *Église et Cité. Histoire du droit canonique,* Paris, Cerf/Montchrestien, 1994 (bibliog.). — P. VALLIN, *Les Chrétiens et leur histoire,* Paris, Desclée, 1985.

### 1. DE ISIDORO DE SEVILHA († 636) À REFORMA DO SÉCULO XI

"São Gregório morre em 604, santo Isidoro em 636. Com eles, termina o mundo em que viveram os Padres."[1] Não se pode compreender bem a evolução da consciência eclesial na Idade Média sem evocar, ao menos brevemente, as mudanças políticas que afetaram a Europa ocidental durante esse período. Convém distinguir as situações: Oriente e Ocidente vão conhecer, doravante,

---

1. Y. CONGAR, *L'Écclésiologie du Haut Moyen Âge,* p. 15.

uma história e um desenvolvimento diferentes. Isso acarretará um crescente distanciamento entre eles na maneira de viver a Igreja, distanciamento que será consagrado pelas excomunhões mútuas de 1054.

No Ocidente, a decomposição do Império após as grandes invasões do século V, a constituição dos reinos bárbaros e depois sua evangelização, especialmente a dos franceses e visigodos, colocaram a Igreja numa posição forte. De fato, ela era "mais antiga, mais poderosa e mais prestigiosa do que os jovens reinos oriundos das invasões dos bárbaros nos séculos V e VI: foi ela que os englobou e formou"[2]. Foi ela a grande educadora da sociedade nova em vias de nascer.

Nesse contexto, nascem primeiro Igrejas regionais vigorosas. Elas reconhecem Roma como centro da comunhão e da verdadeira fé, mas possuem sua própria vida conciliar e sinodal e têm muito menos contato entre si do que na época precedente. Um bom exemplo é a Igreja visigótica da Espanha. Ela é dirigida, a partir do século VI, pelo rei, como a Igreja imperial o era, no Oriente, pelo imperador. Seu órgão supremo são os concílios gerais de Toledo, convocados e dirigidos pelo rei visigodo. Eles regem a vida da Igreja nacional e chegam até a definições dogmáticas, sem pensar em recorrer a Roma: contentam-se em lhe comunicar os atos, segundo o costume antigo. Do mesmo modo, a Igreja dos francos, depois da conversão do rei Clóvis, por volta de 500, se acha sob a autoridade do rei, que nomeia os bispos e dirige os sínodos gerais.

Nesses reinos se estabeleceu uma verdadeira simbiose (Y. Congar) entre a Igreja e o poder temporal. Típica desse ponto de vista é a transformação, no tempo de Pepino, o Breve, da antiga fórmula do papa Gelásio I (492-496): "Dois poderes regem o mundo: a autoridade sagrada dos pontífices e o poder real". Doravante, a palavra "Igreja" substitui "mundo", significando que a Igreja passou a designar o conjunto da sociedade: é o que chamamos de cristandade. A teologia subjacente a essa perspectiva é a da realeza universal de Cristo, em quem se encontram reunidas as funções de rei e sacerdote, ao passo que na terra — na Igreja — essas funções estão repartidas entre os dois poderes, sendo o espiritual superior ao temporal, até mesmo o englobando[3].

Típica também, nesse mesmo contexto, é a coroação de Carlos Magno pelo papa Leão III, no dia de Natal do ano 800. Para o papado, a sagração dos reis significa a afirmação de uma supremacia do domínio religioso, ao mesmo tempo que a colação aos príncipes temporais de um verdadeiro ministério no seio da Igreja. Os príncipes, por sua vez, compreendem seu poder como uma função na Igreja, e pretendem efetivamente pôr seu "braço secular", o uso da força e da espada, a serviço dos interesses da fé e não somente da ordem pública: eles contribuem para a salvação dos povos que lhes são confiados. Carlos Magno, particularmente, tem realmente a consciência de ser "eleito de Deus" e não hesita em se dar o título de "chefe da Igreja". Nem se priva de legislar em

---

2. Id., art. "Église. II", pp. 423-424.
3. É o que H.-X Arquillière chamou de agostinismo político.

matéria eclesiástica. Essa maneira de ver tem por conseqüência uma moralização do exercício do poder político, que se vê definido em termos quase exclusivamente morais e religiosos.

Entre esses dois poderes, temporal e espiritual, o ideal incessantemente evocado é o de uma colaboração harmoniosa. Aos poucos se impunha a idéia de uma *pax christiana* possível sob a autoridade da lei de Cristo. Mas a coexistência de dois poderes não podia deixar de provocar tensões. A partir daí, viria a reaparecer uma certa distância entre a Igreja propriamente dita e a sociedade cristã. Desse modo, a Igreja podia guardar sua unidade quando o Império se dividiu e os reis disputavam entre si. Constata-se, assim, que sob os fracos sucessores de Carlos Magno os bispos retomam mais efetivamente a direção da *ecclesia*.

Ao mesmo tempo, em Roma, numa época em que os papas eram o joguete das facções da nobreza romana, quando deviam, às vezes, seu cargo a intrigas duvidosas, a intervenção dos imperadores foi muitas vezes decisiva para pôr fim a situações confusas. Se houve, do século VIII ao XI, várias deposições de papas, foi devido à iniciativa do imperador que convocava o sínodo e impunha suas decisões. O exemplo mais claro foi a deposição de João XII por um sínodo sob a proteção de Otão I, em 963. Mas seus sucessores, Otão III (983-1002) e Henrique III (1039-1056), prestaram também serviços à unidade da Igreja com suas intervenções.

Bem cedo, entretanto, uma série de papas formularam, cada vez mais claramente, a reivindicação romana de hegemonia na direção da Igreja: Gregório IV (827-844), e sobretudo Nicolau I (858-867) e João VIII (872-882). Com o papa Hildebrando (Gregório VII, 1073-1085), essa reivindicação alcançará um triunfo decisivo.

Dessa época data a primeira ruptura entre o Oriente e Roma, sob o patriarcado de Fócio (858 † 892). A constituição de um Império romano do Ocidente, onde se encontrava a sé do papado, não podia deixar de representar uma ameaça para o Oriente. Esse contexto sem dúvida nenhuma influenciou a divisão dos dois ramos da Igreja. Cada um prosseguirá doravante seu próprio caminho e duas eclesiologias diferentes vão se desenvolver sem se influenciar. Do lado oriental vemos se desenvolver uma visão da Igreja "estreitamente ligada à teologia trinitária, à cristologia e à pneumatologia, que se inscreve numa visão de conjunto da economia da salvação desembocando na divinização da criação, e que vê na celebração dos sacramentos (muito particularmente na eucaristia) o centro estruturante da comunidade eclesial"[4].

Do lado do Ocidente, a ruptura levará a Igreja católica a ter um destino apenas ocidental, e a identificará cada vez mais com a romanidade. Correlativamente, a afirmação dogmática eclesial se fará sob o signo das relações da Igreja com o poder político, em termos de reivindicação de independência ou de

---

4. J. HOFFMANN, "L'Église et son origine", *Init. à la pratique de la théologie*, t. III, II, Paris, Cerf, 1983, p. 68.

uma "consonância" dos dois poderes. A linguagem empregada para falar disso não é neutra: trata-se do "sacerdócio" e do "império", antes que o nascimento dos Estados modernos e uma identificação ainda mais forte da Igreja com o aparelho eclesiástico leve a falar simplesmente das "relações entre a Igreja e o Estado". Sem dúvida, os temas eclesiológicos tradicionais continuam a ser evocados no ensino ordinário e até no discurso oficial, mas a ênfase recai cada vez mais nos aspectos institucionais, desenvolvidos com a ajuda de categorias jurídicas. Os primeiros tratados sobre a Igreja são obras tanto canônicas como teológicas e se exprimem abundantemente em termos de poder.

## 2. UMA CRISTANDADE CLERICAL

Outro aspecto dessa evolução é a distância crescente entre o clero e o laicato, cujos prelúdios apontamos no período precedente. Já então os monges eram considerados os "espirituais", em oposição à massa do povo cristão considerada "carnal". Na Idade Média, sob Gregório VII, o título "espiritual" era atribuído e como que reservado ao clero e aos religiosos. O que era uma distinção da antropologia cristã se via transposta para o plano jurídico para definir categorias sociais. A qualidade cristã aparece ligada sobretudo ao desprendimento em relação ao corpo, ao matrimônio e às posses materiais. Na Igreja da Idade Média, "a síntese espiritual se formou num mundo de idéias de inspiração platônica, no qual a oposição entre os dois mundos é menos histórica (este mundo e o outro, escatológico) que moral (mundo de baixo, da carne, do corpo, e mundo do alto, do espírito)"[5]. É verdade que subsiste o sentimento da unidade do corpo, mas essa unidade é feita de partes hierarquizadas. Uns vivem a referência a Cristo e ao céu de maneira imediata, total, literal: são os monges e os clérigos. Os outros podem usar as coisas terrestres, mas com a condição de usá-las como se não as usassem. Vale a pena citar o célebre texto do Decreto de Graciano (c. 1140-1150[6]):

> Há duas espécies de cristãos. Uma, voltada ao ofício divino e aplicada à contemplação e à oração, decidiu retirar-se do tumulto das coisas temporais: são os clérigos e os que se consagram a Deus (isto é, os monges). Há outra espécie de cristãos: são os leigos. *Laos*, com efeito, significa povo. A esses é permitido possuir bens temporais, mas só para as necessidades de uso. Nada é mais desprezível do que desprezar a Deus pelo dinheiro. Eles estão autorizados a se casar, a cultivar a terra, a dirimir as disputas em juízo, a pleitear, a depositar as oferendas no altar, a pagar os dízimos; desse modo podem eles se salvar, desde que evitem os vícios e façam o bem[7].

---

5. Cf. Y. CONGAR, art. "Laïc", *Encyc. de la foi*, p. 440.
6. Sobre esse decreto, cf. J. GAUDEMET, *Église et Cité*.
7. *Décret*, P. 2, c. 12, q. 1; ed. Richter-Friedberg, Leipzig, 1879, col. 678.

Essas duas partes da Igreja são vistas, muitas vezes, como os dois lados de um corpo, especialmente quando se trata de manifestar a distinção na unidade dos dois poderes, "sacerdotal" e régio. Mas também, de modo característico, a Igreja passa a ser comparada a uma pirâmide (*imago pyramidis*), "porque a base é larga, onde se situam os carnais e os casados, enquanto a parte superior é pontuda, onde a via estreita é proposta aos religiosos e ordenados"[8].

Para compreender o que se deve considerar uma depreciação da condição comum dos batizados, convém ter em conta um duplo fato. De um lado, no período das invasões houve uma baixa geral da cultura: a população era, na grande maioria, iletrada. Só em fins do século XI é que se vê multiplicarem os casos de pessoas instruídas, na nobreza ou na burguesia nascente, e somente nos séculos XIV e XV é que a instrução e a cultura se difundem pela população. Além disso, o latim permaneceu por muito tempo como a língua escrita, e quase só os monges e os clérigos a possuíam. Ora, foram eles que compuseram a quase totalidade dos escritos que temos da época, e a imagem que transmitem é muito marcada por seu ponto de vista. Mas a principal causa dessa depreciação foi a aplicação de critérios ascéticos para hierarquizar os estados de vida. Uma etimologia da palavra "santo" (*hagios*), que lhe dá o significado de "separado da terra", atravessou toda a Idade Média: o mais perfeito é o mais desapegado dos bens da terra.

Essa tendência não impede a existência, ao longo de toda a Idade Média, de uma corrente que tem por objeto santificar os diversos estados de vida, desde o matrimônio até as diferentes profissões. Nessa sociedade muito hierarquizada, cada "ordem" possuía suas próprias regras de conduta, como se vê nos sermões dirigidos às diversas categorias de batizados. Assiste-se, ademais, a uma valorização progressiva de algumas dessas categorias, especialmente a do serviço das armas. Graças às cruzadas e à fundação das ordens militares, o cavaleiro ganha dos monges na estima dos cristãos. Entretanto, mesmo nesse caso, o ideal proposto aos militares é o de um tipo de vida religiosa no mundo. O modelo continua a ser o monge, mesmo se os autores da época são unânimes em proclamar que um leigo casado pode ultrapassar em santidade um clérigo ou um monge medíocre.

O estado de cristandade tinha também suas "vantagens". A conversão dos príncipes e o fato de se considerarem verdadeiros ministros da Igreja tornavam possível um esforço de cristianização da vida social e política como tal. Toda a vida se inscreve nos quadros religiosos, é sujeita às regras da Igreja. Como escreve Y. Congar, "a cristandade era como que uma grande abadia na qual os leigos aplicados às necessidades temporais dos servidores de Deus eram uma espécie de irmãos conversos casados"[9]. A palavra *ecclesia* passou a designar a sociedade global ao mesmo tempo que a Igreja propriamente dita. É aí, também,

---

8. GILBERT DE LIMERICK, *L'institution ecclésiale; PL* 159, 997a.
9. Y. CONGAR, art. "Laïc", p. 440.

que se enraíza a idéia segundo a qual a função própria dos leigos é a gestão das coisas temporais, essencialmente sob a forma do poder político. Com a conseqüência paradoxal de se chegar ao extremo em que os príncipes, que nessa ótica são os leigos por excelência, passam a não ser mais considerados puros leigos.

Esse contexto permite compreender o fenômeno das cruzadas. Elas foram um empreendimento da cristandade convocada pelo papa. A resposta era dada pela nobreza do conjunto do mundo cristão. A antiga imagem do combate espiritual, em que o cristão devia estar pronto a enfrentar o martírio, transformou-se numa imagem guerreira e, antes de tudo, de resistência ao Islã. A vontade de Deus era que os fiéis arrancassem a Terra Santa das mãos dos inimigos da fé. Essa concepção de uma "Igreja militante" deveria ter repercussões nas relações entre judeus e cristãos. Durante séculos, Igreja e Sinagoga tinham sido consideradas como numa espécie de parceria para representar o conjunto do povo de Deus ao longo da história. No decurso da Idade Média, vê-se multiplicar uma literatura *Contra os judeus,* enquanto se tornam mais freqüentes as perseguições, mesmo sangrentas, contra o "povo deicida", a sinagoga subversiva, a mulher de olhos vendados e de cetro quebrado diante da Igreja radiante e vitoriosa.

O mesmo contexto explica a forma tomada pelos concílios gerais da Idade Média. Enquanto os concílios, durante o primeiro milênio, eram assembléias de bispos, os medievais são assembléias da cristandade, dirigidas pelo papa. "Deles não participam somente os bispos, mas igualmente representantes de outras instituições (abades, representantes dos capítulos catedrais), representantes dos príncipes e, enfim, representantes das universidades. [...] No quarto concílio de Latrão (1215), quando esse novo tipo de concílio é plenamente realizado, os bispos constituem apenas um terço da assembléia, e serão menos numerosos ainda nos concílios do fim da Idade Média"[10].

## 3. A IGREJA E A EUCARISTIA

Entretanto, a consciência que o corpo eclesial guarda de sua identidade não se reduz ao que é retratado nos enunciados dos papas, dos outros bispos e dos diversos concílios. Há toda uma reflexão teológica que continua a ser feita, primeiro nos contextos monásticos, logo depois no meio universitário nascente. Lê-se especialmente Agostinho, cuja influência foi preponderante no pensamento cristão ao longo de toda a Idade Média latina. Sua definição da Igreja como conjunto de fiéis unidos a Cristo pela fé e pelos sacramentos, e como corpo animado pelo Espírito, continua a ser comumente admitida. Ela corrige o que havia de unilateral na ênfase dada à hierarquia. Sua distinção entre Igreja visível e Igreja invisível desempenhará importante papel na definição da verdadeira Igreja, quando se manifestarem as correntes reformadoras.

---

10. K. SCHATZ, *La Primauté du pape,* p. 124.

Os escritores dos séculos VIII e IX herdaram também dos Padres um senso agudo da continuidade entre a eucaristia, "corpo místico" de Cristo, e a Igreja, o "verdadeiro corpo de Cristo". Pois é por meio do sacramento que o mistério de Cristo se completa na Igreja. São características deste ponto de vista as divergências entre dois autores de comentários litúrgicos, Amalário de Metz (c. 775-c. 850) e Floro de Lião († c. 860). Enquanto Amalário, em seu *Livro litúrgico* (c. 827), apresenta a eucaristia como oferecida pelos sacerdotes aos fiéis, Floro, mais fiel à tradição antiga, sublinha em sua *Exposição sobre a missa* (c. 838) que Cristo entregou aos apóstolos a celebração do memorial de sua Paixão, e estes a confiaram à Igreja em seu conjunto; na celebração, "o que se realiza propriamente pelo ministério dos sacerdotes é feito pelo conjunto, graças à fé e à devoção de todos"[11].

Entretanto, numa época em que as pessoas não compreendem mais o latim, a evolução litúrgica contribuiu para acentuar a distância entre o sacerdote e a assembléia: desde o fim do século VIII, observa-se que o sacerdote celebra de costas para o povo; o cânon, parte central da missa, é recitado em voz baixa, a procissão das oferendas desaparece e multiplicam-se as missas solitárias nos mosteiros. Os formulários trazem os traços dessa evolução. Aparece um "nós" que não designa mais o conjunto dos fiéis, mas o clero: "por quem nós te oferecemos ou que te oferecem eles mesmos...", "nós, teus servidores, e também teu povo santo..." (início do século IX). A partir dessa época, encontram-se textos em que a palavra *ecclesia* passa a designar principalmente o clero.

## 4. OS BISPOS, OS CONCÍLIOS E O PAPA

Nota-se a herança dos Padres também na maneira pela qual os teólogos e bispos compreendem o encargo episcopal e o papel do papa. Se Roma interpretava o texto de Mt 16,19 como a instituição de um primado de jurisdição do bispo de Roma, essa não era, de forma alguma, a interpretação geral no resto da Igreja. O texto já citado de Beda, o Venerável, foi muitas vezes retomado: "O que foi dito a Pedro — Apascenta as minhas ovelhas — foi dito a todos sem distinção. Pois os outros apóstolos eram o que era Pedro, mas o primeiro lugar é dado a Pedro para recomendar a unidade da Igreja"[12]. Outro texto, de Isidoro, será freqüentemente citado: "No Novo Testamento, a ordem sacerdotal começou depois de Cristo, a partir de Pedro. Foi a ele, com efeito, que primeiro foi dado o pontificado na Igreja de Cristo [...]; entretanto, os outros apóstolos receberam, em partilha com Pedro, uma dignidade igual, e um poder igual"[13]. Textos como esse marcaram a consciência que os bispos tinham de sua missão.

---

11. *Exposé sur la messe,* c. 52; *PL* 119, 47d-48a.
12. *Homélies,* II, 15; *PL* 94, 218-219.
13. *Des Fonctions ecclésiastiques,* II, 5,5: *PL* 83, 781-782.

Nessa época, eles utilizavam freqüentemente seu poder de ligar e desligar, especialmente pela excomunhão. Numa sociedade identificada com a Igreja, essa era uma sanção terrível: o excomungado caía numa espécie de vazio social e se tornava um excluído. A concepção tradicional da função do bispo foi então mantida diante das afirmações cada vez mais claras da autoridade do papa.

Mesmo em Roma, a consciência de ter um papel a desempenhar na sociedade cristã como um todo não era nova: ela já se expressava nos escritos dos papas Leão Magno (440-461), e Gregório Magno (590-604). A partir deste último, dada a diminuição da influência do imperador de Bizâncio, os papas são os verdadeiros senhores da cidade de Roma. A decisão tomada por Gregório de enviar, em 596, quarenta monges do mosteiro Santo André de Roma em missão entre os anglo-saxões se revestira também de importância histórica: Roma, centro imóvel da unidade cristã, se engajava numa atividade missionária. Em 752, o papa Estêvão II apelara para Pepino, o Breve, novo rei dos francos, para vir em sua defesa contra os lombardos; este, depois de coroado na França pelo papa, em 754, reconhecera sua autoridade sobre o território que se estendia do sul de Veneza até o sul da campanha romana. Essa "doação de Pepino" dá origem ao que se chamará, mais tarde, de Estados pontifícios. Por volta de 1050, ela será apresentada como uma confirmação da "Doação de Constantino" ao papa Silvestre[14].

O papel preponderante do bispo de Roma não podia deixar de se afirmar por causa das circunstâncias, quando era preciso suprir a falta do poder civil, ou quando a Igreja tinha de reivindicar sua autonomia diante dele. Nicolau I (858-867) e João VIII (872-882) desempenharam um papel de juiz ou de árbitro nas questões de justiça, de matrimônio, de paz. A seus olhos, Roma ilumina as Igrejas como o sol ilumina o universo; ela é a cabeça que os membros devem acompanhar. Em conseqüência, Nicolau afirma que nenhuma outra autoridade na Igreja, mesmo a dos concílios, pode ser verdadeiramente legítima ou recebida sem o consentimento da Sé apostólica[15].

Na época, essa afirmação da autoridade romana não é percebida como em concorrência com outras autoridades: ela faz parte de um combate pela liberdade da Igreja. Com efeito, o antigo sistema das províncias eclesiásticas já não funcionava, principalmente no reino dos francos. Carlos Magno, sem dúvida, restabeleceu em seu império os poderes dos metropolitanos e os sínodos; mas o que foi assim restabelecido era, na realidade, um funcionamento colegial sob a direção do príncipe. A posição do metropolitano era menos a de *primeiro entre seus pares* (*primus inter pares*) do que a de um funcionário superior, intermediário entre o imperador e seus bispos sufragâneos.

Nesse contexto, compreende-se que os bispos tenham por vezes buscado apoio em Roma diante de metropolitanos poderosos demais. Esse é o pano de

---

14. Sobre essa pretensa doação, cf. H. FUHRMANS, art. "Constitutum Constantini", *TRE* 8 (1981), pp. 196-202.

15. Cf. suas cartas ao imperador Miguel, em 860 e 856 (*PL* 119, 773d e 947a); a Hincmar de Reims, em 865 (*PL* 119, 897c).

fundo que permite situar a compilação canônica geralmente mencionada sob o nome de *Falsas Decretais*[16]. Surgida por volta de 850, no meio ambiente dos sufragâneos de Hincmar de Reims († 881), a compilação contém uma série de cartas de papas, algumas falsas, outras autênticas. A intenção delas não é, em primeiro lugar, reforçar a autoridade de Roma, mas servir-se da autoridade reconhecida a Roma para limitar a autoridade mais próxima — e, portanto, mais ameaçadora — dos metropolitanos. Mas com isso as *Falsas Decretais* vêm apoiar pretensões que são, na realidade, inovações. Dependem da competência exclusiva de Roma todos os casos que tocam aos bispos. A autoridade de todos os concílios e de todos os sínodos depende de sua confirmação pela Sé apostólica; eles não têm, portanto, consistência própria, como sempre tiveram desde a sua origem.

Diante dessas pretensões, a posição de Hincmar de Reims é característica. Em diversas ocasiões, Hincmar chocara-se com os papas. Apoiando-se no direito antigo, ele mantém o privilégio dos metropolitanos e não admite que um bispo da sua jurisdição recorra a Roma em primeira instância. Ele reconhece, sem dúvida, o primado romano e se submete, "não sem fazer, várias vezes, o papa recuar" (Congar). Segundo ele, as decisões dos papas apenas aplicam um direito conciliar que, emanando dos concílios ecumênicos, lhes é superior. A Igreja romana deve julgar "de acordo com as sagradas Escrituras e com os decretos dos cânones sagrados". O valor das decisões na Igreja vem do fato de elas traduzirem o sentimento da Igreja universal, de tal forma que, quando um bispo julga ou decide segundo os cânones ou segundo os decretos romanos que os aplicam, é toda a Igreja que julga e decide com ele. Hincmar se opõe ao novo direito das *Decretais* por causa dessa concepção tradicional da Igreja como comunhão que se exprime de maneira privilegiada nos concílios.

Outro caso significativo é o de Gerberto d'Aurillac, que se tornaria papa, em 999, sob o nome de Silvestre II. Por ocasião de um concílio reunido em Saint-Basle de Verzy, em 991, para resolver o caso do arcebispo de Reims, por perjúrio contra Hugo Capeto, vemos Gerberto, assim como Arnoul d'Orleans, apoiados pela maioria dos bispos, enfrentar a posição do clunisiano Abbon de Fleury, defensor do poder pontifício monárquico. A concepção de Igreja que eles expressam se baseia, como a de Hincmar, no antigo direito dos concílios de Nicéia, de Sárdica e dos concílios africanos, enquanto a posição "romana" se apóia nas *Falsas Decretais*[17]. Para Gerberto, a Igreja é uma comunhão de Igrejas locais, sob a presidência de uma "primeira sé". Não só o papa, mas todos os bispos receberam a missão de apascentar o rebanho. A Igreja não é uma monarquia, é uma comunhão regulada pela "lei comum da Igreja católica", cujas referências Gerberto enumera em ordem decrescente: "o Evangelho,

---

16. A influência das *Falsas Decretais* foi estudada por H. FUHRMANN, *Einfluss und Verbreitung der pseudoisidorischen Fälschungen von ihrem Auftauchen bis in die neuere Zeit*, Stuttgart, Hiersemann, 1972-1974.

17. Sobre o concílio de Verzy, cf. *PL* 139, 287-338, particularmente 316a e 320a.

os apóstolos, os profetas, os cânones estabelecidos pelo Espírito de Deus e consagrados pelo respeito de todo o mundo, os decretos da Sé apostólica que não os contradizem"[18].

Casos como esse manifestam que a reivindicação romana não é a única a ocupar o campo da consciência eclesial. A maioria dos bispos continua, de fato, a pensar segundo as categorias tradicionais. Pouco utilizadas pelos papas do século IX, embora conhecidas e julgadas autênticas, as *Falsas Decretais* serviram para reforçar a monarquia do papa por ocasião da reforma gregoriana. Sob a sua influência, os papas gregorianos se esforçaram para sujeitar à autoridade do bispo de Roma os concílios e sínodos nacionais ou provinciais, numerosos na época, que se organizavam fora de qualquer influência romana. Na realidade, não parece que a autorização romana tenha sido pedida para os concílios da baixa Idade Média e até Trento, nem que a Santa Sé tenha protestado a esse respeito. Ela, aliás, intervinha livremente sempre que julgava necessário[19].

Entretanto, essa evolução em direção ao centralismo papal é devida menos a uma vontade de poder de Roma do que ao desaparecimento das antigas estruturas de colegialidade, que entregava as Igrejas nas mãos do poder régio. Sob esse aspecto, estava inscrita nos fatos. Além disso, com as incertezas e desordens da época, o papel tradicional desempenhado pela Igreja de Roma como critério de ortodoxia só podia se reforçar. Para um missionário como São Bonifácio (c. 680-754), a tradição justa é a de Roma, e ele "não deixa de se dirigir ao papa para receber indicações"[20]. Quando Carlos Magno (768-814) quer unificar a liturgia do reino dos francos, ele encomenda um missal romano para servir de modelo. Da mesma forma o direito da Igreja tende a se calcar nas normas em vigor em Roma.

## 5. O ORIENTE, DOS PADRES À "RUPTURA" COM ROMA

**INDICAÇÕES BIBLIOGRÁFICAS:** M. JUGIE, *Le Schisme byzantin. Aperçu historique et doctrinal,* Paris, Lethielleux, 1941. — Y. CONGAR, *L'Éclesiologie du Haut Moyen Âge, op. cit.,* pp. 321-393. — H. C. BECK, *Kirche und theologische Literatur im byzantinischen Reich,* München, Beck, 1959. — H. E. SYMONDS, *The Church Universal and the See of Rome, op. cit.* — F. DVORNIK, *Le Schisme de Photius, Histoire et légende,* Paris, Cerf, 1950; *Byzance et la primauté romaine,* Paris, Cerf, 1964. — G. PILATI, *Chiesa e Stato nei primi quindici secoli,* Roma, Desclée, 1961. — J. MEYENDORFF, *Unité de l'empire et divisions des chrétiens,* trad. franç., Paris, Cerf, 1993.

---

18. Carta de Gerberto a Seguin; PL 139, 267-268.
19. A. GARCIA Y GARCIA, *Les Conférences épiscopales. Théologie, statut canonique, avenir,* Paris, Cerf, 1988, p. 93.
20. K. SCHATZ, *La Primauté du pape, op. cit.,* p. 107.

As coisas se passam de maneira diferente com as Igrejas do Oriente. Com Constantino, a Igreja adquirira um *status* de direito público. Os imperadores tinham, então, desempenhado, ou tentado desempenhar, um papel mais ou menos importante em seus assuntos. Na realidade, o Império tinha "uma armação antiga, poderosa e prestigiosa: era ele que englobava a Igreja"[21]. Na parte oriental do mundo cristão, o Império guardara sua consistência. A influência do papado, sempre favorável à independência da Igreja, permanecia lá limitada e incerta. O imperador era cristão, ele presidia um povo de batizados. Seu papel era determinado por uma concepção helenista da realeza, que fazia do soberano uma espécie de "deus na terra". Essa ideologia fora aclimatada na Igreja por Clemente de Alexandria (c. 140-c. 216) e, sobretudo, por Eusébio de Cesaréia (c. 265-339). O imperador era a imagem visível da Monarquia divina. Ele mesmo era um personagem sagrado. O ideal era o de uma "consonância" entre as autoridades do Império e as da Igreja.

Essa visão das coisas, comumente compartilhada, explica por que as intervenções do imperador na vida da Igreja foram recebidas sem dificuldade. Ele desempenhava nela um papel determinante. Era ele quem fazia os patriarcas de Constantinopla, nomeava os bispos, convocava os concílios, assegurava sua ecumenicidade, mandava retirar ou repor o nome do papa nos dípticos, aquelas listas lidas na liturgia e que enumeravam os bispos com os quais se estava em comunhão. O Código de Justiniano (534) reconhecia aos cânones da Igreja o mesmo valor das leis do Império.

Não só a unidade da Igreja e a do Império estavam ligadas, mas ainda uma era essencial para a outra. A paz doutrinal assegurava a paz civil. A consciência desse vínculo remontava ao próprio Constantino. Essa consciência de serem responsáveis pela unidade da fé tinha mais de uma vez levado os imperadores a se atribuir um magistério e impor seu ponto de vista nas querelas doutrinais. Por exemplo, no período que se seguiu ao Concílio de Calcedônia (451), os adversários do concílio, tradicionalistas apegados ao princípio de "só Nicéia", dominavam todo o Egito e algumas partes da Síria. Por razões de Estado, Constantinopla tentou, diversas vezes, fazer compromissos que atenuavam a doutrina proclamada em Calcedônia. Nesse contexto, a autoridade de Roma parecia a muitos, mesmo no Oriente, uma rocha da verdadeira fé, a despeito das flutuações do papa Virgílio diante do imperador Justiniano e do cisma que se seguiu[22].

Esses abusos revelaram a necessidade de explicitar as atribuições eclesiásticas do Basileus. Já por ocasião da querela monotelista, em 655, Máximo, o Confessor, criticara o título de *hiereus* (sacerdote) assumido pelos imperadores: só Cristo possui ao mesmo tempo a realeza e o sacerdócio[23]. Por ocasião da disputa iconoclasta (730-843), as posições dos imperadores isáuricos provoca-

---

21. Y. CONGAR, art. "Laïc", *Encyc. de la foi*, p. 439.
22. Cf. t. 1, pp. 355-364.
23. Cf. *PG* 90, 117.

ram protestos da parte de João Damasceno, de Teodoro Estudita e, finalmente, do II Concilio de Nicéia (787), que restabeleceu a independência da Igreja em seu domínio próprio. Na prática, duas correntes se alternaram ou coexistiram na vida das Igrejas do Oriente, uma a favor da independência da Igreja, outra a favor das intervenções imperiais.

Por ocasião desses conflitos, os adversários do monotelismo, como mais tarde os defensores dos ícones, invocaram o apoio do bispo de Roma, de lá "onde se encontram os fundamentos da doutrina ortodoxa" (Sofrônio, patriarca de Jerusalém, † 638). Não é que se tratasse de obedecer sem mais à sua autoridade — jamais o Oriente admitiu a concepção romana monárquica da autoridade na Igreja —, mas porque sua palavra é reconhecida como expressão da fé de Pedro. Por esse motivo ela é o centro decisivo da comunhão e da unidade: recorre-se a ela como a um teste em caso de necessidade[24]. A teoria da Pentarquia (a autoridade particular dos cinco patriarcas: na ordem, Roma, Constantinopla, Alexandria, Antioquia, Jerusalém), que aparece já nas *Novellae* de Justiniano (535), era uma maneira de exprimir a unanimidade das Igrejas e permanecerá até o século XVI, mesmo no Ocidente, como um critério de ecumenicidade conciliar.

Na realidade, a chamada ruptura de 1054 (a excomunhão do patriarca de Constantinopla, Miguel Cerulário, pelo cardeal Humberto, legado do papa, e sua reciprocidade), não impediu que continuassem os múltiplos contatos entre a parte oriental e a parte latina da Igreja, e que se buscasse, periodicamente, o restabelecimento oficial e total da unidade. Contudo, essa data não é apenas simbólica: é sobretudo a partir desse momento que as duas partes da Igreja seguiram cada uma seu próprio caminho, numa ignorância quase total da outra.

Diferentemente do jurisdicismo latino, a eclesiologia corrente do Oriente permaneceu marcada pela herança dos Padres. Isso se verifica não só no período de fins do século VI e início do VII, com um João Damasceno, mas também nos séculos seguintes. Bem alimentada por imagens bíblicas, essa teologia se apóia sempre no tema paulino do corpo, mas se desenvolve mais na linha da divinização. A humanidade de Cristo é o meio de nossa assimilação à divindade. Segundo uma fórmula muitas vezes repetida, em Cristo, Deus se tornou o que somos para que nós nos tornássemos o que ele é. Nossa incorporação a Cristo se opera pelo batismo, quando a fé é recebida segundo a tradição da Igreja, e pela eucaristia que nos diviniza, unindo-nos a Cristo, e realiza a unidade de todos em um só corpo. A Igreja é a réplica terrestre da Igreja celeste. Ela é o Paraíso reencontrado, do qual a Virgem Maria é uma espécie de antecipação pessoal. Sua liturgia é, na terra, como que um reflexo místico da liturgia dos anjos.

Um exemplo-tipo dessa eclesiologia nos é dado na *Mystagogia* de Máximo, o Confessor (c. 580-662)[25]. Composta por volta de 630, ela expõe as signifi-

---

24. Cf. Y. CONGAR, "Conscience ecclésiologique en Orient et en Occident du VI$^e$ au XI$^e$ siècle", *Istina* 6 (1959), pp. 213-215; 226-236.

25. Cf. *PG* 91, 657-717; trad. franc. de M. Lot-Borodine, *Irenikon* 13-15 (1936-1938). Sobre Maximo, cf. t. 1, pp. 368-375.

cações da igreja como edifício e dos ritos da eucaristia. A Igreja (e a igreja) é a imagem de Deus, unindo os homens no amor e na graça; mas é também a imagem do mundo, que une o sensível e o inteligível; e ainda a imagem do composto humano. Ela é, assim, como que um condensado do mistério de nossa edificação. O gênero literário das *Mystagogias* terá uma longa posteridade, sem evolução notável das idéias.

A mesma concepção da Igreja se exprime nas artes litúrgicas, na arquitetura das igrejas e na iconografia. As igrejas em forma de cruz, ou com cúpula, reproduzem a imagem da cruz vitoriosa de Cristo, ou do céu que se manifesta na terra. Geralmente a cúpula central é ornada de mosaicos ou de um afresco representando o Cristo *Pantokrator* (mestre do universo): ele está no centro da criação e da história da salvação. Os ícones cobrem as paredes: os anjos e os santos circundam a assembléia; todos eles juntos, com a Virgem carregando o menino no lugar de honra, constituem a Igreja. Desde o século VII se vê aparecer o que mais tarde virá a ser a iconóstase — aquele tabique, coberto de ícones, que separa o povo do espaço misterioso em volta do altar onde o rei celeste se oferece em sacrifício.

Ao longo desses séculos, as Igrejas do Oriente assumem a forma na qual conhecemos hoje a ortodoxia. Desse ponto de vista, a instituição de uma festa da ortodoxia, no Sínodo de Constantinopla de março de 843, é uma data simbólica. Um dos elementos característicos dessa tradição é o papel nela desempenhado pelos monges. Estes estiveram bastante envolvidos na vitória sobre o monotelismo e o iconoclasmo. Os monges são os "pais espirituais"; e do fim do iconoclasmo até a metade do século XIII são eles que têm "uma espécie de monopólio do ministério da confissão" (Congar) e da direção espiritual, quer sejam ou não sacerdotes.

Basta lembrar aqui algumas etapas do contencioso que não cessou de dividir as Igrejas do Oriente e do Ocidente, apesar da suspensão mútua das excomunhões em 1965. Fócio (c. 820-891), patriarca de Constantinopla de 858 a 869, e de 877 a 886, foi uma figura particularmente controvertida. Ele foi considerado, no Ocidente, o pai do cisma. Na realidade, ele reconhece várias vezes o primado de Pedro, mas sem jamais afirmar que foi transmitido aos bispos de Roma. Ao contrário, por ocasião de seu enfrentamento com o papa Nicolau I (858-867), ele rejeita a concepção romana do primado e censura o papa por não respeitar os costumes da Igreja grega. Embora aceite um primado romano de presidência da comunhão das Igrejas, reivindica, ao mesmo tempo, a autonomia administrativa e litúrgica de sua Igreja. Por ocasião de seu segundo patriarcado, preocupou-se em se reconciliar com seus diversos adversários e morreu em comunhão com Roma.

Aparentemente, a questão do primado papal não desempenhou papel de destaque nas controvérsias que opuseram o Oriente ao Ocidente latino. Esse papel coube às questões dogmáticas e litúrgicas: a inserção do *Filioque* no Credo dos latinos²⁶ e seu uso de pão ázimo para a eucaristia; a partir do século XIII, a questão do purgatório e, a partir do século XIV, a da importância da epiclese (invocação do Espírito Santo na eucaristia). "Entretanto, sempre que posto em presença da evolução cada vez mais acentuada do Ocidente no sentido da monarquia papal, o Oriente reagiu de maneira decidida"²⁷. Essa recusa terminante das teses eclesiológicas romanas se manifestara diversas vezes, já no tempo de Fócio, sob Nicolau I (858-867), depois diante da teologia de Pedro Damião e do cardeal Humberto, e sobretudo no século XII em resposta às cartas de Inocêncio III. O que se rejeita é a atribuição à Igreja romana dos títulos de "mãe" e "cabeça"; é a pretensão de ver nessa Igreja como que um resumo da Igreja universal, e no seu bispo como que a cabeça de toda a Igreja, embora "sob Cristo"; é a concepção de uma Igreja que tirasse toda a sua consistência e suas normas da única Igreja romana. Semelhante eclesiologia, afirmam os gregos, atribui um poder discricionário que, no entanto, é obrigado a observar as regras estabelecidas pelos Padres e os cânones dos concílios, e está vinculado à fé da Igreja. Se reconhecemos nele a voz de Pedro é porque ele professa a fé de Pedro.

Não se pode subestimar a importância eclesiológica do confronto mantido até hoje entre as duas "Igrejas-irmãs", que afirmam, cada qual, suas pretensões, querendo impô-las à outra, enquanto que a outra as rejeita. Em vista das evoluções unilaterais seguidas de uma parte e de outra, particularmente diante do hipercrescimento da teologia romana do primado, pode-se calcular que esse confronto mantém presente à consciência eclesial a necessidade de um melhor equilíbrio. Igrejas-irmãs: o título adquiriu hoje em dia direito de cidadania. De fato, se existe de parte a parte tomadas de posição rígidas, "a grande maioria das declarações, e declarações de grande peso, supõe que a Igreja — a mesma, a única — existe ainda sob a divisão ou a desavença"²⁸.

## II. A REFORMA GREGORIANA E O SÉCULO XII

### 1. A ÉPOCA DOS CANONISTAS

> **INDICAÇÕES BIBLIOGRÁFICAS:** W. ULLMANN, *Medieval Papalism. The Political Theories of the Medieval Canonists,* London, Methuen, 1949. – B. TIERNEY, *Foundations of the Conciliar Theory. The Contribution of the Medieval Canonists from Gratian to the Great Schism,* Cambridge, University Press, 1955. – M. PACAUT, *Alexandre III. Étude sur la conception du pouvoir pontifical dans sa pensée et dans son oeuvre,* Paris, Vrin, 1956. – CH. MUNIER, *Les Sources patristiques du droit*

---

26. Cf. t. 1, pp. 272-290.
27. Y. CONGAR, *L'Église de saint Augustin,* pp. 83 e 100.
28. *Ibid.,* p. 87.

*de l'Église du VIIIᵉ au XIIIᵉ siècle,* Mulhouse, Salvator, 1957. — J. DE GHELLINCK, *Le Mouvement théologique du XIIᵉ siècle,* Bruges-Paris, DDB, 2ª ed., 1948; *Le Mouvement doctrinal du IXᵉ au XIVᵉ siècle,* Paris, Bloud et Gay, 1951.

O século XI representa, para a eclesiologia, uma ruptura notável. Doravante, cavou-se um fosso entre o Oriente e o Ocidente, e as duas partes da Igreja vão prosseguir com histórias distintas. Um indício: no Ocidente, a idéia tradicional do patriarcado quase desapareceu por completo, enquanto permanece bem viva no Oriente.

É a ciência canônica, em pleno desenvolvimento do lado latino, que virá a ser um dos principais lugares da reflexão sobre a Igreja. Embora constituindo-se em disciplina escolar própria, permanece incompletamente distinta da teologia. Preocupados em delimitar os poderes respectivos do "sacerdote" e do império, os canonistas utilizarão essencialmente o conceito de poder para definir os diversos ministérios. Essa abordagem não deixará de ter repercussões nos teólogos, que, nessa matéria, durante muito tempo buscaram sua documentação nos canonistas.

Pode-se considerar João Graciano, monge camáldulo de Bolonha, o fundador da ciência do direito eclesiástico, que se distingue melhor, daí em diante, da teologia. Em sua *Concordância dos cânones em desacordo,* coleção de textos canônicos geralmente citada como *Decretum* (c. 1140), ele justapõe os textos que exprimem posições diferentes, dependentes de situações e de épocas distintas. Com isso, essa obra, que teve uma grande influência, preservou temas eclesiológicos tradicionais que teriam ficado esquecidos. Ao mesmo tempo, seu método, que foi muito imitado, teve o efeito de dar a normas ocasionais um peso desproporcional a sua importância primitiva.

No sentido da reforma gregoriana, Graciano promove a elaboração de um direito da Igreja. O papa, "vigário de Pedro", é definitivamente para ele o único legislador na Igreja. Compete à Sé apostólica convocar os concílios. Graciano retoma o famoso texto do cardeal Humberto: "O papa, que deve julgar todos os outros, não está sujeito ao julgamento de pessoa alguma", sem omitir a exceção prevista: "a menos que seja encontrado fora do caminho da fé"[29]. Essa tese da possibilidade de um papa herético é unanimemente aceita, sobretudo pelos canonistas, no século XII e durante toda a Idade Média. Graciano cita também textos de Cipriano, Agostinho, Gregório Magno, sobre o papel do costume, sobre o poder de ligar e desligar concedido à Igreja, não apenas a Pedro, e sobre o modo como a prática define a importância das leis.

De acordo com essa perspectiva, o papa é considerado a fonte de todo poder e de toda autoridade na Igreja. Os príncipes temporais são, no domínio espiritual, submetidos à jurisdição da Igreja: essa é a doutrina comum dos

---

29. *Décret de Gratien,* P. 1, dist. 40, c. 6; ed. Richter-Friedberg, Leipzig 1879 (repr. Graz 1955), c. 146.

canonistas do século XII. Entretanto, a maior parte dos decretistas (os comentadores do *Decretum* de Graciano) reconhece a independência do poder régio em relação ao sacerdócio. Roland Bandinelli, que se tornou papa sob o nome de Alexandre III (1159-1181), deixará claramente entender que o poder régio não está só a serviço da Igreja, mas tem seu domínio próprio. Hugúcio, que foi o mestre de Inocêncio III, afirma claramente (c. 1188-1190) que "nenhuma das duas funções depende da outra quanto a sua instituição".

Deve-se aos decretistas do século XIII a elaboração progressiva da distinção entre o poder de ordem (conferido pelo sacramento) e a jurisdição: distinção que contribuirá, em seguida, para a centralização da jurisdição nas mãos do papa, embora este não seja "mais bispo" que qualquer outro. Foram eles, igualmente, que introduziram na idéia tradicional da Igreja-corpo um aspecto corporativo, o que permite, por exemplo, a Hugúcio aplicar o direito corporativo às relações entre o bispo e seu capítulo, entre o papa e os cardeais, entre a Igreja de Roma e a Igreja universal. Essas idéias representam o germe daquilo em que se tornarão, no século XIV, as doutrinas conciliaristas; mas na época a questão não tem a urgência que terá por ocasião do Grande Cisma. Sustenta-se, ao mesmo tempo, que não há autoridade superior ao papa que possa julgá-lo, e que ele está sujeito às decisões dos concílios. O concílio entra em vigor com sua aprovação, mas o concílio é mais do que o papa sozinho.

## 2. A REFORMA GREGORIANA

> **INDICAÇÕES BIBLIOGRÁFICAS:** A. FLICHE, *La Réforme grégorienne,* Louvain-Paris, Spic. Sac. Iov./Champion, 3 vols., 1924, 1926, 1937. — L. F. J. MEULENBERG, *Der Primat der römischen Kirche im Denken und Handeln Gregors VII,* 's Gravenhage, Staatsdrukkerij, 1965. — H.-X. ARQUILLIÈRE, *Saint Grégoire VII. Essai sur sa conception du pouvoir pontifical,* Paris, Vrin, 1934. — W. ULLMANN, *Medieval Papalism. The Political Theories of Medieval Canonists,* London, Methuen, 1949; *The Growth of Papal Government in the Middle Ages. A Study in the Ideological Relation of clerical to lay Power,* London, Methuen, 2ª ed., 1962. — J. RUPP, *L'idée de chrétienté dans la pensée pontificale des origines à Innocent III,* Paris, Presses modernes, 1939. — M. PACAUT, *La Théocratie. L'Église et le pouvoir au Moyen Âge,* Paris, Desclée, 1989. — M. MACCARRONE, *Vicarius Christi. Storia del titolo papale,* Roma, Pont. Ath. Later., 1952; *Sacerdozio e Regno da Gregorio VII a Bonifacio VIII,* Roma, PUG, 1954.

A chamada reforma gregoriana começou de fato sob Leão IX (1049-1054). Continuou sob Nicolau II (decreto sobre a eleição papal, 1059) e, sobretudo, sob o pontificado do antigo monge Hildebrando, que se tornou papa com o nome de Gregório VII (1073-1085). Dela resultou uma profunda transformação do papel do papado na Igreja. A partir daí, o papado não será mais apenas o centro de unidade da Igreja, a norma da verdadeira fé, o critério da tradição apostólica autêntica. Ele se torna "somente agora, a *cabeça* da Igreja de onde procedem todas as decisões importantes e quem coordena todas as funções vitais do conjunto".

É compreensível o objetivo de Gregório VII no contexto da época. Trata-se, para ele, de libertar a Igreja da dominação dos príncipes leigos, que detinham a propriedade das igrejas que tinham fundado e dotado; em conseqüência, nomeavam para elas os sacerdotes de sua escolha, o que favorecia o tráfico dos cargos eclesiásticos (a "simonia") e a multiplicação de um clero sem vocação, vivendo com mulheres e filhos (o "nicolaísmo"), e isso numa época em que o clero era teoricamente obrigado ao celibato.

Para levar adiante sua reforma, o papado devia reivindicar para a Igreja um direito próprio, sair da combinação de direitos senhoriais e eclesiásticos e, portanto, denuciar a indistinção que, desde a época carolíngia, se abrigava sob a própria palavra *ecclesia*. Desse ponto de vista, a política conduzida por Roma em favor da liberdade da Igreja supõe uma percepção clarividente das transformações que estão em vias de se produzir na sociedade. Efetivamente, do século XI ao século XIII ocorrem profundas mudanças. A Europa se unifica, sua população dobra em três séculos, as viagens se multiplicam, as cidades adquirem um novo poder, as universidades tomam corpo, nascem novas ordens religiosas.

A reivindicação de liberdade para a Igreja é feita em nome de duas afirmações. De um lado, o poder de ligar e desligar foi dado ao papa diretamente por Deus e, sem qualquer limite, incide sobre "tudo" (*quodcumque*). Inclui, portanto, também, o poder de depor os reis se não servem à justiça para com Deus e sua Igreja. Por outro lado, a Igreja é esposa de Cristo — um título que agrada a Gregório VII —, e nessa qualidade não está sujeita a nenhum outro poder além do de Cristo; ao mesmo tempo, está na situação de mãe em relação aos homens, inclusive os príncipes; maternidade que, no contexto das lutas com o poder secular, toma também o sentido de *magistra*, de educadora que tem autoridade.

A luta pela liberdade da Igreja, na realidade uma luta para a liberdade da "ordem clerical", foi conduzida pelo papado em aliança com os novos movimentos de reforma monástica, Cluny especialmente. Diversos mosteiros já tinham obtido, anteriormente, cartas de proteção pontifícia que representavam o equivalente de uma isenção do poder dos bispos locais. Essa prática se multiplica depois do ano 1000. Ela preservava os mosteiros em questão da dominação dos poderes políticos, mas representava, também, uma situação de Igreja supranacional, apoiada na monarquia pontifícia, submetida a seu magistério. Com isso, o movimento cluniciense criava um ambiente favorável às idéias eclesiológicas dos papas reformadores.

Essas idéias se encontram claramente formuladas pelos monges reformadores que o papado escolhia como conselheiros. O beneditino Pedro Damião, feito cardeal por Estêvão IX, diplomata e conselheiro dos papas (1007-1072), vê a Igreja como corpo de Cristo e comunhão no Espírito, mas na qual o papa, "único bispo universal de todas as Igrejas", goza de uma autoridade divina. O cardeal Humberto, também ele monge, conselheiro de Leão IX (1049-1054) — aquele que, na qualidade de legado do papa, excomungou o patriarca Miguel Cerulário, em 1054 —, descreve a Igreja romana como cabeça, mãe, fonte, imutável nas coisas da fé, que jamais se enganou nem pode se enganar. É ela que dá a todas as Igrejas vida e consistência.

O papado pôde igualmente se apoiar nas novas ordens mendicantes, sobretudo nos franciscanos e dominicanos. Estes estão ligados ao mundo novo da mobilidade urbana: é somente na cidade que se pode viver de esmolas e não mais da propriedade de bens de raiz. Pregadores itinerantes, não se integravam ao quadro tradicional das dioceses; sua própria existência só foi possível porque obtiveram do papa a permissão para pregar. Daí a importância da decisão de Inocêncio III (1198-1216), confirmando a missão de Francisco de Assis e de Domingos. Esse fato "terá repercussões sobre a consciência que se terá do poder de jurisdição *imediata* do papa: ele pode atingir qualquer sacerdote e qualquer fiel, mesmo contornando as instâncias hierárquicas intermediárias. A jurisdição imediata do papa foi percebida, desde então, como uma realidade importante e operante: permitia gozar de um espaço de liberdade que não existia em outro lugar"[30].

Esses dados ajudam a perceber a questão eclesiológica em jogo na disputa entre as ordens mendicantes e os seculares, no século XIII[31]. O que estava em causa, para além das disputas de território e de influência, era a percepção tradicional da Igreja como comunhão de Igrejas locais. Com efeito, ao se ligar diretamente ao papa, as novas ordens concretizavam uma nova forma de pertença à catolicidade: sua pátria espiritual não é mais tanto a Igreja local quanto a Igreja universal. Ao lado das Igrejas ligadas às estruturas feudais e aos lugares, eles representam a dimensão "missionária", a mobilidade, a extensão universal da Igreja. Ao mesmo tempo, reivindicando a missão recebida do papa, eles reforçavam a influência deste e a imagem de uma espécie de diocese universal. Nos séculos seguintes, outras ordens seguirão seu exemplo, particularmente as que se dedicam à missão, como os jesuítas no século XVI, até a instauração das "prelazias pessoais", no século XX.

As ordens mendicantes estarão igualmente próximas das universidades, novo espaço de racionalidade cristã, dentre as quais muitas adquirirão, bem cedo, uma irradiação internacional. Diante desses novos lugares do pensamento, o magistério dos bispos locais se via ultrapassado, ao passo que o papado não se mostrava capaz de responder ao desafio. A partir de 1231, a exemplo da Universidade de Paris, que se apóia num privilégio do papa, as novas universidades solicitam sua confirmação por Roma.

---

30. K. SCHATZ, *La Primauté du pape*, p. 130.
31. Cf. Y. CONGAR, "Aspects ecclésiologiques de la querelle entre mendiants et séculiers dans la seconde moitié du XIIIe et le début du XIVe", *AHDLMA* 28 (1961), pp. 35-151.

Para apoiar sua ação reformadora, convencido de que o poder papal era o fundamento de qualquer reforma, Gregório VII encomendara aos canonistas a compilação das coleções de textos (muitos tirados das *Falsas Decretais*) em favor desse poder. Os *Dictatus papae* e diversos decretos traduziram essa eclesiologia no plano da vida canônica da Igreja.

Os *Dictatus papae* (1075) não passam, sem dúvida, de uma lista de princípios destinados a servir de títulos de capítulos para uma coleção de textos bíblicos ou patrísticos, e parece que não foram difundidos publicamente. Como tais, são característicos. O papado é aí apresentado como cabeça, fundamento, raiz, fonte e origem de todo poder e de toda autoridade na Igreja. A Igreja é fundada sobre o poder papal e é como que decorrente dele. O papa é o único legislador, a fonte e a norma de todo direito, o juiz supremo e universal. Ele pode depor os bispos, transferi-los de uma sé para outra, absolvê-los, mesmo fora de um sínodo. Ele pode depor os imperadores ou desligar os súditos de seu juramento de fidelidade a um príncipe injusto. Dada a celebridade delas, citemos algumas dessas afirmações:

2. Somente o bispo de Roma pode ser chamado, de direito, bispo universal.
3. Somente ele pode depor ou restabelecer bispos.
4. Seu legado precede todos os bispos no concílio, mesmo se for de grau inferior, e pode pronunciar sentença de deposição de um bispo.
8. Somente ele pode usar as insígnias imperiais.
9. Somente do papa os príncipes devem beijar os pés.
12. A ele é lícito depor o imperador.
18. A decisão dele não pode ser questionada por ninguém; somente ele pode rejeitar a sentença de qualquer um[32].

Embora o contexto mostre que várias dessas afirmações não são novas e que sua tradução na prática é mais moderada do que sua formulação, compreende-se que esse documento tenha "se tornado o símbolo de um papado que, por sua pretensão ao poder soberano, chegue até a tomar o lugar de Cristo"[33]. Sem dúvida, para o próprio Gregório VII, a Igreja como tal está acima do papa como "mãe" e "mestra", mas, na prática, essa Igreja é identificada com a Igreja Romana e esta com o papa. "A obediência a Pedro agora se torna a quintessência da eclesialidade"[34]. É na lógica dessa identificação que se afirmará, em seguida, a teoria dita "das duas espadas" (cf. Lc 22,38), cuja formulação exemplar se encontra na bula *Unam sanctam* de Bonifácio VIII: ao papa são confiadas as duas espadas, a espiritual e a temporal; ele confia a temporal ao impe-

---

32. Texto em *MGH,* Ép. sel. II/1, pp. 201ss; trad. franc. J. M. R. TILLARD, *L'Évêque de Rome,* Paris, Cerf, 1982, pp. 75-76.
33. K. SCHATZ, *La primauté du pape,* p. 136.
34. *Ibid.,* p. 139.

rador e aos reis, os quais devem servir-se dela em caráter de missão recebida dele e segundo suas indicações. Até São Bernardo (1090-1153), a imagem designa simplesmente duas formas de coação, espiritual e temporal, e não serve para definir uma teologia política. Mas será fácil deslizar do exercício do poder coativo para o poder como tal, da colaboração dos dois poderes para a pretensão à hierocracia.

O papado teve êxito em seu empreendimento, apesar das resistências encontradas, vindas dos mais variados ambientes. Alguns censuravam o papa por desprezar cânones e costumes. Outros eram apegados à noção carolíngia de cristandade que mantinha a indistinção entre Igreja e poder político. Ao contrário, do lado dos juristas imperiais, afirmava-se a idéia de uma competência própria do poder laico independente da autoridade dos sacerdotes. Os textos contidos em um "Anônimo normando" (por volta de 1100) exprimem posições que são como que prenúncio das de Marsílio de Pádua concernentes à superioridade do poder régio em relação ao do papa. Mas sobretudo um bom número de bispos guardavam uma concepção moderada da "plenitude de poder" do bispo de Roma: esse poder, diz Ivo de Chartres (1040-1116), é "somente o de ligar o que deve ser ligado e desligar o que é para ser desligado"[35].

A avaliação dos efeitos da reforma gregoriana deve ser nuançada. Falou-se de hierocracia, de abuso da mensagem cristã para fins políticos. Mas foi também, para a sociedade temporal, paradoxalmente, o primeiro passo para sua secularização e sua autonomia jurídica. De seu lado, a Igreja foi devolvida ao seu caráter de sociedade espiritual original, autônoma e perfeita. A concordata de Worms (23 de setembro de 1122) punha fim à querela das investiduras ao reconhecer os direitos de cada parte e seus limites.

Mas seguiram-se, também, conseqüências mais discutíveis. A vida da Igreja viu-se em grande parte pensada e formulada em termos de direito, o que acarretou certo legalismo na própria noção de Igreja, que terminará por prevalecer no início do século XIV. Antigos temas da antropologia cristã se tornaram expressões da reivindicação dos privilégios pontifícios, até o de depor os reis. Invoca-se, nesse sentido, Jr 1,10: "Vê, hoje te confiro autoridade sobre as nações e sobre os reinos, para arrancar e demolir, para construir e plantar". Ou ainda 1Cor 2,15 e 6,3: "O homem espiritual julga a respeito de tudo e ele mesmo não é julgado por ninguém"; "acaso não sabeis que nós julgaremos os anjos? Com maior razão as questões desta vida".

"Para a Igreja latina, a reforma gregoriana representa a etapa decisiva de uma alteração progressiva da riqueza comunitária e mística da idéia de Igreja tal como se encontra nas Escrituras e nos Padres e tal qual se mantém no Oriente [...] Empreendida sob a bandeira da reivindicação da liberdade e de um direito próprio da Igreja, ela levará a criar a figura de uma Igreja estática e monárquica: uma sociedade autônoma e perfeita, considerada principalmente a partir de sua

---

35. *Lettres* 195; *PL* 162, 204bc.

hierarquia e, mais particularmente, a partir do papado, no seio da qual o direito assumirá, doravante, um lugar cada vez maior"[36]. Saía-se da indistinção do *povo cristão*, mas, em contrapartida, a noção de Igreja tendia a se clericalizar: as pessoas de Igreja (*ecclesiastici*) são os clérigos e monges e não os leigos. Além do mais, essa concentração dos poderes numa única cabeça terá conseqüências negativas para a Igreja quando essa cabeça se mostrar incapaz de responder aos novos desafios da história ou quando ela mesma for arrastada para as divisões, como a que se produziu por ocasião do Grande Cisma no fim da Idade Média.

## 3. OS PROGRESSOS DA MONARQUIA PAPAL NO SÉCULO XII

**INDICAÇÕES BIBLIOGRÁFICAS:** F. HOLBÖCK, *Der eucaristische und mystische Leib Christi in ihren Beziehungen zueinander nach der Lehre der Frühscholastik*, Roma, PUG, 1941. — W. ULLMANN, *The Growth of Papal Government in the Middle Ages*, op. cit. — E. MERSCH, *Le Corps mystique. Études de théologie historique*, op. cit., t. II. — W. BEINERT, *Die Kirche – Gottes Heil in der Welt. Die Lehre von der Kirche nach den Schriften des Rupert von Deutz, Honorius Augustodunensis und Gerhoch von Reichersberg. Ein Beitrag zur Ekklesiologie des 12. Jahrhunderts*, Münster, Aschendorff, 1974.

A eclesiologia do século XII permanece dominada pela questão das relações entre o "sacerdócio" e o "império", inclusive na teologia monástica. Para Honório d'Autun (c. 1100-1150), o poder político faz parte da Igreja e o sacerdócio é superior à realeza: é o papa quem faz o imperador. Ruperto, abade de Deutz († 1129-1133), afirma a independência de princípio da Igreja e do Estado, embora o Estado entre na esfera religiosa representada pela Igreja. Se a Igreja não pode ser apreendida em categorias políticas, no concreto é evidente por si mesmo que os reis devem contribuir para a edificação da Igreja, que não pode subsistir sem o braço secular. Para Gerhoch, preboste de Reichersberg (1093-1169), partidário moderado da reforma gregoriana, o poder do papa não é absoluto, mas limitado. A Igreja não depende toda dele, ela comporta toda uma escala de poderes. Segundo Gerhoch, a fonte de todos os abusos se encontra nos laços maldefinidos entre o Estado e a Igreja. Não se pode corrigi-los antes de desfazer essa confusão. Os poderes espirituais e temporais vêm todos de Cristo, mas são orientados para fins diferentes e pertencem a domínios diferentes, o profano e o espiritual. É necessário, sem dúvida, que haja harmonia entre eles, e Gerhoch afirma que o sacerdócio confere à realeza a *confirmação*, o que não significa a colação de um poder, mas sua ordenação segundo Deus. Pode-se compreender no mesmo sentido a posição de Hugo de São Vítor. Quando ele afirma que "ao poder espiritual incumbe instituir o poder terrestre para que seja [...], ele lhe dá forma

---

36. J. HOFFMANN, "L'Église et son origine", p. 69.

pela instituição"[37]. Quando Bernardo de Claraval (1090-1153) envia a seu irmão cisterciense, que se tornara papa, seu livro *Sobre a consideração* (c. 1145), ele sem dúvida critica a importância crescente dada a um governo mais de tipo jurídico e administrativo do que espiritual. Critica particularmente a multiplicação das dispensas que, a seu ver, é "mutilar a Igreja em seus membros, destruir sua organização e baralhar as fronteiras estabelecidas pelos que te precederam". Mas não questiona a concepção romana da "plenitude do poder"[38], segundo a qual a autoridade dos bispos deriva da autoridade do papa.

Estas poucas amostras dão uma idéia do clima da eclesiologia de então. Marcada pela situação de cristandade, ela veicula tendências diversas que não podem ser reduzidas, sem nuance, unicamente ao reforço dos poderes do papa. De fato, na busca em comum de uma síntese total que caracteriza este século, encontramos duas linhas de pensamento. Uma vê a Igreja como englobando a sociedade: é a posição dos teólogos e canonistas que vão no sentido de uma teocracia ou monarquia universal papal. A outra, mais aberta às realidades da história, é sobretudo a dos canonistas que, seguindo o próprio Graciano, reconhecem uma relativa autonomia da ordem secular, embora atribuindo ao papa autoridade mais alta e mais ampla.

Essas posições dos escritores eclesiásticos não fazem mais que acompanhar um processo de reforço do papado em seu exercício prático e em sua autoafirmação. Alexandre III (1159-1181), por exemplo, favorece o desenvolvimento de seu magistério doutrinal intervindo nas controvérsias teológicas. A preocupação com as questões de fé logo será espontaneamente considerada incumbência da Santa Sé. É igualmente Alexandre que organiza o controle das canonizações, fato de considerável importância, pois transfere para a autoridade jurídica um processo que dependia mais da *vox populi*. A reserva das canonizações a Roma será um fato incontestável sob Gregório IX em 1234.

Na passagem do século XII para o século XIII, o papa Inocêncio III (1198-1216) faz a idéia do primado avançar mais um passo. Esse papa, que confiou a Francisco de Assis a missão de renovar a Igreja e conseguiu que o IV Concílio de Latrão (1215) votasse todo um programa de reforma religiosa, possui uma viva consciência da dignidade propriamente sobre-humana que Deus lhe concedera. Cristo, Rei dos reis e Senhor dos senhores, instituiu o papa como seu "vigário". Por conseqüência, Inocêncio se nomeia *sucessor de Pedro e vigário de Cristo*. A seus olhos, o título anterior, *vigário de Pedro*, que os papas se davam desde Leão Magno, tornara-se insuficiente. No passado, o título de "vigário de Cristo" era freqüentemente atribuído aos bispos, mesmo aos simples sacerdotes e até ao rei. O fato de reservá-lo ao papa estabelece entre ele e Cristo uma relação direta que o situa acima da Igreja. Atribui-se a Inocêncio a frase significativa: o papa é menos do que Deus, mas mais do que um homem.

---

37. HUGO DE SÃO VÍTOR, *Des Sacrements*, II, 2,4; *PL* 176, 418.
38. *De la considération*, II, 8; *PL* 182, 752bc.

De maneira coerente, Inocêncio reivindica, como cabeça do povo cristão e não apenas da *ecclesia,* a plenitude do poder espiritual e temporal. Essa aplicação da metáfora do corpo tem conseqüências. Conforme a maneira de pensar da época, se o papa é a cabeça, ele é a fonte de toda vida. Assim como num corpo a vida decorre inteiramente da cabeça, na Igreja a plenitude dos poderes se difunde, a partir do papa, para o resto do corpo, para as instâncias inferiores que são os bispos, os arcebispos, os patriarcas.

Na ótica de Inocêncio, isso acarreta uma maneira particular de ver sua relação com os bispos. Em primeiro lugar, conclui-se que o poder deles provém do seu: como ele não pode estar em todo lugar ao mesmo tempo, a presença do bispo substitui sua ausência. Em seguida, o papa pode, a qualquer momento e segundo a necessidade, reservar a si o que é normalmente feito por eles. Pois, se os chamou a assumir uma *parte da solicitude*, ele conserva sempre para si a *plenitude do poder.* A expressão vem de São Leão, mas aqui, como já acontecera com São Bernardo, o sentido é outro: o papa pode intervir, sempre que quiser, nos detalhes dos assuntos da Igreja. Essa visão das coisas explica, por exemplo, a decisão "catastrófica" (Congar) de criar um "patriarca" latino em Constantinopla depois da conquista da cidade pelos cruzados.

Mesmo que, na prática, Inocêncio continue a respeitar a subsidiaridade, a conseqüência é que, a partir do século XII, vê-se multiplicar, baseada nesse princípio, uma série de "reservas" que vão acentuar o fenômeno de centralização romana. Em virtude do mesmo princípio, Inocêncio não cessa de lembrar à Igreja grega — ao contrário da tradição anterior — que se ela mantém seus direitos tradicionais é por pura generosidade de sua parte.

Inocêncio III também não deixou de exercer o poder que se atribuía, igualmente, em matéria temporal. Pelo menos em "certos casos" e, por exemplo *por causa do pecado,* numa época em que as decisões políticas dos príncipes eram vistas como indissociáveis de suas escolhas éticas. Nesse sentido, o papa se esforçou por traduzir as fidelidades espirituais em laços jurídicos de vassalagem: por exemplo com a Sicília, Anjou, Portugal, a Hungria, a Inglaterra, a Irlanda. Ele intervém, igualmente, na eleição do imperador para avaliar a idoneidade do candidato. Nisso tudo que para nós hoje parece uma intromissão abusiva no domínio temporal, o papa via apenas o exercício pleno de sua função.

Uma nova etapa é superada com Inocêncio IV (1243-1254) ao se fazer a distinção entre o "direito divino", ao qual até o papa se submete, e o "direito humano" ou eclesial, que ele pode mudar, abolir e do qual pode dispensar. A idéia parece oriunda do direito romano, segundo o qual o príncipe está acima da lei. Ela introduz, na idéia do primado, a idéia do arbitrário, o que trará conseqüências depois. Por exemplo, quando o papa se atribui o direito de suprimir ordens religiosas reconhecidas pela Igreja.

Esses progressos na concepção hierocrática do papado são acompanhados, porém, de uma percepção comum dos limites de seu poder. Os teólogos são sempre unânimes em considerar a possibilidade de um papa herético; eles regularmente lembram que o papa não pode se dispensar nem da lei natural, nem da lei divina; que ele não pode mudar os sacramentos, nem criar novos; que não pode ir contra a constituição divina da Igreja, nem contra os decretos dos concílios ecumênicos, sobretudo dos quatro primeiros. Seu poder não é despótico, mas político; ele deve levar em consideração os direitos reconhecidos de todas as instâncias subordinadas. Além disso, a idéia comum é que "o papa é maior com o sínodo do que sem ele". Nesse sentido é que se orientava a mentalidade corporativa da época: o poder reside no corpo representado pela cabeça. No mesmo sentido se orientava o crescente papel do colégio dos cardeais, reconhecido desde a metade do século XI, que tende a ser considerado instituição divina[39]. A idéia de que eles formam, com o papa, a "Igreja de Roma, cabeça das outras Igrejas" é geralmente admitida no início do século XV. Em caso de vacância da Sé romana, considera-se evidente que a eles cabia o *poder supremo* até a eleição do sucessor.

## 4. UMA ECLESIOLOGIA DO CORPO MÍSTICO

> **INDICAÇÕES BIBLIOGRÁFICAS:** B. TIERNEY, *Foundations of the Conciliar Theory*, op. cit. — E. MERSCH, *Le Corps mystique*, op. cit., t. II. — H. DE LUBAC, *Corpus mysticum. L'Eucharistie et l'Église au Moyen Âge,* Paris, Aubier, 2ª ed., 1949. — A. M. LANDGRAF, *Dogmengeschichte der Frühscholastik*, t. III, Regensburg, Pustet, 1954. — J. BEUMER, "Zur Ekklesiologie der Frühscholastik", *Scholastik* 26 (1951), pp. 364-389; "Ekklesiologische Probleme de Frühschcolastik", *ibid.*, 27, 1952, pp. 183-209.

Entretanto, a eclesiologia do século XII não se encontra completamente nos escritos que manifestam o esforço de definir e defender as estruturas jurídicas ou políticas. Ela se expressa, também, quando os teólogos e liturgistas explicam, com o auxílio das imagens bíblicas, a essência própria da Igreja. Esse século é a idade de ouro do simbolismo. Prolongando as práticas dos primeiros séculos, os teólogos descrevem a Igreja como casa e templo de Deus, esposa de Cristo, povo de Deus em peregrinação, como a mulher do Apocalipse, como a mãe dos crentes. Ela é o Reino de Deus em construção, ainda imperfeito, na expectativa da realização. Nesse sentido, tem a mesma extensão que a história do mundo. A visão patrística platonizante de uma Igreja terrestre "em peregrinação", reflexo da Igreja celeste, cede lugar à distinção entre a *Igreja militante* da terra (expressão que aparece por volta de 1160) e a *Igreja triunfante* do céu: a expressão tradicional da vida como um combate (*militia*) adquiriu uma atualidade nova com as cruzadas e o surgimento das ordens militares.

---

39. Cf. G. ALBERIGO, *Cardinalato e collegialità. Studi sull'ecclesiologia tra l'XI e il XIV secolo,* Firenze, Vallecchi, 1969.

A imagem dominante, contudo, é a da Igreja Corpo de Cristo. Pois a teologia do século XII foi marcada pela influência preponderante de Agostinho, que distinguia dois níveis de realização eclesial: a comunhão com Cristo, pela fé e pelos sacramentos instituídos por ele, e a animação pelo Espírito de Cristo (fazer parte do corpo de Cristo comporta viver do Espírito de Cristo). Esses temas são retomados de diversas maneiras desde a primeira escolástica. A Igreja é constituída por todos os que crêem em Cristo, desde mesmo as origens do mundo. Antes da encarnação, os justos criam no Cristo que viria. Nós cremos no Cristo que já veio. É a *caritas* que faz a unidade dos cristãos. A fé selada pelo batismo nos agrega ao Corpo de Cristo e, com isso, nos tornamos participantes do Espírito de Cristo.

Os escolásticos retomam esse esquema: a Igreja é a *reunião dos crentes*, daqueles que estão unidos a Cristo pela fé e pelo batismo; ela é Corpo de Cristo porque é animada pelo Espírito e porque se alimenta da eucaristia, cuja realidade (*res*) visada pelo sinal é precisamente a *unidade do corpo místico*.

Em relação a esse último ponto, observa-se um deslocamento significativo a partir da metade do século XII. Até então, *corpus mysticum* designava o corpo eucarístico, sacramental ou "místico", que nutria os crentes como princípio vital do "corpo verdadeiro" (*corpus verum*), isto é, da Igreja. Por volta de 1150, *corpus mysticum* passa a ser usado correntemente para designar a Igreja, ao passo que *corpus verum* designa a realidade da presença de Cristo no sacramento[40]. Esse deslocamento de sentido permitirá uma série de afirmações muito ricas a respeito da Igreja e sua relação com a eucaristia. Esta é símbolo do corpo místico, cuja unidade se exprime pelos grãos e pelas uvas reunidas para fazer o pão e o vinho. Esse simbolismo herdado dos primeiros séculos é explorado por numerosos autores, tais como Algério de Liège († 1131/32), Hugo de São Vítor († 1141), Pedro Lombardo († 1159). Eles o desenvolvem com refinamentos às vezes artificiais.

Mais profundamente, a eucaristia é o princípio vital do corpo místico, por isso é um sacramento necessário à salvação. Ela opera a unidade do Corpo, unindo cada um de seus membros à cabeça. Ainda aqui se encontra a influência de Agostinho — por exemplo na fórmula de Honório d'Autun: "O corpo (místico) de Cristo consome o Corpo (eucarístico) de Cristo; desse modo, Cristo se torna o Corpo (místico) de Cristo"[41]. Essa teologia se harmoniza com a que se elabora, na mesma época, sobre o papel de Cristo como Cabeça do Corpo e, por isso, fonte da "graça criada" que se difunde pelos membros. Essa orientação da pesquisa reflete, sem dúvida, o lugar crescente da cristologia na consciência da Igreja latina, com a correlativa menor atenção dada ao papel do Espírito.

---

40. Cf. sobre esse ponto a obra clássica de H. DE LUBAC, *Corpus mysticum. L'Eucharistie et l'Eglise au Moyen Âge*, Paris, Aubier, 1944, 2ª ed., 1949.

41. HONÓRIO D'AUTUN, *Du Corps et du Sang du Seigneur*, c. 4; *PL* 172, 1252b.

## 5. OS MOVIMENTOS ESPIRITUAIS

O período que vai das cruzadas à Reforma é de intensa vitalidade. No plano intelectual, o desenvolvimento da dialética, partir do fim do século XI, anuncia a grande escolástica. O empreendimento das cruzadas alargou os horizontes. A vida monástica floresceu, estimulada pela grande influência de São Bernardo (1090-1153). A devoção muda, assim como mudam as imagens de Cristo: não mais o Juiz soberano mas o homem das dores, o crucificado. A mística da paixão que encontramos em Bernardo, Francisco, Suso, Tauler, inclui uma crítica do cristianismo de dominação. A instituição dos cônegos regulares tende para a reforma do clero. É também a época em que se multiplicam os movimentos religiosos leigos, testemunhas de uma intensa aspiração espiritual, e críticos em relação ao aparelho eclesiástico. Esses movimentos são encontrados sobretudo na França e na Itália.

Os primeiros movimentos que visam a uma reforma da Igreja são um dos indícios dessa mudança. Os nomes lembrados a propósito deles são os de Pedro de Bruys (c. 1105-1112), do monge Henrique, dito de Lausanne (ap. 1116), de Arnaldo de Brescia († 1155), do comerciante lionês Valdés e de seus discípulos valdenses, de Amaury de Bène († 1205 ou 1207). Encontram-se envolvidas nesses movimentos inúmeras mulheres, da mesma forma, aliás, que nas correntes espirituais e místicas perfeitamente católicas da mesma época. Todos contestam o peso morto da Igreja, todos pretendem voltar à pureza da "Igreja primitiva".

Por mais de uma razão eles interessam à história da Igreja. Antes de tudo, dão um testemunho da persistência de uma evangelização vivaz, de uma resistência ao clericalismo dominante e aos acomodamentos da Igreja com as estruturas feudais. Embora essas tendências reformadoras tenham, em parte, encontrado lugar no seio da Igreja — especialmente no movimento franciscano —, a repressão de que foram alvo alguns desses grupos retardou um bom número de reformas necessárias: "Esse imenso clamor deveria ter sido ouvido. Isso teria mudado o curso de nossa história"[42].

Em seguida, sua pretensão de serem eles, *os pobres de Cristo,* a verdadeira Igreja espiritual, obrigou a uma definição mais precisa da Igreja. Em face do radicalismo de sua crítica, os teólogos vão precisar insistir nos aspectos institucionais da Igreja: ela não é simplesmente *reunião de cristãos*, mas se define também por sua apostolicidade, pelos meios da graça que são os sacramentos e, finalmente, por sua romanidade. Essas precisões, que suscitam, então, esboços ainda muito parciais de tratados sobre a Igreja, se encontrarão, de novo, no momento da Reforma católica do século XVI.

Enfim, a radicalidade de suas críticas provocou inúmeras reações. As condenações de diversos concílios[43], numerosos escritos refutando suas posições,

---

42. Y. CONGAR, em *RSPT* 66 (1982), p. 116.
43. Por exemplo, Latrão II (1139), cânone 23 (*COD* II-1, p. 443; *DzS* 718); Verona (*DzS* 760-761); Latrão IV (1215; *COD* II-1, pp. 495-497 e 501-505; *DzS* 800-802.809).

campanhas em vista de trazê-los de volta ao seio comum; como tudo foi em vão, as autoridades eclesiásticas começaram a achar necessário recorrer ao braço secular para reprimi-los. Desde 1179, o Concílio de Latrão III introduziu o princípio de um início de inquisição e o uso das armas para combater a heresia. Inocêncio IV admite a tortura como instrumento de investigação. "Contra as acusações de se ter mundanizado, a Igreja acabava reagindo mediante uma associação ainda maior com os meios temporais mais grosseiros"[44].

Um nome deve ser posto à parte aqui, o de Joaquim de Fiore (c.1130-1202), profeta também de uma Igreja espiritual. Primeiro abade cisterciense, depois fundador de uma nova comunidade monástica em Fiore, na Calábria, ele expõe em seus escritos uma visão da Igreja segundo três idades do mundo, caracterizadas pelas três pessoas da Trindade: a idade do Pai é a dos leigos, inaugurada em Adão e confirmada nos patriarcas; a idade do Filho é a dos clérigos, inaugurada na pessoa do rei Osias e que frutifica a partir de Jesus Cristo; a idade do Espírito é a dos contemplativos; ela começa com São Bento, e seu advento está próximo. A importância de muitas afirmações de Joaquim é discutível, mas sua influência é inegável: toda uma posteridade está ligada ao seu pensamento[45]. Se vários de seus discípulos enrijeceram suas posições, um bom número de autores que o criticaram também foram influenciados por ele. Particularmente sua maneira de ver a Igreja, por meio de diversas etapas, representava uma visão propriamente histórica, o que era novo. Nesses textos se esboça a imagem de uma Igreja ideal, espiritual, orientada para um futuro de pureza e liberdade. Sob vários aspectos, Joaquim é um precursor; por exemplo, em sua estima pela Igreja grega (a Igreja de João, a do monaquismo) e em sua revalorização do papel do Espírito.

---

44. Y. CONGAR, *L'Église*, p. 209.
45. Cf. H. DE LUBAC, *La posterité spirituelle de Joachim de Flore*, 2 vols., Paris, Lethielleux, 1978 e 1980.

CAPÍTULO XII
# A emergência do dogma eclesial

## I. A IGREJA NA IDADE DE OURO DA ESCOLÁSTICA

### 1. A IGREJA ILUMINADA PELA CRISTOLOGIA

> **INDICAÇÕES BIBLIOGRÁFICAS:** G. SABRA, *Thomas Aquinas' Vision of the Church. Fundamentals of an Ecumenical Ecclesiology,* Mainz, Grünewald, 1987. — M. GRABMANN, *Die Lehre des heiligen Thomas von Aquin von der Kirche als Gotteswerk. Ihre Stellung im tomistischen System und In der Geschichte der mittelalterliche Theologie,* Regensburg, Manz, 1903.

No século XII, a problemática dominante da eclesiologia latina girava em torno dos poderes do papa diante dos poderes seculares, enquanto o ensino teológico corrente continuava a veicular uma compreensão da realidade eclesial, inspirada na Bíblia e nos Padres, cujo eixo principal era a imagem do Corpo místico. O tema do corpo estava carregado de uma conotação de tipo corporativo, segundo a qual a cabeça representa o corpo, como que o resumindo.

Os grandes mestres da escolástica do século XIII, os franciscanos Alexandre de Hales (c. 1185-1245) e Boaventura (1221-1274), os dominicanos Alberto Magno (1206-1280) e Tomás de Aquino (1225-1274), recolheram essa herança e a desenvolveram no quadro de sua cristologia, elaborando, de modo particular, uma teologia da graça capital (*gratia capitis*) de Cristo. Nesse estágio, as questões de constituição jurídica não tinham ainda invadido a teologia propriamente dita. São Boaventura é disso uma boa testemunha. Como os outros escolásticos, ele distingue, em Jesus, o homem-Deus em quem habita a plenitude dos dons da graça, uma tríplice graça: a "graça própria à pessoa", que situa seu portador de maneira única diante de Deus e o preserva de todo pecado; a "graça de união", que opera nele a união da natureza divina e humana, e o torna apto a ser o mediador universal da salvação; finalmente a *graça capital*, a que ele possui na qualidade de Cabeça do corpo místico, e que ele comunica aos que são membros de seu corpo. A ação dessa graça não está limitada nem no tempo, nem no espaço; ela é eficaz para os eleitos do céu e da terra, tanto antes como depois da encarnação.

Em Tomás de Aquino (1225-1274), assim como nos outros teólogos, não se encontra um tratado especial sobre a Igreja. O ambiente da época não lhe era muito propício: a distinção entre sociedade espiritual e temporal era pouco sensível, "o mundo medieval era um mundo uno. Ora, essa unidade era assegurada precisamente pela Igreja". É significativa a constatação de que os primeiros tratados específicos sobre a Igreja serão "contemporâneos das primeiras rejeições expressamente motivadas de um mundo tão unificado"[1]. Embora Tomás não tenha escrito nenhuma eclesiologia, podemos assinalar elementos bem definidos e muito ricos em diversos lugares de sua obra: no tratado *Sobre a verdade* (q. 29), na *Suma teológica*, lá onde ele fala da nova lei, dos sacramentos, particularmente da eucaristia, da penitência e da ordem. O assunto é tratado, de maneira característica, na célebre questão 8 da parte III da *Suma*, intitulada "Da graça de Cristo, como cabeça da Igreja". Tomás, aí, não está sendo original: inscreve-se na tradição escolástica. Contribui, entretanto, para essa teologia ao introduzir, na esteira de alguns Padres gregos (sobretudo João Damasceno), o tema da causalidade instrumental da humanidade de Cristo e, depois, dos sacramentos, que são como que seu prolongamento, na concessão da graça. Pela encarnação, a humanidade de Jesus se tornou o instrumento da divindade, o ponto de comunicação entre Deus e a humanidade inteira. Possuindo a graça em plenitude, o homem Jesus é, ao mesmo tempo, a Cabeça de toda a humanidade e do corpo da Igreja. Como Agostinho, Tomás considera o Espírito Santo a alma da Igreja, isto é, aquilo que lhe confere sua realidade última, como o faz a alma para nosso corpo. Como se vê, a perspectiva dominante, tanto nele como nos outros escolásticos, permanece cristológica: o Corpo eclesial é visto como o domínio de influência espiritual de Cristo, e não implica automaticamente os caracteres de organização social e visibilidade.

Longe dos debates relativos aos poderes respectivos do papa e dos príncipes, essa alta teologia reflete uma consciência de Igreja na escala da história humana inteira. O papel central de Cristo se estende aos justos de todos os tempos. A Igreja é, portanto, constituída pelo conjunto das criaturas espirituais que têm a graça. Fazem, portanto, parte da Igreja "à qual pertencemos" (Tomás é categórico) os anjos e os santos do Antigo Testamento. "Desde Abel, o justo", até Cristo, eles são justificados pela fé na Paixão futura de Cristo e constituem a *Igreja precedente* (Boaventura). Sob o regime da Nova Aliança, pertencem à

---

1. P. FAYNEL, *L'Église,* Paris, Desclée, t. I, 1970, p. 146.

Igreja, em primeiro lugar, os santos do céu, mas também os justos na terra, isto é, todos os que vivem na fé e na caridade. Enfim, mesmo as almas do Purgatório, que estão ainda, de certo modo, na terra, fazem parte do Corpo de Cristo. Quanto aos batizados que são pecadores e que não vivem na graça, são "membros mortos" ou "em sentido imperfeito"; ou ainda, segundo a distinção antiga, eles pertencem à Igreja "por número" e não "por mérito". Enfim, como para o século anterior, o Corpo místico de Cristo só se mantém vivo e unificado pelo alimento do Corpo eucarístico. Como diz Tomás de Aquino, a *res* da eucaristia (a realidade final visada pelo sacramento) "é a unidade do corpo místico"[2].

## 2. UMA TEOLOGIA DA MONARQUIA PAPAL

> **INDICAÇÕES BIBLIOGRÁFICAS:** W. ULLMANN, *Medieval Papalism, op. cit.* — J. F. VON SCHULTE, *Die Stellung der Concilien, Päpste und Bischöfe vom historischen und kanonistischen Standpunkte und die päpstliche Constitution vom 18. Juli 1870 mit den Quellenbelegen,* Prag, Tempsky, 1871. — G. DE LAGARDE, *La Naissance de l'esprit laïque au déclin du Moyen Âge,* 5 vols., Louvain-Paris, Nauwelaerts, 1956-1970. — L. BUISSON, *Potestas und Caritas. Die päpstliche Gewalt im Spätmittelalter,* Köln-Graz, Böhlau, 1958. — J. A. WATT, *The Theory of Papal Monarchy in the 13th Century. The Contribution of the Canonists,* Fordham, Univ. Press, 1965. — K. GANZER, *Papsttum und Bistumsbesetzungen in der Zeit von Gregor IX bis Bonifaz VIII. Ein Beitrag zur Geschichte der päpstlichen Reservationen,* Köln-Graz, Böhlau, 1968.

Essa teologia já foi acusada de ter "des-historicizado" a Igreja, por causa de sua abordagem principalmente metafísica da graça. Com isso, ela deixava campo livre para uma abordagem sobretudo canônica da realidade eclesial. Todavia, a grandeza da visão manifestada pelos grandes escolásticos não os mantém, de forma alguma, à parte dos acontecimentos de seu tempo. O contexto global das lutas entre o sacerdócio e o império, bem como a rivalidade entre o clero secular e as duas grandes ordens mendicantes nascidas no século XII — dominicanos e franciscanos —, deixam traços nas obras dos teólogos dessas duas ordens e explicam por que exaltaram o primado do papa em relação ao poder dos bispos.

Seus argumentos se situam no prolongamento da doutrina de Cristo e da "graça capital", que é a de Cristo na qualidade de cabeça do Corpo místico. Mas são também influenciados por sua leitura do Pseudo-Dionísio, o Areopagita, cuja tradução latina acabava de ser publicada (1240) pelo bispo de Lincoln, Roberto Grosseteste. O tema da hierarquia, central em Dionísio, se vê transposto para uma teoria dos poderes e de seu escalonamento, e vai apoiar uma visão que reduzia ao papa toda a organização da vida eclesial. O paralelo entre as diversas ordens e os nove coros dos anjos se encontra em vários teólogos da

---

2. *Suma teológica,* q. 73, a. 3.

época, especialmente na escola franciscana. Os esquemas dionisianos contribuíram para orientar num sentido hierocrático as posições dos teólogos favoráveis à monarquia pontifícia e vão modelar o pensamento de um Bonifácio VIII, que se reportará explicitamente a eles na bula *Unam Sanctam*.

Para Boaventura, também ele marcado pela influência dionisiana, o papa é o pastor supremo de todo o rebanho. Seu primado na Igreja vem do fato de que, como *vigário de Cristo,* ele ocupa o lugar de Cristo, Cabeça da Igreja, participando assim da ação de Cristo, dispensador de toda graça. Nesse sentido, o sucessor de Pedro pode, ele também, ser chamado *cabeça da Igreja.* Ele é o chefe visível que representa o chefe invisível. Também para Tomás de Aquino, assim como os apóstolos receberam sua autoridade de Pedro, é do papa que os bispos recebem seu poder de jurisdição. Esse último ponto merece ser destacado[3].

Até então, os argumentos desses teólogos apoiavam uma tendência, que se desenvolvera desde o século XI, de reservar ao papa a nomeação dos bispos. A reforma gregoriana pretendeu retirar sua designação do poder dos príncipes, restabelecendo o antigo sistema de eleição. Por volta de 1200, essa eleição é reservada aos capítulos das catedrais. Mas essa prática não permitia resolver todos os casos, particularmente quando os capítulos estavam divididos por rivalidades. Os apelos a Roma se multiplicaram, enquanto, por sua vez, o papa se reservava o direito de intervir. Em 1264, no segundo concílio de Lião, o papa conseguiu que se introduzisse a regra da maioria de dois terços para a eleição. Mas nem tudo ficou resolvido. Em certos casos, circunstâncias excepcionais levaram o papa a suspender a eleição livre dos bispos pelos capítulos para todo um território, e a nomear diretamente os bispos. A concepção da "plenitude dos poderes", que se tornara corrente, acabou por impor a idéia de que a nomeação pelo papa era a regra, e que era por um privilégio concedido por Roma que alguns capítulos continuavam a eleger o bispo. "O passo decisivo que leva à reserva sistemática das nomeações episcopais será dado, no século XIV, pelo papado de Avinhão. As razões são, antes de tudo, financeiras. A nomeação dos bispos se tornara, com efeito, uma fonte de rendimentos muito lucrativa para a Cúria romana. Ela criou mecanismos e hábitos que nada mais eram do que simonia sob o manto do papado"[4].

## II. DO SÉCULO XIV À REFORMA

### 1. OS PRIMEIROS TRATADOS SOBRE A IGREJA

> **INDICAÇÕES BIBLIOGRÁFICAS:** V. MARTIN, *Les origines du gallicanisme,* 2 vols., Paris, Bloud et Gay, 1939. — J. LECLERCQ, *Jean de Paris et l'écclesiologie du XIIIe siècle,* Paris, Vrin, 1942. — B. TIERNEY, *Foundations of the Conciliar Theory, op. cit.*

---

3. Cf. acima, p. 163.
4. K. SCHATZ, *La primauté du pape,* pp. 151-155; cit. p. 154.

É então, na virada do século XIII para o XIV, que se vêem surgir, pouco a pouco, verdadeiros tratados consagrados à Igreja como sociedade organizada e visível, não mais simples partes da cristologia. Entre 1300 e 1330 surgem mais de trinta. São suscitados ora pela necessidade de responder às seitas espirituais, argumentando primeiro contra os valdenses e os cátaros, depois contra os hussitas, ora — na maioria das vezes — pelas disputas entre os reis e o papado, particularmente entre Filipe IV, o Belo, e Bonifácio VIII.

Elaborados nesse contexto, essas obras não são conjuntos dogmáticos completos sobre a Igreja. As mais freqüentemente citadas, as de Tiago de Viterbo, João de Paris e Gil de Roma, "são essencialmente justificativas teológicas da tese pontifical"[5]. Se, por um lado, eles argumentam contra os movimentos espirituais, por outro assumem uma feição apologética que se prolongará quase até nossos dias. Em defesa dos poderes do papa temos, por exemplo, o tratado intitulado *Sobre o poder real e papal,* publicado em 1303 pelo dominicano João Quidort de Paris († 1306). A abordagem nessas obras é principalmente jurídica: são escritos de teólogos que são também, e sobretudo, canonistas. Eles elaboram as primeiras formulações teóricas sobre as relações entre o poder espiritual e o poder temporal, bem como sobre as prerrogativas da autoridade eclesiástica em matéria temporal.

Suas posições quanto à extensão dos poderes do papa, especialmente nas questões seculares, são diversas. Alguns se filiam à corrente hierocrática favorável à monarquia papal; outros reconhecem, de preferência, a autonomia da sociedade leiga. Gil de Roma (1243-1316), discípulo e defensor de Tomás de Aquino, superior geral dos agostinianos e futuro arcebispo de Bourges, vai muito além do pensamento de seu mestre ao desenvolver uma verdadeira teoria do absolutismo papal, e lança a fórmula: "O papa, que ocupa o lugar mais alto na Igreja e pode ser considerado a Igreja"[6]. Um eremita de santo Agostinho, Tiago Capocci de Viterbo († 1307-1308), do qual se disse ter sido o autor do primeiro tratado sobre a Igreja[7], aplica à Igreja a imagem do reino (*regnum*) e consagra todo um estudo a suas "notas". Sua concepção da superioridade do poder espiritual sobre o temporal levou-o a adotar uma posição estritamente hierocrática, e sua idéia da *plenitude do poder* faz ver a Igreja quase como uma única grande diocese universal. Esses dois autores tiveram uma numerosa posteridade fiel a sua perspectiva. Os teólogos ou canonistas a serviço da Cúria romana, o franciscano Álvaro Pelayo († 1349 ou 1353) e Agostinho Trionfo († 1328), outro eremita de santo Agostinho, desenvolvem, chegando ao exagero, teses favoráveis ao poder pontifical. Eles se apóiam freqüentemente nas teorias hierár-

---

5. P. FAYNEL, *L'Église,* t. I, p. 151.
6. *Du Pouvoir eccclésiastique ou du Souverain Pontife,* III, cap. 12; ed. R. Sholz, Weimar, Böhlaus, 1929, p. 209.
7. Trata-se do seu tratado *Du Gouvernement chrétien,* 1301-1302, editado por H.-X. Arquillière, Paris, Beauchesne, 1926.

quicas do Pseudo-Dionísio cuja influência é nítida na bula *Unam Sanctam* de Bonifácio VIII. Agostinho Trionfo chega a escrever, em sua *Suma sobre o poder eclesiástico* (1320), que todo poder emana do papa, único vigário de Cristo na terra (ele diz mesmo "sucessor"), de tal forma que se pode dizer: "O papa é um nome para a jurisdição". Não se pode, portanto, apelar a Deus ou ao concílio geral, visto que a autoridade do concílio depende do papa. A relação entre ele e a Igreja funciona numa única direção: "O papa é a cabeça em todo o corpo místico da Igreja, no sentido de que ele não recebe nem força nem autoridade dos membros, mas não cessa de influir sobre eles, pois é a cabeça"[8]. Segundo ele, na ordenação episcopal, só o poder de ordem vem diretamente de Cristo, enquanto o poder de jurisdição é dado pelo papa — opinião que representa a posição romana até o Concílio Vaticano II. Para Álvaro Pelayo, o papa é "o monarca principal" de todo o povo cristão e, "de direito", do mundo inteiro: ele possui, na terra, todo o poder que pertence a Cristo. Ele está acima dos concílios. "O corpo místico de Cristo está lá onde está sua cabeça, isto é, o papa".

Outros teólogos têm uma abordagem mais sensível às exigências do momento histórico. A consolidação dos Estados-nações era acompanhada por uma percepção mais clara da autonomia do poder temporal. A presença, no trono, de personalidades de grande prestígio moral, como Frederico II (1215-1250) e São Luís IX (1226-1270), só podia reforçar essa tomada de consciência. João Quidort († 1306), em seu tratado *Sobre o poder real e papal*, marca bem a distinção entre os domínios espiritual e temporal. O poder do papa é episcopal, o papa está na Igreja como "seu membro supremo e dispensador universal", mas não acima dela, e só Cristo é sua cabeça. João Quidort tem também posições inspiradas no modelo corporativo. Ele gostaria de ver o papa se cercar de conselheiros escolhidos em todas as províncias. Um papa "inadaptado ou ineficaz" poderia ser deposto "pelo povo ou pela assembléia dos cardeais, que, nesse caso, representaria todo o clero e todo o povo"[9].

A tese do poder direto da Igreja em matéria temporal encontrou apoio em muitas fórmulas dos papas, de Gregório VII (1073-1085) a Bonifácio VIII (1294-1303), mas o conjunto de suas declarações obriga a matizar a importância dessas fórmulas. A expressão *poder indireto* aparece não com Inocêncio III (1198-1216), que fala de julgamentos em matéria temporal "por causa do pecado", mas com os decretalistas do século XIII, quando comentam as grandes decretais de Inocêncio III. João Quidort fala, em 1302, de "poder diretivo": o poder real vem diretamente de Deus, mas o papa pode intervir no temporal, na medida em que a fé estiver comprometida. Para o resto, ele distingue claramente os dois domínios: o *regnum* tem sua ordem própria, emanando diretamente de Deus;

---

8. *Somme sur le pouvoir ecclésiastique* (1326), VI, p. 5. Citado por K. SCHATZ, *La Primauté du pape*, p. 146.

9. *Sur le pouvoir royal et papal*, cap. 24. Sobre as posições de Jean Quidort, cf. J. LECLERCQ, *Jean de Paris et l'ecclésiologie du XIIIe siècle*, Paris, Vrin, 1942 (com a ed. do texto).

a Igreja tem a sua, na dependência da encarnação. Em seu tratado *Sobre o poder do papa* (c. 1325), o dominicano Pedro de Palu († 1342) sublinha que os reis não recebem do papa sua jurisdição temporal, mesmo se lhes são indiretamente submissos nas coisas espirituais. Para ele, assim como o poder dos apóstolos não lhes foi dado por Pedro, assim também o dos bispos não emana do poder do papa.

A teologia hierocrática do primado papal encontra sua expressão mais extrema na bula *Unam Sanctam* (18 de novembro de 1302), emitida pelo papa Bonifácio VIII (1294-1303) no momento mais forte da sua disputa com o rei Filipe, o Belo. Citamos suas fórmulas características:

> A única Igreja católica, sem a qual "não há salvação nem remissão dos pecados", "só tem um corpo, uma cabeça, e não duas cabeças como teria um monstro: é Cristo e Pedro, vigário de Cristo, e o sucessor de Pedro". "As palavras do Evangelho nos ensinam: essa potência comporta duas espadas, a saber, a espiritual e a temporal [...] Todas as duas estão em poder da Igreja, a espada espiritual e a material. Mas esta última deve ser usada para a Igreja, aquela pela Igreja. A espiritual deve ser manuseada pela mão do sacerdote, a temporal pela mão dos reis e dos cavaleiros, com o consentimento e segundo o agrado do sacerdote [...] A verdade o atesta: a potência espiritual pode estabelecer a potência terrestre e julgá-la, se esta não for boa [...] Quem resiste pois a essa potência ordenada por Deus 'resiste à ordem de Deus' (Rm 13,2). Por isso declaramos, dizemos e definimos que é absolutamente necessário à salvação para toda criatura humana estar submissa ao Pontífice romano"[10].

Esse texto (em todo caso, sua última frase) tem freqüentemente sido considerado uma definição dogmática irreformável, dada a solenidade da declaração. Ele, de fato, retoma posições que já se encontravam em Gregório VII, Inocêncio III, Inocêncio IV e nos teólogos da época, e precisa ser interpretado no contexto da cristandade de então. Tomado ao pé da letra, contém afirmações espantosas: por exemplo, Cristo e o papa formam uma só cabeça e, portanto, o papa é, com Cristo, cabeça do corpo místico.

Em qualquer hipótese, este documento é um testemunho de que falta ao papa o senso da evolução histórica: num contexto ainda feudal, o nascimento dos Estados-nações provocava o surgimento de uma nova realidade política que tinha sua consistência própria, a ser reconhecida pela Igreja. A derrota de Bonifácio VIII na disputa com Filipe, o Belo, e a transferência do papado para Avinhão, com a conseqüente dependência em relação ao rei da França, são etapas significativas da decadência do papado durante a segunda metade da Idade Média. Decadência que se acentuará pelas rivalidades dos papas que disputam a tiara por ocasião do cisma do Ocidente.

---

10. *DzS* 870-875; *FC* 422-423.

O sentimento nacional que foi se afirmando desde o século XII acarretava fatalmente o declínio da idéia imperial, à qual a Igreja romana permanecia ligada. Nesse momento, pode-se dizer que "a ideologia política papal perde contato com a realidade"[11]. Os legistas em torno de Filipe, o Belo, tinham uma clara consciência da existência de duas sociedades regidas, cada uma, por seu direito próprio. Uma mesma pessoa pode depender só do rei, na ordem temporal, embora permanecendo membro da Igreja pela fé e pelo batismo. Na própria Igreja, os leigos não são sujeitos passivos: os mesmos legistas denunciam uma confiscação da Igreja pelo clero. A Igreja é para o clero a *reunião dos fiéis* (*congregatio fidelium*), mas a fórmula já não tem, para eles, o sentido espiritual que tinha para os teólogos da Alta Idade Média; tem, agora, um sentido corporativo e significa que é o povo todo que é o sujeito da vida e do poder.

Além disso, na mesma época, permanece bem viva uma corrente em favor de uma limitação do exercício da autoridade pontifical pela *ecclesia* e seus representantes. Essa corrente se apóia numa tradição canônica forte, que remonta a Graciano e ao direito das corporações. Encontram-se traços dela até mesmo nos decretalistas. Ela alimentará o conciliarismo quando este se apresentar como a única maneira de sair do impasse no momento do Grande Cisma do Ocidente: só um concílio pode julgar da legitimidade de dois papas que se opõem e é preciso que se reúna sem ter sido convocado por nenhum dos dois.

Assim, pouco a pouco, desde a reforma gregoriana até as contestações do século XV, elabora-se, ao mesmo tempo na prática e na teoria, uma figura de Igreja que vai se impor como modelo por vários séculos. É uma sociedade unificada, submissa a um papa que funciona, de fato, como "bispo universal", totalmente independente dos poderes políticos, e regida na base de um modelo sobretudo jurídico, à maneira de um Estado ou de uma monarquia. As crises que vão se suceder, muitas das quais questionarão esse modelo, vão contribuir para consolidá-lo e torná-lo mais claro. Por exemplo, a disputa entre as ordens mendicantes e os seculares, já mencionada, vai propiciar o desenvolvimento de uma eclesiologia da Igreja universal e, oposta a ela, uma eclesiologia da Igreja local baseada num princípio territorial ou nacional.

O que foi comentado acima a respeito das posições eclesiológicas da Igreja do Oriente explica em parte o fracasso das tentativas de reconciliação realizadas durante a Idade Média. A fórmula de união proposta, desde 1267, por Clemente IV ao imperador Miguel VIII Paleólogo resumia a evolução esboçada: o papa possui *a plenitude do poder,* compreendida no sentido de fonte para as outras Igrejas (inclusive as de privilégio patriarcal), a função do magistério supremo, a jurisdição suprema e universal no que toca ao foro eclesiástico. Esse texto, retomado no Concílio "de união" de Lião, em 1274, só podia encontrar decidida resistência da parte de Bizâncio, de modo que a união foi rompida desde a Páscoa de 1283. A tentativa de união no Concílio de Florença, em 1439, não

---

11. K. SCHATZ, *La Primauté du pape*, p. 131.

terá maior sucesso. Por outro lado, a polêmica anti-romana levou o Oriente a desenvolver uma teologia da colegialidade cujas intuições serão, muito mais tarde, partilhadas pela Igreja latina.

## 2. O INÍCIO DA CRÍTICA REFORMADORA

Dois autores exerceram então, mais que os teólogos, uma influência preponderante: Marsílio de Pádua (1280-1343) e o franciscano inglês Guilherme de Ockham († 1349). No seu tratado *O defensor da paz,* publicado em 1326, "a obra de eclesiologia política mais revolucionária da modernidade nascente", Marsílio aplica à Igreja as idéias políticas de Aristóteles[12]. Ele toma o sentido oposto ao da doutrina corrente, que subordinava o temporal ao espiritual em nome da unidade do fim último: não é o Estado que é submisso à Igreja, mas a Igreja ao Estado. O poder legislativo pertence só ao povo. Cabe ao príncipe, escolhido pelo povo como seu mandatário, assegurar a paz e a unidade bem como a observância das leis. Aos sacerdotes, cabe o encargo da pregação e dos sacramentos, funções necessárias à paz social. A Igreja não dispõe de nenhum poder coercitivo, mesmo no uso do poder das chaves. O primado do papa não lhe vem de Cristo, é pura criação da história. A autoridade suprema na Igreja é o concílio, representação da *universalidade* dos fiéis, assistido pelo Espírito Santo. Compreende-se que essas teses, contrárias às posições romanas, tenham sido condenadas pelo papa João XXII[13].

Tomando posição acerca do *Defensor da paz,* Guilherme de Ockham (1285-1347) parece ter moderado posições antes mais radicais[14]. Ele admite que o poder temporal não depende do papa, que os reis o recebem imediatamente de Deus ou da comunidade, que o confiam a eles de acordo com o direito secular. Em caso de falha do clero, o imperador pode intervir nos assuntos da Igreja, mas em virtude de sua posição particular no povo cristão. Da mesma forma, Guilherme admite a direção do papa sobre a sociedade cristã, em todo caso, na ordem espiritual; o papa pode mesmo ser levado, "ocasionalmente", a intervir no domínio temporal, em caso de falta das instâncias normais. Guilherme sublinha também que as decisões do papa, e mesmo do concílio, só adquirem plena importância pela aprovação do conjunto da Igreja, aprovação que deve, aliás, ser presumida se as decisões proclamadas não provocam a contestação.

---

12. J. FINKENZELLER, art. "Kirche IV", *TRE* 18 (1988), p. 235. Cf. G. DE LAGARDE, *La naissance de l'esprit laïque, op. cit.,* t. III, "*Defensor pacis*"; MARSÍLIO DE PÁDUA, *Le Défenseur de la paix,* ed. J. Quillet, Paris, Vrin, 1968.

13. Bula *Licet iuxta doctrinam* (1327); *DzS* 941-946; *FC* 424-425.

14. Sobre Ockham, cf. G. DE LAGARDE, *La Naissance de l'esprit laïque, op. cit.,* t. IV e V; A. HAMMAN, *La doctrine de l'Église et de l'État chez Occam. Étude sur le "Breviloquium"*, Paris, éd. Franciscaines, 1942.

Nessas posições críticas, o que transparece é o surgimento de um novo conceito de Igreja. Mais amplamente, uma certa concepção da ordem antiga está em vias de se abalar. Diante do universo da fé, a ordem da razão afirma sua consistência própria. Diante de uma concepção englobante da autoridade da Igreja (um único corpo, uma única cabeça), a sociedade leiga reivindica sua autonomia. Na Igreja, correntes espirituais pretendem também questionar a organização eclesiástica e seus abusos. "Begardos", Irmãos do Espírito Livre, "Fraticelli", movimentos compostos essencialmente de leigos, buscam uma espiritualidade menos marcada pelo jurisdicismo invasivo, acabando, alguns deles, por assumir ares de seita. Desde o início do século XIV, pressentem-se as correntes que vão constituir a Renascença. O individualismo nascente permite dissociações jamais imaginadas antes. Surge a reivindicação: mais Cristo e menos Igreja. O que importa é menos a coesão externa da instituição do que a unidade mística dos crentes. Sobretudo, a necessidade de reforma da Igreja, "na cabeça e em seus membros", é sentida por toda parte e vai se acentuar durante o período caótico do cisma do Ocidente.

Essa mentalidade assume forma radical na crítica do sacerdote reformador de Oxford, John Wyclif (c. 1324-1384). Ele se opõe principalmente à riqueza e às pretensões temporais do clero. A partir de 1378 (ano em que publica seu tratado *Da Igreja* e tem início o Grande Cisma), ele justifica sua crítica mediante uma definição de Igreja contrária à dos canonistas e teólogos. A verdadeira Igreja é, para ele, uma Igreja pobre, espiritual e, finalmente, uma Igreja composta somente de predestinados: esta é a verdadeira Esposa de Cristo e nossa Mãe. Os outros podem estar "na" Igreja: não são "da" Igreja. Mas, como apenas Deus conhece a qualidade de predestinado, só no fim dos tempos aparecerá o ser verdadeiro da Igreja; a verdadeira Igreja é indiscernível. Os crentes podem, entretanto, ter um certo discernimento do que convém à verdadeira Esposa de Cristo, reportando-se aos critérios evangélicos. A essa luz, é evidente, para ele, que o papado é uma invenção humana, que remonta a Constantino, e que deveria ser abolida.

Essa tese de uma Igreja somente de predestinados será retomada, em Praga, por João Hus (1370-1415). Seu tratado *Da Igreja* (1412-1413) é muito dependente de Wyclif, sem, no entanto, segui-lo em todos os pontos[15]. Foi sobretudo em suas pregações na Igreja de Bethlém, em Praga (1402-1412), que ele difundiu suas idéias reformadoras. A Igreja visível não é o verdadeiro Corpo de Cristo; a verdadeira Igreja é a dos predestinados, da qual só Cristo é o chefe. O papa pode ser visto como chefe da Igreja, num certo sentido, mas somente no plano externo. Ele só é vigário de Pedro se reproduz suas virtudes. E obediência só se deve ao bem e à virtude.

As teses de Wyclif e, sobretudo, as de Hus foram logo criticadas por outros teólogos e, depois, condenadas pelas autoridades universitárias e ecle-

---

15. Sobre a sua eclesiologia. Cf. P. DE VOOGHT, *L'hérésie de Jean Huss*, Louvain, Public. univer., 1960; M. SPINKA, *John Hus' Concept of the Church,* Princeton, University Press, 1966.

siásticas, inclusive pelo Concílio de Constança, que, em 1415, condenou Hus como herético e o entregou ao braço secular[16]: era evidente que elas questionavam toda a ordem eclesiástica.

## 3. O GRANDE CISMA (1378-1417) E O CONCILIARISMO

> **INDICAÇÕES BIBLIOGRÁFICAS:** B. TIERNEY, *Foundations of the Conciliar Theory*, op. cit. — W. ULLMANN, *The Origins of the Great Schism. A Study in fourteenth Century Ecclesiastical History,* Londres, Burns Oates & Washbourne, 2ª ed., 1967. — M. J. WILKS, *The Problem of Sovereignty in the Later Middle Ages. The Papal Monarchy with Augustinus Triumphus and the Publicists,* Cambridge, University Press, 1963. — L. BUISSON, *Potestas und caritas. Die Päpstliche Gewalt im Spätmittelalter,* Köln-Graz, Böhlau, 1958. — P. DE VOOGHT, *Hussiana,* Louvain, Publications Universitaires, 1960. — O. DE LA BROSSE, *Le Pape et le concile. La comparaison de leur pouvoir à la veille de la Réforme,* Paris, Cerf, 1965. — P. DE VOOGHT, "Les Résultats de la recherche récente sur le conciliarisme", *Concilium* 64 (1971), pp. 133-140. — J. LECLER, *Le Pape ou le Concile? Une interrogation de l'Église mediévale,* Lyon, Chalet, 1973. — J. GILL, *Constance et Bâle-Florence,* Paris, L'Orante, 1965.

No centro dos debates eclesiológicos desses anos está a questão da superioridade do concílio sobre o papa. Essa questão vai absorver uma grande dose de energia no campo da reflexão eclesiológica durante quase dois séculos. Ela se levantava, necessariamente, a partir dos fatos. Desde junho de 1409, data da eleição de Alexandre V, no Concílio de Pisa, reunido para pôr fim ao cisma, três papas disputavam a legitimidade da sé romana. Não era evidente que o direito não podia estar com os três ao mesmo tempo? Mas quem poderia resolver o cisma? O problema era ao mesmo tempo teológico e prático. No passado, outros cismas (1080-1100, 1130-1138, 1159-1177) tinham acabado por se resolver com o tempo, pelo fato de um dos dois papas ter sido reconhecido por todos. Mas essa solução tornara-se menos visível. Estando cada um dos papas persuadido de que o direito era seu, nenhum deles podia admitir que uma instância superior pudesse destituí-lo. Fracassados os esforços de conciliação pela discussão ou pela demissão voluntária, que outra saída existiria senão o recurso a um concílio (*via concilii*)? Mas como reunir um concílio sem uma convocação pelo papa? A absolutização do poder papal levava a essa conseqüência absurda de não se poder fazer outra coisa, parece, senão entregar à providência a solução do cisma.

Diversos teólogos afirmaram, então, que a sobrevivência da *ecclesia* exigia que o poder de convocar um concílio geral pertencesse à própria Igreja. Essa tese já tinha sido formulada por Guilherme de Ockham e desenvolvida por dois mes-

---

16. Para Wyclif, textos em *DzS* 1121-1139 e 1151-1195. Para Hus, *DzS* 1201-1230.

tres alemães de Paris, Conrado de Gelnhausen († 1390) e Henrique de Langenstein († 1397). Ela fora retomada um pouco mais tarde, com nuances diversas, por Pedro d'Ailly (1350-1420), depois por seu aluno e amigo, João Gerson (1363-1429), que foi, como ele, professor e chanceler da Universidade de Paris. O mesmo pode-se dizer do cardeal Francisco Zabarella (1360-1417), que desempenhou importante papel no Concílio de Constança, e de seu discípulo Nicolau de Tudeschis, um dos canonistas mais reputados de seu tempo. Os papas podiam errar, "desviar da fé": essa era uma doutrina comum, não apenas entre os canonistas. Nesse caso, era necessário que um concílio tivesse o poder de ratificá-los e até mesmo depô-los. Mesmo se, em circunstâncias normais, cabia ao papa convocar os concílios, em caso de necessidade essa convocação deveria poder ser feita sem ele. A opinião comum, desde os decretistas, era que, em tais casos, o bem geral da Igreja era mais decisivo que a imunidade do papa. Outros teólogos, mesmo reconhecendo que o papa possuía a plenitude dos poderes, consideravam que o concílio tinha o direito de julgar se o papa não ultrapassava os limites de seu ministério. Outros ainda iam mais longe do que esse "conciliarismo moderado". Para eles, de maneira geral, o papa é membro da Igreja; a ela é que pertencem radicalmente todos os poderes, portanto ele está sujeito a ela. A idéia é explicitada, então, na fórmula: "O concílio representa a Igreja universal".

Uma outra convicção que se difunde na mesma época: só um concílio é capaz de implementar a reforma da Igreja, que se tornara manifestamente necessária "ao mesmo tempo na cabeça e nos membros". Inúmeras vozes se elevavam para denunciar os abusos no sistema de financiamento do papado, por ocasião das nomeações dos bispos e abades, e das sanções que se lhes seguiam. Por exemplo, em 1328, o papa João XXII excomungara 36 bispos e 46 abades por não terem pago as taxas no tempo devido. Aos olhos das pessoas de bom senso, o principal obstáculo para a reforma era o próprio papado que, nas palavras de João Gerson, no Concílio de Constança, era "uma tirania que destrói a Igreja"[17].

A idéia conciliarista, aliás, estava autorizada pelo novo modelo de funcionamento corporativo das cidades e das universidades desenvolvido no século XIV. Nesse modelo, a soberania é detida pela *universitas*, representada por um órgão eleito. O *reitor* está acima de cada um dos membros, mas é o mandatário da *universitas*, à qual deve prestar contas. As diferentes teses conciliaristas vão aplicar esse modelo às relações entre o papa e o concílio. Por exemplo: o concílio tem o poder legislativo, o papa, o executivo; dizer que o papa não pode ser julgado por ninguém significa "por nenhuma pessoa individualmente", mas não vale para o conjunto da Igreja ou para sua representação em concílio.

Essa influência dos modelos políticos da época não deve esconder o fato de que o conciliarismo veiculava, também, a antiga eclesiologia da comunhão, que fora reprimida, a partir da Idade Média, sob a influência do modelo feudal. O tema agostiniano do poder das chaves dado a Pedro não como pessoa indivi-

---

17. Citado por K. SCHATZ, *La Primauté du pape*, p. 162.

dual, mas como personificando a Igreja, ficara como um bem comum dos teólogos e canonistas. Na realidade, as teses conciliaristas não eram mais do que um prolongamento da eclesiologia tradicional dos séculos precedentes.

Essas idéias serão traduzidas na prática: os concílios da época contam, junto com os bispos e prelados, com príncipes, representantes das universidades e mesmo outros corpos constituídos, às vezes grandemente majoritários. Enfim, a oposição irredutível de dois e, depois, de três papas não podia deixar de abrir os olhos dos fiéis: na ausência de um papa reconhecido, a Igreja continuava a viver na dependência de sua única cabeça, Cristo. A consciência cristã via-se, pela força das coisas, de volta à realidade fundamental da *ecclesia* vista como uma reunião dos que crêem.

A doutrina conciliarista, pelo menos em sua forma moderada, encontrou uma formulação clara no decreto *Haec sancta* (6 de abril de 1415) do Concílio de Constança (1414-1418):

> Este santo sínodo de Constança, constituindo concílio geral em vista de extirpar o atual cisma e de realizar a união e a reforma da Igreja de Deus em sua cabeça e em seus membros [...] ordena, define, estatui, decide e declara o que se segue, a fim de procurar mais facilmente, mais seguramente, mais abundantemente e mais livremente a união e a reforma da Igreja de Deus.
>
> Em primeiro lugar, este mesmo sínodo, legitimamente reunido no Espírito Santo, na qualidade de concílio geral e representante da Igreja católica militante, tem o poder que lhe vem diretamente de Cristo; todos, seja qual for o estado ou dignidade, mesmo a papal, são obrigados a lhe obedecer em tudo o que concerne à fé e à extirpação do cisma [bem como à reforma geral da Igreja de Deus na cabeça e nos membros][18].

A importância desse decreto é sempre discutida na Igreja católica, dada a condenação ulterior do conciliarismo e as definições do Concílio Vaticano I (1870) sobre o primado do papa[19]. Historicamente, esse decreto não recebeu a aprovação formal dos papas posteriores, a começar por Martinho V (1417-1431), que foi eleito em Constança; mas, observa Y. Congar, a doutrina da época não a requeria e o concílio não a procurou[20]. As circunstâncias (inclusive o estilo) não convidam a exagerar sua importância dogmática, e os Padres do concílio não procuraram, aliás, fazê-la valer fora do caso de urgência manifesta como a que se apresentava então. Em todo caso, mesmo com essa importância limitada, o decreto conservava

---

18. *COD* II-1, p. 845; *DzS,* depois do n. 1146. As passagens entre parênteses foram acrescentadas após a fuga de João XXII.

19. Sobre a interpretação de *Haec sancta,* cf. Y. CONGAR, *L'Église de saint Augustin,* pp. 320-327, em desacordo com P. VOOGHT, *Les Pouvoirs du concile et l'autorité du pape au concile de Constance,* Paris, Cerf, 1965.

20. Y. CONGAR, *L'Église de saint Augustin,* pp. 326-327.

uma significação eclesiológica durável: "Toda eclesiologia que liga a Igreja ao papa mas não faz igualmente o inverso é contraditada pela experiência histórica do Grande Cisma e pelos acontecimentos que então se produziram"[21].

O "concílio papal" de Pavia-Siena (1423-1424), convocado por Martinho V em virtude do decreto *Frequens* de Constança, foi geralmente considerado um fracasso. Ele é sobretudo significativo da vontade do papa de se reservar todo o poder de controlar os concílios, mesmo que fosse por seus legados. Não se pode dizer que tenha contribuído de maneira decisiva para restabelecer uma certa harmonia entre o papa e o concílio. De fato, o conflito ia se radicalizar durante todo o Concílio de Basiléia (1431-1440), até desembocar em um novo cisma, felizmente breve.

## 4. DO CONCÍLIO DE BASILÉIA AO CONCÍLIO DE TRENTO

**INDICAÇÕES BIBLIOGRÁFICAS:** R. BÄUMER, *Nachwirkungen der konziliaren Gedankens in der Theologie und Kanonistik des frühen 16. Jahrhunderts,* Münster, Aschendorff, 1971. – *Christian Unity. The Council of Ferrara-Florence 1438/1439-1989,* ed. G. Alberigo, Leuven, University Press, 1991.

Nas sessões de 15 de fevereiro de 1432 e de 26 de junho de 1434, o Concílio de Basiléia reafirma a posição de Constança sobre os poderes do concílio, mas em termos que a enrijecem, retirando-lhe o caráter circunstancial. O papa Eugênio IV, que praticamente fora constrangido a reconhecer o concílio, conseguiu transferi-lo para Ferrara, em 1437, e depois para Florença, em 1439. E aí pôde condenar a interpretação dada em Basiléia ao texto de Constança. A rápida adesão da assembléia dos fiéis à obediência romana significa, no mínimo, uma rejeição do conciliarismo radical de Basiléia.

Essa vitória da posição do papa iria se confirmar nos anos seguintes. Depois de Constança, a idéia de reunir um concílio para restabelecer a união com os gregos pairava no ar. A iniciativa, aliás, vinha destes últimos. A transferência do concílio para Ferrara, depois para Florença, foi motivada pelo desejo das Igrejas gregas de realizar um concílio em uma cidade italiana. Esse concílio chama a atenção de modo particular, hoje, porque constituiu até certo ponto uma busca de reconciliação sem redução das diversidades. Na bula de união com os gregos, *Laetentur caeli,* de 6 de julho de 1439, o Concílio de Florença (1439-1445) reafirma os privilégios da Sé apostólica e do papa, mesmo reconhecendo todos os direitos e privilégios das outras sés patriarcais, algo que era muito importante para os orientais:

> Nós definimos que a santa Sé apostólica e o Pontífice Romano detêm o primado sobre todo o universo e que o Pontífice Romano é o sucessor do bem-aventurado

---

21. K. SCHATZ, *La Primauté du pape,* p. 174.

Pedro, príncipe dos apóstolos e o verdadeiro vigário de Cristo, a cabeça da Igreja inteira, o pai e o doutor de todos os cristãos; e a ele é que foi transmitido, por Nosso Senhor Jesus Cristo por meio do bem-aventurado Pedro, o pleno poder de pastorear, dirigir e governar a Igreja universal, assim como está também contido nos atos dos concílios ecumênicos e nos santos cânones[22].

Mais tarde, na bula *Pastor aeternus gregem*[23], do Concílio de Latrão V (19 de dezembro de 1516), afirmou-se de novo a autoridade do papa sobre o concílio e condenou-se o conciliarismo — o que não impediria que a idéia conciliarista renascesse sob outras formas, como demonstra a continuação da história.

É ao mesmo tempo contra o conciliarismo de Constança e de Basiléia e contra as teses de João Hus que foram compostos os primeiros tratados de conjunto propriamente teológicos sobre a Igreja: os dos dominicanos João Stojkovic de Ragusa († 1443) e João de Torquemada (ou Turrecremata, † 1468), ambos nomeados cardeais pelo papa. As idéias desses teólogos, ao mesmo tempo que as de Nicolau de Cusa, são características da consciência da Igreja que se afirma então.

Em face da definição hussita de uma Igreja de predestinados, João de Ragusa define a Igreja como "a totalidade dos fiéis, bons e maus, mantenedores da fé ortodoxa, reunidos pela participação nos sacramentos eclesiais" — o que inclui um certo número de elementos visíveis e faz da Igreja um grupo historicamente reconhecível. Sobre a autoridade do papa e do concílio, João de Ragusa procura definir uma *via media* entre conciliarismo e papismo. Na Igreja, o papa é a *suprema hierarquia*, mas como membro da Igreja está sujeito à Igreja tomada como um todo e, portanto, também ao concílio geral. Ele é cabeça, mas a título de coadjutor, e seu poder está a serviço da Igreja que, só ela, é infalível.

Nicolau de Cusa (1401-1464), que participou do Concílio de Basiléia a partir de 1432, antes de se distanciar de suas teses radicais em 1437, começou por professar um conciliarismo moderado. Ele sublinha que o poder do papa não é qualitativamente diferente do dos outros bispos: "O papa não é bispo universal, mas o primeiro acima dos outros". A ecumenicidade de um concílio não requer somente que ele seja convocado pelo papa, mas que as cinco sés patriarcais estejam presentes nele. Só assim ele representa a Igreja universal. Depois de 1437, Nicolau de Cusa assume uma posição papista: um concílio pode também se enganar; ele recebe sua autoridade do papa, cabeça visível da Igreja. Entretanto, Nicolau permanece fiel a sua idéia de representação: o poder pertence, de fato, à Igreja, que é representada pelo concílio; e este está representado naquele que o preside, isto é, o papa.

A *Suma sobre a Igreja* (1436), do dominicano espanhol João de Torquemada, é sem dúvida a obra que teve a maior influência sobre a eclesiologia do

---

22. *COD* II-1, p. 1083; *DzS* 1307-1308.
23. *DzS* 1145.

século XV. Trata-se de uma verdadeira suma, que se situa na linha da grande escolástica medieval. Torquemada desenvolve aí toda uma teologia do Corpo místico, cuja originalidade consiste em afirmar que Cristo, cabeça do corpo, não só influi em seus membros mas, na condição de parte do corpo, sofre igualmente a influência dele. Sua concepção do pertencer à Igreja é muito nuançada. O que constitui a Igreja não é só a comunhão na mesma fé, mas também o governo dos bispos e, finalmente, do papa. Pertencem à Igreja, portanto, não só os predestinados, mas todos os crentes, estejam ou não em estado de graça, desde que confessem a verdadeira fé e não estejam separados da Igreja por uma pena disciplinar. Os excomungados, portanto, não são reconhecidos como membros da Igreja (em caso de sentença injusta, eles permaneceriam entretanto ligados à *Igreja universal*). Os pecadores que permanecem na fé continuam a pertencer à Igreja, mas não "plenamente e em sentido próprio". Defensor dos poderes do papa nos concílios de Constança e Basiléia, Torquemada identifica *Igreja universal* e *Igreja romana*: esta última é universal, se não por sua extensão, ao menos qualitativamente. Ela merece o nome de católica porque guardou intacta a fé das origens. O papa, sua cabeça, recebe diretamente de Cristo a plenitude do poder eclesiástico, que lhe foi confiado para todos os outros. Ele é, portanto, "a única fonte de todo poder eclesial". Conseqüentemente, o poder de jurisdição de todos os prelados deriva do papa. Em certo sentido, o papa não é uma parte da Igreja, mas o todo. O concílio é, portanto, inteiramente dependente do papa, salvo no caso de um papa herético ou cismático, hipótese que Torquemada considera exatamente como todos os outros teólogos da Idade Média.

Embora autores como Torquemada sejam testemunhas de uma evidente restauração da eclesiologia papal naquela época, a necessidade de reforma da Igreja, na cabeça e nos membros, continuava a entreter a idéia conciliar — exemplo disso encontra-se na pregação de Savonarola (1452-1498) ou em Santo Antonino de Florença († 1459). Assiste-se então a uma verdadeira crise de consciência eclesial, para a qual contribuíram diversos fatores, alguns dos quais já foram mencionados. Muitas pessoas haviam ficado confusas com o escândalo do Grande Cisma. Os esforços de reforma empreendidos pelos papas depois de Constança só tinham tido resultados modestos. Com Sixto IV (1471-1484) abre-se a série de papas da Renascença, mais preocupados em aumentar o luxo de sua corte e o prestígio político e cultural do que em exercer sua missão pastoral. A partir de Ockham († 1349), entrara-se numa época de crítica teológica que usa sem moderação o instrumento dialético. No fim do século XV, pode-se falar de um estado de decadência da teologia, que perdera em boa parte o contato com as fontes antigas.

De modo geral, o movimento cultural da Renascença concedia lugar cada vez maior ao indivíduo. Seu correspondente, no campo da espiritualidade (por exemplo, na corrente da *devotio moderna* ou nos grandes místicos da Alemanha ou dos Países Baixos), valorizava a vida pessoal e interior a expensas do jurisdicismo da instituição eclesial. A aspiração a um cristianismo mais puro assumia a forma de um crescente interesse pelo acesso ao texto em si da Escritura, considerada principal autoridade dogmática pelos precursores da Reforma. Não se pode deixar de citar, nesse contexto, a obra do humanista Erasmo de Rotterdã (1469-1536), eminente filósofo e teólogo reformador. "No momento em que rebenta a Reforma", observa Y. Congar, "era grande a incerteza, mesmo nas pessoas sensatas, a respeito de pontos importantes, como o da autoridade papal."[24]

---

24. Art. "Église", p. 427.

# CAPÍTULO XIII
# A eclesiologia do tempo da Reforma

## I. A CONTESTACÃO CRISTÃ

### 1. O "MUNDO MODERNO"

Freqüentemente se caracteriza o início da modernidade pelos principais fatos ocorridos no período de alguns anos: o alargamento das fronteiras do mundo pela "descoberta" das Américas, a Renascença e a Reforma. Mas, aos olhos de muitos historiadores, a transformação cultural subjacente, a mesma que tornou possível esses acontecimentos maiores, é a tomada de consciência da autonomia do humano em relação às forças cósmicas e às instâncias religiosas, ou o que se poderia chamar, com Georges de Lagarde, "o nascimento do espírito leigo"[1]. Os indícios dessa transformação da consciência coletiva podem ser detectados desde os séculos XI e XII.

A partir desse momento, inúmeros setores da existência humana que estiveram submetidos ao controle das instâncias religiosas — da teologia ou da autoridade eclesiástica — aos poucos vão sendo exercidos e vividos sem qualquer referência religiosa. Isso se verifica, em primeiro lugar, na política, na qual os legistas afirmaram cada vez mais claramente a independência do poder dos reis em relação à autoridade do papa e dos bispos. Também na cultura, campo em que se desenvolve uma arte e uma literatura independentes das finalidades religiosas tradicionais. Referir-se a modelos pagãos, pré-cristãos era, com efeito, uma das maneiras de tomar distância em relação ao discurso religioso dominante.

---

1. Cf. G. DE LAGARDE, *La naisssance de l'esprit laïque au déclin du Moyen Äge, op. cit.*

Verifica-se também na ciência e nas técnicas que progridem, então, de maneira significativa: o caso de Galileu (1564-1642) é exemplar.

Pela primeira vez em sua história, a Igreja se via assim diante de um mundo que se percebia como que entregue a sua própria criatividade. É claro que, na aurora do século XVI, se está ainda longe da autonomia absoluta que dará nascimento ao racionalismo das Luzes e ao ateísmo do século XIX. Por outro lado, os grandes movimentos culturais não atingem imediatamente o conjunto das populações cristãs e do clero. Um pouco por toda parte, o ensino tradicional continuava a transmitir uma visão de Igreja de estilo bastante agostiniano, a de um povo cristão que tem Cristo por senhor e é animado pelo Espírito Santo. Os catecismos católicos do século XVI não são muito diferentes dos catecismos dos reformadores, tanto na forma como no conteúdo. O ciclo das festas litúrgicas continua a ritmar a vida e a marcar profundamente as mentalidades. Mas os germes da nova visão do mundo já estão lá.

## 2. AS INTUIÇÕES ECLESIOLÓGICAS DOS REFORMADORES

**INDICAÇÕES BIBLIOGRÁFICAS:** Cf. bibliogr. em A. WINKLHOFER, *L'Église présence du Christ*, Paris, Cerf, 1966, p. 284. — J. COURVOISIER, *De la Réforme au Protestantisme. Essai d'ecclésiologie réformée*, Paris, Beauchesne, 1977. — H. J. SIEBEN, *Die katholische Konzilsidee von der Reformation bis zur Aufklärung*, Paderborn, Schöning, 1988. — R. GARCIA VILLOSLADA, *Raíces históricas del Luteranismo*, Madrid, BAC, 2ª ed., 1976; *Martín Lutero,* 2 vols., Madrid, BAC, Maior, 2ª ed., 1977. — J. VERCRUYSSE, *Fidelis populus*, Wiesbaden, Steiner, 1968. — R. BÄUMER, *Martin Luther und der Papst,* Münster, Aschendorff, 1970. — A. GANOCZY, *Calvin théologien de l'Église et du ministère*, Paris, Cerf, 1964; *Ecclesia ministrans. Dienende Kirche und kirchlicher Dienst bei Calvin*, Freiburg-Basel-Wien, Herder, 1968. — V. VINAY, *Ecclesiologia ed etica politica in Giovanni Calvino*, Brescia, Paideia, 1971.

A Reforma questionou numerosos aspectos da vida cristã, particularmente, e em primeiro lugar, a instituição eclesial e a autoridade eclesiástica identificada com o papado. Roma, escreve Lutero, se entrincheirou atrás de três muralhas: a reivindicação da superioridade do poder espiritual sobre o secular, o monopólio da interpretação da Escritura e o fato de reservar ao papa a convocação do concílio geral[2]. Mas os reformadores não procuravam estabelecer outra Igreja — ao menos não Zuínglio, nem Lutero, nem Calvino: eles imaginavam que seu movimento fosse provisório, enquanto a Igreja mãe não se reformasse. No lugar do reino papal, era preciso restabelecer o *reino de Cristo* (Calvino); no lugar do

---

2. Cf. H. FRIES, *Wandel des Kirchenbildes und dogmengeschichtliche Entfaltung,* Einsiedeln, Benziger, 1972, pp. 252-253, citando Lutero, *À la noblesse chrétienne...*

direito canônico e de suas regras totalmente humanas, a única autoridade da Palavra de Deus (Lutero). Situando-se na linha agostiniana e na dos movimentos espirituais medievais, os reformadores todos sublinham que a verdadeira Igreja de Cristo não pode ser identificada com a instituição corrompida que eles vêem diante de si. A Igreja é o conjunto dos verdadeiros crentes, daqueles que vivem da fé na graça salutar de Deus dada em Jesus Cristo e comunicada por seu Espírito Santo. Como tal, essa Igreja não é claramente reconhecível: só Deus a conhece. Calvino fala da Igreja *invisível*, Lutero, da Igreja *escondida*. Melanchthon distingue entre Igreja fenomenal, exterior e visível, e a verdadeira Igreja, interior e invisível. Na existência cristã, a única autoridade que se impõe à consciência é a de Deus e de sua Palavra. A autoridade eclesiástica depende das necessidades puramente humanas, de ordem prática. Daí o critério definido pela *Confissão de Augsburg,* que se tornou clássico no protestantismo, quando se trata de discernir os sinais pelos quais se manifesta a verdadeira Igreja:

> A Igreja é a assembléia dos santos, na qual o Evangelho é ensinado em sua pureza e os sacramentos são administrados segundo as regras. Para que haja uma verdadeira unidade na Igreja, basta estar de acordo sobre a doutrina do Evangelho e sobre a administração dos sacramentos. Não é necessário que haja por toda parte as mesmas tradições humanas ou os mesmos ritos e as mesmas cerimônias, de instituição humana: é o que diz Paulo: "Uma só fé, um só batismo, um só Deus e Pai de todos etc."[3]

Uma das intuições fundamentais da Reforma é a da igualdade profunda de todos os batizados, independentemente de sua condição eclesial como leigo, sacerdote ou monge. Estado algum, voto algum, observância alguma torna uma pessoa privilegiada diante de Deus. As funções eclesiásticas, sem dúvida nenhuma, são humanamente necessárias, mas não impedem que "todos sejam igualmente sacerdotes e bispos"[4]: o sacerdócio é uma prerrogativa de todos os batizados. Entre os Pais da Reforma protestante, essa afirmação acarretava a recusa a reconhecer a ordem como um sacramento, mas, em termos mais moderados, ela se encontra em vários autores influenciados pelo humanismo da Renascença. Por exemplo, em Pico della Mirandola († 1494), em Erasmo († 1536) em seu *Manual do soldado cristão* (1504), um manual de vida cristã que em pouco tempo teve inúmeras traduções, ou ainda em Thomas Moro, autor da *Utopia* († 1535). Neles, ela se combina com dimensões bem tradicionais: apelo universal à santidade, busca da vontade de Deus no estado de vida, prudente valorização do matrimônio, a maneira de praticar a ascese e a vida de oração.

---

3. FELIPE MELANCHTHON, *La Confession d'Augsbourg et l'Apologie,* trad. P. Jundt, Paris, Cerf, 1989, art. VII, pp. 58-59.
4. MARTINHO LUTERO, *À la noblesse chrétienne de la nation allemande, Oeuvres,* Genève, Labor et fides, t. 2, p. 86.

Não só essas teses, mas uma série de reivindicações bem concretas dos reformadores encontraram grande eco no povo cristão. Essa acolhida é significativa da necessidade de reforma, mas também de uma dimensão do "senso da fé" que, no correr do tempo, acabou por se impor e se legitimar. Foi o que aconteceu, para nos ater só ao domínio do culto, o mais visível, com a liturgia em língua popular, com a comunhão sob as duas espécies, com o quase desaparecimento das "missas privadas". Por isso as intuições dos reformadores têm lugar num estudo do desenvolvimento do dogma eclesiológico. Destacamos, aqui, um ou outro dos que manifestaram maior fecundidade, embora com atraso.

A obra imensa de Martinho Lutero (1483-1546) é unanimemente reconhecida como pouco preocupada com a sistemática. Suas posições eclesiológicas se alimentam nas correntes tradicionais herdadas da Idade Média, mas sobretudo de seus numerosos comentários da Escritura. A seus olhos, a Palavra de Deus contida na Escritura é a única fonte de verdade e graça. A essa luz, a definição mais verdadeira da Igreja é que ela é uma *criação da Palavra divina.* "Toda a vida e a substância da Igreja estão na Palavra de Deus". Essa Palavra, nascida da iniciativa divina, nos é transmitida pela Escritura quando esta é proclamada na pregação viva da Igreja. Essa proclamação possui uma força eficaz que constrói a Igreja ao atingir a consciência dos ouvintes. Com efeito, a Palavra é portadora do Espírito Santo, que age nela e comunica aos ouvintes o dom da fé. É assim que ela constitui a Igreja, o povo de Deus que é seu destinatário e o lugar de sua pregação. Dela provém toda a vida da Igreja, que não cessa de se alimentar dela ao longo de sua história. Com essa base, a Igreja só pode estar escondida aos olhos do mundo e manifesta apenas aos olhos de Deus. A Igreja está em estado de *kénose* e participa do aniquilamento de Cristo, cuja divindade permanece oculta na encarnação. Pode-se compreender que, partindo dessa perspectiva, fosse difícil para Lutero situar a estrutura visível da Igreja, sendo esta, antes de tudo, uma realidade de fé; e tanto mais que sua crítica tinha oportunidade de se exercer eficazmente contra numerosos abusos. Alguns pontos de sua doutrina provocaram a discussão com diversos teólogos — especialmente com João Eck (1483-1543), teólogo de Ingolstadt, seu adversário por ocasião da Dieta de Augsburg. E provocaram sua condenação por Roma na bula *Exsurge Domine* de 15 de junho de 1520[5].

Felipe Melanchthon (1497-1560), helenista brilhante, amigo de Erasmo, colega e admirador de Martinho Lutero na Universidade de Wittenberg (pelo menos até o casamento deste último), marcou a história da reforma como redator da *Confissão de Augsburg* (1530). Esse resumo da fé cristã é uma apresentação das posições luteranas em termos que deviam torná-las aceitáveis para os teólogos fiéis a Roma — o que não impediu que a Dieta de Augsburg fracassasse em seu esforço de reconciliação. Sua noção de Igreja o situa entre o maximalismo eclesiológico romano e o minimalismo dos hussitas e dos discípulos de Zuínglio

---

5. Cf. *DzS* 1451-1492; *FC* 548-553; 434-437; 804-813; 865-870; 968-969.

e de Bucer. A Igreja nasce da graça que a convoca pela proclamação da Palavra e pela administração dos sacramentos, ao serviço dos quais se encontra o ministério eclesiástico. Ao responder pessoalmente a esse apelo, o crente se agrega à comunidade de fé que é o rebanho de Cristo. Daí deriva toda a constituição social da Igreja, a existência dos ministérios, sua diferença em relação à comunidade crente, sua posição diante do governo secular: o Estado pode agir pela coação, a Igreja não tem outro meio senão a autoridade da Palavra.

Um outro discípulo de Erasmo foi o reformador de Zurique Ulrich Zuínglio (1484-1531). Preocupado com a síntese teológica, ele situa a Igreja em estreita dependência da cristologia: Cristo é a única Cabeça, o único Senhor da Igreja. Influenciado por Hus, ele vê a Igreja como uma *reunião dos eleitos*. Como tal, esta é uma realidade escatológica e, por enquanto, objeto de fé. Como para Lutero e Melanchthon, "a Igreja nasce da Palavra de Deus e permanece nela". O Espírito ilumina interiormente os crentes, para abri-los a essa Palavra exterior e a seu sentido salvífico. Apegado ao princípio da suficiência da Escritura, Zuínglio descobre nela o papel das Igrejas particulares: é nelas e por elas que se manifesta a Igreja una e universal, na medida de sua fidelidade à Palavra recebida. A Escritura obriga também a reconhecer que a Igreja é, de fato, um *corpo misto* em que o joio se mistura com o trigo.

João Calvino (1509-1564), filho de um notário de Noyon, foi sujeito a múltiplas influências durante sua formação em filosofia, direito e teologia: escola nominalista, na linha de Ockham, movimento místico da *devotio moderna*, preocupação humanista do acesso direto às fontes da Escritura, persistência das teses conciliaristas. Partidário das idéias da Reforma, influenciado por seus mestres e amigos, ele teve oportunidade de pô-las em prática em Genebra. Lá, sua atenção às formas institucionais, como jurista, e seus dons de educador, de organizador e de diplomata serão exercidos para pôr em prática sua idéia de Igreja. Ela é influenciada por Lutero, Zuínglio, bem como por M. Bucer, o reformador de Estrasburgo, mas se distingue por alguns traços originais. A Igreja existe porque Deus, em sua absoluta soberania, escolhe os que ele predestina à salvação. Essa eleição se manifesta no apelo dirigido a todo o povo mas recebido apenas por alguns, mediante a ação regeneradora do Espírito neles. A Igreja é, assim, o espaço onde Deus estabelece seu Reino em Cristo, a esfera onde a Palavra divina se torna eficaz sob a influência do Espírito. É na fé que o indivíduo adquire a certeza de sua eleição. A Igreja é, portanto, "o número total dos eleitos", santificados e reunidos na unidade de uma mesma fé. Em relação a esse fundamento interno de sua unidade, os elementos visíveis são certamente importantes, e o reformador de Genebra insistirá cada vez mais nisso, mas permanecem secundários, embora o ministério eclesial seja de origem divina. Dentre os reformadores, Calvino é, sem dúvida alguma, quem reconheceu com maior força o papel do Espírito e dos carismas na constituição da Igreja.

Por seu impacto na experiência de fé de numerosos cristãos, pela reflexão que provocaram no seio da Igreja católica, essas intuições dos Pais da Reforma contribuíram para um amadurecimento que deveria produzir frutos bem mais tarde. E isso apesar de, num primeiro tempo, terem provocado certa crispação sobre os aspectos institucionais da eclesiologia. Além disso, como conseqüência das rupturas que resultarão da crise, a Igreja no Ocidente passará a existir sob a forma de confissões separadas, "levantando altar contra altar" e negligenciando os inúmeros elementos que possuem em comum; a Igreja católica, chamada de "romana" por seus adversários, aparecerá como uma entre elas.

## II. A IGREJA DA RESTAURAÇÃO CATÓLICA

### 1. O PROJETO REFORMADOR DO CONCÍLIO DE TRENTO

> **INDICAÇÕES BIBLIOGRÁFICAS:** H. JEDIN, *Geschichte des Konzils von Trient. II. Die erste Trienter Tagungsperiode 1545/47*, Freiburg, Herder, 1957; Sobre Adriano VI, K. H. DUCKE, *Handeln zum Heil. Eine Untersuchung zur Morallehre Hadrians VI*, Leipzig, St.-Benno, 1976; Sobre M. Cano e sua influência, cf. E. KLINGER, *Ekklesiologie der Neuzeit. Gundlegung bei Melchior Cano und Entwicklung bis zum 2. Vatikanishen Konzil*, Freiburg-Basel-Wien, Herder, 1978. – U. HORST, *Unfehlbarkeit und Geschichte. Studien zur Unfehlbarkeitsdiskussion von Melchior Cano bis zum 1. Vatikanischen Konzil*, Mainz, Grünewald, 1982. – J. LECLER, art. "Église. III. B. Au temps de la Réforme et de la Contre-Réforme". *DSp*, t. 4, 1959, pp. 414-426.

Coisa notável, a reação diante das críticas dos reformadores não veio primeiro do papado. É preciso dizer que ele tinha muita dificuldade em responder ao desejo de reforma que havia mais de um século se manifestava na Igreja. Houve muitos papas animados do desejo de reforma, como Adriano VI (1522-1523): ele se lembrava de seu ensino em Louvain, quando reconhecia que, no passado, "papas tinham se enganado" e quando rejeitava a idéia de obediência incondicional. Recomendava a seus legados que não hesitassem em reconhecer as faltas da Igreja, a começar pelas da Santa Sé. Mas o contexto político, particularmente o perigo turco, não favorecia muito um trabalho sistemático de reconstrução.

No plano dogmático, a resposta aos reformadores foi o Concílio de Trento (1545-1563). Mas este, coisa à primeira vista surpreendente, não abordou a eclesiologia. Nem mesmo falou do papa. Esse silêncio estranho deveu-se a diversas razões. Em primeiro lugar, os objetivos do concílio eram a reforma da Igreja e a resposta direta às posições dos reformadores. Ora, estas não partiam primeiro de uma problemática eclesiológica, mas de posições sobre a graça e a justificação. Para responder às conseqüências que eles tiravam quanto à estrutura da Igreja, os Padres de Trento dispunham de uma herança eclesiológica de elementos disparatados: havia posições papistas, outras oriundas das correntes espiritualistas e ainda outras do conciliarismo. Os membros do concílio não eram unânimes a respeito dessas questões. Nenhuma dessas correntes estava à altura de oferecer uma eclesiologia orgânica e equilibrada: todas estavam marcadas por uma problemática centrada nos poderes do papa. Enfim, diferentemente dos concílios do século precedente, os Padres de Trento eram todos bispos (os teólogos desempenhavam só o papel de conselheiros); eles estavam pouco preocupados em reforçar os poderes da Cúria romana ou os do braço secular. Parece mais que praticaram um "episcopalismo prático", evitando tomar partido em questões de divisão de poderes.

Quanto aos teólogos que exerceram alguma influência no concílio e participaram da discussão com os reformadores — Tomás, cardeal de Vio, dito Cajetano (1480-1534), os dominicanos Silvestre Prierias († 1523), Ambrósio Catarino († 1553), Francisco de Vitória (1483/1493-1546), Melchior Cano (1505-1560), Tomás Stapleton (1535-1598) —, todos afirmavam a preeminência do poder do papa, mas situavam de maneira diferente os poderes do concílio em relação a ele. De um lado, embora as possibilidades reais do papado tivessem diminuído grandemente desde a Idade Média, a representação de seu poder como cabeça, origem, raiz, fonte, continuava atuante. De outro lado, as discussões nascidas do Grande Cisma tinham deixado marcas profundas. A idéia da superioridade do concílio geral em relação ao papa estava longe de ser eliminada, mesmo depois da "vitória" de Eugênio IV sobre o Concílio de Basiléia. No século XVI, ela contava com partidários, não só na Igreja galicana, mas em outros lugares, como Itália, Espanha e Países Baixos. O concílio não tem mais autoridade que o papa sozinho, salvo em extensão (Cajetano); suas decisões só obrigam se aprovadas pelo papa (Prierias); é "mais seguro" afirmar que o papa tem primazia sobre o concílio, mas é mais bem fundado afirmar que o poder do concílio vem de Deus, não do papa (Vitória); um concílio não convocado pelo papa pode se enganar na fé, e mesmo que regularmente convocado só é garantido pela aprovação do papa (Cano).

Embora Trento não tenha decidido sobre esses pontos, não podia deixar de tomar a defesa da estrutura hierárquica da Igreja, radicalmente questionada pelos reformadores. Ao fazê-lo, devia forçosamente tocar em questões eclesiológicas, ao menos indiretamente, e suas posições exerceram grande influência sobre a eclesiologia dos séculos seguintes.

Na 4ª sessão (8 de abril de 1546), o concílio toma posição contra a suficiência da *sola Scriptura* como fonte da fé, e afirma que a Igreja recebe a Escritura e a Tradição "com o mesmo respeito"[6]. Sem entrar na questão das relações entre elas, o concílio distingue bem entre a Tradição apostólica e as tradições eclesiásticas, sujeitas a erros e abusos (e, portanto, reformáveis). Baseia-se não na letra do texto bíblico, mas no Evangelho conservado pela Igreja em sua pureza, fonte comum da Escritura e da Tradição autêntica. Esta última se ca-

---

6. *COD* II-2, p. 1351; *DzS* 1501-1505; *FC* 148-152.

racteriza pela continuidade histórica da transmissão e sua constante recepção na Igreja. Com isso, o concílio, sem teorizar, não negligencia o papel do *consensus da Igreja* para a transmissão fiel da revelação, nem o do Espírito cuja assistência garante essa fidelidade.

Lutero fundara sua crítica da hierarquia na doutrina do sacerdócio universal dos fiéis. Diante de suas negações, o concílio não podia deixar de reafirmar a existência dessa hierarquia e sua origem divina. Isso foi feito na conclusão da 23ª sessão (15 de junho de 1563)[7].

Sobre os poderes do concílio e sua posição em relação ao papa, Trento se privou de tomar posição, mas inúmeros debates mostram que a questão estava muito presente. Um deles recaiu sobre o valor dos decretos do concílio independentemente de sua aprovação pelo papa. Na prática, os decretos tridentinos se apresentam como decretos do concílio, e não do papa com a aprovação do concílio. Sem dúvida, a própria assembléia se encerrou aprovando uma solicitação de confirmação pelo papa. Isso, aos olhos de muitos, era simples respeito pela tradição. Na bula de aprovação, Pio IV se contenta em dizer que responde a essa solicitação, sem adotar a tese de uma necessidade de confirmação dos decretos pelo papa. Qualquer que seja o valor desse indício, não se pode dizer que o Concílio de Trento conseguiu restabelecer um certo equilíbrio entre o ministério do bispo de Roma e o do restante do episcopado.

De outro lado, outro aspecto da vida eclesial pesou nos séculos seguintes, inclusive na compreensão corrente da Igreja. A época do Concílio de Trento assistiu ao desenvolvimento da administração da Cúria romana com suas "congregações", departamentos comparáveis aos gabinetes ministeriais. A Sagrada Congregação do Santo Ofício, encarregada de velar pela pureza da fé, é organizada por Paulo III em 1542. A Sagrada Congregação para a Propagação da fé (a "Propaganda", *De Propaganda fidei*), por Gregório XV em 1621. O desenvolvimento desse aparelho administrativo contribuiu para modelar a imagem corrente da Igreja católica: a de um Estado centralizado, governado a partir de Roma por uma administração complexa, na base de um sistema jurídico aperfeiçoado, e cuidando de todos os detalhes da vida eclesial. Essa imagem influenciou bastante a eclesiologia teórica, até as renovações do século XIX e, pode-se dizer, até mesmo depois do Vaticano II. Não se trata, aliás, somente de uma imagem: Roma supervisiona cada vez mais tudo o que concerne à liturgia, ao direito, à própria teologia, que só será "segura" se estiver conforme ao ensino das escolas romanas, controladas de perto pela Cúria. Nos séculos seguintes, a Igreja será usualmente definida como uma organização fundada por Jesus Cristo, na qual o Espírito intervém essencialmente como garantia da autoridade. Cada vez mais freqüentemente, a própria palavra "Igreja" vai designar não o conjunto dos discípulos de Cristo, mas a instituição, mais particularmente seu governo, mais precisamente ainda seu governo romano.

---

7. Cf. acima, pp. 161-168, a propósito do sacramento da ordem.

Entretanto, para além desses aspectos institucionais, uma dimensão mais interna do trabalho conciliar merece ser destacada. Os debates do concílio usam amplamente a noção de "senso da Igreja": a idéia tradicional de que uma posição doutrinal, uma prática, são conformes à fé na medida em que são "recebidas" (a palavra é freqüente) pelo conjunto do povo crente. Essa idéia continua atuante. Trata-se de uma dimensão eclesiológica que o século XX trará de volta à luz, mas que, por não ter sido tematizada na época, veicula a concepção tradicional da Igreja inteira como sujeito da fé e da experiência cristã.

A reforma empreendida em Trento e continuada nos decênios que se seguiram dá testemunho de uma vitalidade renovada da velha Igreja em múltiplos domínios. Nesse sentido, a expressão "Contra-reforma" não é suficiente para caracterizar a renovação eclesial da época. A expressão "Restauração católica", às vezes empregada, negligencia o fato de que o modelo de Igreja que então se esboça possui traços bem distintos dos da Idade Média. A "luta contra a heresia" se fez num espírito de reconquista bastante triunfalista, do qual o mais belo exemplo é, sem dúvida, a arte barroca, mas que se exprime também na literatura, marcada por um "novo heroísmo". Aquilo que o protestantismo criticara na vida exterior da Igreja se acha exaltado de todas as maneiras nessa renovação da arte cristã. O esplendor dos edifícios católicos se opõe à nudez dos templos protestantes. A arte glorifica a Virgem, os santos, as relíquias, a vida sacramental da Igreja, o papado.

A reforma católica sem dúvida nenhuma contribuiu para dar à vida eclesial católica um dinamismo e uma coerência que as divisões da cristandade latina haviam abalado. A fundação da Companhia de Jesus por Inácio de Loyola (aprovada por Paulo III em 1540) dá a partida para um novo empreendimento missionário, ao mesmo tempo em que contribui para abrir os espíritos para novos horizontes. A difusão da prática dos Exercícios Espirituais divulga uma concepção muito personalizada do serviço do Reino de Cristo "na Igreja militante", bem adequada ao espírito do tempo. Suas célebres "Regras a serem observadas para se ter o verdadeiro sentido que deve ser o nosso na Igreja militante"[8] conjugam fortemente o amor de Cristo e o da "verdadeira esposa de Cristo nosso Senhor, que é nossa santa madre a Igreja hierárquica", numa época em que essa hierarquia tinha ainda grande necessidade de ser reformada. Sem dúvida, as "Regras para sentir com a Igreja" trazem o traço da Contra-reforma, mas seu fundamento, mais do que a reação antiprotestante, é uma intuição espiritual: "Cremos que entre Cristo nosso Senhor, que é o esposo, e a Igreja, sua esposa, é o mesmo Espírito que nos governa e dirige para a salvação de nossas almas".

Essa mesma devoção à Igreja, que se recusa a separar seu mistério interior de seus elementos mais visíveis, e da "Sé apostólica" em particular, encontra-se em Pedro Canísio (1521-1597), um dos protagonistas mais ativos da

---

8. *Exercícios Espirituais,* nn. 352-370.

Contra-reforma. Os catecismos que ele redigiu (1555, 1558, 1566) e que tiveram pelo menos duzentas edições só nesse século XVI, bem como numerosas traduções, dão testemunho ao mesmo tempo dessa prioridade concedida à realidade espiritual da Igreja e da indiscutível importância de suas estruturas institucionais.

Os historiadores têm comentado, inúmeras vezes, a influência da reformadora do Carmelo, Santa Teresa de Ávila († 1582), sobre a espiritualidade de seu tempo. Muito preocupada com os males da Igreja que ela se esforçava por combater lá onde podia agir, freqüentemente exprimiu, em seus escritos, seu apego à "nossa santa Mãe a Igreja romana" ou à "santa Igreja católica romana". Nessa época de floração mística, o mesmo senso eclesial se manifesta na maioria dos "arautos do amor divino" que foram os místicos espanhóis da época. Em todos esses autores, a preocupação com a reforma se enraíza numa experiência de Igreja que eles não separam de seu "Esposo celeste". Mesmo quando muitos deles se viram convocados pelos tribunais da Inquisição e encarcerados durante um tempo mais ou menos longo, constata-se que evitam cuidadosamente atacar a autoridade eclesiástica.

## 2. O PESO DA TEOLOGIA DE CONTROVÉRSIA

**INDICAÇÕES BIBLIOGRÁFICAS:** H. JEDIN, "Zur Entwicklung des Kirchenbegriffes im 16. Jahrhundert", em *Kirche des Glaubens, Kirche der Geschichte*, Freiburg, Herder, 1966. — G. THILS, *L'infaillibilité du peuple chrétien "in credendo". Notes de théologie posttridentine*, Paris, DDB, 1963; *Les Notes de l' Église dans l'apologétique catholique depuis la Réforme*, Gembloux, Duculot, 1937. — W. DANTINE, "Das Dogma im tridentinischen Katholizismus, I. Wandel im Kirchenverständnis", em *Handbuch der Dogmen und Theologiegeschichte*, t. 2, Göttingen, Vandenhoeck, 1980. — G. PILATI, *Chiesa e Stato nell'epoca moderna. Profilo dello sviluppo della teoria attraverso le fonti e la bibliografia*, Roma, Coletti, 1977.

Uma conseqüência, entre outras, da reação católica às críticas dos reformadores foi a elaboração de tratados propriamente teológicos sobre a Igreja. Nesse nível, a resposta aos reformadores foi dada principalmente pelo cardeal jesuíta Roberto Bellarmino (1542-1621). Suas *Controvérsias* (publicadas em 1586 e 1593) marcaram por muito tempo o pensamento eclesiológico católico. Bellarmino construiu sua eclesiologia com a preocupação predominante de reforçar os pontos controvertidos, o que acarreta uma acentuação fortemente unilateral da visibilidade da Igreja e do poder do papa, em detrimento de seu aspecto interior e da comunhão na fé.

A definição da Igreja dada por Bellarmino é como que um comentário da profissão de fé exigida por Pio IV em 1564: "Reconheço a Igreja santa, católica e apostólica romana como mãe e mestra de todas as Igrejas; prometo e juro obediência ao papa de Roma, sucessor de São Pedro, príncipe dos apóstolos e vigário de Jesus Cristo"[9]. Ela foi universalmente repetida, depois dele, até o século XX inclusive:

> Há uma só Igreja, não duas, e essa única verdadeira Igreja é a reunião dos homens na profissão de uma mesma fé cristã e a comunhão nos mesmos sacramentos, sob o governo dos pastores legítimos e principalmente do único vigário de Cristo na terra, o pontífice romano.

Essa definição acentua fortemente a visibilidade. Bellarmino, aliás, comenta imediatamente a fórmula *reunião dos homens:*

> Para que alguém possa ser considerado como fazendo parte, em qualquer grau, da verdadeira Igreja [...], não se requer nenhuma virtude, a meu ver, além da profissão exterior da fé e a comunhão dos sacramentos, coisa acessível a nossos sentidos. Com efeito, a Igreja é uma reunião de homens tão visível e palpável quanto a assembléia do povo romano ou do reino da França ou da república de Veneza[10].

Essa insistência na pertença visível tem a conseqüência de introduzir uma distinção, na Igreja, entre seu "corpo" visível, que comporta "notas" susceptíveis de tornar reconhecível a verdadeira Igreja e distingui-la das contrafações, e o que se pode chamar de sua "alma", a vida de graça que a anima. Semelhante abordagem torna difícil o acesso a uma visão integral do mistério da Igreja.

A respeito do concílio, Bellarmino considera "mais provável" que ele seja de instituição divina, e afirma que os concílios confirmados pelo papa não podem se enganar, pois representam a Igreja. Para ele, os decretos de Constança e Basiléia não têm valor, pois esses concílios não foram convocados conforme as regras. Para que um concílio seja considerado ecumênico, é preciso que tenha sido aprovado pelo papa. É a Bellarmino que remonta a lista dos concílios ecumênicos comumente admitidos, e esse é um ponto que nunca se resolveu oficialmente na Igreja católica.

No que toca aos poderes do papa em matéria temporal, Bellarmino tomou uma posição que quase o levou a ser condenado: o papa não tem o *dominium* temporal em todo o universo. O teólogo reconhece a dualidade dos poderes eclesiástico e político, e considera que se o primeiro vem de Deus o segundo vem do povo. O papa goza, entretanto, de um "poder indireto" sobre os príncipes, quando está em jogo a finalidade espiritual, poder que chega até ao de depor os reis.

A obra era clara e vigorosa. Bellarmino conhecia bem as doutrinas dos reformadores, e sua refutação estava solidamente argumentada. Ela teve inúme-

---

9. Bula *Iunctum nobis* de 1564; *DzS* 1868.
10. *Controverses,* III,2; *Opera omnia,* Paris, Vivès, 1870, t. 2, pp. 317-318.

ras edições (16 entre 1586 e 1608) e numerosos imitadores. Com Thomas Stapleton, ela se tornou o arsenal a que todo o mundo recorria. Isso não quer dizer que essas obras tenham sido seguidas em tudo. Por exemplo, o jesuíta Gregório de Valença (1549-1603) dá uma definição da Igreja na qual não se menciona o papa. Por outro lado, ele considera o concílio um simples conselho do papa, sem poder de decisão. Francisco de Suárez (1548-1617), outro teólogo jesuíta, reconhece maior importância à função episcopal: é da natureza da instituição eclesial que os bispos participem com o papa do governo da Igreja. Quando um concílio geral se torna necessário, pode ser convocado pelo colégio dos cardeais ou pelo conjunto do episcopado; e deve-se resistir ao papa, caso se oponha, pois estaria abusando de seu poder. Do mesmo modo, o jesuíta Luis Molina (1535-1600) considera que o direito de convocação do concílio supõe um papa ortodoxo: se, em tempo de cisma, existe dúvida sobre a legitimidade de um papa, pode-se reunir um concílio sem seu consentimento; e se o papa for herético o concílio poderá se reunir contra a sua vontade. O dominicano João de Santo Tomás († 1644) também afirma que os bispos reunidos em concílio, mesmo que dependam do papa, não são, de forma alguma, seus vigários, mas verdadeiros *dirigentes das Igrejas*.

Os teólogos controversistas, sucessores de Bellarmino, freqüentemente retomaram os mesmos argumentos e adotaram a mesma perspectiva para construir sua teologia. Acabou-se, assim, por se considerar uma teologia completa da Igreja o que não passava de um capítulo de controvérsia versando sobre pontos discutíveis. É verdade que, na mesma época, se assiste na península ibérica a uma verdadeira renascença escolástica, com a escola dominicana e os Carmelitas de Salamanca e, também, com os grandes teólogos jesuítas. Muitos deles construíam sua dogmática tomando como texto de base não mais as *Sentenças* de Pedro Lombardo, mas a *Suma* de Santo Tomás de Aquino. Continuaram a tratar a questão do Corpo místico no quadro da eclesiologia, mas essa doutrina não tem mais, neles, um lugar central. Acompanhando o jesuíta Francisco Tolet († 1596), mesmo os grandes teólogos não-polemistas, como Bañez, ligam sua eclesiologia ao comentário da questão: "É função do soberano pontífice prescrever o símbolo da fé?" (II-II, q. 1, a. 10) — que é uma abordagem da Igreja pelo viés do magistério papal.

Esse ângulo particular de abordagem acarretou um sensível empobrecimento da eclesiologia, até mesmo em relação às perspectivas da Idade Média. Discute-se abundantemente sobre a pertença à Igreja, as notas da Igreja, a infalibilidade da Igreja e de sua hierarquia, o episcopado e o primado do papa, mas praticamente nada se encontra, nessas obras, sobre a Igreja particular, a comunhão dos santos, o sacerdócio dos fiéis e os carismas. A própria teologia contribuiu, então, para difundir uma imagem muito institucional da Igreja. A Igreja é uma "sociedade perfeita", isto é, possui em si mesma todos os meios necessários para conduzir seus membros ao fim para o qual é destinada. Ela é, também, o critério que permite definir qual o conteúdo da fé e qual a justa interpretação da Escritura. O antigo axioma "Fora da Igreja não há salvação" se encontra abundantemente utilizado em razão das circunstâncias: quem faz parte da Igreja? Os pecadores, os heréticos, os cismáticos são membros dela? As respostas dos teólogos variam mas, no final das contas, o que decide a questão é a relação com a instituição: a pessoa se salva pela pertença à verdadeira Igreja, a única depositária dos meios desejados por Deus para a salvação de todos os homens.

Essa maneira de ver a Igreja é apoiada, na época, pelo progresso da idéia da infalibilidade centrada na pessoa do papa, e não mais somente na Igreja como um todo[11]. Os debates sobre a infalibilidade introduzem a distinção entre uma infalibilidade passiva, a "dos povos" (Fénelon), e a infalibilidade ativa dos pastores. Esta comporta decisão, aquela, inteligência e docilidade. A partir do início do século XIX, distinguir-se-á, correntemente, *Igreja docente* e *Igreja discente*. Cada vez menos se considera a comunidade dos fiéis sujeito ativo da missão eclesial.

As mesmas críticas devem ser feitas aos diversos catecismos que se multiplicam antes e durante o concílio, bem como no século seguinte, na imitação dos catecismos dos reformadores e em resposta a eles? Sua intenção é também a tal ponto apologética que enviesa as perspectivas de forma que não se possa falar de uma eclesiologia equilibrada? A resposta deve ser nuançada, inclusive para o mais difícil entre eles, o *Catecismo romano*[12]. Não podemos deixar de sublinhar a diferença de tom entre sua definição da Igreja e a de Bellarmino:

> A Igreja é a reunião dos que foram chamados pela fé à luz da verdade e ao conhecimento de Deus, e que dissiparam as trevas da ignorância e do erro, que adoram com piedade e santidade o Deus vivo e verdadeiro e que o servem de todo coração[13].

No conjunto, a intenção pedagógica dos catecismos faz que eles recorram abundantemente à tradição herdada da Idade Média e apresentem, portanto, uma eclesiologia mais equilibrada do que a condicionada pela polêmica.

O *Catecismo romano,* em particular, caracteriza-se pelo espírito irênico de sua redação final. Para descrever a Igreja, recorre às imagens bíblicas do povo, da casa, do rebanho e do redil, mas também às da Esposa e do Corpo de Cristo. Nascida da iniciativa do Deus trinitário, ela é o lugar de ação do Espírito. Ela compreende dois "grupos", a Igreja triunfante do céu e a Igreja militante desta terra. Ela é ao mesmo tempo visível e invisível, dá lugar aos ministérios e aos carismas, à Palavra e aos sacramentos. Ela é una, mas composta de muitas

---

11. Esse assunto será particularmente tratado no t. 4 desta obra.
12. Ou *Catecismo para os párocos, publicado por ordem do Sob. Pont. Pio V, na base do decreto do Concílio de Trento,* Roma, 1566.
13. *Catéchisme romain,* 1ère partie, "Le symbole de la foi", art. 9, 3; trad. P. Faynel, *L'Église,* t. I, p. 156.

Igrejas. Esse equilíbrio, feito de tensões que nem sempre se harmonizam, tem o mérito de balizar o campo de maneira suficientemente ampla. O mesmo não se pode dizer de muitos dos catecismos que se seguiram ao concílio. Ao acentuar unilateralmente os aspectos de realidade visível da Igreja, para responder à *ecclesia invisibilis* dos protestantes, fizeram passar para o segundo plano da consciência eclesial sua dimensão de mistério. Com isso, contribuíram, sem dúvida nenhuma, para o processo de secularização do conceito de Igreja, que se pode observar na Idade das Luzes.

## 3. GALICANISMO E FEBRONIANISMO

**INDICAÇÕES BIBLIOGRÁFICAS:** J. R. Geiselmann (org.) *Geist des Christentums und des Katholizimus. Ausgewählte Schriften katholischer Theologie im Zeitalter des deutschen Idealismus und der Romantik*, Mainz, Grünewald, 1940. — G. THILS, *Les Notes de l'Église, op. cit.*

No século XVII, houve um certo alargamento de perspectivas na doutrina da Igreja. Foi então que se criaram, nas universidades de vários países, as primeiras cadeiras de história da Igreja. Editam-se textos dos escritores cristãos dos primeiros séculos e antigas coleções conciliares. Isso põe de novo em circulação temas esquecidos e privilegia o que é essencial na fé. Relendo os Padres, Luís de Thomassin (1619-1695) descreve o mistério da Igreja por meio de imagens bíblicas, sobretudo a do Corpo. Três séculos antes do Vaticano II, ele fala também da Igreja como sacramento e como povo de Deus. Por outro lado, a controvérsia antiprotestante levou a deixar mais de lado as matérias escolásticas para se ater à tradição de fé comum. O método se torna, então, mais dogmático que escolástico: limita o uso da dialética em favor das citações dos Padres e dos concílios, porém mais para provar teses preestabelecidas do que para reencontrar sua inspiração original. Sobretudo, o conteúdo de sua eclesiologia permanece na maior parte apologética. Salvo algumas exceções, o mistério da Igreja, o Corpo místico ocupam aí pouco espaço. Em compensação, inúmeras obras debatem longamente as questões levantadas pelos diversos movimentos teológicos e político-eclesiásticos: jansenismo, quietismo, galicanismo, depois, mais tarde, febronianismo e josefinismo. "A retomada pouco feliz das idéias de Santo Agostinho pelos jansenistas lançou em descrédito, por muito tempo, a revalorização do aspecto interior da Igreja"[14].

Nas obras de tendência mais ou menos radicalmente galicana, publicadas no século XVII, trata-se longamente da questão da autoridade do magistério, uma orientação apologética que, a partir da metade do século XVII, se desenvolverá também contra o racionalismo nascente. Trata-se também, abundante-

---

14. S. JÁKI, *Les Tendances nouvelles de l'ecclésiologie,* Roma, Herder, 1957, pp. 10-11.

mente, da constituição da Igreja: o papa, o episcopado, o concílio. As diversas correntes teológicas ligadas ao galicanismo do testemunho da persistência, na consciência eclesial, de certas dimensões da Igreja que vão encontrar seu lugar nos séculos seguintes. Quanto aos tratados teológico-canônicos da escola romana, são essencialmene consagrados à defesa da autoridade pontifical contra as diversas formas de episcopalismo e apóiam vigorosamente a tese, sempre em disputa, da infalibilidade papal. A oposição dessas duas correntes, ao radicalizar a discussão entre papistas e episcopalistas, muito contribuiu para atrasar a eclesiologia dessa época, ao deslocar a problemática do campo teológico para o do direito ou o das teorias políticas.

A tendência episcopalista tinha raízes antigas. Mas o galicanismo propriamente dito se formara durante os debates em torno do Grande Cisma. Em 1407, as medidas tomadas pelo rei da França, com o apoio da Universidade de Paris e do clero, proclamam o princípio das "liberdades galicanas", objeto constante de negociações com o papa sob pena de recusa de obediência. As posições da Sorbonne e do rei da França, quanto à superioridade do concílio sobre o papa, pesam muito em todos os debates em torno do conciliarismo de Constança e Basiléia. Em 7 de julho de 1438, o rei Carlos VII aprova a *Pragmatique sanction de Bourges,* que aceita os decretos conciliaristas de Constança e Basiléia. Se a concordata entre o papa Leão X e Francisco I, em 22 de março de 1516, suprime a *Pragmatique sanction*, é em troca de grandes concessões no sentido das liberdades galicanas. Por ocasião do Concílio de Trento, os bispos franceses e os legados do rei da França se opuseram a qualquer definição do primado do papa, não obstante a pressão, nesse sentido, dos teólogos e da Cúria romana.

Ao lado das teses radicalmente anti-romanas de Marco Antonio de Dominis, antigo arcebispo de Split († 1624), ou do servita Paulo Sarpi († 1623) com quem Bellarmino entrou em polêmica, encontram-se outros teólogos com posições mais nuançadas. O parisiense André Duval († 1638) pode ser considerado um galicano moderado. Ele rejeita a posição afirmada em Constança e Basiléia em favor de uma superioridade do concilio sobre o papa, mas pelo motivo de concílio e papa constituírem uma única autoridade, uma única *cathedra*, inseparáveis. Os concílios não são infalíveis sem o papa, mas o são antes de sua aprovação explícita pelo papa. Dado que a Igreja não deriva pura e simplesmente do papa, as decisões tomadas pela autoridade devem ainda ser "recebidas" pelos membros da Igreja para terem pleno valor. Não basta que o papa resolva *ex cathedra*, ele deve ainda falar em nome da unidade da cátedra doutrinal (*ex unitate cathedrae*). Só a aprovação dessa decisão pelo conjunto da Igreja — ou, em todo caso, pelo episcopado — lhe confere seu valor obrigatório para os fiéis.

Jacques-Bénigne Bossuet (1627-1704), que contribuiu, em grande parte, para a redação dos *Quatro Artigos* da Assembléia do clero da França (19 de março de 1682), é adversário das concepções ultramontanas do primado universal e da infalibilidade do papa. Ele sublinha a autoridade dos concílios e afirma que os bispos receberam diretamente de Cristo a mesma autoridade que Pedro. O papa, como "chefe do colégio episcopal e de toda a comunidade católica", possui pessoalmente a plenitude da autoridade que os bispos, como pastores de suas Igrejas particulares, possuem em sua condição subordinada. As decisões do papa só são obrigatórias para toda a Igreja se obtém o assentimento do episcopado. É nesse sentido que os *Artigos* devem ser compreendidos: a *plenitude do poder* do sucessor de Pedro não pode atingir a autoridade dos concílios gerais, cujo papel decisivo não se limita aos períodos de cisma. O papa tem poder de decisão em matéria de fé, mas suas decisões não são irreformáveis enquanto não têm o apoio do consentimento da Igreja universal.

Na época, as teses galicanas não foram direta e expressamente condenadas em Roma, sem dúvida por receio de um cisma. O papa protestou energicamente contra os *Quatro Artigos*. No período que se seguiu, diversos documentos visaram indiretamente ao galicanismo. Mas, na prática, o rei conservou suas prerrogativas e os princípios galicanos continuaram a prevalecer, tanto no Parlamento como no ensino teológico e no clero. Nos seminários franceses, o ensino sobre a Igreja era galicano até meados do século XIX.

Em apoio de suas posições, os galicanos invocavam a tradição antiga. A atenção que lhe foi prestada expôs de novo à luz certas perspectivas que equilibravam melhor as relações entre o papa e os outros bispos. Obras como o tratado *Da comunhão* (1761) de Martin Gerbert (1720-1793), abade de Sankt-Blasien, as do dominicano de Roma, E. D. Cristianopoulo nos anos 1780, redescobrem a idéia antiga de comunhão e vêem o episcopado como um colégio unido ao papa, centro da unidade. Essas mesmas idéias se encontram em mais de um de seus contemporâneos, mas serão precisos ainda dois séculos para que elas encontrem seu lugar no discurso oficial da Igreja católica.

No século XVIII, outro adversário das teses papais será Febrônio. Johann Nikolaus von Hontheim (1701-1790), coadjutor do arcebispo de Trèves, que publicou suas posições sob o pseudônimo de Febronius, tinha sido, em Louvain, aluno do jurista Van Espen († 1728), que reduzia drasticamente os privilégios da Sé romana. Em seu tratado *Do presente estado da Igreja,* Febrônio afirma que o poder das chaves é dado *principal e radicalmente* à Igreja, e dela é transmitido aos ministros da Igreja, inclusive ao papa. Todos os bispos têm o mesmo poder. Quando se trata da fé, todo bispo é bispo da Igreja inteira. O concílio geral é superior ao papa. A monarquia papal deve ceder lugar à pluralidade das Igrejas nacionais, representadas pelos concílios nacionais, acima dos quais está o concílio geral. O primado do papa é essencialmente uma função de manutenção da unidade e de coordenação. Os bispos podem aceitar ou recusar as declarações do papa. Essas teses foram postas no *Index* e condenadas por Pio VI, no breve *Super soliditate* de 28 de novembro de 1786[15].

---

15. *DzS* 2592-2597.

Embora Hontheim as tenha renegado, elas tiveram grande difusão na opinião pública sensível aos nacionalismos nascentes. É justo reconhecer que Febrônio não se contentou com uma definição puramente institucional da Igreja; esta é, a seus olhos, o fruto da ação salvadora de Cristo em seu Espírito e o meio pelo qual a graça de Cristo chega aos seres humanos. Mas com Febrônio já entramos no contexto das Luzes.

# CAPÍTULO XIV
# A Igreja diante do racionalismo moderno

## I. A IGREJA DAS LUZES

### 1. A IDADE DA RAZÃO

Destacamos, no decorrer da época precedente, a consolidação de um senso global da autonomia humana diante de qualquer instância religiosa, nas esferas da economia, da política, da cultura. No século XVII, a filosofia reconhecera melhor seu caráter propriamente autóctone, independente de qualquer revelação, de qualquer sobrenatural. No século XVIII, com o desenvolvimento da crítica histórica e bíblica, com a tomada de consciência das violentas recaídas dos conflitos religiosos, assiste-se ao desenvolvimento de formas de descrença que assumem a amplidão de fenômeno social: descrença "elegante", no início, de bom tom e culturalmente atuante. Com a relativização dos marcos referenciais comuns, num primeiro tempo, pelo menos, "as massas, desancoradas e como que errantes através dos enquadramentos sociais e simbólicos, são entregues às alucinações mágicas que essa ausência cria. O ceticismo que se alastra atesta a mesma ausência, mas nos meios cultos"[1].

Esse distanciamento em relação ao mundo da religião não é vivido num contexto de simples rejeição. Com efeito, esse mundo humano, que se percebe independente das instâncias religiosas, é um mundo pleno de estudos, de inventividade, de criação de valores. A industrialização transforma profundamente a paisagem social e reúne, em certas regiões, multidões de proletários.

---

1. M. DE CERTEAU, *L'Écriture de l'histoire*, Paris, Gallimard, 1975, p. 158; cf. p. 161.

Surge o fenômeno das "massas populares". Em resposta, aos poucos vai tomando forma o movimento socialista. Com a multiplicação das invenções, a época vive como que uma aceleração da história, característica que não cessou de se desenvolver até a época atual.

Essas transformações sociais e culturais vão acarretar novas imagens de Deus, do mundo, do homem, que mudam a atmosfera espiritual do Ocidente. A época das controvérsias entre confissões cristãs, das guerras de religião com sua mistura de religioso e político e suas vítimas, já passou. Aspira-se à paz, que se procura no que é mais comum, mais englobante: o homem, a natureza, sua razão. Deixa-se a "superstição", valoriza-se a experiência crítica, a virtude, a tolerância, a felicidade terrestre.

Resulta daí um novo desafio para o cristianismo: situar-se em um mundo que se torna cada vez mais estranho, até hostil, à própria idéia de fé e de revelação. Sem dúvida nenhuma, a religião como tal não é rejeitada: seu papel educador e humanizante é reconhecido. Mas desse ponto de vista não há razão nenhuma para privilegiar *a priori* uma religião: são todas, em princípio, equivalentes; seus dogmas se medem por sua utilidade moral. "Basta um frade ignorante para dizer ao homem do povo: esta vida é uma passagem. Se tirais do povo a fé, só tereis ladrões de estrada": essa frase do imperador Napoleão dirigida ao Conselho de Estado tem sido freqüentemente citada. A idéia de Deus também não é rejeitada: ela se impõe à razão, mas não é mais Deus que intervém na história. Se outro nome deve ser citado nesse contexto, seria o do filósofo Immanuel Kant (1724-1804), que deu a seu século o nome de "idade da crítica", e para quem a existência de Deus é um postulado da razão prática. A franco-maçonaria, que se desenvolve no século XVIII, fornecerá a esse *deísmo* um apoio decisivo.

Semelhante disposição de espírito acarretava um ceticismo generalizado diante das formas positivas da religião, ceticismo que se traduz freqüentemente em críticas à Igreja, em ironia e sátira, enfim, em "espírito voltairiano". Para o conjunto do povo cristão, isso significa sobretudo que a adesão religiosa se manifesta menos por critérios doutrinais que pela pertença ao grupo: nela tende a se fundar a certeza da fé mais do que no conteúdo das verdades próprias de cada Igreja.

Nesse contexto, pouco a pouco as elites, assim como a sociedade, se secularizam, mesmo se, no conjunto, as mentalidades permaneçam dominadas por uma perspectiva cristã. Os que se afastavam dela eram, no século XVII, os "libertinos". No século XVIII, são os "filósofos". A seus olhos, a religião pertence ao domínio privado, e o Estado deve subtrair-se à influência da Igreja. Ao contrário, os crentes e suas instituições dependem da jurisdição do Estado. O indivíduo deve ser libertado de qualquer autoridade dogmática e guiar-se conforme a razão. A própria religião deve ser racional, contribuir para a educação do homem, para a honestidade dos costumes.

Essas idéias, vulgarizadas pelos filósofos, fazem seu caminho ao longo de todo esse século, repercutindo inclusive na teologia de então. Mas terão também uma tradução política no josefinismo, que foi definido como um clericalismo de Estado. Seus princípios foram formulados pelo chanceler de Estado Wenzel Anton von Kaunitz, que durante muito tempo dirigiu a política austríaca. Eles vão ser aplicados a partir de 1760, sob a imperatriz Maria Teresa e, sobretudo, sob o reinado de seu filho José II (1756-1790). Esses princípios se baseiam em uma idéia muito absolutista do papel do Estado. O príncipe exerce, sozinho, a soberania sobre todos os seus súditos, sejam clérigos ou leigos. O papa não pode lhes impor leis sem o seu *placet*. O papa não é um chefe supremo, sua única função é velar pela unidade. Em conseqüência desses princípios, o Estado se dá o poder de legislar no domínio religioso. Ele reorganiza o ensino teológico e a formação do clero, suprime ou reduz o que não é "útil", como as ordens religiosas etc.

Essas idéias, misturadas com outras correntes, refletem-se no sínodo convocado pelo bispo Ricci, em setembro de 1786, em Pistóia, na Toscana, por iniciativa do grão-duque de Toscana, Pedro Leopoldo (futuro imperador da Áustria, Leopoldo II). As teses eclesiológicas de Pistóia são uma mistura de jansenismo e febronianismo. Praticamente todas se exprimem em termos de poder — do papa, do povo, dos sacerdotes. Foram condenadas por Pio VI na constituição *Auctorem fidei* de 28 de agosto de 1794[2]. Sua condenação reflete as posições romanas usuais.

Entre o antigo e o novo regime, não somente político mas também cultural, a linha de divisão simbólica é marcada pela Revolução francesa, na qual confluem os princípios das Luzes e a implementação de uma libertação do ser humano na base só da razão autônoma. No fim do século XVIII é que foram proclamados os direitos fundamentais do homem, na Declaração da independência americana (1776) e na Convenção nacional francesa (1789). Ao lado de seu aspecto destrutivo, a Revolução teve por efeito tornar indispensável o trabalho de restauração, que foi obra da Igreja no século XIX. Ao despojar a Igreja católica de grande parte de seus privilégios sociais, ao instaurar o regime de estrita separação entre Igreja e Estado, ela a obrigou a renunciar ao apoio do "braço secular" e a se centrar de novo em sua missão própria.

## 2. A ECLESIOLOGIA DAS LUZES

**INDICAÇÕES BIBLIOGRÁFICAS:** H. J. SIEBEN, *Die katholische Konzilsidee von der Reformation bis zur Aufklärung*, Paderborn, Schöningh, 1988; *Katholische Konzilsidee im 19. Und 20. Jahrhundert*, Paderborn, Schöningh, 1993. — G. THILS, *Les Notes de l'Église dans l'apologétique catholique depuis la Réforme*, Gembloux, Duculot, 1937; *L'infaillibilité du peuple chrétien in credendo. Notes de théologie posttridentine*, Paris, DDB, 1963. — G. ALBERIGO, *Lo sviluppo della dottrina sui*

---

2. Cf. *DzS* 2600ss.; *FC* 438-439. As quinze primeiras proposições condenadas tocam em questões de eclesiologia.

*poteri nella chiesa universale. Momenti essenziale tra il secolo XVI e il XIX*, Roma, Herder, 1964. — PH. SCHÄFER, *Kirche und Vernunft. Die Kirche in der katholischen Teologie der Aufklärungszeit*, München, Hüber, 1974. — J. LORTZ, *Histoire de l'Église des origines à nos jours* (15ª ed. alemã, 1950), Paris, Payot, 1956. — O. ROUSSEAU, *Histoire du mouvement liturgique. Esquisse historique depuis le début du XIXᵉ siècle jusqu'au pontificat de Pie X*, Paris, Cerf, 1945.

A eclesiologia católica, influenciada pela polêmica antiprotestante, se vira reduzida a um capítulo sobre a Igreja como sociedade visível hierárquica, sobre a autoridade e seu detentor supremo. No contexto das Luzes, os efeitos desse empobrecimento da eclesiologia são mais manifestos. Para as pessoas esclarecidas, a Igreja é essencialmente uma associação de culto, fundada sobre princípios de direito natural, útil à sociedade porque é educadora do senso moral. Fundada por Jesus Cristo, bem organizada e hierarquizada, é uma instituição pública encarregada de educar para a religião, que tem por missão salvaguardar e difundir. Essa função é principalmente desempenhada por suas atividades cultuais e pelas práticas prescritas por ela. É evidente que nesse tipo de funcionamento os ministros do culto detêm um lugar determinante. O povo fiel é simples receptor dos bens espirituais administrados por eles. "O sentimento não é o de ser a Igreja, mas de ser submisso à Igreja"[3]. Essa idéia da Igreja encontrará seu lugar até nos catecismos da época. Em 1823, Johann Adam Möhler resumia assim, de maneira apenas um pouco exagerada, a eclesiologia do século precedente: "Deus criou a hierarquia e assim garantiu suficientemente o futuro da Igreja até o fim do mundo"[4].

Nessa corrente de idéias, nem tudo é negativo para o pensamento teológico, que se vê desembaraçado de uma série de problemáticas estéreis desconectadas da história. Mas essa limpeza se faz à custa de um novo estreitamento da problemática. Diante do racionalismo que reduz a religião ao deísmo, e em um contexto em que a teologia protestante se abre para as teses mais liberais, o ensino teológico católico se torna principalmente apologético. Em vez de se nutrir da história, a teologia se constrói a partir do conceito de religião. A maior parte dos teólogos se atribuem a missão de mostrar que o cristianismo é a verdadeira religião, a que conduz seus membros à santidade, concebida em termos de moralidade. Podia-se dizer que eles interiorizaram, assim, a idéia de religião que correspondia às necessidades da burguesia, então dominante. A Igreja é "uma sociedade legal desigual segundo os princípios do direito natural" (B. Stattler[5]), sua tarefa é educar o humano para a razão, a paz, a virtude, que promete a felicidade. O Evangelho é uma escola do dever.

---

3. A. MAYER-PFANNHOLZ, "Der Wandel des Kirchenbildes in der Geschichte", *Theologie und Glaube 33* (1941), p. 30.

4. *Theol. Quartalschrift* 1823, p. 497; citado por Y. CONGAR, *L'Église*, p. 383.

5. Citado por H. FRIES, *Wandel des Kirchenbildes*, p. 263.

Dada a diversidade das confissões cristãs, os teólogos católicos se preocupam também em mostrar que a Igreja deve dispor de um magistério infalível que permite decidir nas controvérsias em questão de fé. Eles, sem dúvida, receberam da tradição a idéia de uma infalibilidade da Igreja vista em seu conjunto, mas usualmente restringem seus portadores ao episcopado, ao concílio, ao papa. Sobre a relação entre essas três instâncias, as diversas posições dos séculos precedentes se repetem: infalibilidade do concílio geral, que representa a Igreja; rejeição quase geral do conciliarismo (no sentido de uma superioridade do concílio sobre o papa); afirmação do poder igual do papa e do colégio episcopal, e de sua inseparabilidade etc. Em sentido inverso, a própria idéia de infalibilidade é criticada por certos teólogos em nome da legítima autonomia da razão criada por Deus, que não quis um pensamento uniforme, mas apenas um quadro geral que deve se tornar mais definido pela livre investigação.

## 3. A VIDA DAS COMUNIDADES CRISTÃS

Diante da erosão das estruturas da sociedade antiga, a Igreja católica, primeiro, ficará na defensiva: assumirá, às vezes, ares de uma fortaleza sitiada, cercada de inimigos que, "depois de ter sorvido a demência na taça envenenada de Babilônia, tomam das armas parricidas contra sua mãe Igreja"[6]. É uma atitude que durou até o século XX. Mas essa posição caracteriza sobretudo o domínio doutrinal. De fato, como em outras épocas, a vida real das comunidades cristãs não se reduz ao que é refletido nos tratados ou nas controvérsias teológicas. Os séculos XVII e XVIII são marcados por inúmeras confrarias cristãs, a Companhia do Santo Sacramento e as Congregações marianas, a da reevangelização do mundo rural e as primeiras "damas catequistas". No dia-a-dia, a vida cristã não somente continua, mas conhece despertares, sobressaltos, até florações místicas. Nas relações entre confissões cristãs, a tolerância vai lentamente abrindo caminho. Quanto ao séclo XIX, nele se manifesta uma extraordinária vitalidade no domínio das devoções, mas também, e sobretudo, no das missões. Essa intensa vida das comunidades cristãs fornecerá como que o húmus para as renovações eclesiológicas futuras.

Todo um trabalho catequético alimenta na massa dos fiéis uma concepção bastante moralizante da vida cristã, centrada no senso do dever. Ao mesmo tempo, as devoções antigas acentuam-se ou se difundem, e surgem novas: Infância Sagrada, Sagrado Coração, Coração Imaculado de Maria, São José, Sagrada Família... A partir dos meios monásticos nasce uma verdadeira renovação da liturgia. Uma multidão de confrarias e associações piedosas se mantêm ou se reforçam, e também são criadas numerosas obras de cunho católico,

---

6. Pio IX, Enc. *Nostis et nobiscum* de 1849, citado por Y. CONGAR, *Essais oecuméniques*, Paris, Centurion, 1984, p. 123.

em paralelo com as instituições seculares correspondentes: hospitais, escolas, universidades, sociedades de lazer e, mais tarde, sindicatos.

Essas instituições, embora muitas vezes criadas num espírito de proteção dos fiéis contra os erros e perigos do mundo, contribuem para manter uma fé muito viva. Esta se traduz, de modo particular, por um número elevado de vocações sacerdotais e religiosas, masculinas e femininas, e pela criação e expansão de inúmeros institutos e congregações religiosas, muitos deles dedicados à missão em terras longínquas.

Além disso, esse conjunto de atividades supõe a mobilização de numerosos fiéis, seja sob a influência do clero ou devido à iniciativa de uma "elite" cristã de influência crescente ao longo do século. Citemos alguns nomes de uma lista que poderia se alongar[7]: na Alemanha, a princesa Galitzin, José Görres, Clemente Brentano, Luís Windhorst; na França, Joseph de Maistre, René de Chateaubriand, Louis Veuillot, Carlos de Montalembert, Antonio Frederico Ozanam, Leo Harmel; na Espanha, Donoso Cortes; na Itália, Vicente Pallotti, José Toniolo, Contardo Ferrini; na Inglaterra, W. C. Ward, Lord Acton. Aquilo que virá a ser, no século XX, o apostolado dos leigos está em gestação um pouco por toda parte, apesar da desconfiança freqüente do clero e da persistência de uma eclesiologia oficial nada igualitária. Testemunho disso é o esquema *Supremi pastoris,* preparado para o Concilio Vaticano I:

> A Igreja de Cristo não é uma sociedade igualitária, na qual os fiéis gozariam todos dos mesmos direitos: é uma sociedade desigual, não só pelo fato de que, entre os fiéis, uns são clérigos e outros leigos, mas sobretudo porque há na Igreja um poder divinamente instituído, do qual são dotados os primeiros para santificar, ensinar e governar, que os outros não possuem[8].

## II. OS PRECURSORES DA RENOVAÇÃO

### 1. A RESTAURAÇÃO CATÓLICA

**INDICAÇÕES BIBLIOGRÁFICAS:** L. WILLAERT, *La Restauration catholique*, Paris, Bloud et Gay, 1960. — R. AUBERT, "La Géographie ecclésiologique au XIXe siècle", *L'Ecclésiologie au XIXe siècle*, Paris, Cerf, 1960, pp. 11-56. — G. ALBERIGO, *Lo svilluppo della dottrina sui poteri della chiesa universale, op. cit.* — E. HOCEDEZ, *Histoire de la théologie au XIXe siècle*, 3 vols., Bruxelles-Paris, Éd. Univ., 1947-1957. — Y. CONGAR, "L'Ecclésiologie de la Révolution française au concile du Vatican sous le signe de l'affirmation de l'autorité", *L'Écclesiologie au XIXe siècle, op. cit.*, pp. 77-144.

---

7. Cf. Y. CONGAR, "Laïc e laïcat", *DSp*, t. 9 (1975), pp. 99-100.

8. Esquema de constituição dogmática sobre a Igreja, *Supremi pastoris, em Acta et decreta sacrorum conciliurum recentiorum.* Collectio Lacensis, Freiburg, Herder, 1890, t. 7, p. 570.

Depois dos estremecimentos de que são testemunhos as correntes teológicas evocadas e as destruições da Revolução francesa, era evidente que o catolicismo tinha necessidade de uma reconstrução. A imagem grandiosa da Igreja, a de uma sociedade independente, hierarquicamente estruturada, que se consolidara a partir do século XI, estava bastante desfigurada. O próprio papado fora humilhado, vira-se prisioneiro do poder político. Em alguns países, como França, Áustria, Itália, a ação da Igreja era estreitamente controlada pelas leis do Estado.

Duas correntes bem diferentes vão se dedicar à reconstrução. A primeira visa a uma restauração em torno da autoridade da hierarquia; a segunda procura restabelecer a ligação com a grande tradição patrística e medieval.

A primeira corrente é perceptível sobretudo na Itália e na França. No auge da tempestade, em 1799, o monge camáldulo Mauro Cappellari, o futuro Gregório XVI (1831-1846), publica em Roma uma obra cujo título é característico: *O triunfo da Santa Sé e da Igreja*. A Igreja, aí, é praticamente identificada à estrutura jurídica de seu governo; ela sempre foi monárquica, visto que ela o é hoje; ela é infalível porque o papa, seu chefe e alicerce, é infalível.

Na França, a autoridade do papa se viu consolidada sobretudo graças ao talento de alguns grandes escritores tradicionalistas, Luís de Bonald (1754-1840), Joseph de Maistre (1753-1821) e o primeiro Felicité de La Mennais (1782-1854). Para essa corrente, dita "ultramontana", os adversários são as tendências democráticas na Igreja, bem como os restos ainda resistentes do episcopalismo e do galicanismo. Restaurar a Igreja é restaurar a autoridade do papa, o que, a seus olhos, acarreta sua infalibilidade. Joseph de Maistre chegou a escrever, em sua obra *Do Papa*, que "a *infalibilidade* na ordem espiritual e a soberania na ordem temporal são duas palavras perfeitamente sinônimas"[9]. Pode-se dizer que para ele tratava-se de uma teoria da autoridade sem verdadeira eclesiologia; não há lugar, em sua obra, para a dimensão sacramental, para o papel da fé e da prática do conjunto da Igreja, para a ação do Espírito.

A mesma tendência ultramontana se encontra nos teólogos e canonistas alemães, italianos e espanhóis do século XIX. Incontestavelmente ela ajudou a fortalecer o papado abalado. Contribuiu, também, para difundir uma ideologia da Igreja como monarquia pontifical, ideologia cuja influência durou até o concílio de 1869-1870, embora não triunfasse totalmente aí. Outro aspecto da restauração dava credibilidade a essa maneira de ver: para restabelecer o bom funcionamento do Estado, Bonaparte julgara necessário concluir uma concordata com Pio VII (1801). Foi a primeira de uma série de outras assinadas no século XIX com diversos Estados. Além disso, como as circunstâncias impediram o concílio de levar a cabo a obra eclesiológica projetada, essa espécie de identificação do catolicismo com o papado continuou a se difundir até o Concílio Vaticano II. Depois dele, seus traços continuam visíveis.

---

9. *Du Pape*, I, 1; *Oeuvres*, Lyon, Vitte, 1892, t. 2, p. 2.

## 2. A ESCOLA ROMÂNTICA ALEMÃ

**OS AUTORES E OS TEXTOS:** J. A. MÖHLER, *L'unité dans l'Église ou le principe du catholicisme d'après l'esprit des Pères des trois premiers siècles*, Paris, Cerf, 1938 (alem. 1825). — *Symbolik oder Darstellung der dogmatischen Gegensätze der Katholiken und Protestanten nach ihren öffentlichen Bekenntnisschriften*, hggb von J. R. Geiselmann, 2 vols., Köln, Hegner, Hegner, 1958; trad. adaptada por F. Lachat, 2 vols. Paris, Vivès, 1852. — J. H. NEWMAN, *Essai sur le développement de la doctrine chrétienne*, Paris, DDB, 1964 (1ª ed., 1845); *Pensées sur l'Église,* Paris, Cerf, 1956, onde está traduzido seu artigo controvertido "On Consulting the Faithful in matters of doctrine" (*The Rambler*, julho de 1859).

**INDICAÇÕES BIBLIOGRÁFICAS:** Y. CONGAR, "L'Ecclésiologie de la Révolution française au concile du Vatican sous le signe de l'affirmation de l'autorité", *art. cit.*, pp. 77-144. — J. R. GEISELMANN, *Geist des Christentums und des Katholizismus. Ausgewählte Schriften katholischer Theologie im Zeitalter des deutschen Idealismus und Romantik*, Mainz, Grünewald, 1940. — R. AUBERT, "La Géographie ecclésiologique au XIX$^e$ siècle", *Ecclésiologie du XIX$^e$ siècle*, pp. 11-56. — M. DENEKEN, "Les Romantiques allemands, promoteurs de la notion d'Église sacrement du salut? Contribution à l'étude de la genèse de l'expression, Église, sacrement du salut'", em *RevSR* 67 (1993), pp. 55-74.

Paralelamente, desenvolve-se outra corrente que busca renovar a Igreja não mais restaurando a autoridade, mas pela redescoberta da inspiração das fontes patrísticas e medievais, corrente ligada a um movimento cultural mais amplo, o romantismo. Nascido em reação à corrente racionalista e secularizante das Luzes, o romantismo revaloriza a tradição, de modo particular numa imagem um tanto quanto idealizada da Idade Média. Prega os valores da interioridade, do sentimento. Descobre a potência espiritual dos mitos e das lendas nos quais se exprime a alma coletiva de um povo (*Volksgeist*). Uma visão renovada da Igreja tomará corpo nesse clima novo, visão que reata com a eclesiologia dos Padres e cuja fecundidade se nota até hoje. Ela marcará não só a teologia, mas também a pastoral e a catequese, sem esquecer a arte da Igreja, sob suas formas neo-romanas ou neogóticas. Ultrapassando o deísmo, reorganiza a reflexão em torno do Deus da história, o Deus da Bíblia. Enfoca o papel central de Cristo na história da salvação. Ao reintroduzir a noção bíblica de Reino de Deus, supera o moralismo superficial das Luzes, ligando-o à doutrina de fé.

Essas novas percepções encontrarão eco em um certo número de teólogos, sobretudo no catolicismo alemão. Ao procurar penetrar o "espírito do cristianismo", eles entram em contato com a existência comunitária do dado revelado, isto é, a Igreja como "povo", como coletividade que se constitui e crê de forma orgânica ao longo da história, animada por uma vida em crescimento vista como um movimento total que conjuga unidade e diversidade.

Essa corrente foi ilustrada por alguns grandes nomes: Johann Michael Sailer (1751-1832), assim como por aqueles da jovem faculdade de teologia de Tübingen: Johann Sebastian Drey (1777-1853) e, sobretudo, Johann Adam Möhler (1796-1838). Pode-se juntar a eles o teólogo leigo convertido Friedrich Pilgram (1819-1890), cujo pensamento original tem sido notado por mais de um historiador do dogma e cuja *Fisiologia da Igreja* (1860) foi traduzida para o francês[10]. Na Inglaterra, um pensador fecundo e original como John Henry Newman (1801-1890) será também levado a uma visão de Igreja que, ultrapassando seus desenvolvimentos medievais, reata com a tradição patrística; sua eclesiologia, que anuncia as perspectivas do Vaticano II, não teve, entretanto, grande influência em sua época.

A chamada escola de Tübingen não se contenta em assumir certos temas caros ao movimento romântico: seus representantes dialogam com os filósofos idealistas da época, Lessing, Schelling, Hegel, ao mesmo tempo para se inspirar e para os combater. Acolhem de modo particular o sentido da história como dinamismo, mas rejeitam sua concepção da autonomia absoluta do espírito humano. A mesma mistura de acolhida e crítica se verifica em relação ao pensamento de Friedrich Schleiermacher (1768-1834), que, por sua vez, foi protagonista de uma renovação da teologia protestante, de inspiração pietista e que repunha em foco o papel central da fé, do Espírito, da comunidade viva.

Retornando às fontes da Bíblia e dos Padres, os teólogos de Tübingen voltam a atenção para a Igreja vista em sua realidade total de organismo vivo. O objeto da eclesiologia é precisamente essa vida. A Igreja não é mais somente nem em primeiro lugar uma sociedade visível e hierárquica; ela é, antes de tudo, uma "comunidade de vida", o lugar onde circula a graça, onde o Espírito atuante comunica a redenção adquirida em Jesus Cristo. Por essa presença atuante, a Igreja é uma comunhão que se constrói na fé e na caridade. Nela, as instituições são articulações visíveis, encarregadas de assegurar o bom funcionamento do conjunto.

Para Johann Sebastian Drey, a Igreja é a portadora da revelação ao longo da história e, ao mesmo tempo, a realização objetiva, suscitada pelo Espírito, da idéia do Reino de Deus. Nessa Igreja desejada por Cristo, unidade e diversidade não se opõem, mas estão dialeticamente ligadas: a unidade, representada pelo sucessor de Pedro, inclui a multiplicidade. Assim como, em Cristo, a dualidade das naturezas não compromete a unidade da pessoa, assim também na Igreja com a dualidade dos poderes: o princípio episcopal constitui a multiplicidade, o princípio primacial mantém a unidade.

Mas foi a eclesiologia de Möhler que exerceu influência mais profunda tanto em Döllinger como na "Escola romana" e, depois, a partir de 1920, na corrente eclesiológica do Corpo místico. Möhler redescobre os Padres com uma espécie de

---

10. *Physiologie de l'Église*, ou *Étude sur les lois constitutives de l'Église considerée dans son essence naturelle*, trad. Ph. Reinhard, Paris, R. Buffet, 1864.

entusiasmo, sentindo neles a perpétua exultação da Igreja nascente. Para ele, o princípio essencial da vida da Igreja não é a estrutura hierárquica; é, antes de tudo, o Espírito Santo, alma da Igreja, do qual flui toda a vida. Ela é "a produção externa de uma força constituinte interna, o corpo de um espírito que se cria a si mesmo". "O indivíduo, como parte de um todo orgânico, baseado em Deus, só pode conhecer Deus no todo." É o Espírito que constitui a unidade da Igreja como organismo vivo, e representa seu princípio permanente de identidade. É ele o motor interno de sua expansão e de seu desenvolvimento; é ele que, agindo na Igreja, suscita nela as diversas funções que lhe são necessárias. O bispo representa o fator de unidade de sua diocese, o metropolita, a unidade de diversas dioceses, o papa, a unidade da Igreja inteira. Essa ênfase pneumatológica, muito marcada em sua obra sobre *A unidade da Igreja ou o princípio do catolicismo* (1825), é mais equilibrada pela dimensão cristológica nas edições sucessivas de sua *Simbólica* (a partir de 1832). Prolongamento da encarnação do Verbo através do tempo, a Igreja é de natureza humano-divina, ao mesmo tempo visível e invisível. "Em sua Igreja, o Salvador é continuado conforme tudo o que ele é. A Igreja, sua manifestação permanente, é divina e humana ao mesmo tempo; ela é a unidade desses dois atributos"[11]. Estamos bem longe da eclesiologia da *Aufklärung*.

## 3. A ECLESIOLOGIA DA "ESCOLA ROMANA"

**INDICAÇÕES BIBLIOGRÁFICAS:** H. J. POTTMEYER, *Unfehlbarkeit und Souveränität. Die päpstliche Unfehlbarkeit im System der ultramontanen Ekklesiologie des 19. Jahrhunderts*, Mainz, Grünewald, 1975, pp. 279-345. – H. SCHAUF, *Carlo Passaglia und Clemens Schrader. Beitrag zur Theologiegeschichte des 19. Jahrhunderts*, Roma, PUG, 1938. – W. KASPER, *Die Lehre von der Tradition in der römischen Schule (Giovanni Perrone, Carlo Passaglia, Clemens Schrader)*, Freiburg, Herder, 1962.

Essas opiniões, sobretudo as de Möhler, graças a Carlos Passaglia (1812-1887) fariam parte do pensamento dos grandes teólogos jesuítas do Colégio Romano, João Batista Franzelin (1816-1886) e Clemente Schrader (1820-1875), que foram, com João Perrone (1794-1876), os redatores das Constituições do Concílio Vaticano I. Na chamada "Escola romana", a Igreja é compreendida numa perspectiva propriamente teológica, como mistério "sobrenatural" (termo cada vez mais freqüente na época). Ela não é somente uma sociedade religiosa, ela é o Corpo de Cristo, numa perspectiva da "encarnação continuada". Por conseguinte, ela é indissociavelmente visível e invisível, humana e divina ou sobrenatural. Desse modo, como já em Möhler, as estruturas hierárquicas se acham integradas numa verdadeira teologia da Igreja.

---

11. *Symbolique*, par. 36; trad. Lachat, Bruxelas, Fonteyn, 1854, t. 2, pp. 8-9.

João Perrone, cuja obra, *Lições teológicas*, teve várias edições enquanto ele ainda era vivo, foi fortemente influenciado pela teologia bellarminiana no que diz respeito à eclesiologia. No *corpo moral* que constitui a Igreja, ele privilegia o grupo dos pastores em detrimento do conjunto dos fiéis: são eles, os bispos em união com o papa, que constituem a Igreja docente, que os fiéis devem seguir. Os heréticos e cismáticos não têm mais nenhum vínculo com a Igreja. Essa visão, ainda muito jurídica, não impede Perrone de falar também da Igreja como "encarnação permanente, mística", na linha de Möhler.

Carlos Passaglia é, sem dúvida, entre os teólogos romanos, o que construiu sua eclesiologia de maneira mais trinitária: a Igreja é *proveniente da Trindade,* nascida do Pai pela missão do Filho prolongada, através do tempo, por obra do Espírito Santo. O fundamento de sua unidade é, portanto, a unidade das três Pessoas divinas, mais precisamente a ação do Espírito de amor que é a unidade do Pai e do Filho. Depois de seu rompimento com Roma e com a Companhia de Jesus (1858-1859), Passaglia reage contra o ultramontanismo e se opõe ao modelo de monarquia absoluta na Igreja, ao mesmo tempo que ressalta o papel específico do laicato e insiste no "direito divino" dos bispos.

Embora sendo, sem dúvida, quem desenvolveu com maior coerência uma eclesiologia do Corpo místico na linha da *Simbólica* de Möhler, Clemente Schrader é também um dos decididos promotores do poder do papa, centro, origem, fundamento e princípio da unidade da Igreja toda, fonte cuja corrente se espalha sobre o resto da Igreja, Pastor supremo, Doutor e bispo da Igreja inteira.

João Batista Franzelin, que se nutriu nos Padres e também nos grandes teólogos da escolástica, baseia sua construção teológica tanto sobre uma análise crítica dos textos da tradição, como sobre a livre discussão racional. A partir daí, a Igreja é situada no quadro geral da história da salvação, mas esse ponto de partida não é desenvolvido em todas as suas virtualidades. A Igreja é, ao mesmo tempo, um "*corpo moral (na ordem sobrenatural)*" cuja unidade é constituída pela sua finalidade comum, a salvação em Jesus Cristo. Mais profundamente, ela é um Corpo místico de cuja Cabeça os membros recebem os carismas e a graça. Pode-se falar de continuidade entre a Encarnação e a Igreja, no sentido de que a humanidade é salva pela união perfeita, em Cristo, da divindade com a natureza humana e, por conseguinte, com o gênero humano — portanto, com a Igreja; mas isso não permite ver a Igreja como prolongamento, no sentido estrito, da Encarnação, que continua a ser um acontecimento único na história.

Nesse estágio, a síntese entre a perspectiva orgânica de Möhler e a linha bellarminiana, que define a Igreja por seus elementos exteriores, como sociedade visível e hierárquica, ainda está longe de ser atingida. Só lentamente se chegará lá. Durante muito tempo, o ensino corrente da teologia vai justapor ainda uma reflexão sobre a Igreja como Corpo de Cristo a uma abordagem mais apologética que trata de seus aspectos institucionais.

## III. A PRIMAZIA DO PAPA NO VATICANO I

### 1. SITUAÇÃO DO CONCÍLIO

Para situar a contento a obra eclesiológica do Vaticano I, não se deve perder de vista certo número de seus condicionamentos de ordem política ou pastoral. Na primeira metade do século, as idéias episcopalistas e a oposição à infalibilidade do papa estavam ainda bastante difundidas em diversos países da Europa. Ao mesmo tempo, no funcionamento da Igreja católica, o século XIX assiste a um desenvolvimento notável da centralização dos poderes nas mãos do Vaticano. Roma aprova e, às vezes, corrige os concílios provinciais. As liturgias locais tendem a desaparecer em benefício do rito romano. Às vésperas do concílio, catecismos, manuais de teologia, concílios provinciais refletem, cada vez mais, as posições romanas. Sob o pontificado de Pio IX, espalha-se uma verdadeira devoção à pessoa do papa. As tradicionais peregrinações mudam de sentido: vai-se a Roma mais para "ver o papa" do que para venerar os túmulos de Pedro e Paulo.

Os próprios papas, sobretudo Gregório XVI (1831-1846) e Pio IX (1846-1878), situam suas numerosas intervenções na linha de uma restauração de sua autoridade. Em nome da liberdade da Igreja, eles combatem as conseqüências para a Igreja das teorias, então dominantes, concernentes ao direito público. Depois das idéias de Febrônio e do josefinismo, as correntes liberais nascidas da Revolução francesa corriam no mesmo sentido: livrar o Estado, e a sociedade em geral, da direção e mesmo da influência da Igreja. Quando Gregório XVI condena as posições liberais do jornal *L'Avenir*[12], quando Pio IX, em sua encíclica *Quanta cura*, e o *Syllabus* que a acompanha, condena o liberalismo[13], fazem-no em nome de uma concepção da Igreja como "sociedade perfeita". À reivindicação de liberdade, considerada por eles a fonte do "indiferentismo religioso", opõem a autoridade da Igreja e seus direitos, que requerem submissão e obediência. A seus olhos, só assim pode reinar a ordem na sociedade. A própria Igreja é concebida em categorias essencialmente jurídicas, como sociedade sobrenatural pública, hierarquicamente estruturada, para sempre fundada por Jesus Cristo. Contra a oposição dos liberais à própria existência dos Estados pontifícios, os papas respondem com a defesa enérgica de seu poder temporal e, depois de perdê-lo, com a reivindicação de seu direito de exercê-lo.

Às vésperas do concílio, as condenações do liberalismo contidas na encíclica *Quanta cura* e no *Syllabus* perturbaram profundamente a opinião católica. Nesse momento, as idéias liberais estavam de tal forma difundidas que sua condenação dava a impressão de que era impossível ser ao mesmo tempo

---

12. Encíclica *Mirari vos* de 15 de agosto de 1832; DzS 2730-2732.
13. Os dois textos são datados de 8 de dezembro de 1864; DzS 2890-2896 e 2901-2980; FC 446 e 81-85; 250-251; 447-450.

cristão e contemporâneo. Os círculos ultramontanos não deixaram de aumentar a importância doutrinal do texto, e os liberais de a minimizar, vendo nele apenas um ato político.

## 2. A ECLESIOLOGIA NO CONCÍLIO VATICANO I

> **INDICAÇÕES BIBLIOGRÁFICAS:** R. AUBERT, *Vatican I*, Paris, L'Orante, 1964; *Le Pontificat de Pie IX*, Paris, Bloud et Gay, 1952. — U. BETTI, *La costituzione dommatica "Pastor aeternus" del Concilio Vaticano I*, Roma, Pont. At. Anton., 1961; "Dottrina della costituzione 'Pastor aeternus'", em *De Doctrina Concilii Vaticani I*, Roma, Civ. Vat., 1969, pp. 309-360. — G. DEJAIFVE, "Primauté et collégialité au premier concile du Vatican", *L'Épiscopat et l'Église Universelle,* Paris, Cerf, 1962, pp. 639-660. — A. B. HASLER, *Pius IX (1846-1878). Päpstliche Unfehlbarkeit und 1. Vatikanisches Konzil. Dogmatisierung einer Ideologie*, Stuttgart, Hiersemann, 1977. — J.-P. TORREL, *La Théologie de l'épiscopat au I$^{er}$ concile du Vatican*, Paris, Cerf, 1961. — H. J. SIEBEN, *Katholische Konzilsidee im 19. und 20. Jahrhundert,* Paderborn, Schöningh, 1993. — G. THILS, *Primauté et infaillibilité du Pontife Romain à Vatican I et autres études d'écclésiologie*, Leuven, Univ. Press, 1989. — R. MINNERATH, *Le Pape évêque universel ou premier des évêques?*, Paris, Beauchesne, 1978.

Reunido num contexto de confronto entre Igreja e mundo moderno, o Concílio Vaticano I se propôs, explicitamente, "unificar o mundo católico numa possante demonstração da verdade oposta aos erros do tempo" e reforçar a autoridade eclesiástica, particularmente a do pontífice romano[14]. Com esse objetivo, busca antes de tudo afirmar a identidade da Igreja bem como sua autonomia e seus direitos na qualidade de "sociedade perfeita". Diante dos erros do tempo, o concílio sublinha, diversas vezes, a autoridade da Igreja docente como "guardiã e mestra da palavra revelada", bem como as "notas" claras que permitem distingui-la como tal: um otimismo que, sem dúvida, tem sua fonte na atitude apologética de então. Nenhum traço, nesse contexto, de uma "Igreja a ser reformada" (*Ecclesia reformanda*): ela é "como um estandarte levantado entre as nações"[15].

A comissão encarregada por Pio IX de preparar um texto sobre a Igreja tomara por base de seus trabalhos o *Syllabus* e propusera um esquema em duas partes, tratando primeiro da Igreja depois das relações entre Igreja e Estado; e um segundo esquema tratando *Do pontífice romano*, que não falava da infalibilidade. Esse segundo esquema foi integrado entre as duas partes do primeiro e o conjunto distribuído aos Padres em janeiro de 1870. Por solicitação de diver-

---

14. H. FRIES, *Wandel des Kirchenbildes,* pp. 269-271.
15. Const. Dogm. *Dei Filius* sobre a fé católica, cap. 3; *COD* II-2, pp. 1641-1643; *DzS* 3012-3013; *FC* 94-95.

sos bispos, foi acrescentado, em março de 1870, um capítulo sobre a questão da infalibilidade. Levados pela urgência e sob a pressão da corrente ultramontana, os Padres decidiram tratar, primeiro, da questão do papado, e o esquema foi dividido em duas partes: uma *Primeira Constituição dogmática sobre a Igreja de Cristo, "Pastor aeternus"*, distribuída em 9 de maio, e uma *Segunda constituição dogmática sobre a Igreja, "Tametsi Deus"*. Essa segunda constituição não teve tempo de ser votada, nem mesmo discutida[16].

Os debates conciliares refletem traços característicos da eclesiologia da época e das duas correntes evocadas, a que redescobre a veia patrística e a que reafirma a autoridade pontifícia. O esquema sobre a Igreja comportava, antes de tudo (já no texto de janeiro), um primeiro capítulo intitulado "A Igreja é o corpo místico de Cristo". Esse ponto de partida foi rejeitado pela maioria dos Padres, formados na tradição bellarminiana de uma definição da Igreja como sociedade visível e hierárquica. A idéia lhes parecia protestante ou jansenista, sendo "Corpo de Cristo" geralmente compreendido no sentido agostiniano da graça que flui de Cristo Cabeça para a multidão dos indivíduos. Os Padres queriam uma definição da Igreja por seus elementos externos. O texto revisto manteve a idéia do Corpo místico, no que se reconhece a inspiração da escola romana, porém com maior ênfase na Igreja também como *verdadeira sociedade*. A interrupção do concílio impediu que o esquema chegasse a um resultado.

Em seguida, vários críticos exprimiram o receio de que o documento preparado, falando só do papa, negligenciasse o papel dos bispos e do concílio. Insistiam em que não se separasse o papa da Igreja, nem do corpo dos bispos. Ao se definir a jurisdição do papa como "verdadeiramente episcopal, imediata, ordinária", temiam que se reduzisse o papel dos bispos, em suas dioceses, ao de simples delegados do papa. Como se a Igreja fosse uma única diocese e o papa, não podendo fazer tudo, apelasse para o auxílio deles. Certa satisfação foi dada a essas críticas pela inclusão de algumas precisões no documento votado, reconhecendo, de modo especial, o "direito divino" do episcopado: ele não é uma simples instituição eclesiástica, mas faz parte da estrutura essencial da Igreja[17]. O fato é que não se pode dizer que, na época, se tenha abordado a teologia do episcopado por ela mesma.

Enfim, a questão da infalibilidade[18] se acha dominada pela preocupação de não situar o papel magisterial do papa *na dependência* de seu acordo com a Igreja toda. Essa preocupação se chocava com as inquietações da minoria: o papa não estaria, assim, colocado acima da Igreja, e não nela? Como situar a infalibilidade de algumas dessas declarações em relação à infalibilidade, comumente admitida, da Igreja vista em seu conjunto? Como assegurar ao papa sua *plenitude de poder* sem o separar nem da Igreja, nem do episcopado,

---

16. Cf. trad. de 10 caps. do 1º projeto em *FC* (1ª ed.), 454-465.
17. Cf. *COD* II-2, p. 1655; *DzS* 3061.
18. A infalibilidade será tratada no t. 4 desta *História dos dogmas*.

nem do concílio? O dogma definido em 18 de julho de 1870 justificou essa preocupação, favorecendo o ponto de vista do pontífice romano, ao afirmar que sua autoridade não pode ser condicionada nem limitada por qualquer instância humana.

## 3. A CONSTITUIÇÃO DOGMÁTICA *PASTOR AETERNUS*

O texto, que definiu ao mesmo tempo o primado de jurisdição e a infalibilidade do bispo de Roma, é muito preciso. Começa por afirmar "a instituição do primado apostólico do bem-aventurado Pedro" (cap. 1), explicitando, no "anátema" que fecha o capítulo, que não se trata somente de um "primado de honra", mas de um "primado de jurisdição verdadeira e propriamente dito". E prossegue afirmando "a perpetuidade do primado do bem-aventurado Pedro nos pontífices romanos" (cap. 2), e isso "por instituição de Cristo ou de direito divino". O capítulo 3 especifica a "natureza do primado do pontífice romano". Eis as passagens essenciais:

> Assim, portanto, Nós ensinamos e declaramos que a Igreja romana, por disposição do Senhor, possui sobre todas as outras um primado de poder ordinário e que esse poder de jurisdição do Pontífice romano, que é verdadeiramente episcopal, é imediato. Os pastores de todos os ritos e de todas as categorias, bem como os fiéis, tanto cada um, separadamente, como em conjunto, estão obrigados ao dever de subordinação hierárquica e de verdadeira obediência, não somente nas questões que concernem à fé e aos costumes, mas também nas que tocam à disciplina e ao governo da Igreja espalhada pelo mundo inteiro [...]
>
> De forma alguma esse poder do Soberano Pontífice representa obstáculo para o poder de jurisdição episcopal ordinário e imediato pelo qual os bispos, estabelecidos pelo Espírito Santo sucessores dos Apóstolos, apascentam e governam, como verdadeiros pastores, cada um o rebanho que lhe foi confiado. Ao contrário, esse poder é confirmado, fortalecido e defendido pelo pastor supremo e universal.

O texto determina certas modalidades desse poder: o direito do papa de se comunicar livremente com os bispos, o direito de recurso ao papa em "todas as causas que tocam à jurisdição eclesiástica", lembrando que "ninguém tem o direito de julgar suas decisões" e a rejeição do conciliarismo: "Os que afirmam que é permitido apelar dos juízos dos Pontífices romanos ao concílio ecumênico como a uma autoridade superior a esse Pontífice, se desviam do caminho da verdade". E o anátema final retoma o conteúdo desse capítulo:

> Se, portanto, alguém disser que o Pontífice romano só tem a função de inspeção ou de direção e não um poder pleno e soberano de jurisdição sobre toda a Igreja, não apenas no que toca à fé e aos costumes, mas ainda no que toca à disciplina

e ao governo da Igreja espalhada pelo mundo inteiro; ou que ele só tem a parte mais importante e não a plenitude total desse poder supremo; ou que seu poder não é ordinário, nem imediato sobre todas e cada uma das Igrejas, bem como sobre todos e cada um dos pastores e dos fiéis, seja anátema[19].

Os debates conciliares levaram a que se introduzisse uma série de nuances que equilibram, em certa medida, o que o documento tinha de evidentemente unilateral, dado seu objeto limitado. Algumas precisões só se esclarecem pelo contexto global ou pelas tendências que se tratava de combater. Assim, quando o documento indica que o papel do papa não é o de simples supervisão ou orientação, ele visa às correntes galicanas.

O primado do papa é situado no interior da Igreja, não acima dela, e tem por objetivo manter a unidade dessa Igreja por meio da unidade do episcopado (prólogo e cap. 3). Ele consiste em uma verdadeira superioridade de jurisdição, entregue a Pedro (e não à Igreja) para ser transmitida a seus sucessores nos quais ele continua vivo. Esse primado de jurisdição é "verdadeiramente episcopal, ordinário, imediato". O primeiro desses adjetivos foi introduzido para determinar o alcance dos dois seguintes: ordinário, quer dizer, em virtude mesmo de seu ofício e não por delegação; imediato, isto é, sem ter necessidade de passar pelo bispo do lugar. Ele se exerce tanto sobre os pastores como sobre os fiéis, tomados coletiva ou individualmente. Ele diz respeito à disciplina e ao governo tanto quanto à doutrina relativa à fé e aos costumes. O papa é, portanto, o supremo juiz: ele não pode estar sujeito a qualquer outra instância, e não é permitido apelar do papa para o concílio. Nenhum desses estabelecimentos é novo, mas aqui eles se encontram definidos com a solenidade de um concílio geral.

O documento explica que o poder supremo do papa não importa em prejuízo para o poder ordinário e imediato dos bispos, que são instituídos pelo Espírito Santo. A importância dessa menção foi confirmada por uma declaração coletiva do episcopado alemão, reagindo a uma circular de Bismarck de 14 de fevereiro de 1872. O chanceler achava que a afirmação do primado de jurisdição do bispo de Roma reduzia os bispos à categoria de funcionários do papa. Em sua declaração, explicitamente aprovada por Pio IX, os bispos alemães deixavam bem claro que "o papa é o bispo de Roma, não o bispo de qualquer outra cidade ou diocese". Quando ele intervém, em caso de necessidade, no território de uma diocese, "ele não o faz como bispo da diocese em questão, mas na qualidade de papa", isto é, como "pastor e chefe da Igreja inteira"[20].

A definição da infalibilidade tem a mesma coerência que a do primado: o papa é infalível em circunstâncias bem precisas e limitadas, indicadas na definição. Essa prerrogativa lhe é própria, não é simplesmente a infalibilidade da Igreja, e se o papa consulta a Tradição isso é mencionado como um

---

19. *COD* II-2, pp. 1653-1657; *DzS* 3060-3064; *FC* 472-476.
20. Texto alemão e tradução latina, *DzS* 3112-3116.

fato, não como uma condição. Seu objeto é bem preciso: a fé e os costumes. Como também a necessária solenidade da afirmação, isto é, a vontade explícita de exprimir a fé da Igreja e de ligar a fé dos fiéis nesse determinado ponto, e isso em virtude da missão própria do bispo de Roma: esse é o sentido da cláusula *ex cathedra*[21].

## 4. AS RECAÍDAS DO VATICANO I

> **INDICAÇÕES BIBLIOGRÁFICAS:** A. MAYER PFANNHOLZ, "Der Wandel des Kirchenbildes in der Geschichte", *Theologie und Glaube* 33 (1941), pp. 22-34. — A. ANTÓN, "Lo sviluppo della dottrina sulla chiesa nella teologia dal Vaticano I al Vaticano II", *L'Ecclesiologia dal Vaticano I al Vaticano II,* Brescia, La Scuola, 1973, pp. 27-86. — G. THILS, *La Primauté pontificale. La doctrine de Vatican I, les voies d'une révision,* Gembloux, Duculot, 1972. — Cf. indic. bibliog., p. 408.

Ao definir o primado do bispo de Roma e a infalibilidade de seu magistério, o concílio deixara de lado a questão da origem da jurisdição dos bispos ou a da infalibilidade do concílio ou do corpo episcopal. Com isso se introduziu na eclesiologia um desequilíbrio que tem sido freqüentemente deplorado e que até mesmo só parcialmente foi corrigido pelo Concílio Vaticano II. Nos decênios que se seguiram ao concílio, o mundo católico foi dominado sobretudo por uma interpretação ultramontana da *Pastor Aeternus,* interpretação — historicamente falsa — que faz do papa "mais do que um papa"[22]. A renovação eclesiológica que se anunciava com os grandes teólogos românticos e a Escola romana não produziu seus frutos na época. O ensino clássico não seguiu Möhler nem Franzelin, continuando na linha neoescolástica, consagrada e imposta na formação dos padres pela encíclica *Aeterni Patris* de Leão XIII (4 de agosto de 1879). Essa orientação acentua o divórcio entre a teologia dogmática corrente e o estudo das fontes que se achava, então, em pleno progresso do lado do protestantismo liberal: uma defasagem que aclara a futura crise modernista.

O Concílio Vaticano I comporta outras fraquezas que foram reveladas com o tempo. Não marcou bem a relação entre o papa e o conjunto dos crentes, não considerando de modo algum em seus enunciados o *senso dos fiéis.* Esse concílio, que pretendia ser ecumênico, não se preocupou muito com as outras Igrejas. Quando se dirigiu aos ortodoxos e, depois, aos protestantes, foi sob a forma de um convite para que retornassem ao único redil. Notou-se também a ausência de uma verdadeira doutrina do Espírito Santo, ou ainda de algum dinamismo missionário, que, no entanto, não faltava na época.

---

21. A análise da fórmula segundo a qual as declarações *ex cathedra* do papa gozam da infalibilidade "por si mesmas e não em virtude do consentimento da Igreja" será feita no t. 4.

22. J. M. R. TILLARD, *L'Éveque de Rome,* Paris, Cerf, 1982, p. 15.

Algumas dessas lacunas foram compensadas pelos fatos, mesmo que fosse apenas pela existência de um episcopado que continuava a existir e exercer seu poder ordinário. Serão também preenchidas, ao menos em parte, no magistério pontifício desde antes do fim do século. Em primeiro lugar, o próprio Pio IX, que tanto fez para reforçar a autoridade do papa, tomou consciência, mais do que seus predecessores, da necessidade de reconhecer o lugar dos leigos na Igreja, embora reduzindo, de fato, esse lugar a pouca coisa.

O ensino de Leão XIII (1878-1903) toca um pouco em todos os temas da teologia, mas se concentra, de fato, na Igreja. Ele se inspira na doutrina da escola romana sobre a natureza teândrica da Igreja, Corpo místico de Cristo, que comporta elementos visíveis e invisíveis[23]. Mesmo afirmando vigorosamente o primado romano, dá lugar à missão e à autoridade dos outros bispos. Sobretudo, ele ressalta o papel do Espírito Santo na Igreja como jamais haviam feito os papas antes dele, sublinhando, inclusive, sua ação no dinamismo missionário[24].

Leão XIII manifesta também, muitas vezes, a consciência que tem de sua missão própria quanto à unidade dos cristãos. Foi ele que se pronunciou sobre a impossibilidade, para a Igreja romana, de reconhecer a validade das ordenações anglicanas, por defeito de forma e de intenção[25]. Mas o que hoje chamamos de ecumenismo está ainda em seus primeiros balbucios[26]. A afirmação central é a da unicidade da Igreja desejada por Jesus Cristo. A partir disso, não se pode considerar as diferentes denominações cristãs como partes integrantes de um conjunto diferenciado: deve haver não só a unidade de fé, mas a de governo também. Essa maneira de ver não impede que se dê às Igrejas ortodoxas o nome de *ecclesia* (ao passo que os protestantes formam apenas "sociedades"). Reconhece-se, na verdade, que entre as diversas denominações cristãs e a Igreja católica há uma certa comunhão imperfeita, mas a concepção da unicidade da Igreja proíbe que se veja a união dos cristãos de outra forma senão em termos de retorno.

Sob outro aspecto, os ensinamentos de Leão XIII manifestam a que ponto a posição da Igreja evoluiu em relação ao Estado. Ele continua, sem dúvida, a combater as pretensões do Estado moderno de regular o conjunto da vida humana sem nenhuma referência a uma ordem sobrenatural. Os adversários são apontados: o laicismo, a franco-maçonaria, o liberalismo. Mas, seguindo uma solicitação formulada no concílio, ele toma claramente distância das teses hierocráticas da Idade Média, e retorna à tradição gelasiana distinguindo as "duas instâncias, a autoridade sagrada dos pontífices e o poder régio"[27].

---

23. Cf. encíclica *Satis cognitum* de 1896; Leonis XIII, *Acta*, Roma, Typ. Vat. t. 16, 1897, pp. 157-208.
24. Cf. encíclica *Divinum illud munus* de 1897; *Acta*, t. 17, 1898, pp. 125-148.
25. Carta *Apostolicae curae*, de 1896; DzS 3315-3319.
26. Cf. R. AUBERT, "Les Étapes de l'oecuménisme catholique depuis le pontificat de Léon XIII jusqu'à Vatican II", *La Théologie du renouveau*, Paris, Cerf, 1968, t. I, pp. 291-307.
27. Carta *Famuli vestrae pietatis* de Gelásio I ao imperador Anastásio, em 494; *PL* 59, c. 42-43. Texto citado, p. 395.

E distingue ainda mais nitidamente duas sociedades, tendo cada uma seu fim específico e seu domínio próprio. Sem dúvida, dado o primado do fim espiritual da humanidade, a sociedade temporal é subordinada, mas no sentido de que a Igreja é necessária para a prosperidade das nações e que, portanto, os Estados devem respeitar sua liberdade. Enfim, o ensino social de Leão XIII interessa igualmente à eclesiologia: ele certamente contribuiu para modificar lentamente a posição da Igreja na sua relação com a realidade social.

CAPÍTULO XV
# A virada da eclesiologia no século XX

O século XX viu operar-se na Igreja católica uma profunda modificação. O Concílio Vaticano II é de certa forma seu símbolo. Mas um símbolo, por si só, não permite medir a amplidão dos redirecionamentos ocorridos. O que continuou a se transformar, e de maneira acelerada, foi todo o conjunto da cultura e até a organização do planeta. Duas guerras mundiais, o nascimento, a expansão e a queda do marxismo, uma série de acontecimentos de alcance mundial marcaram de modo decisivo a consciência da humanidade. Acontecimentos simbolizados por alguns nomes: Auschwitz, Hiroshima, o Gulag. Mas houve também a conquista espacial, os avanços da biogenética, a tomada de consciência do problema ecológico. Mais globalmente, assistimos ao "fim dos grandes relatos", à desqualificação das visões globalizantes do mundo, cujos efeitos desumanizantes foram amargamente provados pelo século que se acaba. O "retorno do religioso" que se observa no último quarto do século é diversamente interpretado. Pois observa-se não apenas a persistência das grandes religiões mundiais, ou o nascimento de novos movimentos religiosos, mas uma transformação geral do papel das religiões na dinâmica social.

## I. A IGREJA CORPO MÍSTICO

1. UMA REDESCOBERTA DA IGREJA

> **INDICAÇÕES BIBLIOGRÁFICAS:** A. ACERBI, *Due ecclesiologie, ecclesiologia giuridica ed ecclesiologia di communione nella "Lumen Gentium"*, Bologna, Dehoniane, 1975. — J. FRISQUE, "L'Ecclésiologie au XX$^e$ siècle", *Bilan de la théologie au XX$^e$ siècle*, Tournai, Casterman, 1970, t. 2, pp. 412-456. — É. MENARD,

*L'Ecclésiologie hier et aujourd'hui,* Bruges, DDB, 1966. — S. JÁKI, *Les tendances nouvelles de l'ecclésiologie,* Roma, Herder, 1957. — R. AUBERT, "Les étapes de l'oecuménisme catholique depuis le pontificat de Léon XIII jusqu'à Vaticano II", *La théologie du renouveau,* Paris, Cerf, 1968, t. 1, pp. 291-307. — Y. CONGAR, "De Pie IX à Jean XXIII", *Essais oecuméniques,* Cerf, Paris, 1982, pp. 10-39.

**OS GRANDES NOMES DA MISSIOLOGIA ANTES DO VATICANO II:** J. SCHMIDLIN, *Einführung in die Missionswissenschaft,* Münster, Aschedorff, 1919. — P. CHARLES, *Les Dossiers de l'action missionaire. Manuel de missiologie,* Louvain, Aucam, 2ª ed., 1938. — H. DE LUBAC, *Le Fondement théologique des missions,* Paris, Seuil, 1946.

**SOBRE O MOVIMENTO ECUMÊNICO:** Bibliografia em A. WINKLHOFER, *L'Église présence du Christ,* Paris, Cerf, 1966, pp. 283-284. — Y. CONGAR, *Chrétiens désunis. Principes d'un "oecuménisme" catholique,* Paris, Cerf, 1937; *Chrétiens en dialogue. Contribution catholique à l'oecuménisme,* Paris, Cerf, 1964. — TH. SARTORY, *Die ökumenische Bewegung und die Einheit der Kirche. Ein Beitrag im Dienste einer ökumenischen Ekklesiologie,* Meitingen, Kyrios-Verlag, 1955.

Nesse contexto, a Igreja católica e as Igrejas cristãs em geral foram levadas a descobrir a nova face de sua missão. É bem conhecido o célebre diagnóstico de Romano Guardini no seu livro *Vom Sinne der Kirche,* em 1922: "um fenômeno religioso de importância incalculável está se iniciando: a Igreja desperta nas almas". Isso não é suficiente, sem dúvida, para que se fale de um "século da Igreja" (Otto Dibelius), se pensarmos nos acontecimentos de imensa importância de que está repleto o século XX. Além disso, essa redescoberta foi feita em diversas etapas, algumas das quais, é preciso reconhecer, parecem mais passos para trás.

Essa renovação eclesiológica foi o resultado de múltiplos fatores: renovação bíblica e litúrgica, interesse pela doutrina dos Padres da Igreja, desenvolvimento das missões e nascimento da missiologia, apostolado dos leigos (com os movimentos dos operários cristãos), movimento ecumênico etc. Foi também favorecida pelos movimentos intelectuais da época: a ultrapassagem do racionalismo do século XIX por uma metafísica intuitiva, o despertar do sentimento comunitário que marcou a cultura, na Europa, depois da Primeira Guerra Mundial. O gosto pelas reuniões de massa, o sucesso dos "movimentos de juventude" são características desses anos. A oposição entre "comunidade" e "sociedade" se faz naturalmente.

Como em todos os grandes momentos de despertar cristão, a renovação eclesial foi acompanhada de um retorno às fontes, em grande parte já iniciado no período precedente. A renovação litúrgica fora vigorosamente lançada por D. Próspero Guéranger (1805-1875) a partir da Abadia de Solesmes, por volta de 1830. O ecumenismo tivera seus precursores no fim do século XIX; ele propiciou a redescoberta da ortodoxia pelo Ocidente católico. Outras transformações na maneira de viver a pertença à Igreja tinham sido esboçadas no século XIX, por exemplo os primeiros movimentos de leigos.

Enfim, a própria idéia de um desenvolvimento do dogma foi pela primeira vez expressa no célebre *Ensaio sobre o desenvolvimento da doutrina cristã*, de Newman, em 1854. O fato de essa obra ter sido possível, e até necessária, não é desprovido de importância, embora se tenha levado muito tempo para tirar dela todas as suas conseqüências.

A maturação dos problemas levantados pela consciência histórica foi freada na Igreja católica pela repressão doutrinal que se seguiu à crise "modernista". Sob a etiqueta de "modernismo" foram alvo de suspeitas e de denúncias os trabalhos de inúmeros sábios católicos, filósofos, exegetas ou teólogos, que se esforçavam por superar o fosso que se alargava entre o pensamento cristão e a cultura da época. O clima de repressão que reinou na época aparece com evidência no famoso juramento antimodernista imposto pelo moto-próprio de 1º de janeiro de 1910 a todo o clero dedicado ao ministério pastoral ou ao ensino[1]. Sem dúvida, os documentos romanos que enumeram os erros modernistas, o decreto do Santo Ofício *Lamentabili* (3 de julho de 1907) e a encíclica *Pascendi* de Pio X[2] (8 de setembro de 1907) rejeitavam as posições racionalistas que abalam os fundamentos objetivos do cristianismo. E muitos traços de posições semelhantes se encontram em um bom número dos autores que foram então tidos por suspeitos ou condenados. Mas a polêmica antimodernista contribuiu para estreitar a ótica com a qual se abordavam as questões de fé cristã: insistência maciça na autoridade da Igreja, no primado da Sé de Roma "provada" pelos testemunhos mais antigos, na infalibilidade de seu ensino. O modernismo levantava questões verdadeiras. Elas foram então rechaçadas, mas não resolvidas. Mais geralmente, é todo o campo cultural que se via pouco a pouco marcado pela idéia de evolução. Doravante, tanto para a consciência comum como para a reflexão teológica, o movimento da história, com as transformações que acarreta, é o horizonte essencial para a compreensão da existência cristã e da própria realidade eclesial.

Por outro lado, enquanto a ação doutrinal do papa São Pio X (1903-1914) impôs uma suspensão na maturação dessas idéias, ao mesmo tempo em que favorecia na Igreja católica uma atmosfera de timidez intelectual, a ação pastoral do mesmo pontífice sem dúvida contribuiu para aprofundar o "senso da Igreja" na consciência dos fiéis. Seus decretos sobre a comunhão freqüente e a idade da primeira comunhão foram percebidos como revolucionários. É também a Pio X que se deve uma primeira valorização da "Ação Católica": são os leigos católicos que devem, em primeiro lugar, contribuir para "instaurar todas as coisas em Cristo", segundo o lema de seu pontificado, e, de modo particular, "resolver a questão social". Essa abertura para o laicato é ainda mais surpreendente porque a ele é que se deve o texto, freqüentemente citado, sobre a Igreja, sociedade desigual:

---

1. Cf. *DzS* 3537-3550; *FC* 125-135. Esse juramento caiu em desuso somente nos anos que se seguiram ao Vaticano II.
2. Cf. *DzS* 3401-3466 e 3475-3500; *FC* (cf. quadros).

Essa Igreja é, por essência, uma sociedade desigual, isto é, uma sociedade que compreende duas categorias de pessoas, os pastores e o rebanho, os que ocupam um posto nos diferentes graus da hierarquia e a multidão dos fiéis. E essas categorias são de tal modo distintas entre si que só no corpo pastoral residem o direito e a autoridade necessária para promover todos os membros em direção ao fim da sociedade; quanto à multidão, não tem outro dever senão o de se deixar conduzir e, rebanho dócil, seguir seus pastores[3].

Nas atividades específicas da Igreja, os leigos não são mais que executantes. Naquelas que não tocam diretamente ao papel espiritual próprio da Igreja — como a política —, eles devem gozar de uma conveniente liberdade, sem, no entanto, ser totalmente independentes da "vigilância maternal da Igreja" (entenda-se: da hierarquia)[4]. Mesmo que essa vigilância deixe, em teoria, pouco campo para a criatividade dos católicos, ela não pode esconder outro aspecto fecundo da posição assim tomada pela Igreja: a de um contributo positivo para a promoção do homem e da sociedade civil.

Essas diversas formas de enriquecimento da experiência eclesial tiveram seu pleno desdobramento sobretudo após a Primeira Guerra Mundial (1914-1918). O movimento bíblico, fortemente apoiado pelo papa Bento XV (1914-1922), pouco a pouco repôs em circulação noções fundamentais como a de povo de Deus, de desígnio divino, escatologia. A extensão adquirida por uma espiritualidade centrada em Cristo levou, muito naturalmente, a uma devoção à Igreja como Corpo místico de Cristo[5]. A prática litúrgica se alimentou mais nas fontes verdadeiras, graças aos missais dos fiéis em línguas vivas. Com o recrudescimento das vocações após a guerra, a Igreja experimentou um novo ardor missionário ao mesmo tempo em que nascia um novo capítulo da teologia da Igreja: a missiologia. O mesmo período assiste ao nascimento da Ação Católica organizada. Enfim, os progressos do movimento ecumênico (que se iniciou realmente com a Conferência Mundial das Igrejas em Lausanne, em 1927) contribuíram para reintroduzir na eclesiologia católica verdades quase esquecidas. Esses movimentos são importantes, inclusive no plano doutrinal: pouco a pouco, eles vão modificando, nas camadas mais ou menos amplas dos batizados, a maneira de viver sua pertença à Igreja e também, portanto, sua maneira de a compreender. Para os teólogos católicos, as renovações eclesiológicas observadas no protestantismo e na ortodoxia representam um estímulo que os obriga muitas vezes a ir além da pura crítica.

Com efeito, o Concílio Vaticano I relegara toda uma parte da eclesiologia. Não tendo tempo de tratar mais do que um só capítulo, consagrado ao primado

---

3. Encíclica *Vehementer nos* de 1906; *Actes de S. Pie X*, Paris, Éd. des "Questions actuelles", t. 2, pp. 133-135.
4. Cf. encíclica *Il fermo proposito*, de 1905.
5. Foram muito lidas, reimpressas e traduzidas as obras de D. Columba Marmion, de 1922 a 1960.

e à infalibilidade do bispo de Roma, ele desenvolvera de maneira desequilibrada o lado visível e hierárquico da Igreja. Essa abordagem refletia perfeitamente seu funcionamento geral de corpo enquadrado por uma categoria numerosa de ministros permanentes que o representavam e acabavam por se identificar com ela. Quanto aos manuais que alimentavam a formação teológica dos futuros sacerdotes, tratavam a Igreja principalmente do ângulo apologético, num capítulo: "Da verdadeira Igreja", em seguida ao capítulo "Da verdadeira religião". Mesmo nas partes mais dogmáticas, a Igreja era sobretudo abordada do ângulo dos poderes, da autoridade do magistério, dos direitos da Igreja como instituição. Em 1959, um teólogo chegou a escrever: "Até hoje ainda falta, no catolicismo, uma definição dogmática da essência da Igreja"; tal é a condição da eclesiologia, "que se encontra num estado pré-teológico"[6].

Ora, os grandes inspiradores do concílio tinham-se nutrido da renovação eclesiológica inaugurada pela Escola de Tübingen. O esquema sobre a Igreja, que fora preparado para o concílio de 1870 e não discutido, condensava o saber da época e influenciara as grandes encíclicas de Leão XIII[7]. Depois, o teólogo de Colônia Matthias Joseph Scheeben (1835-1888) esboçara as grandes linhas de uma eclesiologia de inspiração sacramental. Alguns outros teólogos da Igreja representaram uma exceção na eclesiologia solidamente jurídica da época: o professor de Würzburg Hermann Schell (1850-1906), o beneditino D. Adrien Gréa (1820-1917), o dominicano Juan Gonzalez Arintero (1860-1928). Mas, embora obras como essas preparassem a síntese dos dois pontos de vista, místico e institucional, estes continuavam bastante dissociados na prática e na consciência da Igreja.

Nos anos que separam as duas guerras mundiais, o tema do Corpo místico orienta toda a reflexão sobre a Igreja, alimenta a espiritualidade de numerosos cristãos e interioriza o dinamismo de seu agir. Os escritos de teólogos como Henri de Lubac, Sébastien Tromp, Charles Journet, Michael Schmaus, Yves Congar — para citar apenas alguns — e, em particular, as grandes obras do jesuíta Emile Mersch sobre o Corpo místico trazem à luz toda a riqueza doutrinal e espiritual desse ângulo de abordagem. Uma citação será suficiente para fazê-la entrever:

> Seria seguramente ortodoxo pensar essa unidade em Cristo como simples unidade moral [...] Mas cremos não ser suficiente para justificar o que dizem, a respeito, a Escritura, a tradição, a doutrina cristã, a vida cristã. [*Este livro supõe*] "entre Cristo e os fiéis uma união real, 'super-real' até, pois que sobrenatural, uma união de ordem ontológica, de ordem física, se quiserem"[8].

---

6. A. ADAM, art. "Kirche. III", *RGG*, Tübingen, Mohr (1959), pp. 1310-1311.

7. Texto do esquema na *Collectio Lacensis,* t. 7, Freiburg, Herder, 1890; trad. franc., *Les Enseigments pontificaux. L'Église,* II, Tournai, Desclée, ⁴1959, Appendice, pp. 1-19.

8. E. MERSCH, *La Théologie du Corps mystique,* Bruges-Paris, DDB, ⁴1954, t. 1, p. 62.

Esse aprofundamento da teologia terá sua consagração oficial na encíclica de Pio XII *Mystici Corporis*, de 1943. E se reflete, igualmente, na abundante produção eclesiológica desses anos.

Durante o mesmo período, a reflexão sobre a Igreja se alimentou também dos progressos do diálogo ecumênico. Os teólogos católicos se referem cada vez mais aos trabalhos de seus colegas das outras Igrejas, não mais encarados como "adversários". Os teólogos ortodoxos que vieram ensinar no Ocidente depois da Primeira Guerra Mundial exerceram uma influência notável. Desse modo, temas preferidos das outras comunidades cristãs, ortodoxas, protestantes, anglicanas, reencontraram seu lugar na teologia católica: o papel da Palavra de Deus, a tensão entre a Igreja e o Reino, a Igreja ao mesmo tempo santa e pecadora, a dimensão cósmica da salvação, o lugar do Espírito e dos carismas, o sentido da diversidade na unidade, o valor da liturgia como "lugar teológico". Ainda aí pode-se descobrir uma das preparações daquilo que será a eclesiologia do Vaticano II.

## 2. SIGNIFICADO DA AÇÃO CATÓLICA

> **INDICAÇÕES BIBLIOGRÁFICAS:** P. DABIN, *L'Action catholique, essai de synthèse,* Paris, Bloud et Gay, 1930, 11ª ed., 1932. — Y. CONGAR, *Jalons pour une théologie du laïcat,* Paris, Cerf, 1953; art. "Laïc", *Encyclopédie de la foi,* Paris, Cerf, 1965, pp. 449-451. — G. PHILIPS, *Études sur l'apostolat des laïcs,* Bruxelles, La pensée cath., 1950. — H. URS VON BALTHASAR, "Der Laie und die Kirche", *Sponsa Verbi. Skizzen zur Theologie II,* Einsiedeln, J. Verlag, 1961, pp. 332-348.

Outra transformação da vida eclesial operada durante a primeira metade do século XX merece ser destacada: o chamado "apostolado dos leigos". Já no século XIX, embora dando seqüência à pastoral clássica centrada nas devoções, a Igreja se esforçara por responder às transformações da sociedade, substituindo os antigos quadros da cristandade por organizações católicas adaptadas aos diversos setores da vida humana: obras, confrarias etc.

Com o nascimento da "Ação Católica", dá-se um passo a mais. Conquanto se encontre a própria expressão "Ação Católica" no século XIX, e a idéia já estivesse presente na eclesiologia de Möhler, bem como no pensamento e na ação de personalidades como Antonio Frederico Ozanam (1813-1853), Wilhelm Emmanuel von Ketteler (1811-1877) ou John Henry Newman (1801-1890), e dela se trate formalmente na encíclica *Sapientiae christianae,* de Leão XIII (1890), foi preciso esperar Pio X para que a expressão se tornasse uma designação corrente. Mas é sobretudo com o papa Pio XI (1922-1939) que se pode falar de uma "criação da Ação Católica".

Trata-se de um passo a mais. Os diversos movimentos que receberam essa denominação (sob a qual se quis também inscrever antigas associações nascidas muito antes) são definidos como "cooperação dos leigos na missão da hierarquia". Os "simples fiéis", ou pelo menos alguns deles, podiam ser chamados a participar na missão eclesial até então dos bispos e do restante do clero.

Com Pio XI, a Ação Católica organizada tem seu lugar no interior de uma visão muito ampla da missão da Igreja em relação à sociedade. Se todo batizado deve ser um apóstolo, a Igreja só poderá reconquistar as massas que desertaram dela mediante a formação de militantes saídos do mesmo meio de vida. "Só operários podem ser os primeiros e os mais eficazes apóstolos dos operários"[9]. Assim, eles disseminarão mais amplamente "os tesouros da redenção [...] ao colaborar com a atividade do apostolado hierárquico".

À distância, essa maneira de ver parece ainda muito clerical. Tratava-se realmente de uma ação "coordenada e subordinada ao apostolado hierárquico". Não era estranha essa noção de um mandato confiado pelos bispos aos leigos para testemunhar em seu meio de vida? A obrigação de testemunhar não decorre do batismo? Mas, na época, tratava-se de um progresso importante: o "laicato" (pelo menos o laicato organizado) não era mais simplesmente o objeto da solicitude dos pastores: achava-se associado a eles para testemunhar Jesus Cristo num mundo com o qual estes últimos sentiam ter perdido contato. Ainda não se estava pronto para refletir em termos de "todo o Povo de Deus portador da Palavra e da missão". Mas a perspectiva que comandava a Ação Católica estava muito distante da maneira medieval de ver a relação com o temporal. Longe de qualquer pretensão de jurisdição sobre a cidade, tratava-se, para os batizados, de influenciar o "temporal" participando com os outros na construção de um mundo reconhecido em seu caráter profano. A perspectiva ainda continua, sem dúvida, bastante dicotômica: há, de um lado, o clero (e os religiosos) e, do outro, os leigos engajados no temporal. Quando se falava de "consagração do mundo", era no sentido de sua humanização segundo Deus. A valorização do sacerdócio comum dos fiéis, nos anos 1930-1950, vinha apoiar essa perspectiva.

No seio dos movimentos de Ação Católica, bem como na teologia que se punha a seu serviço, a reflexão continuava na linha dos precursores do século XIX: a espiritualidade da Ação Católica foi uma espiritualidade do Corpo místico. O período que vai de 1900 a 1937 viu surgir toda uma floração de estudos bíblicos, patrísticos e doutrinais sobre esse tema. Toda essa corrente preparou a mudança de perspectiva trazida pela eclesiologia do Vaticano II.

## 3. A ENCÍCLICA *MYSTICI CORPORIS*

**INDICAÇÕES BIBLIOGRÁFICAS:** M. D. KOSTER, *Ekklesiologie im Werden*, Paderborn, Bonifacius Druck, 1940. — E. MÉNARD, *L'Ecclésiologie hier et aujourd'hui*,

---

9. Encíclica *Quadragesimo anno*, AAS 23 (1931), pp. 225-226.

Bruges, DDB, 1966. — E. MERSCH, *La Théologie du Corps mystique,* Paris, DDB, 4ª ed., 1954. — U. VALESKE, *Votum Ecclesiae,* München, Claudius, 1962, t. 1, pp. 217-236; bibliogr. t. II, pp. 47-48.

A voga de uma eclesiologia do Corpo místico (falou-se de um quase monopólio desse conceito na eclesiologia) e suas vulgarizações às vezes simplificadoras iriam suscitar uma tomada de posição do papa Pio XII, no curso da Segunda Guerra Mundial.

De fato, em 29 de junho de 1943 é publicada a encíclica *Mystici Corporis*[10]. Diante de uma ênfase que ele julga unilateral, Pio XII procura unir com maior precisão os dois pontos de vista, o da visibilidade e o da interioridade, até então mais ou menos dissociados. Para o papa, a expressão Corpo místico de Cristo, valorizada pela Escola romana de Leão XIII, é a definição mais adequada da Igreja. O que São Paulo chama de Corpo de Cristo, sublinha Pio XII, não é o puro domínio espiritual da graça e da salvação, é um corpo social visível e hierarquizado. É Corpo de Cristo não num sentido puramente metafórico ou moral, mas em sentido bem real, sem que se possa falar de uma espécie de continuidade física entre Cristo e os crentes: é precisamente isso que se procura significar com o termo "místico". Esse Corpo místico de Cristo é idêntico, na história, à Igreja católica romana. Daqueles que, sem ser membros dessa Igreja, vivem, entretanto, da graça de Cristo se diz que "ordenam-se ao Corpo místico".

Essas últimas afirmações suscitaram muitas questões, principalmente no plano ecumênico. A encíclica estabelecia uma unidade indissociável entre a Igreja visível e a invisível, entre a Igreja do direito e a Igreja do amor. A Igreja assim compreendida é identificada com a Igreja católica romana. Conseqüentemente, só os católicos são *efetivamente* membros da Igreja e, portanto, do Corpo místico. Heréticos e cismáticos — ou seja, todos os não-católicos — não fazem parte da Igreja, mesmo os que, entre eles, vivem na graça e chegam a uma altíssima santidade. Sem dúvida, afirmava-se a possibilidade de os não-católicos serem "ordenados" ao Corpo místico: "em virtude de uma aspiração ou de um desejo inconsciente", eles podiam "se encontrar numa certa relação com o Corpo místico do Redentor". Mas o que poderia significar essa noção vaga de "ordenar-se ao Corpo", para a qual nem os melhores comentários conseguiam dar um conteúdo satisfatório? Não seria uma maneira puramente formal de salvaguardar a doutrina da necessidade universal da Igreja para a salvação? A encíclica não estava atrasada em relação à doutrina comum dos Padres e da escolástica?[11] Não era, no vocabulário agostiniano, a versão bellarminiana da Igreja como sociedade perfeita? Como compreender, nessa ótica, a condição dos batizados não-católicos? A noção de Corpo, retomada por Pio XII, não era por demais exclusivamente do tipo corporativo, ignorando a identificação pessoal dos cren-

---

10. *DzS* 3800-3822; *FC* 497-504.
11. Estava também atrasada em relação aos trabalhos teológicos de L. Capéran e H. de Lubac.

tes com o corpo pascal e celeste de Cristo? De fato, o texto de Pio XII estava exposto a interpretações maximalistas que obrigaram a uma nova intervenção romana. Em 1949, uma carta da Congregação Romana do Santo Ofício criticava a interpretação rigorista do adágio cristão: "Fora da Igreja não há salvação"[12].

Entretanto, a propósito das modalidades da relação entre os não-católicos e a salvação, essa carta do Santo Ofício não era muito esclarecedora. Como os não-cristãos podiam ser "ordenados à Igreja"? Sobre esse ponto bem determinado, a carta se contentava em reproduzir a encíclica: esse ordenar-se podia tomar, no máximo, a forma de um "desejo inconsciente". Se não se quisesse cair naquilo que o teólogo Ratzinger chamou de uma "psicologia fictícia" ("ela supõe, nos cristãos não-católicos, um desejo que, no plano consciente, eles rejeitam explicitamente"), seria preciso vir a interpretar essa passagem em termos mais simples. É o que faz, por exemplo, Juan Luis Segundo: esse "desejo" pode ser simplesmente uma existência conforme às regras do Reino, as mencionadas no Evangelho. A dimensão "eclesial" de semelhante existência está situada na homogeneidade objetiva, observável, desses comportamentos com o que é proposto na Igreja, em sua mensagem e em seus sacramentos. Às vésperas do Concílio Vaticano II, muitos bispos exprimiram o desejo de ver essa questão mais bem esclarecida.

## II. A IGREJA NO CONCÍLIO VATICANO II

### 1. PRELÚDIOS

> **INDICAÇÕES BIBLIOGRÁFICAS:** I. BACKES, "Das Volk Gottes im Neuen Bunde", *Die Kirche Volk Gottes,* Stuttgart, 1961. — M. SCHMAUS, *Katholische Dogmatik* III/1: *Die Lehre von der Kirche,* München, Hüber, 5ª ed., 1958. — O. SEMMELROTH, *L'Église sacrement de la rédemption* (alem., 1953), Paris, Éd. Saint-Paul, 1963. — L. BOFF, *Die Kirche als Sakrament im Horizont der Welterfahrung. Versuch einer Legitimation und einer struktur-funktionalistischen Grundlegung der Kirche im Anschluss an das II. Vatikanische Konzil,* Paderborn, Bonifacius, 1972. — Y. CONGAR, *Un Peuple messianique. L'Église, sacrement du salut. Salut et Libération,* Paris, Cerf, 1975.

Após a Segunda Guerra Mundial, os movimentos de renovação bíblica e litúrgica e a redescoberta dos Padres continuam a progredir e a se aprofundar. A encíclica *Mediator Dei,* de Pio XII, assume os progressos da renovação litúrgica para proveito da Igreja toda[13]. Ao mesmo tempo se opera e se difunde a tomada de consciência dos desafios com os quais se defronta a fé cristã, num mundo

---

12. *DzS* 3866-3873; *FC* 505-508.
13. Pio XII, enc. *Mediator Dei,* de 1947; *DC* 45 (1948), 193-251; *DzS* 3840-3855; *FC* 793-794 e 913-914.

marcado pelo ateísmo e pela indiferença. Experiências apostólicas inéditas, como a missão operária, levam a descobrir novas terras a ser evangelizadas[14]. Pouco a pouco, a Igreja se desembaraça de uma visão de cristandade e deixa para trás, também, a imagem de cidade sitiada que marcara o sentimento católico no século XIX. Ela se vê mais como em situação de *diáspora*. Já se esboça, nas Igrejas da Europa ocidental, uma polarização entre uma corrente "encarnacionista" e uma corrente "escatologizante"[15]. A primeira sublinha o engajamento dos crentes nas lutas da história, a solidariedade com todos os que procuram o advento de uma sociedade mais humana, mais justa. A segunda lembra que "a figura deste mundo passa", que a Jerusalém celeste vem do além da história. Incontestavelmente, é a primeira corrente que vai marcar o Concílio Vaticano II.

Todos esses aspectos da experiência eclesial renovam em profundidade a reflexão sobre a Igreja. Dois modelos eclesiológicos se mostraram especialmente fecundos nos vinte anos que se seguiram à guerra: o da Igreja como povo de Deus na história dos homens, todo ele portador do querigma e vivendo da comunhão fraterna, e o da Igreja constituindo, por sua própria visibilidade, um "sacramento fundamental" da união da humanidade com Deus e dos homens entre si.

A noção de povo de Deus tem, manifestamente, raízes bíblicas, e seu uso foi freqüente entre os Padres. Durante séculos ela foi quase totalmente esquecida em benefício de uma consideração da Igreja como sociedade perfeita. A renovação eclesiológica centrara-se na imagem privilegiada do Corpo místico, que veio a ser considerada a definição mais perfeita da Igreja. Entretanto, mais de um autor dos anos 1920-1940 retornou à idéia da Igreja como povo, também favorecida pelo senso comunitário da época. Por exemplo: Romano Guardini, Peter Lippert, D. A. Vonier. Nos transtornos da Segunda Guerra Mundial, os cristãos se viram desafiados pela história concreta. As noções tradicionais de "sociedade perfeita" e de Corpo místico não os ajudavam muito. Ao contrário, a de povo de Deus se prestava melhor a integrar a dimensão histórica da Igreja, a da Aliança, a continuidade e descontinuidade com Israel, a igualdade fundamental dos membros do povo, a relação dos indivíduos com a comunidade, a distinção entre Igreja e Reino de Deus, o dinamismo escatológico. Um bom número de teólogos (F. Asensio, J. Ratzinger, M. Schmaus etc.) deram então lugar, em sua eclesiologia, à noção de povo de Deus.

Outra corrente teológica procurou, na mesma época, religar mais internamente os elementos visíveis e interiores da Igreja. Um conceito tradicional se prestava a isso, o de sacramento, que une as dimensões de sinal e eficácia. De fato, na realidade eclesial vista como sacramento, os elementos externos não vêm se acrescentar a seu mistério interior; ao contrário, são a manifestação

---

14. O pequeno livro *France, pays de mission?* dos padres Henri Godin e Yvan Daniel é de 1943 (Paris, Cerf).

15. Cf. B. BESRET, *Incarnation ou eschatologie? Contribution à l'histoire du vocabulaire religieux contemporain,* prefácio de M.-D. Chenu, Paris, Cerf, 1965.

exterior desse próprio mistério. A concepção da Igreja como realidade sacramental não estava ausente da reflexão dos Padres, nem da Idade Média, mas sem elaboração. Ao contrário, já entre os teólogos que contribuíram para a renovação eclesiológica dos séculos XIX e XX, vários aplicam à Igreja o termo sacramento de maneira mais que ocasional[16]. O mais conhecido dele é Matthias Joseph Scheeben (1835-1888). Mas o primeiro a elaborar sistematicamente o tema é Otto Semmelroth. Vários outros retomaram-no: Karl Rahner, Edward Schillebeeckx, Joseph Ratzinger, Hans-Urs von Balthasar. Finalmente, após certas resistências, o tema entrou nos grandes documentos do Vaticano II.

Às vésperas desse Concílio, a eclesiologia católica reencontrou suas raízes e, pelo menos em parte, seu equilíbrio[17]. Ela é decididamente dogmática. Tende a uma síntese que integra a teologia do Corpo místico, a dimensão visível e hierárquica, o laicato, o ecumenismo, a abertura missionária, a orientação escatológica. Depois de uma ênfase excessivamente cristocêntrica, ela começa timidamente a reencontrar a importância do papel do Espírito.

## 2. A IGREJA DA *LUMEN GENTIUM*

**INDICAÇÕES BIBLIOGRÁFICAS:** *L'Église de Vatican II*, org. de G. Baraúna, Paris, Cerf, 2 vols., 1965-1966. – G. PHILIPS, *L'Église et son mystère au deuxième Concile du Vatican. Histoire, texte et commentaire de la Constitution "Lumen Gentium"* 2 vols., Tournai, Desclée, 1967-1968. – *Das zweite Vatikanische Konzil*, vol. de complemento ao *LThk,* Freiburg-Basel-Wien, 3 vols., 1966-1968. – G. ALBERIGO e F. MAGISTRETTI, *Constitutionis dogmaticae Lumen Gentium Synopsis historica,* Bologna, Istituto per le Scienze Religiose, 1975. – A. ANTÓN, "Lo sviluppo della dottrina sulla chiesa nella teologia dal Vaticano I al Vaticano II", *L'ecclesiologia dal Vaticano I al Vaticano II,* Brescia, La Scuola, 1973, pp. 27-86. – G. DEJAIFVE, "L'ecclesiologia del concilio Vaticano II", *ibid.*, pp. 87-98; *Un tournant décisif de l'écclesiologie à Vatican II,* Paris, Beauchesne, 1978. – A. ACERBI, *Due ecclesiologie, ecclesiologia giuridica ed ecclesiologia di communione nella "Lumen Gentium", op. cit.* – H. J. POTTMEYER, "Continuité et innovation dans l'ecclésiologie de Vatican II. L'influence de Vatican I sur l'ecclésiologie de Vaticano II et la nouvelle réception de Vatican I à la lumière de Vatican II", *Les Églises après Vatican II. Dynamisme et prospective,* Paris, Beauchesne, 1981, pp. 91-116. – U. BETTI, *La dottrina sull'episcopato del concilio Vaticano II. Il capitolo III della Costituzione*

---

16. Um exemplo entre muitos: H. DE LUBAC, *Catholicisme. Aspects sociaux du dogme*, Paris, Cerf, 1938, p. 45.

17. Não se pode deixar de sublinhar a importância, nessa renovação, da obra do Pe. YVES CONGAR, especialmente: *Esquisses du mystère de l'Église,* Paris, Cerf, 1941; *Vraie et fausse réforme dans l'Église,* Paris, Cerf, 1950; *Sainte Église. Études et approches ecclésiologiques,* Paris, Cerf, 1963. Cf. J. FAMERÉE, *L'Ecclésiologie d'Yves Congar avant Vatican II. Histoire et Église. Analyse et reprise critique,* Leuven, University Press, 1992.

dommatica Lumen Gentium, Roma, Pont. Aten. Anton., 1984; La collégialité épiscopale. Histoire et théologie, Paris, Cerf, 1965. — Y. CONGAR, Sainte Église, Études et approches ecclésiologiques, Paris, Cerf, 1963, pp. 275-302. — H. KÜNG, Structures de l'Église, Paris, DDB, 1963, pp. 17-95.

A síntese eclesiológica assim reencontrada vai receber sua expressão oficial no Vaticano II (1962-1965), o primeiro concílio a tratar formalmente da Igreja, "um concílio da Igreja sobre a Igreja", segundo uma fórmula de Karl Rahner. Convocado como um concílio "pastoral" pelo papa João XXIII, o Vaticano II não procurou introduzir novas definições dogmáticas no sentido técnico dessa expressão. Ele é, entretanto, rico em precisões dogmáticas, algumas das quais aparecem pela primeira vez na doutrina oficial da Igreja católica. A determinação dos Padres conciliares de manter o adjetivo "dogmático" no título das constituições *Lumen Gentium* e *Dei Verbum* é significativa: são documentos de alcance mais do que disciplinar. Sobre certos pontos discutidos, a intenção foi claramente a de completar a doutrina eclesiológica do Vaticano I. Além disso, o conteúdo dos textos é de uma densidade doutrinal evidente.

Mais importante ainda, as opções metodológicas dos documentos conciliares são características e ricas de implicações futuras. Os Padres do Vaticano II quiseram manifestamente realizar uma renovação pastoral pelo retorno às fontes bíblicas e patrísticas. Nesse sentido, é característico que esse concílio pastoral tenha consagrado um de seus textos mais importantes à revelação: a constituição dogmática *Dei Verbum*. Ao mesmo tempo, a perspectiva adotada não tem nada de "biblicismo"; a intenção é centralizar-se na Palavra que se dá a conhecer quando se lê a Escritura no seio da tradição viva veiculada pela Igreja hoje. Desse ponto de vista, a leitura dos "sinais dos tempos", tal como é longamente desenvolvida na constituição pastoral *Gaudium et Spes*, complementa a escuta da Palavra: a Igreja procura redefinir sua tarefa na atualidade situando-a em relação a uma visão global da história da salvação.

Essa opção requeria permanente atenção à dimensão histórica e às situações atuais. Mas isso não era evidente. Os primeiros esquemas elaborados pelas comissões preparatórias abordavam as questões de maneira teórica e intemporal. O estilo era abstrato, às vezes escolar. Uma vez ultrapassadas as tensões da primeira sessão, as novas redações deram mais espaço a referências históricas e fatores concretos. São muitos os exemplos que se poderiam dar.

O primeiro grande documento conciliar da história a tratar da Igreja sob todos os seus aspectos é a constituição dogmática *Lumen Gentium*, de 21 de novembro de 1964. Na realidade, todos o grandes textos do Vaticano II abordam, cada um a sua maneira, dimensões fundamentais da Igreja: seu mistério na *Lumen Gentium*, a função dos bispos em *Christus Dominus*, a dos sacerdotes em *Presbyterorum Ordinis*, a dimensão missionária em *Ad Gentes*, o ecumenismo em *Unitatis Redintegratio*, a relação com a sociedade na *Gaudium et Spes*. E também não faltam elementos eclesiológicos esparsos nos outros documentos do

Concílio, particularmente na constituição *Dei Verbum,* sobre a sagrada Escritura, ou nas declarações *Dignitatis Humanae* sobre a liberdade religiosa ou na *Nostra Aetate* sobre as religiões não-cristãs. A tal ponto que se chegou a falar de um "pan-eclesiologismo" dos documentos conciliares[18].

A constituição *Lumen Gentium* foi abundantemente comentada. Ela aborda a Igreja a partir de seu fundamento trinitário e a situa na perspectiva de uma visão de conjunto da história da salvação. Com isso, ela sai decididamente do quadro dos tratados jurídicos e adota um ponto de vista propriamente teológico. Ao mesmo tempo, preocupada em marcar as continuidades e em satisfazer as tendências mais tradicionais, ela reproduz um conjunto de afirmações clássicas, a ponto de se poder falar de "duas eclesiologias" presentes no texto, sendo que a teologia da comunhão conseguiu se impor, vencendo as tensões que duraram até a votação final. Aí se encontra a origem dos conflitos de interpretações que se seguiram ao Vaticano II e da dificuldade de encontrar um centro unificador para o conjunto da doutrina conciliar. Os comentadores mais recentes têm freqüentemente relativizado a novidade do texto, mas o fato é que ele dá testemunho de uma espantosa inversão da perspectiva até então dominante[19]. Desse ponto de vista, vários aspectos do documento merecem ser ressaltados.

Têm-se freqüentemente comentado a decisão dos Padres conciliares de privilegiar a imagem de "povo de Deus", desenvolvê-la num capítulo à parte e colocar finalmente esse capítulo logo depois do primeiro, que trata do mistério da Igreja em sua origem trinitária, antes portanto de abordar a constituição hierárquica da Igreja. Essa decisão é um passo decisivo na ultrapassagem de uma eclesiologia centrada no poder e na função do clero. Ela reconhece de maneira prática e eficaz a preeminência da dimensão espiritual da Igreja sobre sua dimensão institucional e permite a volta de verdades apagadas ou ausentes até no discurso oficial: a dos carismas, a do "senso da fé", que funda a infalibilidade do papa e dos concílios na do povo de Deus como um todo (*LG* 12). Mais ainda, a imagem do povo de Deus põe em relevo a condição histórica da Igreja e sua abertura para o futuro.

Para citar um exemplo: a prioridade assim concedida ao conjunto dos crentes permite a passagem de uma definição negativa do laicato (são leigos os que não são sacerdotes ou religiosos) para uma descrição positiva, baseada na condição de batizado, segundo a qual são todos iguais em dignidade cristã (*LG* 32). O texto citado a seguir é característico dessa passagem, exatamente porque traz ainda o traço das concepções anteriores. Sob esse aspecto, é bastante característico do estilo dos documentos do Vaticano II:

---

18. Paulo VI contribuiu para centralizar os trabalhos do concílio sobre a Igreja, com o seu discurso de abertura da 2ª sessão (1963) e sua primeira encíclica *Ecclesiam Suam* (1964).

19. Sobre os limites da *LG,* cf. L. BOUYER, *L'Église de Dieu, Corps du Christ et Temple de l'Esprit.,* Paris, Cerf, 1970, pp. 207-211.

Pelo nome de leigos aqui são compreendidos todos os cristãos, exceto os membros de ordem sacra e do estado religioso aprovado pela Igreja. Estes fiéis pelo batismo foram incorporados a Cristo, constituídos no povo de Deus e a seu modo feitos partícipes do múnus sacerdotal, profético e régio de Cristo, pelo que exercem sua parte na missão de todo o povo cristão na Igreja e no mundo.

A índole secular caracteriza especialmente os leigos. Pois os que receberam a ordem sacra, embora algumas vezes possam ocupar-se em assuntos seculares, exercendo até profissão secular, em razão de sua vocação particular destinam-se principalmente e ex-professo ao sagrado ministério. E os religiosos por seu estado dão brilhante e exímio testemunho de que não é possível transfigurar o mundo e oferecê-lo a Deus sem o espírito das bem-aventuranças. É porém específico dos leigos, por sua própria vocação, procurar o Reino de Deus exercendo funções temporais e ordenando-as segundo Deus. Vivem no século, isto é, em todos e em cada um dos ofícios e trabalhos do mundo. Vivem nas condições ordinárias da vida familiar e social, pelas quais sua existência é como que tecida. Lá são chamados por Deus para que, exercendo seu próprio ofício guiados pelo espírito evangélico, a modo de fermento, de dentro, contribuam para a santificação do mundo[20].

Um ponto essencial da eclesiologia do Vaticano II é o que se chamou de eclesiologia de comunhão. Para descrever o papel da Igreja na história e no mundo, o Concílio não a definiu somente como "mistério" mas, com a ajuda das imagens bíblicas, adota a fórmula lançada por Otto Semmelroth, da Igreja como sacramento[21]. Ela é "como que um sacramento ou o sinal e instrumento da íntima união com Deus e da unidade de todo o gênero humano" (*LG* 1). A essa luz, a Igreja aparece antes de tudo como comunhão dos crentes, simbolizada pela comunhão eucarística e alimentada por ela. Essa abordagem permite, mais do que as outras, dar lugar à diversidade no seio da unidade.

A constituição sobre a Igreja não fala de *comunhão das Igrejas,* mas a realidade visada por essa fórmula está sempre presente. De fato, se o texto está articulado em torno de uma visão universalista do conjunto dos batizados, distancia-se, no entanto, da imagem corrente de uma Igreja organizada nos moldes dos Estados centralizados. A Igreja é constituída de Igrejas locais que merecem, cada uma, o nome de Igreja, pois é lá que concretamente se vive a missão, que a Palavra é pregada e os sacramentos celebrados (*LG* 23). Essa revalorização da Igreja local como grandeza teológica situa a universalidade da Igreja de forma não mais redutora das diversidades[22]. Introduzida tardiamente, ela foi favorecida pela orientação sacramental da eclesiologia do Concílio, por sua obra litúrgica que impelia nesse sentido, pela preocupação ecumênica e pela

---

20. *LG* 31; *COD* II-2, p. 1779.
21. Cf. *LG* 1.9 (remetendo a São Cipriano); 48; *AG* 1 (*LG* 48). 5; *GS* 42 (*LG* 1); 45 (*LG* 48).
22. Cf. *AG* 15-22; *EO* 2-3; *CD* 6.

presença eficaz de uma minoria de bispos orientais. Ela abre caminho para novos progressos na busca da unidade entre as Igrejas. Conseqüentemente, também, apesar da persistência dos hábitos centralizadores da Cúria romana, nos anos que se seguiram ao Concílio uma maior autonomia das Igrejas locais foi reconhecida, até certo ponto, no domínio da liturgia por exemplo.

A aporia deixada pela *Mystici Corporis* em relação à pertença à verdadeira Igreja foi resolvida por uma fórmula-chave que é um dos achados do Concílio: a verdadeira Igreja "subsiste na" Igreja católica romana (*LG* 8; retomada em *UR* 4 e *LR* 1), e não pode ser simplesmente identificada com ela. Com efeito, o termo escolhido (*subsistit in*) significa que a essência da Igreja encontra na Igreja católica sua realização plena, sem que isso exclua outras realizações fora dela. Em conseqüência, o Concílio pode falar de elementos da Igreja que se encontram fora do quadro católico, elementos que são dons próprios à Igreja de Cristo e impelem no sentido de uma unidade verdadeiramente católica, como o batismo, a Escritura, a vida de fé, de esperança e de caridade, e outros dons do Espírito[23]. Doravante, a "recomposição" da unidade eclesial rompida pelas divisões pode ser pensada de forma diferente de um "retorno ao redil" católico romano. As Igrejas cristãs não-católicas são designadas como Igrejas ou comunidades eclesiais[24].

No mesmo sentido, a pertença à Igreja é definida no Concílio de modo diferente do que o faz a *Mystici Corporis*. São plenamente incorporados à Igreja os batizados que, possuindo o Espírito de Cristo, aceitam o conjunto da instituição eclesial e seus meios de salvação, e que estão reunidos num corpo visível unido a Cristo, um corpo guiado pelo papa e pelos outros bispos. Quanto aos que, pelo batismo, partilham o nome cristão sem, no entanto, guardar a plenitude da fé ou da comunhão sob o sucessor de Pedro, a Igreja se sabe ligada a eles de múltiplas maneiras[25]. O Concílio evita utilizar as expressões de herético ou cismático. Enfim, mesmo os que não receberam o Evangelho são, de diversos modos, ordenados ao povo de Deus. Desse ponto de vista, o documento concede um lugar especial aos judeus e aos muçulmanos (*LG* 16).

Outra importante aquisição do Concílio foi a declaração sobre a liberdade religiosa *Dignitatis Humanae*, votada na última sessão de 1965, depois de ásperos debates. Não há dúvida de que, há um século, os papas, sobretudo Leão XIII, Pio XI e Pio XII, vinham se preocupando em proteger a liberdade de consciência e a das pessoas diante dos poderes políticos totalitários. Foi preciso, no entanto, esperar por João XXIII e sua encíclica *Pacem in Terris* (1963) para que se invocasse o argumento da dignidade da pessoa humana como fundamento objetivo da liberdade religiosa. A tomada de posição do Concílio, fortemente apoiada pelo episcopado dos Estados Unidos, punha fim aos velhos debates em que se

---

23. Cf. *LG* 8; *UR* 3.
24. Cf. *LG* 15; *UR* 3.19.22.
25. Cf. *LG* 16-16; *UR* 3-4.22. O Concílio evitou falar em "membros" da Igreja, para sair de discussões sem fim.

acusava a Igreja católica de reivindicar a liberdade religiosa para seus membros e recusá-la aos outros quando se encontrava em situação de poder. Permitia, também, falar sem incoerência de um verdadeiro diálogo inter-religioso, questão que só vai assumir toda a sua amplidão nos últimos decênios do século XX[26].

No que diz respeito ao governo da Igreja, a ênfase na colegialidade episcopal, e a afirmação clara (pela primeira vez num texto conciliar) da sacramentalidade do episcopado (*LG* 21) restabelecem, até certo ponto, o equilíbrio que as definições do Vaticano I haviam deslocado — e isso apesar da referência quase obsessiva a essas definições em inúmeras passagens[27]. O povo de Deus é estruturado por uma hierarquia de caráter ao mesmo tempo funcional e sacramental e que tem por função o serviço. Desse ponto de vista, a restauração do diaconato como ordem permanente tem uma importância eclesiológica que deverá ainda, sem dúvida, ser desdobrada.

No que diz respeito ao episcopado, o Concílio emprega elementos que a teologia recente reencontrara e, partindo da tradição, elaborara melhor. O conceito de colegialidade episcopal, por exemplo. O Concílio afirma que o poder supremo da Igreja não pertence somente ao papa, mas também ao colégio episcopal unido ao papa. Os bispos, como colégio ou ordem episcopal, sucedem ao "colégio" dos apóstolos como grupo estruturado do qual Pedro é o chefe. Em outros termos, a Igreja católica não é somente uma monarquia: ao lado do poder monárquico existe outro poder, colegial. Não se pode dizer que foi encontrada uma fórmula para exprimir a relação harmoniosa entre esses dois poderes, visto que o segundo é inadequadamente distinto do primeiro: o Concílio não diz em que um poder limita o outro; contenta-se em repetir que o acordo entre eles é necessário. Por exemplo, o sujeito da infalibilidade é o colégio dos bispos, do qual o papa é a cabeça e o qual não é completo sem essa cabeça.

Além disso, a famosa *Nota explicativa prévia*, acrescentada no último minuto, "da parte da autoridade superior", ao capítulo 3 da constituição parece retomar com uma das mãos o que foi dado pela outra[28]. Nessa nota, que limita estreitamente o alcance do termo "colégio", lê-se a seguinte frase: "Na qualidade de Pastor supremo da Igreja, o Soberano Pontífice pode a qualquer tempo exercer livremente o seu poder, conforme requisitado por seu próprio cargo" (n. 4). Mesmo que essa nota não contradiga a letra do texto, não se pode dizer que

---

26. Cf. J. R. DIONNE, *The Papacy and the Church. A study of Praxis and Reception in Ecumenical Perspective,* New York, Philosophical Library, 1987.

27. A teologia do episcopado fora objeto de inúmeros estudos antes do Concílio: A. G. MARTIMORT, *De l'évêque,* Paris, Cerf, 1946; *The Apostolic Ministry. Essays on the History and the Doctrine Episcopacy,* London, Hodder & Stoughton, 1946; *Episcopus. Studien über das Bischofsamt,* Regensburg, Gregorius Verlag, 1949; *L'Épiscopat et l'Église universelle,* sous la dir. de Y. Congar e B. Dupuy, Paris, Cerf, 1962; *L'Évêque dans l'Église du Christ,* Paris-Bruges, DDB, 1963.

28. A "Nota explicativa prévia" segue de ordinário o texto da constituição. Sobre essa nota, Y. CONGAR, *RSPT* 66 (1982), pp. 94-97; *Primauté et collégialité. Le dossier de Gérard Philips sur la Nota explicativa Praevia (LG* cap. III), apresentado por J. Grootaers, Leuven, Univers. Press, 1986.

esteja de acordo com a intenção dele. Ela pode dar facilmente a impressão de que as decisões do Vaticano I não só foram repetidas como reforçadas.

As relações entre primado e episcopado continuam, portanto, a ser objeto de discussão. A forma que tomarão nos decênios que se seguirão ao Concílio sofrerá variações em função da interpretação que lhes será dada pelos papas. A criação de um Sínodo dos bispos para secundar o papa é uma das formas assumidas pela colegialidade. Desejada pelo Decreto sobre o encargo pastoral dos bispos (*CD* 36), ela foi decidida por Paulo VI desde antes da promulgação do Decreto[29] e posta a funcionar desde 1967. Se, de um lado, permitiu multiplicar os contatos entre episcopados, por outro serviu, até aqui, para reforçar o magistério romano. Mas o fato conciliar em si mesmo representou um momento marcante. O fato de que seus decretos tenham sido promulgados não pelo papa com a aprovação do concílio, mas pelo papa "em união com os veneráveis Padres" não é destituído de importância. Sob esse ângulo, o Vaticano II é complementar do Vaticano I, mas não se pode falar de uma síntese acabada.

## 3. DA *LUMEN GENTIUM* À *GAUDIUM ET SPES*

**INDICAÇÕES BIBLIOGRÁFICAS**: *L'Église dans le monde de de temps,* org. de Y. Congar e M. Peuchmaurd, 3 vols., Paris, Cerf, 1967. — *L'Église dans le monde de ce temps,* org. de G. Baraúna e H. Crouzel, 2 vols., Bruges-Paris, DDB, 1967-1968.

Quando o papa João XXIII convocou o Concílio, confiou-lhe a tarefa do *aggiornamento* da Igreja, de a "pôr em dia". Tratava-se de tirar da Igreja a poeira dos séculos, a fim de que a luz do Evangelho pudesse ser mais bem percebida no mundo atual. O que João XXIII propunha era um exame de consciência eclesial, mas com o objetivo de perceber melhor o que os teólogos chamam os imperativos (o *kairós*) do momento histórico. Esse exame de consciência fora preparado por uma série de trabalhos teológicos que tratavam das relações entre a Igreja e o mundo. A intenção era, portanto, missionária; pressupunha uma consciência mais ou menos viva do fosso existente entre uma certa cultura da Igreja e as correntes dominantes da cultura da época.

Essa perspectiva missionária viu-se inscrita de maneira orgânica na própria definição da Igreja: ela recebe de seu Fundador "a missão de anunciar o Reino de Cristo e de Deus, de estabelecê-lo em todos os povos" (*LG* 5). Essa missão é a de todo o povo de Deus, "assumido (por Cristo) como instrumento de redenção de todos os homens" e "enviado ao mundo inteiro como luz do mundo e sal da terra" (*LG* 9); "por sua parte, incumbe a cada discípulo de Cristo o dever de disseminar a fé" (*LG* 17).

---

29. Moto-próprio *Apostolica sollicitudo* de 1965, *DC* 62 (1965), 1663-1668.

O primeiro fruto do trabalho conciliar foi a reforma da liturgia. Foi o mais visível também, num primeiro tempo, e o que tocava mais vivamente a sensibilidade católica. A constituição *Sacrosanctum Concilium,* promulgada em 5 de dezembro de 1963, tocava naquilo que havia quatro séculos parecia imutável. Ela desembaraçava o culto católico de uma série de sobrecargas, devolvia-o à sua dimensão comunitária, abria-o à diversidade das línguas vivas e, mais timidamente, aos costumes locais. Era uma reforma para uso interno, mas tratava-se de eliminar obstáculos inúteis para a percepção do essencial: o mistério de Cristo agindo na Igreja.

Por outro lado, as perspecivas eclesiológicas renovadas da *Lumen Gentium* acarretavam inúmeras conseqüências que seria preciso traduzir em documentos mais detalhados: sobre o encargo dos bispos, sobre os sacerdotes e sua formação, sobre o ecumenismo, sobre as Igrejas orientais. Esse trabalho ocupou grande parte do tempo das quatro sessões do Concílio.

A promoção da unidade entre os cristãos era um dos objetivos propostos ao concílio por João XXIII, e essa preocupação se nota em mais de um texto. Por exemplo, a constituição dogmática sobre a revelação procura reconhecer o princípio reformado da suficiência da Escritura (*DV* 1) e enfatiza que "o magistério não está acima da palavra de Deus, mas a seu serviço" (*DV 10*). De modo mais geral, a perspectiva da história da salvação adotada pelo concílio aproxima claramente os discursos conciliares das posições protestantes. Do ponto de vista eclesiológico, o decreto *Unitatis Redintegratio,* sobre o ecumenismo, recolhe os progressos feitos há três quartos de século no diálogo entre os cristãos. Reconhece tudo o que une os católicos a seus "irmãos separados", não apenas como indivíduos, mas como "Igreja ou comunidades eclesiais". Ultrapassando o conceito de unicidade da verdadeira Igreja, de caráter demasiadamente jurídico, adota o conceito, mais sacramental, de comunhão. A partir daí, pode falar de comunhão imperfeita, mas já presente, particularmente pelo batismo, mas também pela comunidade de outros meios da graça e de outros bens espirituais[30]. Nesse progresso do ecumenismo, desempenhou manifestamente importante papel a presença atenta de observadores não-católicos — amiúde consultados — durante todo o desenrolar do Concílio.

Entretanto, a distinção sugerida desde a primeira sessão do concílio pelo cardeal León-Joseph Suenens, arcebispo de Malines, viera relembrar a orientação primeira dos trabalhos conciliares: a "abertura para o mundo". A atualização da Igreja em si mesma (*Ecclesia ad intra*) não deveria levar a esquecer a urgência da missão fora de suas fronteiras (*ad extra*). Essa abertura deixou traços em todos os documentos, mas sobretudo nos decretos concernentes ao apostolado dos leigos e à tarefa missionária da Igreja, nas declarações *Dignitatis Humanae,* sobre a liberdade religiosa, e *Nostra Aetate*, sobre as relações da Igreja com as religiões nãocristãs. Enfim, marcou também um dos textos mais extraordinários do concílio: a constituição pastoral *Gaudium et Spes* sobre a Igreja no mundo de hoje.

---

30. Cf. *LG* 15; *UR* 2.3.4.22; *EO* 30.

Um primeiro aspecto característico desse último documento se reflete em seu título: não a Igreja "e o mundo de hoje", mas "no mundo de hoje". Além disso, o texto pretende estar explicitamente ligado a um momento determinado da história: o tempo de "hoje" é aí descrito numa "exposição prévia" sobre "a condição do homem no mundo de hoje" com "suas esperanças e suas angústias". O primeiro parágrafo, freqüentemente citado, permite avaliar o grau da mudança de perspectiva em relação à "cidadela sitiada" de há pouco tempo:

> As alegrias e as esperanças, as tristezas e as angústias dos homens de hoje, sobretudo dos pobres e de todos os que sofrem, são também as alegrias e as esperanças, as tristezas e as angústias dos discípulos de Cristo. Não se encontra nada verdadeiramente humano que não lhes ressoe no coração. Com efeito, sua comunidade se constitui de homens que, reunidos em Cristo, são dirigidos pelo Espírito Santo, em sua peregrinação para o Reino do Pai. Eles aceitaram a mensagem da salvação que deve ser proposta a todos. Portanto, a comunidade cristã se sente verdadeiramente solidária com o gênero humano e com sua história.
>
> Por este motivo, depois de ter investigado de modo mais profundo o mistério da Igreja, o Concílio Vaticano II não mais hesita em dirigir a palavra somente aos filhos da Igreja e a todos os que invocam o nome de Cristo, mas a todos os homens. Deseja expor a todos como concebe a presença e a atividade da Igreja no mundo de hoje[31].

Característico também é o método do documento. Diferentemente de inúmeros textos do magistério católico, a *Gaudium et Spes* não parte de princípios doutrinais tirados da Revelação para iluminar a ação. Ao abordar as questões do momento, da família, da cultura, da vida econômico-social, da vida política, da paz e da corrida armamentista, o texto começa, a cada vez, por uma breve análise da situação. Esse método foi comparado, não sem razão, com o que fora popularizado pela Juventude Operária Católica (JOC), de Joseph Cardijn, a partir de 1925: a análise dos "fatos da vida" (o "ver") precede seu esclarecimento à luz do Evangelho (o "julgar") para depois orientar a ação (o "agir"). O mesmo método será usado, em seguida, em outros textos do magistério, tais como os documentos finais das duas assembléias gerais do episcopado latino-americano em Medellín (1968) e em Puebla (1979). A volta à maneira antiga, nos anos 90, será um sinal das tendências conservadoras que vêm à tona neste momento.

Uma leitura rápida da *Gaudium et Spes* pode levar a tachar o documento de otimismo exagerado (falou-se de seu "teilhardismo"). É verdade que sua abordagem das realidades históricas da época é claramente positiva. Mas é preciso, primeiro, avaliar o grau de deslocamento que o texto opera em relação ao modelo de Igreja herdado da Idade Média e que ainda permanecia na

---

31. *GS* 1-2; *COD* II-2, p. 2167.

eclesiologia de Leão XIII. Pela primeira vez, num documento dessa importância, a Igreja católica aceita francamente a autonomia da ordem temporal e reconhece o pluralismo das sociedades modernas. Conseqüentemente, o Concílio não recorre mais com tanta freqüência à teologia da "consagração do mundo", que já tivera sucesso.

Mais ainda, como que colocando um toque de classe em toda a obra do concílio, a *Gaudium et Spes* introduz uma perspectiva que vai se afirmar em seguida: em vez de ver o mundo a partir da Igreja, é a Igreja que é vista como um instrumento a serviço do projeto de Deus no mundo. Característico disso é este texto:

> A Igreja, guardiã do depósito da palavra de Deus do qual tira os princípios para a ordem religiosa e moral, ainda que não tenha sempre resposta imediata para todos os problemas, deseja unir a luz da revelação à perícia de todos, para que se ilumine o caminho no qual a humanidade entrou recentemente[32].

O conceito de Igreja-sacramento não podia deixar de induzir a essa revolução do olhar.

---

32. *GS* 33; *COD* II-2, p. 2207.

CAPÍTULO XVI
# Ser Igreja no fim do século XX

## I. DEPOIS DO CONCÍLIO

### 1. A RECEPÇÃO DO VATICANO II

> **INDICAÇÕES BIBLIOGRÁFICAS:** G. Alberigo e J.-P. Jossua (orgs.), *La Réception de Vaticano II*, Paris, Cerf, 1985. — A. ACERBI, "L'Écclesiologie à la base des institutions ecclésiales post-conciliaires", *Les Églises après Vatican II. Dynamisme et prospective*, Paris, Beauchesne, 1981, pp. 223-258. — J. RATZINGER e V. MESSORI, *Entretien sur la foi,* Paris, Fayard, 1985. — G. THILS, *L'après Vatican II un nouvel âge de l'Église?* Louvain-la-Neuve, Faculté de théologie, 1985.

O ritmo das transformações do planeta não diminuiu nos anos que se seguiram ao Concílio Vaticano II. O concílio se desenrolara na atmosfera de euforia das esperanças do pós-guerra. Entretanto, no fim dos anos 1960, vários sinais anunciam uma crise durável e multiforme na sociedade mundial, nos planos econômico e político, ao mesmo tempo em que as descobertas cientí ficas e suas aplicações técnicas transformam profundamente os modos de vida. A percepção dos valores sofre inúmeros deslocamentos.

Esse ambiente devia ser lembrado com uma palavra para ajudar a compreender a maneira como a doutrina do Concílio foi recebida na Igreja católica. Sua aplicação passou, primeiro, por uma fase de entusiasmo. Em pouco tempo, uma série de decretos nesse sentido foram promulgados por Roma. Os primeiros sínodos de bispos se preocuparam com o *aggiornamento* da Igreja. A reforma do direito canônico foi iniciada. Paulo VI reformou e internacionalizou a Cúria

Romana. Grandes assembléias episcopais, nacionais e continentais, aplicavam em seu meio particular as decisões conciliares, muitas vezes de modo inovador; a mais célebre delas foi a Conferência Geral do Episcopado Latino-americano em Medellín, na Colômbia, em 1968; mas houve também as de Kampala (1969), Manilla (1970) e Puebla, no México (1979).

Essa fase eufórica foi seguida, para muitos, de uma fase de crise e insegurança. Enquanto alguns manifestavam impaciência diante da lentidão das reformas, outros falavam de precipitação e se fechavam nas posições antigas. Acompanhando Mons. Marcel Lefèbvre, que considerava ter o concílio caído na heresia ao fazer tantas concessões ao mundo moderno, uma pequena minoria chegou até o cisma. Vários acontecimentos são testemunhos dessa crise desde fins dos anos 1960: a revisão do *Catecismo holandês* para adultos, imposto por Roma, a intervenção romana no Concílio Pastoral da Holanda, a encíclica de Paulo VI *Humanae Vitae* sobre o controle da natalidade (1968), mal recebida nos países desenvolvidos. Se, no prolongamento do concílio, o Vaticano parecera favorecer a colegialidade entre os bispos, numerosas restrições foram mantidas, traduzindo os antigos hábitos centralizadores e de controle das Igrejas locais e a desconfiança tradicional de Roma em relação aos concílios. Em mais de um ponto a nova edição do *Código de direito canônico* (1983) foi julgada atrasada em relação às opções do Concílio[1]. As conferências episcopais, julgadas ambiciosas demais em suas declarações doutrinais, são convidadas a reduzir o exercício de sua função. Em suma, "esse concílio tocou em todos os domínios da vida religiosa, exceto na organização eclesiástica do poder": nele se fala da Escritura, da colegialidade, das Igrejas locais, mas toda decisão ou interpretação permanece, finalmente, nas mãos do papa[2].

Nesses mesmos anos, a opinião católica toma viva consciência da secularização da vida social. Mais e mais a consciência dos fiéis se emancipa em relação aos discursos da hierarquia. Desse ponto de vista, é típico o questionamento, ao mesmo tempo teórico e prático, das posições do magistério. Sobretudo nos países ricos, as igrejas se esvaziam a ponto de, já em 1971, um teólogo chegar a perguntar: o "século da Igreja", cujo advento Romano Guardini saudara iria se tornar o "século da defecção em massa das Igrejas?"[3] A abertura conciliar permite a expressão de múltiplas críticas até então recalcadas: a Igreja católica, ouve-se dizer, é incoerente e anacrônica, fala dos pobres e está comprometida com os ricos, prega os direitos humanos e não os aplica em seu seio, pretende admitir as diversidades e mantém um centralismo rigoroso etc.

Um pouco por toda parte, a partir dos anos 1960, multiplicam-se as pequenas "comunidades de base". São de tipos bem diversos. Nascidas na América

---

1. Cf. G. THILS, "Le Nouveau Code de droit canonique et l'ecclésiologie de Vatican II", em *RTL* 14 (1983), pp. 289-301; G. FRANSEN, "Le Nouveau Code de droit canonique, présentation et réflexions", *ibid.*, pp. 275-288.
2. P. HEGY, *L'Autorité dans le catholicisme contemporain*, Paris, Beauchesne, 1975, pp. 15-16.
3. J.-B. METZ, editorial de *Concilium* 66 (1971), p. 7.

Latina, geralmente pela iniciativa de religiosos ou religiosas próximos do povo, florescentes sobretudo no Brasil, elas depois se espalharam, sob formas modificadas, por outras partes do mundo. Nos países industrializados, elas reagrupam muitas vezes crentes convencidos de que não se sentem mais à vontade nas paróquias tradicionais, e são naturalmente críticos em relação ao aparelho hierárquico. Nos países do Terceiro Mundo, são normalmente mais bem integradas à estrutura tradicional, sob diversos nomes. O número limitado de membros permite a ajuda e o conhecimento mútuo, um funcionamento participativo sem estruturas rígidas, responsabilidades diversificadas, assembléias, comissões, conselhos. Tudo isso favorecia o enraizamento concreto nas situações locais. Era como que uma "nova maneira de ser Igreja"[4], uma experiência inovadora de "eclesiogênese"[5]. Enquanto alguns bispos ficaram receosos, outros viram aí a resposta para os desafios de então, uma renovação da paróquia e um modo de suprir a falta de sacerdotes. Diversas conferências episcopais assumiram as comunidades de base como prioridade, por exemplo na África subsaariana.

Na Europa, o diálogo entre cristãos e marxistas resultou no nascimento de uma "teologia política", área na qual se unem católicos como Johann Baptista Metz e protestantes como Jürgen Moltmann, cujas obras são logo traduzidas para outras línguas. Um pouco mais tarde, por volta de 1970, seus discípulos vindos da América Latina, quando retornam à pátria e deparam com as gritantes injustiças da situação econômica, transformam a reflexão vinda dos países ricos em uma "teologia da libertação". Um de seus protagonistas mais conhecidos é o teólogo peruano Gustavo Gutierrez[6]. Essa teologia teve diversas correntes mais ou menos radicais que utilizavam mais ou menos livremente as categorias de análise marxista. Por esse motivo atraiu a desconfiança dos meios conservadores (inclusive de Roma) e perseguição em diversos países. Aprovada com prudência por Paulo VI em 1975[7], objeto de uma severa advertência por parte da Congregação da Fé em 1984 e, depois, de uma certa reabilitação pelo mesmo discatério em 1986[8], ela acabará por ser "canonizada" por João Paulo II, que a ela se referiu mais de uma vez em seus discursos.

O espírito de abertura para o mundo, característico do Concílio, influencia, pelo menos em certos setores, o próprio magistério do papa e dos bispos. Os grandes documentos das Assembléias gerais do episcopado da América Latina, em Medellín e em Puebla, se apóiam sobre análises de sociedade. Um texto carac-

---

4. Cf. M. DE CARVALHO AZEVEDO, *Communautés ecclésiales de base. L'enjeu d'une nouvelle manière d'être Église,* Paris, Centurion, 1986.

5. L. BOFF, ofm, *Église en genèse. Les communautés de base réinventent l'Église,* Paris, Desclée, 1978.

6. G. GUTIERREZ, *Théologie de la libération. Perspectives,* Bruxelles, Lumen Vitae, 1974 (esp. 1971); I. ELLACURIA, "La Iglesia de los Pobres, sacramento histórico de liberación", *Estud. Centro-americanos* 32 (1977), pp. 707-722.

7. Cf. Exort. Apost. *Evangelii nuntiandi* 72 (1975), nn. 29-38.

8. Cf. *DC* 81 (1984), pp. 890-900; *DC* 83 (1986), pp. 393-411.

terístico do magistério do papa, inspirado por essa concepção, é a carta apostólica de Paulo VI ao cardeal Maurice Roy, *Octogesima Adveniens* (1971). Em matéria social e política, afirma Paulo VI, a Igreja "não tem a única palavra": "cabe às comunidades cristãs analisar com objetividade a situação de seu país, e iluminá-la [...] no diálogo com os outros irmãos cristãos e com todos os homens de boa vontade"[9]. As grandes *Cartas* dos bispos dos Estados Unidos sobre as armas nucleares e a justiça econômica foram muito comentadas, especialmente pelo método seguido em sua elaboração: depois de amplas consultas a especialistas cristãos e não-cristãos, elas foram primeiro publicadas em versão provisória para serem submetidas a crítica antes de sua versão definitiva[10].

## 2. A PROBLEMÁTICA ECLESIOLÓGICA APÓS O VATICANO II

**INDICAÇÕES BIBLIOGRÁFICAS:** H. FRIES, "Das 2. Vaticanum und die katholische Ekklesiologie. Versuch einer Bilanz", *Münchener theologische Zeitschrift* 35 (1985), pp. 67-88. — A. ANTÓN, *Misterio* II, pp. 985-1044 e 1066-1172 (bibliogr.). — S. WIEDENHOFER, *Das katholische Kirchenverständnis. Ein Lehrbuch der Ekklesiologie,* Graz-Wien-Köln, Styria, 1992.

**SOBRE A RELEITURA DA ECLESIOLOGIA DO NT:** R. E. BROWN, *L'Église héritée des apôtres,* Paris, Cerf, 1987. — A. DESCAMPS, *Jésus et l'Église. Études d'exégese et de théologie,* Leuven, University Press, 1987. — J. GUILLET, *Entre Jésus et l'Église,* Paris, Seuil, 1985. — G. LOHFINK, *L'Église que voulait Jésus,* Paris, Cerf, 1985 (al., 1982). — *L'Église institution et foi*, Bruxelles, Publ. des Fac. univ. Saint-Louis, 1979.

É então que surgem, na eclesiologia católica, algumas problemáticas novas. Para muitos teólogos, os grandes textos conciliares continuam sendo fonte de inspiração, mesmo quando observam que eles têm seus limites e se deixam arrastar em sentidos opostos. O Concílio abrira brechas num sistema até então monolítico. Trouxera à luz a igualdade fundamental de todos os membros do povo de Deus, revalorizara as Igrejas locais diante do centralismo romano, dera flexibilidade às formas esclerosadas das funções eclesiais, restaurando o diaconato como ordem permanente e abrindo-o aos homens casados. Mais amplamente, transformara a abordagem do "mundo": ultrapassando a atitude defensiva ou conquistadora, exprimira-se em termos de solidariedade com as lutas concretas da história[11]. Nos anos que se seguiram, era inevitável que as

---

9. Cf. *DC* 68 (1971), pp. 502-513; Texto citado, n. 4, pp. 502-503.

10. "Le défi de la paix: la promesse de Dieu et notre réponse", *DC* 80 (1983), pp. 715-762; "Justice économique pour tous. Enseignement social catholique et économie américaine", *DC* 84 (1987), pp. 617-681.

11. Cf. P. TIHON, "Des missions à la mission. La problématique missionnaire depuis Vatican II", *NRT* 107 (1985), pp. 520-536 e 698-721.

pistas assim abertas fossem exploradas com a "coragem do risco", como recomendava, desde 1966, o teólogo Karl Rahner: "Na vida prática da Igreja de hoje, o único tuciorismo é o tuciorismo da audácia [...] A segurança hoje não está mais no passado, mas no futuro"[12].

Essas explorações, que não ficam na teoria, tiram partido de uma leitura renovada dos textos fundadores. Uma atenção mais cuidadosa às diferentes eclesiologias contidas nos textos do Novo Testamento deixa ver a grande margem de liberdade de que dispõe a Igreja para sua organização. Muitas de suas formas nasceram em resposta às necessidades da história e só têm uma relação muito indireta com uma vontade instituinte de Jesus: elas não são "de direito divino". O que foi erigido pela Igreja pode também ser mudado por ela.

Os estudos sobre a história da Igreja e das doutrinas eclesiológicas, realizados no mesmo tempo, vêm confirmar os trabalhos dos exegetas. Eles trazem à luz os numerosos fatores políticos, sociais, ideológicos, culturais que condicionaram a evolução das formas da vida eclesial no correr dos séculos. Ressaltam as diversidades dessas formas no Oriente e no Ocidente. Mostram a sacralização progressiva das funções de autoridade, sua codificação jurídica sobretudo na Igreja romana, o unilateralismo e o empobrecimento que essas evoluções representam em relação às perspectivas dos primeiros séculos. Nessa mesma medida, eles relativizam as formas atuais, retirando-lhes o que tinham de intangível. Apoiados nesses resultados, alguns teólogos fazem um levantamento dos diversos "modelos de Igreja", trazendo assim à luz as variantes possíveis que se oferecem e são experimentadas em vários lugares[13].

## II. ORIENTAÇÕES DOUTRINAIS E PASTORAIS

### 1. EM FAVOR DE IGREJAS MAIS "LOCAIS"

> **INDICAÇÕES BIBLIOGRÁFICAS:** G. GHIRLANDA, "Église universelle, particulière et locale au concile Vatican II et dans le nouveau Code de droit canonique", *Vatican II. Bilan et perspectives. Vingt-cinq ans après,* Paris, Cerf, 1988, t. 2, pp. 263-297.    H. LEGRAND, "La catholicité des Églises locales", *Enracinement et universalité,* Paris, Desclée, 1991, pp. 159-183; "La réalisation de l' Église en un lieu", *Initiation à la pratique de la théologie,* t. III, II, Paris, Cerf, 1983, pp. 143-345.
> M. DORTEL-CLAUDOT, *Églises locales, Église universelle. Comment se gouverne le peuple de Dieu,* Lyon, Chalet, 1973. — H. DE LUBAC, *Les Églises particulières dans l'Église universelle,* Paris, Aubier, 1971. — Commission théologique internationale, *Thèmes choisis d'ecclésiologie,* n. 5; *DC* 83 (1986), pp. 64-66.

---

12. *Handbuch der Pastoraltheologie* II/1, 1966, pp. 275-276. O tuciorismo em moral prescreve escolher o mais seguro.

13. Cf. A. DULLES, *Models of Church,* New York, Doubleday, 1974 (2ª ed., 1988).

Todos esses estudos mostravam que o campo estava aberto a novas formas de vida eclesial, muito mais livremente do que deixava transparecer a herança dos séculos recentes. O próprio Novo Testamento dava testemunho de vários tipos de organização das comunidades cristãs. Não poderíamos reencontrar essa maleabilidade dos inícios? Não poderia essa diversidade de modelos responder, hoje, às necessidades de adaptação das Igrejas locais às diferentes culturas? De fato, estas suportavam cada vez menos a uniformidade imposta pelo centralismo romano.

No período pós-conciliar, vê-se então desenvolver, na teologia da Igreja, um capítulo quase ausente nesses séculos todos: o das Igrejas locais ou particulares. Esse tema fora apenas esboçado pelo Vaticano II[14]. Além disso, seu ponto de partida era a Igreja universal, vista como a reunião dos fiéis em torno dos bispos e do papa: semelhante perspectiva não favorecia muito o pleno reconhecimento das Igrejas locais.

Os estudos teológicos vieram fornecer um apoio teórico para o vasto movimento das comunidades eclesiais de base, evocado mais acima. Os teólogos enumeravam suas qualidades: elas são a melhor implementação da eclesiologia de comunhão. Apoiando-se num inciso do concílio que falava das comunidades "embora pequenas e pobres" (*LG* 26), reconheciam nelas todos os traços que definem uma Igreja, uma mesma fé, os mesmos sacramentos, a comunhão com os pastores. Elas lêem a Bíblia e aplicam-na à realidade, escapam ao clericalismo dominante: o povo de Deus, particularmente os pobres, nelas readquirem voz. Elas são evangelizadoras. Em suma, representam uma "abertura" eclesiológica característica de nosso tempo.

Transposta para a África, a problemática das comunidades eclesiais de base cruzava com outra: a do desnível entre o cristianismo à moda ocidental importado pela colonização e as culturas locais em busca de suas raízes. Nesses países, o desnível era acompanhado de uma dependência econômica em relação às Igrejas dos antigos países colonizadores, dependência favorável à manutenção de um tipo de funcionamento pouco adaptado às mentalidades locais. Houve vozes que se elevaram para reclamar uma "moratória" no envio de pessoal e de dinheiro, para que as "jovens Igrejas" pudessem chegar a uma verdadeira autonomia, não só para se gerir mas para se financiar elas mesmas. Essa proposta, lançada em Lusaka, em 1974, pela Conferência protestante das Igrejas de toda a África (CETA), com repercussão no meio católico, teve pouco sucesso entre os bispos[15]. Em compensação, no modelo das comunidades, viu-se a maneira eficaz de promover, no próprio lugar, a busca da maneira propriamente africana de fazer Igreja, mais próxima das tradições familiares e clânicas[16].

---

14. *LG* 26; cf. *CD* 11; *AG* 4,10,15,22. O *Código de direito canônico* de 1983 trata delas (cânone 368).

15. Cf. F. EBOUSSI BOULAGA, "La démission", *Spiritus* 56 (1974), pp. 276-287; sobre o debate, P. TIHON, "Des missions à la mission", *NRT* 107 (1985), pp. 704-706.

16. Cf. H. MAURIER, *Les Missions*, Paris, Cerf, 1993; J. COMBY, *Deux mille ans d'évangélisation,* Paris, Desclée, 1992; P. TIHON, "Retour aux missions? Une lecture de l'encyclique *Redemptoris missio*", *NRT* 114 (1992), pp. 69-86.

Por ocasião do Sínodo Romano sobre a Evangelização, em 1974, o primeiro no seio do qual os bispos do "Terceiro Mundo" tiveram um peso majoritário, o fosso entre o Evangelho e as culturas foi expresso de maneira muito forte, especialmente pelos bispos da África, a tal ponto que Paulo VI, em seu discurso final, achou necessário lembrar a importância da comunhão com Roma, centro da unidade[17]. No documento de síntese que ele publicou no ano seguinte, a "evangelização das culturas" fazia parte das prioridades[18]. A urgência da "inculturação" do Evangelho será lembrada periodicamente por seu sucessor; mas quando teólogos africanos lançaram, em 1977, o projeto de um "Concílio africano para o ano 2000", inúmeras objeções transformaram o projeto em "Assembléia Especial do Sínodo Romano para a Igreja da África" (1994), o que modificava notavelmente a perspectiva.

Essa prioridade dada ao enraizamento da fé nas diversas culturas estava em concorrência com outra: a das situações de injustiça e exploração, mais característica da consciência eclesial da América Latina e que dera origem às teologias da libertação. O vigor dessa corrente "libertacionista" suscita ecos e adversários em outras partes do mundo; especialmente na África do Sul, onde a luta contra o *apartheid* impunha uma abordagem mais social do que simplesmente cultural, e onde os teólogos lançaram outro neologismo, menos estreitamente ligado à cultura, a "contextualização". Em seguida, na Ásia, onde a questão da pobreza era vivida no seio de um diálogo inter-religioso, visto igualmente como prioritário[19].

## 2. "DEVE HAVER LEIGOS NA IGREJA?"

> **INDICAÇÕES BIBLIOGRÁFICAS:** L. BOFF, *Église, charisme et pouvoir*, Paris, Lieu Commun, 2ª ed. 1985, p. 209. — R. PARENT, *Une Église de baptisés. Pour surmonter l'opposition clercs-laïcs*, Paris, Cerf, 1987. — B. FORTE, *Laïcat et laïcité. Essais ecclésiologiques*, Paris, Mediaspaul, 1987. — G. THILS, "Les laïcs. À la recherche d'une définition", RTL 19 (1988), pp. 191-196.
>
> **SOBRE OS CARISMAS:** Antes do concílio, cf. bibliogr. em A. WINKLHOFER, *L'Église présence du Christ,* Paris, Cerf, 1966. — Depois do concílio, cf. bibliogr. em H. KUNG, *Etre chrétien*, Paris, Seuil, 1978, p. 775. — S. WIEDENHOFER, *Das katholische Kirchenverständnis, op. cit.* — G. HASENHÜTTL, *Charisma, Ordnungsprinzip der Kirche,* Freiburg, Herder, 1969.
>
> **SOBRE OS MOVIMENTOS "CARISMÁTICOS":** K. e D. RANAGHAN, *Le retour de l'Esprit. Le mouvement pentecôtiste catholique,* Paris, Cerf, 1972. — R. LAURENTIN, *Pentecôtisme chez les catholiques. Risques et avenir,* Paris, Beauchesne, 1974

---

17. Discurso final no sínodo de 1974, DC 61 (1974), pp. 951-954.
18. *Evangelii nuntiandi*, nn. 20 e 63; DC 73 (1976), pp. 4 e 14.
19. Cf. A. PIERIS, *Une théologie asiatique de la libération,* Paris, Centurion, 1990.

(bilbiogr. pp. 253-260). — E. O'CONNOR, *Le Renouveau charismatique. Origines et perspectives*, Paris, Beauchesne, 1975. — F. MACNUTT, *Le pouvoir de guérir*, Paris, Cerf, 1980. — FR. A. SULLIVAN, *Charismes et renouveau charismatique. Une étude biblique et théologique*, Paris, DDB, 1988.

Em todos os casos evocados, tratava-se, para o conjunto dos cristãos de um mesmo lugar, de "assumir a responsabilidade de ser Igreja lá onde se encontravam"[20]. Daí em diante, as perspectivas clássicas sobre o laicato que marcavam ainda os textos conciliares não são mais suficientes. O próprio termo "leigo" passou a manifestar seu lado clerical, no dizer do título provocante de um artigo: "Deve haver leigos na Igreja?"[21] A distinção entre clero e leigos não seria "o reflexo de uma desapropriação do povo por uma categoria hegemônica?"[22] Às vésperas do sínodo de 1987, que devia ser consagrado a esse tema, mais de um observador notava que, enquanto a hierarquia preconizava uma renovação da "teologia do laicato", os leigos exigiam uma nova eclesiologia em que a condição comum dos batizados prevalecesse sobre as situações específicas ligadas à diversidade dos carismas e dos ministérios. O sínodo não caminhou por essa via[23].

Em seu estilo ainda muito clerical, o concílio diversas vezes convidara o clero a associar os leigos às responsabilidades na comunidade cristã. Nos anos que se seguiram, viu-se eclodir toda uma retórica de participação, inclusive participação nas decisões ("Todos responsáveis na Igreja"[24]). Muitos se lembram dos ditado antigo, freqüentemente citado pelo Pe. Yves Congar: "O que concerne a todo mundo deve ser tratado por todo mundo"[25]. Em muitos casos, esse discurso não passa de fachada ocultando hábitos que continuam clericais, o que explica a demanda incessante de mais "democracia" na Igreja católica. Nas jovens Igrejas, os cristãos mais ativos criticam a persistência do modelo missionário, geralmente paternalista quando não autoritário. Em contrapartida, as correntes mais tradicionais não se cansam de lembrar, a esse propósito, que "a Igreja não é uma democracia". A identificação comum entre presbiterato e sacerdócio também não facilita a clarificação entre o "sacerdócio comum dos batizados" (relembrado por *LG* 10 e 11) e o "sacerdócio ministerial", mesmo que o discurso conciliar sublinhe que eles são "ordenados um ao outro".

Era de se esperar que no período pós-conciliar se multiplicassem também os estudos sobre o lugar dos carismas na Igreja. Desde antes do Concílio se

---

20. Fórmula de Mons. Kalilombe, bispo de Lilongwe (Malawi), em maio de 1976 (cf. fichas *Prospective* 520/76).
21. H.-U. VON BALTHASAR, *Communio* 4 (1979), pp. 7-16.
22. L. BOFF, *Église, charisme et pouvoir*, p. 209.
23. Cf. JOÃO PAULO II, Exort. Apost. pós-sinodal *Christifideles laici* (1988), *DC* 86 (1989) pp. 152-196.
24. Título da Assembléia plenária do episcopado francês em Lourdes, em 1973 (Paris, Centurion, 1973). Cf. F. MESSNER e J. SCHLICK, *Participation dans l'Église. Bibliographie internationale 1968-1975*, Strasbourg, Cerdic-Public., 1975.
25. Cf. Y. CONGAR, *Vraie et fausse réforme dans l'Église*, Paris, Cerf, 1969, p. 254.

publicaram diversos estudos fundamentais sobre o assunto. Foram rapidamente mencionados na constituição *Lumen Gentium* (12). Depois do concílio surgiram outros trabalhos que não tiveram muito impacto prático. Por outro lado, o catolicismo teve a experiência de uma "renovação carismática" aparentada aos movimentos pentecostais que tinham florescido nos Estados Unidos no começo do século. Nascida quase sempre pela iniciativa de leigos, ela reaclimatou no contexto católico práticas esquecidas, como a glossolalia (o falar "em línguas") ou os cultos de cura. Ela tem suas publicações, suas grandes assembléias periódicas, seus teólogos. Deu origem a diversos movimentos ou comunidades de um novo estilo, reagrupando geralmente pessoas casadas e celibatárias, muitas das quais se engajaram na assistência aos marginalizados ou na evangelização direta.

## 3. AS FORMAS DA COLEGIALIDADE

**INDICAÇÕES BIBLIOGRÁFICAS:** Y. CONGAR, "Le problème ecclésiologique de la papauté après Vatican II", *Ministères et communion ecclésiale,* Paris, Cerf, 1971. — *Konzil und Papst. Historische Beiträge zur Frage der höchsten Gewalt in der Kirche,* org. de G. Schwaiger, München, Schöningh, 1975. — G. SCHWAIGER, *Päpstlicher Primat und Autorität der allgemeinen Konzilien im Spiegel der Geschichte,* München, Schöningh, 1977. — J. M. TILLARD, *L'Évêque de Rome,* Paris, Cerf, 1982. — *La Primauté romaine dans la communion des Églises* (Comitê misto católico-ortodoxo na França), Paris, Cerf, 1991. — J.-B. D'ONORIO, *Le Pape et le gouvernement de l'Église,* Paris, Fleurus-Tardy, 1992.

**SOBRE AS CONFERÊNCIAS EPISCOPAIS:** H. LEGRAND, J. MANZANARES, A. GARCIA Y GARCIA, *Les Conferences épiscopales. Théologie, statut canonique, avenir. Actes du colloque international de Salamanque (3-8 janv. 1988),* Paris, Cerf, 1988. — G. GHIRLANDA, "Concili particolari e Confereze dei Vescovi: *munus regendi et munus docendi?*", La Civiltà cattolica 142/II (1991), pp. 117-132. — A. ANTÓN, *Conferencias episcopales: instancias intermédias? El estado teológico de la cuestón,* Salamanca, Sígueme, 1989. — *Die Bischofskonferenz. Theologischer und juridischor Status,* org. de H. Müller e H. J. Pottmeyer, Düsseldorf, Patmos, 1989. — *Episcopal Conferences. Historical, Canonical and Theological Studies,* org. de Th. Reese, Washington, Georgetown University Press, 1989.

Nos anos seguintes ao concílio, os papas tiveram claramente a preocupação de implementar as decisões conciliares que iam no sentido de um governo mais colegiado. Era uma passagem difícil: o governo continuava baseado numa autoridade papal centralizada. Os sínodos dos bispos, que se têm realizado regulamente em Roma, davam certo conteúdo à colegialidade. Mesmo que seu papel fosse só consultivo, eles estreitavam os contatos dos bispos entre si e pelo menos favoreciam o "sentimento colegial" (*affectus collegialis*). Em outro nível, numerosas foram as dioceses que reintroduziram a prática dos sínodos diocesanos, e mesmo assembléias diocesanas[26]. Os fatos pareciam dever impor um exercício modificado do primado romano, que estaria mais a serviço de uma abertura missionária e da comunhão na diversidade.

Entretanto, levantou-se uma questão que não era simplesmente de ordem prática. As necessidades da coordenação tinham, desde o século II, imposto a prática das assembléias regionais. Esse modo de funcionamento se achava tão inscrito na prática que certos teólogos falam, a propósito dele, de "conciliaridade" ou de "princípio sinodal" como uma "lei vital" do funcionamento da Igreja. Mas podia-se dizer que se tratava de um elemento essencial de sua estrutura? Para empregar o jargão dos teólogos, as conferências episcopais são a expressão concreta e atualizada de uma sinodalidade "de direito divino"? Pode-se remetê-las, sem equívoco, à vontade de Cristo? De modo especial, pode-se reconhecer nelas uma autoridade doutrinal? Um colóquio de especialistas realizado em Salamanca, em 1988, trouxe à luz o papel importante — e universalmente reconhecido — que tiveram as assembléias regionais de bispos durante os primeiros séculos, inclusive no plano doutrinal. Depois, um bom número de estudos veio esclarecer essas posições.

## 4. OS CONFLITOS, A "RECEPÇÃO", A COMUNHÃO

> **INDICAÇÕES BIBLIOGRÁFICAS:** Sobre a recepção: Y. CONGAR, "La Réception comme réalité ecclésiologique", *RSPT* 56 (1972), pp. 379-403. — W. Beinert (org.), *Glaube als Zustimmung. Zur Interpretation kirchlicher Rezeptionsvörgange*, Freiburg-Basel-Wien, Herder, 1991. — G. ROUTHIER, *La Réception d'un concile*, Paris, Cerf, 1993 (bibliogr., pp. 243-261). — H. J. SIEBEN, *Katholische Konzilsidee im 19. und 20. Jahrhundert*, Paderborn, Schöningh, 1993, pp. 385-421.
>
> **SOBRE A ECLESIOLOGIA DE COMUNHÃO:** J.-M. R. TILLARD, *Église d'Églises. L'Ecclésiologie de communion*, Paris, Cerf, 1987, pp. 139-186; *Chair de l'Église. Chair du Christ. Aux sources de l'ecclésiologie de communion*, Cerf, 1992. — B. SESBOÜÉ, *Pour une ecclésiologie oecuménique*, Cerf, 1990, pp. 137-156. — W. KASPER, "L'Église comme communion: un fil conducteur de l'ecclésiologie de Vatican II", *Communio* 12 (1987), pp. 15-31.

Essas diversas pesquisas não deixaram de suscitar reações entre os teólogos de tendência mais clássica. Solicitaram, também, a vigilância das instâncias romanas. Estas se manifestaram, primeiro, na declaração *Mysterium ecclesiae* da Congregação para a Doutrina da Fé, em 1973[27], e depois, mais tarde, num relatório

---

26. Cf. para a França: Monique Hébrard, *Révolution tranquille chez les catholiques. Voyage au pays des synodes diocésains*, Paris, Centurion, 1989.

27. Texto de 24 de junho de 1973, *DC* 70 (1973), pp. 667-668.

da Comissão Teológica Internacional (instituída e nomeada por Roma depois do Concílio[28]). As inquietações romanas se traduziram também por medidas contra diversos teólogos. Em seguida a inúmeros debates doutrinais provocados por seus livros, foi retirado do suíço Hans Küng seu título de teólogo católico. Alguns anos mais tarde, o teólogo brasileiro Leonardo Boff foi igualmente castigado por suas posições eclesiológicas[29]. A amplitude das reações suscitadas por essas medidas no seio do laicato católico é um índice das mudanças ocorridas. O silêncio imposto a Leonardo Boff deu ocasião à publicação de um dossiê dos documentos da discussão, sob o título característico *Roma locuta*[30] (Roma falou): Roma havia falado, mas a causa não parecia encerrada.

Conflitos desse tipo não são, certamente, coisa nova na Igreja. Entretanto, a forma que assumiram nos decênios que se seguiram ao concílio apresenta traços inéditos. Em primeiro lugar, foram repercutidos por um poder relativamente novo, o da mídia. Em seguida, foram vividos cada vez mais como fazendo parte da vida normal da Igreja. Os sociólogos vêem nisso um sinal de saúde da instituição num período de mudanças rápidas. Os teólogos fazem um levantamento de uma série deles ao longo da história e mostram a perfeita legitimidade de muitos entre eles. Eles matizam a imagem de perfeita unanimidade que a Igreja católica procura dar de si mesma. Alguns debatem o "direito de discordar". O pluralismo interno, a coexistência de tendências opostas no seio da Igreja podem contribuir para uma forma de unidade mais maleável, resistente à degradação dos apoios sociais e simbólicos antigos. Esse pluralismo, que requer novas formas de regulação, não é um simples fato ao qual é preciso se resignar, mas uma vocação à qual é preciso responder[31].

O conjunto desses debates evidenciou um princípio fundamental da vida eclesial, o da *recepção*. Esse princípio está ligado ao papel, reconhecido pelo concílio, do "senso da fé" que é "o do povo todo" quando ele "exprime seu acordo universal em matéria de fé e costumes" (*LG* 12). Sem dúvida, essa doutrina nunca fora totalmente esquecida. Mas, numa perspectiva "piramidal", a recepção não significa muita coisa além da obediência, o consentimento do povo às decisões da autoridade. Na perspectiva da Igreja antiga, a comunhão que liga as Igrejas se manifesta por seu consenso, pelo fato de que elas se "recebem" mutuamente e reconhecem a autenticidade de sua fé e a qualidade cristã de sua disciplina. Esse processo se aplica tanto às declarações dogmáticas como às decisões

---

28. *Thèmes choisis d'ecclésiologie*. Rapport de la Commission théologique internationale, *DC* 83 (1986), pp. 57-73.

29. Trata-se sobretudo do livro *Igreja, carisma e poder*, Vozes, Petrópolis, 3ª ed. 1982 (ed. francesa Paris, Lieu Commun, 2ª ed., 1985).

30. *Roma locuta. Documentos sobre o livro "Igreja, carisma e poder" de Frei Leonardo Boff*, Petrópolis, Vozes, 1985.

31. Cf. diversos números de revistas consagradas aos conflitos: *Christus* 58 (1968); *Lumière et Vie* 103 (1971); *Concilium* 51 (1970) e 73 (1972); *Pro Mundi Vita* 45 (1973). Cf. Y. CONGAR, *Ministères et communion ecclésiale*, Paris, Cerf, 1971, pp. 229-260.

disciplinares ou em matéria moral, seja qual for a posição daquele que as promulgue. Compreende-se melhor o despertar dessa problemática em vista das tensões que persistem na Igreja católica pós-conciliar: a recepção do próprio concílio "tornou-se um teste, tanto mais que se reforça a impressão de que círculos influentes defendem a não-recepção"[32]. A doutrina tradicional da recepção (com seus corolários de não-recepção e de eventual modificação da recepção no correr do tempo) é sem dúvida um ponto-chave da eclesiologia atual.

Com os anos, a eclesiologia do concílio se vê cada vez mais caracterizada como "eclesiologia de comunhão". Por exemplo, assinalou-se o fato de que o Sínodo Romano de 1985, convocado para avaliar, depois de vinte anos, a aplicação do concílio, evita empregar a fórmula "povo de Deus" e prefere se exprimir em termos de "comunhão". Para alguns, a insistência na comunhão pode significar uma vontade de retornar a uma impossível unanimidade. Outros, ao contrário, sublinham que o conceito de comunhão é capaz de unificar a diversidade, tanto no seio da Igreja católica como no domínio ecumênico. Daí a preferência que lhe é dada pelos teólogos mais preocupados com a "recomposição" da unidade cristã.

## 5. O PRIVILÉGIO DOS POBRES NA IGREJA

**INDICAÇÕES BIBLIOGRÁFICAS:** J. SOBRINO, *Ressurrección de la verdadera Iglesia. Los pobres, lugar teológico de la eclesiología,* Santander, Sal terrae, 1981. — G. GUTIERREZ, "Le rapport entre l'Église et les pauvres vu d'Amérique Latine", *La Recéption de Vatican II, op. cit.*, pp. 229-257. — *Le Peuple de Dieu au milieu des pauvres, Concilium* 196 (1984), pp. 7-175. — Conselho Ecumênico das Igrejas, org. de J. de Santa Ana, *Les défis des pauvres à l'Église,* Yaoundé, Clé, 1981; *L"Église et les pauvres,* Lausanne, P. M. Favre, 1982. — J. PIXLEY e CL. BOFF, *Les Pauvres: choix prioritaire*, Paris, Cerf, 1990. — A. DURAND, *La Cause des pauvres. Société, éthique et foi,* Paris, Cerf, 1991. — N. LOHFINK, *Option for the Poor. The Basic Principle of Liberation theology in the Light of the Bible*, Berkeley, Bibal Press, 1987.

Nas regiões de grande pobreza e antes de tudo na América Latina, a reflexão teológica assumiu traços particulares, alguns dos quais adquiriram direito de cidadania no conjunto da catolicidade. Com efeito, uma das características das teologias da libertação é a de querer estar explicitamente a serviço das comunidades mais desfavorecidas e de suas lutas por mais justiça. O que define a "pertinência" de seu conteúdo é que elas querem iluminar com o Evangelho as situações de injustiça e de opressão tais como são vividas por essas comunidades, recorrendo, para compreendê-las, à "mediação" das ciências sociais. Elas

---

32. W. BEINERT, *Glaube als Zustimmung*, p. 22.

registram a novidade que representa a irrupção das massas de pobres como protagonistas na cena da história, a expansão das comunidades de base na Igreja, a acolhida que lhes é reservada nos grandes documentos da Igreja latino-americana em Medellín e Puebla. A eclesiologia que parte desses pressupostos toma, então, como ponto de vista esse "reverso da história" que é a situação dos pobres: mesmo para os cristãos ricos, a Igreja é, de qualquer modo, a "Igreja dos pobres". Ela retoma a era dos mártires, que são numerosos nessas Igrejas: a existência eclesial é sempre um seguimento de Jesus crucificado. Nesse caminho, a Igreja dos pobres é um grupo profético: ela denuncia a desumanidade dos sistemas sociais que esmagam o homem e anuncia que seu clamor é acolhido pelo Deus da Aliança e da Promessa. São os pobres que sustentam a esperança do mundo, são eles que podem dar um conteúdo à utopia do Reino de Deus, a eles pertence o futuro. Essa teologia faz justiça à esperança messiânica: a "felicidade prometida" não é somente para depois desta vida.

Essa perspectiva levada a sério e as conseqüências práticas que acarreta foram designadas, na Igreja católica do último quarto de século, pelo nome de "opção pelos pobres". A radicalidade de certas posições provocou reações. Como a opção de base não podia ser recusada em nome do Evangelho, o discurso habitual abrandou-lhe a força apondo-lhe adjetivos: transformou-se em "opção preferencial, não exclusiva nem excludente". Procurou-se, também, diminuir sua importância, acrescentando outras "opções prioritárias". Os grupos que se engajam nessa linha, especialmente os inúmeros institutos religiosos, muito ativos na América Latina, aceitaram introduzir essas nuances em seu discurso, o que não os impede de agir esforçando-se por traduzir em atos o radicalismo evangélico.

## III. A IGREJA CATÓLICA E AS "OUTRAS"

### 1. A BUSCA DA UNIDADE DAS IGREJAS

> **INDICAÇÕES BIBLIOGRÁFICAS:** Y. CONGAR, "Le Développment de l'évaluation ecclésiologique des Églises non-catholiques. Un bilan", RDC 25 (1975), pp. 168-198; *Essais occuméniques, op. cit.*; *Diversités et communion, op. cit.* — CHR. DUQUOC, *Des Églises provisoires. Essai d'ecclésiologie oecuménique,* Paris, Cerf, 1985. — B. SESBOÜÉ, *Pour une théologie oecuménique. Église et sacrements. Eucharistie et ministères. La Vierge Marie,* Paris, Cerf, 1990.

O Concílio Vaticano II preocupou-se bastante com o ecumenismo. Desse ponto de vista, nos anos que se seguiram houve fases diversas de progressos e de recuos. O Secretariado Romano para a Unidade, criado pelo Concílio, tornou-se, por vontade de João XXIII, uma comissão permanente. Após o Concílio, ele se entregou a um paciente e perseverante trabalho de diálogo doutrinal que já produziu frutos notáveis, pouco conhecidos. Multiplicaram-se as comissões mistas para estudar as divergências entre Igrejas. Textos de acordo bilateral sobre pontos importantes da doutrina foram assinados. Vários foram os gestos de aproximação: visitas de chefes de Igreja a Roma, visitas do papa a esses mesmos chefes por ocasião de suas viagens, utilização do título "Igrejas irmãs" para as Igrejas ortodoxas, avaliação positiva da eclesialidade das "Igrejas e comunidades eclesiais separadas da Sé apostólica romana" (UR 13), suspensão mútua das excomunhões. "A prática compromete também a teologia", observava o P. Congar[33]. Ela obrigava a abandonar os conceitos simples de heresia ou cisma, visto que se reconheciam, nas outras Igrejas, valores cristãos que não eram, sem dúvida, estranhos ao catolicismo, mas que, em certos casos, não se encontravam aí mais que em estado de vestígio. Seria preciso também encontrar meios de pensar em "uma diversidade reconciliada". A tradição oferecia alguns: ela distinguia o plano das teorias teológicas, talvez incompatíveis, e o da unanimidade necessária no essencial da fé; ou, ainda, verdades que comportam uma parte de obscuridade e suscetibilidade de expressões diferentes. O próprio Concílio propusera uma "hierarquia de verdades"[34] e introduzira, por sua maneira de falar das outras comunidades cristãs, a idéia de uma diversidade de graus na eclesialidade.

Diversos fatos vieram moderar o otimismo dos primeiros anos. Mais de uma vez as aproximações dos católicos com a ortodoxia pareceram, às Igrejas protestantes, acentuar a distância entre elas e a Igreja romana. As práticas ecumênicas localizadas provocaram chamadas à ordem. Após a queda do muro de Berlim e a abertura dos países da Europa do Leste, a pressa em restabelecer os quadros da minoria católica nesses países foi mal recebida pelas Igrejas ortodoxas. Elas viram nisso, sem razão, uma vontade de proselitismo e de concorrência. De modo mais geral, a política romana de controle sobre o conjunto das Igrejas de sua obediência, sobre suas práticas, seu ensino, reavivou, entre os outros cristãos, a imagem de uma Igreja redutora das diversidades, fortemente centralizada, pesadamente dogmática e julgada "repressora".

Se tomarmos distância, esses incidentes de percurso não impedem que se possa falar de um progresso global do ecumenismo desde o Vaticano II. Cada vez mais, teólogos católicos que não são tidos por aventureiros preconizam uma forma de unidade eclesial que não só respeite mas assuma diferenças importantes entre as Igrejas reunidas. O Conselho ecumênico fala, nesse sentido, de "unidade conciliar". Os textos de acordos bilaterais freqüentemente mostram que certos motivos doutrinais de divisão pertencem em grande parte ao passado. Indaga-se da qualidade propriamente ecumênica dos concílios realizados no Ocidente sem os gregos. Fala-se de uma necessária "re-recepção" do Concílio Vaticano I, na perspectiva de um acordo com os ortodoxos sobre o ministério

---

33. Y. CONGAR, *Ministères et communion ecclésiale*, p. 74.
34. G. THILS, "Hiérarchie des vérités de la foi et dialogue oecuménique", *RTL* 15 (1984), pp. 147-159.

de Pedro[35]. Do ponto de vista católico, tem-se perguntado, com sólida argumentação, sobre a possibilidade de uma aceitação da *Confissão de Augsburg* (1530), uma das fórmulas de fé geralmente aceita no protestantismo. Mais radicalmente, inúmeros teólogos das diversas Igrejas situam os verdadeiros desafios noutro lugar fora do ecumenismo. As divergências dizem respeito à maneira de se situar diante dos dramas do mundo, em face dos quais as divisões se encontram entre os cristãos da mesma Igreja: "Está em vias de se operar uma união dos cristãos sem união das Igrejas, uma unidade de missão sem unidade das Igrejas [...] Poder-se-ia muito bem dizer: assistimos ao estabelecimento de uma certa Igreja. Como caracterizá-la? Pelo desejo de que a Igreja esteja lá onde o mundo se encontra hoje"[36].

## 2. A RELAÇÃO ENTRE A IGREJA E O POVO JUDEU

**INDICAÇÕES BIBLIOGRÁFICAS:** K. BARTH, *Dogmatique*, II, 2, 1; Labor et Fides, vol. 8, pp. 205-304. — H. URS VON BALTHASAR, *La dramatique divine* (1978), t. II, 2, Paris/Lethielleux, Culture et Verité/Namur 1988, pp. 288-355. — FR. MUSSNER, *Traité sur les Juifs*, Paris, Cerf, 1981; *Dieses Geshlecht wird nicht vergehen. Judentum und Kirche*, Freiburg-Basel-Wien, Herder, 1991. — F. REFOULÉ, *"... Et ainsi tout Israël sera sauvé". Romains 11, 25-32,* Paris, Cerf, 1984. — M. SALES, *Le Corps de l'Église*, Paris, Fayard, 1989. — *Israel und Kirche heute. Beiträge zum christlich-jüdischen Gespräch,* org. de M. Marcus, E. Stegemann e E. Zenger, Freiburg-Basel-Wien, Herder, 1991. — B. SESBOÜÉ, "Ecclesia ex circumcisione, Ecclesia ex gentibus", *ISTINA* 36 (1991), pp. 182-201. — S. WIEDENHOFER, *Das Katholische Kirchenverständnis,* Graz, Styria, 1992 (bibliogr.).

Na seqüência do Concílio, a conversão ao diálogo com os "outros" não podia esquecer o caso original do povo judeu, mencionado inteiramente à parte em *Nostra Aetate* (n. 4). Se esse diálogo não pode entrar no âmbito do diálogo propriamente ecumênico, também não pode ser enquadrado no diálogo com as "outras religiões". "Com efeito, a Igreja de Cristo reconhece que os inícios de sua fé e de sua eleição se encontram já nos patriarcas, Moisés e os profetas, conforme o mistério divino da salvação"[37]. Os cristãos se encontram igualmente confrontados com o "mistério" da permanência do povo judeu ao longo da história. O genocídio perpetrado contra ele no meio do século XX e simbolizado pelo nome de Auschwitz, em países europeus de tradição cristã, é ocasião de um profundo exame de consciência, não somente sobre o nosso tempo, mas sobre toda a história das relações entre cristãos e judeus e sobre as perseguições que se abateram sobre estes.

---

35. Cf. Id., *La Primauté pontificale. La doctrine de Vatican I. Les voies d'une révision,* Gembloux, Duculot, 1972.
36. Y. CONGAR, *Essais oecuméniques*, p. 61.
37. *NA* 4; *COD* II-2, p. 1969.

No plano doutrinal, a relação da Igreja com o povo judeu é um verdadeiro problema de eclesiologia. Por isso não é de admirar que exegetas e teólogos estudem de novo os caps. 9-11 da Epístola aos Romanos para se interrogar sobre o lugar reservado ao povo judeu na história da salvação e sobre a maneira pela qual "Israel será salvo".

Mas a relação com o povo judeu não concerne apenas aos judeus que são exteriores à Igreja. Não se pode esquecer que a primeira comunidade cristã de Pentecostes era inteiramente judaica e que foi por uma cadeia de crentes judeus que a fé cristã começou a tomar corpo. A doutrina da Epístola aos Efésios mostra que a cruz de Cristo destruiu o muro de separação e de ódio entre os dois povos, a fim de que a Igreja seja construída sobre a reconciliação entre o judeu e o pagão, penhor de sua comum reconciliação com Deus em um só corpo (Ef 2,14-17). Se, de um lado, o judeu-cristianismo antigo desapareceu como forma cristã visível, por outro lado numerosos judeus, no correr da história, se converteram à fé cristã na qual viram o cumprimento definitivo da Aliança. Os cristãos de origem pagã reconhecem suficientemente sua especificidade e o valor "estrutural" de sua presença na Igreja? A eclesiologia clássica valorizou pouco esse aspecto. Hoje, o problema volta de novo à atualidade com o renascimento de pequenas comunidades cristãs de cultura e língua hebraica.

## 3. RUMO A UMA NOVA PRESENÇA NO MUNDO

**INDICAÇÕES BIBLIOGRÁFICAS:** Vaticano II, *Declaração sobre as relações da Igreja com as religiões não-cristãs, Nostra Aetate* (28 de outubro de 1965); *COD* II-2, pp. 1965-1969. — J. DUPUIS, *Jésus-Christ à la rencontre des religions*, Paris, Desclée, 1989.

O percurso movimentado que acabamos de evocar em grandes traços pode dar a impressão de uma certa estagnação. Seria necessário um maior distanciamento para julgar. Entretanto, destacam-se algumas características que parecem dever resistir às tentativas de retrocesso. A renovação bíblica, o desenvolvimento do sentido da história, a consciência de ser, no mundo, uma minoria portadora de uma mensagem própria deram uma renovada dimensão escatológica ao que se pode chamar de "consciência de Igreja". Esse é um traço que parece se tornar geral. A minoria de homens e mulheres que creram em Jesus e em sua mensagem é o esboço do povo que Deus chama para colaborar em seu Reino. A aventura humana toda é esse vasto movimento que vai em direção à realização desse Reino, e todos os "homens de boa vontade" contribuem, a sua maneira, para fazê-lo crescer. A Igreja é sinal e testemunha desse movimento.

Nesse sentido, pode-se dizer que a Igreja do fim do século XX retornou à situação pré-constantiniana. Seria, talvez, mais justo falar, com Yves Congar, de fim da era constantiniana. Como antes de Constantino, a relação imediata, ou a principal tensão vivida pelos cristãos não é entre clérigos e leigos, mas entre a Igreja e o mundo. Os clérigos abandonaram suas reivindicações de prestígio e de privilégio; de repente, sua afirmação de ser simplesmente "servos dos servos de Deus" ganhou credibilidade.

Mas, da idade dos mártires à idade atômica, a atitude dos cristãos em relação à história do mundo se transformou. As primeiras gerações sentiam a urgência do tempo sob forma de uma relativização geral da história: "Que venha a graça e este mundo passe!"[38]. Os cristãos de hoje se sentem solidários, nas "alegrias e esperanças", com os outros filhos da terra, responsáveis junto com eles, pela construção de uma cidade mais conforme ao que se começa a chamar de "sonho de Deus" relativo a sua criação. Responsáveis mas de maneira particular, pois dão testemunho do sentido dessa história em referência à pessoa de Jesus de Nazaré, cujo destino e cuja mensagem lhes servem de chave de interpretação para detectar os "sinais dos tempos". Mas essa particularidade cristã não faz deles parceiros menos dignos de confiança na busca comum de soluções para os problemas novos de seu tempo.

É nesse contexto que o diálogo inter-religioso, preparado por alguns precursores e aberto, em princípio, pela *Declaração sobre as religiões não-cristãs* do Concílio Vaticano II, assume nova dimensão e dá ocasião a novas pesquisas teológicas. A partir do momento em que a Igreja se situa francamente no seio de um mundo pluralista, ela não pode deixar de se interrogar sobre a significação das grandes religiões do mundo, inclusive como meios de salvação desejados providencialmente por Deus. A problemática não é apenas a da "salvação dos infiéis", mas a dos caminhos da revelação divina e da unicidade da mediação salvífica de Jesus Cristo. As escrituras sagradas do hinduísmo são portadoras de uma "palavra de Deus"? Os cristãos podem considerar Maomé como "profeta", e em que sentido? Pode-se falar de "figuras crísticas" nas religiões não-cristãs? Conforme tais questões se difundem na consciência comum dos crentes, elas modificam forçosamente sua maneira de situar a Igreja no seio da humanidade inteira. Elas também dão um colorido novo ao conceito de missão. "Diálogo e anúncio", o título de um documento romano de 1991, é característico dessa novidade[39]. O encontro das religiões para a paz, inaugurado em Assis, em 27 de outubro de 1986, pelo papa João Paulo II foi um sinal tão surpreendente dessa mudança de situação que chocou os cristãos mais tradicionalistas.

---

38. *Didaché*, 10,6; *SC* 248, p. 181.
39. "Dialogue et annonce", *DC* 88 (1991), pp. 874-890.

# CONCLUSÃO

Na aurora do terceiro milênio, vamos nos arriscar a um balanço, ou mesmo a uma prospectiva? Esse sobrevôo de vinte séculos de uma história doutrinal movimentada permite predizer o futuro? Numa época que conheceu tantas mudanças imprevisíveis, é aventuroso arriscar hipóteses. Entretanto, o historiador das doutrinas não pode deixar de tomar posição.

Durante quase dez séculos, o discurso da Igreja sobre ela mesma embebeu-se do que se chama, hoje, uma "eclesiologia de comunhão". Os fiéis individuais se identificavam com o grupo, os aspectos institucionais não pareciam em nada contraditórios com a adesão interior à mensagem e às práticas. Pouco a pouco, entretanto — de fato, bem cedo —, as afirmações mais oficiais concentraram-se nas questões de poder. A dimensão comunitária passava para segundo plano, a interioridade das adesões tomava a figura de uma categoria à parte, a dos espirituais, ao passo que se operava uma concentração progressiva dos poderes nas mãos do bispo de Roma. Esse processo passou por fases agudas com Gregório VII, no século XI, Bonifácio VIII, no início do século XIV, depois, mais perto de nós, por ocasião do Concílio Vaticano I, com a definição solene do primado e da infalibilidade do papa.

Quase dez séculos de concentração dos poderes e de realce dos poderes do papa resultaram, assim, naquilo que muitos consideraram o ponto final do desenvolvimento da eclesiologia. Mas não se pode deixar de sublinhar um contraste. Aquele concílio se realizava numa Europa em vias de viver ao mesmo tempo as unificações nacionais, a expansão industrial e colonial, e a afirmação triunfante da racionalidade técnica. Anunciava-se, ao mesmo tempo, a erosão das evidências estáveis. Impossível deixar de calcular a enormidade do fosso entre os traços da cultura em vias de se difundir e a subcultura herdada do passado que se reflete no discurso oficial da Igreja sobre si mesma. Fortaleza sitiada, é a imagem que sempre vem à mente dos observadores daquele tempo.

Na mesma época, entretanto, essa Igreja retorna a suas fontes para delas beber. Enquanto a Renascença ressaltara o papel dos indivíduos e as Luzes a razão, a idade romântica redescobria as virtudes do comunitário e as riquezas do espírito dos povos, esforçando-se por integrar esses elementos numa perspectiva que desse lugar aos mecanismos societários. Com a teologia do Corpo místico, a Igreja repõe no centro aquilo que faz sua interioridade, sua relação com Cristo. Revê, também, a imagem que tem de si mesma: o que a constitui não é, em primeiro lugar, a minoria que constitui seu clero, é a imensa população de testemunhas, "povo de Deus em marcha através da história" e, portanto, a multidão de batizados, irmãos e irmãs. Neste fim do século XX, a síntese está longe de ser atingida. Ao lado dos esforços que objetivam aumentar a participação na Igreja, observam-se inflexibilidades conservadoras do tipo autoritário e incessantes apelos ao necessário enquadramento do povo por seus pastores.

Essa Igreja se situa de modo diferente diante da sociedade em que está imersa, na qual, na maior parte dos casos, deixou de desempenhar papel político direto, na qual deve partilhar o campo religioso com outras "grandes religiões". Sua influência cada vez mais se situa no plano moral e espiritual, por seu discurso público, mas também por meio das instituições geradas por seus membros e pela parte que eles assumem nos debates sociais, em pé de igualdade com os representantes de outras correntes.

Essa mudança de direção que se opera lentamente há mais de um século é, sem dúvida, mais profunda do que deixa entrever o discurso oficial, inclusive o do Vaticano II, que, no entanto, representa o primeiro tempo forte dessa mutação. Compreende-se que se tenha podido falar de um deslocamento da eclesiologia ou de um "novo paradigma". Trata-se, em todo caso, de um vasto movimento cujo curso as resistências atuais não poderão deter. Essa transformação é vista, por alguns, como um desvio nefasto, o esfacelamento das coerências tradicionais, ou como uma perda de substância espiritual. Nossa leitura enfatiza, ao contrário, a recuperação da substância representada pela renovação atual diante do empobrecimento eclesiológico do segundo milênio.

O que "o Espírito diz à Igreja" por meio dessa renovação é um convite renovado para que se libertem as forças vivas do Evangelho a fim de que contribuam mais para a vida deste mundo defrontado com novos desafios. O que está em jogo é exatamente o que foi dado como objetivo do Concílio pelo papa João XXIII por ocasião de sua convocação: preencher o fosso entre as formas assumidas pela Igreja católica no curso dos séculos e a cultura contemporânea. O que está em jogo é a "boa nova" que não deve se apresentar mais como a herança de um grupo particular gerida por uma casta de especialistas, mas que o fermento evangélico esteja mais misturado à massa humana, que a luz evangélica esteja mais acessível a todos, que cada batizado se descubra testemunha e portador de uma humanidade entregue a sua autodeterminação.

A partir daí, somos sem dúvida convidados a deslocar um pouco o centro de nossa atenção e a valorizar menos os sucessos de uma ou outra personalidade da Igreja católica nos meios de comunicação de massa, ou os grandes espetáculos aos quais se presta o seu culto. Mais importante nos parece a multiplicação da presença — nos campos da ciência, da política, da cultura, das lutas sindicais e por toda parte em que se elabora a figura do mundo de amanhã — de personalidades católicas que encontrem inspiração e dinamismo em sua fé, num conhecimento pessoal do Evangelho, no apoio de uma comunidade viva, e que, sem provocação nem triunfalismo, não hesitem em testemunhar quando se apresenta a ocasião.

TERCEIRA PARTE
# A VIRGEM MARIA
B. Sesboüé

# INTRODUÇÃO

### O movimento mariano na história da Igreja

O dogma mariano — a propósito do qual é preferível evitar o termo "mariologia", que sempre apresenta o risco de isolar a consideração da Virgem Maria em vez de integrá-la ao centro do dogma cristão — desenvolveu-se lentamente ao longo de toda a história da Igreja. Tratamos dele aqui; pelas razões já invocadas[1], depois da Igreja, da qual Maria é membro, embora o membro mais eminente, sabendo-se que na Igreja antiga o dogma mariano se desenvolveu a partir da relação de Maria com Cristo, seu Filho.

A dogmática está sempre ligada ao culto e à liturgia, como vimos a propósito dos sacramentos. O antigo adágio segundo o qual a lei da oração é a lei da fé (*lex orandi, lex credendi*) vale especialmente para o dogma mariano. Seu desenvolvimento pode ser acompanhado a partir das principais festas que suscita: festa da *Theotokos* em 15 de agosto, em Jerusalém, a partir de 431, festa da Natividade de Maria (8 de setembro), a partir do século VI, depois a da Conceição (8 de dezembro). A festa da Anunciação, centrada primeiro na pessoa de Cristo, depois dará maior relevo a Maria. A Idade Média desenvolverá uma grande piedade mariana, consagrando a Maria suas catedrais (Chartres, Paris) e criando numerosos hinos marianos, assim como a devoção do rosário.

Estamos num domínio em que a afetividade religiosa e a "devoção" desempenharam um papel muito importante. Mas, como freqüentemente acontece, nesse caso produziram-se excessos, especialmente na religião popular, provocando reações negativas, como se verá no momento da Reforma. A Virgem Maria não estava mais no centro da controvérsia doutrinal do momento,

---

1. Cf. Apresentação, p. 24.

mas o peso afetivo de tudo o que lhe diz respeito facilmente fez dela um sinal de agrupamento *pró* ou *contra*.

Por isso se pode falar de um "movimento mariano" no qual o senso da fé que habita os fiéis cristãos (*sensus fidei, sensus fidelium*) se exprimiu amplamente. Esse movimento nasce com o primeiro discurso patrístico sobre Maria, dá seus primeiros passos a partir do Concílio de Éfeso em torno da afirmação de Maria Mãe de Deus (*Theotokos*) e de sua virgindade perpétua, depois se desenvolve ao longo de toda a Idade Média em torno de dois temas: o da santidade de Maria, que desembocará na Imaculada Conceição, e o de sua Dormição, que levará ao da Assunção.

Nos tempos modernos, ele toma um novo impulso, a partir dos séculos XVII e XVIII, vindo compensar uma cristologia "gloriosa" demais, que não sublinha suficientemente a humanidade de Cristo. Uma literatura especializada sobre Maria, muito desigual, produz desde então numerosos volumes e manifesta uma piedade mariana inventiva. As devoções se multiplicam. No século XIX, o fervor do mesmo movimento se intensifica e se alimenta com a definição da Imaculada Conceição, em 1854, e com uma série de aparições (Paris, Medalha milagrosa, 1830; Salete, 1846; Lourdes, 1858; Pontmain, 1871), em localidades que se tornam outros tantos lugares de peregrinação sem prejuízo para os antigos santuários. Em 1842 se redescobre o *Tratado da verdadeira devoção à Santa Virgem*, de Luís Maria Grignion de Montfort[2], que data do século XVII e exerce, então, uma grande influência. Mas a partir de 1840 assiste-se também a uma proliferação de publicações marianas nas quais o fervor nem sempre guarda o devido discernimento[3].

A primeira metade do século XX conserva-se na continuidade do século XIX. A reflexão teológica se torna mais refletida e mais doutrinal. Uma série de congressos marianos se encarrega da promulgação de novos dogmas concernentes à Virgem Maria, particularmente sua Assunção e sua mediação universal (cardeal Mercier). Acontece uma nova série de aparições (Fátima, 1917; Beauraing, 1932; Banneux, 1933...). Em 1950, o papa Pio XII define solenemente o dogma da Assunção de Maria.

O Concílio Vaticano II se abre, contudo, para uma situação complexa. O movimento mariano contemporâneo, precioso para muitos bispos, é motivo de mal-estar para muitos outros: mediocridade da produção, supervalorização, falta de seriedade científica, exegeses abusivas. A teologia mariana tanto se especializou que se isolou da simples teologia. Busca seu princípio nela mesma e não mais no papel de Maria no seio da economia da salvação. Fala de novas "conquistas marianas", de novas gemas a serem postas na coroa de Maria pela definição de novos títulos.

---

2. Luís Maria GRIGNION DE MONTFORT, *Traité de la vraie dévotion à la Sainte Vierge*, escrito antes de 1716. Éd. A. Plessis, Montréal/Apostolat de la Presse, Paris/OGL, 1953.

3. Cf. C. SAVART, *Les Catholiques en France au XIX$^e$ siècle. Le témoignage du livre religieux*, Paris, Beauchesne, 1985, pp. 592-612.

Essa situação provocará um momento de crise no Concílio: seria preciso tratar da Virgem Maria em um documento à parte ou integrar o que lhe concerne à Constituição sobre a Igreja? Após o enfrentamento dos cardeais *líderes* das duas tendências, o voto dividiu o Concílio em duas partes quase iguais: a segunda opção venceu a primeira por apenas quarenta votos. Foi muito trabalhoso reconstituir a unanimidade conciliar em torno do que viria a ser o capítulo VIII da *Lumen Gentium*. Essa decisão marca uma verdadeira virada na reflexão mariana da Igreja Católica. Maria, agora, é deliberadamente situada no mistério de Cristo e da Igreja. Após um tempo de silêncio, a teologia mariana retomou sua tarefa depois do Concílio. Suas orientações são mais sadias (embora nela sempre se manifestem alguns excessos), a referência à Escritura se torna mais rigorosa, busca-se sobretudo a relação de Maria com o Espírito Santo. Paulo VI propôs duas exortações apostólicas sobre o culto mariano (1967 e 1974), e João Paulo II publicou uma importante encíclica, *Redemptoris Mater*, em 25 de março de 1987.

## *Um caso delicado de desenvolvimento do dogma*

> **INDICAÇÕES BIBLIOGRÁFICAS:** K. RAHNER, "Le Principe fondamental de la théologie mariale", RSR 42 (1954), pp. 481-522. — CH. JOURNET, *Esquisse du développement du dogme marial*, Paris, Alsatia, 1954. — W. TAPPOLET, *Das Marienlob der Reformatoren*, Tübingen, 1962.

O caso do dogma mariano levanta um problema evidente a respeito da natureza e da legitimidade do desenvolvimento dogmático. Vimos que o dogma é sempre uma formulação interpretativa do conteúdo da revelação transmitida pela tradição e pela Escritura[4]. A função do dogma não é produzir novas afirmações, mas extrair e exprimir de outro modo as implicações racionais da mensagem que se origina na Escritura. A fé deve permanecer idêntica a si mesma, para continuar hoje a fé dos apóstolos, sem adições nem subtrações. O desenvolvimento trinitário e cristológico se inscreve manifestamente nesse esquema. Será também o caso do dogma mariano?

É fácil explicar a passagem da expressão "Maria, Mãe de Jesus" para o título "Maria, Mãe de Deus". O mesmo não acontece com a passagem da Imaculada Conceição para a Assunção. Esses dogmas não parecem ter um claro enraizamento na Escritura. Sua progressão na história está misturada com representações ambíguas nas quais os *Apócrifos* desempenharam um papel evidente. A Imaculada Conceição foi contestada por muito tempo. Sua definição é surpreendentemente recente. É muito mais difícil apresentar provas de que esses dogmas são transmitidos pela tradição primitiva da Igreja e pertencem à revelação atestada na Escritura.

---

4. Cf. Apresentação, t. 1, p. 20.

Não se pode esquecer, enfim, que esses dois dogmas são propriamente "católicos", promulgados na situação de divisão das Igrejas, e remetem, em sua formulação, a representações antropológicas datadas e localizadas. É verdade que os teólogos ortodoxos conservam-se abertos à idéia da santidade de Maria e de sua "Dormição", mas não sem polemizar, às vezes violentamente, contra as determinações dos dogmas católicos. Em todo caso, eles permanecem hostis à sua definição pelo papa. Reencontramos aqui o problema do primado romano e da infalibilidade pontifícia. Os reformadores, por sua vez, não estavam longe de confessar o dogma mariano segundo as expressões de seu tempo[5]. Mas as Igrejas da Reforma radicalizaram, no século XVIII, sua recusa de todo culto dos santos e, portanto, o da Virgem Maria. Evidentemente elas não admitem, hoje, os dois dogmas definidos depois da separação.

A prova da legitimidade desses dois dogmas, entretanto, pode ser conferida com base na Escritura e na tradição. Para a Escritura, os dados não estão ausentes, mas não se pode falar de textos explícitos ou citados de maneira imediata, porque estão velados demais ou pertencem ao domínio de um simbolismo que não se impõe por si mesmo. Mas uma reunião dos diversos dados bíblicos, efetuada à luz da economia da salvação, se fez na reflexão da fé da Igreja, extraindo-lhes as implicações e a lógica profunda. Esse tipo de desenvolvimento se fez igualmente em outros domínios. Nesse movimento de reflexão tradicional, o senso da fé dos fiéis — já vimos — desempenhou importante papel e se exprimiu na liturgia e no culto. O critério da unanimidade da fé no espaço e no tempo pode ser justamente invocado.

---

5. Cf. W. TAPPOLET, *Das Marienlob der Reformatoren*.

## CAPÍTULO XVII
# De Maria mãe virginal de Jesus a Maria sempre virgem mãe de Deus

*Maria na Escritura*

> **INDICAÇÕES BIBLIOGRÁFICAS:** R. LAURENTIN, *Structure et théologie de Luc I-II*, Paris, Gabalda, 1957; *Les Évangiles de l'Enfance du Christ. Vérité de Noël au-delà des mythes. Exégèse et sémiotique. Historicité et théologie*, Paris, DDB, 1982. – L. DEISS, *Marie Fille de Sion*, Paris, DDB, 1959. – M. THURIAN, *Marie, Mère du Seigneur, Figure de l'Église*, Presses de Taizé, 1962. – A. PAUL, *L'Évangile de l'enfance selon saint Matthieu*, Paris, Cerf, 1968. – A. FEUILLET, *Jésus et sa mère, d'après Luc I-II et la tradition johannique*, Paris, Gabalda, 1973. – R. E. BROWN, *The Birth of the Messiah. A Commentary on the Infancy Narratives in Matthew and Luke*, New York, Doubleday, 1977. – J. McHUGH, *La Mère de Jésus dans le Nouveau Testament*, Paris, Cerf, 1977. – *Mary in the New Testament*, org. de R. E. Brown etc., A Collaborative Assessment by Protestant and Roman Catholics Scholars, Philadelphia, Fortress Press e New York, Paulist Press, 1978.

A Virgem Maria não é mencionada no querigma apostólico. No entanto, as menções a seu respeito têm um lugar que não é marginal no corpo neotestamentário, embora se encontrem localizadas em alguns textos somente. As narrativas sobre a infância de Jesus em Mateus e em Lucas são, evidentemente, essenciais. Sabe-se que, do ponto de vista da historicidade, eles levantam problemas particulares, em razão do gênero literário que se aparenta à tradição do *midrash*, do lugar dado ao maravilhoso, de certos precedentes veterotestamentários (mulheres estéreis que engravidam) e dos paralelos míticos pagãos da concepção virginal de Jesus[1]. Mas os estudos contemporâneos mostram que são, mesmo do ponto de vista da história, infinitamente mais complexos do que parecia a certas leituras apressadas. Embora seja incontestável que as tradições antigas e os *midrashim* que celebram a infância dos patriarcas e de Moisés influenciaram os relatos da infância de Jesus, as diferenças são suficientemente fortes para permitir este julgamento de Ch. Perrot: "Não se pode falar de *midrash* para catalogar os escritos evangélicos. O gênero literário evangélico é *sui generis*; para falar dele, empreguemos simplesmente a expressão 'Relato da infância de Jesus'"[2]. O mesmo autor destaca os numerosos pontos de convergência entre os dois relatos, de Mateus e de Lucas, no nível dos fatos contados, dos temas teológicos e dos procedimentos literários — convergências que obrigam a levar em consideração a existência de uma tradição oral anterior e comum às duas redações[3]. De seu lado, H. Schürmann julga que se trata de um núcleo muito antigo da cristologia judeu-cristã[4].

Notou-se também a originalidade absolutamente única da afirmação de uma concepção virginal para a qual não existe "nem paralelo, nem precedentes", nem na tradição bíblica, nem no judaísmo palestino[5]. A concepção virginal constitui um avanço considerável em relação aos nascimentos milagrosos de filhos de pais idosos ou estéreis. Os paralelos não-bíblicos nos falam de casamentos humano-divinos completamente diferentes de uma concepção *virginal*. Falam de procriação e não de criação. Por outro lado, é notável que o relato de Mateus faça alusão ao rumor de uma concepção adulterina da parte de Maria, rumor que será retomado mais tarde. Esse traço mostra que era sem dúvida patente que Jesus não podia ser filho de José.

Enfim, não se deve esquecer que Maria está também presente em diversas cenas da vida pública de Jesus, que o Evangelho de João chama a atenção para sua presença em Caná e nos momentos da Paixão, e que nos Atos dos Apóstolos ela participa da oração da primeira Igreja no Cenáculo.

O dado principal, recapitulado no ensino de todos esses textos, é que Maria é a mãe de Jesus. Tudo começa aí e se reduz a isso. Pode-se dizer que o título "mãe de Jesus" é a qualificação primeira, de certo modo o "epíteto de natureza" de Maria. Ela é repetida nos relatos da infância, é reencontrada no episódio da mãe e dos irmãos de Jesus, relatado pelos sinóticos, em João por

---

1. Cf. A. PAUL, *L'Évangile de l'enfance*.
2. CH. PERROT, "Les Récits d'enfance dans la haggada antérieuse au IIe siècle de notre ère", *RSR* 55 (1967), p. 515.
3. *Ibid.*, pp. 510-511 e 516-517.
4. H. SCHÜRMANN, *Traditionsgeschichtliche Untersuchungen zu den synoptischen Evangelien Beiträge*, Düsseldorf Patmos-Verlag, 1968, pp. 204-208.
5. R. E. BROWN, *art. cit.*, p. 30, que estende esse julgamento ao judaísmo helenístico. Entretanto, H. Cousin cita, no quadro desse judaísmo, o *Livro dos Segredos de Henoch* 23, evocando a concepção de Melquisedec sem relações sexuais (mas de uma mãe não-virgem).

ocasião da cena de Caná e aos pés da cruz e, por fim, no Cenáculo: "Maria, sua mãe" (Mt 1,18; 2,11.13.14.20.21; 12,46; 13,55; Mc 3,31; Lc 2,34.48.51; 8,19; Jo 2,5.12; 19,25.26); "tua mãe" (Mt 12,47; Mc 3,32; Lc 8,20); "a mãe de Jesus" (Jo 2,1.3; At 1,14); "o filho de Maria" (Mc 6,3).

A maternidade de Maria é apresentada com insistência nos relatos da infância como uma maternidade virginal (Mt 1,20; Lc 1,34) e faz referência à profecia do Emanuel (Is 7,14), na qual a Septuaginta introduzira o termo "virgem" (*parthenos*). Essa maternidade virginal é suposta por uma reflexão de Lucas situada no início da vida pública de Jesus: Jesus "era, conforme se supunha, filho de José" (Lc 3,23). É uma maternidade completa, inteiramente biológica e humana. Pois sua aceitação por parte de Maria é um ato de fé que institui um paralelo entre a fé de Abraão e a fé da virgem de Israel.

O discurso do Novo Testamento sobre Maria recorre abundantemente ao Antigo. Maria é a "filha de Sião" (cf. Lc 1 e Sf 3,14-17; Zc 2,14; Lc 1,39.43.56 e 2Sm 6,1.9.11 etc.); ela é celebrada à luz das expectativas messiânicas. O *Magnificat* é uma colcha de retalhos de expressões bíblicas.

Uma vez, enfim, pela boca de Isabel, a maternidade de Maria é celebrada numa expressão que exprime a fé da comunidade primitiva: Maria é proclamada a "Mãe do meu Senhor" (Lc 1,43). Essa fórmula anuncia os desenvolvimentos futuros.

Desses dados todos sobre Maria mãe virginal de Jesus, pode-se tirar já uma conclusão essencial. Maria só está presente no Novo Testamento por causa dessa relação única tecida com seu filho. Maria é inteiramente relativa a Jesus. É a esse título que ela está presente junto à Cruz e no Cenáculo.

## I. MARIA E A GERAÇÃO VIRGINAL DE JESUS

### 1. A PRIMEIRA AFIRMAÇÃO DA FÉ

> **INDICAÇÕES BIBLIOGRÁFICAS:** G. JOUASSARD, "Marie à travers la patristique, maternité divine, virginité, sainteté", *Maria. Études sur la Sainte Vierge*, t. I, Paris, Beauchesne, 1949, pp. 69-157. — D. FERNANDEZ, "La spiritualité mariale chez les Pères de l'Église", *DSp*, X, pp. 423-440.

Desde as primeiras fórmulas de fé em Inácio de Antioquia, no início do século II, encontra-se a menção da geração virginal de Jesus[6]. Ela se inscreve no contexto do debate que opõe Inácio aos docetas, no início de uma seqüência que reproduz praticamente os dados do querigma apostólico:

> Nosso Senhor que é verdadeiramente da raça de "Davi segundo a carne", Filho de Deus segundo a vontade e o poder de Deus, verdadeiramente nascido de uma

---

6. Estas foram estudadas no t. 1, pp. 84ss.

Virgem, batizado por João [...] verdadeiramente pregado por nós em sua carne sob Pôncio Pilatos e Herodes, o Tetrarca[7].

Nosso Deus, Jesus Cristo, foi trazido no seio de Maria, segundo a economia divina, (nascido) "da raça de Davi" e do Espírito Santo. Ele nasceu e foi batizado para purificar a água por sua paixão[8].

Desde sua entrada primitiva nesses textos de confissão de fé, a afirmação da geração virginal de Jesus não sairá mais e fará seu caminho na redação dos Símbolos: está presente no Símbolo de Hipólito, primeira etapa do texto que o Ocidente chamará de "Símbolo dos Apóstolos"; depois, no Oriente, no Símbolo de Nicéia-Constantinopla. Ela pertence, portanto, às duas grandes fórmulas tradicionais da fé. Na época da fixação dessas fórmulas, ela era objeto do testemunho unânime dos Padres da Igreja. Num segundo tempo, ela se cristalizará na fórmula: "concebido do Espírito Santo, nascido da Virgem Maria". É inegável que ela é verificada pelo critério de fé de Vincent de Lérins: "ter por verdadeiro o que foi crido por toda parte, sempre e por todos"[9]. Ela foi espontaneamente compreendida como um fato real, inseparável de seu valor simbólico[10].

A geração e concepção virginal de Maria não é um mistério concernente, em primeiro lugar, a Maria. É um dado cristológico que visa, em primeiro lugar, à pessoa de Jesus. É só num segundo tempo, como que por ricochete, que sua realidade claramente afirmada tornou-se fonte de honra e de glória para a Virgem Maria.

Essa afirmação tem um lugar preciso no movimento da cristologia. Não depende dela, de modo imediato, a atestação fundamental da divindade de Jesus; esta repousa no testemunho apostólico da ressurreição e da glorificação de Cristo feito Senhor. A concepção virginal vem, então, em segundo lugar na afirmação da divindade de Cristo e não carrega o peso de todo o edifício da fé. Ela não é uma "prova", mas um sinal dado no interior de um primeiro discurso de fé que se interroga sobre a origem de Jesus. É uma fé já nascida que é convidada a reconhecê-la. A concepção original se preocupa com a origem ao mesmo tempo humana e divina de Cristo. É no seio dessa grande coerência da cristologia que sua afirmação deve ser discernida. J. Ratzinger foi muito claro sobre esse ponto numa fórmula que se tornou célebre:

> A filiação divina de Jesus não repousa, segundo a fé da Igreja, sobre o fato de Jesus não ter tido um pai humano; a doutrina da divindade de Jesus não seria posta em causa se Jesus tivesse nascido de um matrimônio normal[11].

---

7. *Aux Smyrniotes,* 1,1-2; *SC* 10bis, pp. 155-157.
8. *Aux Ephésiens,* 18,2; *ibid.*, p. 87.
9. VINCENT DE LÉRINS, *Commonitorium* 2; trad. M. Meslin, Namur, éd. Soleil Levant 1959, p. 39.
10. Cf. t. 1, pp. 100-101 e 104-106.
11. J. RATZINGER, *Foi chrétienne hier et aujourd'hui,* Paris, Mame, 1969, p. 192.

A intenção própria da concepção virginal é dar, do lado da origem humana de Jesus, um sinal da encarnação do Verbo e denunciar, de antemão, qualquer interpretação adocionista desta divindade.

Foi portanto a insistência da Igreja antiga em confessar a concepção virginal de Jesus que a levou a mencionar Maria, sua mãe, em seus símbolos e nas exposições da fé. Esse vínculo, único no gênero, de Maria com o Verbo de Deus feito carne situa sua maternidade virginal com todo o relevo. Essa relação, considerada na fé, está na origem de todo o desenvolvimento do dogma mariano.

Há uns vinte anos, a realidade da concepção virginal de Jesus foi objeto de uma nova contestação, cujos defensores pretendiam guardar o sentido, com todo o seu valor simbólico, descartando porém o fato[12]. Alegavam, nesse sentido, a ausência de qualquer definição dogmática para pôr em dúvida a qualificação propriamente dogmática dessa afirmação. Se nos colocamos nesse terreno, devemos convir que a concepção virginal é mencionada ou suposta por inúmeros textos conciliares, de modo particular pela definição de Calcedônia, sendo que o texto mais claro é o do Concílio de Latrão de 649:

> Se alguém não confessa, segundo os santos Padres, em sentido próprio e verdadeiro, que Maria, santa, sempre virgem e imaculada, é mãe de Deus, visto que o Verbo de Deus gerado por Deus Pai antes de todos os séculos, ela, no fim dos séculos, concebeu especialmente e verdadeiramente do Espírito Santo, sem semente humana, e pariu sem corrupção, permanecendo inalterada a sua virgindade depois do parto, que seja condenado[13].

O cerne do cânone é a maternidade divina de Maria, mas a exposição dos considerandos dessa maternidade virginal é muito explícita e realista. A doutrina constante da Igreja a propôs como um acontecimento da história da salvação e, portanto, como um dogma. E sobretudo, enfim, a presença da concepção virginal nos Símbolos da fé a reveste de um valor dogmático maior do que qualquer definição conciliar. Assim, a primeira afirmação da fé na tradição cristã retoma rigorosamente a doutrina bíblica: Maria é a mãe virginal de Jesus. Essa fidelidade se exprime ainda mais claramente durante a antiga contestação da concepção virginal.

## 2. DOCETAS, JUDEUS E PAGÃOS DIANTE DA CONCEPÇÃO VIRGINAL DE JESUS

**OS AUTORES E OS TEXTOS:** JUSTINO, *Dialogue avec Tryphon* 43; 63-78; I e II, ed. G. Archambault, *TD* 1909; *I*ère *Apologie*, 33, 1-9; ed. A. Wartelle, Paris, Études

---

12. A exposição desses debates não se enquadra nesta obra. Sobre esse ponto, cf. B. SESBOÜÉ, *Pedagogie du Christ, Éléments de christologie fondamentale*, Paris, Cerf, 1994, pp. 208-229.

13. *DzS* 503; *FC* 334.

Augustiniennes, 1987. — IRENEU, *CH* I, 26; III, 16, 1-22, 4; ed. A. Rousseau, Paris, Cerf, 1984. — TERTULIANO, *La Chair du Christ*, ed. J. P. Mahé, *SC* 216, 1975. — ORÍGENES, *Contre Celse*, I, 28-32; 39; ed. M. Borret, *SC* 132, 1967; *Homélies sur saint Luc*, 6; ed. H. Crouzel, F. Fournier e P. Périchon, *SC* 87, 1962.

**INDICAÇÕES BIBLIOGRÁFICAS:** M. LODS, "Étude sur les sources juives de la polémique de Celse contre les chrétiens", *RHPR* 21 (1941), pp. 1-33.

A insistência de Inácio de Antioquia na verdade da concepção virginal de Jesus visava aos docetas, para os quais o Verbo não pudera assumir uma humanidade semelhante à nossa e, portanto, não fora realmente gerado da Virgem Maria. O caráter virginal dessa geração alimentava considerações de tipo docetista nos evangelhos apócrifos. Essa interpretação se encontra também, sob formas diversas, nos escritos gnósticos.

Mas, de maneira totalmente diferente, a concepção virginal de Jesus foi imediatamente objeto de uma recusa categórica da parte dos judeus e dos pagãos. Juntamente com o caráter ignominioso da morte de Jesus na cruz, ela constituía uma objeção capital à fé cristã. Comportava, além do mais, algo de indecente e quase obsceno. Os primeiros acusavam o cristianismo de recair no paganismo dos mitos; os segundos julgavam que os cristãos retornavam às lendas ambíguas das quais eles mesmos já tinham se libertado. Pode-se acompanhar esse debate desde Justino até Orígenes. Justino defende a concepção virginal diante dos pagãos e dos judeus. Eis o que ele diz em sua *I Apologia* dirigida aos imperadores, comentando a profecia de Isaías 7:

> Para que não venham, por falta de penetração do sentido dessa profecia, nos dirigir a acusação que justamente dirigimos aos poetas que contam as relações amorosas de Zeus com mulheres, vamos tentar explicar essas palavras. As palavras "Eis que a virgem conceberá" significam que a virgem concebeu sem relação carnal, pois, nesse caso, não seria mais virgem; mas o poder de Deus desceu sobre a virgem, tomou-a sob a sua sombra e a fez mãe sem atentar contra a sua virgindade [*Justino cita, então, Lc 1,31-32*]. Esse é o ensino daqueles que escreveram a narrativa de tudo o que concerne a Jesus Cristo, nosso Salvador. E nós cremos neles, porque pela boca de Isaías, que citamos, o Espírito profético anunciou que ele devia nascer, assim como indicamos mais acima. [...] Esse Espírito, que desceu sobre a virgem e a tomou sob sua sombra, a fez mãe, não por união carnal, mas milagrosamente [*dia dynameôs*, por poder][14].

É notável a insistência de Justino na diferença entre a afirmação cristã e os mitos pagãos: essa geração é virginal; não se trata de um comércio carnal, mas de uma intervenção divina "de poder", ou seja, criadora e não procriadora. Ela é, enfim, objeto de uma profecia e, por isso, pertence a um desígnio de Deus.

---

14. JUSTINO, *I<sup>ère</sup> Apologie* 33, 3-6; Wartelle, p. 143.

No *Diálogo com Trifão,* o mesmo Justino faz seu parceiro falar em termos que mostram como a concepção virginal podia constituir motivo de zombaria para os judeus:

> Nas fábulas dos que chamamos de gregos, diz-se que Perseu nasceu de Danai, que era virgem, depois que aquele que, entre eles, se chama Zeus tinha se derramado sobre ela em forma de ouro. Vós deveríeis corar ao contar as mesmas coisas que eles, e seria melhor dizer que esse Jesus foi um homem entre os homens, e demonstrar, pelas Escrituras, que ele é o Cristo, que foi julgado digno, por causa de sua vida perfeita e conforme à lei, de ser escolhido como Cristo. Mas não faleis de prodígios, se não quiserdes ser acusados de tolos como os gregos[15].

Trifão fustiga essa doutrina, compreendendo muito bem que ela é portadora de uma afirmação da divindade de Jesus. Para ele, Jesus só pode ser um homem como todos os outros, e Justino deveria se contentar em procurar demonstrar sua messianidade. Mas Justino responde firmemente:

> Trifão, quero que te convenças inteiramente, tu e todos os homens, de que, mesmo que me dirigirdes as piores caçoadas e zombarias, não me fareis abandonar meu propósito: ao contrário, das palavras e das coisas que pensais me opor para me convencer, sempre tirarei as provas de minhas declarações com o testemunho das Escrituras[16].

Justino se lança, então, com fé obstinada, a uma longa argumentação bíblica no correr da qual ele relaciona uma série de anúncios proféticos com as narrativas da infância de Jesus. Quanto à semelhança com os mitos pagãos, as atribui a "uma imitação da serpente do erro"[17].

Em Ireneu, as duas frentes de seu combate são constituídas, de um lado, pelos docetas, que sustentam que Jesus não nasceu de modo nenhum, e, de outro pelos grupos judaizantes, como Cerinto[18] e os ebionitas[19], que consideram que Jesus nasceu de uma união carnal normal. Ele sabe que a linha divisória entre esses dois desvios é estreita. Por isso ele passa, com a maior clareza, de uma objeção a outra:

> Portanto, os que dizem que ele só na aparência se mostrou, que ele não nasceu na carne, e não se fez verdadeiramente homem, esses ainda estão sujeitos à antiga condenação.

---

15. Id., *Dialogue avec Tryphon,* 67,2; *TD* I, pp. 319-321.
16. *Ibid.,* 67, 3; *TD,* I, p. 321.
17. *Ibid.,* 40, 5; *TD,* I, p. 345.
18. IRENEU, *CH* I, 26,1.
19. Id., *CH* III, 21,1.

Os que, ao contrário, pretendem que ele seja apenas puro homem, gerado de José, permanecem na escravidão da antiga desobediência e nela morrem, não estando ainda misturados ao Verbo de Deus Pai e não tendo tido parte na liberdade que nos vem pelo Filho[20].

O paradoxo dessa defesa é que ela, ao mesmo tempo, mantém com o maior realismo a realidade da carne de Cristo e o fato de seu nascimento virginal.

O mesmo se verifica em Tertuliano, em seu tratado sobre *A Carne de Cristo,* onde ele polemiza com os diferentes representantes da gnose contemporânea (Valentin, Marcião, Apeles), sublinhando com um vigor muito cru a realidade da geração e da carne de Cristo. Dirige-se assim a Marcião:

> Expondo, desde o exórdio, teu ódio ao nascimento de Jesus, vamos, discursa agora, sobre essa imundície que puseram no ventre os elementos genitais, sobre esses repugnantes coágulos de sangue e de água, sobre essa carne que deve, durante nove meses, tirar o seu alimento desse estrume. Descreve-nos, então, esse ventre, cada dia mais monstruoso, pesado, atormentado e jamais em repouso, mesmo no sono, solicitado de um lado e de outro pelos caprichos do apetite e do fastio. Enfurece-te, agora, contra os órgãos indecentes da parturiente, que, no entanto, a glorificam pelo perigo que corre, e que são naturalmente sagrados. Aparentemente te dá medo, essa criança rejeitada com armas e bagagens, e que desdenhas ainda, uma vez limpo, porque é preciso mantê-lo nos cueiros, passar-lhe pomada e o fazer rir com carinhos! Desprezas, Marcião, esse objeto natural de veneração: e como nascestes? Odeias o nascimento do homem: e como podes, então, amar alguém? [...] Cristo, pelo menos, amou esse homem, esse coágulo formado no útero entre as imundícies, esse homem vindo ao mundo pelos órgãos vergonhosos, esse homem alimentado com carícias irrisórias. Foi para ele que ele desceu, para ele que pregou, por ele que, com toda humildade, se rebaixou até a morte, e morte na cruz. Foi aparentemente que ele amou aquele que resgatou por tão alto preço[21].

Poder-se-ia pensar que semelhante realismo ficaria embaraçado com a afirmação da concepção virginal de Jesus. Nada disso. Tertuliano refuta ainda uma vez "Ebion", cuja posição, na época, já não é atual:

> Não convinha que o Filho de Deus nascesse de uma semente humana, por receio de que, inteiramente filho do homem, ele não fosse igualmente filho de Deus e não tivesse tido nele nada mais do que tiveram Salomão e Jonas: é nisso que se deveria crer conforme pensa Ebion[22].

---

20. Id., *CH* III, 18,7 e 19,1; Rousseau, pp. 366-367.
21. TERTULIANO, *La chair du Christ,* IV, 1-3; *SC* 216, p. 223.
22. *Ibid.,* XVIII, 1; p. 283; cf. XIV,5; p. 271.

Pois a concepção virginal é o sinal da dupla origem de Cristo, segundo uma "lógica" que pertence ao desígnio da Encarnação:

> Em resumo, ele é Deus ao mesmo tempo que homem, pois tem a carne do homem ao mesmo tempo que o Espírito de Deus: do homem tem sua carne, sem semente, e de Deus ele tem a semente e o Espírito. Nessas condições, se é verdade que existiu uma disposição racional implicando que o Filho de Deus devia ser descendente de uma virgem, por que não seria da Virgem que ele recebeu seu corpo, visto que este é descendente da Virgem e que outra coisa é o que ele recebeu de Deus?[23]

Orígenes, no século III, responde ao *Discurso verdadeiro* do pagão Celso, escrito três quartos de século antes. Citando abundantemente o texto de seu adversário, ele se faz eco de um pequeno romance sobre o nascimento de Jesus, bordado à margem das narrativas evangélicas da infância, que circulava entre os judeus e fora retransmitido por um pagão:

> [Celso] apresenta um judeu em diálogo com o próprio Jesus, pretendendo convencê-lo de várias coisas, a primeira sendo a *de ter inventado seu nascimento de uma virgem*. Depois, acusa-o de *ter saído de uma povoação da Judéia e nascido de uma mulher da região, pobre fiandeira*. Afirma ele: *Acusada de adultério, ela foi expulsa por seu marido, carpinteiro de profissão*. Diz, em seguida, que *rejeitada por seu marido, vergonhosamente vagabunda, ela dá à luz Jesus, em segredo; que este foi obrigado, por pobreza, a ir alugar os seus serviços no Egito; lá ele adquiriu a experiência de certos poderes mágicos de que se gabam os egípcios; volta, todo envaidecido desses poderes e, graças a eles, proclama-se Deus*. [...]

> Voltemos às palavras atribuídas ao Judeu, onde está escrito que *a mãe de Jesus foi expulsa pelo carpinteiro que a tinha pedido em casamento, por ter sido acusada de adultério e ter engravidado por obra de um soldado chamado Pantera*, e vejamos se os autores dessa fábula do adultério da Virgem com Pantera e de seu repúdio pelo carpinteiro não a forjaram cegamente para negar a concepção milagrosa pelo Espírito Santo. Teriam podido, com efeito, por causa de seu caráter absolutamente milagroso, falsificar a história de outra maneira, mesmo sem admitir, involuntariamente, por assim dizer, que Jesus não nascera de um matrimônio humano ordinário[24].

Orígenes tem toda razão de observar que essa história de adultério que circulava em certos meios judeus[25] representava uma confissão implícita do caráter extraordinário do nascimento de Jesus. Sua resposta é sem ambigüidade e se situa diretamente na mesma linha de pensamento dos apologistas que o precederam.

---

23. *Ibid.*, XVIII, 3; p. 285.
24. ORÍGENES, *Contre Celse* 1, 28 e 32; *SC* 132, pp. 151-153 e 163-165.
25. Cf. sobre esse ponto M. LODS, *art. cit.*

É inútil prolongar a pesquisa para além de Orígenes. A concepção virginal é, desde então, objeto de uma "posse pacífica" na Igreja. Ela não será mais contestada antes dos tempos modernos. É certo que os Padres da Igreja afirmaram a concepção virginal de Jesus como um dado pleno de sentido cristológico e mariano, a partir de sua inclusão na totalidade do testemunho neotestamentário sobre a filiação divina de Jesus. Para eles, esse sentido incluía normalmente o fato.

## 3. EVA E MARIA NA HISTÓRIA DA SALVAÇÃO

A maternidade virginal de Maria chamou naturalmente a atenção dos Padres para o papel pessoal da Virgem na economia da salvação. São Paulo desenvolvera o paralelo antitético entre Adão e Cristo: a desobediência do primeiro fora anulada pela obediência do segundo (Rm 5). Se Adão era o homem animal (*psychikos*), Cristo era o homem espiritual (*pneumatikos*) (1Cor 14,45-48). Essa comparação foi estendida, por Ireneu e Tertuliano, ao caso da criação de Adão e do nascimento de Jesus: ela sublinhava a semelhança simbólica entre Adão formado da terra virgem pela mão de Deus e Jesus nascido de Maria Virgem pela intervenção do Espírito criador[26]. Essa extensão da comparação punha Maria em cena e levava a um novo paralelo antitético entre a responsabilidade negativa de Eva, mãe dos viventes, e a positiva de Maria. Saímos então do quadro da criação de Adão para voltar à antítese da desobediência e da obediência. Eva participara da desobediência do primeiro Adão; Maria coopera na obra de salvação empreendida pelo segundo Adão. Coube a Justino, segundo nossa documentação, inaugurar esse paralelo:

> Eva era virgem, sem corrupção: ao conceber a palavra da serpente, ela deu à luz a desobediência e a morte. Ora, a virgem Maria concebeu fé e alegria quando o anjo Gabriel lhe anunciou a boa nova de que o Espírito do Senhor viria sobre ela e que o poder de Deus a cobriria com sua sombra e que, por isso, o Ser santo que devia nascer dela seria Filho de Deus; e ela respondeu: "Faça-se em mim segundo a tua palavra"[27].

Ireneu retoma o paralelo — emprestado de Justino? —, insistindo mais no papel de Maria na salvação:

> Pois assim como Eva, tendo por esposo Adão, e entretanto ainda virgem, ao desobedecer torna-se causa de morte para si mesma e para todo o gênero humano,

---

26. Cf. IRENEU, *CH* III, 21,10; Rousseau, p. 382; TERTULIANO, *La Chair du Christ*, XVII, 3-4; *SC* 216, p. 281.
27. JUSTINO, *Dialogue avec Tryphon*, 100,5-6; *TD* II, p. 125.

também Maria, tendo por esposo aquele que lhe fora destinado de antemão, e entretanto Virgem, torna-se, ao obedecer, *causa de salvação para si mesma e para todo o gênero humano*[28].

Eva cedeu à palavra da serpente; Maria escutou a palavra do anjo. A maternidade de Maria é um ato plenamente humano, o de uma resposta livre ao apelo de Deus. A expressão "causa da salvação" é extremamente forte. Constitui a afirmação mais antiga da cooperação de Maria na salvação. Ireneu, sempre preocupado com a salvação dos que precederam Cristo, fala então ousadamente de uma "volta que se opera de Maria a Eva":

> Pois o que foi ligado só poderá ser desligado se refizermos, em sentido inverso, o laço do nó, de modo que os primeiros laços sejam desfeitos graças aos segundos e que, inversamente, os segundos liberem os primeiros: dessa forma acontece que um primeiro laço é desfeito pelo segundo e que o segundo serve para desfazer o primeiro[29].

Essa volta que se faz de Maria a Eva situa-se no quadro da recapitulação que vai de Cristo a Adão. Tertuliano, provavelmente influenciado por seus dois antecessores, retoma o paralelo com seu talento próprio:

> Eva era virgem ainda quando se insinuou nela o verbo construtor da morte; era, portanto, numa virgem que devia igualmente se introduzir o Verbo divino construtor da vida: o que esse sexo arrastara à sua perda devia ser reconduzido à salvação pelo mesmo sexo. Eva teve fé na serpente, Maria teve fé em Gabriel. O pecado de fé de uma teve por remédio a fé da outra. "Mas, me dizes, Eva, naquele momento, não concebeu nada em seu seio pelo verbo do diabo!" Mas sim, concebeu! E em conseqüência o verbo do diabo foi a semente que lhe rendeu obedecer na humilhação e parir na dor. Finalmente, ela deu à luz um diabo assassino de seu irmão. Ao contrário, aquele que Maria deu à luz devia, um dia, assegurar a salvação de Israel, seu irmão pela carne e seu assassino[30].

Esse tema soteriológico muito antigo integra Maria, portanto, à totalidade da história da salvação e põe também em oposição à deplorável credulidade de Eva e a fé da Virgem, o caráter nefasto de uma responsabilidade que "liga" e torna escravo e o caráter libertador de uma cooperação orientada para a salvação.

---

28. IRENEU, *CH* III, 22,4; Rousseau, p. 385; cf. V, 19,1; cf. *Démonstration de la prédication apostolique*, 33.
29. *CH* III, 22,4, pp. 385-386.
30. TERTULIANO, *La chair du Christ*, XVII, 5-6; *SC* 216, p. 283.

## II. MARIA MÃE SEMPRE VIRGEM DE DEUS

### 1. O CONCÍLIO DE ÉFESO: MARIA MÃE DE DEUS

> **INDICAÇÕES BIBLIOGRÁFICAS:** Ver t. 1, "A unidade de Cristo em questão: Nestório e Cirilo. O concílio de Éfeso", pp. 317-334. — G. JOUASSARD, "Marie à travers la patristique, maternité divine, virginité, sainteté", *Maria. Études sur la Sante Vierge*, t. I, Paris, Beauchesne, 1949, pp. 69-167.

*A contestação do título de Mãe de Deus por Nestório*

O título de Mãe de Deus (*Theotokos*) aparece nos textos cristãos no início do século IV, particularmente nos escritos de Alexandre de Alexandria[31], o primeiro a reagir à doutrina de Ário. Ele se difundiu principalmente entre os Capadócios e se tornará corrente no fim daquele século. Quando Nestório o questiona, em 428, vai contra um título já tradicional.

Esse título paradoxal deve ser bem compreendido. É fruto de uma reflexão da fé sobre o apelativo original "Maria, Mãe de Jesus". No fundo, não diz nada mais do que essa primeira afirmação; explicita, na forma, o conteúdo que já estava aí efetivamente presente. Mas a passagem de uma formulação à outra não se fez por um silogismo. É fruto de uma experiência da fé que "realizou" tudo o que implicava a confissão de Jesus Cristo, Filho de Deus e Deus. Se Jesus é, a título pessoal, Filho de Deus, Maria, sua mãe, é efetivamente mãe de Deus. Ela não é, evidentemente, mãe de sua divindade: Deus, como Deus, não pode, por hipótese, ter mãe. Maria é a mãe do Verbo *encarnado*: é aquela que, por geração, lhe deu sua humanidade. Mas aquele que foi carnal e humanamente gerado nela é o próprio Filho de Deus, que assim tornou-se o filho de Maria. Isso está de perfeito acordo com a experiência humana universal que diz que Margarida é mãe de Tiago, mesmo que só tenha dado a Tiago seu corpo. Pois ela deu vida ao corpo de uma pessoa que se chama Tiago.

Em suas primeiras pregações, Nestório questionou principalmente uma "comunicação de idiomas" ou das propriedades entre a divindade e a humanidade de Cristo na unidade de sua pessoa, uma entre muitas outras, mas a que condiciona todas as outras. Trata-se de saber se os acontecimentos da vida, da paixão e da morte de Jesus devem ser atribuídos ao Verbo de Deus como tal. Contra a tradição comum da Igreja, enraizada na linguagem das Escrituras, Nestório responde que não. Mas não se poderia dizer que o Verbo de Deus morreu na cruz se não se afirmasse, antes, que ele foi gerado por Maria. Porque, nesse caso, se interporia uma separação concreta entre o Verbo de Deus e o homem Jesus. Esse é o ponto que causou escândalo em 428, e que

---

31. *PG* 18, 568c; éd. H. G. Opitz, III-1, p. 28.

vai levar à convocação do Concílio de Éfeso em 431[32]. O problema levantado era, portanto, antes de tudo cristológico.

Mas, como demonstra o debate em torno de *Theotokos*, o problema também dizia respeito à Maria. Esse título vai assumir o valor simbólico de uma bandeira partidária a favor ou contra Nestório. A argumentação deste, que pode ser lembrada numa única citação, é extremamente clara:

> Em toda parte da Escritura divina, quando é feita menção à Economia do Senhor, a geração e a paixão que são apresentadas não são as da divindade, mas as da humanidade de Cristo, de modo que a santa Virgem deve ser chamada mais exatamente de Mãe de Cristo e não Mãe de Deus. Escuta também as palavras dos Evangelhos que proclamam: "Livro da geração de Jesus Cristo, filho de Davi, filho de Abraão" (Mt 1,1). É claro, portanto, que o Deus Verbo não era filho de Davi[33].

Nestório tem razão quando emprega os termos abstratos 'divindade' e 'humanidade'. Está errado quando passa espontaneamente para os termos concretos 'Cristo', 'Verbo' e 'Deus'. Não é só uma confusão no uso dos conceitos que está em causa aqui, mas a recusa, de tipo docetista, do paradoxo da encarnação. O que Nestório recusa é "fazer comungar o Verbo de Deus com o aleitamento [...] fazê-lo participar do crescimento progressivo e do medo no momento da paixão e colocá-lo na necessidade da ajuda de um anjo". E, ainda, diz ele, "passo em silêncio a circuncisão, o sacrifício, os suores, a fome"[34].

## *A afirmação de Éfeso:* Maria **Theotokos**

Sabe-se que o Concílio de Éfeso não trouxe uma definição em sentido estrito. Ele aclamou a segunda carta de Cirilo a Nestório, que afirmava especialmente:

> Que o Verbo se tenha tornado carne não é nada mais além disto: o Verbo, exatamente como nós, participou do sangue e da carne, fez de nosso corpo o seu próprio corpo e fez-se homem descendente de uma mulher, não por ter rejeitado o fato de ser Deus e de ter sido gerado de Deus, mas pela assunção da carne, permanecendo o que era.

> Eis o que por toda parte proclama o discurso da verdadeira fé; eis o que descobriremos ter sido pensado pelos Padres; foi assim que eles se inspiraram para nomear a santa Virgem Maria Mãe de Deus, não que a natureza do Verbo ou sua divindade tenha recebido o início de sua existência a partir da santa Virgem, mas porque foi gerado nela seu santo corpo animado por uma

---

32. Como esse concílio foi estudado no t. 1, só voltaremos a ele aqui em sua dimensão propriamente mariana.
33. Segunda carta de Nestório a Cirilo; *COD* II-1, p. 119.
34. *Ibid.*, p. 123.

alma racional, corpo ao qual se uniu o Verbo segundo a hipóstase e por essa razão se diz ter sido gerado segundo a carne[35].

A interpretação deste título dada por Cirilo também é límpida. Seria, portanto, totalmente errado ver aí uma forma de paganização do cristianismo ou uma influência do culto da famosa Ártemis, a "grande mãe" de Éfeso, deusa da fecundidade. Por outro lado, o título Mãe de Deus não foi canonicamente definido, mas aclamado e aprovado.

A verdade é que o novo realce dado a esse título vai levar os crentes a considerar com maior devoção a grandeza de Maria e seu papel junto de seu Filho. Em Éfeso, como em Caná, "a mãe de Jesus estava lá" (Jo 2,1). O escândalo da "kenose" do Verbo e sua encarnação passou pelo seio de Maria e reverteu em beatitude gloriosa para ela. Em Éfeso, as gerações começam a proclamar bem-aventurada a Virgem do *Magnificat*.

É notável que a partir de Éfeso se desenvolva o ciclo de festas litúrgicas propriamente marianas. Até então, as Igrejas celebravam Maria no quadro das festas cristológicas. Um pouco antes desse concílio, celebrava-se uma "memória da Virgem" em 26 de dezembro, na oitava do Natal[36]. Depois de 431, surge em Jerusalém a festa de 15 de agosto, consagrada à *Theotokos*[37]. Mas, como é costumeiro celebrar os mártires no dia de seu nascimento no céu (*dies natalis*), a festa de 15 de agosto progressivamente assumirá o sentido da festa da "Dormição" ou da "passagem" da Virgem para Deus, antes de se tornar a da Assunção. A festa da Natividade de Maria (8 de setembro), cuja origem deve ser procurada no *Protoevangelho de Tiago*, se difunde no século VI. Ela leva, em fins do século VII, à festa da Concepção de Maria (8 de dezembro), logicamente situada nove meses antes. A Apresentação de Maria (21 de novembro) surge na mesma data[38].

## 2. MARIA MÃE SEMPRE VIRGEM DE DEUS

O movimento de fé que difundiu o título Mãe de Deus no correr do século IV e se cristalizou em Éfeso levou, também, a se considerar de maneira nova a virgindade de Maria. Até então, só a concepção virginal de Jesus em Maria estava em discussão. De agora em diante a virgindade da mãe de Jesus, reconhecida como a da mãe de Deus, é compreendida como uma consagração absoluta da mãe a seu filho e como uma relação que exclui qualquer outra de intimidade carnal. A maternidade divina e virginal de Maria dá ocasião a uma estima "absoluta" de sua virgindade como uma virgindade perpétua, sinal de fidelidade a seu Filho. Maria, Mãe virginal de Deus, passa rapidamente a ser chamada Mãe "sempre

---

35. Segunda carta de Cirilo a Nestório; *COD* II-1, pp. 111-113.
36. Cf. B. CAPELLE, "Le Témoignage de la liturgie", *Études mariales*, 7 (1949), pp. 42-45.
37. Cf. *Ibid.*, pp. 37-41.
38. Cf. R. LAURENTIN, *Court traité...*, pp. 55-59.

Virgem", expressão clássica na liturgia e nos concílios. Encontramo-la já no Símbolo "longo" de Salamina[39], no fim do século IV. A afirmação dogmática mais nítida se encontra no Concílio de Constantinopla II (553):

> Quem quer que não confesse que há duas gerações do Deus Verbo, uma antes dos séculos, do Pai, intemporal e incorporal, a outra nos últimos dias, do mesmo Verbo que desceu dos céus e se encarnou na santa e gloriosa Mãe de Deus *sempre Virgem*, e que foi gerado nela, que seja anátema[40].

Isso quer dizer, por um lado, que Maria permaneceu virgem toda a sua vida e não teve outros filhos e, por outro lado, que ela permaneceu virgem no momento do nascimento de Jesus.

### *A virgindade de Maria depois do parto* (post partum)

Dizer que Maria é *sempre virgem* é dizer que ela não teve relações carnais nem antes nem depois da concepção de Jesus, e que não teve nenhum outro filho. Essa afirmação da fé não foi recebida na Igreja de repente. Ela foi objeto de certo debate. No século III, Tertuliano, ardoroso defensor da concepção virginal de Jesus, interpreta a cena da mãe e dos irmãos de Jesus (Mt 12,46 e par.) como se Maria tivesse tido outros filhos e pensa que Maria é chamada de mulher (Gl 4,4) porque é casada[41]. Orígenes, ao contrário, recusa essa idéia, e pensa que "Maria não teve outros filhos além de Jesus, conforme aqueles que pensam bem dela"[42], e exprime já claramente — mas a título de opinião livre na Igreja — a motivação doutrinal da virgindade perpétua de Maria:

> Quanto aos irmãos de Jesus, alguns pretendem [...] que seriam filhos de José, nascidos de uma primeira mulher que ele teria tido antes de Maria. Os defensores dessa teoria querem salvaguardar a crença na virgindade perpétua de Maria, não aceitando que esse corpo, julgado digno de estar a serviço da palavra que disse: "O Espírito de santidade virá sobre ti e o poder do Altíssimo te cobrirá com a sua sombra", tenha conhecido o leito de um homem depois de ter recebido "o Espírito de santidade [...]" Quanto a mim, penso que é razoável ver em Jesus as primícias da castidade viril no celibato e em Maria as da castidade feminina[43].

---

39. Símbolo que nos vem de Epifânio, *DzS* 44.
40. *COD* II-1, p. 255; *DzS* 422; do mesmo modo Latrão IV (1215), *COD* II-1, p. 495; *DzS* 801 etc.
41. TERTULIANO, *Sur la monogamie*, 8,2; *CCSL* 2, p. 1239; *Sur le voile des vierges* VI,1-3; *CCSL* 2, pp. 1215-1216.
42. ORÍGENES, *Comment. sur Jean*, 1,4; *SC* 120, p. 71.
43. Id., *Comment. sur Matthieu*, X,17; trad. R. Girod, *SC* 162, p. 217.

No século IV, Epifânio de Salamina, que emprega freqüentemente a expressão "Maria, sempre virgem"[44], classifica na categoria de "heresia" — no sentido amplo do termo — a opinião presente em certas comunidades da Arábia segundo a qual Maria teria tido relações conjugais com José[45]. Do mesmo modo, Eunômio de Cízico, que sustentara afirmações análogas sobre os irmãos de Jesus, viu-se vigorosamente refutado em nome da fé[46]. Em 392, um certo Bonoso nega a virgindade perpétua de Maria, mas é condenado como herético[47]. Não obstante as oposições, a virgindade perpétua de Maria tende a se impor no Oriente, em fins do século IV, como um dado de fé. João Crisóstomo também opina que Maria permaneceu sempre virgem.

No Ocidente, Hilário também defende essa virgindade constante de Maria, assim como Zenon de Verona e Ambrósio de Milão. Mas em Roma, em 380, um certo Helvídio escreve um opúsculo para provar que Maria tivera vários filhos: ele a louvava como uma admirável mãe de família. Seu objetivo era provar que a virgindade não era superior ao matrimônio. Jerônimo lhe responde com um panfleto violento[48], onde invoca a prova da Escritura e da Tradição. Do mesmo modo Ambrósio, em Milão, faz condenar Joviniano, que retorna ao ataque a respeito da superioridade do casamento[49].

Dessas referências no Oriente e no Ocidente, pode-se concluir que a virgindade constante de Maria era, no século III, objeto de opinião livre, e que se difundiu no século IV a ponto de se tornar preponderante. Os que não a defendiam foram, então, rejeitados como "heréticos". Esse movimento termina no início do século V, pouco antes de Éfeso. A virgindade de Maria após o nascimento de Jesus torna-se, então, uma afirmação comum da fé.

Por outro lado, como vimos, não se trata em primeiro lugar de uma reflexão histórica sobre as Escrituras, visto que a menção dos irmãos de Jesus constituía uma objeção, mas da consideração do vínculo de Maria com Jesus e de tudo que isso implicava. Mas, inevitavelmente, o progresso dessa afirmação levava e conduzia a voltar aos Evangelhos e a interpretar o que eles dizem a respeito dos "irmãos de Jesus".

## O dossiê bíblico dos "irmãos de Jesus"

A menção aos "irmãos de Jesus" é freqüente no Novo Testamento (Mc 3,31 e par.; Mc 6,3 e par.; Jo 2,12; 7,3.5.10; At 1,14; 1Cor 9,5; Gl 1,19). A resposta clássica consiste em dizer: trata-se de primos de Jesus, membros de sua parentela

---

44. EPIFÂNIO DE SALAMINA, *Panarion* 26, 7 e 29, 6; *PG* 41, 341c e 401a etc.
45. *Ibid.*, 77, 36 e 78, 1; *PG* 42, 696bc e 700c.
46. Sobre esse incidente, cf. G. JOUASSARD, *art. cit.*, pp. 88-89.
47. Cf. *Ibid.*, pp. 100 e 111-112.
48. JERÔNIMO, *Contre Helvidius*, *PL* 23, pp. 183-206.
49. Sobre Helvídio e Joviniano, cf. G. JOUASSARD, *art. cit.*, pp. 106-110.

em sentido mais amplo. O aramaico não tem palavra para designar "primo". Os testemunhos são freqüentes no Antigo Testamento: Abraão se diz irmão de Lot, que é seu sobrinho (Gn 13,8; 14,14.16). Inúmeras línguas tradicionais estão no mesmo caso ainda hoje.

Mas será que o argumento resiste à análise histórica moderna? Existe pelo menos um caso em que os textos evangélicos são formais. Mt 13,55 nomeia quatro irmãos de Jesus: Tiago, José, Simão e Judas. Ora, em Mc 15,40 fala-se de "Maria, a de Tiago, o menor, e a mãe de Joset". Essa Maria não é, evidentemente, a mãe de Jesus. Da mesma forma, em Mc 15,47 e 16,1, essa mesma Maria é distinta de Maria de Magdala, como a mãe de Joset e de Tiago. O grupo dos irmãos e irmãs de Jesus (Mc 13,56) é, por outro lado, importante. Trata-se de sua parentela que parece ter desempenhado um certo papel nas primeiras comunidades. Os Padres da Igreja observavam também que, se Jesus, na cruz, confiou sua mãe a João, é porque ela não tinha outros filhos capazes de a recolher.

É impossível, portanto, provar historicamente que Jesus teve irmãos em sentido estrito, isto é, filhos de Maria sua mãe. A presunção clássica se acha, portanto, firmemente confirmada pela pesquisa moderna. Mas tampouco é possível apresentar prova histórica estrita de que Maria não teve outros filhos. O Novo Testamento não o diz formalmente. A afirmação da fé, que se apóia legitimamente nesses indícios históricos e que, evidentemente, não poderia se sustentar no caso de um testemunho contrário, encontra sua justificativa última no aprofundamento da compreensão do vínculo de Maria com Jesus, criado pela maternidade divina.

## *Maria virgem no momento do nascimento de Jesus* (in partu)

> **INDICAÇÕES BIBLIOGRÁFICAS:** K. RAHNER, *"Virginitas in partu*. Contribution au problème du developpement du dogme et de la tradition", *Église et Tradition*, Le Puy, Mappus, 1963, p. 306. — Congrégation du Saint-Office, "La 'Virginitas in partu'", *DC* 1346 (1961), p. 240.

A afirmação da virgindade de Maria *in partu*, isto é, no ato de dar à luz, foi expressa de maneira muito ambígua em certas narrativas dos evangelhos apócrifos que apresentavam o nascimento de Jesus como miraculoso[50]. Essas narrativas são eivadas de gnose e de docetismo[51] e atribuem a Jesus, em nome de preconceitos religiosos e culturais, um nascimento livre de todas as sujeições carnais que acompanham esse acontecimento. O corpo de Jesus já aparece glorioso aí, o que não respeita os dois tempos do acontecimento de Cristo, o tempo

---

50. Por ex. *Protévangile de Jacques,* 19-20; éd. C. Michel, *TD*, pp. 38-43; ou *L'Empire et la croix*, éd. A. Hamman, IKHTHYS 2, Éd. de Paris, 1957, pp. 227-229.
51. Sobre a gnose e o gnosticismo, cf. t. 1, pp. 37-41.

"segundo a carne" e o tempo "segundo o espírito". Os gnósticos, de fato, criaram um conflito entre maternidade e virgindade de Maria. Certos Padres da Igreja, como Tertuliano, violentamente engajados na luta contra os gnósticos, reagiram com grande vigor em favor da maternidade real de Maria e disseram que seu parto foi absolutamente normal:

> Sim, ela é virgem: aos olhos de seu marido; não, ela não é virgem, no que diz respeito ao parto. (...) A que pariu, pariu, e se ela concebeu virgem tornou-se mulher pelo parto. Pois ela se tornou necessariamente mulher, visto que seu corpo abriu passagem[52].

Do ponto de vista de Tertuliano, portanto, há uma incompatibilidade entre a virgindade e o fato de o útero de Maria "ter sido aberto" pelo nascimento de Jesus. Mas essa incompatibilidade é real?

Mais tarde, passada a crise docetista, alguns Padres da Igreja — não todos — vincularam a virgindade perpétua de Maria às representações de um parto miraculoso, o sinal exterior da virgindade, parecendo-lhes indispensável para a integridade de Maria o "fechamento do útero". Ambrósio de Milão se orientou nesse sentido, a partir de sua luta com Joviniano[53]. Sua teologia mariana exercerá grande influência no Ocidente. Mas o que importa aos Padres é mais a lei da virgindade que preside à existência de Maria do que as representações que eles, às vezes, ainda podem tomar emprestadas dos antigos apócrifos.

Por conseguinte, convém, nesse domínio delicado, distinguir duas significações para a afirmação da virgindade de Maria no momento do parto: a primeira pertence à fé católica; a segunda é uma opinião livre. O primeiro sentido mantém que o nascimento de Jesus não causou nenhum prejuízo à virgindade de sua mãe, porque, de um lado, não representou "mácula", do ponto de vista da Lei judaica (evocada em Lc 2,22), e, de outro lado, permanece a lei de virgindade e de consagração da mãe ao Filho. Se, portanto, o parto de Jesus "abriu o útero de Maria", o que parece sugerir Lucas, aplicando a Maria a fórmula do Levítico "todo macho que abre o útero" (Lc 2,23), não somente ele não a fez perder nada de sua virgindade, mas ainda a consagrou no sentido de que essa natividade comportava para Maria uma obrigação de virgindade.

Esse é o sentido a que se referem a expressão "sempre virgem" e os documentos antigos. São Leão escreve assim em sua *Carta a Flaviano*, que será aclamada em Calcedônia: o Filho de Deus "foi concebido do Espírito Santo no seio da Virgem Maria, que o pôs no mundo, preservando-se sua virgindade exatamente como fora preservada quando ela o concebeu"[54]. É o

---

52. TERTULIANO, *La chair du Christ*, XXIII; SC 216, pp. 303-305. Do mesmo modo, ORÍGENES, *Homélie* XIV sobre são Lucas; SC 87, pp. 219-221.
53. AMBRÓSIO DE MILÃO, *Sur l'institution d'une vierge*, VIII, 52-53; PL 16, 319-320.
54. LEÃO MAGNO, *Tome à Flavien*; COD II-2, p. 181.

sentido retido pelo magistério católico[55], e confirmado no Vaticano II. Este concílio na realidade recusou uma fórmula demasiada precisa sobre a integridade "corporal" de Maria, contentando-se em retomar uma fórmula litúrgica tradicional que fala de "seu Filho primogênito, que não a violou, mas consagrou sua integridade virginal"[56].

O segundo sentido veicula a representação de um parto miraculoso e sem dor, que se produz sem dilaceração. Trata-se de uma opinião piedosa, livre na Igreja e que não pertence a sua fé, embora tenha sido defendida por inúmeros teólogos no curso dos séculos. Entre 1952 e 1960, houve um debate entre teólogos sobre esse assunto, ao qual o Santo Ofício julgou dever pôr um ponto final, por julgá-lo tratado "com deplorável crueza de expressão"[57].

O que está em questão aqui é, de fato, uma definição da virgindade. A virgindade consiste na renúncia ao exercício concreto da esfera da conjugalidade sexual, que implica o ato pelo qual uma pessoa faz, no amor a um outro, o dom íntimo de si mesma. Ela assume o valor do motivo que a inspira. A virgindade de uma mulher não deve, portanto, ser confundida com o que pode ser seu sinal exterior e físico. Segundo K. Rahner,

> é preciso considerar conteúdo dogmático obrigatório aquilo e somente aquilo que, num processo de explicação, se deixa deduzir dos testemunhos explícitos da tradição apostólica por um método cuidadoso, que utilize o mais possível o conjunto do depósito da fé. Aquilo que não se pode provar assim, partindo-se do critério da tradição apostólica, como implicitamente contido em outras proposições, não deve também ser declarado obrigatório como fazendo parte da fé[58].

---

55. Cf. Concílio de Latrão de 649, c. 3; *DzS* 503; Concílio de Toledo XI, em 675; *DzS* 533; Concílio de Florença, *Decreto para os Jacobitas*; *DzS* 1338; PAULO IV, Constituição *Cum quorundam* de 1555; *DzS* 1880.
56. Vaticano II, *LG* 57, referindo-se a São Leão e ao Concílio de Latrão de 649; *COD* II-2, p. 57.
57. Cf. *DC* 1346 (1961), p. 240.
58. K. RAHNER, *"Virginitas in partu"*, p. 306.

CAPÍTULO XVIII
# A Imaculada Conceição e a Assunção de Maria

A Imaculada Conceição e a Assunção de Maria constituem dois dados dogmáticos sobre a Virgem Maria que, embora não formalmente atestados na Escritura, caminharam na Igreja desde o fim da época patrística para desembocar, na Igreja católica, nas duas definições de 1854 e de 1950.

Esses dois mistérios da Virgem são freqüentemente chamados de "privilégios". De fato o são, se compararmos a maneira como a salvação atingiu Maria com o caso do restante da humanidade. Mas a noção de "privilégio" não seria suficiente para justificá-los do ponto de vista dogmático. Trata-se, com efeito, de duas conseqüências da maternidade divina da Virgem Maria. Foi sobre o alicerce da consideração dessa maternidade que a fé dos cristãos se pôs a investigar a santidade de Maria e a situá-la em sua origem e a se interrogar também sobre sua morte e o destino de seu corpo após o fim de sua vida terrestre. De um lado, foi um encaminhamento que vai da santidade pessoal à santidade inicial e original, isto é, à Imaculada Conceição. De outro, foi o encaminhamento que considerou a morte de Maria uma "dormição", antes de compreendê-la como uma assunção.

## I. MARIA, VIRGEM SANTA E IMACULADA EM SUA CONCEPÇÃO

**INDICAÇÕES BIBLIOGRÁFICAS:** X. LE BACHELET e M. JUGIE, art. "Immaculée Conception", *DTC* VII/1 (1922), pp. 845-1218. — H. CROUZEL, "La Théologie mariale d'Origène", *SC* 87, pp. 11-64. — G. JOUASSARD, "Marie à travers la patristique, maternité divine, virginité, sainteté", *Maria. Études sur la Sainte Vierge*,

t. I, Paris, Beauchesne, 1949, pp. 69-157. — K. RAHNER, "L'Immaculée Conception", *Écrits théologiques*, t. IV, Paris, DDB, 1966, pp. 143-159.

## *A opinião dos Padres sobre a santidade de Maria* (*séculos III e IV*)

Os Padres do século III tiveram idéias divergentes a respeito da santidade de Maria. A propósito da cena da mãe de Jesus e seus irmãos que procuravam vê-lo, Tertuliano acha que Maria não tivera fé nele e por ele fora "renegada"[1]. Orígenes tem uma visão bem mais positiva da santidade de Maria, da qual deduz um princípio econômico: essa santidade é a plenitude do Espírito Santo que lhe comunica o Verbo presente nela. Acha, entretanto, que ela devia crescer e que Maria não foi isenta de toda falta, porque, se não estivesse sujeita ao escândalo diante da paixão de Cristo, então Jesus não seria "morto por seus pecados", mas se 'todos pecaram e estão privados da glória de Deus, se todos são justificados e resgatados por sua graça' (Rm 3,23), Maria também foi, nesse momento, sujeita ao escândalo"[2]. Orígenes afirma, assim, a universalidade da redenção, incluindo Maria.

Essa posição será a dos Padres do Oriente no século IV: por um lado, Maria é santa pelo fato de sua maternidade divina, para a qual foi de antemão purificada pelo Espírito Santo; por outro lado, reconhecem-se certas "fraquezas" em Maria. Por exemplo, no fim do século, João Crisóstomo ainda tinha uma visão pessimista da santidade de Maria: ela teve dificuldade em crer na mensagem de Gabriel (como Zacarias, ela questionou); ela quis "se exibir" em Caná e foi posta em seu lugar; ela via em seu Filho Jesus um homem comum; ela deu provas de glória vã e de falta de fé. "O quadro é bastante sombrio", conclui G. Jouassard[3]. Antes de Éfeso, Cirilo de Alexandria acha que Maria vacilou na fé e que ela podia pecar. Por isso precisou do apoio de João no momento da paixão[4]. Mas o reconhecimento dessas imperfeições não impede esses Padres de chamar Maria de santa, e toda santa, e de apresentá-la como o modelo das virgens.

A Igreja Ortodoxa mantém essa posição global, recusando, por conseqüência, qualquer afirmação da Imaculada Conceição: "A Igreja diz, em seus Livros Simbólicos segundo P. N. Trembelas, que a *Theotokos* também foi culpada da falta original e ancestral, como todos os homens" e que "os santos Padres, quando interpretam as palavras do anjo à Virgem — o Espírito Santo virá sobre ti [...] —, observam que ele desceu sobre ela previamente, para purificá-la e

---

1. TERTULIANO, *La chair du Christ*, VII, 9-13; *SC* 216, pp. 245-247.
2. ORÍGENES, *Homélies sur saint Luc*, XVII, 6-7; *SC* 87, p. 259.
3. G. JOUASSARD, *art. cit.*, pp. 94-95, que dá esse retrato da Virgem por Crisóstomo com inúmeras referências.
4. Cf. *ibid.*, p. 98. — CIRILO DE ALEXANDRIA, *Commentaire sur saint Jean*, XII (sobre Jo 19,25-27); *PG* 74, 661b-665a.

preparar um tabernáculo digno da habitação do Verbo. Com efeito, ela tinha necessidade de ser purificada[5]. Maria não poderia escapar à necessidade universal da "purificação da mancha original".

## *De fins do século IV ao século VIII*

No Ocidente, Hilário fala, aliás como muitos gregos, de uma santificação de Maria no momento da encarnação[6]. Admite que Maria era capaz de pecar porque "só Cristo foi sem pecado"[7]. Zenon de Verona descobre em Maria "inúmeros vícios" dos quais ela teve de ser purificada antes da encarnação[8]. Em compensação, em Ambrósio de Milão não há sombra no quadro da santidade de Maria. A tese de Ambrósio se impõe, no Ocidente, em fins do século IV[9].

A questão da santidade de Maria voltou à tona com a crise pelagiana[10]. Pelágio estava persuadido da absoluta santidade de Maria. Fazia dela um exemplo do que pode a natureza humana quando recusa o pecado. Agostinho lhe responde que se trata de um privilégio, devido a sua qualidade de Mãe de Deus. Ele não pretende pôr em questão a santidade pessoal, pois se trata da Virgem, e professa sua total santidade[11]. Mas, em Maria, é o caso de uma graça especial recebida em consideração da honra do Senhor. O debate de Agostinho com Juliano de Eclana é em torno do pecado original propriamente dito. Para Juliano, Maria dá um exemplo que lhe permite negar a existência dele. Não há, portanto, nenhum privilégio de Maria na santidade de seu nascimento. Agostinho responde de maneira um tanto complicada:

> Não colocamos Maria em débito com o demônio em virtude da condição de seu nascimento, mas simplesmente porque essa condição encontra, para Maria, sua solução na graça de renascer com a qual ela foi beneficiada[12].

Maria não fica em débito com o demônio por causa de seu nascimento que é bom, mas por causa do pecado que nos atinge a todos, tanto que não teve a graça da regeneração. Ele admite a santidade pessoal de Maria, mas não aceita que ela tenha sido concebida sem pecado.

---

5 P. N. TREMBELAS, *Dogmatique de l'Église orthodoxe catholique*, t. 2, Chevetogne/DDB, 1967, pp. 230-231; Cf. P. EVDOKIMOV, *L'Orthodoxie*, Neuchâtel, Delachaux et Niestlé, 1959, p. 150.

6. HILÁRIO, *La Trinité* II, 26; éd. A. Martin, *PF* 1, p. 83.

7. G. JOUASSARD, *art. cit.*, p. 102.

8. ZENON DE VERONA, *Traités*, 1,13,10; *PL* 11, 352ab. — Cf. G. JOUASSARD, *art. cit.*, pp. 103-104.

9. AMBRÓSIO DE MILÃO, *Sur les vierges à sa soeur Marcelline*, II, 2-3, nn. 6-21; *PL* 16, 208b-212c.

10. Sobre Pelágio e Juliano de Eclana, cf. o t. 2 desta obra.

11. AGOSTINHO, *De la nature et de la grâce*, XXXVI, 42; *BA* 21, p. 321.

12. Id., *Ouvrage inachevé contre Julien*, IV, 122; *PL* 45, 1418; trad. G. Jouassard, *art. cit.*, p. 118.

Antes de Éfeso, o Ocidente estava mais adiantado que o Oriente no reconhecimento da santidade de Maria. Mas a tomada de posição de Agostinho levará a Igreja latina a marcar passo durante séculos sobre a questão da Imaculada Conceição, dificuldade que não será sentida da mesma maneira pelo Oriente.

É o Oriente que retomará a marcha para a frente depois de Éfeso, no clima de crescimento do culto mariano. Teódoto de Ancira, membro do conselho de Éfeso, diz de Maria: "Aquele que criou outrora a virgem [Eva] sem opróbrio fez nascer a segunda sem mancha"[13]. Na pregação, os elogios a Maria se tornam mais abundantes. Já Nestório era mais positivo a respeito da santidade de Maria do que seu modelo Crisóstomo. A mesma atitude encontramos em Teodoreto e nos orientais. A maturação continua nos séculos VI e VII, mas sempre com algumas hesitações.

No século VIII, a situação é mais clara. André de Creta († 740) pensa que toda a vida de Maria foi sem mácula e sem mancha[14]. Ele compara Maria à terra virgem e pura com a qual Deus formara Adão, e o nascimento de Maria à criação da primeira mulher antes do pecado[15]. O novo Adão e a nova Eva são virgens de todo pecado. Maria realiza as primícias da salvação e da divinização, as primícias da paz reencontrada[16]. Com André de Creta, a afirmação passa, por um progresso espontâneo, da santidade *inicial* de Maria para a santidade *original*[17]. Ele chama Maria de "imaculada" e venera sua "santa concepção". A idéia, sem dúvida ainda não aceita de maneira geral, se imporá, em seguida, à teologia bizantina. Esse desenvolvimento doutrinal está ligado à liturgia da festa da concepção de Maria. João Damasceno, que recapitula a teologia mariana dos Padres gregos, pensa que tudo em Maria vem de sua maternidade divina, especialmente sua concepção toda santa e sem mácula[18].

No Ocidente, ao contrário, a questão permaneceu dominada pela opinião de Agostinho. Sem dúvida Leão Magno, Cesário de Arles, Cassiodoro, Gregório Magno, são mais discretos que Agostinho sobre o pecado de Maria em suas origens. Mas somente Cristo evitou o pecado, porque sua concepção fora virginal (portanto sem "concupiscência"). Ao contrário, Fulgêncio de Ruspe, Próspero de Aquitânia e mesmo Cassiano seguem claramente a linha de Agostinho[19].

## *A Idade Média latina e o debate sobre a Imaculada Conceição*

A Imaculada Conceição permanecerá objeto de um longo debate entre teólogos latinos. No momento da renascença carolíngia, Pascásio Radberto, abade

---

13. TEODORO DE ANCIRA, *Homélie IV sur la mère de Dieu et Siméon*, 5; *PG* 77, 1396c.
14. ANDRÉ DE CRETA, *Sermon 13 sur la dormition*; *PG* 97, 1076b.
15. Id., *Sermon 1. Sur la nativité de la mère de Dieu*; *PG* 97, 813d-816a.
16. Id., *Sermon 12 sur la dormition de Marie*; PG 97, 1068bc; trad. G. Jouassard, *art. cit.*, p. 146.
17. Tomo emprestada essa distinção esclarecedora de um curso inédito de J. Moingt.
18. JOÃO DAMASCENO, *Homélie VI sur la nativité de la Vierge*, 2; *PG* 96, 664b.
19. Cf. G. JOUASSARD, *art. cit.*, pp. 148-152.

de Corbie (c. 790-860), será o primeiro a afirmar que Maria "foi alheia a qualquer contágio vindo da primeira origem"[20]. A festa grega da Conceição de Maria passa para o Ocidente na metade do século XI e se difunde no século XII por toda a Europa[21]. Existiu também uma lenda que atribuía a Maria uma concepção virginal ou miraculosa que a protegeu da transmissão do pecado original, tida por solidária da concupiscência que acompanha toda união sexual.

Mas as posições dos grandes teólogos escolásticos permanecerão divergentes. Anselmo de Cantuária, São Bernardo, depois Santo Tomás recusam a Imaculada Conceição, porque ela contradiz a universalidade do pecado original. Santo Tomás pensa que Maria foi purificada do pecado original pela graça, desde o seio materno — a comparação com João Batista deve ter influído —, do contrário Cristo não poderia ser dito Salvador de todos os homens[22]. Essa era, então, a posição dominante entre todos os teólogos.

Mas Boaventura se faz eco de uma corrente mais favorável na escola franciscana, e a idéia de que Maria foi resgatada sob o modo de preservação do pecado, e não de purificação, já estava expressa no século XIII. No século XIV, o teólogo franciscano inglês Duns Scot (1266-1308), que defendia a Imaculada Conceição a título de opinião teológica livre, formaliza a mesma idéia de modo a permitir que fosse aceita pela teologia ocidental. Maria foi resgatada pela cruz de Cristo, na previsão dos méritos de seu Filho[23]. Em um século e meio a situação doutrinal se inverte em favor da Imaculada Conceição.

## Intervenções magisteriais

O Concílio de Basiléia, em 1439, também definiu a Imaculada Conceição, o que supõe uma notável unanimidade entre seus partidários, e instituiu a festa de 8 de dezembro para toda a Igreja[24]. Essa definição se expressa em termos estranhamente próximos dos que usou Pio IX em 1854. Mas esse concílio é "cismático", por causa de suas teses conciliaristas e em ruptura com o papa havia dois anos; o texto não tem, portanto, valor magisterial.

No período seguinte ao século XV, os ataques dos adversários da Imaculada Conceição se tornam mais claros e Sixto IV declara, em 1483, que esse ponto de doutrina é livre e proíbe os dois partidos de qualificar de herética a opinião contrária[25]. É a essa declaração que o Concílio de Trento remete, no fim

---

20. PASCÁSIO RADBERTO, *Sur l'enfantement de la Vierge*, I; *PL* 120, 1375b.
21. Cf. R. LAURENTIN, *Court Traité*, p. 73.
22. TOMÁS DE AQUINO, *Suma teológica*, IIIa, q. 27, a. 1 e 2.
23. J. DUNS SCOT, *Écrit d'Oxford sur le livre IV des sentences*, L.III, D III, q. 1; em J. DUNS SCOT, *Theologiae marianae elementa*, éd. C. Balic, Sibenik, "Kacic" 1933, pp. 17-54; *Écrit de Paris sur le livre III des sentences*, L.III, D.III, q. 1.; *ibid.*, pp. 223-235.
24. Texto em X. LE BACHELET, *art. cit.*, *DTC* 1, pp. 1113.
25. *DzS* 1425-1426; *FC* 390.

de seu decreto sobre o pecado original, quando declara que não foi sua intenção incluir nesse decreto "a bem-aventurada e imaculada Virgem Maria, Mãe de Deus"[26]. Essa declaração conservadora assumiu, na realidade, grande importância, porque reconhecia oficialmente o valor da argumentação que procurava conciliar a universalidade do pecado original e da redenção com a Imaculada Conceição de Maria. No momento em que o concílio proclama que o pecado original não comporta exceção, menciona-se que essa exceção é possível.

Entretanto, a questão continua a ser vivamente debatida até o século XIX. No século XVII, Paulo V e Gregório XV pedem que se abstenha de pregar e de ensinar que a Virgem Maria foi concebida no pecado original, exigindo, ao mesmo tempo, que não se ataque essa opinião. O segundo impõe silêncio sobre a questão e ordena que se festeje a "Conceição de Maria", como a Igreja de Roma, sem outro qualificativo[27]. Em 1661, Alexandre VII aprova formalmente a Imaculada Conceição e reconhece a antiguidade de seu culto, mas não o impõe. Proíbe, ainda uma vez, qualquer anátema entre os defensores das duas posições:

> Antiga é a piedade dos fiéis de Cristo para com a bem-aventurada Virgem Maria, sua mãe, que pensam que sua alma, no primeiro instante de sua criação e de sua infusão no corpo, foi, por uma graça e um favor especial de Deus, em consideração dos méritos de Jesus Cristo, seu filho, Redentor do gênero humano, plenamente preservada intacta da mácula do pecado original...

> Nós renovamos as constituições e decretos publicados pelos Pontífices romanos [...] em favor da crença de que a alma da bem-aventurada Virgem Maria foi, no momento de sua criação e de sua infusão no corpo, ornada da graça do Espírito Santo e preservada do pecado original[28].

## A *bula* Ineffabilis Deus *de Pio IX*

Em 8 de dezembro de 1854, o papa Pio IX, depois de ter consultado todos os bispos do mundo, procedeu à definição solene da Imaculada Conceição da Virgem Maria, segundo a seguinte formulação:

> Nós declaramos, pronunciamos e definimos que a doutrina que considera que a bem-aventurada Virgem Maria foi, no primeiro instante de sua concepção, por uma graça singular de Deus e por privilégio, em vista dos méritos de Jesus Cristo salvador do gênero humano, preservada de qualquer mancha do pecado original, é uma doutrina revelada por Deus, e que por isso deve ser crida firmemente e constantemente por todos os fiéis[29].

---

26. Concílio de Trento, Sessão V, 6; *COD* II-2, p. 1359; *DzS* 1516.
27. Cf. X. LE BACHELET, *art. cit.*, *DTC* VII/1, 1172.
28. Breve *Sollicitudo omnium Ecclesiarum*, *DzS* 2015-2017; trad. G. Dumeige, *FC* 395.
29. Bula *Ineffabilis Deus*, *DzS* 2803; *FC* 397; trad. em *Maria*, t. III, p. 762.

A redação é visivelmente inspirada na de Alexandre VII, mas transpõe o limiar que separa a "crença" aprovada da definição em nome da revelação. Não pretende entrar no debate sobre o momento da animação do embrião concebido: Maria é isenta do pecado desde o primeiro instante de sua existência. Ela foi efetivamente resgatada por seu Filho, "por uma graça singular", pois contraiu a dívida universal do pecado pelo fato mesmo de pertencer ao gênero humano, mas foi resgatada "de uma maneira mais sublime", por preservação e não por purificação: a expressão de sua santidade é, aqui, negativa, ao passo que era mais positiva em Alexandre VII. A redação recapitula toda a conquista da teologia desde Duns Scot.

A argumentação desenvolvida por Pio IX numa bula bastante longa é interessante do ponto de vista do desenvolvimento do dogma. O papa apresenta, primeiro, um quadro da fé da Igreja e do ensino de seus predecessores: considera as intervenções de Sixto IV, do Concílio de Trento e de Alexandre VII. Lembra as festas litúrgicas instituídas em honra da Imaculada Conceição e a difusão do culto desse mistério entre os fiéis. Reconhece que esse dogma faz parte, há vários séculos, do magistério ordinário da Igreja. E explica em que consiste uma definição nova:

> A Igreja de Jesus Cristo, guardiã vigilante do depósito da fé e encarregada de defendê-la, nunca muda nada nos dogmas, não elimina nada, não acrescenta nada; mas se, ao examinar com atenção religiosa os antigos monumentos da tradição, encontra algumas verdades que ainda estejam, por assim dizer, apenas esboçadas como semente depositada pela fé dos Padres, ela se aplica a esclarecê-las, a desenvolvê-las, para dar a esses dogmas antigos da doutrina celeste a evidência, a luz, a clareza, sem que, todavia, percam nada de sua plenitude, de sua integridade, de sua propriedade, e para que eles cresçam, mas somente em seu gênero, isto é, dentro dos limites de dogma, de sentido e de doutrina que os constituem[30].

A fórmula final é retomada do *Commonitorium* de Vicente de Lerins[31]. O sentido desse texto é lembrar que a Igreja só pode definir o que ela reconhece como revelado por Jesus Cristo.

Baseada nisso, a argumentação desenvolve a maneira pela qual os Padres e Doutores da fé interpretaram a Escritura. É por meio de seus ensinamentos que o papa cita os textos bíblicos que podem ser invocados em favor da Imaculada Conceição. O primeiro é Gn 3,15, a passagem dita do "protoevangelho", que designa o redentor assim como sua mãe associados numa inimizade comum com o demônio. "Porei hostilidade entre ti e a mulher, entre tua linhagem e a linhagem dela. Ela te *esmagará* a cabeça, e tu lhe *ferirás* o calcanhar". O segundo verbo, que em hebraico é repetição do primeiro, foi traduzido na Septuaginta

---

30. *Ibid.*, *DzS* 2802, p. 756.
31. VICENTE DE LÉRINS, *Commonitorium*, c. 23; éd. M. Meslin, *op. cit.*, p. 102.

por *visar*. A Vulgata também passa do masculino para o feminino: não é mais um descendente de Eva, mas a mulher que esmagará a cabeça da serpente. O sentido mariano se apoiará no feminino na tradução latina[32]. Esse texto é mencionado, na bula, "em referência ao vínculo estreito e indissolúvel" estabelecido pela maternidade divina entre Maria e Cristo.

No Novo Testamento, os textos mais importantes são evidentemente a saudação do Anjo Gabriel: "Alegra-te, cheia de graça" (Lc 1,28), e a saudação de Isabel: "Bendita és tu entre as mulheres e bendito é o fruto do teu ventre" (Lc 1,42). A bula extrai também os dados implicados no paralelo entre Eva e Maria, criadas na justiça, bem como a implicação doutrinal da maternidade divina, excluindo, conforme os Padres, qualquer dano da serpente sobre Maria. O papa julga, então, que a doutrina da Imaculada Conceição está "consignada nas divinas Escrituras, segundo o juízo dos Padres". Mas a argumentação não se baseia diretamente na Escritura e não comporta nenhuma definição do sentido de qualquer texto tomado em si mesmo. Pretende ser doutrinal e põe em relação toda uma rede de Escrituras lidas à luz da encarnação do Verbo. Produz-se, então, uma iluminação mútua entre, de um lado, a coerência do mistério da Encarnação e o papel nela desempenhado por Maria e, de outro lado, certos textos insuficientes por si mesmos, sobretudo se tomados um a um, para estabelecer um dogma que resulta de toda uma convergência.

O Concílio Vaticano II expressará o mistério da Imaculada Conceição em termos menos latinos que os de Pio IX, que tinham chocado os orientais. Retomará expressões muito próximas das fórmulas dos Padres gregos, particularmente das homilias bizantinas:

> Não admira que nos santos Padres prevalecesse o costume de chamar a Mãe de Deus toda santa, imune de toda mancha de pecado, como que plasmada pelo Espírito Santo e formada nova criatura. Dotada desde o primeiro instante de sua conceição dos esplendores de uma santidade inteiramente singular, a Virgem de Nazaré é por ordem de Deus saudada pelo anjo anunciador como "cheia de graça" (cf. Lc 1,28)[33].

## *O movimento doutrinal*

Convém extrair o sentido e o movimento doutrinal dessa evolução longa e movimentada. Por trás de todos esses debates aflora uma questão muito clara: qual deve ser a santidade daquela que foi destinada por Deus a ser a mãe de seu Filho, isto é, a mãe do Santo por excelência? Foi uma reflexão concernente ao

---

32. Sobre os problemas complexos levantados pela exegese desse texto, cf. H. CAZELLES, *Études mariales*, 1956, p. 91; A. ROBERT, *Maria*, t. I, pp. 34-36.

33. *Lumen Gentium* 56; *COD* II-2, p. 1815.

vínculo econômico de Maria com Cristo que levou a discernir a natureza e a extensão da santidade de Maria. Seu elemento motor não é, em primeiro lugar, sua santidade moral, tal como pode ser discernida nos Evangelhos. Vimos as opiniões contrastantes dos primeiros Padres a esse respeito. A questão dizia respeito à coerência revelada da economia da salvação, à plenitude de graça de Maria na Anunciação, isto é, à graça que lhe foi concedida pelo fato de sua própria vocação. Qual é a santidade exigida pela função de Mãe de Deus? Qual foi a graça da mãe da fonte de toda graça? De que bênção foi objeto aquela que, entre todas as mulheres, foi a Mãe do "Bendito"?

Foi no seio desse movimento doutrinal que se determinou a argumentação essencial: a mãe do santo por excelência devia estar livre de toda sujeição ao pecado. O Filho não quis que aquela que devia ser sua mãe tivesse estado, antes, na posse do maligno. São essas as exigências da economia do nascimento de Deus entre nós segundo a carne.

## II. MARIA GLORIFICADA EM CORPO E ALMA

> **INDICAÇÕES BIBLIOGRÁFICAS:** M. JUGIE, *La Mort et l'Assomption de la sainte Vierge. Étude historico-doctrinale*, Città del Vaticano, 1944. — C. BALIC, *Testimonia de assumptione Beatae Virginis Mariae ex omnibus saeculis*, t. I-II, Romae, Academia Mariana, 1948. — *Études mariales. Bulletin de la société française d'études mariales*, "Assomption de Marie", 6-7-8, 3 fascículos, Paris, Vrin, 1948-1950. — A. WENGER, *L'Assomption, de la T. S. Vierge dans la tradition byzantine (séculos VI-X)*, Paris, 1955. — K. RAHNER, "Sur le sens du dogme de l'Assomption", *Écrits théologiques,* t. IV, Paris, DDB, 1966, pp. 163-177.

### Da emergência da questão às homilias bizantinas

Apesar do total silêncio da Escritura sobre a morte de Maria e do caráter mais tardio do tema, a situação histórica do desenvolvimento da doutrina concernente à Assunção é ainda melhor que a da Imaculada Conceição; porque esse dogma não suscitou dificuldade análoga à levantada pela universalidade do pecado original.

O primeiro a levantar a questão da morte de Maria é Epifânio de Salamina, por volta de 375[34]. Sua maneira de tratar desta questão mostra que ele não é testemunha de uma tradição primitiva que pretendesse remontar aos apóstolos. Ele reconhece, aliás, que não tem resposta clara. Não sabe nem se Maria morreu, nem se foi enterrada: "A escritura se manteve em completo silêncio por causa da transcendência do prodígio [...]. Quanto a mim não ouso falar, reviro a coisa no

---

34. EPIFÂNIO DE SALAMINA, *Panarion*, 78,11 e 24; *PG* 42, 716 e 735.

meu pensamento e guardo silêncio"[35]. Sua preocupação parece motivada pela heresia dos "coliridianos", que ofereciam à Virgem Maria o sacrifício de pequenos bolos (*kollyrides*), adoravam Maria e acreditavam que ela recebera um corpo pneumático. Reencontraríamos portanto aqui uma tendência ao docetismo.

A questão do destino final de Maria adquire consistência por ocasião de Éfeso. Desde o início do século V, Severiano de Gabala, desenvolvendo o paralelismo entre Eva e Maria, proclama que esta está "num lugar luminoso, na região dos viventes; ela é a mãe da salvação, a fonte da luz visível"[36]. Não se trata ainda de assunção corporal, mas há mais do que a simples glorificação da alma de Maria. Maria só pode estar com seu Filho. A proclamação da *Theotokos* chama agora a atenção da fé para o corpo de Maria e orienta para a glorificação desse corpo. Na metade do século VI, a festa de 15 de agosto tomará o nome da "Dormição" de Maria, termo significativo: não fala de morte mas exprime, de certo modo, a morte: é um sono na morte ou morte no sono, que não é exatamente a morte comum.

A partir do fim do século V, divulgam-se novos apócrifos sobre *A transferência de Maria*[37]. Contam os numerosos prodígios que acompanharam a morte de Maria, depois divergem: para uns, o corpo permanece no túmulo, mas incorruptível e luminoso; para outros, ele é transferido para o paraíso. Uns afirmam a Assunção de Maria ao céu em sua alma, os outros em seu corpo[38]. Esses apócrifos sustentaram a piedade popular e espalharam a crença. Mas eles mesmos são influenciados por Éfeso, e os homilistas bizantinos, que serão tributários deles quanto à narrativa, não dependerão mais deles para a argumentação[39].

Por volta de 700, vemos aparecer no Oriente um certo número de homilias sobre a Dormição, chamadas de *Homilias bizantinas*. Seus principais autores são André de Creta (por volta de 660-740), Germano de Constantinopla (por volta de 649-733) e João Damasceno (entre 650 e 750). Todos afirmam a morte de Maria e sua Assunção gloriosa ao céu com seu corpo. Sua argumentação doutrinária é a seguinte: o corpo da mãe pertence ao Filho; os dois estão ligados para sempre em virtude da maternidade divina. Do mesmo modo, o corpo que pariu virginalmente e sem corrupção o Verbo incorruptível de Deus não pode ser corrompido. Diz André de Creta:

> Assim como o útero daquela que deu à luz não foi rompido, assim também a carne daquela que está morta não foi destruída[40].

---

35. *Ibid.*, 716b.
36. SEVERIANO DE GABALA, *Sur la création du monde*, 6,10; *PG* 498; trad. J. Moingt.
37. Cf. A. WENGER, *op. cit.*, pp. 17-95 e 210-256.
38. Cf. *Apocryphe de la dormition de la B.V.M.*, nn. 45-48; *ibid.*, pp. 239-241.
39. A ortodoxia prefere sempre falar de "Dormição" de Maria e se recusa a entrar no campo dogmático sobre esse assunto, cf. P. N. TREMBELAS, *op. cit.*, p. 233; P. EVDOKIMOV, *op. cit.*, p. 152.
40. ANDRÉ DE CRETA, *Homélie 2 dur la Dormition*; *PG* 97, 1081d.

E Germano de Constantinopla:

> Como a decomposição da carne teria podido te retornar ao pó e à cinza, a ti que tinhas libertado o homem da ruína da morte pela encarnação de teu filho?
>
> Não era admissível que tu, o vaso que tinha sido o receptáculo de Deus, te dissolvesses por decomposição no pó de um cadáver putrificado[41].

Assim se encontra claramente expresso o vínculo de consagração total de Maria ao Filho, que se exprime como fé na incorruptibilidade do corpo de Maria. Enfim, assim como esse corpo não sofrera, ao nascer, a corrupção espiritual do pecado, assim também, ao término de sua vida terrestre, não conheceu a corrupção da morte carnal. Para João Damasceno, Maria morreu mesmo, a fim de abandonar a mortalidade de seu corpo carnal. Mas esse corpo permaneceu incorrupto, e o poder divino o fez mudar de condição: "Com efeito", diz São Paulo, "é necessário que esse ser corruptível revista a incorruptibilidade, e que esse ser mortal revista a imortalidade" (1Cor 15,51-53). Os Padres citam esse versículo para mostrar que Maria, no sepulcro, passou por essa transformação da condição humana de mortalidade para a condição de imortalidade, prelúdio necessário à glória. Foi então que seu corpo se reencontrou no corpo espiritual do Filho encarnado.

Nisso Maria é reconhecida como a nova Eva e figura da Igreja. Foi unindo-se à carne tirada da carne de Maria que o Filho de Deus se uniu à Igreja. Por isso o mistério da consagração de Maria é figura daquele pelo qual Cristo consagra a si a Igreja sua Esposa, e Cristo completa em Maria, em primeiro lugar e de maneira privilegiada, o mistério de união que ele realizou entre sua carne e a Igreja, da qual fez seu corpo e a carne de sua carne. Em Maria se completa, de maneira típica, aquilo mesmo que começou a ser realizado nela: a união de Cristo e da Igreja em uma só carne.

## *Da Idade Média latina aos tempos modernos*

O Ocidente acertará o passo com o Oriente sem nenhuma dificuldade. Gregório de Tours é o primeiro a ir nesse sentido, em fins do século VI[42]. Um século mais tarde, o papa Sérgio introduz a festa da Dormição, que depois ganhará o nome de festa da Assunção. No correr do século IX, Pascásio Radberto, num escrito revestido da autoridade de São Jerônimo, negou a assunção corporal de Maria, julgada por demais dependente das fábulas apócrifas[43]. São Ber-

---

41. GERMANO DE CONSTANTINOPLA, *Homélie 1 sur la Dormition*; PG 98, 345c e 348a.
42. GREGÓRIO DE TOURS, *Sur les miracles*, 1,4; PL 71,708.
43. Cf. R. LAURENTIN, *op. cit.*, pp. 67-68 e 73.

nardo guarda silêncio a seu respeito quando prega sobre a festa da Assunção[44]. Mas a autoridade do Pseudo-Jerônimo foi contrabalançada pela do Pseudo-Agostinho[45]. Os grandes escolásticos seguem o ensino deste último texto: Alberto Magno e Boaventura ensinam a doutrina da Assunção. Santo Tomás faz rápida alusão a isso, avaliando que se trata de uma argumentação razoável[46]. Não se encontra, portanto, a respeito dessa questão nada de equivalente às divisões que existiram em relação à Imaculada Conceição.

## *A constituição apostólica* Munificentissimus Deus *de Pio XII*

Um único documento magisterial interveio no percurso doutrinal da Assunção: a definição de Pio XII proclamada em 1º de novembro de 1950 na constituição apostólica *Munificentissimus Deus:*

> Pela autoridade de Nosso Senhor Jesus Cristo, dos Bem-aventurados apóstolos Pedro e Paulo e por nossa própria autoridade, afirmamos, declaramos, definimos como dogma divinamente revelado que a Imaculada Mãe de Deus, Maria sempre Virgem, depois de ter completado o curso de sua vida terrestre, foi elevada em corpo e alma à glória celeste[47].

O texto sugere o vínculo entre Imaculada Conceição, Maternidade divina, virgindade perpétua, de uma parte, e Assunção, de outra. A definição não toma posição sobre a morte natural de Maria, nem sobre sua sepultura. A expressão "depois de ter completado o curso de sua vida terrestre" é muito prudente e o mais desembaraçada possível de qualquer representação. Do mesmo modo, o verbo "elevado" é um verbo passivo, diferente do "subiu", empregado para a Ascensão de Cristo. O termo "Assunção" comporta, aliás, uma diferença radical com "Ascensão". O texto evita também sugerir de maneira clara demais a idéia de deslocamento local: não diz "ao céu", mas "à glória celeste". Mais que uma nova localização, o que se afirma é uma mudança de estado do corpo de Maria, e a passagem da condição terrestre à condição gloriosa da totalidade de sua pessoa, que se encontra unida ao corpo espiritual e glorioso de seu Filho.

Como Pio IX, Pio XII não apresenta uma argumentação imediata a partir da Escritura. Especialmente, não argumenta baseado no texto de Ap 12, que apresenta a mulher envolvida de sol. Ele fala da fé unânime da Igreja de hoje, que foi consultada na pessoa dos bispos, e sublinha o vínculo entre a "doutrina

---

44. Cf. *Ibid.*, 72, n. 7.
45. Cf. *Ibid.*, pp. 68 e 73.
46. TOMÁS DE AQUINO, *Suma teológica* IIIa, q. 27, a. 1.
47. Pio XII, *Munificentissimus Deus*, DzS 3903; *FC* 410; trad. em *Maria, op. cit.*, t. III, p. 814.

concordante" do Magistério ordinário e a "fé concordante" do povo cristão. Lembra as afirmações do Vaticano I sobre o papel do Magistério da Igreja, que não é o de ensinar "nova doutrina", mas o de guardar e expor "fielmente a revelação transmitida pelos apóstolos, isto é, o depósito da fé"[48].

O papa faz em seguida o inventário da fé da Igreja ao longo dos séculos e recolhe sua expressão na liturgia, com um longo desenvolvimento sobre as festas da Dormição. Reconhece que essa doutrina pertence "desde tempos remotos" (o que não quer dizer "desde sempre") ao ensino ordinário da Igreja. Lembra o ensino e os argumentos bíblicos e doutrinais dos Padres, isto é, as homilias bizantinas e de João Damasceno (citando Sl 131,8; 44.10.14-16; Ct 3,6). Insiste muito no ensino dos grandes escolásticos, Amadeu de Lausanne (citando Is 60,13), Alberto Magno, Tomás de Aquino, Boaventura (citando Ct 8,5), depois Suárez e doutores como Bernardino de Sena, Roberto Bellarmino, Francisco de Sales (a propósito dos quais são invocados Ef 5,27; 1Tm 3,15; 1Cor 15,54). É aos escolásticos que ele atribui a interpretação mariana de Ap 12 e a extensão da saudação do anjo a Maria (Lc 1,28) à Assunção. E então conclui:

> Todos esses argumentos e considerações dos Santos Padres e teólogos repousam sobre a Escritura como sobre seu último fundamento; esta nos faz, de alguma forma, ver a augusta Mãe de Deus muito intimamente unida a seu divino Filho e sempre partilhando com ele seu destino. Parece então impossível ver aquela que concebeu Cristo, deu-o à luz, alimentou-o com seu leite, carregou-o em seus braços e apertou-o contra o peito separada dele depois desta vida terrestre, nem de alma, nem mesmo de corpo[49].

A Escritura, portanto, foi invocada mediante a tradição, segundo o princípio de coerência doutrinal que preside à relação entre Maria e seu Filho. O papa volta, então, a Gn 3,15, onde é prefigurada a vitória da Virgem sobre o pecado e a morte, e o paralelo entre Eva e Maria.

O Concílio Vaticano II retoma à letra os termos da definição de Pio XII, depois de ter mostrado, de maneira mais completa ainda, a perpétua associação de Maria à vida de seu Filho:

> A Virgem imaculada, preservada imune de toda mancha da culpa original, terminado o curso de sua vida terrestre, foi elevada, com seu corpo e sua alma, à glória do céu, e exaltada pelo Senhor como Rainha do universo, para ser mais plenamente conformada a seu Filho, o Senhor dos Senhores (cf. Ap 19,16), vencedor do pecado e da morte[50].

---

48. *Ibid.*, DC 47 (1950), pp. 1476-1477.
49. *Ibid.*, DzS 3900; FC 408.
50. *Lumen Gentium*, 59; COD II-2, pp. 1817-1819.

## O movimento doutrinal

A Assunção, portanto, no fim da vida de Maria, corresponde à Imaculada Conceição, em sua origem: Maria foi preservada, de um lado, da morte espiritual que é o pecado e, de outro, da corrupção corporal que é a conseqüência do pecado. Há, portanto, entre esses dois mistérios uma coerência fundada na mesma razão econômica e doutrinal, que é o vínculo pessoal de Maria com Cristo. O conceito de corpo deve ser aqui entendido no sentido propriamente humano: é aquilo no qual todo homem recebe e vive uma existência pessoal, exerce e manifesta sua liberdade em relação consigo mesmo, com os outros e com Deus. Nesse sentido, ele é história e memória[51]. Assim ele é compreendido quando se fala da ressurreição de Cristo e da ressurreição em geral.

Outra semelhança, a consagração de Maria a Cristo, se exprime aqui em termos de incorruptibilidade; a maternidade divina estabeleceu Maria, cujo útero deu ao Verbo de Deus sua carne incorruptível, na condição de incorruptibilidade. Essa idéia é subjacente ao tema da virgindade perpétua e muito presente na afirmação da Imaculada Conceição. Aquele que preservou sua mãe de todo pecado, aquele que manteve sua virgindade, evitou-lhe, igualmente, a corrupção do túmulo. Pois a morte é a conseqüência do pecado e a destruição da obra de Deus. Ora, a carne de Maria é consagrada à vida que é o Verbo de Deus e lhe pertence de maneira absoluta. O corpo de Maria não pode ser separado do corpo de seu Filho. Dessa forma, a afirmação da Assunção se enraíza na do dogma de Éfeso que chamou a atenção para a santidade da Mãe de Deus.

Essa afirmação doutrinal não pode se apoiar em nenhum documento relatando um acontecimento, embora as representações de certos apócrifos tenham podido ajudar em sua formalização. Esse dogma exige a fé em um fato que não tem nenhuma atestação histórica nem pretende ter. A Assunção não é um fato "histórico" no sentido da história moderna. Enquanto a ressurreição de Cristo tem um exterior, graças à atestação de suas testemunhas, a Assunção não tem nenhum. É um mistério de fé, discernido como a conseqüência do estado de direito que une a Mãe de Deus a seu Filho.

Nessa perspectiva devem ser situados os debates sobre a morte de Maria: é incontestável que Maria morreu no sentido de que, em certo momento, ela deixou de "estar lá" e de poder manter relações humanas pela mediação de seu corpo. Certos teólogos querem ver na Assunção a afirmação de que Maria não morreu no sentido empírico do termo. Vimos que nem Pio XII, nem o Concílio Vaticano II se pronunciaram a esse respeito. A coerência da economia inclina antes a pensar que, como Cristo morreu, a evidência da morte de Maria é igual à dos outros homens.

A Assunção de Maria assume, enfim, um sentido importante em relação com o mistério da Igreja. Não é porque ela seja penhor de nossa esperança na

---

51. Cf. B. SESBOÜÉ, *Pedagogie du Christ*, pp. 110-113.

ressurreição dos corpos, pois isso é próprio da ressurreição de seu Filho. Mas Maria representa a antecipação da redenção total. A salvação recebida por Maria é a de toda a Igreja e de todo homem, mas existe e se encontra manifestada nela em toda a sua plenitude. Maria já se encontra na escatologia plenamente realizada nela, ela é a antecipação da consumação final. Ela institui a comunidade corporal de todos os resgatados. De um modo insigne e único, Maria realiza o destino da Igreja, da qual ela é, ao mesmo tempo, modelo e membro perfeito.

CAPÍTULO XIX
# Maria no mistério de Cristo e da Igreja

A Imaculada Conceição e a Assunção de Maria representam o resultado dogmático do movimento mariano que habitou a Igreja desde o fim dos tempos patrísticos até os tempos modernos. Seria possível ir mais longe nesse mesmo caminho? Alguns o desejavam. Entretanto, desde a metade do século XX uma nova consideração da Virgem Maria desviou-se da orientação precedente. Não se tratava mais de enumerar uma lista de "privilégios" de Maria mas de situá-la, por um lado, na economia da salvação e, por outro, na Igreja da qual ela continua a ser membro, ainda que o mais perfeito. Essa reorientação, que não ocorreu sem conflito, será confirmada pelo Concílio Vaticano II e domina a teologia mariana contemporânea.

## I. A DOUTRINA DO VATICANO II

**INDICAÇÕES BIBLIOGRÁFICAS:** Antes do Concílio: O. SEMMELROTH, *Marie, archétype de l'Église,* Paris, Fleurus, 1965. — A. MÜLLER, *Ecclesia-Maria. Die Einheit Marias und der Kirche,* Freiburg in der Schweitz, 1951. — Y. CONGAR, *Le Christ, Marie et l'Église,* Paris, DDB, 1952.

**NO CONCÍLIO:** R. LAURENTIN, *La Question mariale*, Paris, Seuil, 1963; *La Vierge au concile. Présentation, texte et trad. du ch. VIII de la Constitution dogmatique Lumen Gentium,* Paris, Lethielleux, 1965. — G. PHILIPS, *L'Église et son mystère au II<sup>e</sup> concile du Vatican,* t. II, Paris, Desclée, 1969, pp. 207-289. — H. M. MANTEAU-BONAMY, *La vierge Marie et le Saint Esprit. Commentaire de* Lumen Gentium, Paris, Lethielleux, 1971.

## O contexto do trabalho conciliar

A Virgem Maria foi motivo de um momento de crise no Vaticano II. Depois do insucesso do esquema preparatório sobre "A bem-aventurada Virgem Maria, Mãe de Deus e Mãe dos homens", que o conselho de presidência pretendia pôr em votação na festa de 8 de dezembro de 1962, travou-se um debate, em 1963, sobre a questão de saber se se devia tratar da Virgem Maria num documento separado ou no quadro da constituição sobre a Igreja. A primeira posição era a herdeira das últimas tendências "inflacionistas" do movimento mariano que desejavam acrescentar "novas gemas à gloriosa coroa de Maria" na perspectiva de um paralelo cada vez mais estreito entre Maria e Cristo; a segunda queria situar de novo a Virgem como membro da Igreja e em seu papel no seio da economia da salvação, segundo uma perspectiva mais sóbria, porém doutrinalmente mais fundada. Num clima um tanto apaixonado, a resposta à questão somou 1.074 votos para a primeira solução e 1.114 para a segunda. O Concílio se encontrava então dividido em duas partes quase iguais, com 40 votos de diferença[1]. Foi a consternação. A frágil maioria foi, entretanto, respeitada, mas a redação cuidou de restaurar a unanimidade conciliar. De um lado, Maria foi situada "no mistério de Cristo e da Igreja" e tema de uma redação muito bíblica e patrística. Os debates foram breves e suscitaram poucas emendas; o texto foi votado quase com unanimidade no dia 21 de novembro de 1964. Por sua vez, Paulo VI fez questão de proclamar Maria "Mãe da Igreja, isto é, de todo o povo de Deus, tanto dos fiéis como dos pastores"[2], expressão que fora recusada pela comissão conciliar, por achá-la não-tradicional e inoportuna no plano ecumênico. Mas como mãe de família e membro dela, Maria, Mãe da Igreja, é evidentemente membro da Igreja e nossa irmã.

## Orientações gerais e intenção

Não se deve procurar uma ligação interna entre o conjunto da *Lumen Gentium* e seu último capítulo consagrado à Virgem Maria. Essa constituição já estava estruturada antes da decisão da inserção do tema mariano. Esse capítulo é, portanto, um acréscimo, mas de significativa importância: Maria pertence à Igreja, ela não está fora ou acima da Igreja, ela é um membro dela.

Mas esse capítulo ultrapassa também o vínculo de Maria com a Igreja: ele apresenta uma síntese doutrinal sobre Maria que pretende situá-la na totalidade da Economia da salvação e do mistério cristão e, portanto, em seu vínculo com Cristo. Paulo VI saudava assim esse capítulo: "É [...] a primeira vez [...] que um

---

1. Cf. R. LAURENTIN, *La Vierge au concile*, pp. 13-16.
2. PAULO VI, "Discurso de encerramento da 3ª sessão", 21 de nov. de 1964, em João XXIII/Paulo VI, *Discours au concile*, Paris, Centurion, 1966, p. 184.

concílio ecumênico apresenta uma síntese tão vasta da doutrina católica sobre o lugar que Maria santíssima ocupa no mistério de Cristo e da Igreja"[3]. O texto, contudo, afirma que "o Concílio não tem em mente propor a doutrina completa sobre Maria, nem quer dirimir as questões ainda não trazidas à plena luz pelo trabalho dos teólogos (n. 54)"[4]. Essas fórmulas pretendem justificar a prudência das formulações e alguns silêncios que são intencionais.

Convém, portanto, tomar em sentido forte o próprio título do capítulo: "A bem-aventurada Virgem Maria, Mãe de Deus, no mistério de Cristo e da Igreja". No mesmo espírito, o título da segunda seção apresenta o papel de Maria "na economia da salvação". Trata-se de uma doutrina mariana "integrada", que considera sempre a Mãe de Deus a partir do papel que desempenhou na história da salvação.

A redação teve a deliberada intenção de permanecer aquém da linguagem especulativa elaborada pelos teólogos desde o início do século, e de nada definir. O Concílio não quer entrar no domínio das opiniões teológicas livres, deixadas à responsabilidade de seus autores. Toda a sua atitude convida a um retorno às fontes da Escritura e da tradição e inaugura um novo tipo de discurso mariano. Bem longe de continuar na linha da elaboração de novos títulos da Virgem Maria e continuar visando a novas definições, o Concílio fala simplesmente de Maria na ampla perspectiva da economia da salvação. A preocupação ecumênica foi constante na redação do documento.

## *O ponto de partida*

O ponto de partida é dado pela iniciativa salvífica de Deus que envia seu Filho nascido da mulher (Gl 4,4), afirmação bíblica à qual corresponde a menção ao Símbolo de Nicéia-Constantinopla: "O qual, por amor de nós homens e para nossa salvação, desceu dos céus e se encarnou, por obra do Espírito Santo, de Maria Virgem" (n. 52). O fundamento na profissão de fé retorna ao fundamento bíblico. O "mistério divino da salvação" é trinitário e passa pelas missões do Filho e do Espírito. Ele "se nos revela e perpetua na Igreja, que o Senhor constituiu como seu corpo" (n. 52). É nesse Corpo que devemos fazer, como na eucaristia, memória da mãe de Deus. Maria está unida efetivamente, ao mesmo tempo, às três pessoas divinas e solidária com toda a Igreja da qual é um membro resgatado. Por um lado, é a mãe do Filho de Deus e do Redentor; é a "filha predileta do Pai e sacrário do Espírito Santo". Por outro, ela guarda a solidariedade com a descendência de Adão a ser salva. Ela "foi redimida de um

---

3. *Ibid.*, p. 183.
4. As referências ao cap. VIII de *LG* serão dadas com o número do texto. No original, a trad. é da *COD* II-2, pp. 1811-1825. Tradução brasileira do *Compêndio do Vaticano II*, Vozes, Petrópolis, Rio de Janeiro, [14]1980.

modo mais sublime" e cooperou para o nascimento da Igreja da qual ela é um "membro supereminente e de todo singular", "seu tipo e modelo", ao mesmo tempo em que é a mãe dos membros de Cristo (n. 53).

As referências essenciais foram dadas: o papel próprio de Maria na história da salvação depende do desígnio trinitário que fez dela a Mãe de Deus. Mas esse desígnio situa Maria na Igreja, do lado dos salvos: aí ela exerce sua missão única. Essas referências comandam a construção do texto em suas três seções principais: a função (*munus*) de Maria no mistério do Verbo encarnado (II) e no seu Corpo místico que é a Igreja (III) e o culto que lhe é devido (IV) (n. 55).

### *"Maria totalmente ordenada a Deus e a Cristo"*

Essa expressão de Paulo VI[5] recapitula, de modo feliz, o sentido dos detalhes dessa seção. O esquema de exposição é o seguinte: percorrendo a economia da salvação desde a lenta preparação da vinda de Cristo até a glorificação da Virgem, o Concílio expõe a função e o destino de Maria, seguindo o curso de sua existência. Esse é o eixo da exposição, que se apresenta como uma teologia bíblica muito sóbria, e introduz, por ordem, todos os fundamentos bíblicos da teologia mariana bem como os mistérios da vida da Virgem, inserindo, a propósito de cada um, os comentários doutrinários da tradição. Essa seção é tanto patrística como bíblica e, em vários casos, a interpretação da Escritura é atribuída aos Padres e à tradição.

O dossiê bíblico se limita aos textos, cuja importância mariana é indiscutível, e ao nível de interpretação em que essa importância é indiscutível. Por isso, inúmeras referências são introduzidas por um *cf.* que sublinha uma distância consciente dela mesma entre a redação conciliar e os textos evocados. Assim também o Concílio evita enfeudar-se numa ou noutra exegese recente, mesmo que avalizadas por grandes nomes. Muitas vezes ele cita, sem comentar, ou comentando de maneira muito discreta (por exemplo, a presença de Maria junto à cruz). Ele só quis reter o que pertencia a um ensino comum e parecia um dado definitivo.

Essa grande prudência determina uma modificação sensível do dossiê bíblico invocado de maneira clássica a respeito de Maria. Os textos sapienciais, freqüentemente aplicados a Maria na liturgia, jamais são mencionados; a referência ao Apocalipse 12, a mulher coroada no céu, está ausente. Mas, por outro lado, o dossiê se enriqueceu. Incorporou o tema, recentemente redescoberto pelos protestantes, de Maria, pobre do Senhor e "Filha de Sião" (n. 55), em quem os tempos se cumprem e se efetua a transição de Israel para a Igreja. São assim reconhecidas as alusões da narrativa da Anunciação (Lc 1,26-28) a Sofonias 3,14-17. O Concílio recorre, da mesma forma, aos versículos apa-

---

5. PAULO VI, "Discurso de encerramento da 3ª sessão", p. 187.

rentemente "restritivos" dos Evangelhos sobre Maria: sublinha, por ocasião da cena de Jesus perdido e reencontrado no Templo, que os pais de Jesus não compreenderam as palavras de seu filho (n. 57); dá sentido às palavras de Jesus: "Quem é minha mãe e quem são meus irmãos" (Mc 3,35 e par.; a mesma coisa para Lc 11,27) (n. 58). Maria é aquela que escutou e guardou a palavra de Deus (cf. Lc 2,19 e 51) e foi proclamada bem-aventurada por Isabel por causa de sua fé (Lc 1,45). O Concílio sublinha, então, que "a Virgem avançou em peregrinação de fé" até a cruz (n. 58).

Esse dossiê é igualmente muito patrístico e retoma o paralelo entre Eva e Maria: Ireneu tem aí um lugar especial, especialmente no comentário da narrativa da anunciação (n. 56). Epifânio, Cirilo de Alexandria, os homilistas bizantinos, João Damasceno são citados ou evocados, assim como Jerônimo, Ambrósio e Agostinho, no Ocidente.

No plano das afirmações doutrinais, o Concílio retoma sem falha o que já foi definido, mas não vai além[6]. Insiste na união da mãe com seu Filho desde a concepção virginal até a morte de Cristo, assim como em sua união com a Igreja. Não decide sobre a questão do conhecimento que Maria poderia ter da identidade divina de seu filho. Não reteve a idéia de que João representa todos os fiéis, aos pés da cruz. A respeito da Assunção, ateve-se aos termos de Pio XII. Seus silêncios são também significativos, porque intencionais: não se pode deixar de notar a ausência de qualquer menção à "co-redenção" de Maria.

## *A relação de Maria com a Igreja*

A ligação de Maria com a Igreja é expressa por três palavras-chave: Membro, Tipo (ou modelo) e Mãe, anunciadas no prólogo (n. 53).

Maria é membro da Igreja: isso já está inscrito na integração de seu esquema na constituição sobre a Igreja. No mistério da Igreja, Maria abre a caminhada (n. 63), do mesmo modo que por sua glorificação ela representa "as primícias da Igreja" no tempo futuro (n. 68). Maria é, portanto, interior à Igreja, embora seja um membro supereminente e único, superior a todos os outros.

Maria é *mãe*: em torno desse título é que o Concílio reúne tudo o que diz respeito à influência de Maria sobre a Igreja. O texto se abre com a menção da 1Tm 2,5-6 sobre "o único mediador entre Deus e os homens", afirmação posta como um princípio diretor de tudo o que se possa dizer sobre o papel de Maria. Sua função maternal, por conseqüência, em nada pode diminuir essa radical unicidade do mediador e ela não poderia ser "co-numerada" com ele. Tudo o que é dado a Maria vem do "divino beneplácito" de Deus e decorre dos "superabundantes méritos de Cristo" (n. 60).

---

6. As fórmulas do Concílio foram dadas nos capítulos precedentes a propósito de cada afirmação.

Maria pode então ser apresentada sem nenhuma ambigüidade como associada (*socia*) à encarnação e à redenção como serva humilde, que cooperou (*cooperata est*) com sua obediência, sua fé, sua esperança e sua caridade (n. 61). Por isso, Maria foi para nós mãe na "economia da graça" (o Concílio, sabe-se, evitou o título "Mãe da Igreja"). Ela continua sua missão de salvação por sua intercessão, o que explica os títulos tradicionais que lhe foram dados: "Advogada, Socorro, Auxiliadora, Medianeira". É no fim dessa série de títulos tradicionais que vem o termo "medianeira", muito relativizado e deixando de ser equívoco porque exprime apenas um papel de intercessão. Foi sempre nesse sentido que alguns Padres, textos litúrgicos e certos doutores latinos o empregaram[7]. Se a palavra não foi omitida, como pedira o cardeal Béa por um motivo ecumênico evidente, pelo menos foi deliberadamente marginalizada. Esse texto elimina muitos equívocos e dificuldades anteriores. Maria não é posta, de modo algum, ao lado do redentor: sua cooperação vem do mundo dos redimidos, e ela mesma é fruto da graça da redenção.

Maria é, enfim, *tipo, modelo* e *figura* da Igreja. E isso a título tríplice de virgem, mãe e santa. O texto mostra como a virgindade e a maternidade de Maria se reproduzem na Igreja que se torna mãe gerando filhos de Deus na fé, e permanecendo virgem pela pureza de sua fé e por sua consagração total a Cristo (nn. 63-64). Enfim, entre as virtudes de Maria, o Concílio cita a afeição maternal que deve animar todos os que têm missão na Igreja de regenerar os homens. É uma dimensão maternal e feminina do ministério na Igreja (n. 65).

## *O culto da Virgem*

O culto da Virgem Maria na Igreja deve permanecer cristocêntrico. Muito antigo, atestado desde antes do Concílio de Éfeso, ele está fundado na palavra do *Magnificat*, "Todas as gerações me chamarão bem-aventurada" (Lc 1,48). Difere totalmente do culto de adoração prestado ao Verbo encarnado e à Trindade; é um culto de veneração, invocação e imitação que decididamente dá glória a Deus (n. 66). Esse culto é, em primeiro lugar, o culto litúrgico; mas exprime-se, também, por meio das devoções aprovadas pela Igreja. Quanto aos teólogos, são convidados a se abster tanto de "todo o falso exagero" como da "demasiada estreiteza de espírito". Eles devem ressaltar o aspecto cristocêntrico do mistério mariano, afastando tudo o que possa induzir em erro os irmãos separados (n. 67).

Dois parágrafos conclusivos apresentam Maria como as primícias da Igreja escatológica (n. 68) e convidam a que se recomende à intercessão da Mãe de Deus a unidade do único povo de Deus, "para a glória da santíssima e indivisa Trindade" (n. 69).

---

7. Cf. R. LAURENTIN, *Court Traité*..., pp. 62-64, 73-74, 153-154.

## II. O DISCURSO MARIANO DA IGREJA CATÓLICA APÓS O VATICANO II

**INDICAÇÕES BIBLIOGRÁFICAS:** PAULO VI, Exortação apostólica *Signum magnum*, 13 de maio de 1967; *DC* 64 (1967), pp. 961-972; Exortação apostólica *Marialis cultus*, 2 de fevereiro de 1974; *DC* 71 (1974), pp. 301-319. — JOÃO PAULO II, encíclica *Redemptoris Mater*, 25 de março de 1987; *DC* 84 (1987), pp. 383-406.

No período que se seguiu ao Concílio, o discurso mariano da Igreja permaneceu fiel às orientações traçadas pela constituição *Lumen Gentium*. A pesquisa se voltou para a Escritura e pode-se dizer que seu eixo maior passou da teologia de Maria-Rainha, a dos privilégios e dos títulos, para a de Maria-Serva, a Filha de Israel que acolheu, na fé, o desígnio de Deus para ela. Interroga-se também sobre a relação de Maria com o Espírito Santo. A nova situação ecumênica em que a Igreja católica se engajou não é esquecida. A verdade é que o tema da Virgem Maria apenas timidamente começa, agora, a se tornar assunto de diálogo nas comissões ecumênicas.

### *João Paulo II*: Redemptoris Mater

A encíclica *Redemptoris Mater* de 25 de março de 1986 é o documento mais importante depois do Vaticano II. Ela afirma uma intenção ecumênica, particularmente em relação ao Oriente ortodoxo. O tom é deliberadamente bíblico: não só João Paulo II cita abundantemente os grandes textos evangélicos sobre Maria, mas aplica a ela as passagens decisivas de São Paulo sobre a eleição, a bênção, a graça (nn. 8-10), a justificação e a fé. A fé de Maria é comparada à de Abraão (n. 14). A Virgem é assim inscrita na comunidade dos salvos, e sua vocação excepcional não a faz escapar da condição humana comum, que se traduz pela necessidade de uma justificação pela graça por meio da fé.

Do mesmo modo o texto se refere constantemente ao capítulo VIII da *Lumen Gentium*, citado 67 vezes. Ele segue praticamente o mesmo plano: Maria no mistério de Cristo, depois no mistério da Igreja. Sua originalidade está no relevo dado à maternidade de Maria.

### A "mediação" maternal de Maria

Há, porém, um ponto em que a encíclica toma uma distância importante da *Lumen Gentium*. Sua terceira parte é consagrada à "mediação maternal" de Maria. Apoiando-se no único termo empregado no Vaticano II — que tinha então valor de concessão marginal —, o papa desenvolve abundantemente o tema. A expressão é, sem dúvida, explicada num sentido que lhe retira qualquer ambigüidade. A reflexão parte da afirmação capital de 1Tm 2,5 sobre "o único Mediador entre Deus e os homens" e volta incessantemente a ela como norma. A "mediação" de Maria decorre, portanto, de uma única fonte: ela é *participada* e *subordinada;* ela decorre do fato de a Virgem *ter sido* generosamente *associada* ao Redentor. É uma mediação *maternal,* a exemplo da que foi exercida em Caná, no pedido da mãe de Jesus. Não é nada mais que a "cooperação" de Maria na ação salvífica de seu Filho. Portanto, o que é visado pelo termo, a propósito de Maria, é radicalmente diferente da verdadeira e única mediação realizada pelo Verbo encarnado. A analogia comporta, aqui, muito mais diferença do que semelhança. Mas será que essas precauções e explicações não militariam muito mais em favor da escolha de outro termo? E, ainda, serão elas suficientes para acalmar as inquietações dos cristãos procedentes da Reforma?

## *A controvérsia ecumênica sobre a Virgem Maria*

É sabido que o ponto principal da controvérsia sobre Maria entre católicos e protestantes não é tanto a questão da invocação de Maria, nem mesmo a de seus privilégios, mas o problema da cooperação de Maria para a salvação. Em sua *Dogmática*, K. Barth formulara, com toda a sua verve polêmica, a recusa dos protestantes contra a "heresia católica"[8]. A acusação concerne muito particularmente à "cooperação" de Maria que atribuiria a esta uma função "independente" da de Cristo, por mais relativa que fosse, e isso em razão de seu "assentimento à promessa", quer dizer, definitivamente, em razão de seu mérito. Tal concepção seria, com efeito, herética. O catolicismo é particularmente convidado a renunciar à afirmação da co-redenção, termo objetivamente incorreto. Porque ou ele é cercado de precauções que lhe retiram todo significado, ou dá a entender que Maria participou da redenção no mesmo plano em que Cristo a realizou. Por exemplo, ela teria realizado uma pequena parte, por mínima que fosse, que se juntaria à parte de seu Filho. Mas a doutrina católica autêntica, — quaisquer que possam ter sido certos exageros da "mariologia"[9] — não diz isso. A participação de Maria na salvação não constitui uma iniciativa complementar da graça. Ela é o fruto da graça recebida e se exerce sob a graça e na graça. A diferença qualitativa entre o ato de Cristo e a participação de Maria é absoluta. É a própria eficácia da graça que torna possível a fé de Maria, seu *Fiat* e sua participação no mistério. Essa dificuldade de Barth está ligada ao problema mais amplo das conseqüências da justificação pela graça nas criaturas salvas e de sua capacidade de cooperar na graça para a obra da salvação. Esse ponto está igualmente em jogo na função reconhecida ou negada à Igreja. Os diálogos ecumênicos, que no essencial esclareceram a doutrina comum da justificação pela graça por meio da fé, tropeçam ainda nesse domínio.

---

8. K. BARTH, *Dogmatique*, vol. I, II/1, Genebra, Labor et Fides, 1954, t. 3, pp. 127-135.

9. Cf. R. LAURENTIN, *Le Titre de Corédemptrice. Étude historique*, Paris, Nelles Éd. latines 1951. — CL. DILLENSCHNEIDER, *Le Mystère de la corédemption mariale. Théories nouvelles, exposé, appréciation critique, synthèse constructive*, Paris, Vrin, 1951.

# Transição

B. Sesboüé

Ao término deste terceiro volume da *História dos dogmas* pode parecer que a tarefa está terminada, e até duplamente terminada: primeiro no plano da história, visto que nosso percurso, partindo das origens, chegou a registrar as últimas determinações dogmáticas e doutrinais da Igreja; depois no plano dos conjuntos temáticos, visto que, depois de ter desenvolvido o conteúdo trinitário e cristológico do Símbolo de fé (primeiro tomo) e exposto o discurso cristão concernente ao homem criado, pecador e salvo (segundo tomo), acabamos de tratar dos sacramentos e da Igreja, cuja consideração geralmente fecha toda a dogmática.

Dois sinais, entretanto, mostram que ainda não foi dito tudo. Primeiramente porque, se o primeiro tomo tratou abundantemente do mistério trinitário, foi muito discreto a respeito do problema do Deus único e de seu conhecimento pelo homem. Depois, o tema da infalibilidade, particularmente a infalibilidade pontifícia, que apareceu diversas vezes na exposição da história do dogma eclesial, visto que normalmente lhe pertence, não foi tratado em si mesmo. A decisão de reservar esses dois pontos bem diferentes para outro conjunto não é arbitrária.

Com efeito, desde os tempos modernos, a fé cristã se confronta de maneira nova com a razão: o leitor deve, aliás, ter percebido isso a propósito da Igreja. A exposição serena do conteúdo dessa fé se vê doravante desafiada por uma série de "questões prévias" que condicionam sua legitimidade: pode o homem conhecer Deus? A idéia de revelação de Deus tem sentido? O ato de fé é conforme à razão humana? Enfim, sobre que fundamento se regula o discurso da Igreja? Qual é, em particular, a autoridade de seu magistério? É aqui que encontramos de novo a questão da infalibilidade.

Todas essas questões se desenvolveram a partir do Concílio de Trento e constituem o que geralmente é chamado *teologia fundamental*, distinta da *teologia dogmática*. Logicamente preliminares, pode-se dizer, são as últimas a ser levantadas na história. Há três séculos estão em primeiro plano e provocaram determinações dogmáticas no Concílio Vaticano I, antes de serem retomadas segundo novos paradigmas no Vaticano II.

Há aí um conjunto doutrinal que tem sua unidade histórica e doutrinal: ele nos fará remontar à aurora dos tempos modernos e constituirá o assunto do quarto e último tomo da *História dos dogmas*.

# Bibliografia

### Primeira parte: OS SACRAMENTOS

A. G. Martimort (dir.), *L'Église en prière*, Paris, Desclée, 1983, 4 vols.
A. Ganoczy, *Einführung in die katholische Sakramentenlehre*, Darmstadt, Wissenschaftliche Buchgesellschaft, 1979; *La doctrine catholique des sacrements*, Paris, Desclée, 1988.
C. Rochetta, *Sacramentaria fondamentale*, Bologna, Dehoniane, 1989.
H. I. Dalmais, Sacrements, *DSp* XIV (1990) 45-51.
W. Pannenberg, *Systematische Theologie*, Göttingen, Vandenhoeck & Ruprecht, 1993, Bd. 3.
L. M. Chawet, *Symbole et sacrement. Une relecture sacramentelle de l'existence chrétienne*, Paris, Cerf, 1987; *Les sacrements. Parole de Dieu au risque du corps*, Paris, Ouvrières, 1993.
M. Zitnik, *Sacramenta: bibliographia internationalis*, Roma, PUG, 1992.

### Segunda parte: A IGREJA

L. Duchesne, *Histoire ancienne de l'Église*, Paris, Fontemoing, 1906-1910, 3 vols.
*Nouvelle histoire de l'Église*, t. 1: J. Daniélou, H. Marrou, *Des Origines à saint Grégoire le Grand (604)*; t. 2: M. D. Knowles, D. Obolensky, *Le Moyen Âge (600-1500)*; t. 3: H. Tüchle, C. A. Bouman, J. Le Brun, *Réforme et Contre-Réforme*; t. 4: L. J. Rogier, G. De Bertier De Sauvigny, J. Hajjar, *Siècle des Lumières, Révolutions, Restaurations (1715-1848)*; t. 5: R. Aubert, J. Bruls, P. E. Crunican, J. Tracy Ellis, J. Hajjar, F. B. Rke, *L'Église dans le monde moderne (1848 à nos jours)*, Paris, Seuil, 1963-1975.

Y. Congar, *L'Église de saint Augustin à l'époque moderne*, Paris, Cerf, 1970; *Église et papauté. Regards historiques*, Paris, Cerf, 1994.

Sobre a obra eclesiológica de Y. Congar: J. Famerée, *L'Ecclésiologie d'Yves Congar avant Vatican ll. Histoire et Église. Analyse et reprise critique*, Leuven, Peters, 1992.

G. May, Kirche III. Alte Kirche, *TRE* 18 (1988) 218-227; Kirche IV, *ibid.*, 227-252.

A. Antón, *El misterio de la Iglesia. Evolución de las ideas eclesiológicas*, Madrid/Toledo, Estudio teológico de San Ildefonso, 1986-1987, 2 vols.

K. Schatz, *La primauté du pape. Son histoire, des origines à nos jours (1990)*, Paris, Cerf, 1992.

S. Dianich, *Ecclesiologia. Questioni di metodo e una proposta*, Milano/Torino, Paoline, 1993.

J. Gaudemet, *Église et Cité. Histoire du droit canonique*, Paris, Cerf, 1994.

### *Terceira parte:* **A VIRGEM MARIA**

H. du Manoir (dir.), *Maria, Études sur la Sainte Vierge*, Paris, Beauchesne, 1949-64, 7 tomes; Tome 8: *Marie à la lumière de Vatican II*, 1971.

Ch. Journet, *Esquisse du développement du dogme marial*, Paris, Alsatia, 1954.

R. Laurentin, *Court traité sur la Vierge Marie*, Édition post-conciliaire, Paris, Lethielleux, 1967.

P. Grelot, D. Fernandez, Th. Koehler, S. De Fiores, R. Laurentin, *Marie (Sainte Vierge)*, *DSp* t. X (1980) 409-482.

H. Graef, *Mary. A History of Doctrine and Devotion*, London, 1963-1965, 2 vols.

W. Delius, *Geschichte der Marienuerehrung*, München/Basel, 1963.

# Bibliografia Brasileira

## SACRAMENTOS

ALDAZÁBAL, J. *A eucaristia*. Petrópolis, Vozes, 2002.
ALMEIDA, A. J. *Igrejas locais e colegialidade episcopal*. São Paulo, Paulus, 2001.
_____. *O ministério dos presbíteros-epískopos na Igreja do Novo Testamento*. São Paulo, Paulus, 2002.
ANTONIAZZI, A. *Os ministérios na Igreja, hoje. Perspectivas teológicas*. Petrópolis, Vozes, 1975.
BOFF, L. *A vida dos sacramentos e os sacramentos da vida. Minima sacramentalia*. Petrópolis, Vozes, 1975.
BOROBIO, D. (org.). *A celebração na Igreja. Vol. I: Liturgia e sacramentologia fundamental*. São Paulo, Loyola, 1990.
_____ (org.). *A celebração na Igreja. Vol. II: Sacramentos*. São Paulo, Loyola, 1993.
BOUHOT, J.-P. *A confirmação: sacramento da comunhão eclesial*. São Paulo, Paulinas, 1978.
BOUYER, L. *Palavra, Igreja e sacramentos no protestantismo e no catolicismo*. São Paulo, Flamboyant, 1962.
BROWN, R. E. *Sacerdote e bispo*. São Paulo, Loyola, 1987.
CHAUVET, L.-M. – DE CLERCK, P. (dirs.). *O sacramento do perdão: entre ontem e amanhã*. São Paulo, Paulinas, 1998.
CHUPUNGCO, A. J. (dir.). *Os sacramentos: teologia e história da celebração* (Anámnesis 4). São Paulo, Paulinas, 1989.
CNER – CNPL. *A confirmação. Teoria e prática*. São Paulo, Loyola, 1974.
CODINA, V. – IRARRAZÁVAL, D. *Sacramentos de iniciação: água e espírito de liberdade*. Petrópolis, Vozes, 1988.
DÍAZ MATEOS, M. *O sacramento do pão*. São Paulo, Loyola, 2004.

Espeja, J. *Sacramentos*. Petrópolis, Vozes, 1992.
Esquiza, J. (org.). *Para celebrar o perdão divino e a reconciliação eclesial*. São Paulo, Loyola, 2003.
Evdokimov, P. *O sacramento do amor: o mistério conjugal à luz da tradição ortodoxa*. São Paulo, Paulinas, 1989.
Feiner, J. – Loehrer, M. (eds.). *Mysterium Salutis; Fundamentos de dogmática histórico-salvífica*. Petrópolis, Vozes, 1975ss. (*Mysterium Salutis*, IV/2; IV/4; V/1; V/2; V/5; V/6).
Floristán, C. *Catecumenato. História e pastoral da iniciação*. Petrópolis, Vozes, 1995.
Fourez, G. *Os sacramentos celebram a vida*. Petrópolis, Vozes, 1984.
França Miranda, M. *Sacramento da penitência: o perdão de Deus na comunidade eclesial*. São Paulo, Loyola, ⁴1986.
Ganoczy, A. *Os sacramentos. Estudo sobre a doutrina católica dos sacramentos*. São Paulo, Loyola, 1988.
Giraudo, C. *"Num só corpo": tratado mistagógico sobre a eucaristia*. São Paulo, Loyola, 2003.
_____. *Redescobrindo a eucaristia*. São Paulo, Loyola, 2002.
Goedert, V. M. *O sacramento da confirmação: perspectivas teológico-pastorais*. São Paulo, Paulinas, 1989.
_____. *Teologia do batismo: considerações teológico-pastorais sobre o batismo*. São Paulo, Paulinas, 1988.
Guimarães, P. B. *Os sacramentos como atos eclesiais e proféticos: um contributo ao conceito dogmático de sacramento à luz de exegese contemporânea*. Roma, Pontificia Università Gregoriana, 1998.
Kavanagh, A. *Batismo: rito da iniciação cristã: tradição, reformas, perspectivas*. São Paulo, Paulinas, 1987.
Lemaire, A. *Os ministérios na Igreja*. São Paulo, Paulinas, 1977.
Léon-Dufour, X. *O partir do pão eucarístico segundo o Novo Testamento*. São Paulo, Loyola, 1984.
Marsili, S. et al. *A eucaristia: teologia e história da celebração* (Anámnesis 3). São Paulo, Paulinas 1987.
Martimort, A. G. *A Igreja em oração*. Vol. II: *A eucaristia*. Petrópolis, Vozes 1988.
_____. *A Igreja em oração*. Vol. III: *Os sacramentos*, Petrópolis, Vozes 1991.
Ortemann, C. *A força dos que sofrem: história e significação do sacramento dos enfermos*. São Paulo, Paulinas, 1978.
Paludo, F. *A festa do amor: reflexões sobre o ritual do sacramento do matrimônio*. Petrópolis, Vozes, ²1994.
Ramos-Regidor, J. *Teologia do sacramento da penitência*. São Paulo, Paulinas, 1989.
Rocchetta, C. *Os sacramentos da fé. Ensaio de teologia bíblica sobre os sacramentos como "maravilhas da salvação" no tempo da Igreja*. São Paulo, Paulinas, 1991.
Rosato, P. J. *Introdução à teologia dos sacramentos*. São Paulo, Loyola, 1994.
Rouillard, P. *História da penitência: das origens aos nossos dias*. São Paulo, Paulus, 1999.

SANTANER, M. A. *Homem e poder. Igreja e ministérios*. São Paulo, Loyola, 1986.
SANTANTONI, A. *Renascidos da água. Para uma espiritualidade do batismo*. Petrópolis, Vozes, 1994.
SCHILLEBEECKX, E. *Por uma Igreja mais humana*. Identidade cristã dos ministérios. São Paulo, Paulinas, 1989.
_____. *Cristo, sacramento do encontro com Deus: estudo teológico sobre a salvação mediante os sacramentos*. Petrópolis, Vozes, ²1968.
SCHNEIDER, T. (ed.). *Manual de Dogmática*. Vol. II. Petrópolis, Vozes, 2001.
SCHNITZLER, T. *Missa, mensagem de vida: entenda a Missa para participar melhor*. São Paulo, Paulinas, ²1978.
SEGUNDO, J. L. *Teologia aberta para o leigo adulto: os sacramentos hoje*. São Paulo, Loyola, 1977.
SESBOÜÉ, B. *Não tenham medo! Os ministérios na Igreja de hoje*. São Paulo, Paulus, 1998.
TABORDA, F. *Nas fontes da vida cristã. Uma teologia do batismo-crisma*. São Paulo, Loyola, 2001.
_____. *Matrimonio – Aliança – Reino: para uma teologia do matrimonio como sacramento*. São Paulo, Loyola, 2001.
_____. *Sacramentos, práxis e festa: para uma teologia latino-americana dos sacramentos*. Petrópolis, Vozes, ⁴1998.
TERTULIANO, *O sacramento do batismo: teologia pastoral do batismo segundo Tertuliano*. Petrópolis, Vozes, 1981.
THURIAN, M. *O mistério da eucaristia: uma abordagem ecumênica,* São Paulo, Loyola, 1996.
TRIPIER, P. *A reconciliação: sacramento dos que vivem a esperança*. São Paulo, Paulinas, 1977.
VENDRAME, C. *Unção dos enfermos: estudo sobre os efeitos do sacramento da unção dos enfermos, seguido de algumas considerações de ordem pastoral*. São Paulo, Paulinas, ²1976.

## *IGREJA*

ALMEIDA, A. J. de. *Teologia dos ministérios não-ordenados na América Latina*. São Paulo, Loyola, 1989.
_____. *Os ministérios não-ordenados na Igreja latino-americana*. São Paulo, Loyola, 1989.
_____. *Igrejas locais e colegialidade episcopal*. São Paulo, Paulus, 2001.
_____. *O ministério dos presbíteros-epíscopos na Igreja do Novo Testamento*. São Paulo, Paulus, 2001.
ANJOS, M. F. dos (org.). *Bispos para a esperança do mundo: uma leitura critica sobre caminhos de Igreja*. São Paulo, Paulinas, 2000.
ANTONIAZZI, A. *Os ministérios na Igreja, hoje: perspectivas teológicas*. Petrópolis, Vozes, ²1977.

BARAÚNA, G. *A Igreja do Vaticano II*. Rio de Janeiro, Vozes, 1965.
BARBAGLIO, G. *A laicidade do crente: interpretação bíblica*. Aparecida, Santuário, 1991.
BARREIRO, A. *Igreja, povo santo e pecador: estudo sobre a dimensão eclesial da fé cristã, a santidade e o pecado na Igreja, a crítica e a fidelidade à Igreja*. São Paulo, Loyola, ²2001.
BARROS, P. C. "Commendatur vobis in isto pane quomodo unitatem amare debeatis": *a eclesiologia eucarística nos* Sermones ad populum *de Agostinho de Hipona e o movimento ecumênico*. Roma, Pontificia Università Gregoriana, 2002.
BECKER, K. J. *O ministério sacerdotal: natureza e poderes do sacerdócio segundo o magistério da Igreja*. São Paulo, Paulinas, 1976.
BIRCK, A. J. *Um mundo a construir: o apostolado dos leigos no pensamento de J. Cardijn*. São Paulo, Loyola, 1975.
BIZON, J. – DARIVA, N. – DRUBI, R. (eds.). *Ecumenismo. 40 anos do Decreto Unitatis Redintegratio 1964-2004*. São Paulo, Paulinas, 2004.
BOFF, C. *Comunidade eclesial: comunidade política; Ensaios de eclesiologia política*. Petrópolis, Vozes, 1978.
BOFF, L. *Igreja: carisma e poder, ensaios de eclesiologia militante*. Petrópolis, Vozes, 1981.
_____. *A fé na periferia do mundo*. Petrópolis, Vozes, ²1979.
BROWN, R. E. *As Igrejas dos apóstolos*. São Paulo, Paulinas, 1986.
BURROWS, W. R. *Novos ministérios: o contexto global*. São Paulo, Loyola, 1991.
CALIMAN, C. *Igreja, povo de Deus, sujeito da comunhão e da missão*. Tese (Doutorado em Teologia). Belo Horizonte, CES, 2001.
CARROUGES, M. *O laicato: mito e realidade*. São Paulo, Duas Cidades, 1967.
CASTRO, D. de. *O padre e as decisões da Igreja local*. Petrópolis, Vozes, 1983.
CHENU, B. *Com a Igreja no coração: discípulos e profetas*. São Paulo, Paulinas, 1985.
CHENU, M. D. *Povo de Deus no mundo*. São Paulo, Duas Cidades, 1969.
CIPOLINI, P. C. *A identidade da Igreja na América Latina: as "notas" da verdadeira Igreja na eclesiologia latino-americana*. São Paulo, Loyola, 1987.
CODINA, V. *Para compreender a eclesiologia a partir da América Latina*. São Paulo, Paulinas, 1993.
_____. *Renascer para a solidariedade*. São Paulo, Loyola, 1984.
COMBLIN, J. *O povo de Deus*. São Paulo, Paulus, 2002.
CONGAR, Y. *Igreja e papado: perspectivas históricas*. São Paulo, Loyola, 1997.
_____. *Igreja serva e pobre*. Lisboa, Logos, 1964.
_____. *Introdução ao mistério da Igreja*. São Paulo, Herder, 1966.
_____. *Se sois minhas testemunhas: três conferências sobre o laicato, a Igreja e o mundo*. São Paulo, Paulinas, 1967.
_____. *A Palavra e o Espírito*. São Paulo, Loyola, 1989.
_____. *Espírito do homem, Espírito de Deus*. São Paulo, Loyola, 1986.
_____. *Diálogos de outono*. São Paulo, Loyola, 1987.
DANIEL-ANGE. *A renovação, primavera da Igreja!* São Paulo, Loyola, 1999.

DREHER, M. N. *A Igreja latino-americana no contexto mundial.* São Leopoldo: Sinodal, 1999.
DULLES, A. *A Igreja e seus modelos: apreciação critica da Igreja sob todos os seus aspectos.* São Paulo, Paulinas, 1978.
DUPRONT, A. *A religião católica: possibilidades e perspectivas.* São Paulo, Loyola, 1995.
FEINER, J. – LOEHRER, M. (eds.). *Mysterium Salutis; Fundamentos de Dogmática histórico-salvífica; Vida e estrutura na Igreja.* Petrópolis, Vozes, 1975ss. (*Mysterium Salutis*, IV/1; IV/3; IV/6).
FORTE, B. *A Igreja ícone da trindade: breve eclesiologia.* São Paulo, Loyola, 1987.
GERKEN, J. D. *Teologia do laicato.* São Paulo, Herder, 1968.
GIRARD, M. *A missão da Igreja na aurora de um novo milênio: um caminho de discernimento centrado na palavra de Deus.* São Paulo, Paulinas, 2000.
HERNANDES PICO, J. – SOBRINO, J. *Solidários pelo Reino: os cristãos diante da América Central.* São Paulo, Loyola, 1992.
HOUTART, F. – PIN, E. *A Igreja na revolução da América Latina.* São Paulo, Duas Cidades, 1969.
HOUTART, F. *A undécima hora: explosão de uma Igreja.* São Paulo, Herder, 1969.
KEHL, M. *A Igreja: uma eclesiologia católica.* São Paulo, Loyola, 1997.
KLOPPENBURG, B. *O cristão secularizado: O humanismo do Vaticano II.* Petrópolis, Vozes, ²1970.
_____. *A eclesiologia do Vaticano II.* Petrópolis, Vozes, 1971.
KUNG, H. *A Igreja.* Vols. I-II. Lisboa, Moraes, 1969-1970.
_____. *Veracidade: o futuro da Igreja.* São Paulo, Herder, 1969.
_____. *Teologia a caminho: fundamentação para o diálogo ecumênico.* São Paulo, Paulinas, 1999.
LAMBERT, B. (coord.). *A nova imagem da Igreja: balanço do concílio.* São Paulo, Herder, 1969.
LEE, W. *A expressão prática da Igreja.* São Paulo, Árvore da Vida, ³1993.
LEPARGNEUR, H. *Os leigos na Igreja particular.* Petrópolis, Vozes, 1976.
LIBANIO, J. B. *Cenários da Igreja.* São Paulo, Loyola, 1999.
LIMA, D. M. do. *Enquanto o diabo cochila.* Rio de Janeiro, Francisco Alves, 1990.
LOHFINK, G. *Como Jesus queria as comunidades?: a dimensão social da fé cristã.* São Paulo, Paulinas, 1987.
LOHFINK, N. *A Igreja dos meus sonhos.* São Paulo, Paulinas, 1986.
LUBAC, H. de. *A Igreja na crise atual.* São Paulo, Paulinas, 1972.
_____. *A Escritura na Tradição.* São Paulo, Paulinas, 1970.
_____. *Paradoxo e mistério da Igreja.* São Paulo, Herder, 1969.
LUNEAU, R. – MICHEL, P. (orgs.). *Nem todos os caminhos levam a Roma: as mutações atuais do catolicismo.* Petrópolis, Vozes, 1999.
MARTINI, C. M. *A Igreja: meditação sobre o Concilio Vaticano II para leigos dos conselhos pastorais.* São Paulo, Loyola, 1987.

_____. *Onde está o teu Deus?: o caminho do leigo na Igreja*. São Paulo, Loyola, 1994.

MINETTE DE TELLESSE, C. *Nova Jerusalém: Eclesiologia; Reino de Deus: estudo bíblico*. Fortaleza, Nova Jerusalém, 1986.

MONDIN, B. *As novas eclesiologias: uma imagem atual da Igreja*. São Paulo, Paulinas, 1984.

MUÑOZ, R. *Nova consciência da Igreja na América Latina*. Petrópolis, Vozes, 1979.

NETO, L. *Fé cristã e cultura latino-americana: uma análise a partir das conferências de Puebla e Santo Domingo*. Roma, Pontificia Università Gregoriana, 1998.

OLIVEIRA, C. J. P. de. *Estruturas a serviço do Espírito: reflexões sobre a evolução histórica e a atual reforma das instituições eclesiásticas*. Petrópolis, Vozes, 1968.

PALACIO, C. *Da polêmica ao debate teológico: a propósito do livro "Igreja: carisma e poder"*. Rio de Janeiro, CRB, 1982.

PARENT, R. *Uma Igreja de batizados: para superar a oposição clérigos, leigos*. São Paulo, Paulinas, 1990.

PHILIPS. *A Igreja e seu mistério no II Concílio do Vaticano: história, texto e comentário da constituição Lumen Gentium*. São Paulo, Herder, 1968.

PIE-NINOT, S. *Introdução à eclesiologia*. São Paulo, Loyola, 1998.

PIEPKE, J. G. *A Igreja voltada para o homem: eclesiologia do povo de Deus no Brasil*. São Paulo, Paulinas, 1989.

QUEIROGA, G. F. de. *Conferência Nacional dos Bispos do Brasil: comunhão e corresponsabilidade*. São Paulo, Paulinas, 1977.

QUIDORT, J. *Sobre o poder régio e papal*. Petrópolis, Vozes, 1989.

QUINN, J. R. *Reforma do papado: indispensável para a unidade cristã*. Aparecida, Santuário, 2002.

RAHNER, K. *O problema da infalibilidade: respostas à interpelação de Hans Küng*. São Paulo, Loyola, 1976.

_____. *Vaticano II: um começo de renovação*. São Paulo, Herder, 1966.

_____. *Estruturas em mudança: tarefa e perspectivas para a Igreja*. Petrópolis, Vozes, 1976.

RATZINGER, J. *Compreender a Igreja hoje: vocação para a comunhão*. Petrópolis, Vozes, 1992.

_____. *O novo povo de Deus*. São Paulo, Paulinas, 1974.

_____. *A união das nações: uma visão dos Padres da Igreja*. São Paulo, Loyola, 1975.

_____. *A Igreja em nossos dias*. Caxias do Sul, Paulinas, 1969.

ROXO, R. M. *O concílio: teologia e renovação*. Petrópolis, Vozes, 1967.

SABUGAL, S. *A Igreja serva de Deus: para uma eclesiologia do serviço*. São Paulo, Paulus, 1997.

SANTORO, F. (org.). *500 anos de evangelização: partir novamente de um fato e de uma presença*. São Paulo, Companhia Ilimitada, 1992.

SCHILLEBEECKX, E. *Por uma Igreja mais humana: identidade cristã dos ministérios*. São Paulo, Paulinas, 1989.

SCHLOSSER, F. *Uma Igreja para o mundo*. São Paulo, Loyola, 1972.
SESBOÜÉ, B. *Não tenham medo!: os ministérios na Igreja de hoje*. São Paulo, Paulus, 1998.
SOBRINO, J. *Ressurreição da verdadeira Igreja: os pobres, lugar teológico da eclesiologia*. São Paulo, Loyola, 1982.
SUENENS. *A co-responsabilidade na Igreja de hoje*. Petrópolis, Vozes, 1969.
TAVARD, G. H. *A Igreja, comunidade de salvação: uma eclesiologia ecumênica*. São Paulo, Paulus, 1998.
TILLARD, J. M. R. *O Bispo de Roma*. São Paulo, Loyola, 1985.
TORRES, S. A Igreja que surge da base: eclesiologia das comunidades cristãs de base. In *IV Congresso Internacional Ecumênico de Teologia, 1980, São Paulo*. São Paulo, Paulinas, 1982.
TOTH, V. *A comunhão dos santos: a tarefa do leigo na Igreja*. São Paulo, Loyola, 1989.
VELASCO, R. *A Igreja de Jesus: processo histórico da consciência eclesial*. Petrópolis, Vozes, 1996.
VELEZ CHAVERRA, N. *As CEB's nos caminhos do Espírito: sua contribuição para a renovação da Igreja e a transformação da sociedade*. Tese (Doutorado em Teologia). Rio de Janeiro, PUC, 1985.
VERCRUYSSE, J. *Introdução à Teologia Ecumênica*. São Paulo, Loyola, 1998.
WOJTYLA, K. *Fontes da renovação: estudo sobre a prática do Concílio Vaticano II*. São Paulo, Loyola, 1985.
WOLFF, E. *Caminhos do ecumenismo no Brasil: história, teologia, pastoral*. São Paulo, Paulus, 2002.
ZILLES, U. *A modernidade e a Igreja*. Porto Alegre, EDIPUCRS, 1993.

## VIRGEM MARIA

BEINERT, W. (org.). *O culto a Maria hoje: subsídio teológico-pastoral*. São Paulo, Paulinas, 1980.
BOFF, C. *Introdução à mariologia*. Petrópolis, Vozes, 2004.
_____. *Maria na cultura brasileira. Aparecida, Iemanjá e Nossa Senhora da Libertação*. Petrópolis, Vozes, 1995.
_____. *O cotidiano de Maria de Nazaré*. São Paulo, Salesiana, 2003.
BOFF, L. *Ave Maria: o feminino e o Espírito Santo*. Petrópolis, Vozes, [6]1998.
_____. *O rosto materno de Deus: ensaio interdisciplinar sobre o feminino e suas formas religiosas*. Petrópolis, Vozes, [2]1979.
_____. *Maria na vida do povo: ensaios de mariologia na ótica latino-americana e caribenha*. São Paulo, Paulus, 2001.
BOJORGE, H. *A figura de Maria através dos evangelistas*. São Paulo, Loyola, 1977.
BROWN, R. E. – DONFRIED, K. P. – FITZMYER, J. A. – REUMANN, J. (orgs.). *Maria no Novo Testamento*. São Paulo, Paulinas, 1985.

Caliman, C. (org.). *Teologia e devoção mariana no Brasil.* São Paulo, Paulinas, 1989.
CEDI – CNBB. *Aparições e revelações particulares* (Subsídios doutrinais da CNBB 1). São Paulo, Paulinas, ²1990.
Cerro Chaves, F. *Maria: mulher, mãe e amiga.* São Paulo, Loyola, 1999.
Chiron, Y. *Os milagres de Lourdes.* São Paulo, Loyola, 2002.
Coyle, K. *Maria na tradição cristã: a partir de uma perspectiva contemporânea.* São Paulo, Paulus, 2000.
De Fiores, S. – Meo, S. (dirs.). *Dicionário de mariologia.* São Paulo, Paulus, 1995.
Enard, A. *Alegra-te, Maria: introdução à prece marial.* São Paulo, Loyola, 1987.
Feiner, J. – Loehrer, M. (ed.): *Mysterium Salutis; Fundamentos de dogmática histórico-salvífica.* Petrópolis, Vozes, 1974. (*Mysterium Salutis*, III/7; IV/6).
Forte, B. *Maria, a mulher ícone do mistério: ensaio de Mariologia simbólico-narrativa.* São Paulo, Paulinas, 1991.
Gebara, I. – Bingemer, M. C. L. *Maria, Mãe de Deus e Mãe dos pobres: um ensaio a partir da mulher e da América Latina.* Petrópolis, Vozes, 1987.
González Dorado, A. *Mariologia popular latino-americana: da Maria Conquistadora à Maria Libertadora.* São Paulo, Loyola, 1992.
Iwashita, P. *Maria e Iemanjá: análise de um sincretismo.* São Paulo, Paulinas, 1991.
Laurentin, R. *A questão marial.* Lisboa: Paulistas, 1967.
*Maria nas Igrejas. Perspectivas de uma mariologia ecumênica.* Petrópolis, Vozes, 1983.
Martini, C. M. – Barrette, G. – Brovelli, F. *Maria e a dimensão afetiva da fé.* Petrópolis, Vozes, 1995.
Murad, A. *O que Maria tem a dizer às mães de hoje.* São Paulo, Paulus, 1997.
_____. *Quem é esta mulher? Maria na Bíblia.* São Paulo, Paulinas, 1996.
_____. *Visões e aparições. Deus continua falando?.* Petrópolis, Vozes, 1997.
Neves, A. *Maria no evangelho.* São Paulo, Loyola, ²1987.
Ossanna, T. E. *Maria, nossa irmã.* São Paulo, Paulinas, 1997.
Palacios, I.-J. *Aparições de Maria: lenda e realidade sobre o mistério mariano.* Rio de Janeiro, Record, 1995.
Pikaza, X. *Maria e o Espírito Santo.* São Paulo, Loyola, 1987.
Pinkus, L. *O mito de Maria: uma abordagem simbólica material para a compreensão da psicodinâmica do feminino na experiência cristã.* São Paulo, Paulinas, 1991.
Ramos, L. (ed.). *A história do nascimento da Maria: Proto-Evangelho de Tiago.* Petrópolis, Vozes, 1988.
Rouet, A. *Maria.* São Paulo, Paulinas, 1977.
_____. *Maria e a vida cristã.* São Paulo, Paulinas, 1980.
Santos, B. S. *A Mãe de Jesus no Novo Testamento.* Aparecida, Santuário, 2000.
Scarango, J. *Devoção e escravidão: a irmandade de Nossa Senhora do Rosário dos Pretos no Distrito de Diamantina no século XVIII.* São Paulo, Ed. Nacional, 1975.

SCHELKLE, K. H. *A Mãe do Salvador: Maria em sua dimensão histórico-salvífica, tipo de redenção e da Igreja*. São Paulo, Paulinas, 1972.

SCHILLEBEECKX, E. *Maria, mãe da redenção: linhas mestras religiosas do mistério mariano*. Petrópolis, Vozes, ²1968.

SOMETTI, J. *O maravilhoso: pastoral e teologia*. São Paulo, Vozes, 1991.

STEIL, C. A. – MARIZ, C. L. – REESINK, M. L. (orgs.). *Maria entre os vivos. Reflexões teóricas e etnográficas sobre aparições marianas no Brasil*. Porto Alegre: Editora da UFRGS, 2003.

SUENENS, L. J. *Maria, advogada nossa: ensaio de síntese marial*. São Paulo, Flamboyant, 1958.

SUSIN, L. C. *Aqui se conta: história de Nossa Senhora de Guadalupe*. São Paulo, Paulinas, 1994.

TAVARD, G. H. *As múltiplas faces da Virgem Maria*. São Paulo, Paulus, 1999.

TONIOLO, E. M. *Seu nome é Maria*. São Paulo, Paulinas, 1979.

VAN DER POEL, F. *O Rosário dos homens pretos*. Belo Horizonte, Imprensa Oficial, 1981.

VON BALTHASAR, H.-U. *O culto a Maria hoje*. São Paulo, Paulinas, 1979.

# Índice de Autores

N.B.: À exceção dos papas, a lista de autores estende-se até o século XVI; para os autores contemporâneos, consultar as indicações bibliográficas.

## A

Abelardo 31, 121
Afonso de Ligório 190
Agostinho 31, 34-37, 39, 40, 42, 44-47, 49, 52-58, 61, 62, 77, 79, 96, 103, 112, 114, 123, 125, 136, 149, 150, 170, 187, 196, 210, 257, 258, 260, 261, 270, 282, 302, 319, 328, 331, 333-335, 337, 340, 342, 344, 345, 351, 360, 371, 378, 381, 398, 493, 510, 511, 516, 522
Ailly (Pedro d') 378
Alberto Magno 103, 104, 120, 122, 163, 367, 502, 503
Alexandre de Alexandria 482
Alexandre de Hales 103, 111, 112, 119, 122, 163, 367
Alexandre III 117, 352, 354, 360
Alexandre VII 496, 497
Algério de Liège 31, 363
Álvaro (Pelayo) 371, 372
Amadeu de Lausanne 503
Amalário de Metz 345
Amaury de Bène 364
Ambrósio de Milão 34, 36, 38-40, 42, 52, 54, 61, 88, 96, 154, 163, 257, 326, 327, 486, 488, 493, 511
Anastácio II 48, 57
André de Creta 494, 500, 502
Anônimo normando 358
Anselmo de Cantuária 495
Antonino de Florença 382

Apeles 478
Arintero (Juan González) 427
Ário 482
Arnaldo de Brescia 364
Arnauld (Angélica) 194
Arnauld (Antônio) 194
Atanásio 96, 323, 325

## B

Baio 194, 197
Bañez 396
Basílio de Cesaréia 36, 47, 72, 88, 97, 99, 322, 325
Beda, o Venerável 331, 337, 345
Bellarmino (Roberto) 181, 394-397, 399, 503
Bento XII 107, 109, 125
Bento XIV 23, 185, 188, 189, 195, 202
Bento XV 426
Berengário de Tours 51, 55, 57, 127
Bernardino de Sena 503
Bernardo de Claraval 31, 358, 360, 361, 364, 495, 501
Boaventura 104, 111, 122, 163, 367, 368, 370, 495, 502, 503
Bonald (Luís de) 409
Bonifácio I 332
Bonifácio II 50
Bonifácio VIII 336, 357, 370-373, 461
Bonizo 53
Borromeu (Carlos) 164, 180

Bossuet (Jacques-Bénigne) 399
Bruys (Pedro de) 364
Bucer (Martin) 389

## C

Cajetano (Tomás de Vio) 391
Calixto 313, 314
Calvino (João) 132, 134, 140, 143, 171, 386, 387, 389
Canísio (Pedro) 180, 181, 393
Cano (Melchior) 390, 391
Cassiano 99, 494
Cassiodoro 494
Catarino (Ambrósio) 391
Celestino I 48, 57, 332
Celso 479, 487
Cesário de Arles 50, 55, 494
Chardon 198
Cipriano de Cartago 45-47, 53, 54, 76, 79, 82, 86, 95, 103, 154, 210, 211, 299, 302, 315, 318, 319, 328, 332, 337, 353, 436
Cirilo de Alexandria 154, 210, 324, 325, 482-484, 492, 511
Cirilo de Jerusalém 31, 38, 39, 42, 60-62, 64-66, 72, 80, 210, 325
Clemente de Alexandria 46, 76, 169, 299, 301, 315, 349
Clemente de Roma 43, 78, 85, 305-308, 313
Clemente IV 107, 108, 374
Clemente VI 109, 125, 137
Clemente VII 189
Clemente XI 188, 195
Conrado de Gelnhausen 378
Cornélio 315
Cristianopoulo (E. D.) 400

## D

Decentius de Gubbio 159, 274
Dominis (Marco Antonio de) 399
Dositeu 203, 204
Drey (Johann Sebastian) 411
Duns Scot 111, 152, 153, 156, 495, 497
Duval (André) 399

## E

Eck (João) 388
Ecolampádio (Johannes Hausschein) 143
Egéria 60-62

Epifânio de Salamina 485, 486, 499, 500, 511
Erasmo 171, 383, 387-389
Estêvão I 45, 57, 103
Estêvão II 346
Eunômio de Cízico 486
Eusébio 18, 312, 315, 319, 320, 323, 349
Evágrio Pôntico 99

## F

Febronius (ver Hontheim)
Fénelon 197, 198, 397
Firmiliano de Cesaréia 46, 249
Floro de Lião 345
Francisco de Assis 356, 360
Francisco de Sales 503
Franzelin (João Batista) 412, 413, 419
Fulgêncio de Ruspe 336, 494

## G

Gelásio I 331, 333, 340, 420
Gerbert (Martin) 400
Gerhoch 359
Germano de Constantinopla 500, 501
Gerson (João) 378
Gil de Roma 371
Graciano (João) 323, 342, 353, 354, 360, 374
Gréa (Adrien) 427
Gregório de Nazianzo 31, 123, 210, 325
Gregório de Nissa 68, 325
Gregório de Tours 501
Gregório de Valença 396
Gregório II 57
Gregório III 57
Gregório IV 341
Gregório IX 117, 360
Gregório Magno 53, 57, 331, 334, 337-339, 346, 353, 494
Gregório VII 51, 341, 342, 354, 355, 357, 372, 373, 461
Gregório XIII 185
Gregório XV 392, 496
Gregório XVI 24, 409, 414
Grignion de Montfort (Luís Maria) 468
Grosseteste (Roberto) 369
Guéranger (Próspero) 198, 424
Guilherme de Auxerre 103, 111
Guilherme de Beaumont 104
Guitmond d'Aversa 106
Guyon (Madame) 197

## H

Helvídio 486
Henrique de Langenstein 378
Henrique de Lausanne 364
Hermas 88, 90-93, 155, 301, 306, 314
Hilário de Poitiers 40, 326, 486, 493
Hincmar de Reims 346, 347
Hipólito 60, 64, 71, 78, 82, 87, 158, 210, 313-315, 474
Honório d'Autun 359, 363
Honório III 117
Hontheim (Johann Nikolaus von, ou Febronius) 400, 401
Hugo de São Vítor 31, 119, 120, 122, 359, 360, 363
Hugúcio 354
Humberto 350, 352, 353, 356
Hus (João) 109, 113, 114, 117, 124, 155, 183, 376, 377, 381, 389

## I

Inácio de Antioquia 38, 72, 73, 78, 81, 82, 85, 90, 169, 210, 299, 301-303, 308, 309, 473, 476
Inácio de Loyola 165, 393
Inocêncio I 47-50, 53, 57, 58, 94, 159, 274, 332
Inocêncio III 102-106, 112, 114, 117-119, 122, 352, 354, 356, 360, 361, 372, 373
Inocêncio IV 109, 111, 112, 122, 125, 126, 361, 365, 373
Inocêncio XII 197
Ireneu 17, 34, 43, 44, 57, 68, 75, 76, 210, 258, 265, 299, 300, 311-313, 317, 318, 334, 337, 476-478, 480, 481, 511
Isidoro de Sevilha 50, 51, 53, 55, 331, 337-339, 345
Ivo de Chartres 358

## J

Tiago de Viterbo 371
Jansênio 194-196
Jeremias (patriarca) 175, 202
João Clímaco 99
João Crisóstomo 31, 35, 39, 56, 60, 61, 64-66, 72, 76, 86, 94, 99, 123, 325, 486, 492
João Damasceno 123, 350, 368, 494, 500, 501, 503, 511

João de Santo Tomás 396
João Paulo II 191, 235, 241, 242, 244, 252, 253, 262, 271, 273, 278, 279, 282, 283, 445, 450, 469, 475, 516
João Quidort 371, 372
João VIII 341, 346
João XXII 109, 375, 378, 379
João XXIII 434, 437, 439, 440, 455, 462, 508
Joaquim de Fiore 105, 365
Joviniano 486, 488
Juliano de Eclano 330
Justiniano 349, 350
Justino 38, 43, 54, 55, 68, 73-75, 78, 265, 300, 304, 309-311, 475-477, 480

## K

Kant (Immanuel) 404
Ketteler (Wilhelm Emmanuel von) 428

## L

La Mennais (Félicité de) 409
Lanfranco 51, 106
Leão IX 107, 354, 356
Leão Magno 40, 48, 49, 57, 94, 324, 325, 331-333, 338, 346, 360, 361, 488, 489, 494
Leão X 123, 132, 399
Leão XIII 182, 184, 186-188, 191, 204, 212, 280-282, 419-421, 427, 428, 430, 437, 442
Lukaris 202
Lutero (Martinho) 19, 132-135, 140, 142, 143, 147, 148, 153, 155, 160, 161, 163, 164, 171, 386-389, 392

## M

Maistre (Joseph de) 408, 409
Malaval (Francisco) 197
Marcião 478
Marcos de Éfeso 124
Marsílio de Pádua 358, 375
Martène 198
Martinho V 109, 111, 155, 379, 380
Máximo, o Confessor 349, 350
Melanchthon (Felipe) 387-389
Miguel VIII Paleólogo 107, 108, 110, 114, 123, 124, 374

Moghila (Pedro) 202, 203
Molina (Luis) 396
Molinos 197, 198
Morin (João) 198
Möhler (Johann Adam) 107, 313, 374, 406, 410-413, 419, 428

## N

Nestório 324, 482-484, 494
Newman (John Henry) 198, 210, 289, 410, 411, 425, 428
Nicetas Stéthanos 124
Nicolau Cabasilas 124, 127, 175
Nicolau de Cusa 381
Nicolau de Tudeschis 378
Nicolau I 57, 341, 346, 351, 352
Nicolau II 354
Novaciano 315, 318

## O

Ockham (Guilherme de) 375, 377, 382, 389
Optato de Milevo 319, 327-329
Orígenes 34, 35, 44, 54, 55, 68, 76, 87, 88, 92, 94, 95, 139, 154, 299, 304, 316, 317, 331, 476, 479, 480, 485, 488, 492
Ozanam (Antonio Frederic) 408, 428

## P

Panaretos (Mateus Ângelo) 124
Pascásio Radberto 51, 52, 55, 494, 495, 501
Passaglia (Carlos) 412, 413
Paulo III 185, 392, 393
Paulo V 496
Paulo VI 216, 231, 236, 244, 246, 247, 257, 258, 268, 278, 282, 435, 439, 443-446, 449, 469, 508-510, 513
Pedro Damião 53, 352, 355
Pedro de Palu 373
Pedro de Osma 117, 122
Pedro de Poitiers 104, 106, 121
Pedro Lombardo 31, 104, 105, 107, 111, 112, 118-120, 122, 176, 363, 396
Pelágio 493
Pelágio I 57
Perrone (João) 412, 413
Pico della Mirandola 387

Pilgram (Friedrich) 411
Pio IV 392, 394
Pio IX 186, 187, 189, 216, 407, 414, 415, 418, 420, 495-498, 502
Pio V 180, 185, 194, 209, 397
Pio VI 185, 186, 196, 400, 405
Pio VII 186, 189, 202, 409
Pio X 137, 182, 191, 195, 199, 202, 208, 212, 270, 425, 428
Pio XI 188, 192, 194, 208, 212, 281, 428, 429, 437
Pio XII 137, 182, 188-192, 208, 212-216, 233, 279, 428, 430, 431, 437, 468, 502-504, 511
Policarpo 158
Prevostino de Cremona 111
Prierias (Silvestre) 391
Próspero de Aquitânia 49, 494
Pseudo-Agostinho 502
Pseudo-Dionísio 42, 52, 53, 86, 123, 124, 210, 369, 372
Pseudo-Fócio 124
Pseudo-Jerônimo 502

## Q

Quesnel (Pascásio) 195, 196

## R

Ratramno 51, 55
Renaudot (Eusébio) 198
Ricci (Matteo) 188, 405
Rosmini (Antonio) 182
Rufino de Aquiléia 331
Ruperto de Deutz 359

## S

Sailer (Johann Michael) 411
Saint-Cyran 194
Sarpi (Paulo) 399
Savonarola (Jerônimo) 382
Scheeben (Matthias Joseph) 213, 427, 433
Schell (Hermann) 427
Schleiermacher (Friedrich) 411
Schrader (Clemente) 412, 413
Serapião 41
Severiano de Gabala 500
Silvestre II 347

Simeão de Tessalônica  124
Simeão Novo Teólogo  126, 127
Sirício  49, 57, 327, 328, 332
Sixto III  332
Sixto IV  382, 495, 497
Soterios Panteugenes  127
Stapleton (Thomas)  391, 396
Stojkovic (João de Ragusa)  381
Suárez (Francisco de)  396, 503
Suso (Henrique)  364

**T**

Taciano  310
Tauler (João)  364
Teodoreto  494
Teodoro de Mopsuéstia  39, 60, 61
Teodoro Estudita  350
Teódoto de Ancira  494
Teresa de Ávila  394
Tertuliano  37, 40, 42, 44, 45, 52, 54, 55, 60, 62, 63, 65, 67, 76, 79, 86-89, 92-97, 169, 210, 257, 298, 299, 315-318, 320, 476, 478-481, 485, 488, 492, 521
Thomas Moro  387
Thomassin (Luís de)  398
Tolet (Francisco)  396

Tomás de Aquino  18, 104, 110-112, 120, 122, 138, 144, 150, 163, 367-371, 396, 495, 502, 503
Torquemada (João de)  381, 382
Trionfo (Agostinho)  371, 372

**V**

Valdés (ou Valdo)  364
Valentin  478
Vicente de Lérins  497
Vitória (Francisco de)  391

**W**

Wyclif (John)  109, 113, 114, 121, 122, 155, 183, 376, 377

**Z**

Zabarella (Francisco)  378
Zacarias (papa)  57, 492
Zenon de Verona  486, 493
Zózimo (papa)  332
Zuínglio (Ulrich)  132, 134, 143, 386, 388, 389

# Suma
*teológica*

Reunindo em forma de compêndio importantes tratados filosóficos, religiosos e místicos, Santo Tomás de Aquino, através da Suma teológica, procurou estabelecer parâmetros a todos os que se iniciam no estudo do saber da teologia. Dividida em nove volumes, a obra permanece como um dos mais relevantes escritos do cristianismo de todos os tempos.

Para adquirir:
11 3385.8500
vendas@loyola.com.br
www.loyola.com.br

**Edições Loyola**

editoração impressão acabamento
rua 1822 nº 341
04216-000 são paulo sp
T 55 11 3385 8500/8501 • 2063 4275
www.loyola.com.br